袁绍、袁术、卢植、曹操、刘备出奔路线示意图【王晓明 罗三洋 作】

关东诸侯讨董卓之战

（公元190年～公元191年）

河间国◎

渤海郡◎　袁绍军

平原◎　　安平国◎　　清河国◎

巨鹿郡◎　　魏郡◎

瘿国◎　　　袁绍军

上党郡◎

西河郡

河东郡◎　　盐池

弘农郡◎　谷关

汾

河

水

水

北海国◎　齐◎　乐安国◎

济南国◎

琅邪郡◎　东海郡◎　下邳国◎

济北国◎　泰山郡◎

鲁国◎　任城国◎　彭城国◎　沛国◎

山阳郡◎

陈留郡◎　梁国◎　谯县◎　陈国◎　汝南郡◎

酸枣◎　己吾◎　曹操军　曹洪 周昂军

河内郡◎　济　　　曹操 周昂军

袁绍军　泗水　　　曹操军　曹洪

颍川郡◎

鲁阳◎　孙坚军

南阳郡◎　自长沙郡

孙坚军　曹操军　鲍信军

雒阳⊠　孙坚军

河阳津

东郡◎

淮

水

广陵郡◎

曹操 周昂军

曹洪 周昂军　九江郡◎

龙亢◎

图例

曹操部行军路线
袁绍部行军路线
孙坚部行军路线
袁术部行军路线
鲍信部行军路线

关东诸侯讨董卓之战示意图【王晓明 罗三洋 作】

袁绍征河北之战
（公元192年）

卤城

巨 故安
范阳

崔巨业军

蒲阴

龙
卢奴
河
蠡吾

呼
沱
井陉

上艾
下曲阳

蓟县
安次
方城
马
郑县
高阳
水
东平舒
束州
水
河
中水
乐成
南皮
下博
东光

吕布军
元氏

漳
弓高
田楷、刘备军

襄国
信都 广川
南宫
东武城

平原
甲陵
界桥 朱灵军
鄃县

武安
邯郸
巨鹿
斥丘
馆陶
聊城
田楷军
卢县

潞县

黑山
鹿肠山
内黄
荡阴
顿丘
曹操军

河

朝歌
白马
濮阳
范方军

──▶	袁绍军
─·─▶	公孙瓒军
──▶	黑山军
✕	战役

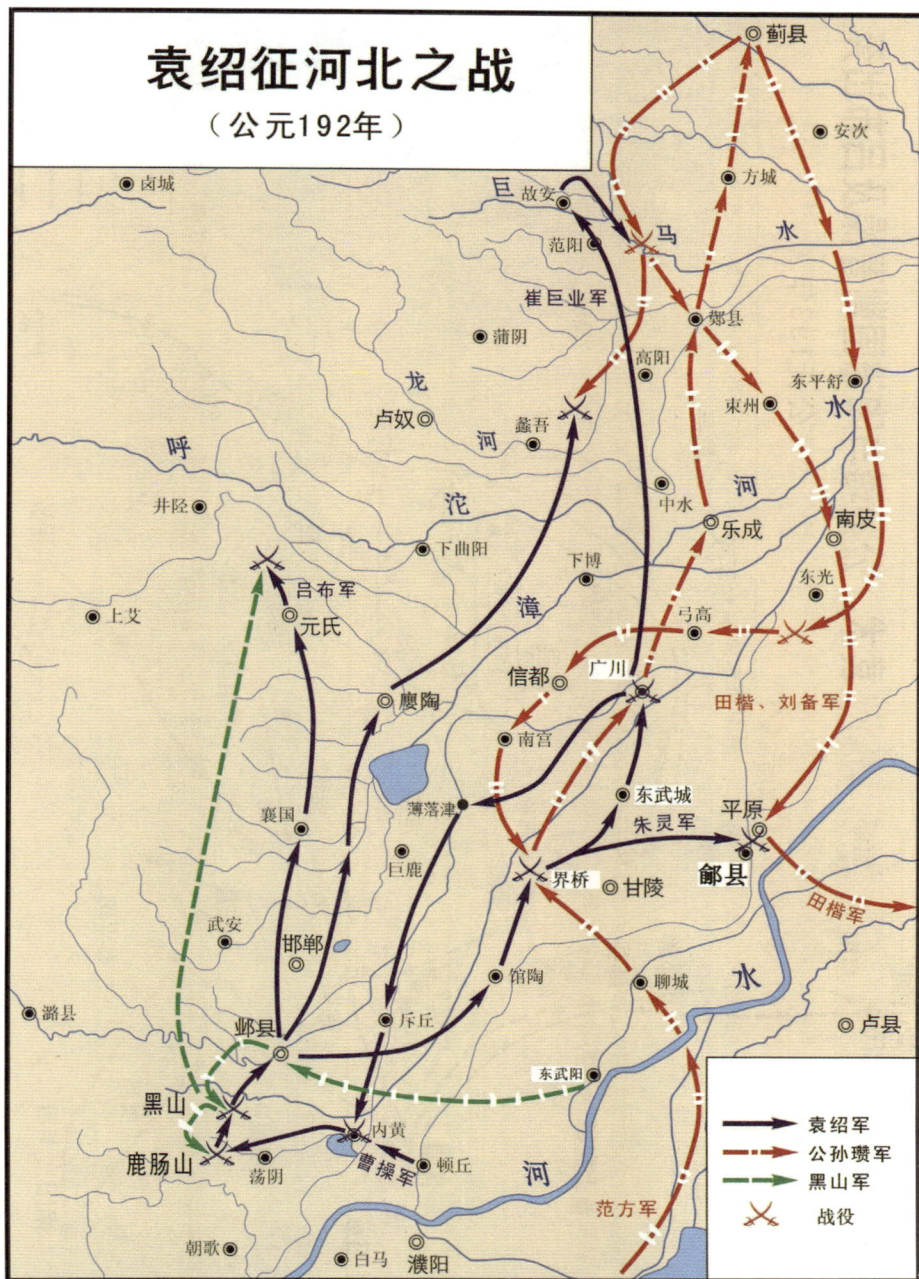

袁绍征河北之战示意图【王晓明 罗三洋 作】

袁术、公孙瓒与陶谦围剿刘曹操及吕布出奔

（公元193年）

图例

- 公孙瓒军
- 袁术军
- 陶谦军
- 吕布军

海

盐渎　广陵　平安　淮阴　阴陵　孙贲军　寿春　南阳　舞阴　舞阳　平舆　汝阳　陈县　颍　城父　龙亢　相县　睢　睢阳　襄邑　涡　汲　济　定陶　濮阳　鄄城　济水　发干　甘陵　平原　高唐水　东平陵　剧县　琅邪　东安　临沂　郯县　开阳　下邳　武城　南城　彭城　任城　小沛　鲁县　奉高　华高　卢县　钜野泽　牟县　曹操全家遇害　田楷刘备盖县　刘备军　薛礼笮融军　蒯阳　邺县　邯郸　常山国　元氏　庆陶　信都　晋阳　上党郡　阳翟　新郑　陈留　匡亭　封丘　怀县　河　雍阳

袁术、公孙瓒与陶谦围剿刘曹操及吕布出奔示意图 【王晓明 罗三洋 作】

吕 布 东 征 之 战

（公元194年～公元195年）

吕布东征之战示意图【王晓明 罗三洋 作】

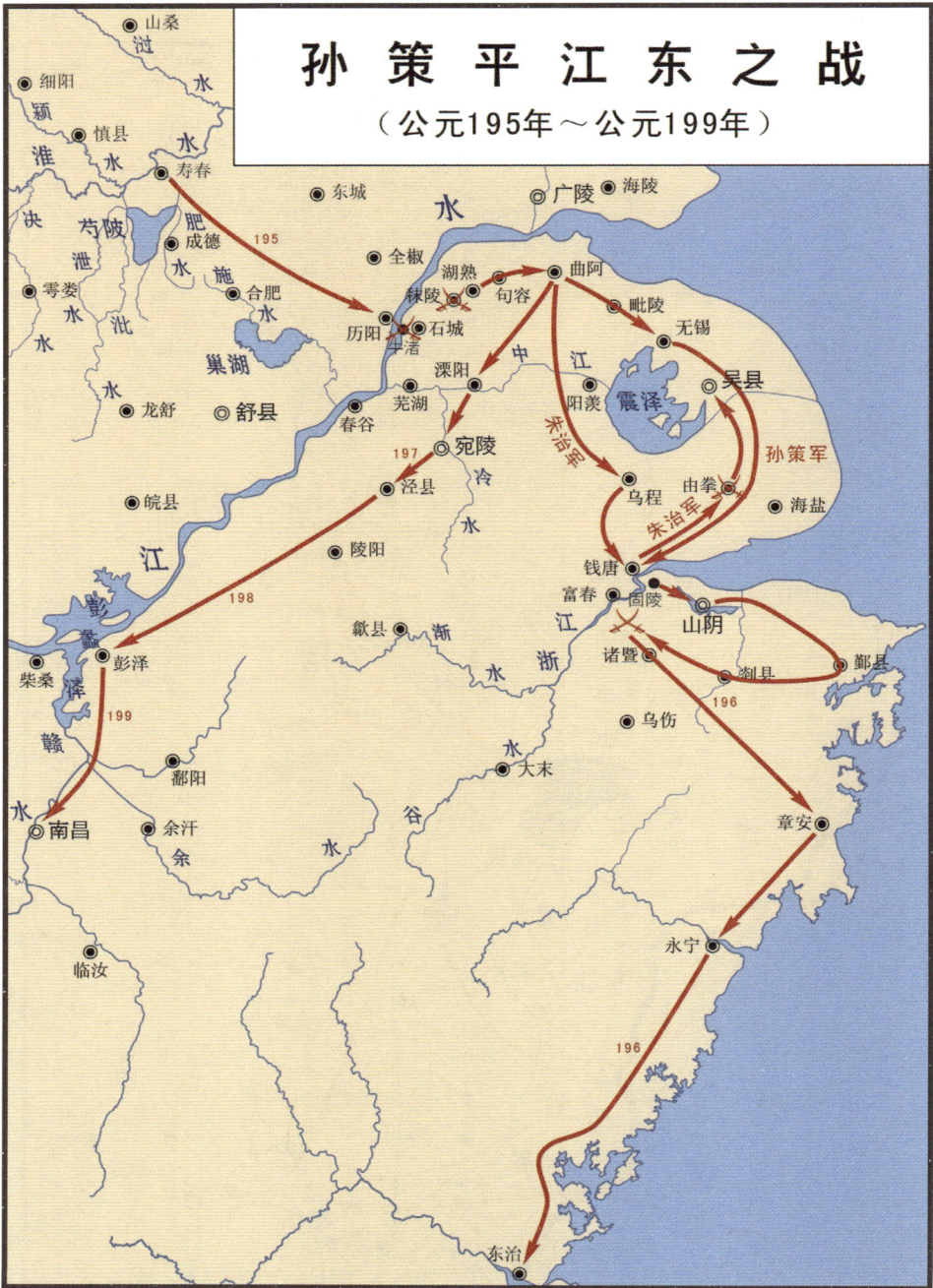

孙 策 平 江 东 之 战

（公元195年～公元199年）

山桑
涡
水
细阳
颍
慎县
水
淮
寿春
决
水
东城
广陵
海陵
泄
苟陵
肥
水
成德
施
水
全椒
水
湖熟
曲阿
江
零娄
水
合肥
秣陵
句容
毗陵
无锡
巢湖
沘
历阳
石城
中
吴县
水
龙舒
舒县
溧阳
江
震泽
孙策军
芜湖
阳羡
春谷
宛陵
朱治军
乌程
由拳
海盐
皖县
泾县
冷
钱唐
朱治军
江
陵阳
富春
固陵
山阴
彭
歙县
浙
江
诸暨
鄞县
蠡
彭泽
水
剡县
柴桑
泽
乌伤
赣
鄱阳
余汗
余
水
大末
谷
水
章安
南昌
临汝
永宁
东冶

195
197
198
199
196
196

孙策平江东之战示意图【王晓明 罗三洋 作】

汉献帝东迁许县与曹操迎汉献帝路线
（公元195年～公元196年）

汉献帝东迁许县与曹操迎汉献帝路线示意图 【王晓明 罗三洋 作】

图例：
汉献帝
曹操军
袁绍军

官 渡 之 战

（公元200年）

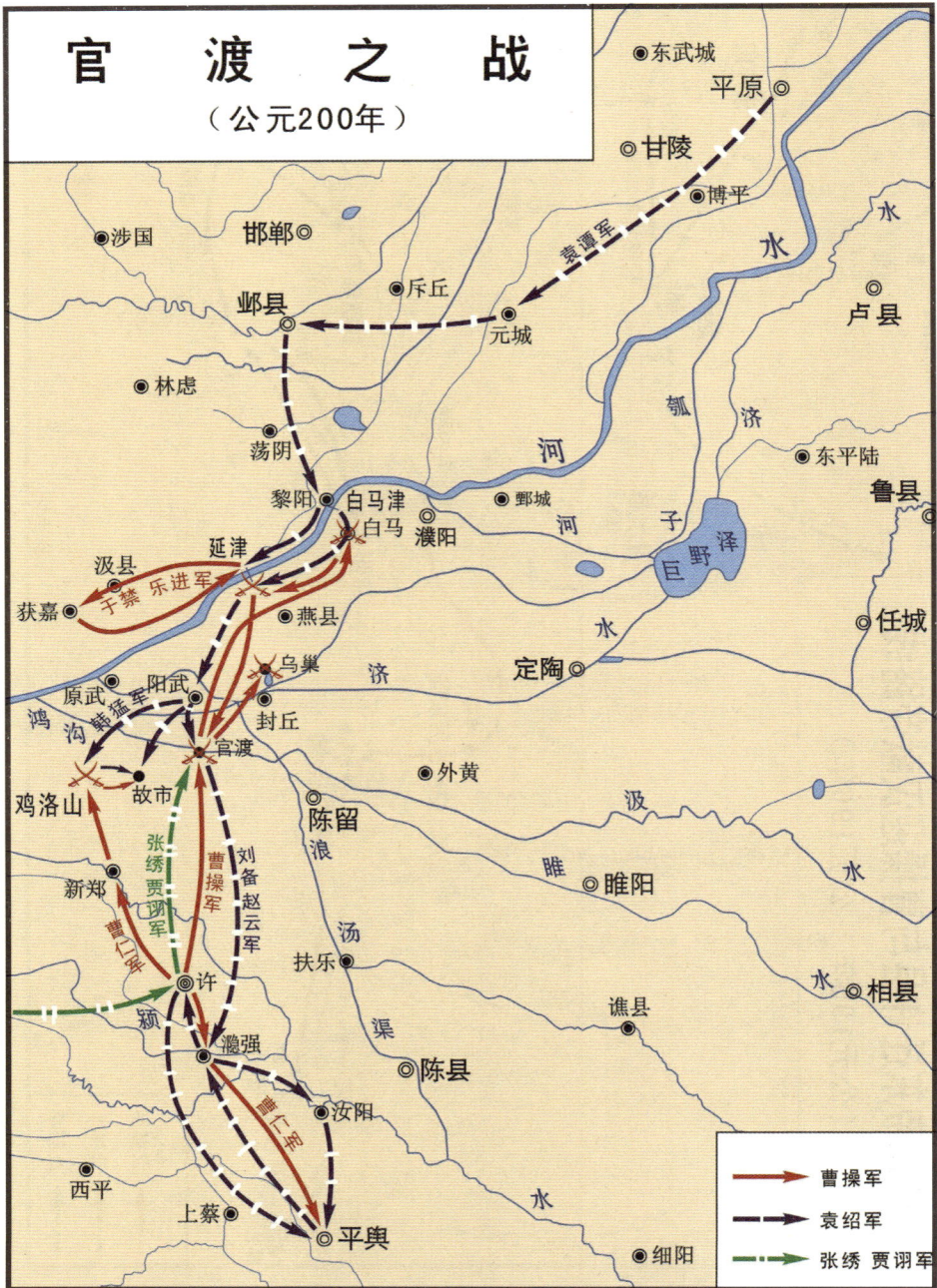

- ◉东武城
- ◉平原
- ◉甘陵
- ◉博平
- 卢县
- ◉涉国
- 邯郸◉
- ◉斥丘
- 邺县
- ◉元城
- 袁谭军
- 河 水
- ◉林虑
- 荡阴
- 河
- ◉东平陆
- 鲁县
- 黎阳
- 白马津
- ✕白马
- 濮阳
- ◉鄄城
- 子野巨泽
- 汲县
- 延津
- 于禁 乐进军
- 获嘉
- ◉燕县
- 乌巢
- 济
- 水
- 任城
- 鸿沟
- 原武 韩猛军
- 阳武
- 封丘
- 定陶
- 鸡洛山
- 故市
- 官渡
- ◉外黄
- 汲
- 张绣 贾诩军
- 刘备 赵云军
- 曹操军
- 陈留
- 新郑
- 曹仁军
- ◉陈留浪
- 睢
- ◉睢阳
- 水
- 许
- 颍
- 濦强
- 扶乐
- 渠
- 谯县
- 相县
- 曹仁军
- 汝阳
- 陈县
- 西平
- 上蔡
- 平舆
- ◉细阳

➤	曹操军
➤	袁绍军
➤	张绣 贾诩军

官渡之战示意图【王晓明 罗三洋 作】

袁本初密码

东汉帝国掘墓人 与三国大势揭幕者袁绍

上卷　罗三洋 著

台海出版社

图书在版编目（CIP）数据

掌故 . 004，袁本初密码 / 罗三洋著 . –– 北京：台
海出版社，2017.9（2024.9 重印）
ISBN 978-7-5168-1525-0

Ⅰ . ①掌… Ⅱ . ①罗… Ⅲ . ①中国历史－掌故 Ⅳ .
① K206.6

中国版本图书馆 CIP 数据核字 (2017) 第 203771 号

掌故 004：袁本初密码

著　　者：罗三洋

责任编辑：俞滟荣　　　　　　　　　策划制作：指文文化
封面设计：舒正序　　　　　　　　　责任印制：蔡　旭

出版发行：台海出版社
地　　址：北京市东城区景山东街 20 号　　　邮政编码：100009
电　　话：010－64041652（发行，邮购）
传　　真：010－84045799（总编室）
网　　址：www.taimeng.org.cn/thcbs/default.htm
E－mail：thcbs@126.com

经　　销：全国各地新华书店
印　　刷：重庆亘鑫印务有限公司
本书如有破损、缺页、装订错误，请与本社联系调换

开　　本：787mm×1092mm　　　　　1/16
字　　数：513 千　　　　　　　　　印　　张：40.5
版　　次：2017 年 9 月第 1 版　　　　印　　次：2024 年 9 月第 2 次印刷
书　　号：ISBN 978-7-5168-1525-0

定　　价：199.80 元（全两卷）

一个搅弄风云意图篡位的阴谋家的历史自白

一个错综复杂疑云密布的大时代的宏观叙事

序言

　　他拥有最显赫的家族背景，也曾是天下最有权势的人；他曾令众多英豪闻风丧胆，也曾玩弄中国政局于股掌之上；他曾长期受到政治迫害，却能同时拯救许多人的生命和前途；他曾一呼百应，也曾多次被部下背叛；他曾是曹操的主要靠山，尔后却成为曹操最忌惮的人；他的家族被曹操毁灭，而他的事业又由曹操继承和光大；他曾三分天下而有其二，死时仍然三分天下而有其一；他亲手结束了一个旧时代，却未能开启一个新时代；他本应成为开国皇帝，最终却因失败而沦为历史的配角。

　　他就是袁绍，一个在生前威震天下的霸主，一个时代的主宰者，死后却很少受到重视。这种待遇并不公平。如果没有袁绍，东汉不可能如此怪诞地灭亡；如果没有袁绍，中国不会陷入长达一个世纪的混乱；如果没有袁绍，也根本轮不到曹、刘、孙三家瓜分天下；而如果袁绍成功了，很可能不会出现"五胡乱华"和南北朝。无论是袁绍的胜利，还是袁绍的失败，都深刻地影响了汉末、三国及其后的中国历史。

　　汉末、三国这段历史情节纷繁复杂，对同一个事件，不同的史书往往有不同的记载。当时的每一个重大事件，在古籍中几乎都有两种以上的说法，和先秦、秦朝及西汉的"一言堂"历史形成了鲜明的对照。这一方面说明私人著史的意识在增强，导致"野史"大量出现；另一方面则暴露出"一言堂"的"正史"真实性与可靠性值得商榷。

　　无论史籍中的说法有多少，历史的真相毕竟只能有一个。坦率地讲，写出一部反映全部历史真相，令所有读者都满意的史书，恐怕是根本不可能的。

离作者较远的历史，人证和物证已经极度稀缺，难以核实；离作者较近的历史，往往与作者及其亲友的切身利益相关，难以指望他们的态度客观公正。东汉末年政坛的诡谲和复杂，在整个中国历史上都罕有其匹，特别是整个中央政府和大部分地方政府都被多次颠覆，必然导致档案的大量缺失和一再改写，现存史料中大有可玩味之处。

所谓"可玩味之处"，也就是不合情理，或者相互矛盾的记载。在这些记载中，最令人震惊的，莫过于主角被描绘成了配角，而配角反而被描绘成了主角。主角被描绘成配角，是因为他们最后失败了；配角晋升为主角，是因为他们最后胜利了。而历史，本来就是由胜利者书写的。人们总是说"盖棺定论"，这话本来不错，但是在很多情况下，人们却只记得死者在人生最后几年的成败得失，而忽视了他在此前几十年内的功过是非。

翻开史书，胜利者总是睿智、正直、勇敢、仁爱的，失败者总是愚蠢、邪恶、胆怯、残暴的。可是，历史上最著名的那些百战百胜的大征服者果真是美德的化身吗？这是典型的"以成败论英雄"。自古成者王侯败者贼，胜利者是永远不会被作为战犯审判的。在生前，他们可以用暴力压迫人们的肉体；而在死后，他们还可以继续用谎言蒙蔽人们的灵魂。这，就是胜利的报酬——赢者通吃。

不过，胜利者仍然可能受到一个法庭的审判。这个法庭的名字就叫——历史。一部全新的史书，就是一个全新的法庭。

早在魏、晋时期，东汉的历史就已经被公认为值得研究撰写，但也被公认为杂乱难辨。早期成书的相关史籍有《汉灵帝起居注》《汉献帝起居注》《汉名臣奏》《典论》（曹丕）、《魏略》（鱼豢）、《典略》（鱼豢）、《汉末英雄记》（王粲）、《三国志》（陈寿）、《续汉书》（司马彪）和《九州春秋》《世说新语》（刘义庆）、《魏书》（王沈、荀顗、阮籍）等数十部，但都难如人意。相较而言，《汉名臣奏》的内容最真实，但范围过于狭窄；陈寿的《三国志》被公认为整体性较好，但内容过于简略。东晋末期，袁宏搜集上述史料，进行研究修订，撰写成编年史《后汉纪》。南朝刘宋中期，范晔又撰写成《后汉书》，梁朝人刘昭、唐朝人李贤、清朝人惠栋等学者都曾为之作注。《后汉书》本来没有志，刘昭将司马彪《续汉书》里的志加入其中，两本书的观点不尽一致，所以我们现在看到的《后汉书》的志与纪传部分有相互矛盾之处。

整体而言，《三国志》《后汉纪》《后汉书》的内容比较严谨翔实，而且都完整地流传下来，构成了研究东汉历史的主要资料基础。本书的史料来源，主要就是这三部史籍。遇到相互矛盾，不易从逻辑上辨别对错的问题，则以这三部书的前后顺序为准，即《三国志》比《后汉纪》权威，《后汉纪》又比《后汉书》权威。其他史籍大多早已散失，所幸有为《三国志》作注的裴松之详征博引，部分保存了下来，值得重视。当然，其中一些史籍的写作立场严重偏颇，内容的可靠性未必很高，需要时时留心。

《三国志》和《后汉书》固然是有关东汉后期历史的最佳古籍，但也常常自相矛盾。同一件事，发生的时间、地点、原因、经过，说法往往不同；同一个人，往往有多个不同的名字或身份，做的事情也有多种说法，这是纪传体史书难以避免的问题。作为编年体史书，《后汉纪》虽然可以避免自相矛盾，记载却不如纪传体史书详细，也有不少错误。与雅俗共赏、广受欢迎的通俗小说《三国演义》相比，各个读者群都对《三国志》《后汉书》《后汉纪》等史书不甚满意。但在《三国演义》成书之后，东汉末年和三国时期的许多历史人物在学界和大众的心目中迅速脸谱化，也形成了大量背离史实的成见。若能全面地阅读各种史籍，无疑有助于形成较为客观公正的历史观。

客观公正的历史观往往与流行的历史观相去霄壤，因为流行的历史观大多是政治宣传，或是远离历史真相的文学作品。中国最流行的历史文学作品《三国演义》，就很不利于读者建立客观公正的历史观。即便是《三国志》《后汉纪》《后汉书》中，也充斥着各种蓄意歪曲事实的政治宣传，期待古代编纂者能将其一一辨识，显然要求过高。早在南北朝时期，人们就发现这些"正史"中存在大量问题。受宋文帝的委托，学者裴松之搜罗了大量材料，对陈寿《三国志》作了详细的注解。在《上三国志注表》中，裴松之解释说："臣前被诏，使采三国异同以注陈寿《三国志》。寿书铨叙可观，事多审正。诚游览之苑囿，近世之嘉史。然失在于略，时有所脱漏。臣奉旨寻详，务在周悉。上搜旧闻，傍摭遗逸。按三国虽历年不远，而事关汉、晋。首尾所涉，出入百载。注记纷错，每多舛互。其寿所不载，事宜存录者，则罔不毕取以补其阙。或同说一事而辞有乖杂，或出事本异，疑不能判，并皆抄内以备异闻。若乃纰缪显然，言不附理，则随违矫正以惩其妄。其时事当否及寿之小失，颇以愚意有所论辩。"裴注的篇幅超过陈寿《三国志》原文的三倍，实为汉末三国的史料集成，历来受到各方学者的高度重视。

每一份古代史料，都像一张低分辨率的老照片，人物的面貌尚且难以辨认，更不要说确定其行事的性质和动机了。在现场直播的体育比赛中，电视观众时常会发现这样的现象：虽然电视画面的清晰度很高，但是从某一角度看上去很像犯规的动作，在另一个角度看来却并不是犯规，也就是所谓的"罗生门现象"。所以，即便某本史书的内容比较详尽（画面清晰度足够高），也并不足以发现真相，需要从多个角度观察较长的一段时间，才能触及事件的本质。

汉末三国历史的本质究竟是什么呢？通过研究多种史料，本书得出结论：

由于最终失败，袁家在官方文献中从主角沦为配角，但他们原本很长时间都是东汉末年历史舞台上的主角；而吞并袁家势力的曹操，却有幸在这场大戏的收尾之际，从配角升为主角。结果，袁绍、袁术兄弟被史书矮化和边缘化，用以烘托曹操的"光辉形象"。

说袁绍、袁术兄弟被史书蓄意配角化、边缘化，乃至于丑化，一点都不夸张。鲁迅先生博古通今，著有名文《魏晋风度及文章与药及酒之关系》，可以说是很熟悉汉末、三国、两晋历史的学者了，然而就在这篇名文发表后不久，鲁迅在其《三闲集·头》一文中，却把袁术与袁绍搞混了，以为杀田丰的是袁术。这自然不能证明鲁迅的学术功底差，只能说是他没有重视袁氏兄弟。单看《三国志》及裴注，袁氏兄弟简直一无是处，样样都比曹操差得多，所以曹操的胜利才显得理所应当。历史的真相假若果然如此，那么曹操的成就不免要大打折扣了，因为他的对手过于无能。然而，为何所有史籍在评价曹操的业绩时，都要以战胜袁绍为首呢？

陈寿在《三国志·武帝纪》卷末总结曹操一生的功勋时，说在曹操一生的对手之中，唯有袁绍"强盛莫敌"，而不提董卓、吕布、刘表、陶谦、袁术、孙策、刘备等其他势力。范晔在《后汉书·袁绍刘表列传》卷末更盛赞道："袁绍初以豪侠得众，遂怀雄霸之图，天下胜兵举旗者，莫不假以为名。及临场决敌，则悍夫争命；深筹高议，则智士倾心。盛哉乎，其所资也！"这些史家的议论都表明，在曹操的所有对手中，袁绍是最难对付的。

关于曹操战胜袁绍的过程，史书中的记载有很多自相矛盾，或是不合情理之处。单论官渡之战时兵力的数据，按照《三国志》记载，曹操先收编了30余万黄巾军，讨吕布时也拥有"十万之众"，怎么会在官渡之战时"兵不满万"？给《三国志》作注的裴松之认为，官渡之战时，袁曹双方的兵力其实应当大致相等，在5.8万~11万人之间。《三国志》又多次强调，袁军"果劲不及"曹军，曹操以逸待劳，人才储备、经济实力和兵力都在袁绍之上，兼有天时、地利、人和，还有汉献帝这张王牌可以号令天下诸侯。果真如此，那么曹操一方岂不是如郭嘉所说，占了"十胜"的压倒性优势？曹操难道不应该主动进攻袁绍，并将其迅速歼灭吗？既然官渡之战的难度这么低，就连平庸之辈尚且可以轻松地打赢（按照《三国演义》等文学作品设计开发的各款三国题材电子游戏中，曹操都可以轻易打赢官渡之战，甚至还不如之前打吕布、刘备等小军阀难度大），而曹操却打得如此艰苦，以至于曹军将士纷纷向袁绍"暗送秋波"，最终仅靠袁绍的几名大将临阵倒戈才惊险取胜，岂不反而说明曹操缺乏军事才能吗？难道"世无英雄，使竖子成名"？

抛开"人人异端"的道德观念不谈，曹操是杰出的政治、军事、文学家，这早有定论。同样，官渡之战是曹操毕生最辉煌的军事成就，这也早有定论，永无推翻的可能。

但是，如果把这两个定论合起来，就形成了一个巨大的历史悖论：杰出的军事家曹操毕生最辉煌的军事成就，居然只是在长期艰苦的对峙之后，勉强击败了一个在能力和实力上都远逊于自己的无能之辈袁绍。而且，通过官渡之战，曹操仅仅是将南下进攻自己的袁军赶回河北而已，没能夺走对方一块土地。

官渡之战后，曹操有南下和北上两种选择。当时，南方的刘表、刘备、孙权、刘璋势力都不稳固，而且相互敌视，绝非曹操的对手。但曹操的所有谋士都认为袁绍势力的威胁更大，劝阻曹操南征，重新经营官渡防线。袁绍死后，二子内讧，曹操趁机北伐，却无法轻易取胜，又在河北苦战五年，方才兼并袁家势力。这五年，使孙权能够巩固其在江东原本并不巩固的统治，刘备也得以网罗诸葛亮等人才，终令曹操有赤壁之败，无法统一中国。

实际上，史书中这一复杂难解的悖论，是为了掩盖严重影响曹操形象的事实：从青年时代开始，曹操大半辈子都在为袁绍效力。直到迎汉献帝迁都许县（今河南许昌县张潘故城）为止，曹操的大多数行动都是在袁绍的授意下进行的。当时，袁绍与曹操的关系，和刘邦与韩信、刘秀与邓禹的关系类似，属于主从性质。只是在迎汉献帝迁都许县之后，曹操才逐步脱离了袁绍的控制。后来，曹操和他的笔杆子们竭尽全力，想把自己描绘成始终独立于袁绍的历史主角。但他们伪造历史的时间显然有限，思虑不够精密，工作不够完美，留下了很多破绽，因此后人才有可能用以袁绍为主线的视角，来审视汉末历史。也只有这样做，围绕袁、曹二人的种种历史谜团才能迎刃而解，我们也才能理解曹操在官渡之战时面临的真实困难。

曹操的现象在当时非常普遍。作为三国的建立者和东汉帝国遗产的主要继承人，刘备和孙坚父子都曾长期为袁绍或袁术效力，其属下也大多有着浓厚的袁氏旧部背景。如果袁绍打赢了官渡之战，这些人恐怕都得帮袁绍去建立一个新皇朝。从这个角度上看，曹、刘、孙三家争夺的不仅是东汉帝国的遗产，也是袁家的遗产。

为了探究东汉帝国的灭亡与曹、孙、刘三分天下的历史根源，研究袁绍及其家族兴衰的过程与原因，是非常必要的。然而，史书中的袁家事迹全都支离破碎，真伪参半，很难获取足够的信息。正如英国哲学家怀特海曾经说过的那样："任何历史都是历史学家的历史，因为所有内容都是经过他筛选的。"作为书写历史的胜利者，曹魏及其继承者西晋的统治者深知，如果将袁氏家族的真实故事公之于众，将会对他们非常不利，所以他们蓄意炮制出大量的虚假史料。而且，作为担任过上百年宰相的世纪豪门，袁氏家族内部也确实隐藏着太多的奥秘。古代各部有关汉末及三国时代的史书无法取得像《史记》那样的成功，不能或不敢写清楚袁家的兴衰史，是最根本的原因。

然而，在东汉帝国高度发达的中央集权制度下，袁家怎能攫取如此巨大，以至于足够抗衡并颠覆皇权的政治资源呢？他们又为何如此受贵族和百姓的拥戴？对东汉帝国的衰落和分裂，这个豪门究竟要负多大的责任呢？

中国传统学术讲究"见微知著"，也就是以小见大。有趣的是，从袁绍的姓名和出生年份中，就能够透露出不少重要的信息。

古代中国人极为重视"名"与"字"，往往以此寄托家族的志向。譬如，刘备给年长的养子起名叫"封"，给年幼的嫡子起名叫"禅"，合为"封禅"。到泰山封禅乃是古代中国最隆重的仪式，只有统一天下的帝王可以举行。由此可见，刘备早就有了称帝的雄心大志。后来刘备听从诸葛亮之言，杀刘封而立刘禅，结果只剩下一个"禅"，反而生出"禅让帝位"之意，弄巧成拙。蜀汉大臣谯周解释说："先主讳备，其训具也；后主讳禅，其训授也，如言刘已备矣，当授与人也。"（语出《三国志·杜琼传》）也就是预言蜀汉政权必将亡于刘禅之手。当然这也可能是谯周的弟子、《三国志》作者陈寿为了给老师脸上贴金而编造的。

袁术的字"公路"貌似平凡，其实却比"封"和"禅"还耐人寻味。

就笔者所见的资料，"公路"一词最早出自《诗经·魏风·汾沮洳》，与"公行""公族"并列，可能最早是官名，后来演化成对世袭贵族的代称。袁术取"公路"为字，无疑是在炫耀自己显赫的家庭背景，其志向甚至还不满足于此。

东汉时期，社会上广泛流传着"代汉者，当涂高"的神秘预言。"公路"与"当涂高"都可以被理解为"大路"的意思，袁家意欲代汉自立的志向由此可见。袁术终生笃信这个预言，他晚年僭号称帝的惊世之举就与"当涂高"直接有关。这些绝非袁术的一时冲动，而是如同"大楚兴，陈胜王"一般，来自人为的长期策划。

与"公路"相比，袁绍的字"本初"含意更含蓄，更复杂，也更敏感。

和世界上其他民族不同，古代中国人有一个独特而谨慎的文化传统——避讳。按照这一文化传统，古代中国人绝不直称尊长的"名"，也很少直称同辈的"名"。而在社交场合，成年男子们通常互称对方的"字"。不仅如此，对于很多有特殊政治意义和社会意义的名词，尽管并没有法律禁止使用，古人在取"名"和"字"时仍要避而远之，以免造成不必要的麻烦。

在被历代中国人严格遵守的"避讳"禁忌中，本朝帝王的年号是最特殊的一个。我们不会看到有唐朝人的"名"或"字"会叫"武德"或"贞观"，也不会看到有明朝人的"名"或"字"会叫"洪武"或"永乐"，更不会看到有清朝人的"名"或"字"会叫"康熙"或"乾隆"，其中的原因不言自明。

不过，在漫长的中国历史上，什么事情都免不了例外——袁绍的字"本初"，正是东汉质帝刘缵的年号！由于汉质帝即位当年就遇害，逾年便改元，导致"本初"只有一年，也就是本初元年（公元146年）。

在西汉之前，中国并无帝王年号；虽然汉文帝将自己的在位期分为"前元"和"后元"两段，汉景帝又分为"前元""中元"和"后元"三段，但都不被视为严格的皇帝年号。年号的正式设立始于汉武帝，他在公元前140年即位时改年号为"建元"，此后每6年就改年号（即所谓"改元"）一次。因为是初生事物，所以汉朝人并不严格避讳皇帝年号。

隋唐以前，中国社会风气宽松，不仅无须严格避讳本朝皇帝年号，甚至也无须严格避讳皇帝的名字。西晋人陈寿在《三国志》中，竟然大书已经被西晋朝廷追认为"先帝"的"司马懿"和"司马炎"姓名，对另一位"先帝"司马昭虽尊称"文王"，却又大书"张昭""董昭"等同名。按《世说新语·排调》记载，司马师、司马昭、陈泰、钟毓和钟会等名士在开玩笑时，还曾故意触犯对方父亲的名讳。根据清朝学者周广业所著《经史避名汇考》中所做的考证，晋惠帝"永康"年间，吴兴郡的永康县（今永康市）改名为武康县，是中国第一次针对年号采取的避讳，但这在当时可能只是为了免于发生误解而采取的临时措施。后世的中国皇帝越来越懒于改年号，明清皇帝更是几乎终身不改年号，年号因而变得越来越重要，甚至成了皇帝本人在民间的别称，再加上专制统治日益严密，避讳才变得越来越严了。

不过，袁绍取"字"为当朝皇帝年号"本初"，仍然显得十分突兀和奇异，显然是蓄意而为。难道他要借此纪念在本初元年发生的什么事吗？如果真有其事，这些事件又会对袁绍家族产生什么样的影响呢？

袁绍的字"本初"大有深意，而他的名字"绍"也不同凡响。一般来说，古代中国人的名和字通常含义相似，例如关羽字云长、张飞字翼德等等，而袁绍的名"绍"与字"本初"的含义却截然相反。"本初"的本意是开启、创始，而"绍"字却是接续、继承的意思。按《尔雅·释诂》的解释："绍，继也。"按《逸周书·谥法解》的解释："疏远继位曰'绍'。"可见，袁绍在继承家业之前，其地位本来较为低下、疏远。的确，袁绍是小妾所生，按照亲缘关系来说，袁绍还有好几位嫡兄，还有位嫡弟袁术，以及许多宗法地位较高的亲戚。但是最终，袁家的领导权落到了袁绍的头上，他"疏远继位"，逆袭成功，这也成为袁术后来痛恨袁绍的主要原因之一。难道父母在给袁绍起名的时候，就已经在策划让他"疏远继位"的阴谋了？

由此可见，袁绍的"名"和"字"都含有极为强烈的挑衅意味，"疏远继位"再加上皇帝遇难的"本初元年"，看似含义相反，实则殊途同归，都是宣布要颠覆现有社会秩序。也就是说，这个孩子从出生起，就被赋予了不寻常的使命。

"本初"，既是袁绍的私人密码，更是东汉帝国覆灭、三国乱世开启的密码。

对袁家的历史探索得越深，疑问就会越多。如果它们不能得到圆满的解答，东汉末年的历史便不完整。它们与当时的政治、经济、宗教和文化潮流相互交织，形成了一张迷宫般的大网，掩盖着那段虽然久经专家学者与人民大众的讨论和研究，却仍然疑云密布的末世东汉——那个我们既熟悉又陌生的皇朝。

总之，笔者认为，以曹操或刘备为中心的汉末历史观有很大的局限性，不能完整客观地阐释那个风起云涌的历史时代；建立以袁绍为中心的汉末历史观，无异于建立一个全新的历史视角，从另一个角度更全面地去回望那个极具魅力与挑战的时代。笔者希望通过本书中对有关袁绍及其时代的剖析，恢复他在前三国时代的历史主角地位，并引发读者更深入的思考。

笔者的朋友王晓明先生帮助本书制作了多幅精美的地图，在此表示由衷的感谢。

本书涉及大量疑难问题，笔者才疏学浅，谬误在所难免，欢迎各界读者指正。

罗三洋

2007 年 10 月 30 日

附加说明：

为了与古籍中的数据相合，本书中的人物年龄均用中国传统的虚岁，月、日均用东汉后期的官方历法《四分历》（以汉字表示）。年份以年号纪年法加公历注解方式表示。年号是我国古代帝王用来纪年的名号，年号纪年法是我国古代重要的纪年方式，始于汉武帝。公历纪年是现代学界惯例，按照国际惯例，公历分成两个部分，公元1582年10月4日以前用古罗马的《儒略历》，此后用《格利高里历》。《儒略历》不如《格利高里历》精准，每过128年就会多出1天。这两种西方历法与《四分历》等中国传统历法都相差数十天，如《四分历》延熹元年五月甲戌日实为《儒略历》公元158年7月13日。因此，每年年底的几十天其实都应划入公历的次年。如汉桓帝死于永康元年十二月丁丑日，在本书中写作"永康元年（公元167年）十二月丁丑日"，但按照《儒略历》和《格利高里历》，此时已经是公元168年2月了，而且这两种西洋历法之间当时也已经相差1天。

本书涉及的史料较多，如一一注明出处，注释将多达上千条，不仅会占用大量篇幅，而且也影响读者的阅读。因此，本书中凡引用《汉书》《后汉书》《三国志》及裴松之注等常见史料之处，一般均不作注释。

为使本书的内容更加简明易懂，笔者将书中涉及的大部分文言文翻译成白话文。由于笔者的古文能力有限，不能保证所有翻译都切合原文含意，一切内容都应以原文为准。

以上三点，敬请读者留意和谅解。

目录 CONTENTS

第一章

名门之后

豪族联姻——袁隗的婚礼

　　汉顺帝刘保在位的永和五年（公元140年）左右，东汉帝国首都洛阳城内举办了一场隆重的婚礼。这对新婚夫妇有着深厚的政治背景：新郎是当朝太仆袁汤的小儿子袁隗，新娘则是中国头号大儒、南郡太守马融的女儿马伦。作为东汉朝廷要员和重要学者，袁汤和马融在社会上的地位举足轻重，其子女的联姻自然也会备受世人关注。

　　东汉中央政府的核心是皇帝本人，皇帝之下是被称为"上公"的太傅，但这个官职并不常设。太傅之下，是大将军和"三公"——太尉、司徒与司空。以上太傅、大将军、太尉、司徒与司空五大臣也被称为"宰相"，各设独立的幕僚班子，也就是所谓的"开府"。大将军之下设骠骑将军、车骑将军、卫将军，三公之下设"九卿"，即太常、光禄勋、卫尉、太仆、廷尉、太鸿胪、宗正、大司农和少府。卫将军之下设有众多将军和校尉，九卿之下设有尚书令、御史中丞、太史令、执金吾、光禄大夫等职。

　　东汉地方政府的建制结构并不比中央政府简单。东汉版图划分为13个州，即司隶、豫州、冀州、兖州、徐州、青州、荆州、扬州、益州、凉州、并州、幽州、交州（今广东、广西和越南北部），除司隶（司隶无刺史，设司隶校尉）外，每州设刺史一人。州以下，并设"郡"和"国"两个平等的行政单位。郡设太守，直接受州刺史管辖；国设国王，均由刘姓皇族成员出任，直接向皇帝负责。郡设郡丞，国设国傅和国相，作为郡太守和国王的副官。郡下设县，常住居民满一万户以上的大县行政长官叫县令，不满 1 万户的小县行政长官叫县长。

太仆袁汤是九卿之一，属于中央官员；南郡太守马融则是地方官员，属荆州刺史管辖。秦汉官职的高低与俸禄的多少成正比，因为当时的货币经济尚不发达，俸禄都用粮食结算。太仆的俸禄级别是"中二千石"，每月俸禄是 180 斛粮食；太守的俸禄级别是"二千石"，每月俸禄是 120 斛粮食。[1]以此折算，袁汤的月薪约为 28000 元人民币，马融的月薪约为 19000 元人民币。[2]汉代的粮食生产率和经济规模远不及现代，所以这样的收入水平在当时绝对属于高薪，足够这些高官购置几座宅邸，娶几房妻妾，养十几个子女了。

古人结婚讲究门当户对，强强联合的豪门联姻在汉代并不罕见。不过，袁隗与马伦的此次婚姻却是开国元勋后裔与新贵之间的联姻，马家与袁家又都是海内闻名的书香门第，其中蕴含的政治和文化意义不可估量。

马融的开国元勋后裔身份并非浪得虚名：他是东汉名将马援的侄孙，他的父亲马严也是社会名流。马援南征交趾（中国古代地名，位于今越南北部）时，听说马严和弟弟马敦喜好评论他人长短，便从南方前线写信，规劝两人收敛。这封信文辞恳切，富有哲理，后来以《诫兄子严、敦书》之名，收入《古文观止》。自从马援的女儿嫁给汉明帝为皇后之后，马家便开始富贵显达，与光武帝的母家樊氏、妻家郭氏与阴氏合称东汉"外戚四姓"，子孙世袭侯爵，合称"四姓小侯"。

汉顺帝一朝正是东汉帝国深陷汉羌战争泥潭的时代，河西走廊烽烟四起，马家不仅是外戚和将门，而且是关中望族，所以马融和哥哥马续、族弟马贤

---

[1] 参见颜师古《汉书注·百官公卿表注》。
[2] 斛即石，汉代 1 石粮食通常指 26.4 公斤未去壳的小米。小米去壳后，仅余原重的 60% 左右，所以汉代的 1 石粮食大约相当于 15.8 公斤去壳小米。2017 年左右，去壳小米的市场零售价约为每公斤 10 元。

4

都曾被朝廷委以西北国防重任。戎马之余，马氏兄弟都喜好研究学问，尤以马融的名气最大，成就最高。汉顺帝时期虽然在军事方面乏善可陈，但在学术方面却取得了极大的成果。马融是传奇女学者班昭的学生，后来与张衡、王符、崔瑗、许慎等一流学者结为密友，广泛吸收他们的最新研究成果，又能取长补短，所以被公认为是当时最渊博的学者之一。

和孔子一样，马融广收门徒数千人，其中能进马家大门的有 400 余人，而有资格当面向马融请教的只有 50 余人。除了这 400 多位高徒之外，其余几千人只能候在门外，向那些大师兄们请教。北海人郑玄不远千里到马融家求学，过了三年都没能见上老师一面。而马融的生活作风奢侈放荡，经常坐在紫红色的大帐内，让学生们跪在帐前，让歌伎舞女列在周围表演，除了卢植等少数几人以外，很少有学生不分心。这个故事影响深远，后世的学者讲课因此被称为"设帐"①。

因为过度追求时尚，"二千石"的俸禄难以满足马融的物质需求。为了维持自己的高档生活水平，马融四处贪污受贿，因此饱受责难。哥哥马续的女婿赵岐就因此与他绝交。这位赵岐并非无名之辈，他是最早重视并研究《孟子》的学者之一，其名著《孟子章句》至今仍是《孟子》最权威的注释参考书。后来，赵岐主持调解过袁绍与公孙瓒之间的冲突，公孙瓒是卢植的弟子（也就是马融的徒孙），他曾把赵岐比作周朝的开国元勋周公和召公，可见其社会名望之高。

尽管马融是个令亲友和民众都挺反感的贪官，但毕竟取得了巨大的研究成就，其首席学术权威的地位在当时不可撼动。

① 参见《世说新语·文学》《后汉书·马融传》。

　　马家人才辈出，在东汉末年的风云人物中，马日磾、马腾、马超等人都是马融的亲戚。马融的学生之中，以卢植、郑玄等人最为著名，公孙瓒、刘备等人都是卢植的学生，郑玄的学生就更多了。这样看来，马融真可谓"门生遍天下"。

　　与马家不同，袁家并非东汉的开国元勋，只能算作家族成员世代为官的所谓"公族"或"公路"。袁汤的爷爷是"三公"司徒袁安，父亲是侍中袁京，叔叔是"三公"司空袁敞，哥哥是"九卿"光禄勋袁彭。世卿世禄的传统在中国源远流长，东汉后期，阶级固化的现象变得相当严重，虽然还称不上"下品无士族"，但"上品无寒门"却俨然已成为社会秩序的一部分。如果没有一个强大的家族作后盾，是难以在官场上长期立足的。

　　袁家祖籍汝南郡汝阳县（今河南省周口市商水县），相传是虞舜的后裔。春秋时期，袁家是陈国贵族，其后代也大都定居于原陈国版图内，直到活跃于19世纪末20世纪初的项城人袁世凯，都未离乡远徙过。据《后汉书·郡国志》记载，根据汉朝政府在永和五年（公元140年）的人口普查结果，汝南郡人口为2100788，仅次于东汉开国皇帝刘秀的家乡、享受经济优惠政策的南阳郡，是全国第二大郡。从袁安的祖父袁良开始，这个家族因为在《孟氏易》的研究领域内颇有成就，受到东汉政府欣赏，逐渐兴旺起来，有了些豪门气象。

　　《孟氏易》是西汉学者孟喜撰写的《易经》学专著，将战国时期新兴的阴阳学、天文学和历法学知识与传统的周易理论结合起来，由此创立了一个全新的易经学派。在玄妙的"卦气"领域，孟喜的建树特别多，四正卦、十二月卦、六日七分等理论都可以追溯到他的著作。《孟氏易》中含有很多神秘主义思想，还与两汉时期流行的图谶结合起来，用异常天象预测人事吉凶，成为后世许多迷信思想的理论鼻祖。袁家世世代代沉迷于此书，袁绍的曾祖父袁京曾著有长达30余万字的易学专著《难记》，袁绍的堂弟袁满来

汝南袁氏家族谱系

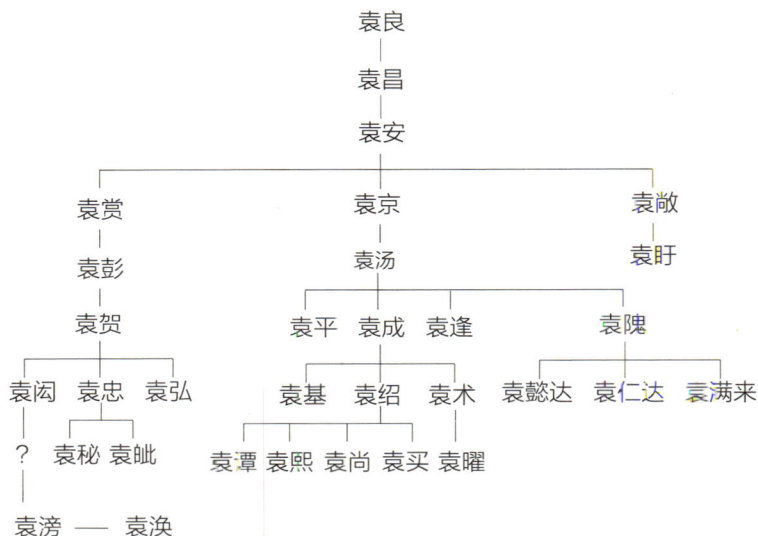

```
                          袁良
                          袁昌
                          袁安
        ┌──────────────────┼──────────────────┐
       袁赏               袁京               袁敞
       袁彭               袁汤               袁盱
       袁贺         ┌──────┼──────┐        袁隗
    ┌────┼────┐   袁平   袁成   袁逢   ┌────┼────┐
   袁闳  袁忠  袁弘     ┌────┼────┐  袁懿达 袁仁达 袁满来
    │   袁秘  袁盱    袁基  袁绍  袁术
    ?           袁潭 袁熙 袁尚 袁买 袁曜
   袁滂 ── 袁涣
```

病逝时虽然只有 15 虚岁，也被名士蔡邕在墓志铭中誉为"明习《易》学，从诲如流"[1]，所以袁家成员的思想无法不深受其浸染，后来袁绍、袁术兄弟的命运也证明了这一点。

人是社会的动物，任何人的成就都无法脱离其所在的社会环境。袁家的崛起，与东汉的时代大潮息息相关。

汉代民风淳朴，无论是贵族还是平民，都力争严于律己、宽以待人，以被誉为"长者"（厚道人）为荣，而袁安正是一位典型的"长者"。年轻时，

---

[1] 语出蔡邕《蔡邕集·袁滂来碑》。

他在县衙门里担任小吏，以拒绝收受贿赂闻名，故而经济拮据。一年冬季发生雪灾，饥饿的穷人都四处借粮，袁安虽然也已经揭不开锅，却闭门不出。几天后，县令视察灾情，见袁安门前的雪地上竟然没有脚印，担心他已经饿死，连忙带人进去收尸，见袁安躺在床上，已经奄奄一息。县令问袁安何不出门借粮，他回答："大雪时，人人都受饥饿之苦，我不宜前去打扰。"后人因而以"袁安困雪"或"袁安卧雪"代指坚守节操的穷困之士，袁世凯后来也在《春雪》诗中颂扬"袁安踪迹流风渺"。

见袁安面临生命危险却还能如此厚道，县令非常感动，便推荐他为"孝廉"。袁安的仕途从此开始，此后历任多县的县长或县令，深得所辖之地百姓的爱戴。

假若当年那位县令视察袁家的时间晚几天，袁安恐怕将难逃饿死的命运，导致袁家的血脉断绝，也就没有了他们后来连续六世的飞黄腾达，更不会有争霸天下的袁绍、袁术兄弟。个人一时之所为却能彻底改写中国历史，足见人命足以关天。

大约在袁安升任县令的同时，也就是永平三年（公元60年）前后，汉明帝从中亚地区引进了佛教。在中国，佛教借助道家著作迅速本土化，同时又促进了道家思想的宗教化。早期的佛教徒和道教徒甚至宣称，释迦牟尼就是晚年经秦国西行的老子，所以佛教与道教其实是一回事。很快，汉明帝的弟弟楚王刘英便成了中国最早的佛教徒兼道教徒。但拜佛颂道并没有给刘英带来安宁和幸福，他在永平十三年（公元70年）被指控谋反，失去王爵，次年便自杀了。"楚王案"迅速扩大化，前后有上万人受到牵连，其中包括大批佛教徒、道教徒和开国元勋、知识分子。在这种局势下，袁安被汉明帝委任为楚郡太守。他一如既往地宽以待人，致力于平反冤假错案，前后拯救了四百余家嫌疑犯的生命，从此名满天下，官运亨通。

8

建初八年（公元 83 年），袁安升任太仆，主要负责管理皇宫内的车马，并督造近卫部队使用的武器。当御驾出行时，太仆常常要亲自为皇帝驾车，而坐在他们身边的，往往是东汉政府中最有权势的大将军。汉朝人除非生病，否则很少坐轿，皇帝也不例外。皇帝如果要出远门，大将军和太仆就会和他坐在同一辆马车里。可想而知，这个被称为"乘舆大驾"的同车三人组是何等重要。作为御用驾驶员，太仆虽然得集中精力驾车，却能够耳闻许多重大机密，增进对时局的了解，自己也可能会时常发表一些意见来影响国策。另一方面，太仆往往会成为皇帝的传声筒。能够出任太仆，说明袁安不仅驾马车技术很高明，而且为人忠实可靠，不会轻易泄露机密信息，在政治上深受皇帝的信任和器重，因而能够参与中枢决策。

需要袁安当皇帝传声筒的时机，很快就到了。因为在匈奴政策上与汉章帝保持一致，坚持以和为贵，袁安在元和三年（公元 86 年）升任三公之一的司空，成为袁家"四世三公"中的第一人，后又出任司徒。

升任三公以后，袁安比当九卿时多了许多特权，这点在服饰上表现得特别明显。东汉时期，三公、九卿、诸侯们不仅有五彩斑斓的华丽官服，到了皇帝举办重大祭祀时，他们还可以戴上一尺二寸长、七寸宽的冕旒，也就是在冠上加一块系有多串玉珠、前圆后方、象征天圆地方的木板。对于冕旒的功能，《大戴礼记》的解释是这样的："冕前面安装旒，为的是遮蔽光明；用统纩塞住耳朵，为的是令听觉迟钝。因为河水太清澈了就没有鱼，人太精明了就没有支持者。"东汉时期，皇帝戴的冕旒上挂有 12 串白玉珠，即所谓"十有二旒"。贵族、官员们戴的冕旒则不同，木版后端不系玉珠串，只有前端系，成色也较差：亲王应当戴 9 串赤玉珠，即所谓"九旒"；三公与诸侯应当戴 7 串青玉珠，即所谓"七旒"；九卿应当戴 5 串黑玉珠，即所谓"五旒"。头戴冕旒、身着朝服的官员仪态非常高贵潇洒，望上去犹如神仙下凡一般。

级别高的人戴的旒珠多而密，能够达到更好的阻挡视线的效果。所谓"统纩"，是用来塞住耳朵的玉珠，也叫"充耳"，成语"充耳不闻"由此而来。汉朝以后，统纩不再塞入耳朵，而只是象征性地挂在耳边。无论冕旒还是统纩，目的都不是臭美或显威风，而是在提醒君主和贵族大臣们，要注意抓大放小，不必什么事都管，甚至应该适当地装聋作瞎。

除了制服有改善之外，升任三公以后，袁安还有权"开府"，也就是建立自己的独立衙门，班子成员包括 48~71 名幕僚。在府中幕僚里，周瑜的高祖父、庐江人周荣最得袁安的信任。在府外，袁安还有大批追随者，特别是他的"故吏"（老下级）鲁恭尤其得力。在袁安的大力提携下，一个官官相护的新政治团体正悄然形成。

和抚匈奴的政治态度是一把双刃剑，它能让袁安平步青云，还能让袁家未来长期受到北方游牧民族的支持，但也让他们付出了沉重的代价。袁安升任司空三年后，永元元年（公元 89 年），外戚领袖、车骑将军窦宪发动了对北匈奴的战争。袁安对此激烈反对，甚至在窦宪凯旋之后仍然批评不断，特别是他坚持让南匈奴返回漠北，而不是分而治之，与窦宪的意见相左。双方积怨难解，以至于窦宪多次威胁要派人刺杀他。永元四年（公元 92 年），袁安果然神秘地死去，窦宪权倾天下，以至于朝堂上居然有人呼"窦大将军万岁"。不料，仅两个月以后，汉和帝便发动政变，摧毁了窦宪集团，迫使窦宪本人自杀，并将袁安的三个儿子——袁赏、袁京、袁敞加官晋爵。从此，这个后来被袁绍自诩为"世作辅弼，咸以文德尽忠"的家族便步入了真正的政坛豪门行列。

袁安与窦宪的矛盾构成了袁氏家族日后主要的政治资产与沉重的政治负担。表面上看，袁安代表亲善匈奴的"鸽派"，窦宪代表敌视匈奴的"鹰派"，而真相却远非如此简单。早在西汉初年，"鸽派"与"鹰派"之争就甚嚣尘上，在道家思想占主导地位的文景时期，"鸽派"得势，西汉对匈奴的骚扰一再忍让，汉文帝公开对匈奴使者宣布："先帝制：长城以北，引弓之国，受命单于；长城以内，冠带之室，朕亦制之。"①汉武帝登基以后，一面"罢黜百家，独尊儒术"，一面开始对南越、朝鲜和匈奴等周边国家动武，取得了很大的胜利，但也极大地消耗了国力。在同匈奴的战争中，汉武帝大量使用匈奴雇佣军，这虽然是取胜的捷径，却也埋下了很多隐患。到了汉武帝晚年，天灾人祸频繁发生，李广利率领的汉军主力在漠北被匈奴全部消灭，国内民众纷纷暴动，黄河泛滥，宫廷阴谋层出不穷，汉武帝被迫颁布《轮台罪己诏》，作自我批评。汉武帝死后，政权落入霍光和金日磾这对姻亲之手，前者与匈奴亲善，后者本来就是匈奴王子。几年后，霍光组织大批儒生批判汉武帝生前的主要经济顾问、御史大夫桑弘羊，即《盐铁论》记录的"盐铁会议"，会后不久便借口桑弘羊涉嫌谋反案，将其满门抄斩。窦宪北伐，是因为当时匈奴分裂为南北二部，南匈奴附汉，经济实力较强，经常攻打北匈奴，身为外戚的窦宪因为犯下死罪，为了转移国内矛盾，主张联合南匈奴攻打北匈奴。袁安认为，北匈奴与汉朝不接壤，没有侵犯汉朝的举动，袭击对方师出无名。战后，窦宪要另立北单于，袁安认为不如让亲汉的南单于统一匈奴各部，窦宪坚持立北单于，此人不久便叛汉，窦宪只好再度北伐。结果北匈奴西迁，东方的鲜卑人乘虚而入，占据漠北草原。窦宪虽然是鹰派，却与很多匈奴人关系亲密；袁安虽然是鸽派，却主张"华夷大防"，提倡种族隔离。在当时的东汉朝廷里，袁安扮演着"反对党领袖"的作用，代表着制衡窦宪的政治力量。二者之间的冲突与盐铁会议一脉相承，绝非简单的战略之争或个人好恶，而是代表了两个集团的基本利益和价值取向的矛盾。汉和帝为了从窦宪

---

① 语出《史记·匈奴列传》。

手中夺回权力，势必要重用袁安、袁赏、袁京、袁敞父子。

袁京的儿子袁汤被公认是幸福的人，幸福得令人嫉妒。他沿着祖父袁安的宦途平稳前进，在汉顺帝时出任太仆，离三公只有一步之遥。据《后汉书》注引用的《风俗通》记载，袁汤共生育12个儿子，名字见诸史书的仅有4人，即袁平、袁成、袁逢，以及开篇出场的那位新郎官袁隗。其中，袁平在少年时便夭折了，所以真正活跃在历史舞台上的，只有袁成、袁逢、袁隗这三兄弟。

不难想象，像袁、马这种豪门联合举办的婚礼，如果放到隋唐以后，将会何等的热闹。但是，先秦与秦汉时期的婚礼文化与后世截然不同。按照儒家经典《礼记》和《仪礼》的规定，即便再显赫的家族联姻，婚礼也应当是安静和短暂的。作为一代儒宗，袁汤和马融当然不会容忍有违背《礼记》和《仪礼》的规定，让"失礼"的丢脸现象在自家子女的婚礼上发生。

黄昏时分，新郎袁隗坐着漆成乌黑色的马车，与随从们乘坐的三辆马车一起，穿过洛阳城熙熙攘攘的街道，来到马家的门口迎接新娘。婚礼就从这时开始。汉字中的"婚"字，在古代与"昏"字通假，原本指的就是黄昏时分。如果在黄昏时因故无法举行婚礼，也可以改在清晨举行。总之，无论如何，都要避开日光充足的时间段，切不可大肆宣扬。

婚礼之前，男方的父亲应当先派媒人携带彩礼到女方家里去，询问女子的"名"，也就是她在姐妹中的排行序号（通常长女名"孟"、次女名"仲"、三女名"叔"、小女名"季"），这叫作"纳采"。汉朝女子和男子一样，除了"名"之外，还有"字"。男子应在他年满20虚岁的"冠礼"上取"字"，而女子则在纳采订婚之后，在象征成年的"笄礼"上取"字"[①]。女子的婚前人

---

① 《礼记·曲礼》："女子许嫁，笄而字。"

生因此也被称为"待字闺中"。婚后，人们通常只称她的"字"，不再称"名"。马伦的"伦"，就是她在订婚之后取的"字"，而不是"名"。按照蔡邕为马伦撰写的墓志铭，马伦于光和七年（公元 184 年）去世，享年 63 虚岁[①]，所以她生于建光二年（公元 122 年）。汉代女子通常在 15~20 虚岁时出嫁，因此马伦与袁隗的婚礼应当举办于永和五年（公元 140 年）左右。

知晓女子的"名"以后，男方要到自家的祖庙内占卜吉凶。如果占卜结果吉利，男方便会再派使者携带礼物到女方家中报喜，这叫作"纳吉"。然后就可以正式送聘礼，这叫作"纳征"。"纳征"以后，才可以商议并确定婚期，这叫作"请期"。纳采、纳吉、纳征、请期这四个程序要花费男方家族大量的钱财，女方家族也要准备相应数额的嫁妆。

婚期那一天黄昏，新郎之所以要亲自去迎接新娘，是因为中国古代奉行"男先于女"的社交原则。这次，新郎总算不用再带礼物了，只需要备好至少四辆马车。他将首先见到未来的岳父和岳母，岳母将亲自进屋去把女儿领出来。但是，新娘如果不同意这门婚事，也有不出屋的权力，这样婚事就只好取消。如果新娘顺从地出门，新郎就带着她、仆从和随嫁为妾者（通常是新娘的妹妹和侄女，如果有的话），以及女方准备好的嫁妆，登上自家的马车，即所谓"带着你的嫁妆，带着你的妹妹，一起来嫁给我"。新娘头上不罩面纱，而是戴着假发。新娘一行都必须身着黑衣，以示庄重。

在新郎和新娘登车时，还会出现有趣的场面：新郎得亲自坐上驾车人的位置，为新娘驾一次车。这肯定是女方家族成员最乐于见到的场面，因为驾车人的地位总比乘车人低贱。其实，这种驾驶只是象征性的，仅以车轮旋转

[①] 参见蔡邕《蔡邕集·司徒袁公夫人马氏碑》。

满三周为限。但如果新郎不肯照办，就是"非礼"，女方有权以此为由，取消婚礼。孔子曾经为此大发感慨说："即便礼法要求新郎表现得这么恭谨，新娘还有不肯出嫁的啊！"①

车轮旋转满了三周以后，新郎会迫不及待地跳下车，登上仆人驾驶的另一辆马车，快马加鞭往回赶，以便在新娘到来之前抵达自己的家门。

在前往丈夫宅邸的路上，新娘不会看到欢迎祝福的人群，也不会听到任何欢快的乐曲，因为这些在当时都是"非礼"的。②甚至连公公和婆婆都无影无踪，在门口向新娘作揖的，只有气喘吁吁的新郎及其随从。这时，天色已经要黑了，新娘娘家应点起蜡烛，而且三天不熄灭，以示对出嫁女儿的思念（如果他们买得起这么多蜡烛的话）。

进入男方家门以后，在仆人们的协助下，疲惫的新郎和新娘卸下行装，略作休息，随即共进晚餐。这顿晚餐十分丰盛，而且全是荤菜，包括煮熟的猪肉、兔肉、鲫鱼和肉汤，以及黄米饭和米酒，蔬菜和水果则不宜摆上桌面。总之，只有蛋白质、脂肪和碳水化合物，没有维生素和食物纤维。新郎和新娘同碗吃饭，同杯喝酒，以示亲热，正所谓"爱从口入，情由胃生"。这是属于新婚夫妇的时空，长辈们全都要回避。

酒足饭饱以后，新人准备就寝。新房的卧室里设有大帐，帐内的榻上铺着席子。女仆把枕头摆在榻的南侧，新郎应躺在东侧，新娘应躺在西侧，头冲南，脚朝北，正所谓"男左女右"。

据《后汉书·列女传》记载，新郎袁隗和新娘马伦钻进大帐内的被窝里

---

① 《礼记·坊记》："子云：'昏礼，婿亲迎，见于舅姑，舅姑承子以授婿，恐事之违也。以此坊民，妇犹有不至者。'"

② 《礼记·效特牲》："昏礼不用乐，昏礼不贺。"

之后，在帐外听众的密切关注之下，展开了这样一场严肃的对话。

袁隗首先开口："姑娘啊，出嫁的时候，准备好打扫卫生用的笤帚和簸箕，不就可以了吗，何必带这么多金银珠宝来呢？"

马伦回答："父母厚爱，送来如此多的嫁妆，我不敢拒绝。先生如果仰慕高士鲍宣和梁鸿的风格，那么我也乐意向古代的贤女少君和孟光学习。"

袁隗又问道："南郡太守先生的学问比泰山还高，比东海还深，天下无人不知，无人不晓。但据我所闻，凡是他老人家为官之地，都盛传他有些经济问题，这又是什么缘故呀？"

马伦回答："孔子身为大圣人，不免受到武叔的诋毁；子路本是贤士，依然遭遇伯寮的诬告。家父在社会上名誉不佳，也在情理之中。"

袁隗仍旧不依不饶："我家男人娶妻有规矩，只要兄长尚未结婚，弟弟就不能定亲，否则便会沦为笑柄。但是我听说，你姐姐尚未出嫁，今天这交杯酒，你喝起来滋味如何啊？"

马伦回答："我姐姐品性高洁，对配偶的要求比较高。不像我，随便找个男人混日子，也就知足了。"

终于，帐内安静下来，而在帐外旁听的袁家成员个个都羞惭得涨红了脸。

原来，马家送来了大笔嫁妆，远远超过袁家的聘礼，袁汤听说后感到很不快。又听到社会上关于马融贪污腐败的传言，更加担心袁家与之联姻，会影响自己的政治前途。于是，他让儿子在新婚之夜质问新娘，也好给马家来一个下马威。

作为名门之女，马伦对此早有准备。马融的老师班昭著有七篇《女诫》，提出七条新婚妇女守则，是后世中国大家闺秀的必读书。书中 班昭提出"妇德、妇言、妇容、妇功"四条"妇行"，更是影响深远。作为班昭的得意门生，马融在第一时间接触到这部里程碑式的名著，并用以教授自己的妻子和女儿。

马伦天性聪颖，将《女诫》背得滚瓜烂熟，深明对待丈夫要不卑不亢的妻道，所以才能胸有成竹地应对袁隗的提问。

婚礼的次日清晨，新娘要准备好包括红枣和栗子（这在现代人的婚礼上肯定难得一见）在内的一篮子食物，到东厢房去拜见昨天未曾谋面的公婆。袁汤夫妇接受新娘的食物，大家一同吃早饭，也就等于宣布承认新娘为此家庭的临时成员。之所以新媳妇与公婆要第二日才相见，恐怕是为了避免出现公婆对此前尚未谋面的儿媳不满意，在婚礼上要求退婚的尴尬情况出现。等到新婚之夜过去，生米已经煮成了熟饭，再加上吃了儿媳带来的食物，公婆嘴里甜丝丝的，只好表现得和蔼一些。

全家人共进早餐以后，婚礼暂时告一段落，为期3个月的试婚生活就此开始。三天内，男方家庭内不会奏乐，以示期待新娘早日怀孕。婚礼之后，亲戚朋友才能派使者来赠送一些肉干之类的小礼物，道贺说："我家主人听说您家来客人了，让我来进献一点薄礼。"绝不能直接提及"结婚""新娘"等词汇，这些都严重犯忌讳。3个月试婚期内，如果新娘与夫家成员发生了不愉快，或是突然死亡，甚至只是没有怀孕，试婚都可能算作失败。在这种情况下，新娘不能进夫家的祖庙参加"庙见"仪式，不能入家谱，也就不能"转正"为夫家的正式成员。反之，她便可成为丈夫的正式妻子了。

显然，马伦成功地通过了袁家成员在3个月试婚期内对自己的种种考察。从此以后，袁隗、马伦这对夫妇将会度过近半个世纪和谐美满的模范家庭生活，并生育有两个儿子，取名袁懿达和袁仁达[1]，这两兄弟后来将因为堂兄袁绍、袁术的原因，与父亲袁隗一起死于董卓的屠刀之下。

———

① 参见蔡邕《蔡邕集·司徒袁公夫人马氏碑》。

按照袁隗在新婚之夜的说法，他的两个哥哥——袁成和袁逢都已经先他结婚。有理由相信，他们的婚礼过程也应与此相似。所以至此为止，袁汤的3个儿子都已经完成了终身大事，他理应心满意足，只等着孙子们的降生了。此外，袁汤还想在官场上更上一层楼，完成袁家"三世三公"的伟业。他能够在这两方面都如愿以偿吗？

帝国危机——公元 2 世纪中叶的东汉局势

袁汤父子所处的时代，是一个从强盛走向衰败的时代，从光明走向黑暗的时代，也是一个呼唤英雄的时代。在打垮北匈奴、征服西域、肃清岭南、兼并羌氏这一系列光辉业绩之后，汉和帝时期的东汉帝国已经拥有了唐太宗之前最广阔的版图。但在和帝驾崩之后，因为遭到东汉官吏的欺侮，原本主动请求亲附的羌人纷纷群起暴动。羌人的武器很落后，人数也居明显劣势，但士气高涨，屡次打败前来镇压的汉军。战端一起就是几十年，每年都要消耗掉东汉国库数以亿计的军费，而且毫无停息的迹象。在北方草原上，鲜卑人自从兼并了北匈奴的人民和土地之后，也开始日益频繁地骚扰东汉帝国的边境。

边患频仍的同时，东汉帝国的内部矛盾同样迅速激化着，主要体现在三个方面：外朝与中朝（又称内朝）之争、外戚与宦官之争和农民的大量破产。

东汉中前期的历史看上去较为沉闷乏味，不像西汉的历史那样波澜壮阔，大起大落，这是因为东汉的中央政府存在设计精妙的政治平衡，内部斗争的规模和尺度都严重受限。由于内耗不多，东汉的人口、经济规模和国际影响力都大于西汉。按照与皇帝关系的亲疏，东汉政府被划分为外朝与中朝两部分。外朝由固定任期的职业官吏组成，中朝则主要由皇亲国戚和宦官组成。西汉初期，皇帝的权力受到诸多限制，除了散布于帝国各地的诸侯王国之外，外朝的相权也十分巨大，经常能够决定皇位的归属。汉武帝大力架空丞相，设立超越相权的大将军职位，赐予自己的外戚卫青，并加强以尚书台为主的皇帝私人幕僚集团，变成了足以与外朝抗衡的中朝系统。王莽为进一步削弱外朝，按照他奉若圭臬的古经《周礼》，将三公——丞相、太尉、御史大夫改名为大司徒、大司马和大司空，又增设位在三公之上、号称"上公"的太师、太傅、太保，从礼法上限制三公的实权。这类举措显然有利于皇权的巩固，所以刘秀即位之后，虽废除了王莽颁行的所有法律制度，但保留太傅和新"三公"——大司徒、大司马和大司空，只是后来把大司徒改名为司徒，大司马改名为太尉，大司空改名为司空而已。

《论语·子路》云："名不正，则言不顺；言不顺，则事不成。"丧失了"大"字头衔的东汉"三公"，权力较以往更受限制。原本，司徒掌管民政，司空掌管经济和监察。如今行政权、财务权与监察权已被尚书台与御史台瓜分殆尽；太尉原本掌管军事，现在的兵权却在大将军手中。东汉时期，无论是太傅，还是三公，都只有在兼职"录尚书事"之后，才能参与整个中枢决策过程。尽管如此，外朝成员由于社会脉络众多，又负责挑选和推荐下级官吏（即所谓"选举"）。因此他们并不甘心做附庸，而是竞相施展政治智能，与中朝争权夺利。

尽管在全国范围内的影响力不如外朝，但是在首都洛阳，中朝却有明显的优势。前面说过，东汉的中朝主要由皇亲国戚和宦官组成，其中皇亲国戚又可分为刘氏家族的皇帝和皇子、享有封地的世袭王侯，以及非刘氏家族的后妃及其家人构成的外戚集团。再加上尚书台和御史台等皇帝的御用秘书机构。外戚集团都是由外朝官员家族选拔而来，通常主要成员会被册封为世袭的侯爵。但是，极少数外戚能够割断自己与外朝的关系，往往想要在中朝和外朝之间左右逢源，最终难免被视为叛徒，在宫廷斗争中一败涂地，被新一批外戚取代，其爵位因而难以实现世袭。

由于皇帝和皇子数量稀少，刘氏王侯大多待在封地，外戚集团又非常不稳定，所以东汉中朝的核心力量其实是宦官。殷墟甲骨文显示，中国早在商朝就有了宦官，不过直到西汉时期，宦官的数量都非常少，影响力也有限。东汉与以往历朝历代最大的一个区别，就是建立了中国历史上空前庞大的宦官集团，到了东汉末年，其成员多达1000人以上，数量足以同外朝的首都官员相抗衡，甚至还略胜一筹，这当然是东汉皇帝们蓄意设计的。现代人对宦官的印象主要来自明清宦官，他们出身卑贱，从小被阉割，很少与外部社会接触，不学无术（原则上被禁止识字），爱钱如命，专门卖官鬻爵，祸国殃民。但是，汉朝宦官与明清宦官有着天壤之别，甚至连阉割方式都不一样（后文将说明）。汉朝宦官大多出身良好，其中很多人都是在成年后因罪被阉割的官吏，所以他们识字率很高，有着丰富的行政能力和行政经验，在被阉割之前往往已有子女（例如司马迁），在社会上有很多亲戚朋友。所以，汉朝宦官与普通官员其实没有多大区别，能够处理大部分政务。在汉朝皇帝看来，宦官是一种经过手术被"驯化"的官员，就像骟马是一种经过手术被"驯化"的马匹一样，身体强壮，性格温顺，可以在很大程度上取代时常不听话的外朝官员，以及与外朝关系过于密切、忠诚度不完全可靠的御用秘书。因此，无论在数量上，还是在行政事务上，宦官及其亲友构成的"阉党"才是东汉中朝的真正核心，是皇帝赖以对抗、平衡外朝官员的主力军。

　　中外朝权力之争，贯穿于整个东汉帝国的历史。直到三国时期，诸葛亮在《出师表》中，还不忘告诫后主刘禅："宫中、府中，俱为一体，陟罚臧否，不宜异同……不宜偏私，使内外异法也。"这里的"宫中"，即中朝；"府中"，即外朝。中外朝相争的局面，本来是皇帝们精心设计，肯定也乐于看到的。但有时两派斗争过于激烈，如任其恶性发展，最终便会损害到整个帝国的利益。

　　导致中外朝相争的根本原因，在于汉代最高统治者的治国思想。汉武帝"罢黜百家，独尊儒术"，此后的汉朝便成为中国历史上最重视儒学的朝代，

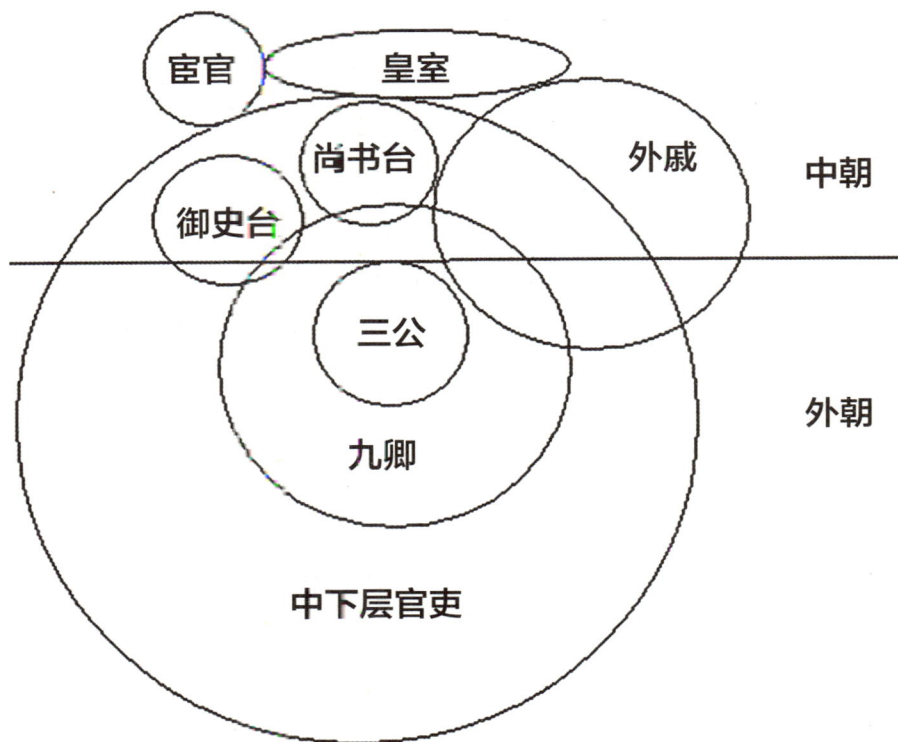

东汉政治结构示意简图

统治者事无大小，定要引经据典，在儒家圣贤的著作中找到支持自己主张的
理论依据。受儒家思想熏染，汉代的人事制度遵循孔子崇尚的"仁义"准则，
讲究"亲、贤并举"。儒家经典《礼记·中庸》载："仁者，人也，亲亲为大；
义者，宜也，尊贤为大。"也就是说，在人事制度范畴内，"仁"等于用人
以亲，"义"等于用人以贤。正如《淮南子·齐俗训》所说，鲁国"尊尊亲
亲"，用人以亲，国家虽难以富强，但朝代可以长久；齐国"举贤而上功"，

用人以贤，国家可以迅速富强，但朝代必然迅速更替。秦始皇见诸侯用人唯亲，国家衰弱，便坚持用人唯贤，自己贵为天子，而亲属若无功勋，也只能做平民，结果秦朝很快灭亡。汉高祖、汉文帝和贾谊等人总结前代得失经验，融合儒家和法家思想，"以霸、王道杂之"，仁、义兼施，亲、贤并举，实行"世袭贵族分封制"和"郡县官僚考核制"共存的"一国两制"，于是在一个"州"里面，既有"国"，又有"郡"。西汉初期由于政权不稳定，所以政策倾向于"尊尊亲亲"，导致诸侯王坐大，有些王国的规模竟相当于一个州，终于导致汉景帝初年的"七王之乱"。汉景帝和汉武帝打击旧贵族，但并不消灭分封制，而是采取抑制的办法，在"仁"与"义"之间找到了一个较好的平衡点，终于迎来盛世。

但是，"尊"的对象不光是父亲，还有母亲；"亲"的对象也不光是兄弟子女，还有妻子的家族，即外戚。西汉后期外戚坐大，无形中令"仁"又压倒了"义"，结果导致王莽篡位。光武帝并未根本解决这个问题，东汉一朝，"仁"高于"义"，"尊亲"重于"尚贤"的风气始终未能改变，结果导致以外戚和宦官为核心的中朝长期保持压倒性的强势地位。

由于有皇帝的偏袒，中朝往往能够占据上风。到了东汉中叶，一批少年皇帝连续登场，更标志着中朝的大获全胜。但是，小皇帝总有一天要成年，随即对曾经拿他当傀儡耍的中朝大员们发动报复。东汉的第一位小皇帝——汉和帝刘肇，便在14虚岁那年突然发动政变，逼迫战胜北匈奴的大将军窦宪自杀。从此，汉和帝大权独揽，宦官的地位突飞猛进，外戚和宦官之间的权力斗争便日益白热化。

严格地讲，外戚和宦官之间的斗争属于中朝集团的内讧。所以，外朝官员既鄙视外戚和宦官，又乐于为它们之间的争斗推波助澜。东汉一朝的外戚领袖往往是皇太后的父亲或兄弟，他们通常都出任大将军，也兼任中朝集团的领袖。不过，以中常侍和黄门为首的宦官集团在皇帝的支持下，迟早会挑战大将军的权威。相对来说，宦官的立场更接近于皇室，外戚的立场更接近于外朝。不言而喻，这中斗争是一种极为复杂而又极其危险的政治游戏，最终发展成一种东汉式的宫廷肥皂剧：

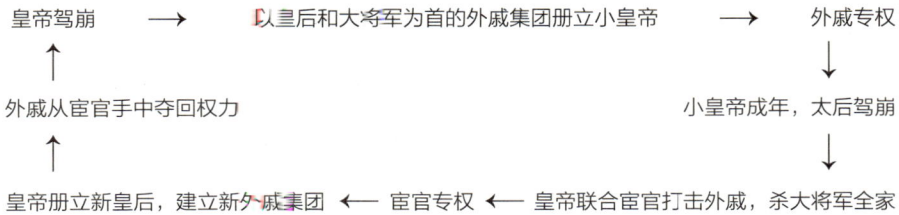

皇帝驾崩　　⟶　　以皇后和大将军为首的外戚集团册立小皇帝　　⟶　　外戚专权

↑　　　　　　　　　　　　　　　　　　　　　　　　　　　　　↓

外戚从宦官手中夺回权力　　　　　　　　　　　　小皇帝成年，太后驾崩

↑　　　　　　　　　　　　　　　　　　　　　　　　　　　　　↓

皇帝册立新皇后，建立新外戚集团　⟵　宦官专权　⟵　皇帝联合宦官打击外戚，杀大将军全家

造成这种肥皂剧重复上演的直接原因其实只有一个，就是皇帝活得太短，往往在太子还年幼甚至尚未出世前，便不明不白地驾崩了，从而给了外戚和宦官册立小皇帝的机会。可想而知，多数东汉皇帝的死亡都不正常，这不能归罪于个别官员道德败坏，而是由东汉帝国的制度决定的。

当皇亲国戚和朝廷大员们把过多的精力投入到争权夺利之中时，民生问题自然就很容易被忽视。公元2世纪是一个全球气温变冷的时代，世界各地的粮食产量都受到严重影响，东亚地区不可能置身事外。加上地震、洪水、旱灾、蝗灾接踵而至，古东汉帝国人口绝大多数的普通农民生活质量急遽下降，几乎每年都产生数以万计流离失所的灾民。由于深陷汉羌战争的泥潭，各级权贵们又巧取豪夺，帝国政府囊中羞涩，根本拿不出足够的物资和经费来赈灾。因为职责所系，外朝官员更了解各地的实际情况，也就更会义愤填膺，对中朝成员拥立小皇帝的自私举动嗤之以鼻，但有勇气敢于公开唱反调的官员并不多。曾经盛极一时的东汉帝国，就这样喝着自酿的慢性毒酒，在百病缠身中缓慢而又绝望地走向衰亡。

　　所有这些问题和矛盾，全都悲剧性地集中体现在建康元年（公元144年）。这个年号虽然听上去很吉祥，却不能给行将就木的东汉帝国带来一丝一毫的健康气息。

造反有理——三统五行学说与
江淮民变（公元144~145年）

　　建康元年（公元144年）七月丙午日，东汉帝国的一位重要皇室成员——清河王刘延平去世了。他的名字"延平"很有趣，因为它正是汉殇帝刘隆的年号。与"本初"的情况一样，由于殇帝的早夭，"延平"只有一年，即延平元年（公元106年）。研究刘延平的例子，无疑有助于后人破解"袁绍字本初"这一历史密码。

　　刘延平来自一个极为显赫的家庭：他的祖父千乘王刘伉是汉章帝的长子，因为未知的原因，刘伉没能继承皇位，但得到其弟汉和帝的照顾，终生过着养尊处优的生活，还参与过汉和帝消灭窦宪集团的政变。刘伉的后裔后来多次触及皇冠，其家族是东汉中后期宫廷政治的焦点之一。刘伉死后，其子刘宠继承了他的爵位，不久改封乐安王，生有3个儿子——刘鸿、刘得、刘延平，全部封王。刘延平刚出生不久，就于永初三年（公元109年）被立为清河王，在位共35年才去世。

　　不过，刘延平和延平元年到底有什么关系呢？

　　刘延平的曾祖父汉章帝生于建武中元二年（公元57年），在建初四年（公元79年）立三子刘庆为皇太子，同时封另两个儿子刘伉和刘全为王。次年（公元80年），汉和帝刘肇出生。作为有3个弟弟的长兄，刘伉在建初四年估计至少有2虚岁了，但不大可能超过7虚岁，否则章帝还不到16虚岁就生儿子，未免太早——按照《礼记》等儒家经典规定，先秦和秦汉中国男子一般在20

汉章帝皇室谱系

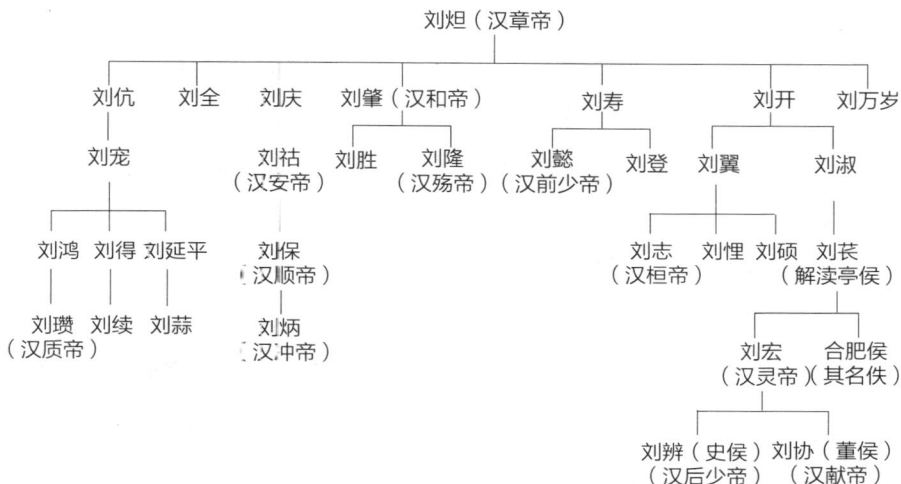

刘炟（汉章帝）

刘伉　刘全　刘庆　刘肇（汉和帝）　刘寿　刘开　刘万岁

刘宠　　　刘祐（汉安帝）　刘胜　刘隆（汉殇帝）　刘懿（汉前少帝）　刘登　刘翼　刘淑

刘鸿　刘得　刘延平　　刘保（汉顺帝）　　刘志（汉桓帝）　刘悝　刘硕　刘苌（解渎亭侯）

刘缵（汉质帝）　刘续　刘蒜　　刘炳（汉冲帝）　　刘宏（汉灵帝）　合肥侯（其名佚）

刘辨（史侯）（汉后少帝）　刘协（董侯）（汉献帝）

虚岁至 30 虚岁之间娶妻，王室贵族娶妻有时更早一些，但未见汉朝皇室成员有 16 虚岁以前生子的记录。也就是说，刘伉应当出生于永平十六年（公元 73 年）到建初三年（公元 73 年）之间。永元五年（公元 93 年），刘伉去世，其子刘宠承袭爵位。永初三年（公元 109 年），刘宠之子刘延平被立为清河王，因此他肯定出生于永初三年之前。参照其祖父和父亲的年龄可知，刘延平不大可能出生于永元十二年（公元 100 年）之前。也就是说，刘延平极有可能出生于永元十三年（公元 101 年）到永初二年（公元 108 年）之间，而公元延平元年（公元 106 年）正是其中间值。

至此，我们基本上可以确定，清河王刘延平很可能是因为出生于延平元年（公元 106 年），所以才被命名为"延平"的。这一年，已故司空袁安的 3 个儿子袁赏、袁京和袁敞很可能都在朝中为官，其中袁京在担任侍中和蜀郡太守之后，突然辞职，到今江西省宜春市的一座荒山去隐居修道去了，该山因此被称为"袁山"。袁京的弃官隐居使他在社会上备受好评，不过这似乎只是袁氏家族的以退为进战略，因为袁京的两个儿子袁彭和袁汤从此都在朝廷中飞黄腾达。而根据出土残碑《汉司空袁敞碑》记载，袁京的三弟袁敞原本担任指挥禁卫军的步兵校尉，就在延平元年改任负责皇宫基础设施建设的肥差——将作大匠（碑铭作"步兵校尉延年平元……匠"）。可见，在东汉最高统治者的心目中，袁敞忠诚可靠，文武双全，可以将皇宫中的各种事务都委托给他。

然而，这里的"东汉最高统治者"，指的并不是当朝皇帝刘隆。

"延平"这个年号之所以只有一年，是因为就在袁敞在皇宫里一会儿指挥禁卫军，一会儿管理施工队的延平元年，仅当了220天皇帝的汉殇帝刘隆还没来得及学会说话和大小便，就突然驾崩，年仅一岁多，是中国历代皇帝中寿命最短的一位。对于刘隆的夭折，刘隆的父亲、已故的汉和帝刘肇早有预感，因为刘隆的几个哥哥此前曾相继夭折，汉和帝怀疑是外戚或宦官在暗中谋害，作为自己摧毁窦宪集团的报复，所以在刘胜和刘隆兄弟出生以后，他立即把这两个孩子秘密地送到民间抚养，没想到还是难逃毒手。作为窦宪的死敌，袁安家族自然得到汉和帝的重用，袁安三个儿子袁赏、袁京和袁敞长期在宫中任职，显然绝非偶然。按照宗法，刘隆的哥哥刘胜应该当皇帝，但他从小患有慢性病（也可能是中毒所致），汉和帝的遗孀邓太后改封他为平原王。被封为平原王的刘胜很快也病死了，汉和帝刘肇于是绝后。邓太后又收养了汉和帝的侄子刘祜（废太子清河王刘庆的儿子），立为皇帝，即汉安帝。

延平元年（公元106年）既不是延年益寿的年份，也不是太平无事的年份。正相反，它标志着东汉皇室内部的血腥"宫斗"达到最高潮。作为宫廷宠臣，袁氏三兄弟——特别是小弟袁敞很可能耳闻目睹，甚至亲自参与了其中的很多秘密斗争。汉殇帝生前，担任步兵校尉的袁敞应当保护他的生命安全；汉殇帝死后，改任将作大匠的袁敞还要负责他的皇陵施工。小皇帝临死前的惨叫，恐怕在袁氏三兄弟心中留下了难以磨灭的印痕，尔后在家族内部商讨对策。结果，袁京急流勇退，他的弟弟和儿子们则继续飞黄腾达。

现在让我们来分析一下，刘延平为什么会用出生时的皇帝年号作名字。

汉殇帝在延平元年（公元106年）驾崩、汉和帝绝嗣以后，刘延平的父亲刘宠作为汉和帝年纪最大的侄子，无疑是最有力的皇位竞争者，邓太后肯定曾经认真考虑过。她之所以选刘祜而不是刘宠，很可能是因为刘宠已经成年，不易控制，而邓太后是和吕后、武则天、慈禧太后一样的权力狂。与东汉皇冠擦身而过的刘宠郁闷之余，愤而用"延平"年号给新生的儿子起名，以示对落选皇帝没齿难忘。邓太后朝廷因为在选皇帝之事上心里有鬼，只好对刘宠的这一示威行为网开一面，作为宫廷宠臣的袁氏三兄弟肯定对此有所耳闻。由于父亲落选皇帝，刘延平也就无缘皇位了，这辈子只能满足于当个王爷。

刘延平去世几天之后，洛阳朝廷突然收到急报，说是一群造反者正在江淮地区攻城略地，声势浩大。汉顺帝刘保闻讯，赶紧派御史中丞冯赦率军前去讨伐。

江淮一带自古多事，从陈胜、项羽到韩信、英布，从吴楚七国到历次淮南、衡山诸王的叛乱，长期困扰着秦、汉帝国。东汉时期，此地的局势更是动荡不安，经常爆发大规模暴动。究其主要原因，并不是因为此地百姓比别处百姓受盘剥更重，而是因为汉光武帝刘秀当年为了证明对手公孙述不能取代汉朝，曾经大力宣扬的一部预言书《春秋谶》，上面写着："代汉者当涂高。"

汉光武帝刘秀本人竟然宣扬汉朝不会万寿无疆、传之无穷，而将被"当涂高"取代，这听上去似乎让人难以置信。究其原委，汉朝人大多相信"五德终始说"，也就是认为：统治天下的朝代不会像秦始皇设想的那样"万世一系"，而是"有德者居之"，并且每个姓只有一次机会君临天下，即《逸周书·太子晋解》中所谓"未有一姓而再有天下者"。朝代应按照"五德"（又称"五行"）

的顺序轮换，这里的"德"与个人品德无关，而与此人的姓氏有关。通过对姓氏的研究，可以知道该人的祖先属于哪种"德"或"行"。如果按照"五行"循环顺序，应该轮到此人姓氏所属的"德"或"行"统治中国，那么他就有资格登上皇帝宝座；反之，也便没有资格。这就像申办现代国际体育大赛一样：如果按五大洲轮换的顺序，轮到了亚洲主办，中国才有资格申办。

还应指出的是，"德"与"行"合称"德行"，近代"国骂"中所谓的"瞧你那德行"，出处便在于此。实际上，这话的本意并不是在指责对方的品德不好，而是在指责对方的姓氏。按照"五德终始"理论，各个"德行"轮流坐庄，如果当今所处的时代轮不到这个"德行"来统治，那么该"德行"所属的姓氏成员就得放弃对权力的幻想，低调做人，不得嚣张。

抛开复杂的"五行"和"图谶"理论不谈，仅从字面理解，"代汉者当涂高"的意思是：未来取代汉朝的人来自"当涂"，而且"高"。汉朝的确有个当涂县，位于今安徽蚌埠市西，东汉时属扬州九江郡管辖，涡河在此处汇入淮河（南北朝时当涂县南迁，如今当涂县在长江以南的安徽马鞍山市）。从当涂县出发，逆涡河向高处走，就会到达曹操的家乡谯县（今安徽亳县）。所以，谯县更像是真正的"当涂高"。但在汉末三国，随着曹操集团的崛起，"当涂高"还冒出了另一种莫名其妙的解释："当涂高者，魏也。象魏者，两观阙是也。当道而高大者魏。""当涂"的确有"在路上"的意思；"象魏"即"观"或"阙"，是一种巨大的建筑，而且大多建在道路两侧，但可以做类似解释的事物实在太多，牵强附会，难以服人。另一位东汉末年的军阀李傕，因为其名"傕"通"阙"，也把自己与"当涂高"联系在一起。

其实，在汉朝以前，"当涂"一词最流行的含义是"执政"，例如《韩非子·孤愤》就说："当涂之人擅事要，则外内为之用矣。"《韩非子·三守》也说："何谓'三守'？人臣有议当途之失，用事之过，举臣之情。"这样理解的话，"当涂高"的含义就是"地位很高的执政者"，而"代汉者当涂高"的意思就是"取代汉朝的人，是一位地位很高的执政者"。和大多数的算命预言一样，在未来可以随意解释，根本无法证伪，等于一句正确的废话。偏偏是这种无法证伪的、永远正确的废话，在社会上最有市场。

"代汉者当涂高"这个预言因为得到光武帝的大力宣扬，很快风靡东汉帝国。不光是当涂县姓"高"的老百姓，就连整个九江郡，乃至于整个淮河流域，上至贵族豪强，下至普通农民的男性居民都深信不疑：我本人，或者我的后代，将会按照图谶的预言，在未来"顺天应人"，取代东汉政权，建立起新的皇朝。其中年轻气盛、急功近利者纷纷付诸行动，虽然屡遭失败，却仍旧前仆后继。这些人其实本来不会有如此野心，是预言书害了他们。袁绍的弟弟袁术将成为《春秋谶》最后的，也是最大的受害者。

并不是所有人都会被这种无法证伪的、永远正确的废话欺骗。在马勉、范容、周生等人起兵前十年左右，马融的好友、大学者张衡曾经上书朝廷，痛斥这些预言书都是"虚妄"。张衡详细考证，认定图谶全部成书于"哀、平之际"，此前没有引用记录，显然是由王莽集团编造出来，用以迷惑官民，以达到自己不可告人的篡位夺权目的。究其内容，不仅与古籍经典严重冲突，而且还自相矛盾。它们"欺世罔俗"，社会影响极坏，所以"宜收藏图谶，一禁绝之"。可惜，朝廷不听，百姓不信，结果终于导致天下纷乱。

冯赦的军队刚刚离开洛阳，汉顺帝便一病不起，几天后驾崩，年仅2虚岁的太子刘炳即皇帝位，是为汉冲帝。临朝听政的梁太后无力独断朝纲，于是诏令自己的哥哥——大将军梁冀与太傅赵峻、太尉李固"录尚书事"，也就是组成内阁的核心班子，主管中枢决策。

新内阁刚上任，立即就得处理一件迫在眉睫的棘手要事，那就是给刚刚"龙驭上宾"的汉顺帝建皇陵。按照汉朝制度，皇帝即位后，就应该立即开始为自己修陵。但是汉顺帝没有这样做，也许是因为他自以为能活很久，也许是因为缺钱。无论怎样，汉顺帝驾崩时，他的皇陵连地都还没有圈呢。此时天气酷热，顺帝的遗体面临着尚未下葬，就开始腐烂的尴尬处境。满朝文武赶紧张罗着在洛阳周边找风水好的墓址，可是洛阳周边土地有限，风水好的更稀缺，仅有的几块也都被历代帝王们占去了。朝廷大员们忙得焦头烂额，最后总算在洛阳西郊找到一块比较满意的地皮。不过，当地是平民的公墓区，有许多小坟。梁太后和梁冀立即派人扒除那些平民坟墓，然后就地开始皇陵工程的建设。

听说自家的祖坟被扒了，洛阳的老百姓个个怨气冲天，而朝廷视而不见，听而不闻。看来，冕旒和统绕还真的起了作用。尚书栾巴反复上表为民请愿，梁太后恼羞成怒，将他判处死刑，准备秋后执行。

这位栾巴是个非常奇特的人。他曾被阉割，入皇宫当了一段时间宦官，但后来发现自己"阳气通畅"，于是向汉顺帝辞职，离开后宫，重新变成正常男性官员，还结婚生子。我们正好借他进一步说明秦汉宦官的情况。

在汉景帝阳陵等地出土的汉代宦官俑显示，和被切除整个外生殖器的明清宦官不同，汉朝宦官虽然也是阉人，但只被切除了睾丸，而保留了阴茎。与切除整个外生殖器相比，这样做的好处有很多，主要是避免了大出血，大幅降低了死亡率。因此，直到如今，这仍然是阉割牲畜的主要方法。这种"半阉人"因为不能再产生精液，所以丧失了生殖能力，但性能力却会变得超乎常人地强。但是，有些人先天患有"隐睾症"，容易被误认为是半阉人，因此秦汉时出现过"诈腐"的宦官，这种空子在明清时期是根本钻不了的。半阉人由于有正常的性欲，所以也热衷于娶妻妾，只是没法生育，这种事情在东汉后期曾经一再出现。栾巴能够重新"阳气通畅"，也许是因为他患有隐睾症，也许是因为他的睾丸被切除以后，罕见地又再生出来了。值得一提的是，东晋道学家葛洪在名著《抱朴子》中也曾提及栾巴，说他有特异功能。

把"前太监"栾巴关进死牢以后，在朝廷的大力督促下，汉顺帝的宪陵工程进展异常迅速，8丈高的山陵、20顷的园区，不过半个月就建造完毕。九月丙午日，汉顺帝的遗体正式下葬。不想当日洛阳城就发生了地震，刚完工的皇陵也被震出了好几个裂缝。梁太后和梁冀本来就心虚，这下子更加迷信，担心作孽太多遭天谴，于是下令大赦，释放了栾巴。

《尚书·太甲》说："天作孽，犹可违；自作孽，不可活。"但绝少有人能想到，宪陵事件的"报应"会来得这么快。西方谚语说：离罗马越近，离上帝越远。因为罗马本是天主教廷所在地，而和欧洲其他地区相比，这里的民风蛮横狡诈，治安恶劣，丝毫不像天堂。同样，我们也可以说，离洛阳越近，人民就越不爱戴和敬畏东汉政权。后来蜀汉政权的核心成员，如刘备、诸葛亮、法正、张飞、马超、赵云等人，家乡都在远离洛阳的沿海沿边地区，关羽的故乡河东郡虽然离洛阳不远，但毗邻南匈奴的保留地，所以也可以算是边区。这种现象反过来说明，在多数中原人的心目中，汉朝早就不值得他们卖命效忠了。汉顺帝的葬礼刚过，四方民众居然蜂拥而至，通过地震造成的裂缝冲进宪陵，哄抢陪葬品，就连顺帝遗体上的金缕玉衣也被剥得精光。呜呼，哀哉！

根据大汉法律，敢偷盗皇室物品者一律斩首，擅自在皇陵区内动土者更要诛灭三族。可是法不责众。对于东汉帝国来说，最可怕的并不是距首都洛阳城仅有15里的宪陵被发掘哄抢，汉顺帝的遗体遭到羞辱，而是如此特大的恶性案件竟然不能侦破。直到东汉帝国灭亡，也没有任何人因为参与发掘宪陵而遭到惩处。皇威于是乎荡尽，法律于是乎无存。社会治安如此恶劣，执法能力如此低下，这样的政权如果再不灭亡，简直没有天理了。

话虽如此，瘦死的骆驼毕竟比马大，东汉帝国的阳寿暂时尚无断绝之虞。梁太后和梁冀明白，在百姓把宪陵掀个底朝天之前，亡羊补牢还来得及。为此，他们急需一位忠实能干的官员，负责重修和保护宪陵。但是，中原人看来都不大可靠，没准将来监守自盗，破坏得更加彻底，还是边疆人信得过。此人必须武艺超群，能够制服武装盗墓集团；而且还得懂土木工程，能管好施工队。凑巧的是，凉州武威郡正子推荐来一名难得的人才，符合上述所有条件，令梁家兄妹喜出望外。

这位奇才姓段，名颎，字纪明。建康元年（公元144年），像袁安一样，段颎被"举孝廉"，也就是被武威太守认为既孝顺又廉洁，品德高尚，适合推荐给上级人事部门培养为官员。汉朝初年，地方向朝廷推荐的人才只有"贤良"和"方正"两类，汉武帝又增加了"孝廉"和"秀才"两类，相当于候补官员。东汉时期，"秀才"因为要避光武帝刘秀的名讳，所以改称"茂才"，同时又增添了至孝、敦朴、有道、贤能等十余类"储备干部"。

"举孝廉"制度原本意在发掘品德高尚的人才，但到了东汉后期，它已经蜕变为名门大族帮助其子孙当官的工具。每年初，朝廷都要给各郡下发"举孝廉"名额，上级官员的介绍信也会随之纷至沓来，总是超出名额，令地方官左右为难。[①]因为数量有限，所以孝廉名额经常被地方官用来巴结权贵。刘备在担任豫州刺史的时候，为了讨好袁绍，荐举袁绍的长子袁谭为茂才，就是个很好的例子。

段颎能被"举孝廉"，倒不是因为有高官的推荐信。武威郡的居民只有3万余人，是个每三年才能荐举一名孝廉的小郡，孝廉名额自然非常宝贵。段颎小时候喜欢行侠仗义，有时不免胡作非为，后来浪子回头，潜心研究古籍，所

---

① 汉和帝时期，袁安的继任者、司徒丁鸿规定：人口满20万的郡每年可以举孝廉1名，满40万举2名，满60万举3名，满80万举4名，满100万举5名，满120万举6名，不满20万的小郡每两年举1人，不满10万的小郡每三年举1名，以后便成为常制，其他人才类别的荐举情况也与此相似。

以受到武威太守的赏识，是位名副其实的"孝廉"。到了洛阳之后，段颎立即被封为宪陵园丞。他大力肃清宪陵周边的治安，组织陵园整修，工作努力，成果显著，受到上司的一致赞赏。

把宪陵的烂摊子扔给段颎之后，梁家兄妹吸取汉顺帝的历史教训，打算给汉冲帝预造新皇陵，但却不敢再贸然圈地了。太尉李固认为，在目前"处处寇贼"的情况下新建皇陵，不光经费难以筹措，也没有足够的兵力加以保护。因此，他建议不如在宪陵的陵园内建个小陵，由段颎一并负责施工和保护，这样可以节省大笔拆迁费、军费和施工费，估计总费用至少能下降三分之一。这个"非礼"的提议得到了梁家兄妹的首肯，朝廷官员也都表态支持，于是新官段颎只好能者多劳了。

仿佛是嫌东汉政府的烦心事还不够多，建康元年，西北和东南战场败北的消息一封接一封地传向洛阳。先说西北前线与羌人的战况。在此前三年，也就是永和六年（公元141年），征西将军马贤率十万大军西征，结果遭到惨败，马贤父子三人阵亡。此后，羌人竟然深入渭河平原，包围长安，纵火焚烧西汉诸皇陵，各路汉军纷纷败退，只有护羌校尉赵冲能够苦战退敌。不想到了建康元年，赵冲的部下马玄叛逃到羌人一边，赵冲闻讯前往追赶，不幸中了埋伏，全军覆没。马贤与赵冲是汉顺帝末年仅有的两位抗羌名将，三年内相继牺牲，汉军无力再战。大将军梁冀没有办法，只得花重金"赏赐"羌人部落，暂且买下了几年的和平。

在与"当涂高"信仰者战斗的东南前线，汉军的表现也同样糟糕。九月，冯赦处死了畏敌不进的九江太守丘腾，逼迫扬州刺史尹耀与新任九江太守邓显硬着头皮进攻，结果被暴动领导人马勉、范容诱入包围圈，一举全歼，尹耀与邓显阵亡。马勉军乘胜追击，接连攻下了合肥等多座重镇，横扫江淮，威震华夏。随着官军的节节败退，民间多以为陈胜、吴广的事情又要重演，洛阳的文武大员们人人自危。

偏巧在此国难当头之际，小皇帝刘炳突然生了重病，次年正月就夭折了。虽然段颎督造的怀陵工程已经完工，汉冲帝可以顺利下葬，但梁太后害怕皇帝夭折的消息传出，会助长马勉、范容军的气焰，各地诸侯王也可能会闻讯造反，所以秘不发丧，打算先把诸侯王召到洛阳，软禁起来再说。在太尉李固的坚持下，汉冲帝的丧情最终还是宣布了，但东汉皇位的继承者却悬而未决。

在汉冲帝死后，汉安帝的皇室血脉便断绝了。按照中国的传统宗法，汉安帝的祖父汉章帝的长子——千乘王刘伉的后裔应当优先入继皇位。刘伉有两个孙子，即前文中提到的清河王刘延平以及乐安王刘鸿。此时，以皇帝年号命名的刘延平已经去世，刘鸿还活着，但年事已高。这兄弟二人各有一个儿子：刘延平之子刘蒜已经成年，德才兼备，特别受太尉李固的推崇；刘鸿的儿子刘缵虽然年幼，却也很聪明。如果严格按照宗法办理，应当优先立刘鸿为帝，刘缵为皇太子；其次就是立刘蒜为帝。不过，刘鸿的年纪比梁太后还大，因此立即就被否决了。

在李固和多数大臣的建议下，梁太后召刘蒜至洛阳，打算策立他为皇帝。但就在此时，却有一位宦官来找大将军梁冀，对此事横加阻挠。这人就是曹操名义上的祖父——中常侍曹腾。原来，当年曹腾曾因事找刘蒜，刘蒜素来讨厌太监，对曹腾的态度甚不礼貌，所以曹腾不愿意看到刘蒜继位。他对梁冀说，拥立未成年的孩子做皇帝，才是对外戚最有利的，所以应该选择年仅8虚岁的刘缵。曹腾是梁冀的父亲梁商的好朋友，梁冀从小就与曹腾熟识，认为对方的建议很有道理，便上奏梁太后，改立刘缵为帝，史称汉质帝。

汉冲帝驾崩的消息传到淮南，"当涂高"的信仰者果然群情振奋。不光九江郡，就连周边的庐江郡、广陵郡民众也抱着当开国元勋的念头，群起响应。马勉军所到之处，淮河以南、长江以北，莫不望风而降。三月，马勉在占领当涂县之后，自以为符合了《春秋谶》"代汉者当涂高"的预言，于是在当涂县身着黄袍，告祭天地山川，正式宣布自己就是"当涂高"，现在按照图谶的指示，顺天应人，取代汉朝，称"黄帝"，建年号，封百官。

马勉之所以自称"黄帝"，是颇有讲究的。对于朝代的"终始"变迁规律，儒家学者提出了两种理论：一个叫"五行"（即"五德"），另一个叫"三统"。

"五行"理论发源于先秦时期，《尚书·洪范》认为世间万事的变化发展都可以用相生相克的"水、火、木、金、土"五行循环来解释，朝代也不例外。"水、火、木、金、土"五行相当于"黑、赤、青、白、黄"五色，又代表着北、南、东、西、中五方位。汉高祖刘邦灭秦之后，祭祀青帝、赤帝、黄帝、白帝、黑帝，合称"五帝"；西汉初年成书的儒家经典《大戴礼记》将黄帝、颛顼、帝喾、尧、舜五位远古氏族首领合称为"五帝"，与五色帝、五行和五方位对应，司马迁在《史记》中也沿用了这一说法。《礼记》认为，夏朝属水德，崇尚黑色；商朝属金德，崇尚白色；而周朝属火德，崇尚赤色。一个朝代崇尚什么颜色，皇帝就应该主穿什么颜色的礼服，例如秦朝崇尚黑色，西汉前期崇尚赤色，汉武帝至王莽崇尚黄色，而东汉又崇尚赤色，所以号称"炎汉"。

"五行"的更替顺序历来说法不一，常见的主要有"洪范五行"和"正五行"两种。按照汉朝流行的"正五行"理论，"五行"的更替顺序是：金→木→水→火→土。也就是说，土行应该代替火行，黄色应该代替赤色，所以接替汉朝的朝代应该属土德，崇尚黄色。建平二年（公元前5年），汉哀帝刘欣迷信预言书《赤精子之谶》，以为"汉家历运中衰，当再受命"，主动改姓为属土德、崇尚黄色的"陈"，滑稽地自称"陈圣刘太平皇帝"。推崇图谶的王莽和东汉政府始终赞成这种"土代火，黄代赤"理论，结果到了东汉后期，打着黄色标志反汉的事例甚多，从马勉自称"黄帝"，到张角的"黄巾"与"黄天当立"，再到曹魏集团称曹姓出自黄帝，陈群、桓阶等人宣扬"汉行气尽，黄家当兴"，曹丕篡汉后使用的首个年号"黄初"，以及孙权称帝后用的前两个年号"黄武"和"黄龙"，莫不如此。只有刘备坚持说炎汉的国运未绝，依旧用火行，崇尚红色。汝南袁氏出自春秋时代的陈国，而陈国是虞舜的后裔，虞舜属土德，崇尚黄色，所以汝南袁家也应崇尚黄色。后来，袁绍和袁术兄弟野心膨胀，意欲代汉自立之时，都曾宣传过这个典故。在东汉末年，各路军阀的行动都经常受五行循环理论的影响。

"三统"理论的历史要比"五行"短得多。根据汉朝儒家学者的研究，夏朝和秦朝都崇尚黑色，商朝崇尚白色，周朝和汉朝都崇尚赤色，因此所谓"五行"应该修正为"黑、白、赤"这"三统"，分别代表天、地、人，象征着"天人合一"，而"三统"之间的关系就是"天人感应"。按照"三统"理论，接替汉朝的朝代应该崇尚黑色，代表天。

显而易见，"三统""五行"思想与儒家、道家、阴阳家思想相互交融之后，其产物已经十分接近于宗教，特别是"黑、白、赤"或"天、地、人"这"三统"，与西方宗教中的"天堂、人间、地狱"世界体系如出一辙，"天人合一"的思想与三位一体理论也极为相似，可谓殊途同归。故此，"三统"与"五行"思想会培养出赤眉、黄巾、红巾等奇特的民间组织，它们崇尚的颜色与当朝政府崇尚的颜色有相互取代的关系，两者之间的战争不仅是颜色战争，也是思想战争。

东汉的首都洛阳在汉代被改成"雒阳"，尔后又被曹丕改回周朝的"洛阳"，也与"五行"和"三统"理论有直接的关系。曹丕代汉称帝后，立即将雒阳改名，为此还颁布过一篇名为《改雒为洛诏》的诏令，阐述其缘由："汉朝属于火行，火忌水，所以汉朝把'洛'字的水字旁去掉，改为'雒'。魏朝属于土行，水与土互为阴阳关系，水在土中流淌，土得水就变得柔软，两者相辅相成。

所以，从今以后，恢复'雒'的水字旁，改'雒阳'为'洛阳'。"①

对"五行"和"三统"终始理论及图谶的信奉，导致东汉教育体系产生了严重的自我矛盾：一方面，它培训出的官员应当相信，汉朝必将灭亡，甚至很快就会灭亡；另一方面，他们在实际工作中又应当完全效忠于汉朝。只要刘姓皇室不打算让贤，这个矛盾便是一个无解的死结。东汉帝国靠着宣扬这些理论而兴起，也必然因为这些理论而衰亡。

有道是：天无二日，民无二主。不管马勉称什么颜色的"帝"，总归是东汉朝廷无法容忍的。但是，马贤、赵冲诸将都已经战死，段颎又奉旨到关中修缮被羌人破坏的汉景帝阳陵去了，梁太后和梁冀只得责成各级官员寻找良将，后来总算找到一个叫滕抚的，于是拜此人为九江都尉，还准备让太尉李固亲征。没想到李固尚未出发，捷报便已传来：滕抚趁马勉举办登基典礼

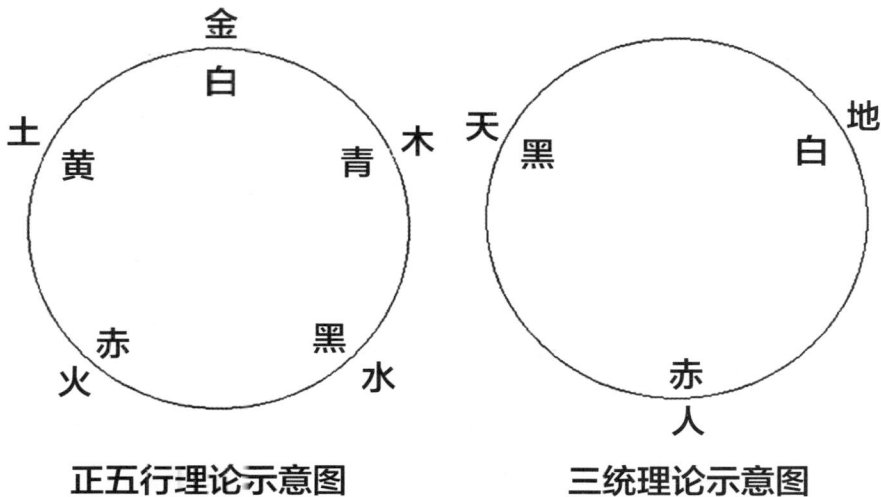

正五行理论示意图　　**三统理论示意图**

---

① 参见《太平御览》卷十七引《魏略》。

骄傲自满、疏于防备之际发动偷袭，在当涂一举袭杀了马勉、范容等暴动领导人，余众纷纷逃散。

马勉死后，他的部下华孟一度重整旗鼓。华孟总结教训，认为马勉之所以会失败，主要原因是"五行"理论已经过时了，应该用时髦的"三统"理论。于是，他改马勉用的"土行"为"水行"，崇尚黑色，自称"黑帝"。但就在当年冬季，这位"黑帝"便与"黄帝"马勉一样死于滕抚之手。持续了数年之久，一度聚众十余万，横扫上千里，令东汉统治者寝食难安的东南暴动，就这样在几个月内便被滕抚镇压下来。

次年，也就是公元146年春天，滕抚率军胜利回到洛阳。半路上，他接到嘉奖诏书，被晋升为左冯翊（司隶校尉的下属，相当于太守），还听说朝廷已经改年号为"本初"。

乍看上去，"本初"只是一个普普通通的年号，代表着事物的开端。类似含义的年号在汉朝有很多，例如"太初""太始""本始""元始""元初"等。在平定了东南暴动之后，东汉帝国在"本初元年"会否极泰来，迎来久违的和平与繁荣吗？

本初迷局——袁绍的身世
(公元146~147年)

本初元年是在平静中开始的。随着滕抚军捷报频传，梁太后和梁冀的心情显然都不错，居然关心起官员后备队伍的建设和教育事业来了。当年四月，梁太后下了一道重要的召书——可称之为《学而优则仕诏》，要求各地封疆大吏推荐50岁以上70岁以下、熟悉儒家经典的知识分子，到太学充任教师；又要求贵族和中高级官吏都送子孙去太学集中上课，固定在每年的三月和九月考试两次，前10名立即封官，其余及格的太学生也可以等着补缺。虽然当时的具体考试方法已经不得而知，但内容不可能超出儒家经典的范畴。

东汉太学生至少要研究五种学问，即"五经"：《易经》《尚书》《诗经》《礼记》和《春秋》。根据版本和研究领域不同，"五经"又分为十四门课，即《施氏易》《孟氏易》《梁丘易》《京氏易》《欧阳尚书》《严氏春秋》《颜氏春秋》《大夏侯尚书》《小夏侯尚书》《大戴礼记》《小戴礼记》《齐诗》《鲁诗》《韩诗》。每门课各由一位高级教师主管，称为"博士"，而这14位博士的领导就是九卿之一的太常，他实际上也是太学的校长。

如果学习成绩好，太学生可以升级为所谓的"高才生"，继续研读《尚书》《毛诗》《春秋谷梁传》和《春秋左氏传》。上述这些课程似乎都是选修课，没有必要全学，但至少得精通一门，兼懂数门。

汉朝太学的设立始于"独尊儒术"的汉武帝。元朔五年（公元前124年），丞相公孙弘等上奏，请武帝设立博士弟子（太学生）50名，由太常挑选，条件是年满 18 虚岁、仪表端正的平民。地方官员发现有品学兼优者，应当上奏中央，上级人事部门审查通过，也可以到太常处报到，和博士弟子一起听课。博士弟子每年考试一次，至少要有一门功课及格，否则开除；成绩及格的学生可以"补文学掌故"，"高第"优等生可以当郎中。从此，西汉政府开始举办对儒家《五经》内容的系统考试，由此选拔后备官吏，这其实也就是后世中国科举制度的最早起源。博士弟子、孝廉、秀才、贤良、方正等人才选拔制度，构成了西汉官员培训体系的核心。

东汉初年，选拔人才的制度更加多元化，但选拔与考核太学生的标准基本上没有变。值得注意的是，汉朝录取太学生的首要标准居然不是"品学兼优"，而是"仪状端正"，也就是相貌堂堂，有官员的样子。于是，太学生入学考试变成了男模颁奖典礼，帝国朝廷上充斥着美男子。在这种社会风气和制度影响下，世代容貌俊秀的袁家成员就容易官运亨通，而其貌不扬的人就总会碰到麻烦。

在中国历朝历代之中，汉朝人的审美观是与现代中国人最接近的，总共有四个标准：一，身材要高；二，体型要瘦；三，肤色要白；四，女人的头发要乌黑光亮笔直，不能有头皮屑，男人的胡子也要乌黑光亮笔直，越长越好。汉末三国时期的几位著名的美男子，如袁绍、刘表、周瑜、诸葛亮、关羽、嵇康等，都符合这四条标准。可是，真正在这个乱世中笑到最后的三巨头，全都其貌不扬：曹操长着一副不错的胡子，可惜五短身材，而且相貌丑陋；刘备虽然"高硕白"，可惜四肢比例失调，手臂太长，"垂手过膝"（如果生在现代，估计是篮球场上的一把好手），而且天生不长胡子[1]，活像个太监；孙权更糟，

---

[1] 《三国志·周群传》："先主无须。"

居然长着绿眼珠（"碧眼儿"）、紫胡子（"紫髯鼠辈"），一副白种人的相貌，离汉朝美男子的标准太远了。可以说，汉末战乱就是一个丑男逆袭、美男落魄的时代。

美男子一向稀缺，既有学问又有能力的美男子就更稀缺了。为了避免加重百姓负担，西汉政府严格限制官民比例，太学生起初只设五十名，极盛时也不过三千。但在梁氏兄妹的主持下，东汉太学大规模扩招，不可避免地引发了严重的社会问题。

在官本位思想盛行的古代中国，一旦出现步入官场的机会，总会有许多人趋之若鹜。听说过太学读书就可以做官，报名的人潮立即汹涌而来，东汉太学的 1850 间房屋很快就被挤得爆满。在梁太后下《学而优则仕诏》之前，东汉太学里原本只有师生千余名；而在此之后，在太学同时就读的太学生竟达三万余名，约占洛阳城内常住人口的十分之一。[1]据《魏略·儒宗传》记载，大部分太学生都出身富豪名门，报名上太学不是为了学习知识，而是为了混入官场，并躲避社会上的各种危险事务，而且教师队伍鱼龙混杂，教学质量堪忧："诸博士率皆粗疏，无以教弟子，弟子本亦避役，竟无能习学……是时朝堂公卿以下四百余人，其能操笔者，未有十人，多皆相从饱食而退。"有些长期考试不及格的太学生宁愿在太学校园里混一辈子，也不愿意走向社会，寻求其他的就业岗位。就这样，原本清静的校园里人声鼎沸，日益浮躁。

与迅速膨胀的学生队伍相比，教师数量却严重不足。多数太学生都是为了当官而来，对学术并无真正的兴趣。于是，博大艰深、需要长期研究的课题自

---

① 《后汉书·郡国志》："河南尹，秦三川郡，高帝更名。世祖都雒阳，建武十五年改曰河南尹。二十一城，永和五年户二十三万八千四百八十六，口百一十八万八百二十七。"可知包括洛阳在内，河南尹下属的 21 座城总人口在永和五年达到 101 万。东汉后期，洛阳城内常住人口估计在 30 万左右。

然就无人理睬，而追逐时髦题材的高谈阔论（即所谓"清谈"）却流行起来。被汉朝崇尚了300多年的儒者之风，从此远离了认真务实的优良学术传统。更麻烦的是，大批热衷功名并有宦官家族背景的同龄人长期聚集在一起，最终会发展成一股强大的政治势力。由于帝国政府根本不可能为这么多急于当官的太学生提供令他们满意的就业机会，多数太学生势必会渐渐对朝廷产生不满，乃至于敌对的情绪，这恐怕是梁氏兄妹始料未及的。

送孩子上太学的社会热潮迅速席卷整个东汉上层社会，不可避免地影响到了太仆袁汤。在他存世的三个儿子之中（长子袁平已经夭折），次子袁成时任左中郎将（一说是权力更大的五官中郎将，也许这两个职务他都当过），三子袁逢刚刚生下了袁汤的长孙袁基，小儿子袁隗则新婚燕尔。袁逢和袁隗此时大概都未满20虚岁，没有举办成年冠礼，也没有官职，正好送到太学去进修。

身为中郎将，袁成已经没有再进太学的必要了。此人身体壮健，擅长政务，气度不凡，包括大将军梁冀在内的贵戚权豪都争相与他结好。据《汉末英雄记》记载，凡是袁成提出的建议，朝廷（其实就是梁太后和梁冀兄妹）没有不采纳的，所以洛阳有民谣说："事不谐，问文开（袁成字）！"

虽然事业一帆风顺，身体壮健，而且已经结婚多年，但史料上没有明确的关于他的子嗣的记载，只可以肯定他有一个亲生女儿，这个女儿后来嫁给蜀郡太守高躬为妻，生下一子，取名叫高干。《后汉书》称袁绍是袁成的儿子，如果属实，那么袁成的唯一男性后裔就是袁绍，高干就是袁绍在宗法上的外甥。

但奇怪的是，作为在《后汉书》和《三国志》两部正史中都有长篇列传的大人物，袁绍的生父居然难以确定。按照《魏书》和《汉末英雄记》的记载，袁绍是袁成之弟袁逢的庶子，所以是袁基的异母弟、袁术的异母兄。《后汉书》把袁绍算作袁成的儿子，而《三国志》则干脆对袁绍的父亲避而不谈，但是提到，当袁绍与袁术闹翻时，袁术给袁绍的敌人公孙瓒写信，说袁绍根本不是袁家的孩子。这样，袁绍的生父就有了三种可能——袁成、袁逢、无名氏。

尽管袁术宣称袁绍不是袁家的孩子，但就连公孙瓒都没有采信这一说法。初平三年（公元192年），公孙瓒上奏朝廷，罗列袁绍的十条大罪，其中的第九条罪是："《春秋》之义，子以母贵。（袁）绍母亲为傅婢，地实微贱。"据此，袁绍的生父大约的确是袁逢，而生母则是一个丫鬟（傅婢）。作为女奴的庶出儿子，袁绍不遵守"子以母贵"的春秋大义，反而处处压制嫡出的同父异母弟袁术，所以公孙瓒据此指责他"有苟进之志，无虚退之心"。这是关于袁绍母亲身世的唯一史料。其实，作为袁绍的死敌，公孙瓒完全能炮制出更加不利于袁绍母亲的言论，但他在正式奏折中的指责仅限于此，与袁术的言论相比，可信度显然更高。

"绍"的意思是继承，按照《逸周书》里的解释："疏远继位曰'绍'。"如果袁成没有儿子，完全可以过继弟弟袁逢的儿子为嗣子，这在古代并不罕见。

《汉末英雄记》虽然说袁绍是袁逢之子，却又记载："（袁）绍生而父死，二公爱之。"由于袁逢和袁隗兄弟在袁绍出生后又活了很久，因此这里的"父"指的只能是袁成，"二公"指袁逢和袁隗。如果此事属实，那么袁绍刚出生，负责宫廷保卫工作的中郎将袁成便突然去世（这也被后文中提到的袁成碑铭所证实）。汉朝有所谓"绍封"的宗法规矩，即在某位贵族已经去世，且不再有直系后裔的情况下，从其晚辈支系亲戚中挑选出一人（通常不是长子，而且最好是庶出），追认过继为这位贵族的后代，并授予相应的爵位。萧何、曹参等汉朝开国显贵，甚至尧、舜的后代都是这样成为侯爵的。所以，鉴于长子袁成尚未生下继承人就去世了，身为家长的袁汤很有可能让袁逢把刚刚出生的庶子过继给亡兄做嗣子，并给这个孩子取名叫"绍"——也就是"绍封"的意思。当时，新生儿袁绍并没有"本初"这个字，那得等到他年满20虚岁后，在成年冠礼上再取。

在袁成的葬礼上，襁褓中的小袁绍大哭不止（估计不是因为伤心），周围的人逢场作戏，都连声赞扬他是个天生的孝子。参加袁成葬礼的，正好有一位当世公认的孝子，他就是年方15虚岁的东汉大文豪蔡邕。蔡邕小时候，母亲重病3年，他一直在母亲身边照顾。三年后母亲病危，蔡邕连续70天没睡觉，震惊乡里。此时，在社会上已经颇有声望、被誉为"文学神童"的蔡邕受袁汤之请，来为袁成撰写碑文，听到袁绍哭得如此响亮，于是便提笔写道："呱呱孤嗣，含哀长怆。"①袁成的这篇墓志铭，是目前所见蔡邕最早的一篇文章，从此以后，他便成了为汉朝公卿显贵撰写墓志铭的专业户，而且特别受到袁家青睐，前后为袁家共写了至少6篇碑文，其中多为夸大吹捧之词。难怪蔡邕后来会对马融的学生卢植说："吾为碑铭多矣，皆有惭德。"后来，董卓杀害了袁隗全家老小，而蔡邕又事于董卓，最终被袁绍的老部下王允处决，其间恩怨是非由来已久。

现在，我们还有一个最重要的问题亟待解决：袁绍是否生于本初元年？

无论是《后汉书》《三国志》，还是其他古籍，都没有明确记载袁绍的年龄，只记载了他在建安七年（公元202年）去世，甚至就连袁绍的父亲、叔伯、兄弟、儿女的年龄也都没有记载。虽然如此，我们仍然可以推算出一个袁绍出生年代的大体区间。

据《三国志·武帝记》记载，初平二年（公元191年），有人对曹操说："今袁公势盛兵强，二子已长……""长"的意思是成年，袁绍有4个儿子——袁谭、袁熙、袁尚、袁买，可见在初平二年，袁谭和袁熙已经成年，而袁尚还算是少年（袁买尚未出生）。按照《礼记·曲礼》的记载，"男子二十，冠而

---

① 参见《昭明文选·曹植王仲宣诔》注引蔡邕《袁成碑》。

字"，所以汉朝人以男子满 20 虚岁为成年。因此，在初平二年，袁绍的次子袁熙已满 20 虚岁，长子袁谭的年龄还要更大，但三子袁尚还不满 20 虚岁。也就是说，袁谭和袁熙出生在熹平元年（公元 172 年）之前，而袁尚出生在熹平元年之后。如果以男子 16 虚岁当父亲为生理下限的话，那么作为袁谭的父亲，袁绍应当出生于永寿元年（公元 155 年）之前，而永寿元年正是曹操出生的年份，所以袁绍的年龄肯定比曹操大。

按照《三国志 后妃传》的记载，曹操首娶丁氏为妻，后纳卞氏为妾。卞氏生于延熹三年（公元 160 年），嫁给曹操时 20 虚岁，所以他们结婚的时间是光和二年（公元 179 年），当时曹操 25 虚岁。卞氏的长子曹丕生于中平四年（公元 187 年），初平二年（公元 191 年）时才 5 虚岁，他的异母兄曹昂当年也未满 20 虚岁，明显比当时已经成年的袁谭和袁熙年龄小。以两人的次子相比，袁熙比曹丕大 15 岁以上，不过这二人的妻子却是同一人。袁熙的妻子甄氏生于光和六年（公元 183 年），肯定比袁熙年龄小十几岁，袁熙兵败后被迫嫁给曹丕，但她比曹丕大 4 岁，二人的结合是"姐弟恋"，这就注定了甄氏日后人老珠黄，被曹丕抛弃和惨死的悲剧。

袁绍至少有两次正式的婚姻，先娶李氏（后文将作详解），后娶刘氏，熹平元年（公元 172 年）之前生长子袁谭。因此，以两人的第一次结婚时间相比，袁绍娶李氏在建宁四年（公元 171 年）之前，曹操娶丁氏在光和二年（公元 179 年）。综合所有这些人物年龄的情况看，袁绍应当比曹操大 6 岁以上。

从宦途角度观察，作为很早就接受过正规高等教育、家族位高权重的豪门子弟，袁绍和曹操成年时，就都具备了步入官场的条件。袁绍于延熹八年（公元 165 年）左右出仕，曹操于熹平四年（公元 175 年）左右出仕，相差 10 年左右，可见袁绍的年龄比曹操大 10 岁左右。

按照《后汉书》《三国志》和《世说新语》等诸多史籍的记载，袁绍与曹操年轻时经常在一起玩乐，说明他们的年龄不可能相差很多。按照《礼记·曲礼》的记载："年长以倍则父事之，十年以长则兄事之，五年以长则肩随之……"这是符合人性的。青年时期，曹操与袁绍的关系，介乎"兄事之"和"肩随之"之间，因此，袁绍不大可能比曹操年长超过 10 岁，而是只大 6~10 岁。也就是说，袁绍应当出生于永熹元年（公元 145 年）到建和三年（公元 149 年）之间。本初元年（公元 146 年）恰好处于这一区间内。考虑到在这短短几年内，"本初"这个年号恰好与袁绍的"字"相符，而且只有一年，袁绍生于本初元年的可能性是极大的。

如果袁绍生于本初元年（公元 146 年），那么他就比曹操大 9 岁，在 25 虚岁前首次娶妻，在 27 虚岁前生袁谭、袁熙两子，在 28 虚岁后生三子袁尚，43 虚岁时任中军校尉，次年任司隶校尉，45 虚岁时组织联军讨董卓，52 虚岁时任大将军，55 虚岁时指挥官渡战役，56 虚岁时病逝，没有任何不合理之处。

综上所述，关于袁绍的出生信息，最大，而且近乎唯一的可能性是：本初元年袁成去世，三弟袁逢遵照"绍封"的宗法规矩，将自己刚出生的庶生子过继给了亡兄，并因此给他起名叫"绍"，即袁绍。

不过，本初这个年号为什么只有一年呢？

因为正是在袁成去世的本初元年（公元 146 年），他所主管的宫廷保卫工作出了大祸。

本初元年，汉质帝见梁冀态度骄横，于是当着群臣的面指责梁冀说："此跋扈将军也。"梁冀听了大惊，担心质帝将来会惩办自己，于是让宫人在小皇帝爱吃的煮饼里下药，将他毒死。煮饼是一种面食，便于毒药的隐藏和扩散。

梁冀这么急着置汉质帝于死地，是因为有前车之鉴。东汉皇帝拥有巨大的权力，很难被完全架空，不需要太多经验和智谋，就足以翻云覆雨。汉和帝发动政变，消灭窦宪集团时，年仅 14 虚岁。在梁冀看来，汉质帝的聪明和早熟不亚于汉和帝，他自己骄横树敌又甚于窦宪，自然有理由担心自己步窦宪的后尘。但梁冀并非亲自下手作案之人，按照李固的猜测，御医应当为此负责，其实牵涉其中的官内人员肯定还有许多。无论中国还是外国，古代帝王为了避免食物中毒，身边都安排有充当小白鼠的"试膳者"，也就是在帝王进餐之前，先把每样食物尝一遍，确定没有中毒反应，才呈送给帝王食用。所以，想要毒死皇帝，需要买通的人员绝非一两个，涉案人多了就难免走漏消息，传到安全部门耳朵里。

东汉皇帝的人身安全主要由洛阳城内相互制约的三支部队负责，他们的统帅分别是执金吾、光禄勋和卫尉。这样"三权分立"的目的显然是为了防止禁卫军集中在同一个领袖指挥之下，易于发动政变，与东汉同时期的罗马帝国就因为存在一支过于强大的禁卫军，皇位多次被颠覆，后来分设两位禁卫军司令，又增加了几支其他的皇帝直属精锐部队建制与禁卫军抗衡，政局才算平稳一些。

相较而言，光禄勋掌握的禁卫军数量较多，活动范围也较大；卫尉掌握的禁卫军数量较少，主要负责在宫中站岗；执金吾掌握的禁卫军数量最少，主要负责在宫外巡逻，经常与百姓接触，所以汉光武帝刘秀年轻时曾经感慨"为官当为执金吾"——以他当时的平民身份，很难亲眼见得到光禄勋和卫尉，通常只能看到执金吾整天耀武扬威地在街上得瑟。袁成身为中郎将，属光禄勋直辖，是禁卫军高级军官中兵力最强的一位，职责重大。

本初元年，担任光禄勋的是梁冀的弟弟梁不疑。此人一度违背汉朝"非刘氏不王"的祖训，给自己弄到了王爵"颍王"[1]，而且素来与乃兄狼狈为奸，不唯横行市井，欺压百姓，甚至还打击宦官单超、左悺等人，树敌甚多。但在

---

① 参见蔡邕《蔡邕集·太尉桥玄碑阴》。

本初元年之后，梁不疑与梁冀的关系却明显恶化。很快，梁不疑便神秘地辞职回家，梁冀又派人监视梁不疑的家属，迫害其友人。几年后，梁不疑也死了。这些怪事表明，梁冀、梁不疑兄弟可能在杀害质帝的问题上存在分歧。作为梁不疑的下属，袁成在本初元年突然去世，很可能与他试图保护汉质帝有关：袁成以往与梁太后和梁冀关系密切，"言无不从"，但是在梁冀计划毒杀汉质帝的问题上，因为触及了负责保护汉质帝的中郎将袁成的基本利益，双方出现了激烈的分歧，袁成因此突然死亡。袁成之死激怒了袁成的顶头上司、光禄勋梁不疑，原本狼狈为奸的梁家兄弟因此决裂，导致梁不疑辞职退休。

汉质帝死亡的次日，梁冀便召集朝廷百官，讨论策立新君的问题。其实他心中已经有了理想的人选，那就是即将迎娶自己妹妹的蠡吾侯刘志。当时，刘志因为准备结婚，已经被梁太后招到洛阳，所以可以立即登基。论辈分，刘志并非没有继承皇位的资格，但太尉李固等多数内阁官员却依然支持刘志的堂侄、清河王刘蒜，说他的地位和能力比刘志高。梁冀心中恼怒，却也不敢公然反对多数人的意见。

正在此时，一向敌视刘蒜的大太监——中常侍曹腾闻讯，又连夜跑到大将军府游说。梁冀因而下定决心，次日到朝廷上叫嚣，群臣胆怯，司徒胡广、司空赵戒、太仆袁汤等人都表态同意拥立刘志，唯独李固和大鸿胪杜乔不同意，散会后又给梁冀写信，说刘志没有继承皇位的能力。梁冀于是让梁太后立刻革去李固的太尉职务，诏令司徒胡广改任太尉，司空赵戒改任司徒，与梁冀参录尚书事，太仆袁汤升任司空。胡广与赵戒都是平调，只有袁汤是从九卿一跃而为三公，成了袁家"四世三公"中的第三世。由此可见，在拥立刘志称帝的过程中，袁汤的表现肯定是九卿之中最卖力的一个，李固、杜乔，还有刘蒜，都被他出卖了。作为皇帝出行"司车三人组"的成员，身为太仆的袁汤与大将军梁冀频繁接触，可能是汉质帝遇害和刘志登基的关键因素。

于公于私，袁汤都应该与弑君杀子的梁冀为敌，但他却在关键时刻选择了支持梁冀，这可是连素来行为僭越骄横的梁不疑都不齿于做的，当时肯定大大出乎朝廷百官的预料。这一下作的行为，不仅辜负了历代皇帝对袁家的宠信，更有愧于为了保护汉质帝而献身的次子袁成。事实上，袁家几乎每一代都出现政见不同的成员，父子、兄弟对立的情况司空见惯，这最终导致了袁家的败亡。尽管袁汤和袁成政见对立，但他们的私人身份毕竟是父子，袁汤有义务给袁成安排后事。袁成死时，只有女儿而没有儿子，等于绝后，袁汤安排三子袁逢将刚出生的庶生子袁绍过继给已故的袁成当儿子，使袁成家族得以延续，算是一种良心和经济上的补偿。大概正是出于这些原因，袁逢和袁隗兄弟都对袁绍特别偏爱，因为袁成代表了袁家的良心，袁绍从被过继之日起，就获得了袁家最多的政治资产，注定了会"疏远继位"。

在袁汤的支持下，刘志被梁冀迎入宫中，当日便即皇帝位，是为汉桓帝，时年15虚岁。

汉桓帝即位之后，立即论"拥立"功，大行赏赐，加封梁冀一万三千户，开大将军府，与三公之府合称"四府"，又封梁冀之子和两个弟弟为万户侯。三公与七名太监跟着受封：太尉胡广封安乐乡侯，司徒赵戒封厨亭侯，司空袁汤封安国亭侯，曹腾封费亭侯。从此，袁家和曹家都步入贵族行列，成了侯爵。这样看来，本初元年升迁幅度最大的两个家族，非袁家和曹家莫属，这两家也因此越走越近。

汉朝侯爵分四等：县侯、乡侯、亭侯和关内侯。县侯获得一个到几个县的封地，以及数千至数万户属民，拥有一万户以上属民的最高等县侯叫作"万户侯"，如梁冀；乡侯获得数百至数千户属民，如胡广；亭侯获得数百户属民，如袁汤和曹腾；关内侯没有真正的封地，只是定期从政府领取一些俸禄。这些侯爵都是世袭的，只要汉朝不亡，他们的家族成员没有犯法，其子孙就可以永远当贵族，享受从封地里征收的赋税，以及属民们的无偿义务劳动。另外，侯爵作为高等贵族，有权力称孤道寡。后来，董卓、袁绍、曹操、诸葛亮等人在晋升为侯爵之后，都常常自称"孤"，并不是僭越的言论，而是他们的合法特权。

官场资源毕竟不是无限的。有人升官，就会有人降职。在江淮战场上立下奇功的滕抚将军就因为不愿意花钱讨好宦官，丢掉了来之不易的官帽。依照太监的授意，新任太尉胡广给滕抚罗织了一些罪名，将他革职查办。没过多久，滕抚便在家中抑郁而死。

就这样，本初元年乱哄哄地过去了。在这一年内，袁家的经历可谓是大风大浪，沧海桑田。袁汤丧失了爱子袁成，但收获了三公和侯爵，又加上孙子袁绍的出生，成为本年度仅次于汉桓帝和梁冀的最大赢家。只是这次出卖刘蒜、李固，阿附梁冀的行动，虽然给袁家带来了高官厚禄，却也败坏了他们历来的好名声，所得能否抵偿所失，一时还难以预料。

公元 2 世纪的中国可谓多灾多难。几十年来，黄河流域的地震一直很活跃。按照汉朝的规矩，一旦发生地震，三公就要辞职。袁绍刚满周岁，公元 147 年四月，洛阳又发生了地震，导致太尉胡广下台。为了安抚李固派的人，梁太后和梁冀把空出来的太尉职务赏给了大司农杜乔。

经过半年多的准备，汉桓帝终于可以迎娶梁冀的妹妹梁女莹了。和平民的婚礼一样，皇帝娶妻也得经历 3 个月的试婚期。梁女莹六月入宫，3 个月后被立为皇后。梁冀想让皇帝多送一些聘礼，遭到太尉杜乔的反对。后来梁冀的小女儿死了，梁冀令三公九卿都去参加葬礼，袁汤等人都按时捧场，只有杜乔不买账，梁冀因此怀恨在心。正巧九月发生地震，梁冀于是以此为由，逼杜乔辞职，让原司徒赵戒改任太尉，原司空袁汤改任司徒，并把听话的胡广请回来当司空。

杜乔下台后刚刚两个月，就出了惊天大案。清河人刘文与南郡人刘鲔计划拥立清河王刘蒜为帝，结果刘文战死，刘鲔被擒。汉桓帝和梁冀早就想除掉刘蒜这个祸根。于是借比贬其为侯，流放到远离政治中心的桂阳。在南下途中，刘蒜突然死去，官方的说法是自杀。汉章帝有 6 个玄孙，其中刘缵、刘炳、刘宏后来都当了皇帝，而年纪最大、社会评价最高的刘蒜却因为得罪了大太监曹腾，屡次与皇位失之交臂，最后还倒霉地搭上了性命，也许是他父亲刘延平悍然以皇帝年号取名，太招摇了吧。因为刘蒜的缘故，梁冀一直讨厌"清河"之名，专门下令将"清河"改名为"甘陵"。

这件谋反大案不可能因刘蒜之死而结束。通过对刘鲔的审理，梁冀知道他是南郡人，就找来袁汤的亲家——南郡太守马融，命他调查刘鲔的底细。马融当时已经是 68 虚岁的老人，已经到了快退休的年龄，却贪图富贵，遵照梁冀的授意，在调查报告中宣称，李固和杜乔是刘鲔谋反案的幕后策划者，梁冀就以此为名逮捕了李、杜二人，导致许多知识分子的抗议。梁太后担心社会影响不好，下令将他们释放。二人出狱时，洛阳市民高呼万岁。梁冀见状惊惶，担心李、杜的社会影响力太大，于是再次将他们抓起来，判处死刑。

临刑之前，李固给胡广、赵戒写信，指责他们胆怯懦弱，祸国殃民。两人得信之后，只是哭泣而已。三公之中，只有袁汤没有收到李固的信件，可见李固认为，袁汤（估计还有袁汤的亲家马融）的道德层次比胡广和赵戒还低，不只是懦弱，而是压根就没有良心，不值得他浪费笔墨。

继李固和杜乔之后，他们各自的一个儿子也死在狱中，四人一同暴尸于洛阳城北，死无葬身之地。洛阳城内后来流行这样一首童谣："直如弦，死道边；曲如钩，反封侯。"与直接动手扒皇陵相比，这样的童谣听上去虽不那么恶劣，却同样反映了底层社会对皇权与政府的公然质疑，也是对胡广、赵戒、袁汤这"三公"的讥讽。这股来自民间的怨气将会越积越深，并且渐渐传入太学，最终酿成中国历史上最早的学生运动。

汉桓帝即位以后，封自己的老师、清河人周福为尚书。当时，周福的清河同乡房植任河南尹，因为是李固的朋友，社会名气比周福大。这两个同乡一个支持清河王刘蒜和李固，一个支持汉桓帝和梁冀，互不买账。支持房植的人创作歌谣嘲讽周福，双方的宾客因此相互争吵，事情很快扩大，太学生和清河地区的知识分子因此分裂成南北两个派系。政府和马融的徒子徒孙支持周福派，而民间团体则支持房植派，双方的对抗不断升级，由此诞生了一个新的历史名词——党人。

在繁体字里，"党"字由"尚"和"黑"构成，指今人所谓的"结党营私"或"黑社会"，在古代，"党"原本是一个标准的贬义字。造成"党人"现象的原因有很多，归根结底是社会各阶层对政权的争夺。东汉后期，民间组织的发达、下层民众的政治觉醒，以及政府对社会舆论的宽容和畏惧，都是空前的。与其他人群不同，知识分子对政府的抨击通常采取非暴力的高谈阔论方式，后世品评人物的风尚由此开始。汉桓帝在位初期，有两个平民喜欢公开批评官员，给对方造成舆论压力。朝廷大员们因为害怕遭到这二人的斥责，争先恐后地携带重礼前去登门拜访，拉拢关系，可见民间舆论在当时的力量。

在东汉后期的内忧外患之中，曾经貌似无比强大的皇权和官僚集团竟然不得不向民间团体低头让步，这实在是前无古人的独特社会景观。很难想象，秦始皇或汉武帝会容忍这类现象的出现。虽说"防民之口，甚于防川"，但纵览中国历朝历代，凡是纵容百姓如此毫无顾忌地批评皇室成员和政府官员，乃至于质疑整个帝国体制合理性的时代，都是该帝国走向没落的时代。因为如此深刻而广泛的批评，势必会导致百姓不服从官府的命令，严重影响政权的威信和实力，对奉行高度中央集权的帝国统治造成根本性破坏，甚至给外敌的入侵提供良机，或是引发革命。如果无法改变现行政治制度，帝国当局就只剩下两种对策：一是把部分政权授予那些批评者，满足他们的权力欲望；二是动用武力镇压。晚期的东汉帝国，不幸即将成为第一个实践这两种对策的皇朝。

宦海沉浮

第二章

豺狼当路——梁冀的统治
(公元 148~158 年)

当婴儿袁绍躺在襁褓里吃奶的时候，东汉帝国正在被大将军梁冀拖向无底深渊。

梁冀执掌东汉政权长达 22 年，却似乎没做过几件好事。史书给他加上了大量令人发指的罪状，例如谋杀君主、迫害异己、压榨百姓、贪污腐败、行为僭越等，可谓罄竹难书。早在汉安元年（公元 142 年），侍御史张纲便对梁冀的统治有一个著名的评论："豺狼当路，安问狐狸？"其实，梁冀本人也许没有这么恶劣，但诚如孔子的爱徒子贡所说："纣之不善，不如是之甚也。是以君子恶居下流，天下之恶皆归焉。"[1]

随着时光的流逝，梁冀的坏名声甚至还远播境外。造访汉朝的西域商人都知道，洛阳城里有这么一位人傻钱多的大将军，于是时不时给他带来一些稀奇而昂贵的商品，其中最富传奇色彩的是"火浣布"。所谓火浣布，就是一种用石棉纤维和亚麻混纺而成的布料，入火不燃。如果布脏了，点火一烧，就会变干净，故名"火浣布"。此物在当时世界上只有罗马人会织，用于制造防火服和灯罩。由于石棉纤维加工困难，混纺的技术要求又很高，即便在罗马原产地，火浣布的价格也很昂贵。[2]经过丝绸之路上的重重关卡，来到中国的罗马火浣

---

[1] 语出《论语·子张》。
[2] 参见老普林尼《自然史》XIX，21。

布和远销罗马的中国丝绸一样，价格翻了数百倍，俨然已经成为无价之宝。为了牟取更高的利润，西域商人宣称，火浣布是用生活在火山中的一种巨型老鼠的皮毛织成。汉人对此信以为真。

梁冀喜欢在酒宴上穿着用火浣布织的衣服，故意把它弄脏，然后当场扔进火里烧，以此向在座宾朋们炫耀自己的富有。作为梁冀的同事，袁绍的祖父袁汤大概不止一次观看过这种表演。而此后直到三国时期，火浣布再也没有在中国出现过。魏文帝曹丕因为终生没见过火浣布，曾经在他的著作《典论》中宣称"火性酷烈，无含生之气"，认为火浣布这种东西不可能存在。曹丕死后，他的儿子魏明帝曹叡将这篇论文刻成石碑，立在太学校园里，誉为"不朽之格言"。不料魏明帝驾崩刚刚一个多月，西域就再次输来火浣布，果然入火不焚。魏国举朝哗然，只好赶紧把先帝撰写的那块"不朽之格言"碑砸掉了。

火浣布既然深受中国市场欢迎，为什么在梁冀和曹叡之间的上百年内却销声匿迹了呢？这和愚蠢无能的梁冀政府直接相关。袁绍7虚岁时，也就是元嘉二年（公元153年），梁冀委任的西域长史王敬轻信于阗宿敌扜弥王的谗言，杀害了无罪的于阗王，结果自己也被愤怒的于阗民众杀死。梁冀当局闻讯，既不安抚，又不讨伐，新上台的于阗政府于是奉行敌视汉朝的政策，逐步攻灭扜弥等周边国家，驱逐汉朝驻军和官吏。从此，于阗国阻绝了丝绸之路，东西方的陆上交流戛然而止。后来，由于罗马商人发现印度洋季风航道，从印度洋绕过马来半岛到中国南部的"海上丝绸之路"渐渐兴起，东南沿海的交州和扬州由此繁荣起来，而原先在丝绸之路国际贸易中占据主导地位的凉州反而衰落了。

对于西域的丢失和丝绸之路的衰败，梁冀倒也不必独自承担责任，因为至少在名义上，太尉才是主管国防的政府首脑。此时，东汉帝国的太尉不是别人，正是袁汤。从本初元年（公元146年）升任司空开始，直到永兴元年（公元153年）下台，袁汤连续担任"三公"近8年之久，将司空、司徒和太尉做了一个遍，这在东汉时期是极为罕见的。然而在这8年之内，他的政绩不仅乏善可陈，简直惨不忍睹：当太仆时皇帝被谋杀，当司空时大兴冤狱，当司徒时灾荒不断，当太尉时丢失西域。可是，他不仅没有引咎辞职，官职反而越做越高，还捞到了侯爵头衔。袁汤自己官运亨通不算，他的几个儿子和亲戚也都出将入相。

显然，袁汤并不是在为汉朝做官，也不是在为老百姓做官，而只是在为他自己做官，并且把为官之术发展成了一门博大精深的学问。

如果梁冀、袁汤一伙只是生活奢侈，对内作威作福，对外丧权辱国，可能还不会很快垮台。但是最终，这个集团居然开始了自相残杀。梁冀表面上凶恶，内心却相当懦弱。这位连皇帝都敢杀的权臣毕生只怕一个人，就是他的妻子孙寿。这个女人爱慕虚荣，心狠手辣，擅长挑拨人际关系，精于梳妆打扮、服装设计和建筑艺术，花钱如流水，把梁冀管得服服帖帖。梁冀有一个叫友通期的情妇，孙寿发现后杀光友通期全家，梁冀为了救友通期，亲自跑到孙家，向孙寿的母亲磕头求饶也没用；孙寿也有一个叫秦宫的情夫，梁冀却无可奈何。于是有人私下说，梁冀还没有当上皇帝，反倒先有了孙家这样一支难以对付的外戚。

在孙寿的教唆下，梁冀重用孙家成员，疏远梁家成员。梁不疑虽已辞职退隐，梁冀仍派人到其门口放哨，侦察与自己的弟弟私下来往的人物，列入打击报复的黑名单。梁冀的笔杆子马融就因为犯了这个忌讳，在古稀之年被梁冀以贪污罪查办，免去南郡太守一职，还处以髡刑，剃光头发，发配到边疆充军。马融当年费尽心思诬告李固和杜乔，以求讨好梁冀，最终却不仅没能升官发财，反倒落得一个身败名裂的下场。这位学术权威虽然著作等身，桃李满天下，如今却被全社会耻笑。

在人际关系盘根错节的汉代官场，马融的倒台势必牵一发而动全身，连累到他的亲友。袁汤虽然机灵，却也无法独善其身。实际上，在袁汤担任太尉期间，袁家与梁家之间已经产生了难以弥合的裂缝。当时，有一个刚刚从太学毕业的年轻人袁著，因为毕业考试成绩最优，所以被封为甲等郎中。袁著祖籍汝南，又姓"袁"，很可能是袁汤的亲戚。他就任郎中以后，看到时政混乱，竟然上书劝梁冀退休，说："四时之运，功成则退，高爵厚宠，鲜不致灾。今大将军位极功成，可为至戒，宜遵悬车之礼，高枕颐神。""四时之运，功成则退"出自《韩氏易传》，神爵二年（公元前 60 年），司隶校尉盖宽饶在给汉宣帝的上书中，就曾引用过这句话，结果触怒宣帝，盖宽饶被迫自杀。《易经》既然是汝南袁氏的祖传家学，袁著在奏折里引用《韩氏易传》就不奇怪了。

梁冀怎么可能放弃权力退休呢？一看到这封劝自己下台的奏章，他就立即派出刺客，四处追杀作者。袁著隐姓埋名，东躲西藏，还谎称病死，造了一个假人冒充自己下葬。但他最后还是没能逃脱梁冀的魔爪，被捆起来用皮鞭抽打至死，他的许多同学友人也连坐遇害。几乎与马融倒台和袁著被杀同时，梁冀又借口发生蝗灾，免去了袁汤的太尉职务，这恐怕不是巧合。看来，袁、马姻亲联盟的实力已经过于强大，威胁到了梁家的地位，使梁冀（更可能是他的妻子孙寿）感到有必要加以打击。

作为在官场摸爬滚打了几十年的巧宦，袁汤可不会像李固、杜乔、马融等书呆子一样任人宰割。袁汤未曾过问李固、杜乔之死，不是因为懦弱，而是因为这对他本人登上三公高位有利。如今，梁冀欺负到了袁、马两家的头上，马融、袁著，还有冤死的次子袁成之仇就非报不可了。除了将梁冀集团摧毁之外，袁汤已别无选择。

袁汤制订的复仇计划精密而冷酷，将他多年积攒的政治斗争才华展示得淋漓尽致。

兵法说，知己知彼，百战不殆。经过多年苦心研究，袁汤早已将梁家的底蕴窥破。

58

首先，梁家前后共出了3位皇后、6位贵人、2位大将军、7位侯爵、7位命妇、3位驸马、57位将校，爪牙遍布朝野，控制着帝国大部分的军队，不可小觑。即便梁冀本人愚蠢无能，他的亲友幕僚中却不乏有勇有谋之士。要想打垮他，单靠武力是行不通的，必须以谋略取胜。

其次，梁家所有的权力都来自于"外戚"这个地位，而这个地位与皇帝的私生活直接相关。和平元年（公元150年）梁太后驾崩，梁冀在宫中的关系就只剩下他妹妹梁皇后了。偏偏梁皇后自己没有生育能力，又不允许别人生儿子，每当有妃嫔怀孕，她都会将之害死。因此，梁皇后与汉桓帝的关系越来越紧张，这是梁冀无法解决的难题。

第三，众多历史案例证明，要想推翻一个外戚家族的统治，必须依赖四股势力，即皇帝本人、宦官、禁卫军和洛阳地区行政机关。汉桓帝的突破口可以通过梁皇后的恶行来反向打通，但宦官和禁卫军却没那么好拉拢。为了促使梁冀垮台，袁汤必须尽快在宦官、禁卫军和洛阳地区行政机关中插入自己的心腹。

永兴二年（公元154年）闰月，梁冀把光禄勋尹颂提拔为司徒。这样，光禄勋一职便空了出来，最后落入了袁汤的堂弟袁盱之手。袁盱是袁汤的叔父袁敞之子，袁敞曾担任过司空，是袁氏家族"四世三公"中的第二世。巧合的是，在出任司空之前，袁敞的职务也是光禄勋。光禄勋执掌着最大的一支禁卫军，梁冀居然会坐视这一要职被袁家成员攫取，可谓糊涂透顶。不久之后，他就将为这个错误付出生命的代价。

宦官这个群体十分特殊，他们历来对外朝官员处处提防，又见多识广，很难用普通的礼物和人际关系来拉拢。于是，袁汤使出了最毒辣的一手：他竟然让自己的族人袁赦（又名袁朗）挥刀自宫，当太监去了。袁赦入宫以后，免不了要和老太监们来往，而其中最重要的一个，无疑就是与袁汤同日受封为侯的曹腾。

自从汉桓帝即位以来，曹腾的生活可谓幸福惬意。他既然已经是侯爵，就有义务给自己找一个继承人。身为半阉人，他没有生育能力，所以只好收养中意的少年男子为嗣。能当侯爵的继承人自然是美事，所以很快应者如云。几经考虑，曹腾选中了西汉开国元勋夏侯婴的后代、沛国谯人夏侯嵩为养子，夏侯嵩从此改姓"曹"，也就是曹嵩。永寿元年（公元 155 年），曹嵩生下一子，取名为"操"。当了爷爷的曹腾十分满意，给养子谋到了司隶校尉的高位，以示嘉奖。曹嵩前后生有两个儿子，也就是长子曹操和次子曹德。当时已十来岁的袁绍想必不会对曹操、曹德兄弟的出生一无所知。同时，袁赦也在宫中步步高升，很快就赢得了汉桓帝的信任，经常得到召见，想必与曹腾的提携有关。

除了袁盱和袁赦之外，袁汤还为另一个亲戚袁腾弄到了首都行政机关的主要领导职务——洛阳令。这样一来，袁家便控制了洛阳城内的主要政务和最大的一支军队，还获得了宦官们的支持，比起袁汤当三公时，实力有增无减。但他们还得一面迎逢梁冀，一面耐心等待。毕竟，真正能够决定梁家和袁家命运的那个人，只能是梁冀的妹夫——汉桓帝刘志。只要他不下定倒梁决心，梁冀的地位就会稳如泰山。

《后汉书》中多次指出，汉桓帝即位后的前几年只是"恭己而不得有所亲豫"，完全被梁冀架空了。但随着时间的推移，桓帝也逐渐开始运用自己法定的权力，甚至做出一些对梁冀不利的判决。

永兴元年（公元 153 年）夏季，冀州爆发严重的蝗灾和水灾，造成数十万户人流离失所，饥民纷纷聚集起来当土匪，甚至出现了人吃人的现象。梁冀就是以此为由，罢免了袁汤的太尉职务。为了赈灾，梁冀委任老部下朱穆为冀州刺史。朱家也是世代为官的"公族"，其成员的脾气都很倔。朱穆的爷爷朱晖曾经与袁安共同反对窦宪讨伐北匈奴，朱穆本人的性格则有点像牛顿和居里，一思考起学问来，就对周围的环境丧失了感应能力，经常在散步时失足落入土坑或沟渠。朱穆也是个很热心的人，当年栾巴在"阳气通畅"之后，离开皇宫，找不到工作，只得在家待业，生活困难，朱穆听说之后，便主动写介绍信推荐栾巴当官，解了他的燃眉之急。

朱穆到冀州上任以后，一方面围剿土匪，一方面严查冀州官吏的不法行为。当时有个叫赵忠的太监，在其父亲的墓中随葬了一些逾礼的物件，朱穆一向讨厌宦官，听说后就派人去刨掉赵忠父亲的墓，又逮捕赵忠的家属。赵忠向汉桓帝哭诉，汉桓帝于是下令逮捕朱穆，罚作刑徒。消息传入太学，引发了东汉第一场太学生上书运动。学生领袖刘陶带着数千太学生聚集在宫门外，联名上书为朱穆说情，要求代替朱穆去作刑徒。这类事情在西汉时也发生过，皇帝往往一笑置之，甚至反而加重处罚力度，但在东汉皇权向民间团体低头让步的时代背景下，汉桓帝读过刘陶等人的奏表后，居然下令赦免了朱穆，刘陶因此声名大振。

冀州的局势虽然暂时平定了下来，但周边的青州、幽州和并州却日益动荡。长期以来，兖州泰山地区的郭窦、公孙举等人啸聚山林，甚至进入南方的徐州打游击，官军屡攻不克。永寿二年（公元 156 年），时任议郎的段颎被拜为中郎将，东征泰山。几个月后，郭窦、公孙举等人的首级便被送至洛阳。段颎吸取滕抚的教训，给宦官们送去了许多礼物，于是被封为列侯，儿子也得到了郎中的官职。

段颎捷报传来的同时，坏消息也传到了洛阳——鲜卑、疏勒、龟兹联合进攻云中郡，北方局势危急。桓帝听说颍川人李膺很有能力，于是封他为度辽将军，北上援助云中郡。李膺到郡后，首先击退鲜卑主力的入侵，又对来往的外族人晓以利害，整顿边疆贸易，恩威并施。不过一年，各国纷纷将先前俘虏的边疆百姓释放，与汉朝恢复了友好关系。李膺立功后本当得到封赏，但他和滕抚一样，与宦官关系不好，所以长期无法升迁，引起了太学生的不满。

自从为朱穆请愿成功以后，刘陶更加放心大胆地针砭时弊。永寿年间（公元 155~158 年），仕见外戚和宦官专权日益严重，中朝与外朝的权力平衡已经完全被打破，再次上书朝廷。与别人不同，他的矛头没有指向梁冀等权贵，而是惊世骇俗地公然指责起汉桓帝本人来了。其文辞之激烈，比起千年之后海瑞批判嘉靖皇帝的那封著名奏章来，实在有过之而无不及。

在奏章中，刘陶义正词严地批判道：

"臣以为，陛下的江山得来太容易了。和高祖皇帝从平民开始，奋斗了几十年，终于发乱反正相比，您从来没有见过亡国的苦难，没有体会过战场的艰险，忘记了高祖皇帝勤勉节俭的圣训，缺乏增加大汉荣耀的能力。既然一切荣华富贵都是白捡的，所以陛下就不知道珍惜，随随便便地把重大的职务交付给一些邪恶的小人，允许他们像虎豹豺狼一样毒害国家，剥削百姓……陛下您又放任身边的权贵，让他们把各地行政大员的官职授予自己的亲戚朋友，肆无忌惮地结党营私，像野者和蟒蛇一样吞噬着国库的财富。天灾无法使陛下的龙体感受到痛苦，地震也不影响您的吃喝玩乐……您名为天子，却不害怕上天的警示；您名为万民的君父，却不关怀他们的生计。更有甚者，您不断制造冤假错案，以妖言惑众为由，屠杀品行高尚的学者；又以图谋不轨为由，陷害开国元勋的后裔，寻致死去的鬼魂在坟墓深处哀号，幸存的活人在朝野各处流泪。"[1]

最后，刘陶提出要求，立即召朱穆和李膺进京，领导朝廷的工作。

奏章呈上以后，刘陶备好棺材，坐在家里，等待宣判自己死刑的诏书。可是一个月过去了，两个月过去了，汉桓帝没有任何反应。刘陶心中肯定明白：不惩罚就是鼓励。他在奏章里攻击的对象，名义上是汉桓帝，实际上是梁冀一

---

[1] 语出《后汉书·杜栾刘李刘谢列传》。

党。汉桓帝虽然挨了痛骂，却反而保护刘陶，说明政治风向已经变了。此时，桓帝对老子所说的"受国之垢，是谓社稷主；受国不祥，是谓天下王"，大概有了前所未有的深刻体会。

汉桓帝不仅不打算惩罚刘陶，而且痛感民生问题的确有必要尽快解决。适逢有人建议，东汉通行的五铢钱重量太轻，面额太小，导致物价高昂，百姓贫困，所以应该改铸大钱。汉桓帝对此很感兴趣，让"四府"的幕僚和太学生领袖讨论这个经济改革方案。刘陶立即表示反对，桓帝于是放弃了铸大钱的计划，并破格提拔刘陶为顺阳县长（今河南省南阳市淅川县，东汉时属于经济发达地区），这显然是奖赏。

刘陶无疑是东汉官场里的一个异类。他的几封奏表生动地描述了东汉帝国在梁冀的统治之下贫富分化日益严重、土地撂荒日益普遍、帝国政府和大批平民走向破产的危急状况，如果东汉政府拿不出切实可行的改革方案，马勉、公孙举这样的暴动者只会越杀越多，而滕抚、段颎这样的镇压者却会越来越少。另一方面，历时百余年的汉羌战争也必须尽快结束。为了挽救奄奄一息的东汉帝国政权，桓帝需要更好的人才、更大的权力、更多的金钱。除了拿自己富可敌国的大舅子梁冀开刀之外，他已别无选择。

在永兴、永寿年间（公元153~158年），袁汤病逝，享年86岁。[①]梁冀一伙闻讯以后，更加毫无顾忌，日益多疑和凶残。荆州刺史吴树、辽东太守侯猛、羽林中郎将耿承等大臣都因为公事得罪了梁冀，相继死于非命。刘陶有幸逃脱梁冀的毒手，除了汉桓帝的保护以外，恐怕没有其他的解释。

公元158年（永寿四年）7月13日，东亚地区观测到日全食。传统上，

---

① 参见《后汉书·袁汤传》李贤注引《风俗通》。

中国人认为日食是重大天灾，有阴暗之物遮蔽太阳，通常说明君主被坏人蒙蔽了。日食发生时，全体官员都要戴着红色的头巾奔入皇宫，期待日食尽快结束。①日食过后，朝廷首要官员通常要引咎辞职，皇帝还应当下大赦令。主管天文历法的太史令陈授上奏说，发生日食的责任应该，也只能由执政的大将军梁冀负责，他应该引咎辞职。梁冀听说后，便派人逮捕陈授，后者很快不明不白地死在监狱里。汉桓帝闻报后更是勃然大怒，从此坚定了要严惩梁冀一伙的决心。另一方面，擅自杀害史官，注定了梁冀在史籍中遗臭万年的结局。

---

① 参见刘昭著《续汉志三·五行志六注》"熹平二年日蚀"条引蔡邕上书。

快意恩仇——梁家跌倒，袁家吃饱（公元159年）

东汉时期的洛阳是一座壮观的大都市，城墙内地表面积约 9.5 平方公里，可谓广阔。但是，其中大部分的地皮都被皇宫与达官显贵的豪宅占据，再加上鳞次栉比的公共建筑，并没有给百姓留下多少生活空间。洛阳所属的河南尹辖区在汉顺帝时共有居民 101 万，分为 21 县，洛阳是其中之一，而郊区人口又明显多于城区人口。也就是说，在这繁荣的东汉帝国首都里，城墙内的常住人口大概从未超过 10 万。当然，这些幸运的人大都是皇亲国戚、达官显贵及其家人。

毋庸置疑，洛阳城内的生活是相当昂贵的，而其中最贵的莫过于房地产。当时中国的货币经济还不发达，特别是在经历过王莽时期的恶性通货膨胀之后，东汉社会对金属货币的信任度很低，真正为民众看重的财产是粮食、布匹与不动产，粮食是最常使用的硬通货，可以称为"粮本位经济"。作为帝国的首都，洛阳的房价更是异常昂贵，城墙内交通便捷、环境优雅的不动产价值巨大，"求田问舍"是人们最热衷的话题之一。

"延熹里"就是洛阳城内这样一块上风上水、寸土寸金的富人区。它的名字很特别，因为"延熹"正是汉桓帝的一个年号。因为在延熹元年（公元158年）以前，没有文献提到过"延熹里"这个名字，所以它很可能是在延熹元年新建的居民小区，这也是汉朝人取名字无须避皇帝年号之讳的显例之一。谁也没有料到，在延熹二年（159年），非富即贵的延熹里业主刚刚入住，这个"豪宅区"

就爆发了一件震惊朝野的大案，使这个小区千古留名。

在首批入住延熹里的业主之中，宦官袁赦显得十分特别。作为袁汤安插在宫中的内线，他这些年来颇受汉桓帝宠信，在曹腾去世以后，便接任了宦官之首——中常侍。

袁赦本人不同凡响，这位大太监的女邻居更加有趣。史书没有记载她的姓氏，只说她的名字叫"宣"。我们就叫她"宣女士"好了。宣女士结过两次婚，她的前夫邓香是东汉头号开国元勋邓禹的曾孙。邓香与宣女士婚后生有两个女儿，长女嫁给西汉丞相邴吉之后、议郎邴尊。幼女邓猛尚未出嫁，夫妻就离了婚。邓香离婚以后想不开，和袁赦一样挥刀自宫，当了宦官，也许是因为伤口感染，很快就死了；宣女士则改嫁给梁冀妻子孙寿的舅舅梁纪，他们一家便成了梁冀的亲戚。宣女士的女儿邓猛也就随嗣父之姓，改称"梁猛"。

梁冀的妹妹梁皇后因为一直没有生育，渐渐失去了汉桓帝的宠爱，这令梁冀夫妇非常焦虑。为了巩固自身的地位，他们急于再嫁一个梁家女孩给汉桓帝，但一直找不到合适的人选。正在此时，宣女士带着小女儿梁猛到梁冀家玩，孙寿见梁猛生得标致，就把她带进宫中，介绍给汉桓帝。经过试婚，桓帝很满意，封梁猛为贵人。延熹二年（公元159年）七月，梁皇后病逝，桓帝决意立梁猛为皇后。这时，梁猛的姐夫议郎邴尊却突然上奏朝廷，追究历史，要求恢复梁猛的本姓"邓"。

当朝皇后姓"梁"还是姓"邓"，关系着许多人的利益。邴尊的奏章还未传到桓帝手中，就被梁冀截了下来。他和孙寿一商量，决心干脆将邴尊和宣女士一家灭口，铲除梁猛原姓"邓"的所有证据。东汉后期，随着中央皇权的动荡衰微，司法和治安机构显得日益无能，黑社会组织迅速发展，许多达官显贵都私养刺客（又称"死士"，因为这一职业非常危险），以备不时之需。班固《汉书》所载西汉时期的刺杀案件不过10起，而范晔《后汉书》所载东汉时期的刺杀案件却不下30起，其中有4起是梁家指使的。梁家很早便有黑社会背景，早在东汉初年，梁冀的高祖父梁统就曾派刺客刺杀过辩士张玄。梁冀比起乃祖来，更有过之而无不及，邴尊不幸成了梁家刺客剑下的最后一个受害者。

干掉邴尊之后，刺客又来到延熹里，打算刺杀宣女士。但这个新建成的小区规划独特，刺客发现要直接进宣女士家很不容易，只得临时决定从她的邻居——袁赦家的房顶上翻过去，不慎发出响声，被袁赦发觉。袁赦便跑到院子里击鼓，又召集家丁呐喊，宣女士察觉，刺客被迫逃跑，刺杀行动失败。在中常侍邻居的鼓动下，宣女士立即进宫，向汉桓帝哭诉。正在与梁猛热恋的桓帝听了岳母宣女士之言，决定立即对梁冀下手。

由于梁家人才济济，特别是掌握重兵，梁淑担任卫尉，洛阳城郊精锐的"北军五校"之中，梁冀的亲戚也掌控三席，汉桓帝颇为忌惮，没有把握能够顺利控制住首都的局势，后来总算想出了一个办法——上朝时，他向群臣表示：你们都入住"延熹里"这样的新建高档宅第了，皇宫却年久失修，是否考虑拨款帮朕也改善一下居住条件？群臣们都表示赞同，于是议案通过，梁淑等梁冀一党的禁卫军将领被调离皇宫，派到洛阳城西郊，监督在那里兴建的皇家园林"显阳苑"的修建。以往的中国皇家园林，例如汉武帝在长安的"上林苑"，规模极为巨大，东西100多公里，囊括3个县，其中既有宫室，而更多的是广阔的森林和草原，供皇室成员狩猎之用。司马相如的《上林赋》、杨雄的《甘泉赋》、班固的《两都赋》、张衡的《西京赋》对这些恢宏的皇家园林有详细的描写，主要表现其宫殿巍峨壮丽、猎场鸟兽种类丰富。王莽时期，长安的这些园林均在战乱中被焚毁。光武帝东迁洛阳以后，在洛阳西郊重建了一座"上林苑"，但是受国力所限，规模远不如长安的上林苑，宫殿比较简陋，猎场的鸟兽种类有限，历代东汉皇帝都不愿意去。东汉时期"宫斗"频繁，小皇帝迭出，对狩猎需求很小，所以西汉式的大园林逐渐丧失了实用性。汉桓帝修的"显阳苑"

等几座东汉晚期皇家园林周长不过几公里，没有什么可供狩猎的场所，主要用于皇室成员的休息和办公，功能更接近于清朝的圆明园和颐和园，规模还远逊于它们。①尽管如此，显阳苑也需要几个月的工期。东汉文豪蔡邕在《述行赋序》中就记载，汉桓帝兴建显阳苑时，听说蔡邕善于弹琴，就召他前去演奏，但蔡邕在途中生病，被迫返回陈留的家中，错过了显阳苑的落成仪式。这几个月的工期，正是汉桓帝为了推翻梁冀而需要争取到的时间。

八月的一天，汉桓帝在厕所里召集袁赦等几个太监开会。这种事在汉代的皇宫里并不罕见，汉武帝就喜欢在厕所里和大将军卫青讨论军政要事，因为汉朝的高级厕所通常是座独立的二层小楼，楼上是带洗浴设施的厕所，楼下是猪圈或垃圾场，只有一道狭窄的楼梯，可想而知，楼上的厕所不仅安静（只是偶尔会听到楼下的猪叫），而且很保密。梁冀闻讯后做贼心虚，指使一个信得过的太监前去偷听，结果反被当场抓住。汉桓帝以此为由，宣布梁冀派人入宫行刺，意欲谋反，召集全体宦官、尚书台和御史台的官吏，命光禄勋袁盱调集麾下的禁卫军，与尚书令尹勋、司隶校尉张彪、黄门令具瑗等人去突袭大将军府。汉桓帝自己则坐在宫中，一面盯着显示时间的漏刻，一面紧张地等待着政变的最新消息。

本来，梁冀掌握着相当数量的禁卫军，如果能够及时动员起来，足以与袁盱的军队抗衡。然而出事发时，梁淑等人都被调到西郊监督显阳苑工程，无法立即率军返回洛阳城中。天还没亮，光禄勋的军队便控制了全城。袁盱率部包围大将军府，宣读圣旨：革除梁冀的大将军职务，改封为比景都乡侯，限即日去封地上任。梁冀夫妇一查地图，不禁倒吸凉气：这个比景县位于今越南中部

---

① 王毅《中国园林文化史》，上海：上海人民出版社，2004年版，第45~67页。

的亚热带丛林地区，属交州管辖，当时被公认为是东汉帝国境内最不适合人类居住的地区之一。梁冀夫妇心中明白，自己不可能活着走到这块封地，即便走到了也不会有好下场，于是干脆在府中自杀身亡。北军将士和卫尉的部下闻讯，纷纷调转矛头，将梁淑等人逮捕收监。

袁赦和袁盱都已经顺利完成了自己的任务，现在该轮到洛阳令袁腾出场了。他的工作最安全，最轻松，也最有油水——抄家。袁腾抄梁家所得的地券、宝物等一律上市拍卖，共得30余亿钱，相当于东汉帝国政府的半年税收，桓帝为此免除了全国百姓下半年的税收。

其实，相对于梁氏家族执掌20余年朝政，一贯压榨豪强、盘剥百姓的历史来说，总家产只有30余亿钱，实在不能算多。梁家前后出了3位皇后、6位贵人，仅聘礼一项，依礼就至少应得8.4万斤黄金，约合8.4亿钱；梁氏一门，公、卿、守、将等俸禄达"二千石"以上级别高官多达40余人，包括4位万户侯、3位县侯、7位命妇，仅每年的合法收入就超过3亿钱。以梁冀的妻子孙寿为例，她每年至少从封地收入5000万钱。再加上历年的朝廷赏赐，梁家的总资产应在50亿钱以上。如果再算上各项灰色收入，梁家的总资产恐怕不下100亿钱。可是到了袁腾手里，却只卖出了30余亿。看来，在这次拍卖过程中，袁家肯定当仁不让，贱卖贱买梁家资产，上下其手，在造成国有资产流失的同时，自己大发了一笔横财。从此以后，像马融这样的旧贵族就得羡慕袁家的雄厚资产了。

在接下来的几天内，梁家和孙家的主要成员都被公开处死。包括太尉胡广、司徒韩縯、司空孙朗在内，在这次政变过程中态度不坚定的数百名官员或被免职，或被逮捕，整个东汉朝廷为之一空。空出来的位置总得有人填补，于是汉桓帝开始大肆封赏。八月壬午，桓帝在一天之内先册立邓猛为皇后，然后封邓猛的四位兄弟为县侯，单超、徐璜、具瑗、左悺、唐衡等五名宦官为万户侯，尹勋为乡侯，仆射霍谞、尚书张敬等 6 名官员为亭侯，后来又加封侯览等 8 名宦官为乡侯。以往曾被梁党迫害、排挤的官员们如果还健在的话，也都得到了升迁：黄琼升太尉，祝恬升司徒，盛允升司空，陈蕃升大鸿胪，朱穆升尚书，杨秉升太常，李膺升河南尹。

奇怪的是，在这一长串赏赐名单中，并没有任何袁家成员的名字。袁赦、袁盱、袁腾等人虽然在倒梁过程中立下大功，却既没有升官，也没有封侯。同样，司隶校尉张彪早在桓帝登基之前便对桓帝"有旧恩"，此次立下大功，不仅没有得到封赏，反而降职为南阳太守。这些看似奇怪的人事调动其实有规律可循，因为汉桓帝与其他东汉皇帝不同，重"义"轻"仁"，更倾向于提拔没有家族背景、工作能力较强的基层官吏，而不是重用那些熟悉官场规矩的世家大族子弟。自梁冀垮台之后，终桓帝之世，"四姓小侯"与袁、杨、张等世官世禄的东汉政坛豪门都将与三公绝缘；反之，黄、祝、盛、虞、种、许等名不见经传的政坛小姓氏却相继登上了三公高位，这无疑有助于桓帝加强皇权。至于袁家成员，汉桓帝既然已经默许他们在倒梁过程中公报私仇，还发了大财，就不再给予官爵上的封赏，以防手握实权的他们尾大不掉，威胁自己的皇权。

汉桓帝也没有完全阻断袁家成员的仕途。新任公卿到京赴任后，桓帝一一接见，并请他们引荐贤才，陈蕃于是上疏，推举了袁闳等人。袁闳乃袁彭之孙，袁汤和袁盱的侄孙，袁成、袁逢、袁隗兄弟的堂侄，袁绍、袁术兄弟的从兄。当年陈蕃之所以能够步入官场，与袁闳的推荐有很大关系。此次他向朝廷推荐袁闳，可算是投桃报李。桓帝征袁闳入朝，他却不肯来，也不再理睬陈蕃，甚至不和袁逢、袁隗等亲友来往。魏晋时期，袁逢、袁隗的后裔都寂寂无闻，而袁闳的后裔却飞黄腾达，直至隋唐不衰，还成为唐初名相房玄龄的崇拜对象。由此看来，袁闳当年的隐居遁世，其实为袁家在三国时期失败后的复兴奠定了基础。

在铲除梁冀集团之后，汉桓帝对外朝官吏更加忌惮，不再设置大将军一职，以便自己独掌朝政。为了同样的目的，他不仅重赏宦官，还嫌尚书台和御史台的实力不够强，在延熹二年（公元 159 年）又创建了一个新的行政机构——秘书监（"秘书"一职从此在中国社会流行开来），以便加强中朝。这样一来，外朝官员的权力更小了，处处受制于人，难以施展抱负的他们，自然会调转舆论的方向，把批评的炮火轰向曾经的盟友、现在的对手——宦官。

汉桓帝的确赋予了宦官空前的权力。经过八月壬午日的大封，5 名宦官共得属民 76000 户，接近梁家鼎盛时的属民总和，几乎等于当时东汉帝国总人口的 1%，天下震动，称他们为"五侯"。不久，单超又被封为车骑将军，这是仅次于大将军和太尉的最高武职，过去从未授予过宦官，因此立即就有人提出异议，白马县令李云仿效刘陶，上书猛烈抨击说：

"自从高祖皇帝受天命建立汉朝以来，至今已经三百六十四年了，即将满一周三百六十五年之数，恐怕属土德、崇尚黄色的妖人会很快出现，对大汉不利。属土德、崇尚黄色的诸姓包括陈、项、虞、田、许，臣认为不应该让这五姓的人担任太傅、太尉等掌管兵权的重要官职。梁冀虽然持权专擅，毒害天下，但陛下杀他，就如同杀个家奴一般简单，而如今却为此赏赐谋臣上万户，高祖皇帝在天有灵，会做何感想？西北列将与羌胡苦战了几十年，却未受任何封赏，听到这样的消息，他们会不会起二心？如今官位错乱，小人得势，财货公行，陛下是否不想当皇帝了？"

李云列举属土德、崇尚黄色的五姓，没有提及袁姓，因为袁姓是陈姓的分支。原来，先秦中国古人的"姓氏"是分开的，一个"姓"包括好几个"氏"，表示该人祖先的出身。在社交场合，通常女子称"姓"，男子称"氏"。例如管仲的姓是"姬"，氏是"管"，所以称"管仲"，而不是"姬仲"。"袁"本是春秋时期陈国贵族的一个"氏"，陈国是虞舜之后，姓姚（或妫），其君主以"陈"为氏。袁王既然是从陈氏分离出来的旁系，因此也就属于姚姓，随虞舜属土德，崇尚黄色。秦灭六国以后，礼崩乐不，中国人的"姓"和"氏"从此不分，原来的"氏"全部被提高为"姓"。

李云指责汉桓帝是封政变功臣上万户，有他的道理。要知道，汉高祖刘邦一统天下后，只封了两位万户侯，即曹参和张良。以萧何、陈平、周勃、灌婴、樊哙等人之大功，都只不过封了数千户而已。汉桓帝大封宦官，目的无非是加强中朝的力量，并向天下人显示自己的封赏威权，这对知识分子来说，自然难以容忍。

按照古代中国的司有文化传统，建议即便再有道理，如果说话的人身份不合适，照样会被视为冒言，正所谓"不在其位，不谋其政"。李云的这篇上书，就没有考虑到他自己和李姓在五行系统中的位置。按照《旧唐书》和《新唐书》，李姓属土德，崇尚黄色。而李云在列举属土德、崇尚黄色的诸姓时，却故意没有提及李姓，还说什么"属土德、崇尚黄色的妖人会很快出现，对大汉不利"，在汉桓帝看来，显然是居心叵测。更何况，李云最后还说"陛下是否不想当皇帝了"，更是犯了大忌。

同样是批判皇帝，李云与刘陶的命运截然不同——他被立即逮捕，由中常侍管霸审问。对于此事的结局，有两种截然不同的版本：《三国志·钟繇华歆王朗传》说李云最终得到了赦免，后来魏明帝还曾就此向大臣王肃请教李云可以不死的原因，后者回答说："李云的言论中确实缺乏逆顺的礼节，但从他的本意来看，是为了尽忠报国。皇帝的威权超过雷霆，处死一个匹夫，和踩死一只蝼蚁没有什么区别。桓帝宽恕李云，可以显示自己能够接受切直的谏言，向天下昭示自己的大度与高尚品德。"而《后汉书》与《后汉纪》却记载，管霸虽然同情李云，但桓帝还是坚持判处李云死刑。听说此事后，大鸿胪陈蕃、太常杨秉等大臣联名上书，为李云说情，桓帝干脆将这几名官员一并革职。最后，李云死在监狱里。蔡邕的《述行赋序》中，也认为李云被处决了，陈蕃还因为替李云求情而被惩办。

无论如何，因为上书批评汉桓帝重赏宦官，李云的仕宦生涯走到了尽头。从延熹二年（公元159年）开始，宦官将会连续把持东汉帝国的朝政30年，直到东汉王朝被袁绍终结。至于汉桓帝为了推翻梁冀而刻意兴建的显阳苑，未来将成为袁绍及其政敌的权力角斗场。

宦官专权——袁绍的青年岁月（公元 160~165 年）

深受汉桓帝赏识的大宦官单超万万没有想到，自己升官晋爵刚一年，就遇到了烦心事。当了万户侯之后，单超给侄子单匡弄到了济阴太守的肥缺。济阴郡属兖州管辖，而兖州刺史第五种是东汉初年名臣第五伦的曾孙。这位第五伦和袁家很有些渊源，他当年因为在北匈奴政策上与汉章帝和太仆袁安唱反调，结果丢掉了司空的职务，由袁安取而代之。就这样，袁安踩着第五伦的肩膀，跻身于三公行列。

身为典型的公族成员，第五种非常看不起阉党。他见单匡到任后骄横不法，便派一名叫卫羽的官吏暗中调查，发现单匡在半年任期内竟贪污了 6000 万钱，于是上奏朝廷，要求罢免单匡，并谴责单超。单匡派刺客任方去刺杀卫羽，没想到卫羽武功高强，反而把任方抓住，解送洛阳。这样一来，单匡罪上加罪，单超极为被动，只好设法帮任方从狱中逃走，又编造罪名逮捕第五种，发配到朔方充军。时任朔方太守的董援是单超的外孙，他受单超指使，只等第五种一到，就要乱棍击毙。不料第五种刚到太原，就有大侠拦路杀死解押的衙役，将第五种救到安全的地方隐居起来。单超听说之后，又气又急，暴病而死。此事在民间影响很大，后来成为《水浒传》等许多侠义小说的蓝本。

单超之死并不能令其他半阉人收敛。左悺、具瑗、徐璜、唐衡等四侯竞相建豪宅，娶美女，生活铺张奢靡，如同皇亲国戚。有民谣评论他们说："左回天，具独坐，徐卧虎，唐两堕。"这是说：左悺可以令皇帝改变心意，具瑗无须依附任何政治派别，徐璜盛气凌人，唐衡则左右逢源。四侯的亲戚或任刺史，或为太守，也都热衷于盘剥百姓。其中，唐衡的哥哥唐玹早年担任虎牙都尉，经常遭到长安名士赵岐及其堂弟赵袭的嘲讽，两家结仇。这位赵岐，就是马融哥哥马续的女婿。后来，唐衡辅佐汉桓帝摧毁梁冀集团，自己封侯，唐玹也因此晋升京兆尹，主管长安的行政司法工作，赵岐闻讯，星夜逃走，依赖青州大侠孙嵩的保护，在山东避难，赵袭则遭到唐玹诬陷被逮捕，最后家破人亡。①由此，赵家与唐家成了不共戴天的死敌。直到唐衡在延熹七年（公元 164 年）病逝，失去靠山的唐玹随之倒台，赵岐才得以重返京城当官。与此同时，唐衡的女儿（这个女儿肯定是唐衡在净身入宫以前亲生的，因为宦官收养女儿没有意义）即将成年，唐衡希望与名士家族联姻，先是找到汝南名士傅公明，遭到拒绝，后来又相中袁绍和曹操的朋友、颍川名士荀彧，将女儿嫁给了他。荀彧成了大太监的女婿，由此被视为阉党，更成了赵岐的死敌，而赵岐是袁绍的远亲，因此，在袁绍与荀彧之间，埋下了一道裂缝。曹操作为阉党，却成了荀彧天然的盟友。虽然曹操和荀彧日后努力想要摘掉阉党的大帽子，但最终还是处处遭到排挤，被迫走到一起，抱团取暖。

虽有宦官横行霸道，后梁冀时代的东汉政局却还是出现了一些新气象。河南尹李膺上任之后，声誉日高一日，每日宾客盈门，却很少能得到他的接见。能够进李膺家大门的，号称"登龙门"。太学生尤其追捧李膺，陈留人符融拜李膺为师，李膺每次见符融，都会与他独处，令其他太学生羡慕不已。不久后，符融又向李膺推荐自己的同学——太原人郭泰（字林宗）。

---

① 《后汉书·赵岐传》称此事发生在延熹元年，而唐衡封侯、宦官得势其实是在延熹二年，"元"字或为"三"之误。

因为和李膺一见如故，郭泰很快名扬京师。有一次郭泰回太原老家，李膺专程去送他过黄河，二人同舟共济，河岸上观者如云，都称李、郭二人有如神仙下凡。郭泰喜欢评论人物，后来他的点评常能决定一个人在官场的前途。郭泰为人稳重，不愿入官场惹是生非，社会上评论说："郭林宗自己虽然不是三公，但他的一句话就能让别人成为三公。"

另一个为李膺看重的太学生是荀爽。荀爽之父荀淑是李固、李膺等人的老师，有子八人，号称"荀氏八龙"，其中荀爽的名气最大，和李膺的关系也最好。荀爽的侄子荀彧当了大太监唐衡的女婿，荀爽本人后来又被袁绍生父袁逢招为幕僚，视作干儿子，荀家从此飞黄腾达。荀家成员都擅长谋略，后逢汉末乱世，他们为袁绍、曹操等军阀献计献策，风光无限。

李膺的名气既大，其好友陈蕃、杜密、王畅等人也备受知识分子崇拜。太学生视他们为正义和知识的化身，为其编了顺口溜："天下模楷李元礼（李膺），不畏强御陈仲举（陈蕃），天下俊秀王叔茂（王畅）。"又称李膺、杜密为"李杜"。李、杜两姓似乎特别有缘，中国历史上有好几对著名的"李杜"，为首的就是死于梁冀、马融、袁汤等人之手的李固、杜乔，其次便是李膺、杜密，他们虽然没有李白、杜甫那样有名，但也堪称流芳千古了。李、郭两姓同样有缘，东汉时就有李膺、郭泰和李傕、郭汜这两对，唐朝时就更多了。但是，刘、李两大家族却很少合得来，汉朝时李姓往往不得志，唐朝时刘姓往往不得志，这大概与五德终始理论有关，当然也有现实政治的考虑。

梁冀集团垮台之后，大批政治、文化名人经常在一起聚会，纵情谈论家事、国事、天下事，而又以批评政府和相互吹捧为主。崇拜他们的太学生们仿效古籍中的"八元""八恺"，给这些自己崇拜的偶像们编了名单，分为五类，号称"三君""八俊""八顾""八及""八厨"。虽然具体人名众说纷纭，但总不外乎李膺、陈蕃、杜密、王畅、郭泰等人。如此一来，倒是很方便东汉政府日后将这些以清高自许的所谓"党人"一网打尽。

对于党人或清流的历史地位，历来有不少争议。一方面，许多人认为他们道德高尚，才能卓越，为当朝的黑暗势力所不容；另一方面，也有人认为他们眼高手低，不切实际，清谈误国。平心而论，在野人士因为不掌握实权，具有与生俱来的道德优势或道德高尚感，古今中外概莫能外。执政者因为掌握实权，具备谋私利的客观条件，人无完人，加上独裁帝国的监察制度不可能完备，所以必然会有值得批判的缺点。可是，如果赋予貌似品德完美的在野人士以同样的权力，他们也未必就能做得更好。

面对清流的批评声浪，帝国的政治制度如果不能从根本上得到改变，就只有两种选择：一是禁止自由言论，特别是私议朝政与私撰历史；二是把尽可能多的知识分子纳入政府，让他们成为既得利益集团的成员。秦朝走的主要是前一条路线，汉朝走的主要是后一条路线。前一条路线简便有效，却不能长期维持；后一条路线成本巨大，却可以维持较长时间。从商周到东汉，中国经历了一个从贵族治国，再到武夫治国，最后到文士治国的历史沿革。随着时代的发展，汉桓帝时代的中国面临着空前的尴尬局面。桓帝承梁冀乱政和汉羌百年战争的余弊，为了加强自身权力和重新发动边疆战争，不肯扩大外朝，将更多知识分子纳入政府，又不肯禁止自由言论，于是陷入自相矛盾的泥潭，免不了经常被批评。

是什么原因导致了汉桓帝时代与以往的时代有所不同呢？主要是教育。东汉是中国前所未有的教育普及时代，因为开国皇帝刘秀本人就曾是太学生。在历代东汉执政者的大力支持下，儒家思想前所未有地深入民心。但是，对于崇尚专制的帝国政权来说，知识分子太多其实是灾难，明清时期超过90%的文盲率才是完美的，因为文盲更容易被统治，正如孔子所说："民可使由之，不可使知之。"梁家兄妹在本初元年颁布的《学而优则仕诏》，为汉桓帝制造了一个巨大的历史包袱——他得给3万多名受过正统儒家思想教育的太学生找工作，而儒家教育是教人做官，不是教人务农、经商的。这些太学生不屑于从事农、牧、工、商、医、兵等当时被视为下贱的行业，一心要做官，可帝国政府内压根就没有这么多职务。过高的官民比例也会令国库入不敷出，并且会造成官僚主义恶性发展。

知识分子没有官做，必然会批评政府，特别是批评掌握最高权力的皇帝。于是，我们看到了这样的现象：东汉中后期，居然连一个"好皇帝"都没有。谁要是以为这就是历史的真相，他就忘记了一个最基本的事实：所有的史书都是由知识分子撰写，也是为知识分子辩护的。当史书作者看到与自己的地位和经历相似的人受到打击或排挤时，不免会兔死狐悲，要为之辩护了。

如果汉桓帝顺从知识分子的意见，抑制中朝，重用李膺、陈蕃、杜密等"正直的党人"，历史将会向什么方向发展呢？恐怕只有一种——改朝换代。王莽的阴魂在东汉时期始终挥之不去，东汉皇帝们都很清楚，知识分子，特别是中原的知识分子，在骨子里是"保中国不保大汉"的。假若顺其自由发展，下一个皇帝恐怕就不再姓刘，也许姓李，也许姓陈，也许姓杜，也许姓袁——对了，这些姓氏不都是属土德，崇尚黄色吗？知识分子们也一直在说：汉朝都满365年了，黄龙不断出现，灾异齐备……这里的潜台词是：姓刘的，你们的时候早到了，赶紧自觉地下台吧。正如范晔在《后汉书·孝献帝赞》里说的那样："天厌汉德久矣！"但是，正如孔子所说，"天何言哉"① "天视自我民视，天听自我民听"②而已。

在这样的时代背景下，为了尽量加强自身权力，并延长东汉皇朝的寿命，

① 语出《论语·阳货》。
② 语出《尚书·泰誓》。

汉桓帝不得不频繁地更换政府成员，以便让更多的人有官做，同时又不至于提高官民比例。每隔几年，他就会打击一次当朝势力，有时是外朝的党人，有时是中朝的宦官。但这对于帝国机器的高效运转来说，实在是非常有害的。秦、汉、魏、晋一脉相承的"中华第一帝国"[①]之衰落，祸根其实在东汉初期，甚至西汉后期便已经埋下了。

　　青年袁绍也参与到了时髦的"党人崇拜"活动中去了吗？史无明文，但是可能性很大。按照孔子"吾十有五而志于学"的教导，年满15虚岁的青年男子，特别是出身达官贵族家庭的名门子弟都可入太学。延熹三年（公元160年），袁绍已经年满15虚岁，有了进太学的资格，这时也正处于"党人崇拜"运动开始步入高潮的时间段，他不可能不受影响。后来与袁绍关系密切的党人有陈蕃、李膺、荀爽、王允、韩融、伍琼、陈纪、张邈、刘表、胡母班等人及其家族成员，数量相当多。若非经常出入于太学，袁绍很难结识这么多党人。

　　上太学期间，袁绍还有一件大事要办，就是结婚。与袁家联姻的家族当然不会是无名之辈，但所有史籍都没有记载他首任妻子的姓名，所以不妨暂且放到后文中分析。

　　结婚几年以后，袁绍终于到了要毕业的时候。按规矩，成绩好的太学毕业生可以担任"郎"的官职。在太学里，袁绍肯定选修了他的家学《孟氏易》，成绩应当不会很差。按照蔡邕为袁绍堂弟袁满来撰写的碑铭，袁满来"逸材淑姿，实天所授，聪远通敏，越韶龀在阙。明习《易学》，从海如流。百家众氏，遇目能识。事不再举，问一及三，具始知终"[②]，其学识可见一斑，而少年袁绍的受教育程度绝不会在袁满来之下，以此时东汉太学的教学质量之差，肯定比

---

　　① 黄仁宇《中国大历史》，北京：三联出版社，1997年版。
　　② 语出《蔡邕集·袁满来碑铭》。

袁家的私塾逊色，袁绍凭借家学《孟氏易》，在十之八九都在混日子的太学生中成绩出类拔萃，顺利毕业并被录取为官员并不困难。《汉末英雄记》说袁绍"幼使为郎"，也就是不足 20 虚岁，尚未举行成年冠礼的时候他便从太学毕业，担任了低级别的郎官。

当了几年郎官以后，袁绍终于迎来了自己的 20 虚岁生日，也举行了自己的成年冠礼。那应该是在延熹八年（公元 165 年）。

和安静简朴的婚礼相比，汉代中国人的冠礼过程要热闹许多，复杂许多。

在等级森严的古代中国，行将举行冠礼的青年人可以分为三类，即嫡子、孤子和庶子。正妻生的儿子叫嫡子，妾和婢生的叫庶子，父亲已经去世的嫡子叫孤子。袁绍本来是庶子，但因为过继给伯父袁成，所以一跃而为嫡子，因为袁成早已去世，他又变成了孤子，得按照孤子的规矩举办冠礼。

冠礼开始前，要先占卜，看哪个日子举办冠礼比较吉利。随后，袁绍应委托自己的一位叔父（很可能是他的亲生父亲袁逢）邀请袁氏家族的亲朋好友、同事故吏们来参加自己的冠礼，人数越多越好。在来宾之中，又要通过占卜，挑选出一位主宾，他将是冠礼上最忙碌的人。

此外，袁家还必须准备好三套衣冠——爵弁、皮弁、进贤冠，及其相对应的服饰。在 20 虚岁之前，未成年男子没有资格穿戴这三种社交场上的正式衣冠。

爵弁又称冕，是在普通的冠上装一块长木板，但是与帝王和高官贵族戴的冕旒不同，没有用玉珠串做成的旒，地位比其他种类的冠尊贵；皮弁即图画、戏剧和影视作品中诸葛亮常戴的冠，用鹿皮做成，地位较爵弁低一等；进贤冠即先秦的缁布冠，用缁布做成，前高后矮，形制最为简单，地位也最低。这三种冠各有各的用处：爵弁最华丽，用于宗教祭祀活动；皮弁最结实，用于军事狩猎活动；进贤冠最简便，用于日常工作和生活。

古代中国人讲究"衣冠一体"，每一种冠都要配相应的服饰——爵弁配爵弁服，皮弁配缁麻衣，进贤冠配玄端服，不能混用，否则就是"非礼"。现代阿拉伯男子在戴包头时必穿长袍，穿西装时则通常不戴包头，也是基于同样的道理。

在冠礼那天，孤子袁绍要亲自站在门口迎接来宾，袁家全体男性成员也都要在场，其中很可能也包括他的同父异母弟袁术。就像现代人参加婚礼时不能穿得比新郎新娘漂亮一样，汉朝人参加冠礼时一律作平民打扮，穿着黑色的玄端服，头戴进贤冠。此时，袁绍还不能戴冠，作为未成年人，他头上只是简单地束着左右两根辫子，叫"两髦"，也称"总角"。

冠礼应在袁家家庙里举行，庙内的正堂就是袁绍的 T 台。经过一系列程序，主宾解开袁绍头上的两髦，扎成一个发髻，随后依次把进贤冠、皮弁、爵弁戴在袁绍的头上。每换一种冠，袁绍就要进厢房去换上相应的服饰，再出来向宾朋们展示自己的新形象。此时，主宾都要对袁绍说些祝福的套话，比如当袁绍戴进贤冠、穿玄端服时说"你好帅"，当袁绍戴皮弁、穿缁麻衣时说"真有将军派头"，当袁绍戴爵弁、穿爵弁服时说"一看就是做万户侯的料"等等。最后，大家一同饮酒并祭祀。汉代中国还没有从西方引进蒸馏白酒技术，所以酿不出高度烧酒，出土的汉朝白酒酒精含量只有3°，还不如现代的啤酒，果酒和香料酒等汉代酒的度数也很低，几乎是一种软饮料，怎么喝都很难烂醉如泥，可以尽情享用，不至于出洋相。冠礼至此才完成了一半，他还得带着祭祀用的干肉去见自己的母亲，表达对 20 年养育之恩的感激之情，然后回到主宾面前接受更加重要的"字"。

"字"是由德高望重的主宾在大庭广众中向袁绍宣布的。他应该这么说："现在，三次加冠的仪式都已经完成，又正逢良月吉日，我现在要明白宣布你的'字'。这个字非常美好，正与你这样的帅哥般配。字取得适宜就是福分，你要接受并永远保有它。你的字叫'本初'。"

冠礼至此结束，宾朋们现在可以尽情地大吃大喝，并在饭桌上讨论袁绍的未来。与婚礼晚宴上新婚夫妇吃的大鱼大肉相比，这顿饭荤素搭配，营养更加丰富，就餐者还能够品尝到像蜗牛肉酱（蠃醢）和蚂蚁卵酱（蚳醢）这样很受欢迎的风味小吃。[①]

但是我们仍然不知道，是谁给袁绍起了"本初"这么一个字。"字"虽然由主宾宣布，却和"名"一样，由父亲选定，并在事先通知他的儿子，主宾只是个传声筒。袁成死后，袁家的嫡长子变成了袁绍的亲生父亲袁逢，袁汤去世以后，袁逢更成为整个袁氏家族的族长，"本初"这个字应当就是由他选定的。

既然如此，那么亲生父亲袁逢给袁绍起"本初"这样一个字，用意何在？前文分析过，本初元年既是袁绍的生年，又是嗣父袁成的亡年，还是祖父袁汤当上三公的年份。袁成为了保护汉质帝、对抗梁冀而献身，代表了袁家的良心。对于袁绍来说，这个"字"象征着命运，象征着权欲，也象征着仇恨。在本初元年，袁绍"疏远继位"，继承了袁成的政治遗产，也就是忠于皇室、不畏权臣的正直精神，但也继承了袁汤的权位和财富，以及见风使舵、两面三刀、将私利置于国事之上的阴毒狡诈性格。只要袁绍不忘记自己的字，他就忘不了血腥的宫廷政治，忘不了对禁卫军的控制，忘不了对皇帝的废立，忘不了袁家是怎样获得三公与侯爵头衔的，更忘不了追求帝国的最高权力。此外，本初元年又是东汉帝国政府颁布《学而优则仕诏》的年份，是太学剧烈扩招的年份，也是党人开始形成的年份。袁绍既然以"本初"为字，就不可能与太学和党人脱离关系。然而，"本初"代表的这些内容不仅复杂，而且存在严重的矛盾，因此袁绍不仅将继承巨大的名利，也要承担巨大的风险。

---

① 参见《周礼·天官书》。

在冠礼上，刚刚成年的袁绍很可能通过与贵宾高朋们的交流，确定了自己下一步的发展方向。当时，官场上的升迁总是需要显贵大员们的介绍信，而这恰好是袁绍冠礼上最好的贺礼，聪明人绝不会放过这个巴结袁家的天赐良机。不久以后，年方弱冠的袁绍就辞去了那个打杂的郎官，到濮阳当县令去了。

袁绍担任的这个濮阳县令，可不是七品芝麻官。东汉时期的兖州分为六郡两国，其中总人口排在第四位的是东郡，而濮阳就是东郡的首府，它雄踞黄河南岸，位于黄河中游和下游的结合部，交通便利，商业繁华，土地肥沃，战略位置极为重要。东汉后期，中国人口高度集中于黄河中下游，濮阳居民总数接近10万人，相当于一个小郡，濮阳县令的政治地位至少相当于现代的开封市长。在出任这一要职时，袁绍不过20岁出头，又从未有过什么政绩，袁家在官场上的崇高地位和深广人脉由此可见。

从洛阳前往濮阳上任的路上，袁绍不可避免地取道两地之间的阳武县。在阳武西郊渡过著名的运河"鸿沟"时，他很可能要经过一个当时名气还不大的渡口——官渡，30多年之后，这个小渡口将因为袁绍的失败而名留千古。

在濮阳为官期间，袁绍给自己积攒下了不错的口碑。《三国志》说他"有清名"，也就是两袖清风，不曾贪赃枉法。是啊，一个20岁的亿万富翁需要贪污吗？

从出生到就任濮阳县令期间，袁绍青少年时代的表现近乎无可挑剔。还在襁褓时，他便在嗣父袁成的葬礼上痛哭流涕，被蔡邕誉为"仁孝之心，发于天性"。完成太学的学业，步入官场之后，他在就职期间廉洁奉公。把这两件看似微不足道的小事联系到一起，便很容易得出结论：袁绍是"孝廉"的典范。东汉人非常重视道德操守，最重要的一项选拔官吏制度就是"举孝廉"。之所以要同时考虑"孝"与"廉"，是因为这两种道德之间经常会发生冲突，只有既"孝"又"廉"的人才适合当官。举例来说，一个人非常孝顺，在当官之后，挪用公家的财物去孝敬父母，这样的人显然孝而不廉，因此不适合当官。一个廉而不孝的人虽然可能受到百姓的爱戴，却容易犯上作乱，对朝廷的忠诚值得怀疑。汉武帝在元光元年（公元前134年）诏命天下郡县"举孝廉"，正可见他的雄才大略。袁绍未必被官府正式荐举为"孝廉"，但他通过自己有意识的行为，成为官民心目中的"孝廉模范"，由此"播名海内"。

在道德标兵袁绍举办冠礼，并且出任濮阳县令的延熹八年（公元165年），中国还发生了许多大事。

随着时间的推移，汉桓帝渐渐发现，自己新提拔的这些官员根本不够用，也不好用，于是从消灭梁冀集团的兴奋中平静下来，开始重新起用梁冀的"故吏"们。胡广、韩縯、周景等人因为在倒梁运动中态度模糊被革职，但没过一年就都被召回了朝廷：胡广任太中大夫，韩縯任司隶校尉，周景任尚书令。

这位韩縯的祖父韩棱曾任司空，还是袁安的好友，当年都以反窦宪闻名；后来与袁绍关系极深的"袁氏故吏"韩馥与韩縯同乡（豫州颍川郡），又同姓韩，十有八九是亲戚。

周景也是个有趣的人物。他是袁安"故吏"周荣之孙，又是周瑜的从祖父。梁冀当政初期，他忠实地追随梁、袁两家，曾任豫州刺史，发现并起用了陈蕃、李膺、杜密等著名党人。所以，袁、韩、周三家与党人的关系早就非比寻常。《后汉书》把他们三家列入同一篇传记中，大有深意。

梁氏"故吏"们的复兴，再加上士人的联合抵制，宦官的日子越来越不好过，朝廷每年都会收到大批检举他们横行不法的奏章。虽然如此，只要桓帝不理睬，宦官们就无须为自己的命运担心。但在延熹八年，随着桓帝的私生活发生变化，政治形势突然有了一百八十度的大转折。

和自己的列祖列宗一样，汉桓帝生性好色，后宫女子据说多达6000人，而且喜新厌旧。梁冀倒台后，他对皇后梁猛的宠爱依旧，只是让她改姓为"薄"，不久后又恢复"邓"姓。邓猛在当了 6 年皇后之后，年长色衰，渐渐失宠，桓帝又与贵人郭氏和采女田圣陷入热恋。这样一来，邓皇后、郭贵人和田采女之间便不可避免地要发生纠纷。

延熹八年（公元 165 年）二月己酉日，洛阳皇宫内的千秋万岁殿发生火灾，而南宫内又发现了"黄龙"（也许是条黄色的巨蜥）。按照五行学说，这两件事都预示着东汉的火行已经走到了尽头，将要被崇尚黄色的新皇朝取而代之。汉桓帝为此非常烦躁，于是决心办一些大事，首先就是要废掉邓皇后。但是，邓家是老牌贵族，在宫里宫外都关系深厚，很多宦官为邓皇后说情。汉桓帝觉得这些奴才太不像话，该好好教训一下。正赶上太尉杨秉、司空周景、司隶校尉韩縯等人又联名上奏，说中常侍左悺、侯览的亲戚贪赃枉法，桓帝于是破天荒地下令严查到底。袁绍的生父袁逢时任京兆尹，参与调查侯览的哥哥侯参一案。结果，侯参、左悺及其兄长左称相继自杀，徐璜、侯览和具瑗的哥哥具恭都被革职逮捕。因在倒梁运动中立功而受封万户的"五侯"及其继承人也全部降为乡侯，剥夺大部分封地，这批宦官的六年统治就此戛然而止。

重创了宦官集团之后，桓帝迫不及待地废黜了邓皇后，并将她软禁起来。几天后，邓皇后暴毙，她的两个哥哥也被处决。东汉首席开国元勋邓禹一家在三起三落之后，至此终于彻底倒台，再也无法复兴。

如今，汉桓帝总算可以策立他的新欢田圣做皇后了。但是反对的声音依然不少，特别是与旧贵族集团关系密切的党人。太尉陈蕃坚持认为田氏卑微，不可立为皇后，大力推荐平陵人窦武之女窦妙。经过长期争吵，最终桓帝让步，召窦妙入宫，拜为贵人，又封窦武为郎官。经过 3 个月试婚期，喜新厌旧的桓帝对窦贵人颇有好感，于是册立她为皇后，并拜岳父窦武为北军的越骑校尉，封槐里侯，不久又改封禁卫军中权力更大的城门校尉。

"窦"这个姓看上去好生面善。不错，窦武正是窦宪的堂侄。在窦宪倒台

73 年之后，窦家居然咸鱼翻身，再次当上了外戚。对于窦家的宿敌袁家来说，这可不是什么好消息。从此之后，袁家成员便进一步淡出政界，甚至连袁绍的濮阳县令职务都保不住了。

窦家的突然复兴，不仅导致袁家的发展受到抑制，也给田家带来了灾祸。备受汉桓帝宠爱的田圣之所以无法当皇后，其实并不像陈蕃所说，是因为田氏家族的社会地位低微，而又是因为"五德终始"理论。和袁氏一样，田氏也是陈氏的分支。按照传统说法，他们都出自虞舜，属土德，崇尚黄色，具备取代东汉的条件。按照王莽亲自撰写的《自本》，他的"王"姓也出自田氏。所以，终东汉一朝，虞、陈、田、袁、王、李、项、孙、许等被认为出自虞舜、属土德、崇尚黄色的姓氏都不得出皇后，当然也就没法成为外戚了。这也是袁家虽然长期权倾天下，却不曾与东汉皇室联姻的原因——他们必须避王莽之嫌。

袁家成员拥有优秀的基因，很适合与皇室联姻。若非有"五行"理论在其中阻碍，袁家可能早就成了外戚。如果是那样，袁氏成员的职位肯定也就不仅限于三公，而是会升至东汉帝国的实际执政者——大将军。但是这样一来，他们迟早也会像窦宪、梁冀那样倒台，不可能连续五代三公显赫了。所有史籍都记载，袁家男子身材高大，相貌堂堂，而且很长寿。袁汤病逝时已经 86 虚岁，袁隗死时也不下 70 虚岁。长寿是东汉人能够出任三公的必要条件之一，50 虚岁以下的人几乎没有谁出任过三公。袁家女子也是社会名流竞相追求的对象，一度受到郭泰赏识的名士黄允听袁隗对别人讲"找女婿，像黄允这样的就足够了"，便立即和妻子夏侯氏离婚，等着当袁家女婿。结果，黄允被夏侯氏在大庭广众之下痛骂，而袁隗也没有把女儿嫁给他，落得赔了夫人又丢脸，竹篮打水一场空。①

---

① 参见《后汉书·郭符许列传》。

太尉陈蕃自幼以"大丈夫处世，当扫除天下，安事一室乎"的豪言壮语闻名，执政以后果然做出惊世之举，把被汉和帝消灭的窦宪的堂侄孙女窦妙介绍给汉桓帝当皇后。卷土重来的窦家自然对陈蕃感恩戴德，但是窦氏的几个世仇家族却必然对陈蕃咬牙切齿，其中为首的便是袁家，因为陈蕃是袁家的汝南老乡，在官场上很可能得到过袁家的恩惠，却过河拆桥，帮助袁家的死敌窦家复兴。在汉桓帝册封窦皇后当年，袁逢任京兆尹，袁绍任濮阳县令，这对父子的辖区都在黄河两岸。很快，他们的生存环境就将发生剧变。

党锢风云——袁绍的早期仕途（公元 166~167 年）

延熹九年（公元 166 年）年初，全中国人都在谈论一件怪事——黄河水竟然变得清澈见底了。自古以来，因为流经黄土高原的原因，河套以下的黄河河水都夹带大量泥沙，浑浊不堪。可是在延熹八年（公元 165 年）四月到延熹九年（公元 166 年）四月之间，不光是黄河上游，从中游直到入海口，整条黄河居然都变清了。那么多泥沙到哪里去了呢？人们百思不得其解。

这时候，最受东汉知识分子崇拜的圣书《易经》必须出来救急。从袁氏家学《孟氏易》发展而来的《京氏易》（又称《京房易传》）解释："河水清，天下平。"后来，"建安七子"之一的王粲在其代表作《登楼赋》里说："惟日月之逾迈兮，俟河清其未极。冀王道之一平兮，假高衢而骋力。"表达的也是这种思想。

看着空前清澈的黄河水，汉桓帝不知会做何感想。或许他挺高兴：天下将要太平了，自己也成了圣人。他同样也可能很忧虑："圣人出"的意思或许是说，今年会有一个"肩负历史使命"的婴儿降生，他将取代东汉，建立新的皇朝，那个朝代属土德，崇尚黄色……一些抱有这种想法的帝王将会毫不犹豫地下令，处死当年出生的所有婴儿，例如《圣经》中的犹太王希律。所幸，汉桓帝还不像希律那么残忍。

老天爷实在是太幽默了。东汉的老百姓在看到黄河水变清之后，满怀希望地等啊等，等了一年多，结果却既没等来"天下平"，也没等来"圣人出"。

最终，他们等来了一种全新的政治运动——党锢。

在黄河水开始变清之前不过几十天，也就是延熹八年（公元165年）三月，汉桓帝曾宣布大赦天下。没想到，就是这次大赦引发了"党锢之祸"。

汉桓帝亲政以后，任命一向高风亮节的李膺为河南尹，主管洛阳周边地区的治安。李膺刚刚上任，就得知大宦官张让的弟弟张朔担任野王县长期间，横行不法，杀害了一名孕妇后畏罪潜逃回洛阳，躲在张让家的密室里。李膺于是亲自带兵到张让家搜查，找到了张朔，将他逮捕归案。按照有关规定，逮捕并处决在职官员，需要上奏朝廷，而且野王县归河内郡，不属河南尹管辖，但是李膺却直接将张朔判处死刑，立即执行。恼怒的张让向汉桓帝告状，汉桓帝召见李膺，当面质询，得知张朔确实触犯死罪，转而训斥了张让，并晋升李膺为司隶校尉。

有了汉桓帝的明确支持，李膺进一步加大了执法力度。当时，河内郡有个叫张成的人擅长预测，推算出皇帝即将大赦天下，便指使自己的儿子杀人。李膺将张成之子逮捕归案，判处死刑。正待行刑，突然大赦令下。李膺一怒之下，违旨把张成之子处死。

张成能够提前算出汉桓帝即将大赦天下，其实并不算神奇。首先，汉桓帝并非暴君，而是一个酷爱大赦的皇帝，在延熹八年（公元165年）之前，他在位18年，已经大赦12次，从未连续两年不大赦。延熹七年（公元164年）没有大赦，所以延熹八年（公元165年）一定会大赦。其次，汉桓帝喜欢在政局变动之后大赦，以往在杀李固、梁冀等人后都宣布大赦，所以在延熹八年（公元165年）二月废掉邓皇后之后，也一定会大赦。更何况，张成与宫中有不少联系，许多宦官找他算过命，就连桓帝都向他咨询过，所以此人对宫中的消息比像李膺这样的外朝官员灵通，一点都不奇怪。

张成儿子之死，若在一般时期，未必能掀起什么波澜，但汉桓帝刚宣布大赦，李膺就处决犯人，让皇帝颜面扫地。在宫中消息灵通的张成趁机指使弟子牢修上奏朝廷，诬告李膺"养太学游士，交结诸郡生徒，更相驱驰，共为部党，诽讪朝廷，疑乱风俗"，恰逢陈蕃等人逼迫汉桓帝立窦皇后，皇帝对士大夫心怀不满，对李膺及其友人严加训斥，再加上张俭案起，往日积怨便突然爆发了。

作为党锢运动的导火索，张俭一案非常复杂奇诡，史籍中有各种说法，比"罗生门"还要复杂，其中以《后汉纪》的记载最为详尽。

中常侍侯览祖籍兖州山阳郡，因在倒梁冀运动中立功，被封为侯爵。侯览有一个同乡叫张俭，时任山阳郡东部督邮。督邮相当于太守的助理，通常每郡设立东、南、西、北、中五部督邮，代表太守调查民情，督察下级官吏，整顿治安。受山阳郡太守翟超委托，张俭调查侯览，发现他行为不法，于是上书朝廷，请求将他治罪。不料这封奏表落入侯览之手，后者便在桓帝面前诬陷翟超，罗织罪名将他逮捕，侯览、张俭这对老乡从此反目成仇。

这段故事有两个疑点：第一，山阳郡人侯览犯法，当由山阳郡太守翟超上书朝廷报告，不应由督邮张俭直接上奏。如果各地案件事务都由督邮、县令越级直接上书朝廷，那要太守干什么？第二，侯览家住山阳郡防东县，此县位于山阳郡的西南部，张俭身为东部督邮，根本不该经手此事。如果全郡的事务都由一个督邮来管，那要其他四位督邮干什么？总之，按照东汉制度，像这种情况，应该由山阳太守责成西部或南部督邮调查，尔后太守将调查结果写成公文，上奏朝廷才合法。无论是哪种情况，翟超都有蓄意挑拨侯览、张俭这对老乡的关系之嫌。

翟超被捕以后，太尉陈蕃多次向汉桓帝说情。陈蕃是袁汤故吏周景的故吏，所以也可以算作袁氏故吏。而袁绍的生父——京兆尹袁逢曾负责调查侯览的哥哥侯参一案，并导致了侯参的自杀，所以侯览与袁家的关系也相当恶劣。当时袁赦仍是中常侍，所以袁家并非与阉党水火不容，而只是与侯览等少数宦官有矛盾。但大多数党人却不这么想，他们一心希望彻底铲除宦官，掌握全部政权，由此便产生了大量地方官与宦官的纠纷。汉桓帝夹在两派中间，力图保持平衡。李膺处决大宦官张让的弟弟，反而获得升迁，这激励了很多地方官效仿。济北相滕延见侯览、段珪等宦官的宾客欺压百姓，便命衙役当场斩杀数十人。侯览、段珪等人向桓帝哭诉，桓帝反而将滕延提升为京兆尹。这些例子说明，汉桓帝并非一味袒护宦官。侯览如果只是因为被没收了部分财产，就要置对方于死地，那他根本不可能成功。其实，张俭的上司翟超也只是被判剃掉头发，罚作苦役而已。张俭如果只是受翟超之命，参与没收了侯览的财产，恐怕侯览不会特别在意他。事实上，张俭作为侯览的老乡和地方官，对侯览家族的打击力度远远超过了李膺和滕延。按照《后汉纪·献帝纪》的记载，此案的情节大致如下：

翟超被捕以后，张俭在街道上遇到侯览的母亲一行，对方不肯让路。张俭路怒症发作，带人将侯览的母亲及其家眷、仆役百余口人当场杀死，又去防东县捣毁了侯家住宅，杀光了侯览的全家老小，随后只身潜逃。汉桓帝闻报后，传唤张俭到廷尉府接受调查。但此时张俭已经逃走，还有很多对朝廷不满的官员和士大夫暗中保护，官府根本抓不到。后来，张俭在众多友人的帮助下，翻越长城，投奔鲜卑人去了。

如果张俭像滕延一样去廷尉接受调查，那就罪止一身，甚至可能会像滕延那样被赦免，而不至于引发党锢大案，株连他人。但是他一逃，事情便说不清楚了。汉桓帝担心或气愤的，不是张俭这个地方官擅杀太监的家人，而是张俭作为背负着一百多条人命案的重犯，逃走后一直不能被抓住，居然还长驱上千里，渡过黄河，穿过众多城镇和要塞，最后翻越长城，去投奔敌国了。这无疑反映了地方当局和民间团体对东汉政权的反对多么激烈。因此，桓帝感到有必要发动一场旨在清理官僚队伍的政治运动，而这次运动的名字就叫"党锢"，意思是"禁止结党营私的人当官"。同时，他命令逮捕所有曾窝藏过张俭的人，并将其中直接帮助张俭逃亡的几个人处死，包括名士孔融的哥哥孔褒，孔融虽代替孔褒接待过张俭，却得到了赦免。

失去了所有亲人和仆从官吏以后，侯览一门心思想着复仇。延熹九年（公元166年）秋季，他指使张成的弟子牢修上书，说李膺、杜密等官员与太学生结党，诽谤朝廷，又指使自己的同乡朱并指控张俭与山阳郡的刘表等24人相互吹捧，结为所谓的"八俊""八顾""八及"（翟超与张俭并列为"八及"）等团社，还刻石立碑。汉桓帝闻报大怒，下诏逮捕这24人，但只抓到少数几名，刘表等人都失踪了。经调查，发现刘表是长乐卫尉王畅的同乡兼学生，王畅又是太尉陈蕃的故吏，事情于是越闹越大。确实，王畅与刘表都是山阳郡高平县人，关系一向很密切，后来刘表担任荆州牧时，王畅的孙子、"建安七子"之一的王粲不远千里从长安前去投奔他，是顺理成章的行为。

延熹九年（公元166年）年底，汉桓帝下诏，颁布"党人"名单，明令禁止他们做官，同时命令逮捕司隶校尉李膺、太仆杜密等数百名党人领袖，以"钩党罪"下狱。党锢运动正式开始。许多党人像张俭一样逃走，朝廷悬赏重金捉拿，但最终还是没能全部抓住。桓帝委托中常侍王甫审讯李膺、杜密等人，最终的审问记录需要王甫和三公的联合签字，才能发生法律效力。

当时与王甫会审党人的三公究竟是谁，并无定论。《后汉书·孝桓帝纪》说，延熹九年（公元166年）七月，太尉陈蕃被免职；九月，光禄勋周景升太尉；十二月，党锢运动开始。这样一来，参与审讯党人的太尉应该是周景，而不是陈蕃，而且陈蕃的免职与党锢运动毫无关系，因为七月时牢修尚未上书控告李膺、杜密，汉桓帝仍在重用这几位大臣。但《后汉书·陈蕃列传》中却说，李膺等党人被捕之后，太尉陈蕃上表劝谏，结果被革职。《后汉书·党锢列传》中又说，陈蕃作为太尉，被要求和其他两位三公一样，在王甫审讯党人的记录上签字。显然，《后汉书》作者范晔满脑子糨糊，后来司马光读《后汉书》至此，显然也是一头雾水，所以在《资治通鉴》里根本不写党锢运动发生在哪个月。

看来，《后汉纪》的说法更为可靠。党锢运动始于延熹九年（公元166年）九月，陈蕃当时仍然担任太尉职务，还被要求和其他两位三公——司徒胡广、司空刘茂一样，在王甫审讯党人的记录上签字，但他坚决不肯，随后又上表为党人说情。汉桓帝不肯同意，命令将李膺、杜密等党人关进洛阳监狱囚禁起来。陈蕃可能因此被一度免职，但在窦皇后的支持下，很快就返回了朝廷。

为了抑制党人，桓帝政权又颁布了影响深远的《三互法》，对官员的选拔提出三种禁忌：一，本州人不得当本州刺史，本郡人不得当本郡太守；二，儿女亲家不得到对方的故乡当官；三，两州人不得同时互任对方的州的刺史。以袁家为例：袁家是豫州汝南郡人，所以不得当豫州刺史或汝南太守；袁隗是马融的女婿，所以马家人也不得到汝南当官；在荆州人当豫州刺史期间，袁家人不得当荆州刺史。正因为《三互法》，袁绍、袁术兄弟后来都不曾担任豫州刺史或汝南太守，曹操不曾担任豫州刺史、沛国相或谯县县令，孙坚、孙策、孙权都不曾担任扬州刺史或吴郡太守，刘备也不曾担任幽州刺史或涿郡太守。

平心而论，《三互法》确实有利于肃清吏治，防止官员以权谋私，所以自公布以后便备受好评，甚至在汉朝灭亡之后很久还得到广泛遵行。但是，这也导致官员对地方上的情况不熟悉，办事不认真，还加大了人事部门的工作难度，幽、冀二州就出现了“久缺不补”的怪现象，对行政造成了一定的阻碍。

汉桓帝发动党锢运动的主要原因，是他起初大力支持的党人一旦获得执法权，便借口刑事案件，短期内大规模地屠杀阉党及其亲属，超出了朝廷的控制范围，打破了政治平衡。照这样下去，再过几个月，阉党及其亲属就会被全部杀光，汉桓帝本人也会被党人架空。汉桓帝拒绝接受被架空的命运，只好向党人出示红牌，把他们从官场上罚出去一段时间，以便让阉党恢复元气。党锢运动的矛头直接指向了全中国最有名望的知识分子，因而特别为当时和后来的知识分子诟病。但是，士大夫尽管拥有书写历史的特权，却很少能够真正改变国家的命运。真正能够决定历史走向的，往往是那些被士大夫鄙视的军人。在党锢运动前后，军队坚决地站在汉桓帝与宦官一边，这就注定了士大夫的反抗最终都将被武力镇压的命运。

和中国古代所有帝王一样，汉桓帝的谥号"桓"代表了朝廷在他死后对他的官方评价。"桓"可绝对不是恶谥。按《逸周书·谥法解》："辟疆服远曰桓，克敬勤民曰桓，辟土兼国曰桓。"此外，汉桓帝本来还有一个庙号，叫"威宗"，以颂扬他扬威边陲、打败羌人的武功。后来，董卓执政时，由于阉党及其亲属已经被袁绍兄弟全部杀光，得以横行无忌，取缔了汉桓帝的"威宗"庙号，并且对他大肆丑化。原来，董卓与羌人关系密切，从小在羌人中生活，还娶了羌族女子，故而要代羌人向曾经大力镇压过他们的汉桓帝报复。

客观地讲，汉桓帝的一生，其实是勤于政事的一生，也是武功赫赫的一生。他起初借助士大夫和阉党的支持摧毁了梁冀外戚集团，也因此不得不努力保持士大夫和阉党之间的平衡。但他没想到，士大夫并不满足于掌握半个政权，刚刚执政就大举屠杀阉党，意在独揽朝纲。汉桓帝被迫发动党锢运动压制士大夫，导致他死后蒙上恶名。与虚名相比，实利毕竟重要得多。

汉桓帝亲政之后，为了扭转东汉中期日渐衰颓的国势，不再重用郭、马、袁、杨等开国元勋的后代和世卿世禄的豪门成员，而着重从民间提拔新人才。在军事领域里，桓帝同样用人唯才而不唯亲，弃用长期垄断西北军权的邓、马、耿、窦等将门成员，转而提拔下级军官，其中最重要的是来自凉州的三位将领——皇甫规、张奂、段颎。皇甫规字威明，张奂字然明，段颎字纪明，所以合称"凉州三明"。张奂和段颎都是梁冀的故吏，梁冀倒台之后，汉桓帝没有一味排斥梁党，而是重用"凉州三明"。近百年来，东汉军队在对外作战中胜少败多，特别是羌人多次横扫凉州，延及并州和益州，造成了巨大的破坏。在"凉州三明"的努力下，汉军逐步扭转了被动局面，收复了大片国土，捷报频传。

延熹九年（公元 166 年），鲜卑人的攻势渐渐减弱，西羌已经陷入绝境，东羌陆续投降，东汉帝国的声望得到大幅提升。当年九月，洛阳迎来了历史上第一次造访中国的远方来客——大秦王安敦的使团。"安敦"显然是"安东尼"（Antonius）的汉朝译音，而此处的"大秦王安敦"，当为罗马皇帝马可·奥勒琉·安东尼（Marcus Aurelius Antonius，公元 161~180 年在位）。此人博学多才，号称"哲学家皇帝"，对东方文化怀有浓厚的兴趣，向中国派遣使团并不奇怪。

不过，当时就有汉朝官员怀疑这个使团是假冒的，因为在汉人眼里，大秦国向来以"宝众"著称，而这些使者并未带来什么稀奇贵重的礼品，甚至连火浣布都没有，只有象牙、犀角、玳瑁等东南亚特产。但不容怀疑的是，这个使团知道当朝的罗马皇帝姓"安东尼"。更值得注意的是，他们是经东南亚海上坐船来到中国的，说明西北陆上丝绸之路此时仍然不通。此前半个世纪在罗马帝国出版的托勒密巨著《地理志》，也记载了从红海出发，渡过印度洋和南海，到中国南方的航线。无论怎样，这都可以说是东西方交流史上的空前盛事，比马可·波罗造访中国重要得多。

送走大秦使团之后，延熹十年（公元 167 年）正月，东羌又开始入侵。时任护匈奴中郎将的张奂派遣麾下的两员悍将——尹端和董卓分路出击，击退敌军。同月，最后一支西羌部落——当煎羌围攻武威郡，时任护羌校尉的段颎千里驰援故乡，一举全歼敌军。至此，西羌部落被完全平定。在持续了 60 多年之后，汉羌战争终于有了结束的征兆。

按照"国之大事，在祀与戎"这个传统标准来衡量，桓帝的确是成功的君主，特别是与他之前和之后的几位皇帝相比，显得更为突出。桓帝亲政时期，天下风调雨顺，饥民显著减少，暴动近乎消失，经济迅速恢复，人口平稳增长，帝国的领土和威望不断地扩大，罗马等遥远的国家纷纷来朝，东汉俨然有中兴之象。桓帝一朝也是东汉人口最多的时期，永寿三年（公元 157 年）全国在籍人口有 56486856 人[1]，加上隐藏户口和少数民族　实际上应超过 6000 万，为西汉后期以来之最，且不亚于盛唐时期。

但是，汉桓帝并不能让士大夫满意，他们不断指责桓帝荒淫无度，沉迷于宗教，敌视正直的知识分子。客观地讲，在全体知识分子都信仰五德终始理论的时代，东汉后期根本不可能出现任何一位能够令士大夫满意的君主，除非他甘愿把大汉政权拱手让人。

正在汉羌战争节节胜利，大秦使团来朝，党人纷纷入狱之际，新息县长贾彪悄然来到了洛阳。

在士大夫的眼里，这位贾彪不是什么善人。他本是太学生领袖，与郭泰齐名。党锢案发之后，党人岑晊因为与翟超、张俭、刘表等人并列为"八及"，又仿效张俭，大赦期间在南阳屠杀汉桓帝宠幸的张美人全家二百余口，随即四处逃亡，地方官员都争相帮助他隐藏，只有贾彪不肯接纳，说："此人滥杀无辜，自犯重罪，而又不敢担当责任，四处逃亡，连累亲友，不是大丈夫。我身为县长，不去逮捕他就算宽厚了，难道反而要帮助他继续隐藏吗？"

贾彪的态度，代表了东汉知识分子中客观公正的一派。张俭、岑晊二人之所以被通缉，不是因为他们敢于得罪权贵，而是因为他们借口为民除害，滥杀无辜，如同恐怖分子。党人为了自身政治目的，不可青红皂白，一味袒护张俭、岑晊，是在向整个国家机器宣战，把自己置于全民公敌的地位，注定无法成功。如果全国知识分子都能像贾彪这样理智，社会就不容易动荡。

听说李膺、杜密等党人下狱，贾彪感觉事态过于严重，坐不住了，秘密前

---

① 参见《晋书·地理志》。

往洛阳，求见尚书霍谞和城门校尉窦武，劝说他们以大局为重，阻止逮捕党人"扩大化"。霍谞曾助汉桓帝诛灭梁冀，因功封侯，颇受信赖，窦武则是桓帝的岳父。密谈之后，霍谞和窦武上书朝廷，一面赞颂大破羌人、万国来朝的功绩，提醒桓帝应该大赦天下，一面为党人鸣冤，最后称自己身体不好，希望退休回家，以此表示决心。

同时，党锢案的主审官——中常侍王甫的态度也发生了动摇。经过半年审讯，被捕的党人都说不曾帮助过张俭、岑晊逃亡，没有一个肯认罪的，同时又自称与很多宦官子弟关系密切，令王甫左右为难。见窦武上书，他干脆也跟着上奏，请桓帝下大赦令。

延熹十年（公元 167 年）六月庚申日，汉桓帝终于宣布大赦，释放党人。第一次党锢运动在持续了 10 个月之后，暂时告一段落，党人们也陆续返回朝廷做官。在这次运动中，除了与张俭、岑晊等人命案直接有关者外，并无党人被处死。党人们回到故里，如同衣锦还乡，各色人等远至上百里外迎接，聚集的马车多达数千辆，造成了严重的交通堵塞。党人范滂见此情景，颇有先见之明地长叹说："你们这不是加重我的罪过吗？"

至此，汉桓帝发动的第一次党锢运动无疾而终。除了被张俭、岑晊等党人屠杀的几百人和直接帮助张俭、岑晊逃亡的若干人员以外，整个运动并未造成一人死亡，可谓相当"文明"。可是，这反而激励了党人进一步反抗东汉政府的意志，他们毫不具备贾彪、范滂那种客观公正的观念，一味标榜自身为道德楷模，打着正义的旗号，迅速把中华大地拖入内乱的泥潭。衣锦还乡的他们只顾相互吹捧，并不知道，下一任东汉皇帝将不再像汉桓帝那样克制地对待他们，而会直接举起血淋淋的屠刀。

第一次党锢运动期间，身为濮阳县令的袁绍应当恰好躬逢其盛。濮阳是黄河中下游的交通要冲，张俭从山阳郡逃往鲜卑，岑晊从南阳逃往"齐鲁之间"，很可能都会路过濮阳，并未被逮捕，或许也受到了袁绍的袒护，也或许正因如此袁绍颇受李膺、刘表等党人的器重。

在党锢前后，袁绍还遇上了两件要事：第一件是娶妻生子，第二件是他的母亲去世。因为母亲去世，袁绍按照官场的规矩，辞去县令一职，回家送葬服丧。

袁绍的母亲究竟何时去世，史无明文。但是，袁绍的治丧却十分著名。据《三国志》裴松之注引皇甫谧《逸士传》的记载，袁绍与袁术兄弟丧母时，归葬于家乡汝南，曹操、王俊等"三万人"会葬。曹操见到葬礼的盛况，悄悄对王俊说："天下即将大乱，为乱首者一定是这两兄弟。要想拯救天下，为百姓请命，不先杀这二人，祸乱就要开始了。"王俊回答："像你这么说，能拯救天下的英雄，除了你自己，还有谁呢？"曹、王二人于是相视而笑。

如果对袁绍兄弟的生平略作研究，就会发现这种记载纯属子虚乌有。且不说二人不同母，不大可能一同为某人之母治丧，单说袁绍母亲去世时，曹操应当不过十多岁，这样的年纪，怎么也不可能说出这样的话。另外，曹操年轻时，与袁绍的关系非常好，长期共事，不可能在这之前说出要杀袁绍的话。东汉末年，只有一个人的葬礼吸引过"三万"宾客，就是享誉天下的高士陈寔，袁绍之母的葬礼怎能有陈寔那么高的号召力？这类记载，显然都是曹魏集团为了证明曹操早就与袁绍、袁术兄弟划清界限，从未与二袁同心同德而凭空编造的，所以才会如此破绽百出。

然而，袁绍在母亲的葬礼上确实做了些引人注目的怪事，那就是服"三年之丧"，并且在此后"又追行父服，凡在冢庐六年"。先为母亲服丧3年，又为亡父"追补"服丧3年，这听上去很感人，其实却是"非礼"的。幼年丧父，青年丧母，袁绍的情况与孔子极为相似，而孔子只服母丧，不再追服父丧。孔子确实说过："三年之丧，天下之通丧也。"孟子也说过："三年之丧，自天子达于庶人。"但孔子又说："过犹不及。"所以，连续服丧6年，其实和没服丧差不多。而且，汉朝官员服丧，根本无须服3年。《礼记·三年问》规定："三年之丧，二十五月而毕。"汉文帝又诏令丧期以日易月，实服25日。东汉时，关于"三年之丧"的讨论曾多次进行，汉桓帝在位初期，梁冀曾一度允许"二千石"级别以上的官员服"三年之丧"，但汉桓帝亲政后便已明令禁止。身为"一千石"级别的县级官员，袁绍应当在服丧25日以后便返回工作岗位，连续服丧6年，显然有不合逻辑、情理与时代风尚之处。

更何况，袁绍其实是个有孝行无孝心的伪君子，内心深处并不为母亲的去世而伤感。据《后汉书·郭符许列传》记载，袁绍因母丧辞去濮阳县令，穿着华丽的衣服，带着大批车徒回家，将入汝南郡界时，突然想到可能会遇见许劭，于是说："我这身打扮，跟着这么多车骑和随从，怎么能让许子将见到呢？"赶紧遣散随从，换上简朴的衣服，独自驾车回家。许劭何许人也？许劭，字子将，袁绍的同郡老乡，以品评人物著称。可见，袁绍坚持长期服丧，并非出自对母亲和嗣父的真心哀悼，而主要是在别人、特别是许劭等社会名流面前演戏。

但袁绍的这场戏可不好演。在葬礼和长达6年的服丧期间，他将要过怎样的生活？

葬礼和丧礼是儒家文化中最复杂的礼仪，至今在中国民间仍然部分保存着，因此无须做详细介绍。有时，我们在乡间会看到有人穿着破麻衣，爬上自家的房顶，挥舞着死者生前的衣服高喊："魂兮归来！归来归来！"在灵堂里，又会看到有许多人聚在一起蹦蹦跳跳，口中念念有词，一会儿同时痛哭，一会儿又同时止哭。这正是中国现存古代葬礼的遗迹，也是包括袁绍在内的汉朝人应当举行的葬礼。

按照《周礼》《礼记》和《仪礼》这"三礼"的教导，在服丧期间，作为一位儒士，袁绍必须披麻戴孝，也就是穿麻衣、粗草鞋等。他还得"囚首丧面"，也就是披散头发，在脸上涂满灰泥，还需挂着一根拐棍（也就是所谓的"哭丧杖"），以示自己悲痛得已经没有力气再站了，看上去一小半像人，一多半像鬼。在服丧期间，袁绍不许欢笑，不许歌唱，不许听音乐，不许跳舞，不许洗澡，不许上班，不许投资，不许吃肉，不许饮酒，不许性交……还有许多其他的忌讳。如果违反了这些忌讳，那就是不孝，就是伪君子，丧也就白服了。所以，有些人在丧期举办宴会，有些人的妻妾在丧期内怀孕，甚至只是为生活所迫而做点小买卖，都会受到社会舆论的严厉谴责。不难想象，许多服丧者都度日如年，每天必做的事情就是翻皇历。所以，包括汉桓帝在内，历代中国皇帝都不大赞许这种古老的习俗，一再对家有丧事的官员"夺情"，即禁止他们辞职长期服丧，以免影响政府工作的正常进行。然而，毕生热衷于功名利禄的袁绍却在自己最宝贵的青春年华，主动把这只需行25天的苦修延长到了72个月，目的何在呢？

为了回答这个复杂的问题，我们必须了解，在袁绍服六年之丧期间，东汉帝国发生了什么？

赦免党人之后，汉桓帝满脑子想的都是与羌人的最后决战。几年来，"凉州三明"虽然都屡战屡胜，但在桓帝的心目中，高下已判。度辽将军皇甫规、中郎将张奂的策略是软硬兼施，以招抚为主，都不肯痛下杀手，只有段颎血气方刚，能够坚决执行桓帝的剿羌战略。延熹十年（公元167年）年底，桓帝召"凉州三明"回京开军事会议，皇甫规、段颎先到，张奂因为还在与东羌僵持，不能及时返回。桓帝于是单独给段颎下诏，与他商讨作战方案，拨调兵马钱粮，以便尽快出征。岂料这次却是出师未捷君先死，长使将军泪满襟！

窦武之女窦妙虽然被立为皇后，但因为是陈蕃撮合的包办婚姻，一直不大受桓帝的宠爱。段颎出征后不久，桓帝又封田圣等九位宠姬为贵人，严重威胁到了窦皇后的地位，她的被废似乎指日可待。作为直接利益相关者，窦武、陈蕃等人当然不会坐视这种情况的出现。

延熹十年（公元167年）十二月丁丑日，生前挨骂最多，被骂得也最惨的中国皇帝——汉桓帝暴崩于洛阳宫中，享年36虚岁。

桓帝并非没有生育能力，据《后汉书·皇后纪》记载，他共有3个女儿——刘华、刘坚、刘修，其中长女刘华嫁给辅国将军伏完，他们生下的长女又嫁给汉献帝，就是后来被曹操杀害的伏皇后。但奇怪的是，在桓帝死后，没有任何一位皇子活下来。桓帝的情人们也都没有好下场：桓帝的遗体还停在前殿时，窦皇后就杀了田圣（可能还有田圣所生的皇子），又要把其他八位贵人处死，多亏中常侍管霸、苏康苦谏，才救下她们的性命。窦武父子也没闲着，跑到宫中选美，挑了许多宫女带回家里享受，还顺便拿走许多财宝，几天之内就成了暴发户。

据《后汉纪·灵帝纪》，窦武共有5子2女，其中3个儿子知名，即窦绍、窦机、窦恪。《后汉书·窦何列传》则说，窦绍是窦武哥哥的儿子。窦绍的名字与袁绍一样，出身又同样存在争议，参考袁绍的情况，最有可能的情况是：窦绍是窦武的亲生儿子，但在窦武的长兄去世后，被"绍封"过继给他，故而起名为"绍"。窦武还有窦机等几个儿子，但对窦绍的感情却最深，窦绍的能力也比窦武的其他几个儿子强。这很可能是因为窦绍作为窦武哥哥的宗法继承人，需要从小独立照管许多事情，从小历练所致。很多中外历史名人都是早年丧父，不得不自幼挑起家庭重担，所以显得特别早熟，综合能力大大强于有父母长期照料的孩子。袁绍和窦绍的情况更为特别：他们的亲生父亲还健在，时刻可以提供帮助；自己又有孤儿的身份，必须承担许多责任。从人性上讲，窦武喜爱窦绍甚于自己其他的儿子，一如袁逢喜爱袁绍，都在情理之中。

桓帝死后，窦太后临朝听政，太傅陈蕃、大将军窦武、司徒胡广辅政，其中陈蕃是窦武、窦太后的恩人，而胡广则是陈蕃的老师。为了能够长期执政，他们效仿王莽和梁冀，想在刘氏宗室中寻找一个少儿当皇帝，最后选择了年纪最小的、解渎亭侯刘苌与董夫人所生的儿子刘宏。对于汉桓帝来说，这是最大的悲剧：作为并非自己亲生，并非自己培养，也并非自己选择的继承人，刘宏将会彻底败坏他的所有事业，还连带着抹黑了他的形象，最终将东汉帝国这艘巨轮驶入万劫不复的深渊。

四世三公

第三章

六年之丧——第二次党锢运动（公元168~171年）

建宁元年（公元168年）正月庚子日，刚刚年满12虚岁的刘宏在窦武、陈蕃、胡广等人的拥戴下，在洛阳奉窦太后诏书，即皇帝位，史称汉灵帝。

小时候，灵帝经常听人说，皇帝是世界上最好的职业，想要什么就有什么，像生活在天堂里一样，美丽的宫女成千上万，因此特别羡慕。到了洛阳之后，他才发现，宫廷生活根本不是那么回事。洛阳宫中不仅没有外界传说的那么多美女，就连像样的房子都没几间，仓库里也没有什么积蓄。桓帝在位时，宫殿经常失火，但因为国家经济紧张，一直没有大兴土木，许多宫人都在临时搭建的小木屋里凑合居住。段颎西征时军费不足，桓帝带头出钱，本已不富裕，再加上桓帝死后窦武父子的提前搜刮，当然不可能给灵帝留下多少积蓄。宫里的美女不是被窦太后处死，就是被窦武父子带回家享用，也所剩无几。灵帝见了这幅情景十分感慨，但不是称赞桓帝的节俭奉公，而是嘲笑桓帝"不能作家居"，生活缺乏品位，于是和一些宦官合计，开始经营自己的小金库，准备大规模兴建和装修皇宫。

二月，段颎在逢义山（今宁夏固原市西北）大破东羌，残敌散入山谷之中，看来已经不堪一击。与此同时，洛阳的中朝与外朝也展开了殊死的较量。

窦家的上台并非出自桓帝的本意，立灵帝又不符合宗法，所以注定会造成比霍光、王莽、梁冀拥立新君时更加激烈的冲突。了解宫中秘事的只有宦官，窦武对这一群体颇为忌惮，想将他们消灭掉。太傅陈蕃也正想为党人报仇，于是与窦武联合推荐著名党人王畅为司空、杜密为太仆、尹勋为尚书令、刘瑜为侍中、李膺为长乐少府、朱寓为司隶校尉、刘祐为河南尹、虞祁为洛阳令、栾巴为议郎，控制洛阳周边的军政大权，准备逐步消灭宦官。

中常侍管霸曾主审李云案，虽然为之说情，仍为士大夫所不容。后来，他又与中常侍苏康阻止窦太后杀绝桓帝九贵人，为窦家所仇视。陈蕃、窦武顺利地杀掉了管霸和苏康后，便与窦太后商议，要一举铲除宦官。窦太后却犹豫不决，反问道："宦官自古便有，又不是都坏。你们杀光宦官，将来上朝时，难道让我这个女人抛头露面吗？"

宦官固然有其可憎之处，但在帝国体制中却起着很重要而且无法取代的作用。皇帝需要大量男性后裔，因此也就需要大量妻妾，妻妾的管理便成为老大难问题。无论是正常的男人还是女人，都不适合担任皇宫的管家，阉人也就应运而生。作为皇帝、外戚和外朝之间的主要联络人，一旦宦官被消灭，帝国这台庞大的机器便难以正常运转。包括秦、汉、唐、明以及古波斯、奥斯曼土耳其在内，历史上谋划屠杀宦官者，无一不是打着中兴大旗的，但没有一次中兴成功；也无一不是想独掌朝政，进而谋求皇位的，窦武与此后的何进，以及袁绍、袁术兄弟自不例外。士大夫和社会各界对窦、袁屠杀宦官的支持，表面上看是对正义的拥护，实际上却是在敲汉朝的丧钟。事实证明，袁绍、袁术兄弟屠杀宦官成功之后，汉朝便如同行尸走肉。董卓、曹操等人能够很容易地以少量兵力控制皇帝，腾出手来对付群雄，与宫中缺失宦官有很大关系。

九月辛亥日凌晨，曹节、王甫、朱瑀等宦官得知窦武的计划，挟持汉灵帝发动政变，诬告窦武等人谋反，逼迫各尚书、黄门作诏，宣布逮捕陈蕃、窦武。尚书令尹勋、黄门令山冰拒绝作诏，王甫便处死山冰，又将尹勋等人关入牢房，并释放被窦武监禁的宦官郑飒，命他去逮捕陈蕃、窦武。窦武闻讯，骑马跑到步兵校尉窦绍营中，与窦绍射杀郑飒等人，召集北军五校部队，准备入宫消灭宦官。

此时，护匈奴中郎将张奂、司马董卓等凉州悍将刚刚胜利回京。宦官们于是请汉灵帝下诏，命凉州军随车骑将军周靖共讨窦武。王甫自己先率领禁卫军逮捕陈蕃等人，然后到宫外与窦武、窦绍军对阵。清晨，王甫与窦武对骂，窦武渐渐理屈词穷，其部下陆续倒向王甫。正在此时，周靖、张奂、董卓的大军赶到，北军五校将士见势不妙，全部投降，窦武、窦绍在绝望中自杀。陈蕃、窦武两人的男性亲友或被处死，或被逮捕，家眷流放交州日南郡，窦太后则被软禁在南宫云台，其地位被灵帝的生母董贵人取代。

陈蕃、窦武的失败，看似出自宦官们的阴谋诡计，实则为必然结果。陈蕃强迫汉桓帝册立窦皇后，已经埋下祸根；窦家因为窦宪垮台的缘故，在朝廷中树敌甚多，举目无亲，难以长期保全自己；汉桓帝突然死亡，没有皇子继承皇位，宫廷内外都怀疑是窦家捣鬼；窦太后杀害田贵人，窦武父子抢夺宫女和国库，更是引发众怒。所以，无论是宦官、宫女，还是禁卫军，都仇恨陈蕃、窦武集团，他们的倒台只是时间问题。党人对陈蕃、窦武集团的歌颂，只是借此宣扬他们自己而已。

因为与陈蕃、窦武关系密切，李膺、杜密、刘瑜、栾巴等人也都被革职或降职。栾巴上书鸣冤，结果再次被关入死牢。这一次，栾巴不再指望有地震来拯救自己，便与尹勋等人在狱中自杀了。

陈蕃、窦武、栾巴、尹勋等人的死讯和李膺、杜密等名士被逮捕的消息传来，郭泰对朋友长叹说："'人之云亡，邦国殄瘁。'汉室灭矣，未知'瞻乌爰止，于谁之屋'？"

郭泰的这段话中两度引用孔子编订的《诗经》，正是孔子所谓的"不学《诗》，无以言"，充分表现了儒家教育对汉代知识分子人生的巨大影响力。

"人之云亡，邦国殄瘁"出自《诗经·大雅·瞻印》，在此指陈蕃等名士之死将导致汉朝的衰亡；"瞻乌爰止，于谁之屋"出自《诗经·小雅·正月》，此处指改朝换代。和"逐鹿中原"里的鹿一样，乌鸦也指国家政权。后来，曹操在赤壁之战前作诗《短歌行》，大概突然想起郭泰，便将"瞻乌爰止，于谁之屋"改写为"月明星稀，乌鹊南飞。绕树三匝，何枝可依"。细细品味，曹操的这句诗，他似乎预感到自己的军队在南方难以立足，所以打算挥师撤退，到北方的大树上去找可以落脚的枝丫了。

其实，郭泰已经自问自答了"瞻乌爰止，于谁之屋"的问题。"瞻乌爰止"中的"爰"，汉朝时与"袁"字通假，西汉名臣袁盎在《史记》里写作"袁盎"，而在《汉书》里就写作"爰盎"，后来黄忠也称时任虎贲中郎将的袁绍为"爰中郎"[①]。郭泰说"瞻乌爰止"，似乎已经暗示听众，未来的国家政权将属于袁家。正因为那只乌鸦将会落在袁家屋顶上，所以在袁绍后来的大本营邺城，将会修建起"铜雀台"，台顶上的那只铜雀，也就是曹操后来所谓的"乌鹊"，很可能是一只乌鸦。无论是对于袁绍，还是对于曹操或其他人来说，这只神圣的乌鸦都象征着国家政权。

陈蕃、窦武集团败亡之后，东汉政权便落入了阉党手中。汉灵帝虽然是被陈蕃、窦武集团拥立的，却与陈蕃、窦武集团并无亲缘关系，在政变中又表现得很听话，因此获得了阉党的认可，继续稳坐皇位。阉党论功行赏，封曹节、王甫、朱瑀等十余名宦官及在政变中立下大功的护匈奴中郎将张奂为侯爵，并拜张奂为少府，后来又晋升为九卿之一的大司农，而张奂的部将司马董卓则被封为戊己校尉。戊己校尉屯驻在今新疆吐鲁番市东，那里当时是东汉帝国西部边陲的最前哨，重要性不言而喻。

① 参见袁宏《后汉纪·灵帝纪》引黄忠写给申屠蟠的信。

董卓的早年生平充满了谜团。《三国志》说他是"六郡良家子",《汉末英雄记》也说他是官宦子弟,而《后汉书·列女传》则说他是"羌胡之种"。这些记载并不矛盾,董卓大概确为羌族,或有羌族血统,其家族有可能早已归附汉朝,很早就到内地做官。所以,董卓年轻时与羌族豪帅来往密切,后来又能得到西北游牧民族的广泛支持。

随着汉羌战争的白热化,董卓扶摇直上。按照《三国志》裴松之注引《吴书》的记载,凉州刺史成就首先发现了董卓,后来董卓又得到并州刺史段颎的推荐,于是成为司徒袁隗的幕僚。这个记载肯定有误,因为按照《后汉纪》和《后汉书·段颎传》,段颎在延熹四年(公元161年)到延熹六年(公元163年)之间担任并州刺史,而袁隗出任司徒则是在熹平二年(公元173年),当时段颎已经升任司隶校尉。段颎与袁家关系非常好,又向来敌视张奂,而董卓与张奂的关系并不融洽,所以段颎向袁隗推荐董卓,完全有可能,但这要推迟到段颎担任司隶校尉和袁隗出任司徒以后。袁绍后来召董卓入京,应当就有董卓曾是袁隗故史,受到袁家信赖的考虑。

汉朝选拔官员实现辟举制,被辟举者称辟举者为老师,执弟子礼,自称"门生",侍奉老师像侍奉父母一样。汉代的所谓"故史",也就是老下级,同样有对老上司尽忠的义务。自袁安出任三公以来,袁家成员特别重视结交朋友,急他人之所急,乐于举荐人才,因此在官场中"树恩四世,门生故史遍于天下",敌人甚少,而朋友极多。董卓能在袁隗这样的三公身边工作,对他日后的仕途必然会有极大的帮助。董卓、曹操二人都是袁氏门生故史,后来却挟天子以害师尊,虽然成败异论,但都一直被后人唾骂,其实是必然的结果。

在给司徒袁隗当幕僚之前,董卓历任戊己校尉、并州刺史、河东太守等职。戊己校尉归凉州刺史领导,而当时的凉州刺史孟佗(三国风云人物孟达之父)和董卓一样,也是被阉党提拔的。当年孟佗为了当官,打算结交大宦官张让,但张家门口每天等候张让接见的马车常有上千辆，往往得排好几天的队，才能得到张让的一次赏脸。孟佗不想排队，便花了很多钱，和张让的家奴结好。有钱能使鬼推磨，张让的家奴们拿钱之后，当街对孟佗下拜，带着他加塞，第一个进了张家。排队等候的人们见状，以为孟佗是张让的老朋友，就在孟佗出来后，争先恐后地向他送礼。就这样，孟佗在一天之内弄到了许多珍宝，挑了几件特别珍稀的，下次拜访的时候转送给张让。在这些礼物中，最名贵的当数一罐葡萄酒。

在唐太宗征服高昌之前，中国并未掌握葡萄酒酿造技术，葡萄酒都要从西方进口。而在梁冀、袁汤丢失西域之后，丝绸之路被隔断，葡萄酒在东汉帝国内从此绝迹，张让连见都没见过。张让本来就是个酒鬼，他的儿子①——太医令张奉更以经常发酒疯闻名。如前文所述，汉代中国酒的度数很低，想要发酒疯，恐怕得喝上十几斤甚至几十斤才行，张奉爱发酒疯，恐怕是喝进口葡萄酒的缘故。古希腊、古罗马的葡萄酒度数远比现代的西方葡萄酒高，一般都要加几倍的水稀释才能饮用，否则很容易醉倒。在古希腊神话中，就连独眼巨人在喝了一罐葡萄酒以后，也会醉得不省人事。饮过高浓度葡萄酒以后，张让大喜，于是表孟佗为凉州刺史，帮他向西域采购葡萄酒。为了重新打通葡萄酒之路，孟佗在建宁三年（公元170年）发兵3万讨伐疏勒，结果大败而归。从此，西域之事就更不可问了。

除了张奂、董卓、孟佗这些受宦官器重的官员得到升迁之外，司徒胡广也升为太傅、录尚书事，成为百官之首。

这位胡广可谓是官场上的不倒翁，据《后汉书》统计，他"在公台三十余

---

① 参见《北堂书钞》卷一百四十八引曹丕《典论》。张让可能是先生了儿子再净身入宫的，这在汉朝是常事。

年，历事六帝，一履司空，再作司徒，三登太尉，又为太傅。"因为他恪守中庸之道，又擅长办公，所以早在当小吏时，法正的父亲法真便曾称他"有公卿之量"，洛阳民谣也盛赞他："万事不理问伯始（胡广字伯始），天下中庸有胡公。"他前后共经历过大小政变十余次，毕生六起五落，但在野从未超过一年。像胡广这样谁都不得罪，谁上台都支持，谁执政都起用的官员，也许只有五代时期的冯道可以媲美。显然，和老同事袁汤一样，胡广并不是在为汉朝做官，也不是在为老百姓做官，而只是在为他自己做官，并且把为官之术发展成了一门博大精深的学问。毫无疑问，像袁汤和胡广这样的官员越多，一个政权就会越稳定，也就越没有振兴的希望。

除了袁汤父子等官场上的老同事之外，胡广与三个人的关系特别亲密，此三人分别是他的首席幕僚王允、他的学生陈蕃及蔡邕，而蔡邕后来正是被王允处死的。门生陈蕃垮台丝毫没有波及胡广的仕途，故吏王允与门生蔡邕后来又决裂，证明胡广并没有一以贯之的明确政治主张，这使得他可以在官场上左右逢源，可以"五作卿士，七蹈相位"，也可以当半个世纪的和事佬，但却不能避免自己死后"天下中庸"的梦想彻底破灭。

陈蕃、窦武败亡之后，汉羌战争的最后决斗也已迫在眉睫。建宁二年（公元169年）七月，段颎大破东羌于射虎谷（今甘肃天水市西），斩首一万九千，而汉军阵亡者仅有四百余人。如此悬殊的阵亡比例，充分证明了段颎的军事才华。在此之前，羌人与汉军交战，往往以少胜多。如果以往的汉军将领都能像段颎这样作战，汉羌百年战争可能根本不成其为战争。如今，战争硝烟散尽，只可惜破格重用段颎的汉桓帝已经看不到捷报了。

射虎谷之战宣告了汉羌百年战争的正式结束。按照《后汉书》的记载，此战后"羌"这个民族几乎被灭绝了，少数余部根本不可能成气候。然而，事实并非如此，仅仅十几年后，羌人还将随边章、韩遂、董卓、马腾、李傕、郭汜等军阀举兵，客观上加速了东汉帝国的灭亡。更加令人啼笑皆非的是，在东汉帝国已经灭亡之后，维护汉朝的最后一股势力——蜀汉，居然在很大程度上，要借助羌人的军事力量苦苦支撑。青庬等羌族部落的骑兵常年跟随刘备出生入死，又特别为诸葛亮看重，在书信中屡屡提及；为刘备占领益州立下大功的马超，至少有四分之一的羌族血统；诸葛亮出岐山北伐时，凉州诸羌群起响应；更有甚者，最后一名为汉朝捐躯的将军姜维，也像他的姓氏"姜"显示的那样，是一个不折不扣的羌族人①。当汉朝在多数汉族人心目中已经像肥皂泡那样破灭之时，羌人居然还在为之浴血奋战，这真是莫大的黑色幽默。

孟子说得好："出则无敌国、外患者，国恒亡。"段颎战胜东羌的捷报刚刚传到洛阳，第二次党锢运动便随之开始了。"党锢"的本意是"禁止党人做官"，第一次党锢运动确实仅限于追究两场血案和禁止党人参与政治事务，但第二次党锢运动则要血腥得多，因为其中涉及了太多的权力纠葛。既然陈蕃、窦武一党想要屠杀宦官，宦官自然也要以其人之道还治其人之身。羌人的外患消除之后，他们终于可以集中力量下手了。

射虎谷之战的3个月后，也就是建宁二年（公元169年）十月丁亥日，中常侍侯览命人指控李膺、杜密等百余人为钩党，要求逮捕他们。郭泰在当年春天刚刚去世，所以不在名单之中。逮捕令下达后，大部分党人都选择了坦然入狱。历史教训证明，像张俭、刘表那样逃亡，代价太高昂了。当朋友劝李膺远走他乡时，这位老者却平静地说道："出了事不推卸责任，犯了法不躲避刑戮，这是臣子最基本的节操。我年已六十，祸是自己招来的，又有何可避呢？"也许，上次汉桓帝迅速宽恕党人，令他们心存幻想，以为自己大不了再次被革职

---

① 羊儿为羌，羊女为姜，汉朝羌族人多数姓姜。

为民，回家种地而已。

但与第一次党锢运动不同，执政者这次因为已经大开杀戒，干脆决定斩草除根。听说这次不仅要将党人免职，而且还要把他们集体处死，时年14虚岁的汉灵帝不明就里，便问中常侍曹节："党人为什么要被杀掉呀？"曹节回答："党人们相互拉拢，图谋不轨，妄图颠覆我国家，夺取我政权。"灵帝听了害怕，立即在判刑文件上签了字。很快，李膺、杜密等百余名党人便全部被处决，他们的亲友也都被列入党人的黑名单，禁止入朝为官。

在上百名士大夫喋血京师的第二次党锢运动期间，袁绍正在家乡汝南安安静静地服着他"非礼"的"六年之丧"。如前文所述，袁绍为母亲服丧3年虽然不符合汉朝官方规定，但还说得过去，再加上袁家的世仇窦家在此期间把持朝政，他的辞职退隐完全可以理解。可是，为过世多年的嗣父袁成追服三年之丧，却是过于独特的现象。

为了搞清楚这件怪事，也许我们应该同时解决掉另一个根深蒂固的老问题——袁绍的首任妻子是谁？

文献中并未明确回答这个问题，《后汉书·袁绍列传》只说袁绍的后妻姓刘。然而，《后汉书·党锢列传》中提到李膺之子李瓒临终前，对自己的儿子李宣等家人说："袁本初汝外亲。"所谓"外亲"，即与本家族女子联姻的姻亲。既然李瓒是对多位子侄说的这番话，那么袁绍与李宣就不可能是儿女亲家的关系，否则李宣的兄弟和堂兄弟就和袁绍构不成"外亲"关系了。李膺在建宁二年自称"年已六十"，说明他生于永初四年（公元110年），比生于本初元年（公元146年）的袁绍年长36岁。由此推论，袁绍很可能是李膺的女婿或孙女婿，他先于刘氏所娶的首位妻子应是李膺的女儿或孙女。

与名士李膺的联姻，肯定出于袁绍及其长辈的精心设计。李家相传为赵将李牧之后，与袁家同属土德，崇尚黄色，同为豫州大族，在社会上又备受尊崇，与之联姻的好处显而易见。对李膺来说，袁绍英俊潇洒，知书达礼，虽然不及弱冠，但作为袁成的宗法继承人，已是一家之主，私人财产至少有上亿之巨，条件这么好的女婿上百年也未必能找到一个。双方一拍即合，也就不足为奇了。但是双方肯定都没想到，两家联姻后李膺会被迅速卷入第二次党锢运动，导致袁绍要为这次联姻付出沉重的代价。

身为党人领袖，李膺受到的处分尤为严厉。他自己被处死不算，他的妻子儿女也被流放到边塞，门生、故吏及所有直系亲戚全部被禁锢。作为李膺的外亲，袁绍同样成了党人，也必须被禁锢。正因为如此，袁绍在第二次党锢运动开始之后，只能继续赋闲在家，还得为没进监狱而感到庆幸，原因大概是袁家在官里有袁赦帮忙说情。也正因为如此，袁绍一直要等到光和七年（公元184年）党锢运动终止之后，才能出来做官。同样正因为如此，袁绍的前两个儿子——袁谭和袁熙会比三儿子袁尚大出许多，因为袁谭和袁熙是袁绍在六年丧期之前出生的，袁尚则是袁绍在六年丧期之后出生的。在这六年丧期内，袁绍无论有没有严格遵守丧礼，至少没有和他的妻妾们生育任何子女。

至此，袁绍的"六年服丧"之谜逐渐揭开了面纱：

延熹九年（公元166年），袁绍的母亲去世，他自然要辞职回乡奔丧。袁绍原本并不为母亲的去世感到太伤心，可能也未必打算为母亲服丧三年。但此时，汉桓帝已册立窦武之女为皇后，由于窦宪与袁安的冲突，窦家是袁家的宿仇，所以新外戚窦武仗势欺压袁家，袁绍的亲戚们在官场上都不得志。在这种形势下，袁绍感到只要窦家还在执政，自己在官场上就难有发展空间，所以干脆安心辞职，回老家为母亲服丧。

建宁二年（公元169年）窦家倒台，袁绍的几位亲戚相继入朝为官，袁绍也完成了自己的三年母丧，准备重新步入官场。但就在此时，第二次党锢运动开始了。由于岳父（或岳祖父）李膺等党人被处死，袁绍被迫在故乡继续待下去，但找了一个借口，说是要为自己宗法上的父亲袁成追补服丧。其实，他对这位没给自己留下任何印象的伯父兼嗣父不可能有多少深厚的感情。他的后三年服丧，更多的是在哀悼自己的岳父（或岳祖父）李膺等党人之死，并聊以避世，等待复出的时机。这使得他的青年生涯与众不同，特别是与他的异母兄袁基和异母弟袁术相比，显得更加特别。

袁绍固然必须赋闲在家，但是并不必苦修72个月之久的超长丧礼，特别是后三年，他完全可以找别的理由在家隐居。他这样折磨自己，有什么目的呢？或许是为了在士大夫，特别是党人中树立威望。正是在第一次党锢运动之前3个月，党人荀爽曾上奏汉桓帝，强烈要求恢复"三年之丧"制度。党锢运动开始之后，袁绍不惜牺牲自己的仕途，身体力行地坚持执行"三年之丧"，尔后又"追行父服"3年之久。这种行为看似荒诞，实际上是对汉朝政府的抗议示威，必定会赢得荀爽等党人的钦佩，为其以后的人际交往积攒政治资本和领袖威望。

在历史上，二十多岁的年轻人就积攒下如此雄厚的政治资本和领袖威望，是极为罕见的。这既有袁绍自身能力超群的内因，更有那个时代环境的外因。首先，东汉，特别是汉灵帝的统治在知识分子中不得人心；其次，按照汉朝政府自己宣传的三统理论，刘氏的汉朝应该被陈、田、袁、李等"土德"姓氏的皇朝取代；第三，袁家"四世三公"，门生故吏遍天下，支持者众多；第四、袁绍作为在本初元年意外死亡的禁卫军将领袁成的继承人，又是党人领袖李膺家族的姻亲，天生占据道德高地，坐拥巨大财富，很容易成为知识分子拥戴的对象，也是反抗汉灵帝统治的象征。

这，正是"袁本初密码"！

虽然袁、李两家是有资格取代汉朝的"土德联盟"，袁绍本人又因为与李膺家族联姻而付出了沉重的代价，但袁、李两家的关系其实并不和谐，因为李膺晚年投靠了袁家的宿敌窦家。此外，李膺之女并未给袁绍生过儿子，袁绍的长子袁谭和三子袁尚大概都是他的后妻刘氏所生，这大概也是袁绍要再娶第二任正妻的原因。

至于袁绍的后妻刘氏，肯定也出身名门，甚至可能有汉朝皇室血统。从家族宗法和政治需要考虑，袁绍完全可以甚至应该与李氏离婚，但他并未这样做。袁绍的这一反常行为恐怕不能用他与李氏的爱情解释，因为他在充满尔虞我诈的权贵家族长大，早已暴露出桀骜、自私和虚伪的性格，很难有持久而真挚的感情。有意思的是，袁绍的同父异母弟袁术也有两位正妻，这似乎是袁家的一种家规。李膺之子李瓒正是了解袁绍的为人，知道他对李家的态度主要是利用，而非信任，所以才在临终前告诫自己的儿子李宣，千万不要去投奔当时权倾天下的袁绍。

就这样，袁绍出于多重考虑，开始了六年禁欲苦修，事实上也暂停了与李氏和刘氏的婚姻生活。自从袁安平反楚王刘英案，挽救大批佛教徒的性命以来，袁家或许时常与佛教接触，它或许是袁绍能够坚持完成六年禁欲苦修生活的精神动力来源。

作为袁家仅有的党人，袁绍可以孤独地过他的苦行僧生活。但对于袁家的其余成员来说，汉灵帝的朝廷可从未忘记他们。建宁年间（168~171年），名士崔篆去世，崔家经济困难，无力治丧。于是，光禄勋杨赐、太仆袁逢、少府段颎一起凑钱帮崔家办丧事，大鸿胪袁隗则书写碑文。由此可见，就在窦家倒台之后，袁氏一门同时出了两位九卿，又骤然显贵起来。此事还说明，袁氏兄弟与杨赐、段颎二人的关系也非同一般。

杨赐的杨家，是东汉末年唯一可与袁家相提并论的公族。杨赐的祖父杨震官至司徒和太尉，杨赐的父亲杨秉官至太尉，杨赐本人是汉灵帝的老师，后来官至司空、司徒和太尉，杨赐之子杨彪也把三公当了个遍，算是另一个"四世三公"。但是，若论首次担任三公的时间，杨氏四世可比相应的袁氏四世晚几十年：杨震晚于袁安，杨秉晚于袁敞，杨赐晚于袁汤，杨彪晚于袁隗。若论势力和财富，杨家更远远不如袁家。

袁、杨两家人的关系相当不错，杨秉曾与袁逢联合查办侯览、侯参兄弟贪污案，杨彪又娶了袁逢的女儿，生下儿子杨修。因此，杨赐与袁逢是儿女亲家，而杨修则是袁逢之子袁基、袁术的外甥，其实也是袁绍的外甥。

建宁三年（公元 170 年）春，段颎胜利回到洛阳。汉灵帝命大鸿胪袁隗到西周旧都镐城去劳师，拜段颎为侍中，封新丰县侯，属民一万户。大鸿胪一职主管外交和封赏，袁隗此行合情合理，但也能看出，朝廷用心良苦，给足了袁、段两家故交面子。次年，段颎升任少府。所以，段颎以少府身份为其治丧的崔算一定去世于建宁四年（公元 171 年）。

建宁四年（公元 171 年）元旦，汉灵帝为了庆祝自己的 15 虚岁生日，宣布大赦天下，但党人除外。尽管如此，党人袁绍还是在这一年停止服表，随即来到了首都洛阳。既然无法立即重新步入宦海，那么他此行的目的又是什么呢？

四世三公——通往权力之路（公元172~177年）

在袁绍回到洛阳定居的次年，东汉政坛上的众多风云人物像是要为后生才俊让出施展才华的空间一样，接连告别了人世：熹平元年（公元172年）三月，"官场不倒翁"胡广病故。[1]五月，第二次党锢运动的主谋侯览因罪自杀。六月，窦太后在软禁中神秘地死去，随后朱雀阙的墙上出现了一篇标语，指责"曹节、王甫幽杀太后"，导致天下大乱。灵帝和曹节、王甫等宦官责成司隶校尉刘猛追捕此文作者，结果查了一个多月，也没抓到主犯。灵帝大怒，将刘猛革职查办，改拜御史中丞段颎为司隶校尉。段颎受宠若惊，立即以征讨羌人同样的干劲，在京城积极抓人，前后共逮捕了千余名嫌疑犯，其中大多数是太学生。3个月后，段颎又按照曹节、王甫、袁赦的指示，处死反对王甫的一批宦官，并以谋反罪逮捕了桓帝的弟弟、渤海王刘悝及其妃子宋氏，迫使他们自杀，这当然是汉灵帝本人授意干的，以便趁机消灭他的皇位竞争对手。

刘悝案给阉党带来了官运，12人因此封侯。不过，它与朱雀阙标语案一起，令士大夫对段颎恨之入骨。

身为一代名将，段颎甘心阿附宦官，是由东汉的军政制度决定的，同为镇抚西北边疆的将领张奂、孟佗等人也都不同程度地阿附宦官，并非偶然。决定

---

[1] 参见蔡邕《蔡邕集·太傅胡广碑》。

战争胜负的因素，除了行军用兵之术以外，最主要的就是后勤。段颎等人每次出兵，都要向朝廷呈递细致的军费预算。由于东汉后期经济不景气，将领们总是面对着军费不足的困扰，导致士兵的数量、装备和士气都不能令人满意，甚至连基本的军饷都难以保证。当时，中朝势力强大，掌握着帝国的经济命脉，将领们如果与中朝的宦官关系不融洽，后勤便没有保障，更谈不上战胜敌人了。此外，中朝还主导着人事部门，将领的个人前途与此息息相关，滕抚和段颎两人截然相反的仕途命运就是明证。因此，东汉后期的军队，无论是京师的禁卫军，还是外地的边防军，大都非常畏惮宦官，对他们唯命是从。

随着老朋友段颎的得势，袁家的再度辉煌也指日可待。建宁五年（公元172年）十二月，汉灵帝下诏，封大鸿胪袁隗为司徒，袁氏家族"四世三公"官场伟业终于大功告成。袁隗留下来的大鸿胪之位，则被灵帝赐给了曹操的父亲曹嵩。袁绍此前一年停止服丧，而后来到洛阳，自然是因为叔父袁隗官运亨通，自己在京城的前途登时光明起来。

既然已经当了三公，袁隗自然要开府，而开府就需要招聘幕僚。段颎如果真向袁隗推荐过董卓为幕僚的话，必定是在这个时候。袁隗肯定不会想到，作为朋友段颎的门生和他本人的故吏，这位"董师爷"心中全无知遇之恩，反而将会置自己全家老小于死地。

袁隗出任司徒3个月后，他的老朋友杨赐升任司空；又过了3个月，司隶校尉段颎升任太尉。至此，当年一起为崔莫办丧事的这三个好朋友同时担任了三公，可谓盛极一时。

不过，这样的盛况并没有持续很久。半年之后，杨赐和段颎相继因病辞职，但袁隗的司徒位子还是坐得很稳。不久，"凉州三明"中最年长的皇甫规病逝，西北边疆随之重新动荡起来。

汉羌百年战争结束以后，鲜卑便成了东汉帝国最大的敌人。桓帝初年，鲜卑王檀石槐尽踞匈奴故地，建立起鲜卑帝国。在北匈奴瓦解 90 年后，东汉帝国重新有了一个强大的北方邻居，它的政策捉摸不定，而且热衷于侵略。自永寿二年（公元 156 年）起，檀石槐就不断入长城劫掠，给东汉造成巨大的人员损失。桓帝主动提出和亲，檀石槐竟然傲慢地拒绝了。党锢运动开始后，张俭等党人相继投奔檀石槐，为其参谋军事，鲜卑人的气焰更加嚣张。灵帝初年，鲜卑军"无岁不入塞"，杀掠汉朝兵民不可胜数。

熹平三年（公元 174 年）冬，鲜卑军又攻入凉州北地郡，北地太守夏育率休著屠各军迎战，取得了一场罕见的大捷，因功升为护乌丸校尉（乌丸是东北游牧民族，又称"乌桓"）。夏育本是段颎的副将，汉羌战争结束后，他与另一位副将田晏都得到了升迁。休著屠各，又称休著、休屠各或屠各，来源比较复杂。东汉时所谓的"屠各"，西汉时译作"屠耆"，隋唐时译作"突厥"，今称"土耳其"或"土库"，是匈奴的核心部落，匈奴的"左贤王"和"右贤王"音译为"左屠耆王"和"右屠耆王"，历代单于都是屠各种。"休著"原是月氏人，定居于河西走廊，汉武帝时被霍去病征服。北匈奴衰落之后，大批屠各人陆续以战俘或内附民的身份入居河西走廊，与休著人杂居，形成了"休著屠各"这个特殊的族群，后来便成为凉州"秦胡"或"羌胡"军的主要兵源。

鲜卑人被击退的捷报传来，汉灵帝便把注意力转向了学术教育。灵帝本人酷爱文学，曾著有五十章《皇羲篇》。熹平四年（公元 175 年）三月，他命令自己的老师光禄大夫杨赐、五官中郎将堂谿典、谏议大夫马日磾、太史令单飏、议郎蔡邕等大儒考证争论极多的《鲁诗》《尚书》《周易》《春秋》《公羊传》《仪礼》《论语》等 7 部儒家经典，审定后分别用古文、篆、隶三种书法写就，刻成石碑，立于太学门外。后人以刻经的汉灵帝年号"熹平"命名这些石碑为"熹平石经"，今天在中国国家图书馆和西安碑林博物馆里仍能看到残碑。

汉灵帝刊立《熹平石经》，目的就是统一太学教材，规范太学考试内容。

对于那些渴望通过太学捷径做官的人来说，尽早熟悉石经的内容就成了当务之急。于是，石经刚刚开始刊立之时，欣赏及摹写者便蜂拥而至，每日到太学门口看蔡邕写经的观众成千上万，聚集的马车也数以百计，造成了严重的交通堵塞。在这些围观的人群之中，很可能就有袁绍、袁术和曹操的身影。

袁绍和袁术，特别是袁术，一向与主持修《熹平石经》的光禄大夫杨赐过从甚密。前文中已经提到，这位杨赐不仅是袁逢、袁隗兄弟的老朋友，而且他的儿子杨彪还是袁逢的女婿。杨彪在魏文帝黄初六年（公元 225 年）去世时 84 虚岁，所以他生于汉安元年（公元 142 年），比袁绍大 4 岁，比袁术大 5 岁以上，与袁逢的女儿应当早已结婚。既然是亲家主持的文化大典，袁氏家族的成员自然不能错过捧场的机会。再说，老相识蔡邕的书法总是值得一看的。

和袁绍一样，曹操年轻时也上过太学。①按照《三国志》的记载，曹操在熹平三年（公元 174 年）满 20 虚岁时出任郎官，但并不是考上的，而是"举孝廉"，说明他的考试成绩不怎么样，至少没进入前 10 名，因此只能借助乃父曹嵩的人际关系被推荐当官。不过，曹操又被同时代的人公认为"明古学"，所以他大概是偏科生。从曹操留下来的诗文看，毫无疑问，他很熟悉《诗经》，但很少像多数东汉学者那样引用其余"五经"；曹操酷爱《孙子兵法》，却极少谈及《左传》，说明他并未潜心钻研过《春秋》。

与"偏科生"曹操相反，蔡邕对各部儒家经典都烂熟于心。他主持刻立《熹平石经》，很可能是长期栽培他的"贵人"袁氏家族向汉灵帝推荐的。当时，袁隗任司徒，袁逢任太仆，袁滂任光禄勋，真可谓一门金紫。

按照袁宏《后汉纪》的记载，袁滂字公熙，祖籍陈国扶乐县（今河南周口

---

① 《世说新语》卷三《识鉴》第七注引司马彪《续汉书》："初，魏武帝为诸生。"

市太康县常营镇），是袁绍的族兄袁闳之孙，所以在辈分上算是袁绍、袁术兄弟的族孙，但年龄却比袁绍还大。当年袁闳与袁逢、袁隗兄弟不和，因而离开汝南郡，搬到约50公里以北的扶乐县隐居，袁氏家族由此一分为二。袁宏身为袁滂的六世孙①，所言应当无误。

这时，汉灵帝获得大喜讯：何贵人给他生下了第一个儿子刘辩，也就是后来的汉少帝。汉灵帝的宋皇后生性嫉妒，灵帝怕她会害死刘辩，于是效法汉和帝，派宦官把这个幼儿带出宫去，以弃婴的名义寄养在一个姓史的道士家里，称为"史侯"。为了表彰何贵人，灵帝封她的哥哥何进为郎中，又升迁为虎贲中郎将。虎贲中郎将执掌禁卫军，这引起了宋皇后的极大关注，怕老婆的灵帝只得把何进外放为颍川太守。

看到朝廷大员们靠着刻碑、立法就可以轻松地扬名立万，地方上的文臣武将们自然也难耐寂寞。熹平六年（公元177年），护乌丸校尉夏育、护羌校尉田晏上书朝廷，请求征发幽州兵出塞讨伐鲜卑，声称在"一冬二春"之间，必能生擒檀石槐，肃清漠北。朝臣纷纷反对，夏育、田晏便通过老上司段颎向中常侍王甫说情。灵帝听信王甫之言，拜田晏为破鲜卑中郎将，授予他一支精锐的禁卫军，准备北伐。蔡邕急于证明自己不光擅长写墓志铭，也懂政治和军事，此前不久就因为公开反对《三互法》而闻名，此时又抓住这一时机，上表反对：

"自从匈奴分裂，南部投诚，北部西逃以后，鲜卑强盛起来，占据匈奴故地，雄兵十万，日益强横。加之关塞不严，走私成风，汉地的上好金属和武器全出口给了鲜卑，有些无耻的汉人又逃过边界，为他们制订侵略计划（这里指的主要就是张俭等投奔鲜卑的党人）。如今，鲜卑兵利马疾，实力已经超过了过去的匈奴。

---

① 《晋书·袁瑰传》载，袁宏是袁瑰之弟袁猷孙，袁瑰为袁涣曾孙，袁涣乃袁滂之子。

段颎一代良将，骁勇善战，平定区区西羌还花了十余年。夏育、田晏本为段颎副手，军事才能未必在段颎之上，鲜卑的兵马又明显强于西羌，现在他们却夸口说什么'两年内征服鲜卑'，将来一旦形成僵持局面，势必又要征发天下兵马增援，没完没了。现在，官兵连郡县盗贼都难以消灭，怎么可能征服这些野蛮人？先帝建造长城，目的是让我们防守反击，而不是轻敌冒进，请陛下以史为鉴。"

灵帝认真读了蔡邕的建议，却并不采纳，因为他迫切希望超过自己的前任——桓帝。一次，灵帝问杨赐的侄子杨奇："朕何如桓帝？"杨奇答道："陛下的才德和桓帝完全相当，就像尧和舜一样啊！"灵帝听出了杨奇的言外之意，感到非常尴尬。登燕然山，封狼居胥，是汉代大多数年轻皇帝的愿望。但一国之君不怕无能，最怕眼高手低。灵帝肯定不会预知，自己死后将会得到"灵"这样的恶谥。

当年八月，灵帝派破鲜卑中郎将田晏、护乌丸校尉夏育、护匈奴中郎将臧旻与南匈奴单于各率一万骑兵和若干步兵北伐，合击鲜卑。檀石槐分兵三路迎战，汉军大败，南单于阵亡，田晏、夏育、臧旻三人各率数十名骑兵逃回。灵帝闻报，既生气又惭愧，只好把这三员将领下狱问罪，又将太尉刘宽革职，聊以塞责，其实真正应该引咎辞职的是他自己。

现在轮到鲜卑人反击了，东至辽西，西至酒泉，"缘边莫不被毒"。所幸不久檀石槐病死，鲜卑帝国随之分裂，直到北魏时期才统一。正因为如此，汉末三国的动荡才能成为中国古代最后一次较少游牧民族因素参与的内战。不然的话，"五胡乱华"、中原板荡，恐怕就无须再等到"永嘉之变"了。

熹平年间（公元172~177年），既是东汉帝国由中兴至衰微的转折时期，又是袁家四世三公、备极尊荣的光辉岁月。奇怪的是，《三国志》和《后汉书》的《袁绍传》却都对袁绍此时在洛阳的活动缄口不言。他究竟在干些什么呢？正史又要隐瞒些什么呢？

本初俱乐部——袁绍的黑社会（公元 172~177 年）

　　建宁四年（公元 171 年）回到洛阳时，袁绍已经 26 虚岁了。此时的他具有多重身份：三公之侄、太学毕业生、清廉的前濮阳县令、被禁锢的党人、含冤遇害者李膺的外亲、全社会公认的孝子、两个儿子的父亲、一家之主、亿万富翁。道德的典范、出色的学历、高干的子弟、庞大的财产、不幸的仕途，一言以蔽之：圣人！不要说别人，即便是 27 虚岁时的孔子也没有袁绍这么高的声誉，更没有他这么多的财富，更不用说袁绍的相貌比孔子英俊得多。

　　"云从龙，风从虎，圣人作而万物睹。"①新"圣人"袁绍一到洛阳，便赢得了大批崇拜者。每天都有数以千计的人等候着袁绍的接见，聚集在他门前的车辆比在张让家门前的还多，甚至连扫马粪当燃料卖的人都发了财。

　　至于袁绍对待来宾的态度，史籍中有两种截然相反的记载。《三国志》说袁绍"有姿貌威容，能折节下士，士多附之"，《汉末英雄记》说袁绍"隐居洛阳，不妄通宾客，非海内知名，不得相见"，《后汉书》则说袁绍"有姿貌威容，爱士养名。既累世台司，宾客所归，加倾心折节，莫不争赴其庭，士无贵贱，与之抗礼"。按照少数服从多数的原则，袁绍大概对所有宾客都非常友善，热心帮助有求于自己的人，态度也非常谦虚。不过，《汉末英雄记》说他

---

　　① 语出《周易·乾》。

"非海内知名，不得相见"，未必没有道理，因为来找袁绍的人实在太多，他见不过来，只得以名取士。"海内知名"的人士可以进屋深谈，而一般的来宾就仅能打个招呼，然后托付给管家或亲友接待。

为何袁绍会有这么多拜访者呢？他不是重臣，手里没有政治权力，更无法像张让那样，随心所欲地给来宾封官。如果他们是想借此讨好司徒袁隗的话，肯定存在更有效的方式，毕竟袁绍只不过是袁隗的侄子，而袁隗至少有3个亲生儿子。

要想了解宾客争赴平民袁绍之家的奥秘，必须从两个问题入手：一，来找袁绍的都是些什么人？二，他们来找袁绍，想达到什么目的？

第一个问题很容易解决，只需要研究一下袁绍在光和七年（公元184年）第二次出仕之前，都与哪些人熟识就可以了。此时，除亲戚以外，袁绍与下列人员来往密切：何颙、荀爽、荀彧、王允、郑泰、曹操、刘表、张邈、许攸、逢纪、伍琼、周毖、吴巨。

把何颙放在与袁绍交好的众多名人之首，是因为他是袁绍年轻时最好的朋友，又特别有活动和组织能力，凡是何颙认识的人，袁绍几乎都认识。何颙字伯求，南阳襄乡人，年轻时入太学，并在此期间与同学袁绍相识。除了袁绍之外，何颙还是太学生领袖郭泰和贾彪的好友，参加了许多次社会运动，又特别受到太傅陈蕃、司隶李膺等名臣的欣赏，因此被朝廷列入党人黑名单，受到禁锢。此人好行侠仗义，助人为乐，曾经因为朋友的缘故，亲手杀过人。何颙和袁绍亲如手足，却从不与袁术来往，惹得袁术大怒，四处说何颙的坏话，甚至叫嚣要杀掉何颙，何颙却依然故我，由此也可见他的社会地位何等重要。

荀爽字慈明，颍川颍阴人，也是著名党人。荀爽本人是袁绍生父袁逢的幕僚，很得赏识，荀家从此飞黄腾达。袁逢去世以后，荀爽按照亲生儿子的标准，为袁逢服丧三年。荀爽的侄子荀彧年轻时便与何颙相识，何颙称赞他说："颍川荀彧，王佐之器。"后来，何颙与荀彧很可能结为了义兄弟或儿女亲家，所以当何颙死后，荀彧按照亲戚的规格，将他的遗体葬在荀爽的墓旁。荀彧娶了桓帝"五侯"之一、大太监中常侍唐衡的女儿为妻，所以被视为"阉党"，在社会上遭到一定程度的孤立。荀彧的弟弟荀谌、侄子荀攸及老乡钟繇、郭嘉、郭图、辛毗、辛评等人都与袁绍、何颙、曹操关系密切。

王允字子师，太原祁县人，郭泰的同乡兼好友，"官场不倒翁"胡广的首席幕僚。此人文武双全，精通典籍，弓马娴熟。郭泰见王允好学不倦，盛赞他说："王生一日千里，王佐才也。"他与何颙、荀攸关系密切，后来共同策划刺杀董卓。

郑泰字公业，河南开封人，出身官宦人家，是个大地主，以富有和慷慨著称。

曹操字孟德，沛国谯县人，太监曹腾的养孙，喜欢飞鹰走狗，任侠放荡。因为被社会名流视为"阉党"，所以备受孤立，与同样被视为"阉党"的荀彧同病相怜。他上过太学，成年后出任郎官，后受司马懿的父亲司马防推荐担任洛阳北部尉，主管治安时不避豪强，颇有声名。据说何颙曾经称赞曹操说："汉家将亡，安天下者必此人也。"

刘表字景升，山阳高平人，是张俭的好友，著名党人，"八顾"之一。永康元年到光和六年（公元167~183年）间遭到通缉，长期隐姓埋名，流亡四方。

张邈字孟卓，东平寿张人，喜好行侠仗义，著名党人，"八厨"之一。

许攸字子远，南阳人，与何颙同乡。此人是个花花公子，爱财如命，易冲动，因此被袁术斥为"凶淫之人"。但许攸也有个优点：当朋友有难时，他向来义无反顾，总是第一个冲上去帮忙。何颙认为，在为朋友排忧解难方面，没有人比得过许攸。许攸最后一次"排忧解难"，就是帮助身陷绝境的曹操在官渡打败了袁绍。

逢纪字元图，籍贯不详，很早便与袁绍相识，以忠诚可靠闻名。

伍琼，字德瑜，汝南人，与袁绍同乡，据说"少有大节"，后来亲自刺杀董卓，失败遇害。

周珌字仲远，武威人或汉阳人，曾与何颙、许靖、伍琼一起，向董卓推荐韩馥、刘岱、张咨、孔伷、张邈等人为封疆大吏，他们随即与袁绍、袁术组建联军讨董卓，周珌因此被董卓处死。

吴巨字子卿，长沙人，帮助刘表平定荆州，被刘表任命为苍梧太守。刘表死后，刘备被曹操击败，又不确定是否能与孙权联手抗曹，一度准备去苍梧投奔吴巨。不久吴巨起兵试图夺取交州，结果被孙权派兵击败杀死。

这样一来，袁绍的朋友圈成分已经不难看出：以上过太学的党人为主体，而且大多喜好行侠仗义。除了曹操之外，当时这些人没有一个在朝为官，但大都相当富有。

袁绍在党锢运动的时代背景下，结交这样一批朋友，目的何在呢？

汉灵帝时期，长期的党锢运动令大批知识分子无官可做，他们多数不屑于或没有能力从事其他职业，因而陷入了严重的经济危机，太学的过度扩招更加剧了这一社会问题。于是，数以万计的东汉"孔乙己"们浪迹街头，无所事事，只能靠攀附有钱、有权的大家族度日。袁绍发现，这场社会危机其实是一个千载难逢的好机会，他要利用袁家强大的经济实力和社会影响力，将这些寒酸的知识分子团结到自己身边，进而达到控制东汉政权的终极目的。

自从袁绍回到洛阳后，他就一直在不懈地推进着这个惊人的计划。在他与何颙等人的努力下，一批骨干成员"结为奔走之友"，在经济上帮助党人，"穷困闭厄者，为求援救，以济其患"；在政治上救援党人，"有被掩捕者，则广设权计，使得逃隐，全免者甚众"。借用现代语言讲，这是一个以袁绍为董事长，以何颙为总经理，以荀爽、王允、郑泰、曹操、刘表、张邈、许攸等人为股东或部门经理，以资助贫困党人和对抗朝廷政策为宗旨的慈善基金会兼武侠团体，或者说——黑社会。我们不妨按照"董事长"袁绍的字，称之为"本初俱乐部"。

所以，袁绍门口的来宾虽然多如牛毛，其实"天下熙熙，皆为利来；天下攘攘，皆为利往"，很容易打发。他们中的多数人和乞丐没有太大区别，袁绍只需要按期向他们发放点生活费就够了。但是，这些人又与乞丐不完全相同，因为知识分子特有的"骨气"令他们羞于"吃嗟来之食"。袁绍自己就是党人和知识分子，当然了解这些人的心理，于是"士无贵贱，与之抗礼"，让被施舍者有与施舍者身份平等的感觉。知识分子的虚荣心和经济需求既然都得到了满足，当然对袁绍心悦诚服，于是"莫不争赴其庭，辎軿柴毂，填接街陌"！

不言而喻，"本初俱乐部"是一个完全非法的组织，更是一个被宦官等当权者深恶痛绝的组织。但袁绍既是九卿袁逢的亲儿子，又是三公袁隗的侄子，还经营着这样巨大的黑社会组织，正所谓"黑白两道通吃"，根本没什么好怕的。

但是，天下没有攻不破的堡垒，而且还经常从内部被攻破。令袁绍和"本初俱乐部"领导层深感头疼的是，他们有一个强劲的竞争者，其领导人正是袁绍的弟弟——袁术。

自袁绍的高祖父袁安以来，袁家成员就一直以乐善好施著称。袁术小的时候"以侠气闻，数与诸公子飞鹰走狗"，后来担任长水校尉，执掌禁卫军中的乌丸、匈奴骑兵，深受游牧民族文化影响。因为袁术及其乌丸、匈奴族部下经常违反交通法规，在道路上超速奔跑，出现交通事故后还容易路怒症发作，百姓编绰号讽刺袁术"路中悍鬼袁长水"[1]。袁术为人如此嚣张，当然不受知识分子喜爱，登门请求资助的人很少。袁术后来也发现了这个问题，

---

[1] 参见惠栋《后汉书补注·刘焉袁术吕布传注》引《魏志》。

于是"折节下士"，终于能"与绍争名"。

不过，除了个人的品行与能力之外，袁术与袁绍有三点根本性的区别，从而使他的"公路俱乐部"注定竞争不过"本初俱乐部"。

第一，袁绍作为李膺的外亲，是板上钉钉的党人。只要袁绍还被禁锢，党锢运动就不可能终止；反之，一旦朝廷拜袁绍为官，无异于宣布党锢运动的结束。按照汉灵帝在光和二年（公元179年）颁布的诏书，"党锢自从祖以下，皆得解释"，党人兄弟不连坐。例如，孔融的哥哥孔褒就是党人，还因为保护张俭而被处死，孔融虽然也参与了对张俭的保护，却没有被禁锢，得以"辟司徒杨赐府"，因此，袁绍的弟弟（宗法上的堂弟）袁术也没有遭到禁锢，自从成年起就宦途顺利，"举孝廉，除郎中，历职内外"，一直做到尚书。因此，对于有党人背景的人来说，接受袁绍的救济相对比较保险，而袁术却可能随时抛下他们不管；对于没有党人背景，但也没有官可做的人来说，接受袁绍的资助不仅有利可图，而且不会像接受当权者的救济那样，受到党人的指责，落下一个"唯利是图"的臭名。

第二，因为袁术一直是朝廷命官，公务繁忙，不可能像赋闲在家的袁绍那样，全身心投入"俱乐部"建设中去。当然，袁术可以利用自己的职务之便，整治"本初俱乐部"的成员，但袁绍有袁逢和袁隗的保护，袁术其实奈何不得。

第三，袁绍和袁术的经济地位不同。按照中国古代的宗法，父亲去世后，儿子或养子就是一家之主，对家庭财产有完全的支配权；如果父亲还健在，那么儿子的官职不管多大，只要还不是皇帝，就必须接受父亲的经济控制。作为袁成的宗法继承者，袁绍是一家之主，在经济上完全独立自主；而袁术在经济上还要受父亲袁逢支配，真正可以随意使用的，只有基本工资和不定期的朝廷赏赐。因此，和袁绍相比，袁术在经济上捉襟见肘，在从事慈善活动时瞻前顾后，不可能像袁绍那样无所顾忌。

　　正是由于这三点原因，袁术的"公路俱乐部"规模始终有限，成员的素质也远远不如"本初俱乐部"，甚至引不起宦官的重视，袁术也就不得不生活在袁绍的阴影之下。他对此非常不满，大骂道："这些混蛋不来跟从我，却去跟从我的家奴吗？"甚至多次诽谤和威胁何颙、曹操等"本初俱乐部"的核心成员，但都无法使他们转投自己门下。

　　作为中国历史上空前成功的地下组织，"本初俱乐部"的章程大概非常严格。想要成为这个组织的核心成员，需要经历相当复杂和艰苦的考验。史籍记载有曹操早年的几件奇特经历，可以作为这种制度存在的证明。

　　在"本初俱乐部"的核心成员之中，曹操的情况最为特殊。他不是党人，也没有被禁锢，仕途几乎与袁术一样顺利，其父曹嵩因为是宦官曹腾的养子，还被全社会公认为阉党。既然如此，曹操为什么要加入袁绍组织的这个旨在资助党人的地下团体呢？他不是应该和父亲保持一致，站到与袁绍对立的阵营中去吗？

　　引导曹操"弃暗投明"的原因肯定很复杂，而且可能与年轻人中常见的心理变化有关。在曹操上学期间，社会舆论对于阉党和他的家族极为不利，导致曹操在太学里极度孤立，根本没有朋友，不免产生强烈的孤独感和自卑感。各种史料一致记载，曹操小时候不被人了解，其实是对他不受社会欢迎的隐晦说法。真正赏识少年曹操的只有两个人——何颙与桥玄。何颙与曹操的关系已见前文，桥玄则是周景的故吏，灵帝初年历任司徒、司空、太尉，为人刚正节俭，但没有多少本事，所以名声不太好。桥玄曾当面称赞曹操："天下将乱，非命世之才不能济也，能安之者，其在君乎！"

　　出于好意，桥玄又建议曹操："君未有名，可交许子将。"让他去汝南郡结交名士许劭。这位许劭与其堂兄许靖都以品评人物闻名，曾与郭泰并称"许郭"，郭泰死后更是不可一世。前文提到袁绍因母丧回乡时，十分顾忌许劭的议论，可见他是袁绍十分看重的人物评论家。初次求见许劭时，曹操表现得非常礼貌，"卑辞厚礼"，却被拒之门外。这时，曹操骨子里的"侠气"便不由自主地流露出来，居然"伺隙胁"许劭。许劭出于恐惧，说了一句著名的话，但却留下了两种内容相差甚远的版本——裴松之的《三国志注》引孙盛《异同杂语》，认为许劭当时说的是："子治世之能臣，乱世之奸雄。"而范晔《后汉书》记载的却是："君清平之奸贼，乱世之英雄。"二者含义相去甚远。孙盛虽然比范晔年长，但范晔所说也当有所本，难以定夺。

无论怎样，许劭的评语令曹操非常满意：现在他总算"有名"了。不过疑问也随之而生：难道曹操"卑辞厚礼"，付出巨大的代价，就是为了这么一个空洞的头衔？

当然不是。曹操这么急着出名，显然是为了满足一个人的择友要求——"海内闻名"。不用说，这位让曹操挖空心思，绕道桥玄、何颙和许劭以求深交的重要人物，就是袁绍。曹操早年几乎没有朋友，在结交袁绍之后，他立即拥有了广泛的社交资源。曹操想要得到袁绍的赏识和信赖，桥玄的推荐看来还不够分量，还必须得有许劭和何颙的评语。

因为袁汤和曹腾的关系，袁绍和曹操可能早就相识。但在延熹八年（公元165年）之前，曹操还是个几岁大的小孩；而在延熹八年之后建宁五年（公元172年）之前，袁绍在汝南服丧，曹操在洛阳上学，两人不可能经常见面，也就无从深交。袁、曹双方真正开始交往，并产生好感，乃至于信任，肯定是在建宁五年袁绍回洛阳之后。

虽然曹操有了些名声，但作为疑心深重的黑社会头目，袁绍仍不能立即对他推心置腹。为了成为"本初俱乐部"的核心成员，曹操还有许多关卡要过。

《世说新语·假谲》记载了袁绍与曹操早年交往的两件趣事，都颇具危险性。第一件事是袁绍派刺客夜入曹家，用剑掷向曹操，结果过低，未中；曹操估计下一剑肯定会高，于是低头趴在床上，果然又躲了过去。袁绍派人刺曹操，未必是要置他于死地，很可能是要试验曹操的武艺与胆识。多年之后，曹操也用同样的手法试验过司马懿，司马懿以不变应万变，干脆躺在床上不动，显然早就知道刺客不敢真的下杀手。①

第二件事更加匪夷所思。袁绍和曹操在街上看到有人结婚，秘密躲进那家的花园内，半夜里溜出来，用武力将新娘劫走。但他们很快迷路，袁绍困进灌木丛中无法脱身，眼看就要被抓住了。曹操于是大喊："偷儿在此！"袁绍一急之下，从灌木丛中跳了出来，总算得以脱身。这是从曹操的角度叙述的故事版本，袁绍叙述的版本肯定会大不一样。此事如果可信，应是袁绍在考察曹操私闯民宅的本事。按照《世说新语·容止》的说法，曹操身材矮小，因此不好意思见匈奴使者，灌木丛卡住了身材高大的袁绍，曹操却能顺利穿过，也在情理之中。

经过这么多考验，袁绍结交曹操的目的便昭然若揭了：他计划用曹操当刺客，也就是赵忠所谓的"死士"。孙盛《异同杂语》又记载了一个奇特的故事：曹操曾经背着手戟进入党人深恶痛绝的大太监张让的宅邸，结果被张让的家丁包围，最后奋勇冲出。这显然是一次失败的刺杀行动。曹操与张让无冤无仇，他背后的主使必定是"本初俱乐部"。

天下武艺高强的人有的是，袁绍为什么偏偏挑选曹操当刺客呢？原因极可能正是曹操的阉党背景。"本初俱乐部"成立的主要目的，就是为党人报仇，向宦官发难。但是，由于宦官团体的封闭性，外人无从知晓他们内部的等级、礼仪和规矩，也就难以接近他们。只有对宦官团体非常熟悉的人，才能执行刺

---

① 参见《晋书·宣帝纪》。

杀计划，曹操就符合这个条件。诸如劫新娘、躲飞剑等，可能都是曹操为刺杀张让所受的训练。如果不是急于摆脱"阉党"的大帽子，成为受社会尊敬的"清流"，曹操断然不会甘心这样被袁绍当枪使。毕竟，曹操不像袁绍的其他门客那样，经济上有困难要解决；宦官集团对曹家有恩无仇，曹操行刺张让的计划，曹嵩更是绝不会同意的。

早年的刺客经历，在曹操的生命中留下了抹不去的印记。后来的他常常处于高度紧张的状态，甚至相当神经质，多变诈，妄杀人，喜欢见机行事，偏好快速和秘密的军事行动，例如杀吕伯奢一家、奇袭乌巢、远征柳城、望梅止渴、借刀杀人、割发立威、装病杀假刺客、借官吏头平定军心等等，大都与这段往事有关，不妨称之为"刺客综合征"。

刺杀张让行动的失败，必然使曹操的能力和忠诚大受怀疑。为了重新取得袁绍的信任，他有必要进一步与宦官划清界限。于是，曹操刚刚当上洛阳北部尉，便打死了包括大宦官蹇硕的叔父在内的许多阉党豪强。这样一来，他算是彻底得罪了宦官集团，被视为阉党的叛徒，于是被降职为顿丘县令，后来又因亲戚宋奇犯罪，连坐免官。

正如陈琳在《为袁绍檄豫州文》中所说的那样，袁绍对曹操的看法，本来是"鹰犬之才，爪牙可任"，视为可以利用的人才。可曹操"愚佻短虑，轻进易退"，办事不力，常常令他失望。但曹操屡败屡战，始终如一地忠于袁绍，又令他颇为放心。

"本初俱乐部"的核心成员所从事的工作未必比曹操的更加安全，但他们都以"侠"自诩，乐在其中。而且他们都相信，党锢之祸不可能再长久地持续下去，宦官们终将倒台。到那个时候，他们就将辅佐袁绍，一举夺取东汉政权。

不过，有些人看来比他们着急得多。

名将之死——中朝的内讧
（公元 178~183 年）

熹平七年（公元 178 年）二月，汉灵帝封光禄勋袁滂为司徒，袁家于是有了第五位三公。不久后，灵帝又发明了两项新制度，即著名的"卖官鬻爵"和设立"鸿都门学"。

卖官鬻爵无疑是官场上最令人痛恨的制度之一。说来奇怪，这项制度其实有着很辉煌的历史。早在公元前 4 世纪中叶，杰出的政治家商鞅就将这种制度从魏国引进秦国，并取得了显著的效果。商鞅先设爵位二十等，又在新法中规定，为了促进农业生产，只要向国家捐粮，就可以当官和获得爵位，即所谓"使民以粟出官爵"。①按照商鞅的新法，百姓出 50 石粮食就可以当官，名为"粟爵粟任"。②此后，秦孝公等秦国国君大力推行此法，国富兵强，终于并吞六国，此后继续推行此政策。汉依秦律，对爵位明码标价，规定捐 600 石粮食的封爵为上造，捐 4000 石粮食的封爵为五大夫，捐 12000 石粮食的封爵为大庶长，与公开出售毫无区别。③汉武帝统治后期国库空虚，治粟都尉桑弘羊又"请令吏得入粟补官"。④汉桓帝为了解决汉羌战争军费紧张的问题，也曾开价 5000 匹绢，出售"关内侯"这个没有封地和权力的名誉贵族头衔。可见，许多成功

---

① 参见《商君书·靳令》。
② 参见《商君书·去强》。
③ 参见《汉书·食货志》。
④ 参见《史记·平准书》。

的帝王都曾致力于卖官鬻爵。只是当时的商品经济还不发达，市场对金属货币的认同度不够，所以这些君主的卖官鬻爵收入不用钱币，而用粮食或绢帛计算。汉灵帝则规定：三公 1000 万钱，九卿和关内侯 500 万钱。从这个方面讲，汉灵帝与秦孝公、汉文帝、汉武帝的区别，只是用金属货币代替了粮食而已，卖官鬻爵的根本性质是一样的。

卖官鬻爵之所以遭民众痛恨，肯定有其不合理性；这种制度之所以能长盛不衰，肯定也有其合理性。一方面，卖官鬻爵是最赤裸的权钱交易，权力和金钱被画上了等号。通过卖官鬻爵获取权力的人自然希望尽快收回投资成本，必定会加重对统辖地区民众的剥削，所以民众痛恨这种滋生腐败的制度。另一方面，对于当权者来说，卖官鬻爵是效率最高的融资方式。何况，汉灵帝时期真正的核心权力都掌握在中朝手里，而出售的皆为外朝官职。通过卖官鬻爵获取权力的人如果过分贪婪地剥削民众，随时有可能被逮捕抄家，名利双失。在东汉后期，极少有官员能够像胡广和袁汤那样，长期占据一个官职，绝大多数官员在就职几个月后就会被迁职或免职。在这么短的时间内，很难收回巨大的投资成本。买官者与其说是在花钱买权，还不如说是在花钱买名。他们出了钱，就可以在墓碑和家谱上写下自己历任的各类官职，用以光宗耀祖。

其实，当时的社会舆论之所以反对灵帝卖官鬻爵，主要不是反对卖官鬻爵制度本身，而是反对灵帝卖官鬻爵所得资金的使用目的。

汉灵帝第一次卖官的主要目的冠冕堂皇——教育基金，实际上是为了给他新设的高等教育机构"鸿都门学"融资。与汉代传统的高等教育机构太学不同，鸿都门学里不讲授哲学和礼仪，专门研究辞、赋、书、画，因此被誉为中国最早的"艺术院校"。鸿都门学生都来自三公或地方高官的推荐，多为出身贫寒的平民子弟。他们只要精通辞、赋、书、画中的任意一门，便可以受到重用，有些担任刺史、太守，有些担任尚书、侍中，还有被封侯的。

自从汉武帝"独尊儒术"以来，汉朝高等教育机构就以儒家经学为唯一的教研内容。而汉灵帝创立的鸿都门学提倡文艺研究，打破了旧制度，开辟了中国教育史的新篇章。与主要招收官宦子弟的太学不同，鸿都门学面对全社会招生，给平民子弟开辟了全新的上升通道，为后世的科举考试和专科学校奠定了基石。后来，魏文帝曹丕又在《典论》中弘扬了汉灵帝通过鸿都门学发展文艺教育的精神。

汉灵帝创建鸿都门学，具有很强的现实政治目的。他知道，自己的权力来自党锢运动，因而不肯放弃对党人的禁锢。这样一来，他就把以士大夫为主的太学师生得罪了个一干二净。在党锢运动中，灵帝和宦官集团发现，从太学里选拔出的新一代官吏的工作能力和政治忠诚都不能令人满意，所以，他们迫切需要创办一所新的高校，以便取代旧太学。为了保证毕业生对皇帝的高度忠诚，新高校的办学方针必须与旧太学有明显区别。出于灵帝个人的喜好和行政需要，文艺便成为这所新高校的主要教研内容。

不过，汉灵帝的教育改革注定了失败的命运，因为鸿都门学彻底打消了以太学师生为主体的旧知识分子集团对汉朝的最后一线希望。过去，他们中的大多数人不具有党人身份，即便是党人，也可以期待赦免党人的诏书，然而随着新高校鸿都门学的创建，旧知识分子集团强烈意识到：自己已经被东汉政权完全抛弃了！将来，鸿都门学的规模无疑会越来越大，而太学的规模则会越来越小，这势必将导致儒学的衰败和旧知识分子集团的边缘化。

古代中国的正统知识分子可以容忍一切，但绝不能容忍自己无法做官。按照孔圣人的教导，"学而优则仕"乃是天经地义。现在，一批不曾受过正统的儒家教育，并未接受系统的儒家思想，只忠于皇帝而不忠于礼教的市井小民居然也能当官、封侯，无疑是对旧知识分子的最大侮辱和打击。是可忍，孰不可忍？怪不得他们极端鄙视鸿都门学生，以至于"耻与为列"。

随着鸿都门学的创建，东汉帝国中朝与外朝之间的斗争发展到了全新的高度。一开始，外朝的代表人物——灵帝的老师杨赐等人还上书抗议，在上书无效之后，新的一轮流血政治斗争就无可避免了。

在驳回杨赐的奏章之后，灵帝愈发重视鸿都门学，又命尚书为乐松、江览等32名鸿都门学的高才生绘制肖像画，并辅以赞语，这在以前可是只有孔门弟子和光武中兴功臣才能享受到的崇高待遇。尚书令阳球接诏之后，不禁勃然大怒，立即上表抵制，还要求灵帝立即废止鸿都门学。

阳球字方正，祖籍幽州渔阳郡，有武艺，天性残酷，是个典型的杀人狂。有个官吏曾骂了阳球的母亲几句，阳球便组织了数十名社会青年，把那名官吏全家老小全部杀死，由此闻名。对于这样的人，朝廷不仅未加惩办，反而非常欣赏，举孝廉，封尚书侍郎，从幽州调到首都洛阳来做官。这样的判决无疑有利于净化社会语言环境，不过也反映出，受儒家思想影响，汉代的孝道远远凌驾于法律之上。

汉朝是号称"以孝治天下"的第一个朝代，除了汉高祖和汉光武帝两位开国之君以外，所有汉代皇帝的谥号上都要加一个"孝"字，如"孝文帝""孝武帝""孝明帝""孝桓帝"，等等。后来南匈奴附汉，也效法汉帝，在其君主"单于"的头衔上加一个"若鞮"，也就是匈奴语里"孝"的意思。汉代的官员选拔制度特别重视孝，通过"孝廉"和"至孝"等终南捷径，一个人只要被社会认为足够孝顺，就有做官的资格。袁绍服"六年之丧"，天下仰慕，阳球为母杀人，朝廷反加褒奖，都是汉朝"以孝治天下"的必然结果。

在洛阳，阳球被认为办事认真可靠，但最终却被降职外放。于是，他拿百姓的生命当出气筒，在为官之地"十步杀一人，千里不留行"。后来，汉灵帝因为阳球在九江郡（可能又是当涂县一带）解救被劫持的扬州刺史有功，又把他调回洛阳，一路升迁为尚书令，这可是中朝里最重要的职务之一。

回到洛阳之后，阳球什么都看不惯，尤其讨厌宦官和袁家等名门豪族。他虽然一度为了当官绞尽脑汁巴结中常侍王甫，还当了中常侍程璜的女婿，暗地里却说："如果我阳球当了司隶校尉，这些家伙哪里还有安身之处呢？"此外，这个偏执狂因为和蔡邕的叔父有私仇，便请岳父程璜在灵帝面前诬告蔡邕。结果，蔡邕和马融一样，被剃光了头发，发配到长城脚下充军。阳球派刺客去追杀蔡邕，刺客觉得蔡邕是正人君子，不肯下手。阳球又派人给管辖蔡邕的军官送礼，请他设法把蔡邕干掉，结果也被回绝。

阳球名为大臣，其实并不为社会主流拥护，连一介书生蔡邕都难以搞定，当然更无法阻止袁家继续升迁。光和元年（公元 178 年）十月，灵帝拜袁逢为司空，与太尉陈球、司徒袁滂并为三公。由此，袁逢成为袁氏家族连续四代以来的第六位三公。这不仅是空前的，而且也是绝后的。更加惊人的是，袁逢与袁滂居然同时担任三公。同一个姓氏、同一个家族同时占据三公中的两个位置，在东汉一朝从未有过，难怪会惹来无数羡慕嫉妒恨。

与袁逢出任司空同一个月，灵帝的正妻宋皇后因被中常侍王甫诬陷，遭到废黜，自杀身亡，她的父亲和兄弟也都相继死在监狱里。这次突发事件的表面原因是宋皇后没有生育子女，因而不受灵帝宠爱，深层原因则是王甫、袁赦和段颎等人当年逼杀汉桓帝的弟弟刘悝及其妻宋氏，而这位宋氏正是宋皇后的姑姑。宋皇后计划杀死王甫，为其姑姑和姑父报仇，王甫得知后，便反诬宋皇后诅咒皇帝。

王甫、袁赦和段颎等人万万没想到，宋皇后一家死后，汉灵帝就开始不断地做噩梦。在梦中，他看到桓帝发怒，说刘悝和宋皇后因为死得冤，已经在天上提起诉讼，天帝决定严惩灵帝。灵帝听了大为惊骇，醒来后便向羽林左监许永询问。许永回答说，先帝圣明，这些全是冤案，应当尽快平反。于是，灵帝考虑牺牲王甫、袁赦、段颎等负责审理刘悝和宋皇后案的中朝成员，以求得到上天的赦免。在当时，这种迷信行为称为"禳祸"，与发生天灾之后，皇帝惩处大臣以求消灾的"禳灾"性质完全一样，实际上是一种血腥的巫术。

公元 178 年（光和元年）11 月 27 日，中国西南部观测到日环食。灵帝十分紧张，赶忙着手"禳灾"，罢免了太尉陈球，改任光禄大夫桥玄为太尉。次年三月，太尉桥玄、司空袁逢又相继因病被免职，空出两个三公位置。太中大夫段颎、太常张济各自捐钱一千万，于是分别接任了太尉和司空。同月，京兆地区又发生地震，灵帝再次"禳灾"，罢免了司徒袁滂，改任大鸿胪刘郃为司徒，原太尉陈球也被重新起用，担任永乐少府。

永乐少府主管永乐宫事务，永乐宫是桓、灵两朝太后居住的地方。当时，住在永乐宫、被称为"永乐太后"的是灵帝生母董太后，她是董卓的远亲。董太后素以喜欢干预朝政著称，灵帝卖官实际上就出自她的策划。

公元179年（光和二年）5月24日，中国全境再次观测到日环食。半年内两次日食，在古人心目中是无以复加的重大天灾，更坚定了灵帝与董太后杀王甫、袁赦、段颎等人"禳祸"的决心，而执行这一任务的最佳人选显然是酷吏尚书令阳球。董太后听说新任司徒刘郃与步兵校尉刘纳都仇视宦官，于是让刘郃、刘纳、陈球等人联名向朝廷推荐阳球，阳球因此当上了梦寐以求的司隶校尉。

司隶校尉听上去只是个校尉，其实却是东汉最有权力的官职之一。打个比方，它大约相当于明朝的北直隶总督兼南直隶总督，执掌北京、天津、上海、河北、江苏、安徽6省市的军政。东汉时期，东至安阳，西至陇山，南至伏牛山，北至吕梁山，包括洛阳、长安两都在内的广阔领土，都是司隶校尉的辖区。不仅如此，司隶校尉还有权逮捕、审讯和处分所有的中央官员，包括三公与宦官。李膺就是在司隶校尉任上逮捕、处决多位官员子弟，引发党锢运动的。

阳球上任之后，恰逢杨赐的儿子、袁隗的女婿、京兆尹杨彪向他报告王甫的门生在辖区贪污巨款。阳球大喜，立即以此为由，逮捕了王甫、袁赦、段颎等人。除了段颎自杀之外，其余案犯均在狱中受酷刑折磨而死，家属流放边疆。此案无疑是阉党的重大挫折，导致了其内部的严重分裂。

中常侍袁赦之死，是对袁家政治计划的重大打击。如今，他们与中朝之间的唯一一条纽带被无情地切断了，从此将不可避免地与中朝渐行渐远。袁家的政治角色将从中外朝之间的协调者，转变为外朝领袖，同时与姻亲杨家产生了裂痕。原本，袁绍的政治主张——消灭党锢运动的祸首宦官，领导党人颠覆东汉政权，由于袁赦这位大太监的存在，在袁氏家族里显得非常孤立。如今，这个主张突然得到了袁家其余成员的赞同。袁绍因祸得福，在家族中的地位进一步提高，他的事业必然也得到了更多的赞助。当连袁家的忠诚度都无法保证的时候，东汉政权的覆亡真的已经指日可待了。

王甫、袁赦、段颎等人死后，灵帝总算可以睡个好觉，不再梦见愤怒的桓帝了。他以为自己已经得到了上天的宽恕，非常高兴，于是下令大赦，并放松党锢，把大部分情节不太严重的党人都从黑名单上除名，允许他们重新做官。

灵帝希望朝野太平，可是司隶校尉阳球还没有喝够人血。王甫、袁赦、段颎等人虽死，他同样厌恶的曹节、张让、袁逢、袁隗、袁滂等人却还活着。于是，阳球制订了一个彻底铲除阉党和洛阳豪强的计划，他对自己的部下说："咱们先干掉大坏蛋，然后解决豪强。宦官的事情由我出面解决，但像袁家这样的公卿豪强，你们直接下手就可以了，何必事事请示我这个司隶校尉啊？"[1]消息很快传遍京师，袁家等豪门听了大为吃惊，赶紧把自家的奢侈用品收藏起来，改过朴素的生活，并积极联络敌人的敌人——宦官。曹节、张让等宦官决定以退为进，建议灵帝提升阳球为卫尉。卫尉主管宫廷保安，地位虽然比司隶校尉高，却不能直接审理案件。半年以后，他们报告灵帝，说刘郃、刘纳、陈球、阳球等人与董太后密切来往，想要架空灵帝。这触了灵帝的大忌，他立即下令逮捕这些人，把他们全部处死。

---

① 袁宏《后汉纪·灵帝纪》："球敕都官从事曰：'先举权贵大猾，乃议其余耳。公卿豪右若袁氏儿辈，从事自辨之，何须校尉邪？'"

到了光和二年（公元 179 年）年底，灵帝回过头来看自己在这一年办的事情，恐怕会追悔莫及。由他一手导演的这一系列政治斗争，极大地削弱了中朝的实力，使其无法再与外朝抗衡。汉灵帝苦心经营的士大夫和阉党政治平衡，此时已经注定了崩溃的命运。更糟的是，作为凉州名将，段颎之死很快就将导致西北边境上的一系列兵变，把东汉帝国推入万劫不复的深渊。如今，外朝的党人们重新入主朝廷，用儒家经典当大宪章，进而架空汉灵帝，只是个时间问题了。灵帝似乎也意识到了这一点，赶紧着手培植年轻宦官，重用张让、赵忠、段珪等十余名中常侍，人称"十常侍"。为了提升"十常侍"的社会威望，灵帝还经常讲些"张常侍是我公，赵常侍是我母"之类的荒唐话。

光和三年（公元 180 年），灵帝在连续的政变之后感到身心疲惫，打算引进一些异国风情的娱乐节目。《续汉书·五行志》上说，灵帝喜欢穿胡服，坐胡床、胡坐，吃胡饭，听胡笛，跳胡舞。上有所好，下必甚焉，袁家等京都贵戚竞相模仿，洛阳的上层社会简直全盘胡化，令正统的儒生们深恶痛绝。

东汉的所谓"胡服"，很可能是某种当时在中亚地区流行的希腊服饰，它们在佛教男性造像中很常见。灵帝信佛，所以他穿希腊服饰的可能性很大。胡床和胡坐是两种折叠椅，胡床没有椅背，即北京人所谓的"马扎"；[1]胡坐大概是凳子。当时，这两种家具在从罗马到印度的希腊化世界中很流行，灵帝时传入中国，不值得大惊小怪。灵帝倡导的"胡化运动"，将中国宫廷搞得乌烟瘴气。笔者推测，他这次"胡化运动"的仿效对象很可能是贵霜（Kushana）文化。由大月氏人建立的贵霜帝国是当时亚洲腹地的霸主，结合了亚、欧、非大陆上的多种文化，资助大乘佛教，并控制了印度北部和塔里木河流域的部分城邦，

---

[1] 杨泓《逝去的风韵·胡床》，北京：中华书局，2007 年版，第 52~57 页。

对魏晋南北朝中国文化的发展产生了重大影响。实际上，当时的东半球已经初步全球化了。

全球化有利，也有弊。它的优点，当然是促进世界各地先进文化科技的相互学习和发展；而它的一大缺点，便是导致瘟疫的传播。先秦、秦朝和西汉时期，中国极少发生大规模的流行病。按照《后汉书》的记载，在东汉中前期，中国也没有爆发过全国性的瘟疫，只有地区性的小疫情。但自从桓帝末年开始，中国爆发了前所未有的全国性瘟疫，半个世纪内导致数以千万计的人死亡，极大地加快了东汉帝国的崩溃进程。

这场大瘟疫的肇事者，正是那位在十几年前向汉桓帝派遣使团的"大秦王安敦"——罗马皇帝马可·奥勒琉·安东尼。延熹五年（公元162年），他的副帝卢齐乌斯·维鲁斯（Lucius Verus）和大将阿维迪乌斯·卡西乌斯（Avidius Cassius）发动了对波斯的战争，所过之处生灵涂炭。延熹八年（公元165年），罗马军攻陷波斯首都泰西封（Ctesiphon），并继续向伊朗高原挺进。但此时西亚突然爆发大瘟疫，他们被迫撤退。疫情愈演愈烈，很快发展成为人类有史以来最猛烈的瘟疫，并扩张到整个已知世界。延熹九年（公元166年），也就是"罗马使团"到达中国的同一年，罗马军队胜利回国，也把西亚的瘟疫传到了欧洲。在此后的20年内，这种欧洲人前所未见的怪病席卷了整个罗马帝国，导致大约3000万人死亡。建宁二年（公元169年），卢齐乌斯·维鲁斯也染疫病死，①从此，罗马帝国元气大伤，30年内再无力东征。如果那

---

① 卡西乌斯·迪奥（Cassius Dio）《罗马史》（《Ρωμαιχα》）第71~72卷；尤利乌斯·卡皮托利努斯（Julius Capitolinus）《罗马诸帝本纪》（《Historia Augusta》）卷4《马可·安东尼本纪》、卷5《维鲁斯本纪》；乌尔卡修斯·伽利卡努斯（Vulcacius Gallicanus）《罗马诸帝本纪》卷6《阿维迪乌斯·卡西乌斯本纪》；奥勒琉·维克多（Aurelius Victor）《简史》（《Historiae abbreviatae》）卷16；提奥多·蒙森（Theodor Mommsen）等《拉丁铭文集成》（《Corpus Inscriptionum Latinarum》）卷4、卷8。

140

支在延熹九年（公元 166 年）秋到达中国的"大秦使团"是真的，那么他们应是在延熹七年（公元 164 年）或延熹八年（公元 165 年）从西亚启程的。当时正是罗马军队在西亚战果最大的时候，也是瘟疫爆发前的潜伏期。

不期而至的大瘟疫令罗马人在亚洲的所有雄心壮志都化为泡影，但这次战争制造了数以百万计的波斯难民，这些人纷纷涌入中亚避难，到贵霜和中国寻求生计，同时也把瘟疫带给了沿途的居民。自称波斯王子的高僧安世高与贵霜高僧支娄迦谶都在桓帝时期来到中国，将佛经翻译成汉语。安世高对医学尤其感兴趣，他翻译的许多佛经都与名医治病有关，这也说明医药在当时的波斯和中国有极大的市场需求。中国传统医学与西方传统医学（又称"佛教医学"）的融合，始于安世高，成于华佗。可以说，中西医结合的实践，就是在东汉后期开始的。

汉桓帝末年，随着汉羌战争的结束，西北丝绸之路重新被打通，西亚、中亚和东亚的人员来往又频繁起来。汉灵帝推行"胡化运动"，同时爆发全国性的大瘟疫，都是当时东西方交往重新活跃的产物。东汉末年的这次瘟疫与 1100 多年后蒙古人给欧洲带去的黑死病情况很接近，只是传播方向相反而已。老子说，"大兵之后，必有凶年"，确实很有道理。

除了人口流动外，大瘟疫爆发的另一个先决因素是城市化。在人口密度小的乡村地区，人与人之间，特别是本地人与外地人之间的交往较少，瘟疫很难流行；但在人口密度大的城市里，人与人之间交往频繁，外国人也经常出入，为瘟疫的流行提供了很好的条件。东汉一朝，特别是桓帝在位期间，中国人口快速增长，出现了众多居民超过 10 万的大城市，导致东汉帝国成为瘟疫长期肆虐的乐土。

光和三年（公元 180 年）年底，灵帝册封给自己生了头生子的何贵人为皇后，并将何皇后的哥哥何进从豫州颍川召回京师，拜为侍中兼将作大匠。何进的父亲是屠户，但本人却很有文化。据蔡邕的《太尉杨赐碑》记载，何进是杨赐的门生，也就是汉灵帝的同学。因为受过高等教育，何进与上过太学的学院派知识分子关系亲密，也很早就与杨赐的姻亲袁家熟识，这为他后来重用袁绍等党人，力主废除党锢、铲除宦官等政策埋下了伏笔。

光和四年（公元181年），王美人给灵帝产下了次子刘协①，也就是后来的汉献帝。何皇后比宋皇后还要善妒，宫人每次怀孕后都要打胎，否则难逃一死。王美人产子之后，立即被何皇后毒杀。逃过一劫的刘协此后由董太后抚养，因此称为"董侯"。从此，董太后与何皇后婆媳之间产生了无法调和的矛盾，何进后来更与袁绍等人四处宣称，刘协并不是汉灵帝的亲生子，王美人甚至根本不存在。②甚至就连董卓都承认这一点，在废刘辩、立刘协之前对袁绍说"刘氏种不足复遗"，也就是认可刘辩是刘氏子嗣，刘协则不是。

刘协的身份之谜，其情节之曲折、离奇，影响之巨大、恶劣，都远超明代万历朝的"国本之争"，在当时就造成了持久的争议，后人更无法从相互矛盾、充满传奇色彩和宫廷阴谋气息的文字记载中分辨事实真相。《三国演义》等文学作品为了维护刘协（汉献帝）的正统形象，全都对此闭口不谈。也许，只有我们获得了汉灵帝与刘协的DNA，才能够一劳永逸地解决这个千古谜题。根本原因在于，汉灵帝本人没有就此做出明确的裁决，直到驾崩之前，他都没有册封这两个孩子任何爵位——既没有封侯，也没有封王，使他们在政治上处于极为不利的地位。如果说次子刘协的皇子身份确实存在疑问，本人又有生命危险，暂缓封爵情有可原的话，那么长子刘辩的皇子身份没有任何疑问，还是何

---

① 刘协可能本名"叶"，见蔡邕为汉献帝撰写的《宗庙祝嘏辞》，载于《蔡邕集》。
② 裴松之《三国志注·董二袁刘传注》引《吴书》，称汉献帝"不识母氏所出"，又引袁绍致袁术的信，称献帝"无血脉之属"。

皇后的亲生儿子，却一直没有被父皇授予任何爵位，这在整个汉朝历史上都前所未有，只有汉灵帝这种"非主流"皇帝才能做得出来，显然证明了他对何皇后、刘辩母子的极度厌恶。与秦始皇一样，汉灵帝自己贵为天子，而子弟为匹夫，完全背离了历代汉朝皇帝"亲亲"的政治路线，等于在皇宫里埋下了一颗政治核弹。结果，汉朝四百年江山，注定将要终结在汉灵帝的这两个儿子手上。

安葬王美人后，灵帝余怒未息，打算废掉何皇后。张让等十常侍却认为保护何氏一门对他们比较有利，于是围着灵帝哭泣，表示愿意各出1000万钱替何皇后赎罪。灵帝见钱眼开，不再惩办何皇后，并提升何进为河南尹。何进非常感激，把自己与何皇后的一个妹妹嫁给张让的儿子、太医令张奉，何、张两家从此结为儿女亲家，一个外戚—阉党联盟似乎正在形成。不料仅仅9年之后，何、张两家就将自相残杀，结果同归于尽。

灵帝敏锐的商业意识不仅体现在对何皇后的宽恕上，更体现在他发明的一种不可思议的新游戏上。他在后宫里建造了一个市场，让宫女和太监摆摊买卖，灵帝本人也亲自参与，整天和宫人们讨价还价。同时，他迷恋上了饲养宠物，正如古罗马皇帝卡里古拉授予爱马执政官职务一样，灵帝在爱犬的头顶戴上进贤冠，还披上高官级别的绶带，大臣们看到后气得发疯。灵帝又养了四头白色的母驴，给它们套上马车，穿着胡服亲自驾驶，乐在其中，那模样看上去大概有些像阿凡提。消息传出宫，袁家等达官贵族又都竞相模仿，于是驴价暴涨到与马价一样贵，而当年偏偏是东汉马价最贵的时候，一匹好马能卖到200万钱，比桓帝时期贵数十倍。一头驴都能卖200万钱，可见当时的通货膨胀已经到了何等严重的地步。先秦时中原地区并没有驴，西汉时才经西北草原及印度输入中原，司马迁在《史记·匈奴列传》中还称驴为匈奴人的"奇畜"。

光和五年（公元182年）年初，全国的疫情日益严重。汉灵帝归罪于大臣，诏命他们相互检举。太尉许馘、司空张济自己大肆贪污，却胡乱检举边远地区的 26 名官员。这时，曹操因为"能明古学"，被重新起用，封为议郎。他与司徒陈耽联名上书，说窦武、陈蕃等党人受到诬陷而不平反，当今的权臣个个腐化堕落。灵帝看过表章之后，批评许馘、张济，又封被诬告的 26 名官员为议郎，与曹操共事。许馘、张济受批评后心生怨恨，于是通过宦官诬陷陈耽，将他问成死罪。曹操大概因为有阉党背景和曹嵩撑腰，再加上袁绍等人的帮助，并没有受到惩处，但从此不再上书批评时政。

当年四月，袁隗再次出任司徒。半年之后，杨赐取代许馘，出任太尉。

袁隗这次入阁时，已经失去了最得力的助手——兄长袁逢。光和二年（公元 179 年），袁绍、袁术的生父袁逢因病辞去司空一职，此后便在所有史籍中失踪，应当是在光和三年（公元 180 年）到光和六年（公元 183 年）间病逝的。身为曾经担任过三公的朝廷要员，袁逢和他的父亲、祖父一样，得以享受备极哀荣的葬礼。"墓志铭专业户"蔡邕当仁不让，再次执笔，在碑文中盛赞袁逢："在您负责管辖的区域，您都预先深入了解当地情况，所以无须下达许多严肃的公文，百姓的风俗自然就变得淳朴；无须制订严格的管理制度，每一件事都能办得井井有条。您的恩惠是那样的甜美，您的心胸是那样的博大，真可谓是兼备了天道、人道、地道这三种才智①，集刚、柔两种美德于一身，令别人实在难以超越。在此，我们献上自己由衷的颂词：'上天实在眷顾汉朝啊，故而赐给我们您这样伟大的家族，世世代代辅佐皇帝治理天下；您的品德是那样的崇高，子子孙孙都不衰减。仰望那巍峨的宫殿，是您亲自建造；感受那完备的礼仪，是您亲自设计；倾听那美妙的乐曲，也是您亲自谱写。天子的表情是如此端庄，朝廷上的每个人都能各司其职，官员和民众之间彬彬有礼，就连最遥

---

① 《周易·系辞下》："有天道焉，有人道焉，有地道焉。兼三才而两之，故六。"

144

远的西方国家都派遣使者前来学习，这太平世界的巩固和发展都靠您的睿智在支撑。您的仪表是那样的高贵，您的品德是那样的感人，足以充盈整个宇宙！请看京城是多么的繁华，是因为有您在治理；请看禁卫军是多么的威武，是因为有您在统帅……'"①

蔡邕就用这样一篇墓志铭，送走了袁绍和袁术的亲生父亲袁逢。我们不怀疑袁逢的政绩能够被后人超越，但很怀疑蔡邕的这篇歌功颂德之词能否被后人超越。袁家对蔡邕确实相当照顾，据蔡邕在《与袁公书》中说，袁家成员经常整日与他讨论学术，或出外游玩，还不时举办宴会，一起喝麦酒，吃烤鱼，"欣欣然乐在其中"，关系看来十分融洽。②身为墓志铭专业户，蔡邕的生意越来越好做了，这是因为瘟疫横行，去世的高官显贵越来越多。光和六年（公元183年），前太尉桥玄病逝，蔡邕受桥家的委托，再次提笔作铭。

光和六年，桥玄去世。临终前，他对赶来探视的忘年交曹操开玩笑说："我死了以后，你如果路过我的墓地，而不准备一斗酒和一只鸡来祭祀的话，走三步以后也许会肚子痛，到时候可不要埋怨我啊！"

在乐天派桥玄的记忆之宫里，除了瘟疫和少数郡县的水旱灾情之外，自己人生的最后这一年应该算是比较太平的。然而，这只不过是大乱前夕最后的宁静罢了。一个风起云涌、激情澎湃、英雄辈出、诸侯割据的时代啊，马上就要到来。

---

① 语出《艺文类聚》卷四十七引蔡邕《司空袁逢碑》。
② 参见《北堂书钞》卷一百四十八。

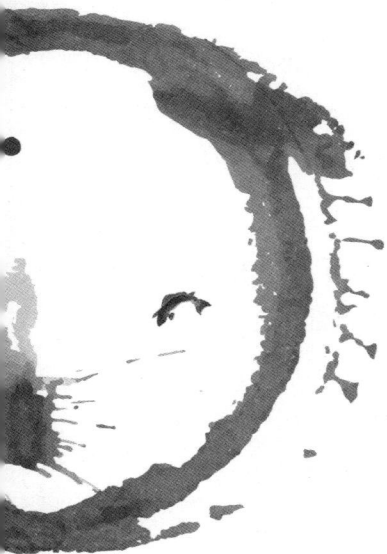

江山变色

第四章

黄巾暴动——瘟疫的力量
(公元184年)

公元2世纪末，中华文明面临着前所未有的危局。从未有人听说过如此恐怖的瘟疫，也从未有人见过如此怪异的病情。尧舜时的大洪水没有动摇过中华民族的意志，东周时期的五百年内战没有大幅削减中华民族的人口。但如今中华民族所要面对的敌人似乎有着无穷的超自然能力，简直就是死神本身。仅仅一个世纪之内，中国的在籍人口就从汉桓帝时期的5600余万下降到晋武帝时期的1600余万。对于损失的那4000多万人口，瘟疫至少要和战乱各负一半责任。

面对来势汹汹的疫情，汉灵帝曾经尝试利用政府的力量加以控制，可是根本无法制订出一套切实可行的疾病预防和治疗方案。官员们也积极地到民间察访疫情，散发医药，却收不到什么效果。本书开始时提到的那位司徒袁隗的夫人、大儒马融的女儿马伦，也在光和七年（公元184年）"寝疾不永"，染疫而亡了。[1]

既然官府帮不上忙，人们只得求助于良医、巫术或神仙。

就像乱世出英雄一样，大疫也出良医。东汉末年，中国出了两位享誉千年的医学宗师，他们的人生本身就是传奇。最离奇的是：他们本来都是儒生背景的官迷，并不想以医生为职业，只是在汉桓帝扩招太学、汉灵帝偏袒鸿都门学

---

[1] 参见《蔡邕集·司徒袁公夫人马氏碑》。

毕业生，导致他们这样的儒生在官场处处碰壁以后，才勉强投入治病救人的事业之中。其实，中国古代的大部分名医都经历过这样痛苦的思想斗争：他们原是知识分子，坚定地信仰"学而优则仕"，但总不能在官场施展抱负；而在改行从医后，由于有优良的文化修养，对古代医书的理解力远远超过一般的医生，再通过勤奋地不断实验，因而更容易成为一代名医。

公元2世纪70年代的一天，"本初俱乐部总经理"何颙碰到了一位刚成年不久的年轻老乡，该老乡因为弄到了南阳郡的孝廉名额，所以准备入朝为官。何颙和他聊了很长时间，最后下断语说："你考虑问题精密严谨，可惜观点与现在的主流差得较多，别人很可能认为你的格调不高。这样看来，你想在官场上有所成就，恐怕很难啊！现在正逢天下大疫，你如果改行从医，必能成为一代名医！"这个年轻人对何颙的意见不以为然，很快就弄到了长沙太守的委任状，高高兴兴地上任去了。可是没过多久，他果然干不下去，被免职回乡。到了南阳郡，只见家乡病死者白骨蔽野，惨不忍睹。这时，他才想起何颙的建议，于是虚心向南阳郡的名医张伯祖请教医术，后来终于超过老师，成为旷世"医圣"。[1]

这位与何颙同乡的南阳名医姓张，名机，又名羡，字仲景。作为那次大瘟疫的宝贵经验总结，他的《伤寒杂病论》和《金匮要略》至今仍被奉为最重要的中医经典之一。在这两部著作中，他多次提及"伤寒"与"霍乱"两种流行病，但从该书内容看来，这两个概念和现在流行的西医疾病分类定义完全不一样，难以由此判断当时的瘟疫种类。与"本初俱乐部总经理"何颙的这段联系，并没有断绝张仲景的仕途，他与多位"本初俱乐部"成员保持来往，后来还被

---

[1] 参见惠栋《后汉书补注·党锢列传注》引《颙别传》，高保衡、孙奇、林亿《伤寒论序》引《名医录》。

其中之一的刘表委任为长沙太守，最终给袁绍和刘表造成了大麻烦，同时帮了曹操的大忙。

在那个瘟疫肆虐的年代，除了医学界欣欣向荣之外，宗教界也异彩纷呈。汉灵帝时期，张仲景和华佗等名医尚未出道，严重的经济危机又令众多贫困患者无力求医，他们此时唯一的选择，就是祈求神灵的保佑。当时，道教和佛教的精英意识较强，影响主要限于大都市，道士与和尚极少深入占东汉帝国人口绝大多数的乡间，那里自然就成了新兴民间宗教的天堂。

由于将释迦牟尼误认为是西行的老子，东汉人普遍视佛教为道教的一个支派，以为两种宗教之间没有根本的区别。在佛教的影响下，道家的宗教特色日益强烈，在东汉时期逐渐形成道教，此时又产生了两个全新的支派——太平道和五斗米道。

太平道因其尊奉的主要经典《太平清领书》而得名。这部书共有 10 部，170 卷，也就是后世所谓的《太平经》。此经本名《素书》，只有 2 卷，后来经多人增补，才达到了如此庞大的规模。早在汉顺帝在位时期，就有一位叫于吉的道士将它献给朝廷，但是没有得到重视。随着大瘟疫的流行和经济危机的加剧，该书突然在民间流行起来，甚至流入皇宫。

《太平清领书》除了糅合传统的道家、阴阳家和儒家思想以外，还有两个突出的特点：一，它宣扬"人无贵贱"的平等思想，反对贫富分化，主张富人应当救济穷人，声称天灾缘于人类的恶行，只要遵从正道，天灾就会减少，重新风调雨顺；二，它的语言简明易懂，很少用生僻怪字，也较少引经据典，以说理为主，与当时流行的富丽堂皇的文风不同。这两个特点说明，该书作者的文化程度有限，甚至连常用生僻怪字的道家经典《庄子》都未必通读过，也没有接受过系统的儒家教育，肯定不曾上过太学，而且极有可能接触过佛教，因为反对贫富分化和语言简明易懂都是早期佛经的特点。由于《太平清领书》吸收了佛教的一些新颖思想，采用了佛教的一些传播模式，所以能在民间取得异乎寻常的广泛影响，太平道因此很快成长为中国历史上空前成功的宗教团体。

在主要领导人——祖籍冀州巨鹿郡的张角、张宝、张梁三兄弟领导下，太平道的活动范围迅速扩大到整个华北和华东地区。华西的凉、益二州则成为五斗米道的地盘：张陵（张道陵）和张衡、张修父子领导的五斗米道因对信徒收五斗米入道费而得名，这显然也是在通货膨胀严重的情况下，不得已而为之。它的教义比太平道简单，主要依据老子的《道德经》，但是忌讳和规矩更多，例如禁酒和禁止杀生等，暴力色彩较少。这些原始道教领导人都姓张，因为他们都自称是晚年"修仙得道"的汉初功臣张良的后裔。根据明朝笔记《五杂俎》的记载，张道陵后来被一条大蟒蛇吞食了，他的儿子张衡说父亲"白日飞升"，修仙得道了。

太平道和五斗米道的吸引力主要体现在两个方面，即入道后可以享受免费食物和免费医疗。免费食物来自信徒的捐赠，入道者聚在一起吃大锅饭，保证吃饱，但是不许多吃或偷拿。免费医疗实际上是一种巫术，神职人员手持魔杖，患者向他磕头忏悔，然后喝"符水"（可能是用某种草药熬成的汤，用以增强人体抵抗力）。如果此后患者的病情好转，神职人员就会赞扬他已经诚心信道，因此痊愈了；如果患者的病情没有好转，便说他诚心不足，还需要继续修炼。

熹平六年（公元177年），也就是汉灵帝北伐鲜卑惨败的那一年，张角兄弟及其主要弟子八人已经在社会上传教十余年，信徒数十万，广布于青、徐、幽、冀、荆、杨、兖、豫八州。民间组织规模太大，容易触犯法律。汉律严格限制民间群众性活动，规定"三人以上无故群饮，罚金四两"，而且实行永久性宵禁，禁止官员和百姓"夜行"和"阑出入关"（在没有许可证的情况下擅自出入关门，夜间更是严禁出入）。太平道信徒大规模聚集修炼，不可能不触犯这样的法律，但地方官吏担心法不责众，往往知而不言。此前，灵帝已经连

150

续 7 年大赦天下，犯罪的太平道信徒即便被官府逮捕，也都能很快得到特赦。司徒杨赐见状，便与自己的幕僚、那位以前上表骂桓帝的刘陶商议，奏请朝廷以拘拿流民为名，削弱张角兄弟身边的信徒数量，然后再逮捕其首领。当时，中常侍张让、封谞、徐奉等宦官都与太平道有来往，于是就以录用党人为由，罢免了杨赐，将他的上书封存在档案馆里，不让灵帝看到。两年之后，司空张济、卫尉刘宽等官员也上书报告太平道行动不法，仍旧没有得到回音。①

光和六年（公元 183 年），张角亲自来到洛阳传教，一时轰动全城。已经出任侍御史的刘陶看到，感到事态严重，如果放任自流，可能动摇国本，于是又与奉车都尉乐松、议郎袁贡联名上疏，要求逮捕张角兄弟。这次，汉灵帝虽然看到了表章，却因为从未听说过太平道和张角，不知所措，就让刘陶去查《春秋》条例。汉朝倡导以儒家思想治国，凡事都要引经据典，所以记录"圣人之言""一字定褒贬"的《春秋》被当作帝国的宪法，疑难案件的裁决都要有《春秋》案例支持。刘陶翻了很长时间的《春秋》，无法找到任何关于民间宗教组织的记载，此事只好不了了之。

张角的洛阳之行取得了巨大的成功，在首都收获了许多忠诚的太平道信徒，同时也了解到，东汉最有能力的将军段颎在四年前因遭到诬陷，在狱中自杀，新兴代军官中并没有突出的人物，于是野心膨胀，决定组织暴动，一举颠覆东汉政权。返回河北以后，张角兄弟将数十万信徒按照地域组织为"三十六方"，每方由一名渠帅领导。光和七年（公元 184 年）年初，渠帅马元义组织荆州和扬州的数万信徒北上，来到洛阳郊外，与张角兄弟取得联系，又和中常侍封谞、徐奉等宦官信徒约定，准备在三月五日"甲子"那一天同时暴动：张角兄弟攻

---

① 参见袁宏《后汉纪·灵帝纪》。

取冀州首府邺城（今河北临漳县邺镇东），马元义则与宦官攻取洛阳，杀掉杨赐、刘陶等敌视太平道的官员，活捉汉灵帝，并且定秘密口号为"苍天已死，黄天当立，岁在甲子，天下大吉"。"苍天已死"又作"苍天乃死"，是汉末俗语，见于建宁三年（公元170年）曹操宗族墓的刻字砖上，估计是对崇尚红色的汉朝不满的造墓工匠私自刻上去的；[1]"黄天当立"和马勉自称"黄帝"同理，都基于从"五行终始说"推导出来的"代汉者应属土德，崇尚黄色"的理论；"岁在甲子，天下大吉"则揭示了暴动的时间。这个口号里居然没有外人难以理解的黑话，说明太平道的组织程度还比较原始。

虽然规模巨大，但张角的事业从一开始就注定了失败。

首先是起兵的目的不明。太平道的信徒总计不下40万，加上老弱妇孺更多达百万，但和全国人口相比，比例仍然非常小。能够赢得其他社会集团的支持，才是胜利的关键。否则，即便他们拿下洛阳，抓住汉灵帝，政权也长久不了。张角兄弟没有给全国民众勾画一个明确的政治、经济未来，就连"平分田地""废止苛捐杂税""不纳粮"之类涉及民生的现实口号也没有，无法证明自己有统治国家的能力、代表多数民众的利益，在知识分子和职业军人中更是信徒寥寥，主要靠破产的贫民，注定难以持久。

其次是起兵的时间不当。张角其实早该起兵了，之所以拖到光和七年（公元184年）三月五日，是因为这一天是六十年一遇的"双甲子"——甲子年甲子日。世传商纣王就是在甲子日被周武王大破于牧野，所以自古以来，在这一天展开军事行动都被认为很不吉利。[2]但张角偏偏要以周武王自比，既逢双甲子，

---

① 参见安徽省亳县博物馆《亳县曹操宗族墓葬》，载于《文物》1978年第8期。
② 《魏书·太祖纪》："昔纣以甲子亡，兵家忌之。"

又让信徒四处书写"甲子"这个暗号，官府自然会提高警惕。

终于，在预计起兵的前一个月，张角的弟子唐周给河南尹何进上书，告发了张角的计划。这次，灵帝总算不再执迷于《春秋》了，立即派人四处捉拿太平道信徒，处决了马元义等千余人，又到冀州各地悬赏捉拿张角兄弟。张角被迫命令全国信徒立即起兵，为了便于相互识别，他们全部头戴黄色布巾，人称"黄巾"，又名"蛾贼"。张角自称"天公将军"，张宝自称"地公将军"，张梁自称"人公将军"。显然，这三个将军名号是根据"天、地、人"三统理论制订的，由此可见三统、五行终始学说在东汉民间何等深入人心。

张角兄弟领导太平道起兵后，起初进展顺利，黄巾军迅速横扫冀州东部，俘虏了东汉的甘陵王刘忠（甘陵即被梁冀改名的"清河"）和安平王刘续。黄巾军在收到了汉灵帝的赎金以后，就释放了这两位王爷。汉灵帝经过调查，认为刘忠进行了抵抗（刘忠的儿子和国相冯巡都在同黄巾军的战斗中阵亡），恢复郡王爵位；刘续却被审出了"大逆不道"的罪名，被立即免去爵位，尔后处死。这是怎么回事呢？

在前文中，我们知道，汉章帝有6个玄孙，其中刘缵、刘炳、刘宏后来都当了皇帝，而年纪最大、社会评价最高的刘蒜却因为得罪了大太监曹腾，屡次与皇位失之交臂，最后还倒霉地搭上了性命。汉章帝的另一位玄孙，刘蒜、刘缵、刘炳、刘宏（汉灵帝）的另一位堂兄弟，就是这位甘陵王刘续，刘蒜、刘缵、刘炳死后，刘续与汉灵帝具有同等的皇位继承权，而刘续的年龄很可能比汉灵帝要大。黄巾军在冀州起兵反抗汉灵帝，在刘续看来，很可能意味着自己将再一次拥有当皇帝的机会，所以他选择不抵抗。在汉灵帝看来，刘续是自己最有力的皇位竞争者，早就想除之而后快，所以他放任黄巾军占领安平，俘虏刘续，尔后以"不抵抗""勾结邪教"的借口，用"大逆不道"的罪名处死刘续，是一着妙棋。如果张角兄弟稍有政治头脑，就不应该把刘续释放，而应该拥立他当一段时间的傀儡皇帝，必然能够赢得一部分政治力量的支持，这样自己的处境将会大大改善。同时，甘陵（清河）是党人的发源地，可以追溯到汉桓帝时期的周福派和房植派，汉灵帝放任黄巾军占领甘陵，可以狠狠地打击他讨厌的党人，可谓一箭双雕。因此，黄巾军迅速横扫冀州东部，并不是张角兄弟有多厉害，而是汉灵帝在蓄意利用他们铲除异己。当这个目的达到以后，汉灵帝就立即撕下糊涂昏庸的伪装，开始积极镇压黄巾军了。

受到太平道起兵的鼓舞，张衡和张修兄弟也同时领导五斗米道教徒在汉中起兵，攻打县城，但是因为实力有限，并没有取得什么战果，张衡还搭上了性命。

黄巾军起兵之初，灵帝来到南宫的档案馆里查阅相关案宗，发现杨赐、刘宽、张济、刘陶等人早已提醒过自己注意太平道的动向，于是马上将这四人与侦破马元义案有功的何进册封为侯。为了拉拢士人对抗黄巾军，中常侍吕强建议汉灵帝解除党锢，立即得到批准。同时，灵帝又拜何进为大将军，负责指挥全国军队围剿黄巾军。

解除党锢和何进出任大将军的消息刚传到宫外，何进与袁绍就立即成了社会的焦点。

当时，袁绍的生父袁逢显然已经病逝，叔父袁隗接任袁家族长。党锢可能解除的消息传来，人们都猜测，党人领袖袁绍将会立即入朝为官。朝廷大员纷纷邀请袁绍出山，他却表示没有兴趣。考虑到当时的局势，我们不难理解其中的奥秘：汉灵帝放任黄巾军占领党人的发源地甘陵（清河），同时解除党锢，派党人领袖袁绍等人去镇压黄巾军，是想借此让黄巾军和党人两败俱伤。作为拥有众多门客的豪强，袁绍的耳目遍布京城内外，一定会察觉到汉灵帝的这一诡计。他不愿意被汉灵帝利用，所以拒绝出山。

得知袁绍一再拒绝出山，中常侍赵忠非常不满，在朝廷上大嚷："袁本初沽名钓誉，拒不接受朝廷的任命，反而养了那么多死士，不知这小子究竟想干

154

什么？"这话当然是代表汉灵帝说给司徒袁隗听的，袁隗听后连忙回家找侄子袁绍，告诉他赵忠的话，并威胁说："你快要让我家破人亡了！"袁绍这才接受了何进的邀请，并立即获得后者的高度信任，成为大将军府里的头号参谋。何进与何颙同郡同姓，很可能是亲戚，在袁绍投靠何进的过程中，何颙应当出力不少。

听说何进将要出任大将军，太尉杨赐派幕僚孔融去向何进道贺，何进的门房却不及时请他进去，也许是没有收到礼金的缘故。孔融不懂"宰相门前七品官"的规矩，等得烦躁，就从何进的门房手里夺回自己用于求见的名刺（类似今日的名片，用竹片或木块制成），回太尉府去了。何进的部下纷纷要求派刺客杀掉这个不识抬举的孔融，但何进深知灵帝即将解除党锢，孔融是党人领袖，此时千万不可得罪，为了表示礼贤下士，反而向朝廷上表推荐孔融。但此事显然还是影响到了何进、袁绍与杨赐、孔融的关系，不久后，何进出任大将军，其同母异父弟何苗继任河南尹，而杨赐则被免去太尉一职。几天后，灵帝宣布大赦，正式解除党锢，并任命袁绍、王允、孔融、刘表等一批党人为官。同时，太平道信徒也都得到赦免，唯独张角不赦。

党锢令解除以后，袁绍先被封为侍御史。当时袁术担任尚书，地位比侍御史高。据说袁绍不乐意位于异母弟之下，于是坚决请求把侍御史一职让给孔融。[1]朝廷无奈，只好改封袁绍为地位比尚书略高的虎贲中郎将，指挥禁卫军。

袁绍这个人，也许是一直有诸多幕僚辅佐的缘故，往往看似意气用事，其实每做一件事，都经过精心的盘算。他不愿意当侍御史，而要当虎贲中郎将，就是一个典型案例。侍御史是个文官，乍看上去，很适合出身官宦人家、书香

---

① 参见惠栋《后汉书补注·袁绍刘表传注》引《汉末英雄记》。

门第的袁绍，然而，袁绍后来担任的所有职务——虎贲中郎将、中军校尉、司隶校尉、车骑将军、右将军、太尉、大将军，全部是武官。很明显，袁绍既不想处于弟弟袁术之下，更不想当文官。他只想当武官，牢牢抓紧枪杆子。袁绍为此做了充足的准备：后面我们会看到，袁绍能把戈、矛、剑、弩等各种武器都使用自如，远超同时代的大部分武将，简直可以说是武器专家，肯定经过了多年苦练。也许在"六年之丧"期间，他一直在家乡默默习武，准备日后上战场杀个痛快。

我们记得，袁绍出生的本初元年，他名义上的父亲袁成去世时，担任的也是中郎将——左中郎将或五官中郎将。继子袁绍出任虎贲中郎将，在政治上看，等于继承了袁成的衣钵。此外，虎贲中郎将还是急于栽培袁绍的大将军何进以前担任过的职务，何进显然希望通过这种方式尽快促成中朝与外朝的和解。

根据《汉书》和《汉官典职》等古籍记载，虎贲中郎将的级别为"比二千石"（每月俸禄是一百斛粮食，相当于濮阳县令的两倍），统领一千五百名精锐士兵，主要负责在皇宫核心区站岗的侍卫。按照《后汉书·舆服志》的记载，虎贲中郎将身穿特制的虎文单衣和虎文裤，与其他官员身上的长袍大褂截然不同，以示威武矫健，类似于明清时期的"虎衣藤牌兵"，曹操父子的精锐"虎豹骑"就是虎贲骑兵改组而来；虎贲中郎将头戴与前文提到过的皮弁类似的"武冠"，但是上面插有几根褐马鸡的尾羽，象征作战勇猛，南北朝壁画《射猎图》中有所展示，类似于传统戏剧中吕布、孙悟空戴的雉鸡翎冠，但是要短得多。雉鸡翎冠大多采用红腹锦鸡的尾羽，虽然看上去更加壮观，但那是戏曲班子根据明朝军官服饰创作的，和汉朝军官服饰相去甚远。顺便说一句，明朝将领常在头盔上插鸟羽，不过高级军官多数插天鹅翎和孔雀翎，汉朝的虎贲中郎将大致相当于明朝禁军三大营的都督，禁军都督这样的高级将领头盔上肯定要插天鹅翎。在明朝，雉鸡翎是给低级军官插的，有时也插在战马头上。

出任虎贲中郎将之后，袁绍便开始为何进招揽幕僚。他以身作则，在他的劝说和带领下，众多党人和名士相继投入了何进的怀抱，例如荀爽、荀攸、王允、王朗、王匡、郑泰、华歆、陈纪、边让、种劭、邹靖、刘表、蒯越、黄忠、鲍丹、鲍信、陈琳等等，当然还有被何进委任为北军中侯、掌管北军五校禁卫军的何颙。但并不是所有人都买账，郑玄被何进邀请到洛阳后，当晚便逃之夭夭。袁绍在社会上的面子虽然很大，但也有碰壁的时候。他曾多次拜访一位名叫申屠蟠的名士，"晓畅殷勤，至于再三"，申屠蟠却一直称病不出。何进又让自己的老乡黄忠①再次写信劝说，申屠蟠还是一字不答。②刘备后来"三顾茅庐"延请诸葛亮出山，与袁绍再三造访申屠蟠如出一辙。一个巴掌拍不响，袁绍和刘备虽然都礼贤下士，但成功与否，主要还得看申屠蟠、诸葛亮等被邀请者的态度。

袁绍、袁术兄弟相继执掌禁卫军，身为司徒的袁隗在其中肯定功不可没。当黄巾军逼近洛阳之时，袁隗应当很清楚：决定未来世界走向的，将不再是毛笔和舌头，而是钢铁和战马了。然而，也有人并不清楚这一点。

虽然大赦令下达，但黄巾军的攻势却有增无减。灵帝无法在古书里找到什么对付黄巾军的办法，只得紧急召开御前会议。没想到，他在会上见识了一位比自己更书呆子的大臣——侍中向栩。向栩建议，只要派人对着黄巾军高声朗诵《孝经》，敌人必定会自动瓦解。灵帝听后气急败坏，立即把向栩关进东汉时的东厂——黄门北寺狱，不久向栩便命丧于此。

---

① 《后汉书·周黄徐姜申屠列传》说申屠蟠是陈留人，黄忠是申屠蟠的同乡，则黄忠为陈留人，但按《三国志·关张马黄赵传》载，黄忠是南阳人。《后汉纪》与《三国志》的观点一致，《后汉纪·灵帝纪》说黄忠与南阳人何进同乡。显然，《后汉书》与《三国志》《后汉纪》的说法不一致。还有一种可能，刘表手下有两个黄忠，一个是南阳人，另一个是陈留人，但这种可能性实在太小。
② 参见袁宏《后汉纪·灵帝纪》引黄忠写给申屠蟠的信。信中的"爰中郎"无疑就是时任虎贲中郎将的袁绍。

其实，向栩死得有点冤，因为《孝经》为帝国政府武力镇压民众暴动提供了理论基础。《孝经·天子》上说，所谓"天子之孝"，就是"德教加于百姓，刑于四海"。灵帝有没有"德教加于百姓"，恐怕连他自己也不能肯定；不过，"刑于四海"却正是他打算付诸实践的。在什么情况下，天子有必要"刑于四海"呢？《孝经·纪孝行》又给出了很清楚的答案："为下而乱则刑。"张角身为庶人，擅自组织民众与朝廷对抗，当然是"为下而乱"，理应加重刑了。

看到皇上已经决心武力镇压黄巾暴动，皇甫规的侄子、北地太守皇甫嵩便从军事角度出发，建议灵帝捐出宫中藏钱和西园厩马，奖励军士，得到了灵帝批准。郎中张钧请求灵帝处死十常侍以谢天下，反被宦官诬陷为学太平道，和向栩一同死在监狱里。不过，张钧的表章还是震慑了十常侍，他们纷纷拿出家财以充军费，从而加快了部队的组建速度。

三月底，镇压黄巾的汉军两路出师：北中郎将卢植、东中郎将董卓、护乌丸中郎将宗员率北军五校御林军及幽、凉、并、冀四州兵马，北征河北黄巾；左中郎将皇甫嵩、右中郎将朱儁、豫州刺史王允、骑都尉曹操、左军司马孙坚、护军司马傅燮率三河骑士及豫、青、兖、徐、荆五州兵马，东征河南黄巾；何进与袁氏三兄弟坐镇洛阳。

战争之初双方势均力敌，互有胜负。但官军因为物资充足，装备精良，训练有素，很快占了上风。六月，卢植、董卓、宗员将张角围困在广宗。黄巾军释放被俘的甘陵王刘忠和安平王刘续，很可能就发生在此时。灵帝把刘续弄到手以后很兴奋，派小黄门左丰到前线察看军情，督促官兵立即歼灭黄巾军。卢植不肯贿赂左丰，后者就向灵帝打小报告："我看广宗的敌人很容易歼灭啊。卢中郎现在按兵不动，就等着老天来惩罚对手了。"灵帝大怒，下诏将卢植逮捕，又勒令董卓加强攻势。董卓只好硬着头皮进攻，结果被张角在下曲阳打得大败，也被革职查办，河北的战局一时朝着对黄巾军有利的方向发展。与此同

158

时，交州也发生了大暴动，交州刺史周喁被暴民杀死，东汉帝国一时看起来摇摇欲坠，但这种局面并没有持续很久。

到了七月，皇甫嵩、朱儁、王允、曹操的河南方面军便取得了压倒性的胜利。八月，皇甫嵩移师北上，与董卓的残部会合，随即向张角军扑来。九月，张角再次被围困在广宗，不久后即病死。得知张角的死讯，灵帝无所顾忌，立即以"大逆不道"的罪名处死了刘续。十月，皇甫嵩攻破广宗，杀死张梁，将张角剖棺戮尸。一个月之后，皇甫嵩又攻陷曲阳，杀死张宝。至此，由太平道领导的这场黄巾大暴动在 9 个月内便宣告失败。但就像大地震之后必然还有余震一样，黄巾运动并未完全停息，此后又发生过多次影响力较小的黄巾暴动。

战胜黄巾军之后，皇甫嵩的副将、党人领袖王允在张角的文件中发现了中常侍张让的宾客与黄巾往来的信函，如获至宝，立即上报朝廷。灵帝大怒，痛斥张让，但不予惩办（也许文件是王允为了陷害宦官伪造的）。张让由此仇恨王允，后来数次陷他于死罪，幸好有大将军何进、太尉袁隗、司徒杨赐联名力保，才得以免死。能够帮王允在何进、袁隗、杨赐三位重臣那里疏通关节的，当然非袁绍莫属，难怪王允后来会对袁绍忠心耿耿。

以上是《后汉书》对黄巾暴动过程的记载，而较早成书的袁宏《后汉纪》却提供了差异很大的版本：张角在二月便已起兵，汉军随即东征，马元义见洛阳防备空虚，这才策划在五月乙卯日暴动；卢植不是张角的对手，把张角包围在广宗的将军是董卓；朱儁讨黄巾时的军师是蔡邕……这些都与《后汉书》的说法相矛盾。出现这些相互矛盾的记载很正常，因为当时东汉朝野党争激烈，各派的笔杆子都在使劲给本派脸上贴金，同时抹黑对方。

为了获得较为客观公正的历史真相，我们不妨来研究一下镇压黄巾军的主要将领的政治派别：卢植是马融的大弟子，虽然洁身自好，没有名列"党人"黑名单之中，但与很多党人都过从甚密；董卓是凉州将领，素来与阉党过从甚密；皇甫嵩是"凉州三明"之一皇甫规的侄子，同样与阉党过从甚密；王允是著名党人；曹操本是阉党，后来投靠党人。所以，北路汉军是由亲党人的卢植领导亲阉党的董卓，南路汉军是由亲阉党的皇甫嵩领导党人王允、曹操，都是政治派系力量平衡的班子。汉灵帝时期，阉党得势，真正愿意镇压黄巾军的，是阉党而非党人。所以，真正卖力攻打张角兄弟的，一定是皇甫嵩和董卓，卢植、王允、曹操等党人系将领则很可能出工不出力。另外，可以肯定的是，刘备、关羽、张飞三人并未像《三国演义》描写的那样，参加对张角兄弟的讨伐。中平四年（公元187年）后，他们才参加了公孙瓒、邹靖的军队，攻打张纯叛军和青州黄巾军（更接近于土匪，而非太平道信徒），此时张角兄弟已经死了三年有余。究其原因，作为卢植的弟子，公孙瓒和刘备的政治立场都倾向于党人，厌恶党锢运动，也就是诸葛亮在《出师表》里所说的，刘备"未尝不叹息痛恨于桓、灵也"，所以他们不会去积极讨黄巾，尽管张角兄弟的黄巾主力就在离刘备家乡涿州不远处活动。

就这样，拥有数十万信徒的黄巾暴动，不到一年就被东汉军队基本上镇压了。很多史书都把东汉的灭亡和三国的开端归因于黄巾暴动，实在是大大高估了这场暴动的历史意义。造成东汉衰亡的主要原因，远在梁太后扩招太学，近在汉灵帝将党锢运动扩大化，导致东汉统治集团内部无尽的恶性党争。以东汉帝国军事力量之强悍，像黄巾暴动这样的民间反抗，不可能动摇得了东汉帝国大厦的根基。黄巾暴动只是一根打破政治平衡的导火索，它直接导致汉灵帝提前中止党锢运动，几十年来日益敌对的党人和阉党在长期相互隔离之后，突然在朝廷上毫无缓冲地重新对峙。在以袁绍为代表的党人和以张让为代表的阉党之间，一场将引发东汉帝国中央政权崩溃的空前恶斗在所难免，而本应在两派之间发挥平衡器作用的大将军何进与何太后却没有维持政治平衡的智慧与手腕。

　　得知黄巾暴动被阉党将领皇甫嵩迅速镇压，交州暴动也被新任交州刺史贾琮平定下来，灵帝十分满意，立即下旨，将这一年改元为"中平"，意为"实现中兴"和"恢复太平"。其实，更大的混乱尚未到来呢。

中平羌乱——凉州军阀集团的形成（公元 184~186 年）

当汉军与黄巾军在黄河下游拼死搏杀之际，黄河上游正默默地酝酿着更加强烈的政治风暴。如果我们在当时逆黄河而上，将会看到怎样的一幅景致呢？

蓝天、雪山、青海、森林、草原，童话般的幻境，天堂般的土地；微薄的氧气含量，刺骨的寒风，无与伦比的海拔，难以攀缘的山峦，兀鹫与雪豹的巢穴，地狱般的世界。

这里就是世界屋脊、长江与黄河之母——青藏高原。

公元 2 世纪的青藏高原，和现在的样子大不相同。当时，山峰的高度比现在要低几米，森林覆盖率更高，野生动物更多。但最大的区别是：当时的青藏高原既没有喇嘛，也没有庙宇。在公元 4 世纪之前，佛教还没有传到这里呢。

严酷的自然环境锻造出坚韧、勇敢、智慧的居民。至少在五千年前，青藏高原的居民就已经走在了世界文明的前列，活动于青海湖一带的马家窑文化是世界上最早使用青铜器的文化之一。畜牧一直是青藏高原居民的主要经济活动，这个民族也由此得名：羊儿为"羌"，羊女为"姜"，所以大多数羌族人都姓姜。

西汉前期，羌族一度依附于匈奴，对汉帝国的西北边疆形成了巨大的威胁。东汉时期，匈奴虽然衰败，羌族的威胁却越来越大。直到汉桓帝重用"凉州三明"，才抑制住羌族的扩张势头。此后，羌族与南匈奴、湟水流域的小月氏（湟中义从胡）、河西走廊的休著屠各等草原民族一样，或是在汉军中服役，或是过着和以前一样的游牧生活，人口迅速增长，已经不亚于当地的汉族数量。

光和二年（公元 179 年），羌族的征服者段颎在狱中自杀，他的许多老部下因而不再信任东汉政府。对于段颎之死负有直接责任的董太后、汉灵帝、阳球和杨彪，现在成了他们不共戴天的敌人。5 年之后，黄巾暴动的消息传来，这些将士便与他们本应负责防御的游牧民族结成同盟，计划与黄巾军从东西两面夹击洛阳，以推翻自己曾经长期依附、如今实力虚弱的阉党为名，夺取汉朝政权。与张角手下那群毫无军事经验的乌合之众不同，这些人个个身经百战，对汉军的战术了如指掌，并拥有不亚于汉军的优良装备。未来，他们将攻陷长安和洛阳，在东汉帝国的首都里尽情发泄自己积累多年的仇恨。不过，张角军的迅速崩溃，使得这些人只得单独行动，史称"中平羌乱"。

"中平羌乱"的主要领导人——金城人边章、韩遂（字文约，又称韩约）是凉州的两位名士，向来仇视宦官。听说何进即将出任大将军，韩遂便到洛阳来，劝他借手握兵权的时机消灭宦官。何进与宦官并无根本矛盾，又是张让的姻亲，因此拒绝了这一建议。韩遂悻悻离去，决定利用自己在凉州的势力，用武力逼迫朝廷就范。

然而，凉州军阀集团企图联合士大夫消灭宦官，进而控制朝政的野心注定要失败，因为他们并不具备统治中国的能力。凉州军阀集团本身有相当一部分没有汉族血统，有些甚至不是黄种人，文化水平普遍偏低，不熟悉中原的风俗习惯，难以被广大汉族民众接受，遑论成为统治者。受儒家思想影响，中原士大夫比一般老百姓更看重"华夷大防"，骨子里看不起凉州武士这样的"羌胡杂种"，虽然可以一时联合他们打击共同的敌人，但等宦官一灭，他们必定会设计推翻凉州军阀集团，独掌朝政。这就是此后几年内即将在中国发生的事情，也是袁绍与董卓之间的关系从合作转变为敌对的根源。

除了韩遂劝说何进的 A 计划之外，凉州军阀集团还有 B 计划，劝说的对象是他们自己的领袖——车骑将军皇甫嵩。当时，皇甫嵩已灭黄巾军，手握重兵，威震天下。凉州汉阳郡名士闫忠造访皇甫嵩，以韩信的例子劝他及早清君侧，皇甫嵩也不肯答应。闫忠只好返回凉州，半路上巧遇曾经自称是段颎外孙的武威人贾诩。两人相谈甚欢，闫忠还称赞贾诩"有（张）良、（陈）平之奇"。这位贾诩后来成为凉州军阀集团的主要谋士，最终投靠曹操。

光和七年（公元 184 年）十一月，右中郎将朱儁攻陷太平道黄巾军的最后据点——宛城（今河南省南阳市），第一次黄巾暴动宣告结束。同月，边章、韩遂、闫忠和小月氏酋长北宫伯玉、李文侯等段颎旧部以讨宦官、清君侧为名，在北地郡起兵，攻杀护羌校尉泠征、金城太守陈懿，大举东进，在当年年底渡过了黄河，扑向中原，"中平羌乱"爆发。有趣的是，边章、韩遂、闫忠三人都说自己是被羌人挟持的，这种推卸责任的话恐怕连小孩也骗不了。除此之外，陇西人宋建也自称"河首平汉王"，在黄河上游建国，公然与东汉政权对抗。

次年初，东汉帝国又遭遇了一连串自然灾害：正月，瘟疫大起，死者如乱麻；二月，东汉皇宫的主要建筑南宫发生火灾，云台、嘉德、和欢三大殿全部被焚，烈火足足烧了半个月才灭，可见其规模之巨。

南宫被焚毁之后，灵帝又对建筑学产生了浓厚的兴趣。与古罗马皇帝尼禄一样，这位多才多艺的年轻君主亲手规划了一些新式宫殿，包括位于洛阳西郊的御用休养地"西园"，类似于清朝的圆明园、颐和园，但却苦于经费不足，不能施工。十常侍于是建议灵帝提高农业税，每亩增加 10 钱，用以修建新宫。按照《汉书·地理志》的记载，在元始二年（公元 2 年），西汉帝国拥有"可垦不可垦"（半可垦）地 3229 万顷，定垦田 827 万顷，总垦田面积估计接近 2000 万顷，合 20 亿亩。东汉时期，江南、辽东和陇西的荒地得到进一步开发，当地人口剧增。以此估计，灵帝时全国的耕地至少不会低于 20 亿亩。每亩增加 10 钱农业税，政府税收就至少多出 200 亿钱，相当于桓帝时期 3 年的帝国财政收入。

　　和粮食总产量相比，再考虑到灵帝时通货膨胀严重，货币购买力严重下降的因素，每亩加收 10 钱税其实不算很重。但当时正逢大乱之后，天下饥荒，瘟疫横行，灵帝不减免税收，反而加税，无异于釜底抽薪。各地的耕地情况又非常不同，有些肥沃，有些贫瘠，《尚书·禹贡》里就已经把全国的耕地分为九等。一刀切地每亩加收 10 钱农业税，势必造成极大的不平等，但急于敛财的灵帝无暇顾及这些。

　　显然，灵帝设计的新南宫建造费用远远超过 200 亿钱，因为他又恢复了以前为兴建"鸿都门学"集资而制订的"卖官鬻爵"制度。而这一次，灵帝再次显示出了超越时代的金融才华。为了能够将官爵多卖些钱，他居然发明了"分期付款"和"零首付"这样的天才金融方案。每一个被赐予高级职务的官员都必须先到西园问价，在"助军钱"或"修宫钱"这两种欠条中挑一种签字，然后才能走马上任。因为用"分期付款"和"零首付"代替了"一次性付清"，所以官价暴涨：1000 万钱原来足够买到三公，现在却顶多只能买到一个太守，而能够一次性付清全款的人则继续享受原先的价格。与以前临时性的荣誉摊派不同，这次卖官公开逼官员们替政府长期盘剥百姓，等于变相增加税收。

　　当时，侍中刘陶升任京兆尹，因此欠下西园 1000 万修宫钱，但他拒绝还款，装病不上班。由于刘陶名气大，所以灵帝特批免除他的债务，改任其为谏议大夫。河内郡有个叫司马直的人，大概是司马懿的亲戚，被朝廷委任为巨鹿太守。灵帝知道司马直家经济困难，特批给他优惠 300 万，同时允许零首付、分期付款。没想到司马直仍然请求辞职，朝廷不许，于是司马直悲愤自杀，死前上奏一本，痛批卖官制度。灵帝读了之后也有些感慨，于是暂停征收修宫钱，但很快又恢复了。

　　当然，大多数官员还是乐意出，也出得起"助军钱"和"修宫钱"的，其中最有名的就是崔烈和曹嵩。中平二年（公元 185 年）三月，袁隗因长期生病，辞去担任了两年的司徒一职。读者应当记得袁逢、袁隗、段颍、杨赐为之联合办丧事的那位冀州名士崔萛，崔烈就是他的堂兄，早已官至九卿，一直苦苦等着当三公。听说袁隗将要下台的消息，他就找到灵帝的乳母程夫人，希望以优惠的价格补缺。结果，崔烈只一次性付了500万，便当上了司徒，就连灵帝本人都对这样低廉的价格惊叹，社会上更是人人议论。崔烈之子崔钧时任虎贲中郎将，大概是袁绍的前任，对父亲反映了外界的嘲讽，结果反而遭到气急败坏的父亲的殴打。崔烈也知道便宜没好货，担心自己的司徒当不长，于是追加投资，结果在当了两年司徒后改任太尉，又当了半年三公。崔烈下台后，曹操的父亲曹嵩花了1亿钱，才为自己搞到这个太尉之职。

看到手头的资金渐渐充裕起来，南宫尚未完工，灵帝又开始修造小金库"万金堂"，把本来由大司农掌管的基础设施建设款和防震减灾资金全都转移了进去。同时，这位天子还计划莅临冀州，巡视河间国，但并不是为了安抚灾民，而是以他自己的名义购买田宅。河间是灵帝的家乡，位于黄河下游，土地肥沃，交通便利，但因为临近黄巾军暴动的主战场，受其影响，一年来地价大幅下降。长期关注不动产投资界新闻的灵帝非常看好河间板块，认为此时拿地是无风险套利。于是，他不仅亲自出马，还带上十常侍一起去团购，以便能更好地压价。

从商业角度来说，灵帝的这次投机决策也许是对的；但从政治角度来说，却是一大丑闻，而且差点让灵帝血本无归。

自古以来，中国人一直坚信"普天之下，莫非王土"。也就是说，全中国土地的大产权都归皇帝本人所有，臣民能够享有的只是小产权或使用权。正因为如此，他们才有向皇帝缴纳地税的义务。而如今，汉灵帝却费尽心思聚敛小产权或使用权，这当然会与汉朝传统的经济观念严重冲突。对于许多人来说，一个治国理念如此荒谬的家伙已经不再适合担任帝国的君主了。在这些希望推翻灵帝统治的仁人志士之中，当然包括"本初俱乐部"的许多成员。

皇家炒房团要驾临河间，负责接待的主要官员当然是冀州刺史王芬。此人的政治立场接近清流，经常与刚刚解除党锢的陈蕃之子陈逸来往。某日，王芬在家中招待陈逸和以精通阴阳五行与天文而闻名海内的术士襄楷。襄楷对他们说，据自己夜观天象，宦官们很快就要被消灭了。王芬和陈逸听后大喜，以为边章、韩遂、闫忠、北宫伯玉等人清君侧的行动将会成功。于是他们派人到洛阳去，与"本初俱乐部"商定，灵帝和十常侍一到冀州，王芬便发动兵变，软禁灵帝，"本初俱乐部"则与何进、袁隗等朝廷大员迎立年幼的合肥侯（据说是灵帝的弟弟）。

作为"本初俱乐部"的核心成员，许攸、曹操等人都得到了王芬的消息，袁绍、何颙肯定也知情。最偏袒曹操的《魏书》收录了曹操的一封冠冕堂皇的《拒芬辞》，该文显然是为了证明曹操不仅忠于汉室，而且机智过人。这篇文章内容也许是真的，但它恰恰说明曹操了解王芬等人的谋反计划，只是因为觉得时机不成熟而表示反对，并且没有上奏朝廷。知道谋反阴谋而不报告，这种事情无论放到任何朝代，都肯定与谋反同罪。如果事情败露，曹操一家理应满门抄斩。曹操的父亲曹嵩之所以要花1亿钱购买本来只值1000万的太尉，主要原因很可能不是因为官价暴涨，而是为了替曹操赎罪。

中平二年（公元185年）春季，其实是个造反的好时机。三月，边章、韩遂、北宫伯玉等人长驱直入，兵锋直指渭河流域。当此危难之际，凉州刺史左昌却贪污军饷数千万，又指挥无方，导致部将夏育、盖勋等人纷纷战败，叛军杀入三辅，渐渐逼近长安。司徒崔烈勇于买官，却怯于战斗，居然建议朝廷干脆把凉州割让给边章、韩遂、北宫伯玉等人，划陇山而治，遭到议郎傅燮的痛批。这次灵帝的头脑还算清醒，封傅燮为汉阳太守，命他与左车骑将军皇甫嵩、中郎将董卓二位资深的凉州将领前去讨伐凉州叛军。

皇甫嵩接旨以后，觉得骑兵不足，请朝廷招募3000名乌丸雇佣军。何进的部下、北军中侯邹靖（刘备后来的上司）认为乌丸兵弱，不如去招募鲜卑人。灵帝让四府官员讨论，何进的幕僚韩卓支持邹靖，认为乌丸兵弱，又是鲜卑的死敌，一旦随官军出击，鲜卑袭击其后方，乌丸人必定从前线撤退，造成巨大的混乱，影响汉军士气，不如招募鲜卑。车骑将军何苗的幕僚应劭反对，认为鲜卑的本性比乌丸凶残，长期与汉朝敌对，以往鲜卑雇佣军入境后都要四处奸杀劫掠，战后又逼着汉将送给他们金银和武器作酬劳，日后遗患无穷，还不如招募陇西羌胡中没有参加叛乱的部落。朝廷多数人同意应劭的看法，但最终并未招募到多少人。

皇甫嵩和董卓带兵进入关中，与敌军对垒多日，却并不作战，俨然一幅"西线无战事"的奇异景象。闫忠造访皇甫嵩，劝他造反，恐怕就是发生在这个时候。

同样是中平二年（公元185年）春季，司隶和并州的农民又纷纷暴动，共有杨凤、黑山、牛角、飞燕、于毒等数十部，从北面威胁洛阳，号称黑山军（与黄巾军无关，属于地方武装）。冀州刺史王芬借此机会上奏说，造反者攻劫郡县，朝廷应该立即拨给自己一支军队，这样才能在灵帝北巡时保证其安全。偏偏就在这时，太史令又报告说天象不佳，有针对皇帝的阴谋，灵帝于是取消了到河间团购地产的计划，并召王芬入京。王芬担心阴谋已经暴露，自杀身亡，合肥侯也从历史上消失了。

奇怪的是，这次惊天大阴谋居然就此画上了句号，许攸、曹操等人都没有受到处罚，实在不合情理。曹腾虽然能够花钱为曹操赎罪，但许攸显然不具备这样的条件。唯一合理的解释是，许攸和曹操有袁绍这座靠山撑腰。袁绍后来曾说"曹操当死数矣，我辄救存之"，大概就包括这件事在内，这其实也是他作为黑社会老大应尽的义务。此时的袁绍深受何进与袁隗两位朝廷大员的信任，虽然官职不过中郎将，其实早已一手遮天。帝国当局的重要文件大都要经何进与袁隗之手，二人都视袁绍为左膀右臂。袁绍不想让汉灵帝知道的事情，灵帝想知道会很困难。

不过，中朝也并非那么无能。对于皇甫嵩按兵不动，与闫忠等人来往的事情，他们绝非全然不知。于是，中常侍张让来到前线，向皇甫嵩索要5000万钱。张让与皇甫嵩非亲非故，突然索要这么大一笔钱有些突兀，恐怕是借皇甫嵩与闫忠来往之事讹诈。皇甫嵩不肯出钱，于是在七月被罢免军职，削减封地，回家乡休息，他的部队则全部交由董卓统领。

八月，看到西北叛军已经威胁到西汉诸帝陵园的安全，灵帝终于着急了，封司空张温为车骑将军，袁绍的族孙、执金吾袁滂为副将，与荡寇将军周慎、右扶风鲍鸿、扬武都尉陶谦、参军事孙坚等将领率领十余万大军西征，与董卓联合讨敌。此外，又按照皇甫嵩的老建议，招募了3000名乌丸雇佣军，令涿县（今涿州市）县令公孙瓒统领、中山相张纯指挥。公孙瓒是卢植的学生，刘备的学长，以善于指挥骑兵闻名。但因为后勤补给跟不上，又听说鲜卑人来袭，这些乌丸骑兵就像韩卓预言的那样，一窝蜂地溜走了，给河北地区制造了巨大的混乱。张纯因此与公孙瓒争吵不休，随即与前泰山太守张举合谋，暗中联络这些乌丸人，准备起兵反汉。[1]

张温出征时，成都人张玄跑来劝他，在宦官前来钱行时将其一网打尽，然后回师洛阳清君侧。张温不肯从，于九月率军进抵美阳（今陕西武功县西），遭遇韩遂军主力。参军事孙坚自恃骁勇，率领千余名新兵冲阵，被敌人杀得全军覆没。孙坚丢了军官印绶，只身逃回来，张温手下诸将都嘲笑他，只有董卓佩服孙坚的勇气。《三国志·孙破虏讨逆传》说张温的大军刚到，边章、韩遂等人便不战而降，所以孙坚没有立下军功等等，明显是在为孙坚的惨败开脱。

---

[1] 参见袁宏《后汉纪·灵帝纪》。

该书又说董卓开会迟到，言语冒犯张温，孙坚便劝张温杀董卓，同样荒谬。董卓身为大将，历年军功甚多，手握重兵，部下亲附，还是董太后的亲戚，张温想杀都未必杀得了。董卓恨张温而欣赏孙坚，也说明事情的真相正好相反。《三国志·孙破虏讨逆传》力图让读者相信孙坚与董卓的关系一向恶劣，好人与坏人黑白分明的假象，这和其他史料希望让读者相信曹操早已同袁绍决裂的情况如出一辙。

十月，灵帝的老师、袁逢的亲家、司空杨赐去世，举朝哀悼。同月，张温的败状渐渐传到洛阳，许多官员都知道了，却不敢报告灵帝。以骂汉桓帝闻名的谏议大夫刘陶忍无可忍，上奏书说："车骑将军张温有勇无谋，把全部主力集结在第一线，连支预备队都没有。西羌叛逆的将帅多是段颎的老部下，熟悉军事，上知天文，下知地理，变诈无穷。现在，胡骑连战连胜，已经攻进了陵园，离张温的营地不过咫尺之遥。臣时常担心，敌人一旦向东北绕道河东、冯翊，奇袭函谷关，包抄其后路，我军将无人能够返回。臣知道自己废话太多，招人讨厌，但实在不能不说，因为一旦国家危险了，臣也无法再活。现在我报告八件要事，希望陛下能够尽快采纳。"随后报告了八件事，大都是对宦官的批评。

自从韩遂等人以诛灭宦官为名起兵以来，这些半阉人就一直生活在深深的恐惧之中。现在见刘陶抨击自己，他们便向灵帝诬告刘陶："现在四方局势平静，而刘陶却一心唱衰朝政。前线的军情我们都还没听说，刘陶怎么知道得如此详细？他大概是韩遂一党吧？"于是以里通羌胡，并与黄巾余党来往之名逮捕了刘陶，刘陶在狱中愤而自杀。

事实证明，刘陶的判断有些过于悲观了。十一月，北宫伯玉、边章、韩遂粮草将尽，又看到彗星出没，认为天象对自己不利，于是决定撤退回家乡。董卓闻讯，立即出营追击，消灭了几千名敌人。西北叛军也不抵抗，一路跑回凉州金城郡榆中（今甘肃兰州市东）。

张温得到董卓的捷报，大为振奋，认为可以一举荡定凉州，于是分兵两路：荡寇将军周慎率3万人西追边章、韩遂，破虏将军董卓率3万人北讨先零羌。董卓认为，敌军主力尚存，这样贸然进军肯定打不下来，但张温不听。董卓无奈，带着兵马北上，但又派别部司马刘靖率4000人东进到安定（今宁夏南部和甘肃东部），伪装出有几万人的声势。羌军虽有兵力上的优势，但担心安定的援军，果然不敢贸然围攻董卓。董卓并不贸然进攻，他谨慎行军，令对方无机可乘。

董卓军北上的同时，周慎军逆渭河而上，逐步逼近榆中。孙坚建议周慎："榆中城小而坚固，兵力再多也难以很快攻下。但此城中目前粮草短缺，必须从外输入。我愿带一万精兵快速挺进金城，断其粮道，将军率两万大军在后接应，敌人肯定不敢迎战，也不能坚守，只好突围出城，这样就容易消灭了。"周慎因为美阳战役的原因，一直看不起孙坚，所以不采纳他的建议，率领三万大军缓缓推进，包围榆中。边章、韩遂果然带骑兵包抄过来，反而切断了周慎的粮道。周慎被迫撤退，在关西铁骑的堵截下，损失了大部分士卒。

听说周慎战败，董卓立即下令撤退，但还是在望垣（今甘肃天水市西北）被敌人追上，围困在渭河边，弹尽粮绝，陷入险境。董卓急中生智，声称要捕鱼给将士充饥，在河上建造水坝，将河水水位降低，然后连夜渡河，随后拆毁水坝，成功地阻止了敌人的追击。于是，董卓军全师而退，董卓因此被封为侯。因为毕竟击退了叛军，汉灵帝并不因周慎的失利怪罪张温，还封他为太尉，孙坚也因作战勇猛而升任长沙太守。

一百年前，元和三年（公元86年），袁安首任司空，袁家"四世三公"自此开始，而到了中平三年（公元186年），袁家成员却没有一个当三公的，而且直到灵帝驾崩都如此。这倒不是因为灵帝不再信任袁家成员了，正相反，他授予了他们以实在的军权：袁隗为后将军，袁绍为虎贲中郎将，与何进、何苗兄弟共同掌管洛阳防务。在此之前，袁家还从未拥有过如此大的军权呢。

　　灵帝当然有必要加强洛阳防务，因为此时黑山等农民武装的活动区域与洛阳只有一条黄河之隔。但与朝廷直接对抗的黄巾军不同，这些人"反贪官不反皇帝"，头上不戴黄巾，不准备颠覆东汉政权，时刻准备接受招安。很快，杨凤就获得了朝廷赐予的"黑山校尉"一职，还有权力"举孝廉"。于是，张飞燕（张燕）等许多农民武装的首领摇身一变，堂而皇之地当了地方官。

　　杨凤、张燕等农民武装领袖接受招安之后，灵帝的心情舒畅了许多，又开始寻求能够激发自己想象力的新领域，这次竟然是科技。在中平三年（公元186 年），他和宦官们发明了形如天禄①和虾蟆（癞蛤蟆）的自动喷泉，以便向宫中输水；为了不再让百姓受泼水洒道之苦，他们又发明了"翻车"（龙骨车）和"渴乌"（一种利用压缩气体吸水的管状水泵），使之成为一套自动洒水机。此外，他还仿照秦始皇，铸造大批巨型铜人和铜钟，并颁布了新货币——带有四道斜纹的四出五铢（四出文钱）。

　　灵帝的这些发明成果，与东汉时期的科技兴盛背景息息相关。在战国和北宋的一千多年之间，东汉可以说是中国科技发展最快的时期，以造纸术为首的众多发明创新对人类生活的贡献至今犹存，对当时经济的发展和社会的进步更起到了举足轻重的作用。

　　但是，所有这些进步都难以挽回东汉帝国的衰亡趋势。它不可能战胜瘟疫，难以解决民间宗教问题，更无法调解国际纠纷，以便重振丝绸之路往昔繁荣，因此只能成为时代大潮的牺牲品。

　　汉灵帝的命运又何尝不是如此呢？他是一个罕见的金融天才，热心参与科

---

　　① 一种传说中的西域独角兽，也叫天鹿。惠栋《后汉书补注·孝灵帝纪注》引孟康语，认为天禄是桃拔的一种，双角桃拔叫辟邪，单角桃拔叫天禄。

技发明创新，鼓励文艺和商业活动，积极推动国际交流，性格开朗，精力旺盛，思维活跃，博学多才。在中国历代皇帝里，极少有人能将这些优点集于一身。如果由汉灵帝来指挥鸦片战争，近代中国也许会少走很多弯路。然而，受制于时代背景，汉灵帝无法领导中国实现工业革命，迈向资本主义社会。正相反，他的全新治国理念触怒了全中国的知识分子和地主，甚至多数军人、农民和商贩，因此注定要成为史书中的反面教材。

对于汉桓帝来说，汉灵帝耗尽了自己的国库，杀掉了自己最好的宦官、顾问和将军，还把党锢运动的经完全唱歪了，从而彻底断送了自己的遗产，更抹黑了自己的形象。对于袁绍来说，汉灵帝虽然耽误了自己几年仕途，却大大削弱了自己的死对头阉党，从而给自己开启了通向最高权力的康庄大道。只不过，挤上这条路的并不只有袁绍一人，还有他的同父异母弟袁术等好几位野心家。

末代禁军——西园八校尉的 组建 (公元 187~189 年)

中平四年（公元 187 年）三月，大将军何进的弟弟、河南尹何苗在一场镇压荥阳反政府武装的战斗中获胜，被灵帝拜为车骑将军，空出来的河南尹之位授予了袁术。河南尹管辖洛阳、河南、荥阳、阳武、开封、新郑等环首都 21 县，李膺在晋升司隶校尉之前就曾担任此职。

当何苗与袁术走马上任之时，朝廷也从西北前线收到了令人不安的新情报。一年来，韩遂已经设计杀了北宫伯玉、李文侯等人，完全兼并了他们的部下。汉阳人王国也自称"合众将军"，与陇西太守李相如联合起兵，又与边章、韩遂、闫忠等人结盟，声势大振，凉州震动。凉州刺史耿鄙闻报，决定在两路叛军尚未会师之前，将其各个击破。

耿家出自光武中兴功臣、"云台二十八将"之一的耿弇，世代为东汉的西北边防名将。耿鄙虽是将门之后，但年轻气盛，为人鲁莽，信任贪婪的幕僚程球，剥削百姓，引起汉、羌各族的反感，王国、李相如的造反因此而起。

出兵之前，汉阳太守傅燮劝耿鄙不要轻举妄动，耿鄙不听，在民间招募有勇力的壮士参军，有个叫马腾的伐木工报名。马腾是马援的后裔，其母是羌族女子，所以有一半羌族血统，鼻梁很高，身材魁梧。耿鄙对马腾十分欣赏，任命他为军从事，相当于参谋长。四月，耿鄙军行至狄道，与敌军相遇，前锋战败，随后部下哗变，杀害耿鄙与程球，与边章、韩遂、王国讲和。马腾此后却官运亨通，一路晋升为征西将军，还与韩遂结为了异姓兄弟。

耿鄙死后，韩遂和王国等人联军进围汉阳郡，杀害傅燮，占领凉州全境，并继续东进，再次威胁长安。张纯和张举听说政府军主力正在西北战场上疲于奔命，于是在六月份联合乌丸人起兵。张举自称天子，张纯自称"弥天将军、安定王"，宣布汉朝已灭，诏令天下各州郡投降，汉灵帝立即退位，公卿百官北上奉迎自己。在河北百姓的支持下，二张的部队在一个月之内就发展至十余万众。同时，在二张的指使下，苏仆延、丘力居等乌丸酋长侵入华北和华东各地，杀害忠于汉朝的官民。时任涿县县令的公孙瓒与老同学刘备组织民兵抵抗二张和乌丸人，双方互有胜负。刘备一度在野战中受伤，靠装死才得以逃命。

北方已经大乱，南方也动荡起来。在荆州南部，长沙人区星等人相继起兵，围攻郡县，但被长沙太守孙坚各个击破。在长江下游，庐江郡也遭到反汉武装的围攻，太守向孙坚求救。孙坚的部下认为，离开长沙郡，援助零陵、桂阳两郡，已经背离了地方官员的本分，救援扬州的庐江郡更触犯国法，绝对不可。孙坚回答："本太守只会打仗，不懂文官的事务。"于是率兵赶走庐江敌军，后因这些功绩被封为乌程侯。

十一月，一直尸位素餐的太尉崔烈因为长期生病而辞职，大司农曹嵩捐钱1亿，顶替了太尉之职。虽然国库得了这么一大笔钱，但四面八方都在打仗，资金仍然不够，灵帝于是继卖官之后，又开始鬻爵，标价500万出售关内侯。其实，500万是桓帝时期出售关内侯的旧价格，在灵帝时期已经不算多，他心爱的那4匹白驴还值800万呢。

十二月，在边章、韩遂、王国等人的鼓动下，盘踞河西走廊和陕北高原的休著屠各胡终于也起兵叛乱。这些北匈奴的后裔与突厥人的祖先于中平五年（公元188年）正月渡过黄河，攻陷并州西河郡，杀死太守邢纪。次月，太平道信徒郭泰、胡才、李乐、韩暹等人在西河郡白波谷起兵，号称"白波军"，并与休著屠各酋长白马铜结盟。三月，休著屠各与白波联军攻陷太原，杀死并州刺史张懿，尔后又袭击并州北部的南匈奴，杀死忠于汉朝的南单于羌渠，改立须卜骨都侯为南单于。羌渠的两个儿子于扶罗、呼厨泉兄弟率数千骑兵冲出包围圈，南下向东汉政府求援，却没有得到任何回音。

四月，袁家的故乡汝南也骚动起来，因为黄巾军又出现了（也许是土匪）。同月，太尉曹嵩见天下大乱，上表辞职，告别大儿子曹操，带着小儿子曹德等家眷到兖州泰山华县（今山东省临沂市费县东）的乡间别墅隐居。他们不会料到，今生今世，自己将再也看不到洛阳的风景。

夏季，东汉帝国最后一个还算太平的州——益州也发生了大暴动：黄巾首领马相攻杀益州刺史郤俭（蜀汉大臣郤正的祖父）等官员，自称天子。六月，益州从事贾龙战胜黄巾军，杀死马相，但益州的局势仍然一片混乱。

一年之内，凉州刺史耿鄙、并州刺史张懿、益州刺史郤俭都被暴动者杀死，东汉政府为此惶惶不安。太常刘焉趁机上奏，说刺史屡遭杀害的原因是他们没有足够的权力，特别是缺乏兵权。因此，刘焉建议，恢复汉成帝在绥和元年（公元前8年）的政治改革措施，用有权指挥地方驻军的州牧取代州刺史，选拔清廉能干的重臣担任。刘焉自己希望能够当交州牧，因为交州当时较为平静，而且有南越王赵佗在秦末汉初独立的先例，具备发展的潜力。侍中董扶精通图谶，又与刘焉有私交，便偷偷对他说："京师将乱，益州分野有天子气。"刘焉本来就想趁天下大乱之机，割据一方，于是相信了董扶的话，改求出任益州牧。朝廷同意了他的请求，封刘焉为监军使者、领益州牧，董扶为蜀郡属国都尉，前往益州平乱。后来的蜀臣吴壹、吕乂等人的家族，都是在此时随刘焉入益州的。这一改革令地方官员的军事实力大大增强，为此后300年内中国的分裂局面埋下了隐患。到了唐朝，州牧制度以节度使的名义再次复活，又导致了安史之乱后的诸侯割据。

在前往益州的途中，刘焉路过汉中郡，遇见了五斗米道教主张鲁。原来，张鲁的父亲张衡一度呼应张角，起兵反汉，但战败而死，余部受弟弟张修和儿子张鲁管辖，至此，向刘焉归降。刘焉刚进益州就收获了一支有实力的军队，十分开心，张鲁的寡母貌美，被刘焉纳为情妇，张鲁也成了刘焉的干儿子，被封为督义司马，张修担任别部司马。汉中太守苏固与刘焉有矛盾，刘焉入蜀后，便派张修与张鲁攻灭苏固，尔后，张鲁又袭杀张修，完全控制了汉中。刘焉于是上奏朝廷，说经汉中通往长安的道路被五斗米道暴徒占据，益州与中原交通断绝。从此，他不再向朝廷纳税，而是专心在益州镇压异己，培植亲信，建立事实上的独立王国，这为后来刘备父子的蜀汉江山打下了根基。

送走刘焉之后，灵帝见天下大乱，韩遂、马腾、王国联军由西而来，休著屠各与白波联军由北而下，张燕等人率领的黑山等并州武装近在河内郡，与洛阳仅隔一黄河，只得决定进一步加强首都的防务。他首先招降黑山军，封张燕为平难中郎将、兼领河北诸山谷事；又任命朱儁为河内太守，作为洛阳北方的屏障。

八月，为防叛乱，保卫自己主要居住地"西园"的安全，灵帝组建了一支全新的禁卫军，由著名的"西园八校尉"统率。汉朝首都设有东、西两园，西园事生，东园事死，与皇宫各司其职。皇宫是皇帝办公的地方，如北京的紫禁城；西园是皇帝休息的地方，如颐和园；东园则是准备丧葬事务的地方，负责制造和存放棺椁、离服、金缕、银缕、黄肠、玉柙等葬具和明器，这些东西合称"东园秘器"。后世如果有谁将自家的花园起名叫"东园"，是要被人嘲笑的。

按照地位高低顺序，"西园八校尉"的具体名单如下：上军校尉蹇硕、中军校尉袁绍[①]、下军校尉鲍鸿、左军校尉淳于琼、右军校尉夏牟、典军校尉曹操、

---

① 《后汉书·袁绍传》和《虞傅盖臧传》说袁绍担任左军校尉，而其他所有史料（包括《后汉书》的《窦何列传》与《宦者列传》）都说是中军校尉。当以中军校尉为是。

助军校尉赵融和冯芳。蹇硕是个太监，人如其名，身体壮健，会武艺。灵帝信任蹇硕，封其为上军校尉，不仅是西园禁卫军的元帅，而且也监督司隶校尉以下的全体京官。曹操以往未曾出任过如此重要的军职，非常兴奋，以为终于可以建功立业了。他后来回忆说，当时朝廷封他为典军校尉，负责防御关西叛军，此后他便期待着有朝一日升任征西将军，立功封侯，死后便可以在墓碑上刻下这样的文字——"汉故征西将军曹侯之墓"。后来，夏侯渊在曹操手下历任典军校尉与征西将军两职，可见两人之间非同寻常的亲密关系。

东汉的校尉大约相当于现代的团长，每名禁卫军校尉麾下的兵力约有1000~1500名，"西园八校尉"的总兵力当在1万人左右。"西园八校尉"这样的编制，很容易让人联想起另一支汉朝禁卫军——"北军五校"。北军五校的总兵力约为6000人，五位校尉由"北军中侯"统领。何进出任大将军以后，担任北军中侯职务的一直都是他的心腹——起初是"本初俱乐部总经理"何颙，尔后是刘备的老上司邹靖。汉灵帝新组建一支兵力强于"北军"的"西园军"，恐怕不仅是为了防备叛乱，更是为了用这支由蹇硕领导的"阉党禁卫军"来压制由何进领导的"外戚禁卫军"。为了掩人耳目，袁绍、曹操、淳于琼等何进的部下也被安插进"西园军"，不过他们要天天受蹇硕的气。

看到儿媳何家的兵权越来越大，灵帝的生母董太后有些坐不住了。在"西园八校尉"上任后不久，她就让灵帝封自己的侄子、卫尉董重为骠骑将军，又封远亲董卓的弟弟董旻为奉车都尉。同日，光禄勋刘弘升任司空，尚书令刘虞接任光禄勋，河南尹袁术也接任了袁绍空出来的虎贲中郎将一职。这样，袁家在禁卫军中的势力越来越大。

九月，饿急了的南匈奴王子于扶罗与白波军、黑山军结盟，攻打河内郡，希望能抢到点食物果腹。但他们的实力过于有限，结果被朱儁的家丁打得大败，只好先逃到河东郡，随后跑进太行山区里当土匪了。同月，灵帝遣中郎将孟益与骑都尉公孙瓒讨伐张举、张纯。

十月，灵帝自称"无上将军"，建造平乐观阅军，赏赐禁卫部队，随后又召见与光禄勋刘虞、中军校尉袁绍一同掌管禁兵的讨虏校尉盖勋，问他天下造反的原因，盖勋说是"幸臣子弟"导致的。灵帝又问盖勋对军事演习的看法，盖勋回答："臣听说'先王燿德不观兵'。现在敌人在远方，陛下却在近处演习，恐怕不会产生威慑力，顶多算是黩武。"又提了几条建议，灵帝都说好。盖勋大喜，出宫找刘虞、袁绍，对他们说："我看皇上非常聪明，只是被宦官蒙蔽了。我们大家一起消灭这些坏人，然后提拔才俊，复兴汉室，功成身退，岂不快活？"刘虞、袁绍早有此心，于是跟盖勋合谋，准备说服何进诛讨宦官。

其实，以上军校尉蹇硕为首的宦官早就注意到刘虞、袁绍、盖勋这些人了。于是，他们勾结司隶校尉张温，推荐盖勋为京兆尹，到关中辅佐皇甫嵩、董卓，又改任刘虞为主管礼仪的宗正，剥夺了他的全部军权。只有袁绍家族势力盘根错节，蹇硕暂时不敢动，于是先拿其副手——下军校尉鲍鸿开刀。十一月，鲍鸿受命讨伐汝南黄巾军，作战不利，因此被逮捕，死在监狱里。鲍鸿估计与当时在禁卫军中当骑都尉的鲍信有亲戚关系，鲍信原本同袁绍关系亲密，但是这次袁绍没能救出鲍鸿，导致鲍信对他产生成见。

接下来，蹇硕还想除去何进与袁绍，便与诸常侍共同向灵帝进言，说皇甫嵩与董卓的实力只够对付王国，请求派何进西征边章、韩遂。一旦何进不能取胜，便要受惩处；如果何进获胜，消灭了口口声声说要诛灭宦官的边章、韩遂，对蹇硕和十常侍也不是什么坏事。这个计划如果能够付诸实施，无论事态怎样发展，都对宦官有利。

听了宦官的建议，灵帝欣然同意，赐给何进象征全国军队最高统帅的斧钺（与后世的尚方宝剑具有同样的含意），以及兵车百乘、虎贲百人，命其西征。何进猜出了蹇硕的意图，于是声称自己兵力不足，派袁绍等人东讨徐、兖二州黄巾军，并到中原各地募兵，等他们回来再一同出征，以便拖延时间。作为党人领袖，袁绍离开洛阳之后便四处闲逛，既不寻黄巾军主力决战，也不认真募兵。

袁家与黄巾军之间的关系，一直相当暧昧。袁绍向来不热心镇压黄巾军，而袁术后来干脆成了南方黄巾军的领袖，个中缘由耐人寻味。前文中曾提到，汉灵帝时期，阉党得势，真正愿意镇压黄巾军的，是阉党而非党人。从五行角度来看，袁家是黄统的领袖，黄巾军崇尚黄色，双方都想推翻汉政权，黄巾军支持袁家，与他们的理想并不冲突。如果没有黄巾暴动，党锢运动就不可能终结，党人领袖袁绍也无从得到赦免，在官场上平步青云，攫取政治权力。故此，在张角兄弟死后，黄巾军乐于支持袁家的事业，而袁家也同情并感激黄巾军，双方的勾搭活动一直没有停止过，也导致黄巾军长期在袁家的故乡汝南活跃。

中平五年（公元 188 年）年底，右将军皇甫嵩、前将军董卓各率两万人出长安，王国正在包围关中的西方门户陈仓的消息随即传来。董卓要求立即前往援助，皇甫嵩认为陈仓城小而坚固，王国的军队很难迅速打下来，正好用以疲惫叛军，拒绝了董卓的建议。王国包围陈仓八十余日，果然无法攻陷，只得解围撤走。皇甫嵩率兵追击，斩首万余，王国受伤而死。41 年后，这一战例再度重演，诸葛亮亲自率领数万蜀军围攻陈仓二十余日，还动用了高科技"火箭"，仍然没能取胜，只好赶在张部率领的魏国援军赶来之前撤走。

皇甫嵩战胜王国的同时，北方战场上也传来捷报：孟益、公孙瓒、邹靖、刘备大破张举、张纯叛军。灵帝大喜，拜公孙瓒为中郎将，封都亭侯，刘备为中山安喜县尉（属冀州中山国，今河北省定州市东），这是刘备第一次出现在政治舞台上。

刘备走后没过多久，公孙瓒孤军冒进，被乌丸酋长丘力居包围在辽西管子城，两百余日无法突围，箭尽粮绝。后来发生大雪灾，乌丸军队被迫解围撤走，但汉军也损失惨重。同时，灵帝封宗正刘虞为幽州牧，太仆黄琬为豫州牧，议郎贾琮为冀州刺史，出镇各州。

三月，袁绍的老朋友刘虞抵达幽州，与乌丸人讲和，晓以利害。刘虞曾经当过幽州刺史，丘力居素闻其名，于是和二张决裂，向刘虞示好。刘虞也解散了边境屯兵，建立非军事化地带，以向乌丸人表示诚意，只留公孙瓒率一万兵马驻扎在右北平。公孙瓒志在消灭乌丸，对刘虞这种安排很有意见。张纯失去了乌丸的援助，只得北上投奔鲜卑，在半路上被部下杀死，幽州至此平定。与此同时，刘备到安喜县上任不久，新任冀州刺史贾琮派来一位督邮（纪检部门的官员）审查刘备。在公孙瓒失势的背景下，刘备怀疑自己即将被革职，怒而鞭打督邮，弃官出走，与别部司马关羽、张飞、同乡简雍等人前往洛阳，投奔时任尚书的老师卢植，希望老师能帮自己鸣冤。不久，刘备投入何进部下，估计是卢植通过袁绍的关系介绍的，刘备因此认识了袁绍。

改置州牧后不到半年，帝国境内的各大反政府武装便相继被镇压了下去，洛阳的朝廷一片喜气洋洋，好像东汉的中兴指日可待了。这些缺乏先见之明的人肯定忘记了孔老夫子的古训："远人不服而不能来也，邦分崩离析而不能守也；而谋动干戈于邦内。吾恐季氏之忧，不在颛臾，而在萧墙之内也！"①

---

① 语出《论语·季氏将伐颛臾》。

正义的背叛——何进与宦官同归于尽 (公元189年)

公元189年（中平六年）5月3日，华北又观测到不祥的日环食。为了"禳灾"，太尉马日磾被罢免，刚刚剿灭二张的刘虞则在幽州驻地被拜为太尉。大将军何进不顾汉灵帝的一再催促，借口袁绍东征尚未返回，迟迟不出发西征。种种迹象表明，董太后、汉灵帝母子与何家的关系已经变得十分恶劣，几乎可以说是你死我活。

日食过后10天，汉灵帝突然在重建不久的南宫嘉德殿病危。灵帝弥留之际，何进与袁隗都不在场。直到这时候，他才想起来继承人的棘手问题。由于汉灵帝一直拒绝册封刘辩和刘协，这两个孩子都没有爵位，政治面貌还是平民。何皇后想册立刘辩，董太后想册立刘协，婆媳之间根本利益对立，势成水火。在母亲董太后的劝说下，临终的灵帝召来掌握西园禁卫军的上军校尉蹇硕，对他说："朕这两个儿子，史侯（刘辩）轻佻无威仪，不适合当天下之主；董侯（刘协）虽然年纪还小，但聪明仁孝，比史侯要强得多，朕希望让他继承皇位。但史侯是皇后的儿子，有皇后、大将军和车骑将军三兄妹的支持，难以动摇。你现在手握重兵，当体会朕的意思，为天下拥立董侯。何家兄妹若是不服，便可相机除去。"（这番口授密诏内容是否属实，当然存在疑问）说完这番话，灵帝就咽气了，享年34虚岁。

蹇硕受了遗诏，与董太后商量，计划在宫中安置埋伏，随后召何进兄弟进宫，将他们当场杀掉，然后囚禁何皇后和刘辩，拥立刘协。当时，大部分西园禁卫军都被袁绍带离了洛阳，蹇硕手中兵力不足，因此把希望寄托在突袭暗杀何进上面。何进惊闻灵帝驾崩，立即来到皇宫。蹇硕的司马潘隐与何进有交情，在门口死盯着他看。何进发觉事情不对，赶紧骑马回军营，称病不入宫，随后又率兵到宫外示威，蹇硕与董太后的计划破产。在何家兄妹的操纵下，两天之后，时年14虚岁的刘辩即皇帝位，史称汉少帝。

正如灵帝担心的那样，少帝虽然几乎已是一个青年人，但性格软弱，凡事都得听母亲和舅舅的。何皇后被尊为太后，临朝听政。刘协被封为渤海王，封地位于冀州东北部，人口众多，经济发达，东汉历来很少用于封王，只有前文提到过的刘鸿、刘悝等几位皇位竞争者才当过渤海王。刘协能够被封为"大国之王"，证明抚养并支持他称帝的董太后此时仍有相当的影响力。此外，刘辩、刘协兄弟的私人关系一直都很好，就像西汉的汉惠帝与赵王刘如意兄弟一样，尽管在政治上注定是不共戴天的死敌，手足之情却并未因此受损。刘协被允许暂不去封地"就国"，而是留在洛阳，也证明了董太后和刘辩对他的眷顾。然而，何进与何皇后兄妹绝对不可能轻易放过刘协，他们在承认刘协为合法皇子，并册封为渤海王的同时，一定会在渤海国布下陷阱，只等刘协去自投罗网。作为他们的主要助手，袁绍肯定也参与策划并布置了这一陷阱。虽然由于后来刘协的封地发生变化，该计划并没有实施，但是袁绍却因此在渤海郡积累下了丰厚的人脉，为他后来东奔渤海，组织联军发动内战打下了基础。

为了巩固何、袁两家的联系，汉少帝即位后四日，何家兄妹以少帝的名义下诏，以"三统"理论为基石，说："夫天、地、人道，必须辅佐，以昭其功。后将军袁隗德量宽重，奕世忠恪，今以隗为太傅，录尚书事。"[1]于是，袁家

---

① 语出袁宏《后汉纪·灵帝纪》。

有史以来第一次超越"三公"，担任了"上公"。不仅如此，袁隗还"录尚书事"，握有实权，成为名副其实的"首相"。何进与何太后这样安排，就是让袁家主管文事，何家主管武事，袁绍在袁隗与何进之间协调，刚柔并济，两全其美。虚君位，两分权，袁与何，共天下，这有点像周成王初年的"周召共和"。

何进拥立少帝之后，腾出手来，准备干掉企图杀死自己的蹇硕。袁绍作为被宦官党锢了16年的党人领袖，自然乐意促成此事，完成陈蕃、窦武未竟的心愿，就与一些门客联合劝何进说："宦官与董太后祸乱国家多年，大将军理应将其除去。对方现在一心要杀害您，您就在兵营里好好待着，千万不要进宫。最好再派个可靠的人，带禁卫军到宫里负责保卫。"何进表示同意，连灵帝的葬礼都不参加，又派虎贲中郎将袁术率领200名精兵，到宫中代替宦官值勤。这时，蹇硕也给中常侍赵忠、宋典、郭胜等人写信说："大将军兄弟秉国专朝，又与天下党人阴谋杀害先帝左右，消灭宦官。只是因为我蹇硕统领西园禁兵，他们还在犹豫不决。现在我们必须联合起来，捕杀何进一党，除私仇以辅国家。我虽有此计划，如果你们不合作的话，事情想成功也很难。"

郭胜是何进的同乡，年纪比何进大，多年来一直照顾何家，视之为亲戚，于是劝赵忠、宋典将蹇硕的信交给何进。在这件事上，何进的亲家——张让应该也起了至关重要的作用。何进得报大喜，立即下令逮捕蹇硕。于是，蹇硕稀里糊涂地死于宦官同事之手，他的西园禁卫军都落入何进手中，分由袁绍、曹操、淳于琼、吴匡、张璋、张杨等部将统领。至此，何进领导的党人士大夫集团控制了整个禁卫军。不过，洛阳城里依然存在与他们对抗的武装力量。

蹇硕死后，董太后与何太后婆媳更加势不两立。董太后见何太后专权，一怒之下，当面威胁对方说："你现在如此嚣张，就是仗着你哥哥吧？我让骠骑将军斩何进头来，如同反手！"①何太后将这话告诉了何进，何进、袁隗、何苗与三公联合上奏，请董太后回清河老家安度晚年，并免去董重的骠骑将军职务。当晚，何进、袁绍便调集禁卫军包围骠骑将军府，董重措手不及，只得自杀，董太后随后也突然死亡，百姓都认为是何太后干的。在这件事上，袁绍出了大力，从此更加受到何进器重，对他言听计从，视为左膀右臂。同月，渤海王刘协被改封为陈留王，这一封地位于兖州西部，离洛阳不远，与渤海国相比，人口较少，土地面积也小得多。对于刘协而言，这名义上是平调，实际上是降职。由于刘协被改封到陈留，所以何进、何太后兄妹和袁绍转而在陈留布下陷阱，等着刘协去自投罗网。后来，当袁绍、曹操等人东奔时，会在陈留遇到大批亲友，陈留也因而成为他们在中原的主要根据地，其源头正是刘协被改封为陈留王。袁绍既不是陈留本地人，也没有在陈留当过官，危急时刻却在陈留遇到这么多亲友绝非巧合：这些人正是被何太后、何进、袁绍有意安排到这里的，目的无疑就是要为他们干掉威胁汉少帝皇位的陈留王刘协。没想到，由于袁绍本人突然变卦，导致刘协的靠山董家咸鱼翻身。

董太后与董重虽死，但董家还有一个人手握重兵，令何家畏惮。不用说，这个人就是时任前将军的董卓。叛乱头目王国败亡以后，朝廷在半年内多次召董卓回京，说是要给他加官晋爵。董卓知道，一旦失去兵权，自己的性命将危在旦夕，于是借口部下不放自己走，继续待在凉州，何家为此十分忧虑。董太后与董重死后，削去董卓的兵权成为当务之急。朝廷明白董卓不肯回京，就拜其弟董旻为奉车都尉，统率一部分禁卫军，以便安抚董家，又以讨伐于扶罗为名，拜董卓为并州牧，让他把兵权交给皇甫嵩。董卓上奏说，部下都渴望跟自

---

① 语出袁宏《后汉纪·灵帝纪》。

己走，要求带着军队前往并州。皇甫嵩的族子皇甫郦劝皇甫嵩以抗旨不遵为名，讨伐董卓，兼并他的部队。皇甫嵩反对，因为他和董卓并无根本性矛盾。不久，董卓便率五千精锐骑兵渡过河津，进驻邻近并州的河东郡，准备相机行事。[①]

在接下来的 3 个月内，洛阳城里的怪事层出不穷。最蹊跷的是，作为何进的首席参谋，袁绍多次劝何进把董卓等外地将领召进洛阳，以便消灭宦官。很多人表示反对，其中包括董卓的老同事——尚书卢植，以及袁绍后来的秘书——主簿陈琳，还有侍御史郑泰。他们都劝何进讨伐宦官时不要召外地兵马，尤其不要召何家的死敌董卓进京，因为一旦军队入城，谁的战斗力强，谁就是朝廷的霸主。董卓的部队又多数是匈奴、羌族血统的骑兵，适合野战，不适合维护城市秩序，一旦进城，必然导致大规模无辜民众丧生。

《魏书》还记载了曹操对此事发表的一段评论："宦官古今都有，但皇上不应该给他们太多的权力。治他们的罪时，杀掉首恶便可，那样一个狱吏就足够了，何必召外将入京？要想把宦官全部杀死，事情一定会暴露，我已经预见到了失败！"不过，这段记载显然有问题，因为杀光宦官是党人集团一贯的主张，陈蕃、窦武早就试图付诸实施了。曹操虽然出生阉党之家，却早已投奔袁绍手下，与其家族划清界限，如果公开反对杀光宦官，肯定会被"本初俱乐部"严惩。《魏书》是曹魏的官方宣传手册，里面有很多这类编造的"当事人言"，没有必要太认真。

正如卢植、陈琳、曹操等人所言，在蹇硕与董重死后，阉党实际上已经没有了兵权。"十常侍"手中并无一兵一卒，就连自己的生活起居都时刻受到虎贲中郎将袁术的监视，根本没有什么威胁。何进如果想消灭宦官，根本无须召

---

① 参见袁宏《后汉纪·灵帝纪》。

外地部队进京。后来的事实也证明，仅凭袁绍、袁术麾下的几千部队已经足以消灭宦官。当袁绍亲自带头动手屠杀宦官时，董卓的部队就近在洛阳城西郊，几个小时内便可抵达，但袁绍却没有等他们入京。这说明，袁绍比谁都清楚，消灭宦官无须外地部队参加。

袁绍更不可能不知道，何家在逼杀董太后与董重之后，已经成了董卓不共戴天的仇人。而且，自从张奂、董卓在21年前镇压陈蕃、窦武政变以来，洛阳禁卫军就一直害怕凉州军。何进去找董卓帮忙，无异于与虎谋皮。何进与宦官没有仇怨，宦官还有恩于何家，中常侍赵忠、宋典、郭胜曾经帮助何进夺取西园禁军，张让又是何进的姻亲，杀光宦官对何进显然很不利。何进应该做的，只是处死几名还忠于董太后的宦官而已。董卓与宦官的关系原本不错，当陈蕃、窦武试图杀光宦官时，董卓曾带头帮助宦官予以镇压，后来虽然因为段颎之死而与宦官交恶，却未必乐意看到他们被彻底铲除。何进的每个亲友、洛阳的每个官员都明白这个道理，只有袁绍似乎不明白，而且还大力劝说何进采纳自己的糊涂建议。

既然召董卓等外地将领入京杀宦官并无必要，又对何进非常有害，那么袁绍一再坚持劝何进这样做，居心何在呢？

答案只剩下一个，无论它听上去多么匪夷所思——袁绍力劝何进召董卓等外地将领率军来洛阳，主要目的根本就不是为了消灭宦官，而是为了消灭何进！

何进重用袁绍，是因为袁绍具有党人领袖的身份，可以为何进招揽大批社会名流，提高声誉；然而，何进还是大大低估了袁绍的野心和能力。明末学者王夫之在《读通鉴论·献帝》中指出："曹操可驭者也，袁绍不可驭者也。虽有汉高、光武，欲收绍而使效奔走，必不得也。"他拿曹操和袁绍作比较，说曹操是可以控制的，但袁绍却不可以，别说东汉晚年的当政者，即便是汉高祖刘邦、光武帝刘秀复生，也无法控制住袁绍。可谓一语道破天机：适合袁绍的职业只有一个，那就是皇帝，这是他在取"本初"为字的时候，早已立下的志向。

当然，袁绍也希望消灭宦官，为党人报仇。但是，他的"本初"目的在于夺取天下，建立"土德"的袁氏皇朝。于是，一直对他言听计从，还将他当作接班人培养的大将军何进，在摧毁了董氏外戚和阉党的势力以后，反而成了他的眼中钉。对袁绍来说，最好的结局是让何进一家与宦官同归于尽。接下来，在袁隗和袁绍的领导下，袁氏故吏与党人们便可以掌握整个帝国的军政大权，进而逼迫汉少帝禅位给袁家。而在袁氏故吏之中，最富军事经验、兵力最强、对何氏兄妹最不满的就是董卓，因而袁绍选择了召董卓入京。如果何进同意召董卓来，那么袁绍会先与董卓联合，协助何进铲除宦官，再协助董卓消灭他的仇敌何进；如果何进拒绝召董卓入京，那袁绍可以先诱使宦官杀掉何进，再以此为名，与董卓铲除宦官。无论怎样，袁绍都稳操胜券，而何进则只有死路一条。正如王夫之在《读通鉴论·献帝》中指出的那样："昔之从臾何进以诛宦官，知进之无能为而欲乘之以偪汉尔，进不死，绍固不容之，而陈留又岂得终有天下乎？"袁绍反复力劝何进杀宦官，就是明知道何进做不到，而要借此祸乱汉室，从而达到自己篡位的目的。即便何进侥幸不死，他迟早也会被袁绍干掉，而且无论怎样，汉献帝都不可能继承皇位。

当然，这个阴谋计划要成功还有一个前提，那就是董卓等外地将领必须都忠于袁隗和袁绍。袁绍此时没有理由怀疑董卓的忠诚度，因为董卓曾是袁隗的幕僚，又是袁逢、袁隗生前好友段颎发现的人才，还是何家兄妹的死敌。忠诚地追随袁家，应是董卓唯一的出路。

另一个有可能给袁绍制造麻烦的，是他的"总经理"何颙。何颙与何进同郡、同姓，所以很可能是亲戚。但何颙还有一个身份——党人。反对何进召董卓等外兵进京的卢植、陈琳、郑泰等都不是党人，没有受过党锢之苦，对宦官的仇恨不太深，所以能够比较客观地分析问题，何颙则是一个被禁锢了16年的老党人，对宦官的仇恨蒙蔽了他的双眼。从袁绍与何颙等人组建旨在消灭宦官，为党人报仇的"本初俱乐部"算起，至此已经过去了18年！急于报仇的心理，使何颙没有去阻止何进召董卓入京杀宦官。何进死后，何颙仍然一如既往地忠于袁绍，最终还为了帮助袁绍对抗董卓献出了生命。

至于袁绍本人，此时已经成了权欲的奴隶，就像歌德笔下的浮士德一样，为了智慧与知识，把灵魂出卖给了魔鬼。16年党锢与18年"黑社会教父"的奇特经历，造就了袁绍冰冷的内心。不管是对他一直提携、爱护有加的何进，还是跟随他鞍前马后十几年的"总经理"何颙，一旦挡了他的道，都可以被铲除。他像许多过于聪明的人一样，逐渐丧失了人性。为了自己的利益，他可以不惜一切，包括陷害亲友。对何进的恩将仇报，其实只是个开始。

刚开始，袁绍的计划进行得并不顺利，因为何进一直在犹豫不决。除了卢植、陈琳、郑泰三人激烈反对之外，何进的母亲舞阳君、妹妹何太后、弟弟何苗也都不赞成他铲除宦官的计划。他们知道，没有宦官们几十年如一日的照顾，何家根本不可能有今日的权势。铲除宦官还会造成"党人"独大，对身为外戚的何家绝非福音。看到这么多亲友反对，何进更加狐疑。袁绍害怕何进一旦与宦官和好，自己的阴谋就将败露，便暗中把何进要消灭宦官的消息泄露到社会上去，以此要挟何进。急于博取士大夫的欢心，备受道德舆论的压力，又对袁绍向来百依百顺的何进终于下定了狠心，封袁绍为司隶校尉，王允为河南尹，把京城的司法事务完全托付给这两位"党人领袖"，准备向宦官下手。

司隶校尉的权势本来就极大，而袁绍又比以往的司隶校尉更有权，因为他同时还被授予"假节"和"专命击断"之权，逮捕官员不必向上级请示。司隶校尉下辖7个郡：合称"三河"的河南、河内、河东，合称"三辅"的京兆、冯翊、扶风，再加上弘农郡。东汉首都洛阳位于河南郡，王允担任河南尹，也就是袁绍的主要助手。何进安排这两个对宦官恨之入骨的老党人主管首都周围军政，标志着铲除宦官的计划由此进入实质阶段。

从袁绍复出后的早期仕途来看，自虎贲中郎将迁中军校尉，再升司隶校尉，与何进本人先任虎贲中郎将，后任河南尹的仕途非常接近，而且何进中间还被外放了一段时间，担任颍川太守，回京以后又过了一段时间，才当上河南尹。如今，袁绍把这些中间环节全都省略了，直接当上河南尹的顶头上司——司隶校尉，并安排"本初俱乐部"的骨干成员王允担任河南尹，可见何进对袁绍的重视。历史上，梁冀等多位东汉大将军走的也是同一条从虎贲中郎将到河南尹再到大将军的仕途。

显而易见，何进在拿袁绍当自己的接班人培养。但他并不知道，袁绍比他预想的更急着接班，为此不惜从他的尸体上踏过去。

在袁绍的多次建议和误导下，不幸的何进鬼迷心窍，批准做出如下的部署：

前将军董卓率领凉州兵东下；并州刺史丁原与其主簿吕布南下洛阳城北的孟津港，同时派从事张辽去河北募兵；骑都尉鲍信到其故乡泰山郡募兵；大将军府掾王匡到徐州募兵；假司马张杨到其故乡并州云中郡募兵；都尉毌丘毅与部下刘备到以出产优秀步兵闻名的扬州丹杨郡募兵；东郡太守桥瑁南下，与王匡、鲍信会师于成皋；袁绍自己又私下募兵千余人，悄悄驻扎在洛阳城外，以备不时之需。

东汉帝国拥有庞大的军队，仅洛阳的禁卫军就多达数万人，而何进要镇压的宦官手中并无一兵一卒。无论怎样，何进都没有必要为了对付宦官，临时进行这样大规模的募兵。如此"糊涂"的计划肯定又是出于袁绍、王允一伙之手，实在难免让人怀疑：鲍信、张杨、王匡、毌丘毅、桥瑁等人被派到外地募兵，名义上是为了讨伐宦官，实际上是为了把他们这些何进最忠诚的部下从洛阳支走，好给董卓、丁原的铁骑进京捕杀何进铺平道路。

也许因为部署过于复杂，也许是有人背后捣乱，招兵计划从一开始就不断

190

出麻烦：张杨的部队刚走出云中郡，就遇到了反政府武装，陷入游击战泥潭，无法继续南下；毌丘毅与刘备在丹杨郡募兵后，经下邳回洛阳，半途也遭遇黄巾军拦截。刘备立下战功，因此被赦免殴打督邮之罪，封为下密县丞。其余部队也都行动迟缓，何进诛灭宦官的计划因此暴露无遗。

在所有应召的军队之中，董卓所部是行动最快的，因为他无须再募兵，其部下多数是移动迅速的骑兵，而且早有准备。得到何进与袁绍的密函后，董卓知道自己可以安全地带着军队前往首都，便一反前几个月的迟疑观望，立即率军从河东郡上路，同时公开上书朝廷，宣称要为天下苍生铲除张让等宦官。袁绍还嫌董卓来得太慢，又私下派人前去催促，要求董卓留下步兵，带骑兵走当时的"高速公路"——驿道，向洛阳城西的平乐观推进。

收到董卓的公开信之后，何太后害怕了。她知道，自己手上还沾着董太后与董重的鲜血，董卓一旦进京，自己将死无葬身之地。于是她立即下诏，宣布罢免所有中常侍和小黄门等重要宦官，让他们回老家，只留几名自己最信赖的宦官在宫中。被免职的宦官都去向何进谢罪，已经被袁绍洗脑的何进却全然没有赦免这些人的意思，只是催他们快点返乡。

但是，袁绍可不希望宦官们返乡，而是希望在洛阳将他们一网打尽。看到重要的宦官都来到了大将军府，他再三劝何进将这些人抓起来杀掉，但何进心慈手软，不肯答应。于是，袁绍利用自己司隶校尉的职权，命令洛阳地方官员调查宦官们的经济问题，又借机拿到何进的图章，伪造大将军的公文，命令各州郡逮捕当地的宦官亲属。这样一来，宦官们根本不敢再走出洛阳皇宫半步。中常侍张让见大事不好，只好向自己的儿媳妇（何进的妹妹）叩头求情说："老臣累世受恩，今当远离宫殿，恋恋不已。希望能够再回来值一次班，看到太后和皇帝陛下的容颜，然后死而无憾。"张让的儿媳妇不忍心违背公公的请求，就和母亲舞阳君一起去找姐姐何太后，劝她让中常侍、小黄门都回来值班。当然，这些人一回来就不走了。

看到宦官们仍旧留在宫中，何进有些气恼。董卓军现在来势汹汹，一旦兵临城下，那就请神容易送神难了。何进终于明白，自己如果不能赶在董卓抵达洛阳之前解决宦官问题，很可能将会失去一切，于是赶紧派使者去阻止董卓进军，又准备动用武力迅速消灭宦官。作为"本初俱乐部"成员，侍御史郑泰对何进背着袁绍做的这些安排很有意见，提了几条建议，何进都不采纳。郑泰于是辞职，并对老同事荀攸感叹说："何公看来不易辅佐啊！"

董卓军抵达渑池，遇见了何进的使者，却拒不受命，继续向前推进，逼近洛阳。何进很害怕，又派谏议大夫种劭去向董卓宣读令他退兵的圣旨。在种劭面前，董卓理屈词穷，只好暂时向西撤退到当年名臣杨震自杀的夕阳亭。

听说董卓已经撤兵，何进大喜，于是前往长乐宫觐见太后，向妹妹报告这一好消息。然而，宦官们却听说，何进此次前来，是要请求太后允许他执行陈蕃、窦武的计划，杀掉全部宦官，并且让郎官们瓜分其住宅。宦官们原本一直不太相信，被他们扶植了几十年，多次帮过忙，甚至救过命的何进真的会对自己下如此毒手，特别是张让是何进的姻亲，郭胜又是何进的老乡，对何进一直信赖有加。但是这一次张让却带头声称自己派人打探到了确凿的消息（很可能是袁绍通过曹操等渠道故意泄漏给阉党的）。宦官们不由得不信，于是孤注一掷，准备好武器。看见何进入宫，张让、段珪等数十名太监就冲上去，将他包围起来，痛骂之后当场斩杀。

何进死时一定非常意外。事实上，何进有过成功的反暗杀经验。上次他能够从宫门外虎口脱险，是因为有潘隐的提醒；而这次他敢于贸然入宫，则是因为宫内有袁术率领、足以保卫其人身安全的 200 名虎贲兵弹压宦官。但是，当何进被宦官包围时，袁术与他的虎贲兵却不在现场。和《三国演义》描述的情况不同，事发当天，随同何进来到皇宫外的只有他的部将吴匡和张璋，而没有袁绍、曹操等人，袁术及其部下则正在宫内。何进当时不知道喊了多少遍"公路救我"，结果却大失所望：袁术不知道带着他的虎贲兵去哪儿巡逻了。也许直到最后一刻，他才觉悟：害死自己的不是宦官，而是袁家那几个忘恩负义的士大夫——如果他觉悟过的话。

宦官们很清楚自己的敌人究竟是谁。何进死后，他们立即起草诏书，宣布免去袁绍和王允的一切职务，任命前太尉樊陵为司隶校尉，少府许相为河南尹，取代袁绍和王允。负责发布朝廷公报的尚书卢植素来袒护党人，突然得到这份打压党人领袖的诏书，怀疑内容的真实性，不肯盖章，对宦官们说："这么重要的决议，还是请大将军出来解释一下吧。"宦官们把何进的人头扔给卢植，说："何进谋反，已经伏诛了！"卢植大惊，立即把消息传到宫外。

宫外的吴匡和张璋听说何进遇害，要带兵冲进去为老上司报仇，但宦官们把宫门锁上了。黄昏时分，唯恐天下不乱的袁术终于带着他的虎贲兵出现，放火焚烧南宫九龙门，放吴匡和张璋的部队进宫，又在东、西两宫放火，逼宦官出来。张让、段珪等人见势不妙，就带着何太后、汉少帝与陈留王等皇室成员跑到北宫。情况紧急，离事发地点最近的卢植不顾自己大儒的体面，亲自拿着武器冲上去拦路，斥责宦官，救出了何太后。当夜，洛阳城内大乱，但身为司隶校尉的袁绍与河南尹王允这两位首都的政法负责人却始终没有露面，百官之首、太傅袁隗也不见踪影，估计在悄悄开会。

次日，袁术、吴匡和张璋火烧皇宫的烈焰已经弥漫天际。董卓听探马报宫内起火，立即留大军在后，亲率轻骑三千，昼夜兼程，经驿道奔向洛阳。

事变第三天，张让、段珪等宦官把汉少帝及陈留王带到北宫德阳殿。这时，袁绍才与何进的弟弟、车骑将军何苗引兵来到朱雀阙，抓住赵忠等一些宦官，就地斩杀。随后，董卓的弟弟、奉车都尉董旻也率兵赶到。吴匡、张璋听说何苗曾劝何进与宦官和好，便与董旻联兵突袭何苗，将他及其长史乐隐杀死。乐隐的学生牵招、史路等人闻讯后携带武器赶来，冒死抢出乐隐的尸体，因此受到袁绍的赞赏。不过，对于何苗、乐隐之死，袁绍有不可推卸的责任。就在事发当天，袁绍还与何苗同在朱雀阙下，而当吴匡、张璋、董旻袭击何苗时，他却突然消失了。看来，何苗与他的哥哥何进一样，都是被袁绍害死的。

仅仅三天，盛极一时的何家便土崩瓦解。第四天，太傅袁隗、司隶校尉袁绍、尚书卢植三人伪造了一篇诏书（也可能经过了何太后的同意），命令逮捕由宦官任命的司隶校尉樊陵、河南尹许相，斩首示众。这两个人真倒霉，连一天官都没当过，甚至可能根本不知情，却被当作阉党杀了，死后还留下恶名，成为袁家争权夺利的牺牲品。随后，袁绍和刚回到洛阳的王匡再次带兵入宫，向余下的宦官发难。宦官见没有退路，便纷纷武装起来，准备殊死一搏。禁卫军与新募兵素来被宦官指挥惯了，此时都不敢上。袁绍于是率领百余名家丁带头撞开反锁着的端门，冲入承明堂。在那里，袁绍手持长戈，亲自击杀了中常侍高望等两名大宦官[1]，众士兵这才平复恐惧，一拥而上，当日就在宫内杀死了两千余名宦官。有些没有胡子的人被误杀，有些则要在士兵面前脱衣服，以证明自己并不是半阉人，其中可能就有当时身在洛阳、天生不长胡子的刘备。

混乱之中，少数宦官把汉少帝和陈留王带出宫城，向东北方向的小平津逃跑，很可能想要坐船去其他地方。然而，小平津当时在丁原和吕布军的掌握之中，身后又有尚书卢植和王允幕僚闵贡的追杀。当天午夜，包括张让、段珪在内的最后几十名汉朝宦官被困在黄河岸边，他们见四面受敌，无处可逃，只得向汉少帝和陈留王磕头告别，尔后纵身跃入黄河，就此结束了阉党集团的生命。

---

① 参见李贤《后汉书注·袁绍刘表列传注》引《山阳公载记》。

至此，袁绍终于完成了陈蕃、窦武、李膺等党人先贤的遗愿。

中国历史多次证明，一个强大的中央集权皇朝需要一个强大的宦官集团。秦朝、汉朝、唐朝、元朝、明朝、清朝，无不如此。没有宦官，皇帝迟早会沦为被官僚集团架空的孤家寡人。随着最后一个宦官跳入黄河，东汉帝国失去了原本设计精妙的政治平衡，变成了一个生活无法自理的植物人。几十年来，中朝与外朝，宦官与士大夫，阉党与党人之间你死我活的争斗，至此终于有了一个干净利索的结局。作为外朝、士大夫、党人集团的主要领袖，代表"正义"势力的袁绍大获全胜。依靠众多人才和军队的支持，袁家的"土德"取代刘家的"火德"，似乎已经没有了悬念。

一阵混乱之后，汉少帝与陈留王兄弟发现，自己正孤独地站在黄河边的荒野里。当夜没有月光，星星也非常黯淡，幸好周围闪耀着一些奇怪的火光。靠着这微弱的光线指引，两兄弟向南徒步走了几里山路，终于和王允的部将闵贡相遇，又在农舍里找到两匹马。三人并鞍前行，总算有了一点安全感。突然间，一首清脆的民谣在他们耳边响起："侯非侯，王非王，千乘万骑上北邙！"他们这才发现，自己身处在洛阳城北的北邙（一作"北芒"）公墓里，难怪周围会有那么多鬼魅般的磷火。

渐渐地，远处又出现了许多火把，前途似乎一片光明……

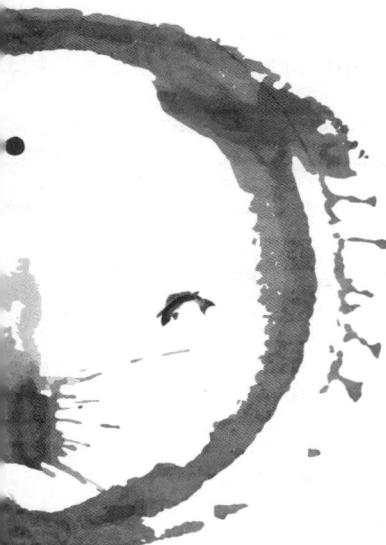

乱世枭雄

第五章

董卓入京——袁氏兄弟的逃亡（公元 189 年）

　　成功铲除宦官，似乎标志着袁绍的计划大获全胜。在张让、段珪等太监投黄河而死，汉少帝与陈留王在北邙公墓里流浪的那个不眠之夜，袁隗、袁基、袁绍和袁术一家都留在洛阳城内，忙着瓜分国库与何进的遗产，丝毫没有急着寻找皇上的意思。如今，天下已经是袁家的了，这两个生活无法自理的小孩迟早会回来给他们当傀儡的嘛。也许，现在就可以让笔杆子蔡邕替他们起草禅位圣旨了。

　　通过导演这场让外戚与宦官相互残杀，使自己坐收渔翁之利的政变，袁家迅速地控制了洛阳城内的政局。袁绍和袁术本来就是掌控洛阳军政大权的司隶校尉和虎贲中郎将，屠杀宦官之后论功行赏，大将军和三公的职务正在向他们招手。国内的其他政治军事势力都对袁家鞭长莫及，能够影响洛阳政局的，此时只有洛阳城郊的两支部队，即董卓率领的凉州军和丁原率领的并州军。凉州军以羌族骑兵为主，并州军以南匈奴骑兵为主，都不太好惹。好在，作为他们的司令官，董卓与丁原都是袁氏故吏，而且还都是斗大的字不识一箩筐的文盲，政治忠诚度应该都没有问题。事实上，这两支部队都是被袁绍召来的，名义上是为了协助何进讨伐宦官，真实目的大概是防止一旦袁绍的阴谋败露，遭到何进与宦官的联合攻击时保护袁家，并攻打忠于何进的禁卫军。只有为了这个目的，袁绍才需要从边疆召唤精锐的西北野战军。既然何进与宦官已经落入袁绍的圈套，同归于尽，发给这两支西北野战军少许"勤王"奖赏，应该就足够打发他们回老家了。实际上，在屠杀宦官以后，袁绍就没打算让董卓和丁原进入洛阳。

中国知识分子向来自视甚高，容易低估没有文化的人。作为出身于四世三公的豪门贵胄，太学生和党人领袖，多年来将何进、张让等权贵玩弄于股掌之间的袁绍不会认为，董卓和丁原这两个文盲能有多高的政治智慧。事实上，他一直拿这两个武夫当普通棋子看待。可是，命运却给他开了一个特别大的玩笑。

在阴谋大师袁绍及其顾问团队"本初俱乐部"的缜密计划实施过程之中，出现了一个小纰漏——在各城门都有重兵把守的情况下，最后几个宦官居然能够把汉少帝和陈留王带出洛阳城。可以说，这是袁绍在通向权力巅峰的路上第一件意料之外的事情。汉少帝和陈留王尽管在第二天早上就被王允的部下找到，但他们在洛阳城外滞留的十几个小时，还是给了他人极为短暂的"挟天子以令诸侯"的机会，使得日后的中国政局发展平白增添了大量的变数。

在清晨的北邙公墓里，前来迎接汉少帝与陈留王的官员越来越多，为首的是那位以花钱买官闻名的前太尉崔烈。东方破晓时，他们护送着两兄弟返回洛阳，却迎面碰上了一队呼啸而来的骑兵，这就是连夜狂奔而来的董卓凉州军。

董卓能够在北邙山上追上汉少帝与陈留王一行并不容易。事变当天，他还驻扎在城西300里的夕阳亭，得知宫中起火，立即率军扑向洛阳城。他原本是要来帮助袁绍攻打何进与宦官的，但当他在事变次日晚上抵达洛阳西郊的汉桓帝故居"显阳苑"时，却得知何进与宦官已经同归于尽，少数宦官带着汉少帝与陈留王出城往北跑了。董卓立即改变计划，不再进城，而是连夜绕城兜了个大圈，从洛阳西郊奔向东北郊，这才在北邙山下拦住汉少帝与陈留王一行。董卓之所以这么着急，未必是因为他多么关心汉少帝的人身安全，更可能是要阻止汉少帝落入驻扎在小平津附近的丁原并州军之手，那样勤王第一功劳就归了丁原。汉少帝与陈留王本来就在并州军的眼皮底下，却被远道而来的凉州军占了先，可见丁原的政治嗅觉迟钝，与"挟天子以令诸侯"的良机擦肩而过，这肯定令他的部下十分不满。

事变之前，朝廷早已命令董卓撤兵，因此在北邙遇到董卓军后，太尉崔烈便拍马上前，对董卓说："皇帝在此，一切安全，早先有诏书命你退兵。"董卓却回敬道："你们各位身为朝廷大臣，不能匡正王室，致使国家播荡，却想让我退兵？我昼夜疾行三百里赶来护驾，得到的却是这种待遇，难道我不能砍下你们的脑袋吗？"然后策马来到汉少帝面前，教训说："陛下纵容太监们胡作非为，导致今天的大祸，错误不小吧？"少帝一看到由众多羌胡骑兵簇拥而来的董卓，立即被吓哭了。他当然知道自己的母亲是怎样杀害董太后一家的，却没想到报应会来得这么快，不禁喃喃自语。董卓连一个字都听不懂，就又转到闵贡马前，对陈留王说："董侯别怕，我是董卓叔叔，到我这来。"董卓从闵贡手里把董侯抱过来，问他这场祸乱的起因和过程。此时，董侯虽然才9虚岁，比少帝小5岁，但因为从小和董家亲近，所以在董卓面前丝毫不紧张，把政变的过程说得清清楚楚。董卓大喜，觉得董侯真是比史侯强多了。

于是，董卓率领凉州的羌胡铁骑，簇拥着汉少帝、陈留王和崔烈等官员返回洛阳城，给自己弄到了"勤王第一功"。袁隗、袁基、袁绍和袁术等人只得出来迎接，并慰问董卓的部队。因为没有利害冲突，而袁家又向来是主张安抚羌胡的"鸽派"，所以双方的关系此时并不紧张，反倒相当和睦。为了维护首都秩序，董卓还主动离开洛阳，带兵返回西郊的显阳苑居住，因此受到广泛赞誉，被朝廷加封为司空。

军队与城市历来都是不相容的。中国古代，把大批军队开入城市，往往会引发灾难性的后果，因为城市居住空间有限，一家一户都有明确的所有权，作为征服者的军人不可能长期容忍自己风餐露宿，而让被征服的老市民继续安居高墙大院之内，更何况城市里的物资储备很难满足突然涌入的这么多人的需求，难免导致经济崩溃，因此很容易造成军队大规模的劫掠和杀戮。历史上，刘邦占领咸阳以后，立即率军撤退到城东郊的霸上（今白鹿原）；董卓进军洛阳后把军队撤到洛阳西郊的显阳苑；安禄山占领长安以后，把大部分军队撤回山西、河南等地；耶律德光、完颜宗望占领开封以后，立即带着俘虏撤走；成吉思汗、徐达、多尔衮占领北京以后，也把大部分军队都派到别处。因此，这些军事占领并未对城市造成根本性的破坏，此后这些城市依然人口稠密，繁荣兴旺。究其原因，刘邦等征服者都有很长的做官经历，明白军队与大都市不兼容的道理。反之，项羽把反秦联军全部带入咸阳，樊崇把赤眉军全部带入长安，黄巢把大齐军全部带入长安，完颜宗弼把金军全部带入建康（南京）、平江（苏州）、临安（杭州）等城市，李自成把大顺军全部带入北京，对这些都市造成了毁灭性的后果，此后很长时间都难以恢复元气，占领军本身也损失惨重。究其原因，项羽等征服者都缺乏经验，不明白军队与大都市无法兼容的道理（完颜宗弼是蓄意执行"焦土"政策）。宋朝和明朝在首都驻扎大量禁卫军，数量达到全国军队总数的三分之一甚至一半，但这些禁军实际上大部分都驻扎在城外的军营，而且依赖中央财政和全国各地的供养，与都市居民不产生利害冲突。所以，董卓主动撤兵回洛阳西郊的显阳苑，说明他当时并无很大的政治野心，并且能够很好地约束军纪。

几乎与董卓抵达洛阳同时，另外三支部队也陆续赶到，这三支部队分别是丁原和吕布率领的几千名并州兵，丁原部下张辽在河北招募的千余人，以及骑都尉鲍信率领的千余名泰山弓弩手。丁原入京后被任命为执金吾，执掌一部分禁卫军。这时鲍信劝袁绍说："我看董卓仗着自己兵强马壮，将有异志。您如果不早作打算，必将受他的制约。趁董卓军新至疲劳之际，我们发动袭击，可以将其擒获！"袁绍觉得董卓既没实力又没野心，禁卫军从骨子里怕董卓的凉州军，鲍信等人的部队又都是新兵，武力袭击并没有多少胜算，因此拒绝鲍信提议，让他带兵回泰山去了。

在袁家的操纵下，汉少帝随即宣布大赦天下，清理皇宫内外的废墟。这一清理，人们才吃惊地发现，秦始皇的蓝田玉玺不见了。汉承秦制，皇帝拥有六块玉玺，分别称为"皇帝行玺""皇帝之玺""皇帝信玺""天子行玺""天子之玺""天子信玺"，称"乘舆六玺"。除了这六块玉玺，还有一块更重要的秦始皇蓝田玉玺，也就是所谓的"传国玉玺"，上面刻着"受天之命，皇帝寿昌"（一说是"受命于天，既寿永昌"）。①在这场袁绍指挥的"排宫之变"中，乘舆六玺倒是都安然无恙，但传国玉玺却失踪了。当日天降大雨，而且此后一连下了3个月，好像连老天爷都在哭泣。确实，在袁绍杀绝宦官之后，汉朝衰亡的命运连老天爷都难以挽回了，而这也正是袁绍费尽心机想要达到的目的。

此时，洛阳的军队形成了如下几派：

袁系：北军、西园军和光禄勋等部禁卫军，以及袁绍从外地调集的部队，总兵力两万余人；

董系：先期抵达的凉州骑兵3000人；

丁系：并州军和执金吾属下禁卫军，总兵力约1万人。

可以看到，袁系以禁卫军为主，战斗力不如董系和丁系，但是兵力占优势。董卓担心别人不服自己，于是每隔四五天，便秘密把军队带出城外，次日大张旗鼓而还，让别人以为自己有无数援军。但此计最多只可用一次，第二次便很容易被人察觉。事实上，董卓在显阳苑居住期间，确实不断获得援军，其中包括自己的两万名凉州旧部。而何进兄弟的洛阳旧部出于对袁家的不满，也陆续倒向了董卓。如果董卓的力量仅此而已，他绝不敢作非分之想，只能老老实实

---

① 参见《晋书·舆服志》。

地接受袁家领导，偏偏就在此时，一位奇人向董卓出手相助了。

原并州刺史、新任执金吾丁原是袁家用来制衡董卓的重要力量，但丁原的主簿（秘书）吕布是个见利忘义之徒，董卓知吕布为人以后，便以高官厚禄为诱饵，指使吕布杀死丁原，兼并了他的部队。这是一场典型的土匪火并案例，自古就经常在军阀混战中发生。但是，这种事情居然发生在京城，丁原的部下张辽等人又全都没为旧主复仇的意愿，一致追随吕布倒向了董卓，可见此事有群众基础，并非吕布的个人行为。袁绍发动"排宦之变"时，少数宦官带着汉少帝与陈留王出城往北逃到小平津，丁原军就驻扎在附近，如果及时出击，肯定能够获得勤王第一功，丁原却迟迟不动手，让300里外远道而来的董卓占了大便宜。对于吕布、张辽这些既没有家庭背景又没有党人资历的小人物来说，继续效忠仕途前景平淡的丁原，上升空间不大，而转投三公之一的董卓麾下，前途则光明得多。换言之，丁原放弃在北邙山护驾汉少帝的良机，并坚持继续效忠袁家，阻碍了自己的仕途，也阻碍了部下的仕途，因此在吕布、张辽看来，他已经不再值得效忠。另外，董卓之前已经被临终的汉灵帝任命为并州牧，虽然拖了4个月没有上任，却很可能已经在并州军政部门里安置了自己的亲信，因此才能获得如此彻底的成功。

不过，这样一来，吕布却给自己招来了一个恐怖的仇人——本来应当通过害死何进、屠杀宦官夺取汉朝政权的袁绍。吕布刺杀丁原投靠董卓，导致董卓势力膨胀，可以说，这是袁绍在通向权力巅峰的路上第二件意料之外的事情。结果，原本已经撤离洛阳的董卓在整合了凉州和并州的精锐之师以后，突然萌生了巨大的政治野心，袁绍不得不把到手的天下与这位袁氏故吏分享。这一切都要怪吕布！

袁绍的记忆力是很好的，他永远也不会原谅任何一个仇人，吕布迟早将会死在袁绍的手里。

负责在京城巡逻、维护社会治安的执金吾居然被刺杀了，这在当时肯定是要案。负责查办这一要案的，按理说就是时任司隶校尉的袁绍与河南尹王允。他们这一查，自然就查到了吕布身上，但吕布已经被董卓收作养子，拜为骑都尉。可能是为了安抚袁绍与王允，董卓与他们达成默契，大力推荐党人入朝做官：首先拜刘表为北军中候，统辖老牌禁卫军，又为何颙、郑泰、周毖、伍琼等袁绍的朋友安排了重要行政工作，因为他自己的老部下都是武将，没有行政经验。何颙、郑泰、周毖、伍琼等人成为董卓的幕僚之后，纷纷要求进一步录用在野党人。董卓一概批准，于是征荀爽、陈纪、韩融、蔡邕、申屠蟠等名士入朝。这些人刚刚动身，便在沿途被加官晋爵，备极荣华。荀爽从上路到被拜为司空，只用了 93 天。在此期间，董卓还拜司徒黄琬为太尉，司空杨彪为司徒，陈纪为五官中郎将，韩融为大鸿胪，蔡邕为侍中。只有申屠蟠还是像以前回绝何进、袁绍一样，婉拒了董卓的邀请。在何颙等人的建议下，董卓又拜韩馥为冀州牧，刘岱为兖州刺史，孔伷为豫州刺史，张邈为陈留太守，张咨为南阳太守。这几个人不仅是名士，而且全是袁氏故吏。这样一来，董卓在人事问题上的妥协，换取了袁绍对吕布杀丁原、率领并州军投靠自己的暂时谅解。同时，通过这些人事任命，董卓在士大夫间的威望也得到了明显提升。

现在，似乎所有人都满意了：袁与董，共天下，党人全面执政，勤王军队也得到了嘉奖。只有一个人不满意，那就是汉少帝刘辩。汉少帝登基才 4 个月，洛阳就发生大乱，多位亲友遇害，自己的生命安全也受到威胁。返回被严重烧毁、遍地尸首和垃圾的皇宫以后，他整日只能与母亲何太后以泪洗面。更糟的是，组成新政府班子的贤人、名士们根本不拿他这个小皇帝当回事，凡事都代替他做主，俨然一副要搞"虚君共和"的架势，让他这个傀儡皇帝完全感受不到生命的意义和乐趣。当然，丁原的"在天之灵"估计也不会满意——他在死后被袁绍、王允作为政治筹码出卖了，忠心耿耿却落得如此可悲的下场。

对于吕布杀丁原案，袁绍和王允没有追查到底，放任董卓整合了并州军和一部分禁卫军，结果导致董卓迅速坐大。粗略计算，此时董卓有凉州旧部两万余，吕布军5000人，张辽军一千余，禁卫军约1万人，加起来达到4万之众，对两万袁系禁卫军形成了压倒性优势。

获得了明显的军政优势以后，董卓就要推行自己的下一步计划了。

九月癸酉日，董卓专门派人到洛阳去请袁绍等几位大臣，到自己住的显阳苑来吃饭。当时中国人吃饭都是分餐制，与现代西方人相同，而与习惯合餐制的现代中国人不同，吃饭时间很短，因此在饭桌上一般不会讨论重要问题，会谈通常安排在饭后进行。袁绍赴宴时，很可能以为董卓又要替吕布杀丁原的案子对自己做公关，结果却大大出乎他的意料。

饭后，董、袁二人在显阳苑进行了一场决定中国命运的谈话，大致内容如下：

董卓首先对袁绍说："本初啊，只有贤明之人，才配当天下之主！一想起灵帝，就令人生气！董侯看上去不错，我打算拥立他，你觉得能比史侯强吗？"

袁绍回答："皇上目前还年轻，也没干过什么坏事。您如果要废嫡立庶，恐怕大家不会同意吧。"

董卓说："有些人小时候还挺聪明，长大了以后却越变越笨，我看史侯就属于这种情况，一点出息也没有。咱们就先这么办，如果董侯也不行的话，再想别的办法好了。"

袁绍说："汉家君临天下已四百多年，恩泽深厚，百姓拥戴。外界盛传董侯不是灵帝的亲生子，如果我们废掉刘家后裔，另行拥立一个本来不姓刘的人，后果可能会很严重。"

董卓说："老刘家的种就那么好？实在烂泥扶不上墙的话，我看也没必要再留着。"

袁绍说："您这话我可坚决不能同意，别人恐怕也未必……"

董卓大怒，对袁绍喊道："臭小子你敢！天下之事，岂不在我的一句话下？

我想办的事情，谁敢不同意？你觉得我董卓的刀不够利吗？"

袁绍回答："天下武力强大的，恐怕不光是董公一人吧？这样，容我先回去和太傅讨论一下，再答复您。"然后起身离去，满座惊愕。

离开董卓家之后，袁绍进一步做出惊人之举：他立即返回洛阳家中，收拾细软，尔后带着家人出城，并把自己的节杖挂在洛阳东门上，随即经河内郡北上，到冀州投奔老部下韩馥去了。

汉朝的节杖是根长木棍，上系牦牛尾，称为"节旄"，象征着皇帝赐予的临时性权力，只有身负重要任务的官员才能获得这一殊荣。汉代的外交使者因为出行万里，与朝廷通讯不便，必须见机行事，所以大多要持节杖，外交使者因此在后世被称为"使节"。"弃节"或"失节"（放弃或丢失节杖）等于扔掉尚方宝剑和圣旨，是对朝廷的侮辱。苏武受困匈奴达 19 年之久，连节旄都掉光了，仍然紧握节杖不放，成为外交使者的典范。后来，"失节"一词演变成丧失民族大义或操守的代名词，以至于有"饿死事小，失节事大"之说。唐宋时期的要职"节度使"，就是因为被皇帝授予节旄而得名。袁绍主动放弃节杖，等于主动放弃了许多权利和义务，还给敌人批评自己提供了口实，着实令人费解。他目无东汉朝廷，由此可见一斑。

作为"本初俱乐部"董事长，袁绍并不是在独自行动。他出奔河北之时，袁术也南奔荆州南阳郡，曹操东奔兖州陈留郡，刘备东奔豫州沛国①，四处招募兵马，准备大干一场。陪同袁绍去河北的，还有许攸、逢纪这两位"本初俱乐部"成员。②这一方面证明了袁绍的号召力，另一方面又使人很难不怀疑，这些人的出奔早有预谋。可以说，这一天决定了中国未来半个多世纪的内战

① 《三国志·先主传》引《汉末英雄记》："灵帝末年，备尝在京师，复与曹公俱还沛国，募召合众。"
② 《三国志·武帝纪》引《汉末英雄记》："初，绍去董卓出奔，与许攸及（逢）纪俱诣冀州。"

命运。

对于东汉帝国来说，袁绍与董卓决裂，带着袁术、曹操、刘备、许攸、逢纪等人东奔，远比党锢运动、黄巾暴动、凉州羌乱等事件更为致命。袁绍苦心经营多年的"本初俱乐部"，早已做好了夺取东汉政权的准备，在洛阳、汝南、陈留、渤海等地树大根深，特别是当何进与宦官同归于尽之后，很多人都已经将他们视为执政党。一旦他们突然下野，与朝廷对抗，必然在中国各地掀起蔓延到每一个郡县、每一个阶层的全面战争。由于第一时间跟随袁绍出奔，但并未像许攸、逢纪那样一直跟在袁绍身边辅佐，而是被派到其他地区独当一面，袁术、曹操、刘备三人都将获得实权，成为称霸一方的军阀；而他们留在洛阳的同僚们则失去了主公，又缺乏军权，要面对不可知的未来。表面上看，他们似乎被袁绍抛弃了，实际上，他们日后还与袁绍保持着密切的关系，成为袁绍在首都的代理人。

不过，袁绍有必要如此坚定地反对董卓废史侯，立董侯吗？或者说，袁绍与董卓决裂，责任究竟在谁？

无论是正史、野史，还是演义文学，事情到这里时，都一致将袁绍描绘成勇敢无畏的正义化身，而将董卓描绘成企图篡位的阴谋家。可是，同时代人的反应却很奇怪。大部分官员都站在董卓一边，甚至连袁绍苦心经营多年的"本初俱乐部"成员也大多留在了洛阳，跟随袁绍离京出走的寥寥可数。即便在后来董卓败亡之际，仍然有蔡邕这样的"袁氏故吏"为其鸣不平。可以想见，如果王允不杀蔡邕，让蔡邕继续书写历史，那么蔡邕笔下的董卓绝不会是我们现在看到的那个形象。

如果剔除古籍中的恶意丑化，董卓的真实面貌究竟如何呢？

首先，董卓要废掉汉少帝，其实也就是要废掉汉少帝的母亲何太后。何太后的兄弟何进、何苗原本掌控东汉军政大权，但是在不久前的政变中与宦官同归于尽，因此何太后已成孤家寡人，汉少帝身边等于既没有宦官，也没有外戚，是最容易被操纵的傀儡皇帝。权臣们如果只是想享受荣华富贵，没有必要动这对无权无势的孤儿寡母。但是，董卓和别的权臣不一样，因为他与何太后、汉少帝母子有私仇。董卓是董太后的亲戚，董太后与何太后婆媳反目，而且是儿媳何太后先动手：灵帝生前，何太后就指使何进、袁绍逼杀了董太后的侄子、骠骑将军董重；灵帝死后，何太后更是直接下手害死了婆婆董太后。于情于法，董卓都无法与何太后、汉少帝母子和平相处。对董卓而言，替董太后、董重报仇，干掉何太后、汉少帝母子，既是神圣的儒家宗法义务，也是妥善的现实选择。

其次，董卓主张废掉汉少帝，拥立其弟陈留王刘协，并不代表董卓就准备专权独裁，甚至篡位。刘协的亲生母亲王美人产下刘协之后，立即被何皇后毒死，所以刘协与何太后有不共戴天的杀母之仇，与董卓一样无法与何太后、汉少帝母子和平相处。实际上，刘协出生之后，何太后就一直想要杀掉他，刘协完全依赖董太后的保护才得以长大，与董太后十分亲厚，所以别名"董侯"，向来被视为董家人。在董太后死后，刘协的生命危如累卵，可以说是董卓把他救了出来。董卓和刘协有共同的亲人、共同的仇人，一拍即合。既然如此，董卓主张废掉汉少帝，拥立刘协，无论从哪个方面讲，都有利而无害。董卓进京以后，立即带军队撤出洛阳城，退到西郊的显阳苑，以避免扰民，对袁氏集团的建议言听计从，同意起用众多在野名士，同时并未大肆封赏自己的部下，身为目不识丁的一介武夫，可以说已经充分表达了对朝廷的尊重，做到了自控的极致。董卓本人虽然升任三公之一的司空，但这是一个主管基础设施建设和礼仪的职务，并没有太多实权。导致董卓和袁绍决裂的那次谈话，性质本来也是身为三公的董卓主动邀请职位较低的袁绍来自己的乡间别墅吃饭，绝对是一种友好的表示，而不是图谋陷害对方的鸿门宴。所有对董卓专权跋扈，刘协和众大臣敢怒不敢言的描写，恐怕都不是严肃的历史记录，而是蓄意抹黑董卓的文学想象。

第三，既然董卓已经充分表达善意，又主动争取袁绍对废掉汉少帝拥立陈留王刘协的支持，那么袁绍为什么会当场坚决反对，并立即与董卓决裂出走？

前文已经分析过，董卓力主废史侯立董侯是再自然不过的选择，任何一个略通人情世故的官员都应当能预料到此事。袁绍支持董卓拥立董侯，无损于袁家的利益，为此与董卓决裂，似乎不合情理。若是为汉朝的未来考虑，正如董卓所说，史侯懦弱无能，董侯聪明稳重，是更好的皇帝人选。由此可以看出，对于董卓来说，继续维持汉朝统治是较好的选择，他废掉仇人何太后之子汉少帝，拥立与自己沾亲带故的董侯只是为了自保，在请袁绍来显阳苑赴宴时，并未预计到这一提议会招致袁绍如此激烈的反对。如果袁绍选择与董卓合作，不仅人身安全不会有危险，而且肯定还会加官晋爵——在屠杀宦官过程中立下头功的袁绍并未得到升迁，可见朝廷中对他的行为存在很大争议。

在屠杀宦官前后，袁绍的官职虽然没有发生变化，但权势却有了很大变化。这之前，他是大将军何进的首席顾问，权倾朝野；这之后，政权从何进手里落到了他的叔父、太傅袁隗和兄长袁基，以及故吏、司空董卓等人的手里，他成了一个普普通通的司隶校尉，被挤到了最高决策层的边缘。

这可不是袁绍想要的。是他袁绍消灭了祸害东汉朝政上百年的宦官集团，是他袁绍夺取了首都军政，而应该属于他的功勋和权力却没能属于他。袁绍本来就是与九卿级别相当的司隶校尉，何进死后又立下头功，理应继承何进的大将军之职，至少也该升任"录尚书事"的三公或者骠骑将军、车骑将军这样的最高武职，才对得起自己长期以来的精心谋划和诛杀宦官的浴血奋战。可是袁绍失望地发现，自己在政变之后几乎被架空了。早知如此，他还不如不劝何进去招兵杀宦官。究其原因，一定有人从中作梗，而这些人不仅有董卓，更有他的叔父、太傅袁隗和兄长袁基。特别是正史中着墨极少的袁基，肯定不愿意看到弟弟袁绍的职位超过自己，正如袁绍不愿意弟弟袁术的职位超过自己一样。

在被党锢禁锢了十余年之后，袁绍此时已经44虚岁，即将步入老年，颇有"时不我待"之感，对权力的渴望远远超乎常人。

现在，大哥袁基成了袁绍通向权力巅峰的绊脚石。所以，袁基必须死。如果叔父袁隗袒护袁基，袁隗也必须死。至于董卓，和此事似乎没有直接关系。

不过，有三件事严重影响袁绍和董卓的关系：

一，何太后、何进逼杀董重时，时任中军校尉的袁绍也参与了，属于帮凶，董卓日后追查起来，恐怕难脱干系；

二，一旦陈留王刘协登基，董卓等于独揽朝政大权，地位太高，阻碍袁绍掌控政权；

三，董卓指使吕布杀丁原，收编并州军，暴露的野心太大，实力又太强，袁绍难以用正常手段制约。

种种迹象表明，董卓请袁绍来显阳苑的时候，是满心希望并且有一定把握说服袁绍支持自己废掉汉少帝，拥立陈留王的。没想到，袁绍另有考虑，而且在他的住所里，大庭广众之下给他难堪，闹事后还带着自己的部分心腹逃离洛阳，使朝廷再度陷入混乱。因此，袁绍与董卓决裂，主要责任应当在袁绍。

如果是袁绍主动挑起事端，那么他这样与董卓争吵，之后又立即弃官离开洛阳，似乎不太理智，很像是意气用事，董卓也是这么认为的。然而，在反复研究袁绍此前和此后做的几件大事之后，便会发现他的一种古怪的行为规律：每当袁绍遭遇一个难以战胜的敌人时，他就会强行给自己制造另一个敌人，尔后让这二人相互火并，等到一方被灭，另一方也损失惨重时，自己再亲自出手渔利。这一计策很可能是袁绍从《战国策·秦策》与《史记·张仪列传》记载的"卞庄子刺虎"故事中发展出来的，之前他就曾施此计让何进与阉党集团同归于尽，之后更是屡试不爽。这一次，袁绍选择主动与董卓争吵决裂并离开洛阳，就是为了强行把董卓变成敌人，再诱使他与自己希望打击的袁隗和袁基相互残杀。

袁绍出奔冀州，绝不是一时冲动，而是早有预谋。否则，他将难以顺利地把全家人，特别是几个尚未成年的儿子都带出洛阳。据《三国志·武帝纪》记载，在逃离洛阳前后，袁绍问曹操说："如果事情不按照我们的计划发展，那么哪个方向的土地更适合作根据地呢？"曹操反问道："足下以为哪个方向好？"袁绍说："我占据黄河与燕、代之间的土地，联合北方的游牧民族，南向以争天下，应该比较有把握吧？"曹操回答："我任用天下的智能之士，以正道统御部下，无论根据地在哪个方向，都可以获得成功。"《傅子》还记载，曹操又补充说："商汤、周武占据的地盘不同，不也取得了同样的成功吗？如果拘泥于山川险固，完全依赖它作资本，就无法随机应变了。"

这两条记载似乎都证明，袁绍早就有意效仿东汉的开国之君光武帝，计划经营河北作为自己的战略基地，而曹操则更为重视人才，并不很看重根据地的方位。后代评论者评论袁、曹二人时，往往以此作为论据。但是，后来曹操吞并袁家势力之后，立即把自己的大本营移到袁绍以前的大本营邺城，又自领冀州牧，还借恢复上古"大九州"制度之名扩张冀州版图，所作所为，与袁绍完全一样。袁绍虽然把大本营设在邺城，但其活动范围却不仅限于河北，而是多次赴黄河以南的青州、兖州和豫州亲征，势力范围所及，更远至江东和岭南。

东汉末年的河北，不仅经济发达，人口众多，而且因为历史和地理原因，兵精马多，便于和北方游牧民族联盟。马匹是古代最重要的战略物资之一，与河北相比，中原和江淮流域在这个方面都严重先天不足，光武帝以河北骑兵征服天下，并非偶然。袁绍和曹操之所以能够相继成为中国最大的军阀，与他们掌握河北地区息息相关。曹操在创业初期不占河北，并非因为他不重视河北的战略优势，而是因为他是袁绍的部下，必须遵照袁绍的指示，到兖州招募军队。

不仅袁绍出奔冀州早有预谋，袁术出奔荆州、曹操出奔兖州、刘备出奔豫州也都不是一时冲动，而是处心积虑，否则，他们多半会在慌乱之中逃回自己的家乡。事实上，这"东奔四巨头"没有一位返回自己的家乡：豫州人袁绍去冀州，豫州人袁术去荆州，豫州人曹操去兖州，幽州人刘备去豫州。他们之所以有这样的举动，肯定是因为受制于汉桓帝的《三互法》，即禁止本州人在本州做官。只有去与自己家乡不同的州，才能大展拳脚。毕竟，虽然与董卓决裂了，但袁绍还不打算直接打出反汉的旗号，而要把自己包装成汉室忠臣，把董卓描绘成乱臣贼子。只有遵循《三互法》这样的汉朝基本法，他才能顺利地夺取地方军政大权，对董卓形成威胁。

与"东奔四巨头"同日离开洛阳的，还有"海内大儒"卢植，原因也是反对董卓废黜汉少帝。在之前的政变中，卢植与袁绍过从甚密，但是这一次，他选择返回了自己的幽州家乡隐居，因此受到《三互法》的限制，无缘此后的权力斗争，只能给袁绍当军师了。

虽然早有预谋，但袁家毕竟历来在河北都没有根基，因此袁绍在前往河北之前，不免感到忧虑。所以，当时曹操很可能是安慰袁绍说："如果不行，就回中原来。商汤、周武占据的地盘不同，不也取得了同样的成功了吗？如果拘泥于山川险固，完全依赖它作资本，就无法随机应变了。只要您选用贤才，遵循正道，无论占据哪块根据地，都可以取得最终的胜利。"这样才符合当时的历史背景。

袁绍在前往冀州前，把后妻刘氏及3个儿子（袁谭、袁熙和袁尚）留在黄河以南，托付给兖州刺史刘岱照顾。这种不同寻常的安排，暗示袁绍和刘岱可能有亲戚关系，而最大的可能便是，袁绍的后妻刘氏是刘岱的直系亲属，也就是《三国志·程郭董刘蒋刘传》中所谓的"和亲"。刘氏带着孩子回兖州娘家，有娘家人刘岱的照顾，袁绍自然最为放心。同时，由于袁绍选择和刘岱联姻，按照汉桓帝公布的东汉帝国根本大法《三互法》，袁绍就不能再到兖州当官，刘岱也不能再到豫州当官了。日后，袁绍总也无法亲自统治兖州和豫州，而必须借助曹操等部下间接统治中原的这两个州，原因正在于此。

与《三国演义》中的描写不同，曹操并不是因为企图刺杀董卓，失败后被迫逃亡（刺杀董卓的另有其人，《三国演义》将其事迹安在了曹操头上），而是在并未得罪董卓的情况下，像一个忠诚的奴隶那样，跟随袁绍从洛阳出奔。刘备出奔的性质也与此相同。按照《汉末英雄记》的说法，曹操和刘备二人一起离开洛阳，而且同行了很长一段距离，看来他们很可能在跟随袁绍一家。

尽管《三国志·武帝纪》把曹操描绘得极富先见之明，但是在东行途中，他却遭遇了一次又一次危机。

离开洛阳以后，曹操改名换姓，与几个人骑着马，来到自己的老朋友吕伯奢在成皋（今河南省荥阳市西）的家中。按照《魏书》的记载，吕伯奢的儿子和宾客袭击了曹操一行，抢走了他们的马匹和财物；按照郭颁《世语》和孙盛《杂记》的记载，精神高度紧张的曹操听到吕家人在厨房里拨弄餐具的声音，误以为他们准备谋害自己，结果"刺客综合征"发作，提剑而出，一连杀死八人，临走时还说："宁我负人，毋人负我！"无论哪种记载，曹操作案时都不是一个人，而是有好几个帮凶。参考《汉末英雄记》的记载可知，与曹操一同离开洛阳东行、作案时在场的这些帮凶中就有刘备。刘备自从在幽州故乡参军以来，身边就一直跟着两位保镖——关羽、张飞，和他们"寝则同床，恩若兄弟"。可见，杀害吕伯奢一家的，不光是曹操一个人，还应当包括刘备、关羽、张飞，甚至可能还有他们的主公袁绍及其随从袁术、许攸、逢纪。曹操在杀人之后脱口而出的"宁我负人，毋人负我"，估计曹操本人不会主动宣扬，而是这几个人与曹操交恶以后传播出去的。《三国志·先主传》不提刘备同曹操一起离开洛阳，恐怕就是为了避免述及刘备伙同曹操杀害吕伯奢一家的恶行，影响刘备形象，因为《三国志》作者陈寿曾在蜀汉当官。归根结底，刘备和曹操一样，都是"宁我负人，毋人负我"的货色，而这很可能是袁绍向这几个小弟灌输的思想。日后，这会对他们在战乱中得以幸存帮上大忙。

尽管嫌疑犯已经找到，吕伯奢全家遇害的作案原因依然疑点重重。既然曹操本人并未谋刺董卓，甚至没有同董卓争吵（曹操当时担任西园的典军校尉，驻地离董卓所在的显阳苑很近，袁绍出奔前，董卓还特意要召见曹操，拜为骁骑校尉），东奔的性质仅仅是弃官离职，并未触犯法律，与吕伯奢又是老朋友的关系，何以在吕家精神高度紧张？吕伯奢家人为何会企图抢夺曹操一行的马匹和财物？

只有我们明白了曹操东奔的本质是陪同袁绍行动，这些疑点才会迎刃而解。袁绍东奔，不仅带上了袁术、许攸、逄纪、曹操、刘备、关羽、张飞，而且还有他自己的全部家眷，总人数估计至少有好几十人。由于袁绍东奔的本质是要另立中央，所以这一行人不仅人数众多，而且还携带了大批骏马和车辆，车里装了很多细软、现金、武器，以及秘密文件。在东汉，给这么多人在途中寻找住处并不容易，特别是袁绍等人已经放弃官职，官府的馆驿不会再接待他们，私人的旅店一般规模都很小，容纳不了。作为吕伯奢的朋友，曹操知道吕伯奢家房子大，主动介绍众人前去投宿。如果曹操一个人前来投宿，吕伯奢一家肯定会欢迎；但是，事出仓促，曹操在没有事先通知的情况下，突然带了几十名不熟悉的人和大量车马行李出现在吕家门口，给吕家带来的困扰可想而知。吕家再大，也难以在毫无准备的情况下接待这么多人。吕家很可能因此对曹操一行有成见。此外，袁绍、曹操一行人携带的大量行李，可能也引起了吕家人的兴趣，因为这远远超出了普通搬家的规模，更远非曹操这一校尉级别的中级武官所能够拥有的财产级别。汉朝在基层社会设置"三老"等民选官吏，实施类似保甲的制度，邻里必须相互监督，一旦有人窝藏不法分子，没有察觉告发的邻居都要连坐，这在"党锢之祸"中起过巨大的作用。所以，吕家人作为东道主，既有权力也有义务调查袁绍、曹操一行的底细。但是，袁绍不愿意说出真相，甚至可能掩盖了自己的真实身份，吕家人出于自身安全的考虑，只好去检查他们的马车，结果无可避免地引发了冲突。吕家人也许发现了违禁的武器，也许发现了涉密的文件，也许发现了过于贵重甚至僭越的财物（袁绍很可能拥有一些祖传的梁冀私人藏品，例如火浣布、凤冠等，还有在屠杀宦官时从洛阳皇宫里顺手牵羊带走的御用物品），总之看到了他们不应该看到的东西，因此袁绍命令曹操、刘备等人灭口。曹操作为袁绍的追随者，不得不向自己的老朋友一家举起屠刀。这并不说明曹操杀人成性，道德败坏，在那个时代，这恰恰是有道德的表现。

吕伯奢的悲剧绝不是偶然的。在袁绍的领导下，曹操日后还将杀掉更多的亲戚朋友。此案与引发"党锢之祸"的张俭等人所犯案件类似，都是官员由于同朝廷产生矛盾，在地方上滥杀无辜，尔后逃亡。党人就是这样一个群体，他们可能为朋友两肋插刀，也不在乎对无辜群众大开杀戒。之前，张俭、岑晊等党人都犯下过类似的暴行，为了打击政敌，杀害无辜的仆人、邻居达数十人以上，然后逃亡。作为党人领袖，袁绍无论案发当时是否就在成皋现场，都应对吕伯奢一家遇害负有不可推卸的责任。当然，这点罪行对于袁绍来说，根本算不了什么。为了实现自己的政治理想，他还将杀掉多不胜数的人。

离开成皋以后，双手沾满吕家人鲜血的曹操、刘备一行来到中牟县（今河南省郑州市东，属司隶校尉）。当时，中牟县已经得到上级的命令，让他们逮捕吕伯奢一家遇害案的凶手。刘备、关羽、张飞等人躲过追捕，成功地护送袁绍一行逃跑，而殿后的曹操却不幸被打伤抓获。主管地区治安的亭长将曹操押解到县里，县功曹以为董、袁相争，天下将乱，胜负不可知，不宜拘拿袁绍的助手，于是劝县令释放了曹操。

曹操被抓，当时一度在袁绍集团内部引起轩然大波。袁术认为曹操被抓时已经牺牲，就派人跑到曹操的豫州谯县老家，告知曹家人，曹操跟随自己出逃，路上不幸死于非命。曹家的佣人家丁听了非常恐慌，纷纷准备逃离，曹操的小妾卞氏阻止他们说："曹君的生死不能光凭几句传言来确定。假如流言是别人编造出来的假话，你们今天因此辞归乡里，明天曹君平安返回，诸位还有什么面目见主人？为避未知之祸便轻率放弃一生名节声誉，值得吗？"这样家中才得以安稳。

从中牟县大牢死里逃生之后，曹操追上了刘备一行，得知袁绍已经北上兖州，把家眷留在那里，自己则继续北上冀州，而刘备、关羽、张飞遵照袁绍的指令，将转向东南方袁绍的老家豫州。按理说，曹操应当遵照袁绍的指示去兖州与袁绍家眷会合，但刚刚逃离牢狱之灾的他似乎不敢单独行动，临时决定跟着刘备一行去豫州，可能也有急于告知家人自己平安消息的因素。曹操是豫州人，按照汉桓帝的《三互法》，他在豫州没有任何仕途前景，所以曹操去豫州有违袁绍的本意。

按照《汉末英雄记》的记载，曹操和刘备最终成功地抵达了曹操的故乡，也就是豫州沛国西北部的谯县。按照《魏书》的记载，曹操在初平年间（公元190~193年）"兴义兵"，因此遭到豫州刺史黄琬的追杀。据《后汉书》与《后汉纪》，黄琬确实曾担任过豫州牧，但在中平六年（公元189年）九月甲午日已升任司徒，由孔伷接任豫州刺史。所以，曹操如果曾经遭到黄琬的追杀，只可能是在他和袁绍、袁术逃离洛阳与黄琬升任司徒之间，也就是中平六年九月癸酉日和甲午日之间的20天之内。

按照《三国志》等主流史籍的说法，曹操后来滞留在兖州与豫州之间的边境城镇——陈留郡的襄邑（今河南省睢县）和己吾（今河南省商丘市宁陵县西南）两县之间。曹操从洛阳向谯县进发，沿途经过成皋、中牟、陈留、襄邑、己吾五地，取道最短的一条路线（从洛阳到己吾，全程约250千米，骑马者在

4~5天内便可走完），行程非常合理。不过，黄琬阻挠曹操回谯县，是因为他忠于董卓，还是另有隐情？

黄琬是个被禁锢了将近20年的老党人，与杨彪过从甚密，后来又与王允联合谋杀董卓，所以他和二袁的关系也不错，起码在与董卓的关系之上。黄琬此时积极阻止曹操进入豫州境内，是因为董卓追捕二袁党羽的命令吗？那么他为何不直接逮捕此时已无抵抗能力的曹操，送往洛阳？另外，黄琬如果忠于董卓，那他为什么只追杀曹操，不抓在豫州更为活跃的刘备、关羽、张飞？

因为命令黄琬把曹操赶出豫州老家的，不是董卓，而是袁绍。前文已经多次说过，作为一个豫州人，曹操一旦返回豫州，按照《三互法》，将无法出任官职，刘备、关羽、张飞则可以。袁绍给曹操安排的使命是东奔兖州，因为兖州刺史刘岱是袁绍的姻亲，陈留太守张邈更是"本初俱乐部"成员，还是名列"八厨"之一的著名党人，曹操此前曾在兖州工作过，袁绍的家人也都要去兖州，是计划中的主要"革命根据地"。可是，曹操跟着袁绍干了几天革命，因为在中牟县入狱，就心灰意冷，意志动摇，于是不去东北方的兖州，而是跟着刘备转向东南方，企图跑回老家躲避风声，这肯定是袁绍不能容忍的。因此，豫州牧黄琬、兖州刺史刘岱、陈留太守张邈这几位袁绍的亲友才会奉袁绍之命堵截曹操，把他赶出豫州老家，逼迫他转往兖州陈留郡，这与董卓的通缉令没有关系。

曹操离开中牟县以后，跟着刘备、关羽、张飞返回了豫州故乡谯县，得知家丁一度听信袁术的消息，准备一哄而散，被小妾卞氏阻止，喜出望外，从此特别宠爱卞氏，继此前出生的次子曹丕以外，又跟卞氏一连生了曹彰、曹植、曹熊三个儿子，导致卞氏的家庭地位压倒了曹操的原配妻子丁氏。不料，他在老家没过几天幸福的小日子，就被袁绍知晓，命令时任豫州牧的老党人黄琬把曹操赶出豫州，到兖州与其他人会合。曹操被迫匆忙离开家乡上路，但是走到陈留东南部，遇到了一个大问题——路费用完了。

据曹操本人在《军策令》文中回忆，在旅居襄邑期间，他因为囊中羞涩，只能到铁匠铺打工，在锻造刀具时被友人孙嵩（字宾硕）看到，遭到讥笑，说他放着大事不干做小事，只得自我解嘲。孙嵩曾因在汉桓帝时期帮助党人赵岐逃难闻名，赵岐是马融哥哥马续的女婿，也算是袁家的亲戚，政治立场自然接近"本初俱乐部"。当时，孙嵩并不是一个闲人，而是在职官员，而且官做得不小，有记载说他是豫州刺史，可能是黄琬的前任。他大老远跑到兖州襄邑来，很可能是袁绍派来帮助曹操，在精神上为曹操打气，在经济上给曹操资助的。这种人少之又少，但偏偏给"洪福齐天"的曹操在襄邑一连撞上两位。

另一位东汉末年的活雷锋姓卫，名兹，字子许。卫兹家富庶，慷慨大度，多谋善断，品德高尚，自幼闻名乡里，堪称"小袁绍"。当时的天下第一名士郭泰曾亲自拜访卫兹，见他在市场上买东西从不讨价还价，感慨道："子许少欲。"成年后，卫兹被陈留太守推荐为孝廉，担任车骑将军何苗的幕僚，何苗遇害后为司徒杨彪效力。

见到曹操之后，卫兹很吃了一惊。原来大家都以为曹操是"天下雄俊""乱世奸雄"，但现在的这个曹操却显得心灰意冷。卫兹便激励曹操说："祸乱的根源已经很长了，不打仗没法解决；现在就得起兵，你不打人家，人家可要打你。"拿到卫兹的钱以后，曹操这才振作精神，和卫兹在陈留郡就地募兵。

卫兹也是一位不应该出现在兖州的奇人。身为司徒杨彪的幕僚，他此时应该陪同杨彪在洛阳工作才对。杨彪是袁逢的女婿，也是袁绍、袁术的姐夫（或妹夫）。杨彪和袁绍的关系一向疏远，但却与袁术过从甚密，所以整件事情变得很清楚了：

袁绍、袁术兄弟本来关系平平，但是在诱使何进与宦官自相残杀，尔后趁机夺取政权的阴谋中携手合作，等到董卓打算废黜汉少帝时，又因为共同的利益而弃官逃离洛阳。在逃亡期间，为了给袁绍的助手曹操解决生活困难，袁术向杨彪打招呼，请他设法多加照顾。于是，杨彪授命幕僚卫兹沿途保护曹操，疏通官场关系（可能包括将曹操从中牟县大牢救出），最后在陈留与曹操会面，给了他大笔金钱。杨彪选择卫兹，当然是因为此人的家族在陈留很有势力，曹操是袁绍手下的红人，曹、卫二人都崇尚侠义，性格相近，便于共事。

曹操不是陈留人，也没有在陈留当过官，却总能在陈留找到知己，乍看上去匪夷所思，其实道理非常简单：所有这些帮助曹操的陈留人，都与袁绍有关，他们帮助曹操，是奉了袁绍之命，因为曹操是袁绍的部下。袁绍之所以在陈留有这么多人脉资源，是因为几个月前，何太后亲生儿子的皇位竞争者刘协刚被封为陈留王，何进、何太后兄妹为了除掉刘协，专门派袁绍在陈留布下了天罗地网，只等刘协到封地上钩。

在陈留太守张邈及孙嵩和卫兹这两位富豪的帮助下，曹操很快在陈留郡站稳脚跟，招募起了一支部队。同时，袁绍、袁术、刘备等人抵达了各自的目的地，着手招兵买马。中国日后群雄混战的局面，正是因此形成的，而与之前的黄巾暴动、设置州牧等事件没有什么关系。

袁绍最终的落脚地，是汉献帝最初的封地——渤海郡。当时的冀州牧韩馥是袁氏故吏，便于袁绍开展工作。以人口论，渤海是华北第一大郡，在全国排名第八，比洛阳所属的整个河南尹属地还多，超过凉州总人口的两倍，比并州的总人口也要多出一半。正如袁绍的谋士荀谌所言："渤海虽郡，其实州也。"这个郡包括今河北省东部和天津市南部，首府南皮，夹在幽州、冀州和青州之间，距离兖州和并州也不很远，占据黄河与子牙河之间的沃土，实在是战略要地。当年，东汉开国皇帝光武帝刘秀就是从河北起兵，最终统一全国的。更重要的是，渤海郡周边是黄巾军的主要活动区，袁绍很容易煽动起大批崇尚黄色的武装支持自己，还可以拉拢北方的乌丸、鲜卑和西方的南匈奴——这些游牧民族向来与"鸽派"袁家关系亲密。更为重要的是，因为刘协最初被封为渤海王，所以急于置刘协于死地的何进、何太后兄妹专门派袁绍在渤海布下了天罗地网，只等刘协来封地上钩。不久，刘协改封到陈留，但是这张人脉网依然还在，袁绍随时可以用来打击刘协。后来，冀州牧韩馥也是最积极支持袁绍废黜刘协计划的人。有渤海、陈留这"反刘协双核"在手，袁绍就有底气与董卓控制的汉献帝朝廷唱对台戏，甚至另立中央。

可是，袁绍自己的亲戚立场不太坚定。

袁绍、袁术、曹操、刘备、许攸、逢纪、卢植等人逃走后，董卓要求袁绍的叔叔、太傅袁隗就废立问题表态，袁隗同意，议案通过。当天，董卓逼迫何太后下诏，废黜汉少帝为弘农王。袁隗随即走上殿阶，亲手解下少帝腰上的皇帝玉玺，并搀扶他下殿，向弟弟陈留王刘协跪拜称臣。刘协于是即皇帝位，史称汉献帝。可见，在废黜汉少帝一事上，董卓与袁隗达成了一致，这未必是董卓的武力逼迫所致，而更可能是袁隗（还有袁绍的大哥袁基）的合作行为。在当时的外界看来，袁家似乎已经分裂了，同时分裂的，还有"本初俱乐部"。

"本初俱乐部"的主要成员包括何颙、荀爽、王允、郑泰、曹操、刘表、张邈、周毖、伍琼、许攸、逢纪等人，袁绍东奔时，跟随他逃离洛阳的只有曹操、许攸、逢纪三人。此外，张邈当时在兖州刺史刘岱手下担任陈留太守。至于何颙、荀爽、王允、郑泰、刘表、周毖、伍琼等人，此时全部投靠了董卓，还积极地为其出谋划策，构成了董卓的主要参谋班子。而且，曹操在出逃的过程中，还曾动摇、颓废过，更显得袁绍形单影只，众叛亲离。董卓则势力大增，而且内部气氛和睦友好，可以着手收拾他的主要敌人——何太后了。

汉献帝刚刚奉何太后的诏命即位，董卓就宣布："何太后迫害董太后，导致她的非正常死亡。"于是将何太后软禁起来，并在两天后将她毒死，同时遇害的还有何太后之母舞阳君。何太后的弟弟何苗虽然早已被杀，却也被从棺材中拉出来肢解。何进的尸体此时早已找不到了，否则一定也会成为董卓的泄愤对象。至此，董家的复仇伟业算是大功告成。

立董侯、灭何家之后，复仇成功的董卓感到有理由犒劳一下自己，于是拜远在幽州的太尉刘虞为大司马，封襄贲侯，空出来的太尉之职则被董卓自己接管。其实，大司马与太尉是一回事，董卓把它一分为二，实际上架空了刘虞的军权。此外，董卓又因拥立新君有功，获得了节传、斧钺、虎贲等荣誉，并加封为郿侯。

十一月，应蔡邕的表举①，汉献帝拜董卓为东汉时期从未设置过的相国，享受"入朝不趋，剑履上殿"的待遇。以往，任何贵族大臣入宫都要小跑（趋），并且在殿门外脱掉鞋子和袜子，以示对皇帝的恭敬，而现在这些"繁文缛节"都不再适用于董卓了。此外，董卓的母亲也被封为池阳君。不过，此时的朝廷绝非董卓的一言堂，他的政治地位虽然接近了太傅袁隗，但还是需要并且也很乐意在大小事务上听取袁家及其亲友的意见。这其中，至关紧要的就是立即与离职出奔的袁绍、袁术、曹操、刘备、卢植等人达成和解。

董卓的飞黄腾达，离不开周毖、伍琼等"本初俱乐部"成员的出谋划策。这些人纷纷劝董卓说："像废立皇帝这样的大事，不是常人所能理解的。袁绍不识大体，冒犯了明公，所以恐惧出奔，并没有别的意思。现在我们如果急着悬赏捉拿他，肯定会逼得他狗急跳墙。袁家四世树恩朝野，门生故吏遍于天下，如果招募豪杰，组织军队，联合英雄起事的话，崤山以东恐怕就都不再是明公的地盘了。以我等的愚见，不如赦免他们，拜袁绍为一大郡的太守。袁绍一定会为自己能够免罪而庆幸，不会再反对您了。"

---

① 参见《蔡邕集·荐太尉董卓可相国并自乞闲冗章》。

　　董卓深以为然，立即以献帝的名义拜袁绍为渤海太守、前将军，封邟乡侯，又拜袁术为后将军，曹操为骁骑校尉，刘备为高唐县令，并不再追究吕伯奢全家遇害的案件。袁绍在冀州接旨，领受了渤海太守与邟乡侯的印绶，但婉言拒绝了前将军的军衔，以便让董卓相信，自己无意搞军事对抗。一时间，双方的敌对关系好像大为缓和。

　　听说袁绍接受了封赐，董卓以为自己已经天下无敌了。次年元旦，汉献帝宣布改元"初平"，意为"从此开始，天下太平"，这当然源于董卓的授意。

　　这一回，董卓大错特错了。

揭竿而起——袁氏兄弟组建讨董卓联军及董卓迁都（公元190年）

　　董卓原谅了袁绍，袁绍却不肯原谅董卓。正相反，袁绍要主动出击，强行把董卓变成自己的敌人。

　　汉献帝改元的消息传到袁绍耳中时，他已经抵达渤海郡上任了。听说新年号叫"初平"，袁绍大喜，认为"初平"与"本初"含意相合，说明自己肯定能很快平定天下，广为宣传。其实，汉朝年号大多没什么创意，往往只是几个字的反复自由组合而已，所以与"初平""本初"类似的年号层出不穷，袁绍居然以此为祥瑞，可见他心中的迷信思想有多深，这恐怕还要拜袁氏家学《孟氏易》所赐。不过，在打江山的时候，迷信言论往往有助于动员民众，袁绍借助这一类宣传，很快便赢取了河北官民的广泛支持。

　　看到民心如流水般归向袁绍，作为渤海太守的顶头上司，冀州牧韩馥心中的醋意油然而生。韩馥虽然是袁氏故吏，但是他此时的官职是董卓任命的，所以并没有反董卓的想法，更担心袁绍会夺走自己的权力，所以派人到渤海郡首府南皮，包围太守府，不许袁绍募兵。袁绍遭到软禁，手中又没有武装力量，一筹莫展。可以说，这是袁绍在通向权力巅峰的路上第三件意料之外的事情。

　　与韩馥不同，四方豪杰大都愿意拥护袁绍讨董卓。广陵郡功曹臧洪是汉灵帝时北伐鲜卑惨败的护匈奴中郎将臧旻之子，与他父亲一样，喜欢说豪言壮语，极富表达能力，此时劝太守张超起兵，二人一同到陈留拜见张超的兄长、陈留太守张邈。张邈此时正在和曹操、卫兹等人募兵，双方一拍即合。通过臧洪这位天生的主持人和经纪人四处联络，兖州刺史刘岱、豫州刺史孔伷等封疆大吏都来到陈留郡西北部的酸枣县（今河南延津县西），设坛结盟。臧洪主持会议，在坛上宣读誓词，慷慨陈词，宣布"纠合义兵，并赴国难"。同时，在孔伷的许可下，曹操的堂弟夏侯惇、夏侯渊、曹仁、曹洪等人也从家乡谯县募集了一些人马，随即向己吾县进军，与曹操、卫兹会师，后来中牟县豪强任峻也率家兵数百人加入，三军总共约有5000人。此外，还有一位名叫秦邵的人协助曹操募兵，《三国志·曹真传》说他因此被地方官杀害，曹操于是收养了秦邵之子秦真，这个孩子从此改姓叫曹真。如前文所述，杀秦邵的地方官不可能是豫州刺史黄琬，黄琬只是奉袁绍的命令，将曹操赶回兖州而已，并不会替董卓追杀这些人，黄琬的继任者孔伷更是带头募兵讨伐董卓。秦邵之死另有隐情，留待下文分析。

为了帮助被软禁的领袖袁绍脱离困境，刘岱的部下东郡太守桥瑁又伪造了三公（太尉黄琬、司徒杨彪、司空荀爽）致天下各州郡官员的书信，说董卓罪恶滔天，胁迫我君臣，窥伺我社稷，希望各州郡跟随袁绍和袁术，举义兵以赴国难。卫兹身为司徒杨彪的幕僚，却协助曹操募兵反对董卓，难怪各州郡官员纷纷信以为真。

韩馥看到桥瑁伪造的公开信，感到情况严重，自己不能再置身事外了，便召集幕僚问道："现在我们应当帮助姓袁的，还是帮助姓董的呢？"参谋刘子惠回答："我们兴兵是为了国家，不是为了姓袁的或姓董的！"韩馥听了大为惭愧。刘子惠又建议说："战争是凶事，不宜抢风头。我们应当等其他州先起兵，然后配合。冀州的实力不比其他州弱，将来立的功劳也不会比其他州小。"韩馥深以为然，于是下令解除了对袁绍的软禁，允许他招募兵马。这样一来，虎兕出柙，蛟龙出海，中国大陆上将掀起几十年的腥风血雨。

袁绍之所以能够在渤海太守的位置上获得讨董卓联军的领导权，既有袁绍深厚的人脉基础和董卓废黜汉少帝引发舆论哗然的政治背景，更多的则是好运气：当袁绍本人陷入困境时，臧洪、张超、桥瑁等人不约而同地制造舆论，并获得了社会的广泛认可，帮助袁绍重获自由并得到更大的权力。后来，鱼豢在《典略》中说"绍遇因运，得收英雄之谋"，指的就是此事。

早在袁绍与韩馥起兵之前，袁术已经率先在南阳聚众，但苦于实力不足，难有进展。这时，荆州刺史王叡与长沙太守孙坚听信桥瑁转发的公开信，响应二袁讨伐董卓的号召，率兵渡过长江北上。孙坚为人"轻狡"，匪性较强，曾经受过王叡的侮辱，此时为报私仇，便与武陵太守曹寅合谋杀死王叡，又与江夏太守、荡寇将军刘祥合谋杀死南阳太守张咨，兼并了他们的部下。由于兵力大增，导致军备物资不足，孙坚和刘祥就放任部下四处抢劫民财，南阳百姓愤而反抗，杀死了刘祥，迫使孙坚军离开。当时驻扎在鲁阳（今河南鲁山县）的袁术派使者去与孙坚通好，孙坚表示愿意服从袁术的指挥。不过，张咨是被袁绍的好友周毖、伍琼大力推荐的人，所以也是袁绍党羽。孙坚杀害张咨，为袁绍后来袭击他埋下了祸根。袁术接纳孙坚，也成为袁绍与他决裂的导火索。

出征之前，孙坚知道此行凶险，不放心原住在九江郡寿春县的家属，所以把他们安置到庐江郡舒县（今安徽庐江县西南），托付给舒县的大地主周景照顾。孙坚时年35虚岁，已有5个儿子，其中正妻吴氏生4子，即孙策、孙权、孙翊、孙匡，此外还有庶子孙朗，当时都未成年。一个多世纪以来，周家都是忠诚的袁氏故吏，孙坚既然跟随袁术讨董卓，和周家搞好关系也就在情理之中了。周景的侄孙周瑜与孙策同岁，早在孙家住在寿春时关系就很好，经常相互拜访。孙家到了舒县以后，周瑜把自家四合院的南向正房让出来给吴氏和孙策住，相处融洽，如同一家人。

青州刺史焦和原本也被桥瑁的公开信打动，集结数万兵马西征董卓，不料被黄巾军乘虚包抄后路，进退两难。焦和为人迷信，不懂军事，打仗全靠占卜算卦，结果屡战屡败，在逃亡途中病逝，青州军因此无法前来与讨董卓联军会师。同时，距离青州很近的高唐也遭到"盗贼"的进攻，新任高唐县令刘备战败，带着关羽、张飞等人逃出县城，投奔讨董卓联军去了。《三国演义》用大量篇幅描写了刘、关、张三人"温酒斩华雄""三英战吕布"的英雄业绩，可惜这些纯属子虚乌有的文学想象，在"东奔四巨头"之中，刘备是唯一一位在讨伐董卓时期毫无表现的人，原因估计就是他在起兵前夕失守高唐县，实力受损严重。

兖州方面，鲍信与弟弟鲍韬在泰山郡招募了步兵2万人、骑兵700人、辎重马车5000余乘，向西南前进，与曹操、卫兹、夏侯惇、曹洪等人的5000兵马在己吾会合，形成了一支约26000人的武装力量。随后，他们又向西进军，与袁绍的堂兄、山阳太守袁遗的部队先后抵达酸枣县，并与刘岱、张邈、桥瑁、张超、臧洪的部队会师，集结起多达十余万人的庞大联军。

初平元年（公元190年）正月底，洛阳以东、以南诸州郡几乎全部响应臧洪、桥瑁等人的号召，追随二袁起兵讨董卓，并声称要废黜献帝，迎少帝复辟。袁绍当仁不让，被一致推举为盟主。

袁绍知道，自己既然已是反董卓的盟主，便不宜再用董卓授予的渤海太守官衔，于是自称车骑将军兼司隶校尉，领渤海太守，又像皇帝一样，私自委任麾下将领军职，称之为"表"。在这些将领之中，曹操被袁绍表为奋武将军，鲍信为破虏将军，鲍韬为裨将军，夏侯惇为司马，孙坚也被袁术表为假中郎将（代理中郎将）。这些奋武将军、破虏将军、假中郎将之类都是所谓的"杂号将军"，地位并不高，直属车骑将军袁绍和后将军袁术管辖，由此可见曹操、孙坚等人当时都处于附属于二袁的政治、军事地位。

除了曹操、鲍信，以及曾经帮助袁绍屠杀宦官的河内太守王匡等老部下以外，还有几位新人也投入了袁绍的麾下，其中包括自称南单于的匈奴王子于扶罗和丁原的部将张杨，这二人都曾在洛阳生活，与董卓关系恶劣。更重要的是，韩馥的大将麹义发动兵变，并且击败了韩馥派来的讨伐军，也投靠了袁绍。

作为袁绍麾下最重要的将领，麹义的生平不太清楚，只有他的古怪姓氏可以透露一些信息。麹家本姓鞠，祖居青州平原郡。东汉时，尚书令鞠谭之子鞠閟到西平郡避难，从此定居在凉州，并很快成为当地豪强。[①]凉州百姓为此编了民谣说："麹与游，牛羊不数头。南开朱门，北望青楼。"[②]西晋末年，雍州刺史麹允雄踞西北，拥立愍帝，后被匈奴主刘聪击败，麹允自杀，愍帝投降，西晋宣告灭亡。此后，麹家在西北的势力仍然强大，后魏时，麹嘉曾自立为高昌王。麹家的郡望平原郡虽属青州，但地处河北，风俗更接近冀州。因此，麹义可以算是半个冀州人，跟随韩馥并不奇怪。但麹义"久在凉州，晓习羌斗，兵皆骁锐"，其部队比普通的冀州军要精锐得多。麹义发动反韩馥的兵变，很可能是因为韩馥软禁袁绍。虽然韩馥与袁绍和解，但是麹义的存在，却依然是他们二人之间的心结。

联军组建成功之后，被部署为四个方面军：袁绍与河内太守王匡、假司马张杨、匈奴王子于扶罗进驻与洛阳仅一河之隔的河内郡，吸引董卓军主力，冀州牧韩馥留在邺城，组织军粮运输，是为河内方面军；豫州刺史孔伷与陈相许瑒驻扎在颍川郡，攻击洛阳东南方的轘辕关，是为颍川方面军；兖州刺史刘岱、陈留太守张邈、广陵太守张超、东郡太守桥瑁、山阳太守袁遗、济北相领破虏将军鲍信、奋武将军曹操与臧洪、卫兹等人驻扎在陈留郡酸枣县，攻击洛阳东方的荥阳；后将军袁术与假中郎将、领长沙太守孙坚驻扎在南阳郡鲁阳县，攻

---

① 参见惠栋《后汉书补注·袁绍刘表列传注》引《风俗通》。
② 语出《晋书·忠义列传》。

击洛阳南方的伊阙关、大谷关。四路联军由北至南，对洛阳形成了一张半圆形的包围网。

以上四路联军共计 30 万人左右，大约 3 倍于董卓的兵力，但大多是新兵，而且缺乏有军事经验的将领，号令不一，装备较差，真正的战斗力有限。不过，袁绍此时无疑迎来了自己人生中最辉煌的阶段，为天下豪杰所归心，如同众星拱月。袁术虽然嫉妒，却也无可奈何。

据说，在联军建立之后，鲍信对曹操讲："计略多变无双，能够拨乱反正的，是您啊。如果没有这种才能，再强大也会灭亡。您就是上天眷顾的人！"然而，在此后的 7 年内，曹操一直追随袁绍，并无公开对抗袁绍的行动。所以，即便鲍信当时真的挑唆曹操与袁绍分道扬镳，此时的曹操显然还不具备这样做的条件，也还没有这样做的意愿。

与曹操不同，此时有一个人将他对袁绍的不满付诸实践，这就是冀州牧韩馥。他担心袁绍获胜会对自己不利，所以不供给袁军充足的粮草，希望以此迫使他们自动离散。

在讨伐董卓的各路将领之中，态度最坚定、最彻底的，当数孙坚，因为他是董卓的老同事，二人在讨伐西羌时早有过节，此时董卓高升相国，孙坚还是个太守，心中自然愤愤不平。当年春季，孙坚抵达鲁阳，与袁术会师。袁术见孙坚的部队军容严整，不禁叹服，表孙坚为破虏将军。当时豫州刺史孔伷突然去世，袁术接管了他的属下，但因为《三互法》的规定，袁术自己不能当豫州的军政长官，于是表孙坚领豫州刺史，担任联军的前锋，将精锐之师都抽调给他，向洛阳进军，自己则坐镇荆州北部的鲁阳。

听说孙坚和刘祥杀死荆州刺史王叡、南阳太守张咨，并与袁术联军北上，董卓马上拜北军中候刘表为荆州牧，命他与汝阳令蒯越和黄忠等人南下攻打袁术和孙坚。这是一个大败招，因为刘表作为一位老党人，一直都是袁绍最亲密的助手、"本初俱乐部"的核心成员，黄忠也是何进、袁绍的老部下。按理说，刘表集团离开洛阳以后，应当积极与反董联军合作，但是袁术和孙坚并不打算让"本初俱乐部"染指自己的地盘，刘表不可避免地要与他们发生冲突。

看到无法通过袁术和孙坚驻扎的鲁阳去荆州，急于抢地盘的刘表便绕道武关，南下到宜城，与蒯良、蒯越兄弟及襄阳豪强蔡瑁、江夏豪强黄祖合谋，兼并了荆州中南部的地方武装，很快占领了大半个荆州，又命侄子刘磐与中郎将黄忠守备长沙，镇抚江南。刘表本人与蒯良、蒯越、蔡瑁等人驻守襄阳，在背后威胁着袁术和孙坚。按照董卓的指示，刘表还以追随孙坚的罪名拘拿了刘祥之子刘巴，但为了避免得罪荆州本地士大夫，没有将他置于死地。

刘表的行为，表面上是他脚踩两只船，试图在董卓与二袁之间左右逢源，然而，此后发生的一系列事件，说明刘表的行为并非偶然，而是开启了汉末三国时期的一种行为模式：合作不久，突然变脸，偷袭盟友后方。如果我们将刘表视为袁绍在荆州的代理人，就更容易理解他的所作所为了。

从袁绍的角度看，发动诸侯讨董卓虽然是他在幕后策划的，但并不是他率先组织的，这个荣誉属于臧洪、刘岱、孔伷等人。袁绍是在桥瑁伪造公开信的背景下，应这些地方官员的邀请，才出来当反董联盟的盟主。袁绍极其好名，之所以看着这份"首义"的荣誉旁落，是因为他意外地被冀州牧韩馥软禁了，直到诸侯起兵多日之后才重获自由。于是，联盟中地位仅次于袁绍的诸侯，也就是他那从来不大顺服的异母弟袁术，早于袁绍组织起一支像样的军队，在讨董运动中占得了先机。所以，袁绍虽然号称盟主，却处处被动，俨然遭到了裹挟架空，他肯定不甘于此。虽然离开洛阳时，袁术去荆州肯定得到了袁绍的首肯，但是袁绍并没打算把这块地盘给袁术，它原本属于荆州刺史王叡、南阳太守张咨这两位袁绍的党羽。没想到竟出了类似吕布刺丁原的意外：孙坚杀了王叡和张咨，将荆州献给了袁术，袁术则因为孔伷的突然去世而控制了豫州这个袁氏家族的故乡，实力俨然有与袁绍分庭抗礼之势。因此，在恢复自由以后，袁绍的主要精力并没有用来对付董卓，而是转而对付袁术和孙坚。董卓派禁卫军将领刘表去占荆州，无疑出自其身边的幕僚班子"本初俱乐部"成员的举荐，而这些策划的目的其实是帮助袁绍压制袁术。

从袁术的角度看，他早已和袁绍捐弃前嫌，共同策划并实施了毁掉何进和宦官集团的计划；他与董卓并无矛盾，在袁绍与董卓决裂当天，就毅然抛却一切，离开洛阳追随袁绍出奔，而且别人都是东奔或北奔，只有他一人南下，选择了最艰苦的创业道路；孙坚杀王叡和张咨与袁术无关，安抚孙坚是以讨董卓的大局为重；在组织军队方面，他的效率最高，战斗力也最强。作为嫡出的弟弟，袁术对庶兄袁绍可谓仁至义尽。然而，他万万没想到，袁绍居然会在幕后策划针对自己的阴谋。

比袁术更吃惊的，应该是董卓了。他第一没想到袁绍、袁术兄弟不领自己的情，刚刚被授予官职，就组织军队攻打自己；第二没想到一封伪造的公开信会引起轩然大波，大半个中国都开始反抗自己原本宽厚的统治。看来，废黜汉少帝、处决何太后确实不得人心，但是覆水难收。为了除去后患，董卓派郎中令李儒将被软禁的少帝毒死。据说少帝在喝下毒酒之前，作诗一首："天道易兮我何艰！弃万乘兮退守蕃。逆臣见迫兮命不延，逝将去汝兮适幽玄！"在当时的情况下，这首诗是否少帝所作实在难讲，也许只是反董卓势力的宣传作品而已。

汉少帝死后，董卓召集文武大臣，商讨征调天下兵马进剿袁军。"本初俱乐部"成员、尚书郑泰发言说：

"我以为，东方的敌人不值得我们发天下兵讨伐，理由有以下十条：

"第一，东方联军跨州带郡，貌似强盛，但自从光武帝以来，中原没有发生过战事，百姓过着安逸的生活，早就不会打仗了，人数再多也没有用。

"第二，明公出自西州，从小担任将帅，熟悉军事，百战百胜，名振当世，人心慑服。

"第三，袁本初公卿子弟，自幼生长于京师；张孟卓（张邈）东平长者，品性高洁；孔公绪（孔伷）善于清谈高论，简直能把死人说活（当时他们还不知道孔伷已经去世）。这些人都没有实战经验，在沙场上真刀真枪地较量，肯定不是明公的对手。

"第四，东方人向来缺乏精悍的勇士，也没有什么谋臣，更无人可以独当一面。

"第五，即便有这种人，但联军尊卑无序，没有朝廷授予的军职，现在胡乱自相表署，将来势必不会同心协力，而只会观望他人成败。

"第六，上百年来，关西各郡一直在与羌人战斗，连妇女都能使戟挥矛，拉弓放箭，何况明公麾下的百战精兵，用以攻打那些乌合之众，如同泰山压卵，胜券在握。

"第七，天下精兵，不过就是并州和凉州军，以及匈奴、屠各、湟中义从、西羌八种，这些人现在都在明公的帐下。用他们攻打东方人，就像用老虎和犀牛去攻打犬羊一样。

"第八，明公的将帅都是跟随您多年的忠义之士，富于军事经验。而敌人的将帅之间日常缺乏联络，相互间不服气，甚至从未谋过面，临时拼凑起来，就像用胶粘的一样。遇到同心同德的我军，必然如同枯叶遇到了烈风，立即一哄而散。

"第九，正义必将战胜邪恶。几年来，明公消灭黄巾，铲除阉党，拥立明君，平反党人，正直之士没有不交口称赞您忠于国事的。奉天子之诏讨伐叛乱的贼党，谁敢抵抗？

"第十，海内名士首推东州郑玄和北海邴原，此二人是我朝士大夫的楷模。

现在二袁起兵，他们都不去投奔，可见人心向背。当年吴楚七国造反，不用剧孟，周亚夫知其必败，现在的情况也与之相似。

"如果我的这些意见是正确的话，那么向天下征兵就是无事生非，容易自损威重。"

董卓听了大喜，认为郑泰忠于自己，明白事理，准备派他去攻打东方联军。但在幕僚的劝阻下，董卓还是派自己的嫡系将领分兵三路，出洛阳迎战。

北路，董卓的女婿、中郎将牛辅渡黄河北上，攻打袁绍军及正在河东郡和东郡活动的白波军；

东路，辽东名将徐荣出荥阳，攻打酸枣；

南路，胡轸、吕布、华雄出伊阙关、大谷关，攻打鲁阳。

董卓分兵三路主动出击的计划，显示他对自己的军力怀有充足的信心。但这个计划一开始就遇到挫折：牛辅渡过黄河后，遭到白波领袖郭泰的激烈抵抗，狼狈而归。董卓见出师不利，大为惊恐，认为白波军尚且如此难以对付，二袁的部队想必更加强大。洛阳虽有天险保护，但三面受敌，战线过长，于是便有了迁都长安之意。其实，这并非出自董卓的意旨，而是整个凉州军阀集团的兴趣所在。

听说要迁都长安，大臣们都不赞成，但除了河南尹朱儁以外，无人敢明确表态。董卓于是在会议上搬出东汉时期最受重视的图谶："高祖皇帝建都关中，历十一世；光武帝建都洛阳，至今也过了十一世。依照《石包谶》的预言，应当迁都长安，以符合天人感应。"

司徒杨彪反对说："海内动荡起来很容易，安定下来却很难。移都改制是天下大事，盘庚迁亳，商朝的老百姓还抱怨不已。过去关中因为王莽之乱残破，所以光武帝才建都洛阳，历年已久，百姓安乐。现在无故迁都，容易导致祸乱。《石包谶》是妖邪之书，岂可相信？再说长安的宫室坏败已久，恐怕难以很快修复吧。"

董卓回答："关中肥饶，秦借此并吞六国。武帝时在杜陵南山造有数千处瓦窑，建筑材料齐备，再加上凉州丰富的木材，造起来不难。老百姓的意见无所谓，谁敢反对，我发兵驱赶，即便前面是大海，他们也得跳下去。"

看到杨彪依然不服，董卓急了，于是说道："边章、韩遂刚才有书信来，一定要让朝廷迁都。如果大兵出动，我不能再相救，你们便可与袁家西行。"

董卓的这段话实在有意思。边章、韩遂不是前几年以讨宦官为名，与朝廷对抗的叛乱分子吗？董卓不是多年与之交战吗？怎么现在当了相国，反而拿边章、韩遂当太上皇了，还指望他们控制的凉州给新都建设提供木材？另外，包括太傅袁隗在内，袁家成员在袁绍、袁术起兵之后，为何还安然无恙，董卓居然要安排他们西行？

这还得从董卓入京前说起。董卓率三千兵马入京后，虽然获得了一些增援，又兼并了许多部队，但兵力仍嫌不足。同时，左将军皇甫嵩与京兆尹盖勋率精兵三万屯驻在长安附近，一度还曾密谋攻击董卓。初平元年（公元 190 年），皇甫嵩被董卓拜为城门校尉，长史梁衍劝他趁献帝西迁之机迎驾，与袁绍联手攻董卓，皇甫嵩却不同意，与盖勋老老实实地臣服于董卓，这其中必有隐情。

把上述种种怪事联系起来，不难得出结论：董卓入京之前，与边章、韩遂达成过秘密协议：董卓保证完成屠杀宦官、控制朝政的任务，而边章、韩遂则许诺给董卓以支援，并发兵拖住皇甫嵩，令其不得轻举妄动。边章、韩遂拥有凉州精兵十余万，以往皇甫嵩与董卓联军 4~6 万人，尚且疲于招架，如今皇甫嵩只有孤军 3 万，更是独木难支。董卓麾下有一部分军队是边章、韩遂的旧部，这些人大多是羌胡，很不容易控制，整日劫掠百姓，又奢求宫人美女，就连凶悍的董卓和李傕都要畏惧他们三分。迁都长安，可能正如董卓所说，出自边章、韩遂之谋，意在加强对朝廷的控制，而不是因为董卓被反董联军击败（双方此时尚未交战）。董卓要仰仗边章、韩遂的支持，政权才能稳定，又担心联军与反对自己的士大夫里应外合，突袭洛阳，所以积极推行边章、韩遂的迁都计划。一旦迁都长安，汉朝就会被凉州军阀集团牢牢把持，而如果留在洛阳，难免继续受袁家和杨家的操控。

至于袁家，在袁绍、袁术起兵之后，已经被排斥出了最高决策集团，但还保留着官职。董卓让袁家成员带头西迁，也是怕他们与袁绍、袁术取得联络，里应外合，威胁自己。

看到董卓态度坚定，司空荀爽表态支持这一建议，但司徒杨彪、太尉黄琬、城门校尉伍琼、督军校尉周毖仍然坚决反对。越骑校尉伍孚企图力挽狂澜，身藏宝刀行刺董卓，失败被杀，《三国演义》将此事改编到了曹操身上。幸免于难的董卓将杨彪、黄琬贬为光禄大夫，拜光禄勋赵谦为太尉，太仆王允为司徒，袁绍和袁术的大哥袁基代替王允出任太仆，成为袁家的又一位九卿。赵谦是黄巾暴动期间的汝南太守，王允是袁绍多年的老助手和"本初俱乐部"的核心成员，可见董卓此时仍然没有完全放弃争取与袁绍和解的努力。不过，董卓又以推荐叛贼为州郡长官为名，处死了当年劝自己给袁绍、袁术等人封官以求和解的伍琼、周毖。有种说法认为，伍孚就是伍琼，因为二人都字德瑜，都是汝南人（袁家老乡），死的时间也一样。无论怎样，处死伍琼、周毖，标志着董卓与"本初俱乐部"的蜜月戛然而止，他从此开始怀疑那些满嘴仁义道德的党人士大夫都是口蜜腹剑的伪君子。

二月底，在太傅袁隗、太尉赵谦、司徒王允、太仆袁基、光禄大夫杨彪等同袁绍、袁术兄弟关系密切的大臣护送下，献帝君臣与数十万洛阳百姓西迁。因为道路拥挤，物资匮乏，人们相互践踏，死者遍野。董卓及其诸将仍然驻扎在洛阳，四处搜刮民财以充军费，吕布又发掘帝陵和公卿豪强的家族墓葬，掠取其中的珍宝，送到董卓的封地郿坞。但是，他们此时并没有破坏洛阳城本身的计划，仍然将这里当作东都。

三月初，献帝车驾抵达长安，先住在京兆府舍，后来未央宫装修完毕，这才搬了进去。因为董卓没有来，长安朝政全部委托给司徒王允管理，可见董卓对他十分放心，然而长安很快就发生了惊人的事变。

三月戊午日，司隶校尉宣璠奉董卓之命，在长安处死了包括太傅袁隗夫妻及其3个儿子以及太仆袁基在内的袁家男女老幼五十余人，先将遗体埋在青城门外、东都门内，尔后担心被人盗取，又改葬于董卓的私人城堡郿坞。①虽然袁家成员死了这么多，却再无一人能够得到蔡邕书写的墓志铭。此时，蔡邕正依附在董卓身边，享受着袁家从未授予他的荣华富贵（拜左中郎将，封高阳乡侯），心中也在为自己不必再撰写碑铭而高兴。毕竟，蔡邕当年已经59虚岁，如果还不能在官场上有所建树，以后就不会有机会了。

处决袁氏家族的这位宣璠不久前还在替杨彪说情，而此时长安朝廷又在王允的控制之下，可见王允、宣璠和杨彪对袁氏一家之死负有直接或间接的责任。看来，董卓原本无意杀死袁氏一家，所以才让他们西迁，而不是在袁绍起兵时，就将他们在洛阳处决。但在西迁之后，董卓怀疑袁隗、袁基与袁绍、袁术暗中往来，企图利用自己尚未抵达长安之机，颠覆他在长安的统治，因此决定将他们处死。但是，王允、宣璠和杨彪都与袁绍、袁术过从甚密，王允还是袁绍多年的左膀右臂，为何会如此干脆地执行董卓的命令？也许，处决袁隗、袁基一家，压根就不是董卓的阴谋，而是王允、宣璠在袁绍的授意下，利用袁隗、袁基身在长安，无法当着董卓的面为自己辩护之机，炮制对他们不利的证据，说服董卓做出的决定。如前文所述，在袁绍、袁术屠杀宦官的过程中，并没有得

① 参见李贤《后汉书注·袁绍刘表列传注》引《献帝春秋》《卓别传》，及《后汉纪·献帝纪》。

到袁隗、袁基的支持，袁隗、袁基后来更是与董卓在废少帝、立献帝等重大政治活动中密切合作，袁绍如果想要痛快地夺取政权，废黜汉献帝，推翻董卓，辈分更高的袁隗、袁基就必须消失。如果能把杀害袁隗、袁基的这顶帽子扣在董卓头上，袁绍将成为道德和政治上的双重受益者，王允、宣璠也会因此更得董卓的信任。于是，袁绍又祭出了自己在以往历次政治斗争中屡试不爽的老一套：当他遇到一个难以对付的敌人之时，就强行给自己制造另一个敌人，再让这两个敌人相互残杀。结果，董卓反倒成了袁隗、袁基之死的最大受害者。

历史上，从没有人怀疑过袁绍才是袁隗、袁基之死的幕后黑手，甚至连长安的执政者王允都被忽视了。人们都把愤怒的情绪发泄在董卓身上：故吏杀害师尊，这在东汉历史上还从未有过，必然导致董卓大失人心。天下受过袁家恩惠的豪杰听说袁隗全家遇害，都深感哀痛，纷纷投奔袁绍和袁术兄弟，要帮他们报仇雪恨。但他们没想到，身为讨董联盟的盟主、袁隗的侄子、袁基的弟弟，袁绍却并不急着报仇。据袁绍后来自己说，他听到袁隗、袁基之死的消息时，没有表现出任何的悲伤。日后，袁绍也不积极向董卓、王允、宣璠等袁隗、袁基之死的直接责任人讨还血债，反而会向亲手刺杀董卓的人痛下杀手，所有人都觉得匪夷所思。

第一滴血——联军的胜利与董卓的撤退（公元 190~191 年）

初平元年（公元 190 年）春末，各路联军陆续抵达前线，但都没有率先进攻的意思。袁绍、孙坚等人的部队远来疲惫，需要休整，还可以理解；但刘岱、张邈等人已在酸枣驻扎了 3 个月，虽然人数众多，却整日相互请客吃饭，不思进取。曹操感到十分焦虑，于是对刘岱、张邈等人说："我等举义兵以诛暴乱，众人已经聚集起来，各位怎么又开始迟疑？如果董卓死守洛阳，挟天子以令诸侯，即便行为再残暴，仍然足以制造祸害。现在，董贼胆敢焚烧宫室，劫迁天子，海内震动，不知所归，这是老天要灭亡他的时候啊，我们一战便可平定天下。"诸侯仍然没有响应的意思，但同意让曹操等有作战经验的将领带领本部为前锋，率先出击。

曹操急于立功，于是和夏侯惇、曹洪等人带领自己从陈留和谯县募集的 5000 人西进，计划攻占军事要地成皋。卫兹觉得这点兵力实在太少，于是四处活动，终于向张邈借来 3000 人。另外，鲍信、鲍韬兄弟也率部出发，与曹操、卫兹组成了酸枣方面军的先遣部队。

由曹操、卫兹、鲍信、鲍韬指挥的这支先遣部队到底有多少人，是个疑问。按照此前的史料记载，曹操与卫兹募兵 5000 人，卫兹又借兵 3000 人，鲍信、鲍韬募步兵 2 万人、骑兵 700 人，这些人此前未有损伤，所以合起来应有近 3 万人之多。曹操在《让县自明本志》一文中，说当时仅有数千人参战，指的大概只是自己的部下，没有包括卫兹、鲍信、鲍韬的部队。因此，酸枣方面军先遣部队应当有两万余人，相当于一个军，鲍信为军长，曹操、卫兹、鲍韬为师长。无论从将领的素质，还是从士兵的战斗力来说，这支部队都是酸枣全军中最强的。如果他们首战获胜，联军自然会跟进；但如果他们失利，联军便只能转攻为守了。

先遣军进至荥阳东郊，渡过汴水，在西岸与徐荣率领的董卓东路军相遇，内战就此爆发。与徐荣的西凉兵相比，联军虽然数量占优，但是以临时征发的民兵为主，训练水平和装备都不占优势，又缺乏军事经验，所以很快就陷入被动，但仍然苦战不退。傍晚时分，卫兹与鲍韬先后阵亡，曹操与鲍信也都受了伤，曹操的战马又被射死。在此危急之时，曹洪把自己的坐骑让给曹操，曹操这才得以与鲍信趁夜撤到汴水，坐船逃走。徐荣本来计划继续进攻酸枣，但见联军的抵抗出乎意料地顽强，便引兵回洛阳去了。从这个角度看，汴水之败，卫兹与鲍韬之死，体现了反董联军的战斗意志，保护了酸枣大本营的安全，对于战争的全局并非没有意义。更重要的是，这场惨败为曹操积累了丰富的军事阅历。十年之后，他将与袁绍的大军在汴水流域的这块伤心地上对峙，史称官渡之战。曹操虽然两次踏入同一条河流，却没有在同一块战场上失败两次。

曹操与鲍信怀着悲痛的心情逃回酸枣，见诸侯联军仍然在饮酒作乐。曹操大怒，道："各位如果能听从我的计策，就让袁渤海（袁绍）率河内兵马渡河攻孟津，酸枣诸将占领成皋和敖仓，攻取轘辕、太谷二关，控制天险，再让袁将军（袁术）率领南阳的军队渡过丹水，攻入武关，威胁三辅。此后，我们高垒深壁，挂免战牌，多设疑兵，董卓集团疲于奔命，很快就会分崩离析。现在各位却迟疑不前，令天下人失望，我曹操为你们感到羞耻！"曹操痛心疾首慷慨陈词，而刘岱、张邈等人却不以为然。

从战前的联军部署来看，曹操的这个提议其实正是袁绍最初制定的作战计划，而不是曹操的新发明。事实证明，这一全面铺开的旧作战计划不切实际。

汴水之战已经把联军缺乏战斗力的缺点暴露得淋漓尽致，曹操、鲍信等人以联军中相对精锐的部队攻打成皋，却连成皋的影子都没有见到，就被数量少于自己的徐荣军打得大败而回，反而寄希望于其他没有军事经验的将领，带着新兵去攻占成皋、敖仓等众多要塞，然后再"高垒深壁，挂免战牌"，岂不是痴人说梦？只怕连一座要塞都打不下来，却落得一个全军覆没的下场。各路诸侯为了保存自身实力、维护自身利益，肯定不会继续执行这种高风险的作战计划。曹操出于对袁绍的忠诚，一门心思坚持执行袁绍过去制订的作战计划，说明他并非"生而知之"的军事天才。曹操此后的"用兵如神"，都是靠不断积累战争经验、总结失败教训而来的，正所谓"失败是成功之母"。

看到酸枣方面军已经不可能有所作为，曹操与夏侯惇、曹洪等人返回故乡谯县，转而去扬州募兵。曹洪家资富庶，驰名江淮流域，所以首先率家兵千余人到庐江郡见扬州刺史陈温。陈温是袁绍的老乡，与曹洪也有交情，于是欣然调给曹洪上等甲兵2000人。曹洪又渡江到丹杨郡，太守周昕命弟弟周昂征调2000余人，与曹洪北上，和曹操在沛国南部的龙亢县会师，总兵力不下6000人。见到援军，曹操大喜，任命周昂为军师。周家是会稽郡的豪强，周昕又是陈蕃的学生，属于党人，所以袁绍和曹操都重用周昂。周昕忠于袁绍，后来又陆续发兵万余人助袁绍和曹操征伐，终于因此被袁术和孙策杀害。

虽然重用周昂，但曹操却难以讨得扬州兵的欢心。抵达龙亢之后，扬州士卒不服豫州的水土，联合叛乱，夜间烧了曹操的大帐，曹操本人差点被烧死。曹操、周昂、曹洪等人率领五百余名忠诚的部下拼死冲出，经铚县（今安徽宿州市西）跑到谯县北方的建平。在故乡又招募了几百人之后，曹操一行便带着这千余名士兵北上渡河，到河内郡去投奔袁绍。没想到，他在那里看到了令人震惊的一幕。

从渤海郡抵达河内郡之后，袁绍得知，董卓处死了汉少帝，迁都长安，并命令王允、宣璠在长安处决了自己的全部亲属。其实，联军一组建，董卓必然要杀少帝，这并不难预测。

现在，袁绍号召大家帮助复辟的汉少帝突然死了，这种处境实在有些尴尬。身为联军统帅，袁绍现在必须向天下明确宣示：在战胜董卓之后，他是继续辅佐汉献帝，还是另作打算？如果继续辅佐汉献帝，那么讨伐拥立汉献帝的董卓又有何必要？

开会，只能开会，必须开会。

于是，袁绍、韩馥在漳水河岸上会合冀州十郡的太守、国相，一同歃血结盟，义正词严地立誓道："贼臣董卓趁着汉室衰微之机，倚仗自己强大的兵力，占领帝城，祸乱朝廷，毒杀何太后，残害弘农王，绑架年幼的皇帝，迁往秦地。他又斩戮忠良，焚烧宫室，奸污宫女，发掘皇陵，其罪恶祸及鬼神，皇天、后土都遭到了侮辱，但神祇的怨恨与百姓的悲愤却都无处可以控诉。如今，我等仁贤之士痛心疾首，云集于此，决心奉辞伐罪，代表上天消灭这个贼臣。我等结盟之后，都要不惜生命，全力以赴，歼灭凶丑，尔后共同辅佐王室，翼戴天子。如果有人敢违背盟约，愿神明降大祸于他，毁灭他的军队，断绝他的子孙！"①

如果这篇誓词的内容是真实的话，那么它末尾的诅咒仿佛真的应验了：袁绍与韩馥此后没有致力于"翼戴天子"，结果像他们自我诅咒的那样，破家亡身。造成这种矛盾现象的原因是，袁绍以往一向宣称：献帝不是灵帝的亲儿子，不是刘家的子嗣，不配当汉朝皇帝，又与董卓沾亲带故，理应被废黜。但当时联军中的主流思想是反董卓不反献帝，袁绍虽然是盟主，但为了避免联盟分裂，只好在誓词中加上拥戴献帝的内容，并承认少帝被废黜为弘农王。但是这样一

---

① 语出李贤《后汉书注·袁绍刘表列传注》引《献帝春秋》。

来，却为他自己埋下了巨大的政治隐患。

汉献帝刘协作为董太后抚养的孩子，别名"董侯"，与董卓一家关系极为亲密。如果袁绍承认献帝的合法性，董卓现在"挟天子以令诸侯"便占有了压倒性的政治优势。刘协本是何皇后之子刘辩的皇位竞争者，袁绍曾经长期协助何进、何太后兄妹迫害刘协和董太后一家，与他们早已结下宿仇。正是为了干掉起初被封为渤海王，后来又改封陈留王的刘协，袁绍才会在渤海和陈留两地布置大批亲信。正是因为袁绍反对董卓废黜汉少帝刘辩，拥立汉献帝，才会离京出走。汉少帝死后，袁绍表面上别无选择，只能暂时承认汉献帝的合法性，但是他深知，自己难以与汉献帝和平相处。在漳水之盟后不久，经过反复考虑，袁绍和韩馥等人想出了一个新方案，以便同董卓及献帝的长安朝廷对抗。现在少帝已死，灵帝没有了男性后代，献帝是非法的，所以他们必须在皇室中找一个合适的人选来继承皇位。此类事情在以前发生过许多次，例如吕太后死后，陈平、周勃等大臣宣称当朝皇帝刘弘不是汉惠帝之子，将其杀死，然后拥立代王刘恒继位，是为汉文帝。参照这个案例，袁绍与韩馥等人打算拥立大司马、幽州牧刘虞为皇帝。刘虞是袁绍的老同事，以前曾共同为何进效力，又共同策划消灭宦官，所以成为袁绍青睐的人选。

为了制造拥立新君的舆论，韩馥给袁术等人写信，再次宣称献帝不是灵帝之子，诸侯应当仿效陈平、周勃，废杀伪帝，迎立明君。刘虞的功德品行天下无双，为其他皇室成员所不及。光武帝刘秀的第五世祖是景帝之子长沙定王刘发，刘秀后来以大司马领河北军政，以此平定天下；刘虞的第五世祖是光武帝之子东海恭王刘强，如今刘虞也以大司马领幽州牧，仿佛光武帝再世，汉室总是逢五复兴，理应拥戴。同时，有关刘虞将会当皇帝的图谶、符瑞也层出不穷，济阴人王定就献给袁绍一枚玉印，上面刻着"虞为天子"的字样。总之，一切都按照王莽、刘秀以前当皇帝的程序，照葫芦画瓢，充斥着迷信色彩。

对于袁绍、韩馥宣传的这一套理论，袁术全盘否定。他虽然也和其他袁家成员一样迷信，但只迷信对自己有利的预言，比如可以与他的字"公路"互训的"代汉者当涂高"。刘虞如果被立为皇帝，功劳算不到他袁术的头上，便宜全让袁绍占了，这种理论可不能信。更何况，反汉献帝的势力都集中在渤海、陈留两地，袁绍亲自控制渤海，袁绍的死党刘岱、张邈、曹操等人占据陈留，袁术控制的南阳一带却是东汉开国皇帝刘秀的老家，并没有反对汉献帝的群众基础。袁绍于是又亲自给袁术写信说："我和韩馥拥立刘虞，是为了共建永世之道，让海内再见中兴之主。现在西边的那个小皇帝没有刘家血统，公卿以下都媚事董卓，怎能信任？我们就该守住地险，掐断其经济来源，由他们死在那里面。东方圣君一立，太平时代便可立即降临，你还疑惑什么？我们全家遇害，不想想伍子胥的故事，怎能再侍奉仇人？违背天意不吉利啊，希望你再仔细考虑一下。"袁术回信说："圣主虽然年幼，却聪明睿智，具备周成王的品德。贼臣董卓趁乱进京，胁迫大臣，只不过是汉朝历史上的一个小挫折罢了，很快就会复兴。我袁家祖祖辈辈秉承忠义，太傅心地善良，虽知董卓必为祸害，但是出于对皇上的忠心，不忍离去。现在我家遭遇灭门惨祸，幸好有远近亲友豪杰踊跃相助，不趁此时上讨国贼，下雪家耻，而想着另立皇帝，这种话我不想听。你说皇上'没有刘家血统'，不是诬陷吗？又说'我们全家遇害，不想想伍子胥的故事，怎能再侍奉仇人'，这不是和董卓所想所做的一模一样吗？全心为国的忠臣，怎能做出这等事？国君和上天一样，你难道可以拿上天当仇人吗？我一片赤诚，志在消灭董卓，不懂别的大道理。"从此，袁绍与袁术兄弟绝交，反董联盟彻底分裂。究其原因，是兄弟二人的基本利益产生了无法调解的冲突，而不是袁术多么忠于汉献帝。

尽管没有获得足够的支持，韩馥仍然自称大将军，以便让自己主持废立之事合法化，随后与袁绍共同派使者去见刘虞，请他即皇帝位。刘虞坚决不答应，还说宁可去投奔匈奴。此事于是暂且搁置。不过，公孙瓒等人后来屡次以此事批评刘虞，说刘虞未必真的不想当皇帝，只是看支持自己即位的人不多，暂时还没有胆量而已。为了洗刷自己的谋逆之名，刘虞派从事田畴等人前往长安，向献帝宣誓效忠，并请朝廷东归洛阳。田畴、公孙瓒等人都表示反对，田畴还劝刘虞先取公孙瓒，以求巩固自身势力范围，而不是与董卓集团搞好关系，刘虞不听。

在反对袁绍、韩馥拥立刘虞为帝的人中，据说还有曹操。当时，曹操正带领千余名残兵败将从豫州北上，途中读到袁绍、韩馥发表的《漳水誓词》里慷慨激昂地声称要拥戴献帝，抵达河内时却看到《漳水誓词》已经被撕毁，袁绍、韩馥要另立皇帝，甚至为此与袁术决裂，难免有些吃惊。由于屡战屡败，此时的曹操不再受重视，袁绍甚至把新来的周昂置于他之上，曹操在拥立皇帝的大事上不可能有发言权。所以，听到袁绍、韩馥要拥立刘虞为帝，曹操不过一笑置之，并无实力、资格和意愿公开反对，后来才自我解释说"恶之"。

事实是，直至兴平二年（公元195年）为止，曹操从未干过任何对献帝有利的事情。如果不是名为帮少帝复辟，实为帮袁绍打江山的话，曹操为什么要和袁绍同时出逃呢？假如当时曹操对汉朝的忠诚度胜过他对袁绍的忠诚度，并相信献帝的确是灵帝聪明睿智的亲生儿子，能成为比少帝更好的皇帝，那就理应支持董卓，而不是反对他，至少也应该与袁隗、袁基站在一起。然而，曹操在此期间的每一次重大行动，都体现着袁绍的意志。

河内方面军中真正有实力、资格和意愿公开反对袁绍、韩馥拥立刘虞为帝的，其实只有匈奴王子于扶罗一人。于扶罗很早就与董卓有矛盾，汉灵帝临终前委任董卓当并州牧，一个目的就是让董卓去围剿于扶罗的南匈奴部落。董卓废黜汉少帝以后，于扶罗立即表态反对。所以，当反董卓联军筹备时，于扶罗带头率领南匈奴骑兵加入。得知袁绍、韩馥打算拥立刘虞为帝，熟悉统一战线策略的于扶罗认为这样做对讨董大局不利，准备发动兵谏。假司马张杨向来和于扶罗关系密切，试图劝阻，却被于扶罗劫持。袁绍闻讯，派麹义前去镇压，大破匈奴军，于扶罗带着张杨和几千残兵向北逃进太行山，投奔黑山军去了。

袁绍、韩馥计划拥立刘虞为帝的消息当然也传到了洛阳的董卓耳中。为了拉拢刘虞，他在四月加封后者为太傅，但袁绍等人没有允许诏书抵达刘虞的手中。随后，董卓又派遣大鸿胪韩融、执金吾胡母班等大臣东行，试图借袁绍、韩馥拥立刘虞，诸侯意见不统一之际，予以分化瓦解。但袁绍、韩馥对此早有准备，使者一进联军势力范围，便纷纷被抓起来杀掉。只有韩融因为本是党人，和袁绍早有交情，才幸免于难，带着族人进山避难去了。河内太守王匡不敢违抗袁绍之令，杀了妹夫胡母班祭旗衅鼓，受到袁绍的赞赏。

除了外交方案之外，董卓又使用分封的方法对抗袁绍。徐荣在汴水大破诸侯联军以后，升任中郎将，备受董卓信任，于是他向董卓推荐了自己的同乡、原冀州刺史公孙度。董卓拜公孙度为辽东太守，命他联合东北边境的各个民族，袭击袁绍的后方幽州和冀州。公孙度经幽州抵达辽东郡之后，立即屠杀了当地支持袁家的百余家豪强，随即东伐高句丽，西击乌丸，北联鲜卑，南越渤海攻取青州的东莱等县，实力迅速膨胀。公孙度于是改设辽东郡为平州，自称辽东侯、平州牧，分置辽西、中辽二郡，又划山东半岛的东北部为营州，拜部下为刺史，郊祀天地，行为僭越，以至于称辽东王。从此，公孙家族开始了他们在东北近半个世纪的统治，直至魏明帝景初二年（公元238年）才被司马懿消灭。

经过4个月的消耗，酸枣联军终于吃完了全部军粮，又听说河内方面军出了乱子，袁绍与袁术兄弟还因为拥立刘虞称帝的事情决裂，于是一哄而散。与《三国演义》的描述不同，袁绍从来没有渡河来到酸枣，酸枣联军也没有"温酒斩华雄""三英战吕布"之类的伟业——吕布和华雄此时都在洛阳南郊对付袁术和孙坚，一个徐荣就足够死死压制住酸枣联军了。但是，徐荣并未攻击过酸枣大营，酸枣联军的解散主要原因是袁绍与袁术兄弟因为拥立刘虞称帝的事情决裂，导致诸侯思想不统一。撤退过程中，在袁绍的默许下，刘岱趁乱杀害了为组织这次联军立下大功的桥瑁，又派部下王肱接任了桥瑁的东郡太守。

桥瑁的死，看上去好像很冤枉，但他伪造三公的公开信，固然组织起了讨董卓联军，也让袁绍脱离了韩馥的禁锢，却让袁绍在政治上陷于被动。在袁绍看来，桥瑁不是什么功臣，而是一个夸夸其谈的政治投机分子，留着有损自己的光辉形象，不如除去，代之以听话的刘岱。

五月，因为在迁都时染病，司空荀爽在长安去世。因为内战的原因，荀爽的遗体不能返回故乡颍川，只得暂时就地安葬。因为战事升级，军费紧张，董卓一方面命吕布等人发掘陵墓，抢夺民财，另一方面又取消了秦朝和两汉沿用四百余年的五铢钱，改铸小钱，以便节约用铜量。即便这样，国库中的铜仍然不足，董卓又将洛阳及长安的铜人、铜钟、铜马等大件青铜器全部熔化，用以铸钱。这样一来，市场上的货币流通量突然暴增，商品供应量却不断萎缩，导致了严重的通货膨胀，百姓纷纷放弃了金属货币，改而以物易物。

至此，讨董联军组建已经将近半年，汉少帝、袁隗、袁基也死了两三个月，只有鲍信、曹操一路人马与董卓军交过锋，这无论如何也说不过去。身为盟主，袁绍必须有所行动。

袁绍见献帝西迁，董卓军主力忙于在洛阳抢夺民财，似乎准备撤退，便派刚刚杀害妹夫胡母班，积极要求进步的王匡为先锋，挺进洛阳对岸的河阳津，试图强行渡河。董卓率军在黄河南岸布阵，摆出要阻止王匡渡河的态势，夜间秘密派精兵在小平津渡河，从背后发起突袭，大破王匡军，几乎将其全歼。王匡和从事韩浩狼狈逃回，袁绍只得派他们到泰山老家重新募兵。韩浩的舅舅、河阴令杜阳被董卓军生擒，董卓想以此迫使韩浩投降，被韩浩拒绝。袁术听说此事后，便表韩浩为骑都尉，将他从袁绍处拉拢过去。由此，袁术与袁绍两兄弟的关系更趋恶化。

王匡的失败绝非偶然，因为袁绍根本就没打算认真讨董卓，而是一直在企图借机提高自己的地位，扩大自己的实力和影响，迫使袁术等人接受自己另立刘虞当皇帝的主张，所以只是发动一些象征性的攻势。特别是当汉少帝、袁隗、袁基相继死去，使袁绍的政治地位大幅提升，于扶罗等人又发动兵变，袁绍更加没有讨伐董卓的动力。此后，讨伐董卓的主要任务，就要落在袁术的头上了。

初平元年（公元 190 年）年底，北路和东路联军相继溃退，刘表夺取了荆州的大部分地盘，公孙度也在辽东扎下了根基。次年二月，董卓见诸将连战连捷，自以为胜券在握，便指示献帝拜他为汉朝历史上空前的要职"上公"太师，比刘虞的太傅更高一级。此前，只有王莽曾按照《周礼》的记载，设立太师、太傅、太保三员"上公"，以太师王舜为百官之首。东汉建立以后，只设太傅，不设太师。董卓当了太师，还不满足，又要仿效姜子牙和管仲称"尚父"。幕僚蔡邕劝他应当耐心，等到彻底消灭东方的敌人之后再加尊号，董卓采纳了这个建议。

蔡邕似乎很有先见之明，因为董卓虽然已经打败了诸侯的东路军和北路军，但还有南路军需要对付。随着袁术、孙坚的荆州、豫州军投入战场，战局立即发生了重大的变化。初平二年（公元 191 年）春，豫州刺史孙坚离开袁术在鲁阳的冬营，与部下颍川太守李旻、副将程普、祖茂、黄盖、朱治等人率军北上，抵达梁县阳人聚（今河南省汝阳县东北），等待豫州军前来会师。董卓闻讯，派陈郡太守胡轸为大督护，吕布为骑督，华雄为都督，率军经大谷关南下迎战。因为董卓曾长期与孙坚在凉州共事，知道孙坚打仗厉害，远非东方将领可比，再加上酸枣联军已经溃散，所以又派徐荣的东路军向西南移动，以便与胡轸、吕布、华雄夹击孙坚。

胡轸虽然受董卓信任，但性格急躁，与属下的关系很差。他看到军队纪律很差，便扬言要杀军官，惹怒了吕布。

按照董卓事先制定的军事计划，他们首先抵达阳人聚西南的广成县，打算从后方包抄孙坚。当时天色已晚，部队都饿着肚子，吕布等将领却坚持要突袭。胡轸无奈，只得连夜进军，结果因为过于疲劳，攻不下城。次日，胡轸军在休整完毕后再次攻城，但孙坚已有准备，再次无功而还。

虽然击退了胡轸军的围攻，但孙坚得知徐荣的东路军正在逼近，敌众我寡，阳人聚难以守住，于是连夜弃城东进，以便尽早与豫州军会师。他们虽然摆脱了胡轸军的追赶，不料走到梁县东郊，却遭到徐荣、李蒙的东路军截击，被打得大败，颍川太守李旻被俘遇害。孙坚、程普、祖茂、黄盖、朱治等数十骑溃围而出，徐荣的骑兵紧追不舍。孙坚经常戴一种叫"赤罽帻"的红色头巾，十分醒目，此时为了逃跑，便脱下赤罽帻，让祖茂戴上。徐荣的骑兵都去追赶祖茂，孙坚这才得以逃往颍川郡。

虽然颍川郡被孙坚委托给李旻统治，实际上，这里此前一直驻扎着豫州刺史孔伷与陈相许玚的军队。孔伷善于高谈阔论，影响极大，所以集结起了不小的武装力量。孔伷去世、酸枣联军溃退以后，这支军队就近归附于荆州北部的袁术和孙坚。孙坚从长沙带来的荆州军虽然被徐荣消灭殆尽，却在得到孔伷留下的这支生力军以后立即恢复了元气。

在与豫州军会合之后，孙坚军势复振，于是挥师西进，返回阳人聚，围攻胡轸军，斩杀都督华雄，胡轸、吕布等人逃回洛阳。据《三国志·孙破虏讨逆传》和《江表传》记载，这场空前的胜利令孙坚声名鹊起，许多人因而在袁术面前说他的坏话。袁术对孙坚产生怀疑，不给孙坚军粮，孙坚为此专程从阳人聚跑到鲁阳去向袁术解释。袁术明白了实情，感到惭愧，这才重新发给孙坚军粮。这一记载并不合理，更不公正，因为孙坚当时任豫州刺史，有一个州的粮草可以调遣，而袁术只有南阳郡，南阳以南都是刘表的地盘，刘表正在截袁术军的粮道。更何况，自从孙坚袭杀南阳太守张咨之后，南阳百姓便对孙坚恨之入骨，早就有过流血冲突，怎肯为他积极缴纳和运输粮草。同时，获得孔伷旧部以后，孙坚兵力剧增，军粮的需求量自然也成倍增长。孙坚军粮不足是事实，但主要责任并不在袁术。

实际上，当时孙坚能够倚靠的盟友，也只有袁术了。孙坚杀张咨之后，便成了袁绍的敌人，再加上袁术因为拥立刘虞之事与袁绍绝交，所以袁绍对袁术、孙坚集团恨之入骨，甚至超出了对董卓的厌恶之情。此时，趁孙坚与董卓斗得难分难解之际，袁绍便委任曹操的军师周昂为豫州刺史，命他南下去夺孙坚的豫州。此前，曹操与周昂一起从扬州来到河内，这次很可能也会同行。

对于袁绍偷袭豫州的阴谋，孙坚浑然不知，继续向洛阳进军。听说胡轸军战败，董卓大惊，派李傕去向孙坚求和，又提出两家和亲。孙坚赶走李傕，长驱直入，一举攻陷洛阳城南90里的军事要地大谷关。董卓被迫亲自出马，与孙坚在洛阳城南的几座皇陵间大战，结果又遭惨败，只得退到西北方的渑池，留吕布驻守洛阳。孙坚根本不把吕布这个手下败将放在眼里，他迅速向洛阳发动进攻，突入宣阳城门，吕布被迫在洛阳城内多处放火，掩护自己奔逃。《三国演义》说董卓为了让汉献帝无法返回洛阳，迁都时故意放火焚毁洛阳，实在是给董卓抹黑，董卓原本打算让袁隗、王允在长安大后方辅佐汉献帝，自己守洛阳，后来处死袁隗一家并非董卓最初的本意，焚烧洛阳逃走更完全是被孙坚逼的。

孙坚高奏凯歌进入残破的洛阳城，扫除宗庙，平整诸陵，还意外地在水井里发现了秦始皇的传国玉玺。之后，孙坚又挥师西进，接连打败董卓的后卫部队，势如破竹地攻陷函谷关等天险，推进到渑池。董卓见大势已去，便向长安撤退，命董越、段煨、牛辅等部将断后。这时，后方突然传来袁绍派周昂袭取豫州的消息。孙坚既惊且怒，只得放弃大好战局，向东撤退。董卓趁机重新占领洛阳，并派中郎将牛辅与河南尹朱儁镇守该地。至此，诸侯讨董卓的联合军事行动半途而废。

对诸侯讨董卓的过程，《三国演义》为突出曹操、刘备、关羽、张飞的英武，虚构了大量的情节。讨伐董卓时，袁绍身在河内，一直没去过黄河以南，而且深陷南匈奴兵变的内讧泥潭，酸枣诸军对曹操西征的支持不力，跟袁绍完全没有关系。联军之中，真正打败过董卓军的将领只有孙坚，杀死华雄、战胜吕布、攻入洛阳，全都是孙坚的功劳。究其原因，孙坚曾长期在凉州与西羌作战，知道怎样对付董卓的凉州军。吕布并未和刘备、关羽、张飞在战场上交手过，东汉时期也根本没有设虎牢关，所以"虎牢关三英战吕布"纯属子虚乌有。刘备、关羽、张飞虽然曾参加过讨董卓联军，却一事无成，只好去幽州投奔公孙瓒。当时，袁绍和公孙瓒之间的关系还很和睦，二人都与刘岱和亲，而且公孙瓒已经响应袁绍的号召，南下讨董卓了，只是尚未抵达前线。但在一年之后，公孙瓒便与袁绍反目成仇，刘备从此便陷入一种矛盾的境地，生活日益动荡，这恐怕是他去幽州时始料未及的。

回顾诸侯讨董卓的历史，一开始是反对董卓废黜汉少帝、处死何太后的地方官员借袁绍、袁术之名自发组织的军事抗争。袁术一心讨董卓，努力杀敌，迫使董卓放弃洛阳逃往长安；但是袁绍另有盘算，身为盟主，先是违背民意欲拥立刘虞为帝，尔后又拒不积极配合南阳、酸枣方面军讨董卓，甚至无意为汉少帝和自己的家人之死报仇，而是把主要力量用于镇压于扶罗、孙坚等持不同政见者，导致与袁术决裂，讨董卓联军功败垂成。王夫之对此评论说："（袁绍和袁术）早怀觊觎之志，内顾卓而外疑群公，且幸汉之亡于卓而己得以逞也。"[1]这话用在袁绍身上恰到好处，用来评论袁术就有失公允了。袁术的表

① 语出王夫之《读通鉴论·献帝》。

现完全符合社会公众的预期，但是袁绍的表现却大大出乎社会公众的意料，使亲者痛，仇者快，导致整个中华大地陷入更深的乱局，而这恐怕正是袁绍想要达到的目的。

兄弟反目——袁绍与袁术的
扩张与决裂（公元191年）

初平二年（公元191年）四月，董卓抵达长安。他高兴地看到，老领导皇甫嵩在边章、韩遂的压力之下，率领三万精兵来投奔自己。董卓进入长安城门时，皇甫嵩带头在车下跪拜，董卓因此十分得意。

到了长安之后，董卓见孙坚撤退，东方联军开始自相残杀，自认为地位巩固，又想起二袁之所以能够组织起联军讨伐自己，是诸多党人出身的名士推举他们当地方官的原因，他便抛弃了重用名士的政策，大肆封赏亲友，拜弟弟董旻为左将军，侄子董璜为中军校尉，连尚未成年的子、女、孙、侄都封为侯爵、命妇，与梁冀简直如出一辙。在董卓的授意下，献帝又娶董承之女为贵人，称董承为舅。

董承与汉献帝、董卓之间的关系很耐人寻味。按裴松之所说，董承是汉灵帝生母董太后的侄子，所以也是董卓的亲戚。按《献帝起居注》的记载，董卓"外有董旻、承、璜以为鲠毒"。董旻是董卓的弟弟，董璜是董卓的侄子，而董承夹在两者之间，所以肯定是董卓两代以内的直系亲属。如果董承和董璜一样，都是董卓的侄子，那么董卓就是董太后的亲兄弟了。无论怎样，董卓和董太后之间的亲缘关系都很近，绝不止《后汉书·董卓列传》上说的"同族"那么简单。

在获得郿侯的爵位以后，董卓着手在封地郿县筑造大型坞堡，据说其城墙和长安城一样高。初平二年郿坞完工，董卓在里面囤积了足够吃30年的粮食，说："事成，便可以雄踞天下；不成，守此也足以终老此生。"号称"万岁坞"。

这类记载肯定有些夸张。首先，粮食在仓库里放 30 年后恐怕没法再吃；其次，这些粮食足够多少人吃 30 年，也没有说明。如果只够董卓一个人吃 30 年，那肯定不能算多。如果足够董卓的"十万部下"（这是个保守数字）吃 30 年，以汉代男女老幼平均每人每月至少 1.2 石口粮数推算，至少需要 4320 万石米，合约 7000 万石（210 万吨）粟，总体积达 70 亿汉升，合约 15 亿公升或 1.5 立方公里。假设郿坞的面积和洛阳城一样大，也就是约 9.5 平方公里，如果把这么多粮食铺满全城，将会高达 158 米，相当于汉代正常城墙高度的十多倍。董卓在郿坞疯狂敛财是事实，但现实条件决定了他无法在里面囤积太多粮食，这只是人们出于对董卓的不满和粮价暴涨的愤慨而编造出来的谣言。

当董卓在郿坞享受生活时，袁绍却开始了人生中最艰苦也最危险的阶段。一年来，他的所有计划都遭到了不同程度的失败：曹操、鲍信、王匡和刘备等将领相继战败，拥立刘虞不成，于扶罗叛变，联盟分崩离析，敌视自己的袁术和孙坚在讨伐董卓的战争中节节胜利，势力和声誉都迅速膨胀，自己却局促在河内，进退维谷。另外，韩馥不给他提供足够的军粮，又派都督从事赵浮、程奂率弩兵万人屯驻河阳，名为助其讨董卓，实则处处监视和阻挠。所以，当孙坚攻入洛阳时，袁绍无法挥师渡河，与其争夺胜利成果。

天无绝人之路。初平二年（公元 191 年）年初，袁绍也获得了一个好消息：周昂和曹操南下豫州途中，得知东郡太守王肱被于毒、白绕、眭固率领的黑山军和于扶罗的南匈奴军打败，逃回邺城，于是发动反击，大破黑山、南匈奴联军。之前，董卓派虎牙都尉刘勋来与袁绍讲和，却被扣留，刘勋无奈投靠了袁绍。此时，袁绍派刘勋去与黑山、南匈奴联军谈判，刘勋舌灿莲花，说服眭固和于扶罗投降，并释放了被软禁的张杨，以他的名义率军投靠了袁绍。这样，河内方面军的内讧总算告一段落。这是曹操第一次在战场上取得重大胜利，袁绍论功行赏，委派曹操接任王肱的东郡太守一职，周昂则继续南下袭击孙坚的豫州。从此，曹操成为兖州刺史刘岱的部下。

收编了张杨、眭固、于扶罗的人马以后，袁绍部队的数量和质量都有了明显的增长，但后勤问题也日益突出，无法再在河内郡长期驻扎，于是准备撤退回渤海郡休整，并打算夺取韩馥的冀州。因为韩馥的部下刘子惠曾劝韩馥起兵讨董卓，袁绍便指使刘岱给刘子惠写信说："董卓无道，遭到天下人共同讨伐，死在旦夕，已经不足为虑。但在董卓死后，我军应当回师讨韩文节（韩馥字文节）。老韩手握强兵，不肯讨贼，专办坏事，岂能放过？"但这封信落到了韩馥手里。韩馥据此认定刘子惠与袁绍、刘岱等人合谋暗害自己，决定将他处死。别驾从事耿武等人纷纷为刘子惠求情，甚至要求与他同死，韩馥这才饶了刘子惠一命，罚他做打扫卫生的奴隶。[①]就这样，袁绍与韩馥的关系完全破裂了。

洛阳东奔之后，许攸、逢纪一直在袁绍身边出谋划策。看到夺取冀州的时机业已成熟，他们便建议袁绍："将军要办这么大的事，不占据一个州，无以自立。冀州的经济强大，人口众多，土地肥沃，而韩馥只是个庸才。我们可以秘密邀请公孙瓒带兵南下，韩馥听说以后肯定害怕。我们再派辩士去讲道理，韩馥一定会把冀州让给您。"袁绍大喜，立即给公孙瓒写信，许诺与之瓜分冀州。

袁绍与公孙瓒合作的消息惊动了一个人，这就是袁绍的老同事、公孙瓒的老师卢植。自从反对董卓废黜汉少帝、拥立汉献帝而弃官出逃以来，卢植就一直隐居在幽州上谷郡，暗中为公孙瓒提供咨询服务。此时，卢植突然结束隐居，来到冀州，出任袁绍的军师，显然是为了协调他与公孙瓒夹击韩馥一事。

当年夏初，公孙瓒得到袁绍的信，便快速进军，突入冀州北部，明里扬言讨伐董卓，私下却放话要夺取冀州。韩馥闻报，只得挥师北上，在安平国与公

---

① 参见李贤《后汉书注·袁绍刘表列传注》引王粲《汉末英雄记》。

孙瓒军相遇。公孙瓒与数千名善射的马弓手皆乘白马，分为两队，布置在全军的两翼，包抄敌军的侧后方，来去如飞，所向无前，号称"白马义从"。韩馥的部下多为步兵，在平原上根本不是幽州骑兵的对手，一触即溃。韩馥只得带着残兵败将逃回邺城，内外交困，无可奈何。

七月，袁绍听说公孙瓒已经战胜了韩馥，便派外甥高干和谋士荀谌、张超、郭图前往邺城，对韩馥说："公孙瓒在安平之战后乘胜南下，诸郡纷纷响应。袁车骑现在又引军东进，意向也不清楚。我们都为将军感到担忧啊。"

韩馥说："确实如此。请教各位，我现在怎么办才好？"

荀谌等人说："您想一想，论宽仁亲民，被天下人爱戴，您与袁车骑相比如何？"

韩馥说："不如啊。"

荀谌等人说："临危决断，智勇过于常人，您与袁车骑相比如何？"

韩馥说："不如啊。"

荀谌等人说："祖上世代布恩，天下家家都受过恩惠，您与袁车骑相比又如何？"

韩馥说："也不如啊。"

荀谌等人说："将军您这三样都不如袁车骑，地位却久处其上。袁车骑一世英杰，必定不会甘心长期当将军的下属。他的渤海虽说是个郡，其实不比某些州差。公孙瓒提燕、代骑兵南下，其锋不可当，您自己也领教过了。冀州是天下最富庶的一块宝地，这两位英雄现在都想得到它。如果遭到他们合力围攻，您的危亡将会难以挽回。在这两者之间，袁车骑本是将军的老朋友，现在也是盟友，公孙瓒则非亲非故。现在最好的办法，莫如把冀州牧的官职让给袁车骑，他一定会感激将军，公孙瓒也没法再来争夺了。这样，将军不仅获得了让贤的高名，也获得了泰山一样稳固的安全保障。"

韩馥本性怯懦，安平之战又把他吓得志丧胆破，遂觉得荀谌等人的话很有道理，满口答应下来。长史耿武、别驾闵纯、治中李历、骑都尉沮授听说后，都劝韩馥说："冀州虽然不算特别富强，但也有百万之众，粮食足够吃十年。袁绍孤立无援，全靠我们供给的粮草才能存活，就像襁褓中的婴儿，一旦断了他的奶水，立即就会饿死，为何把全州送给他？"

赵浮、程奂听说韩馥要把冀州让给袁绍，赶忙从孟津坐船顺流东下，在朝歌清水口追上了东进的袁绍军，在夜间大张旗鼓地从袁营面前通过，袁绍对此深表忧虑。二人到了邺城，对韩馥说："袁本初的人马现在已经完全没有粮草了，正在瓦解。张杨、于扶罗等新附的部队又各怀异心，不肯为他卖命，将军何须担忧？请派我等出战，保证能在十天之内为将军消灭袁本初！"

韩馥回答："我本是袁氏故吏，靠袁家的恩惠才有今天，而且我的才能确实不如本初。让贤是古人崇尚的美事啊，各位没有必要执意反对吧？"于是离开刺史府，搬到前中常侍赵忠的宅邸居住，派儿子到黎阳的袁军大营，把冀州牧印绶送给袁绍。

袁绍得到冀州牧印绶后，立即带着军师卢植向邺城进军。魏郡人审配、巨鹿人田丰、河内人朱汉与韩馥早有矛盾，主动投奔袁绍。沮授、李历、张郃、辛评等韩馥属下见袁绍到了，无不争先恐后地出迎，只有耿武和闵纯持刀站在刺史府前，阻拦袁绍的队伍。袁绍命令田丰杀死耿武和闵纯，这才得以进入刺史府。[1]一得到冀州，袁绍意欲代汉自立的野心便又膨胀起来。现在他自命侯爵，称孤道寡，委任官职不再称"表"，而是"承制诏拜"，也就是"代表皇帝任命"的意思。韩馥被"承制诏拜"为杂号的奋威将军，麾下没有一兵一将，丧

---

① 参见李贤《后汉书注·袁绍刘表列传注》引王粲《汉末英雄记》。

失了所有权力。韩馥过去的别驾沮授因为得到袁绍的信任，被任命为之前曹操担任过的奋武将军，监护诸将，让韩馥如芒在背，坐立难安。袁绍又拜田丰为别驾，审配为治中，朱汉为都官从事。不久，朱汉揣测袁绍想要杀掉韩馥，便擅自发兵围韩馥府，打断了韩馥长子的双脚，韩馥逃到楼上。袁绍听说后，觉得韩馥如果死了，会败坏自己的名声，于是处决了朱汉。但韩馥内心仍然不安，后来就找机会离开袁绍，到陈留郡投奔张邈。不久，袁绍派使者去见张邈，当着韩馥的面与张邈耳语，韩馥认为他们要算计自己，于是在绝望中跑到厕所里，用小刀自杀了。

　　韩馥的败亡看似是自身无能所致的必然结果，其实大有深意。韩馥是老资格的豫州颍川郡名士，他经营冀州期间，将大批颍川老乡罗致自己麾下，他之所以答应交出冀州，是为了"豫州系"的大局考虑，而且袁绍派来劝降的荀谌和郭图都是韩馥的颍川老乡，他们的背书在韩馥听来非常可信。然而事与愿违，韩馥一旦交出冀州，便遭到袁绍属下的迫害，最终众叛亲离，在张邈家中自杀。张邈的弟弟张超正是随同荀谌和郭图劝降韩馥的四谋士之一，由于韩馥之死，张家兄弟肯定备受颍川人士的指责，曾经为韩馥交权以后还能安如泰山打包票的荀谌和郭图也因此无颜再回颍川面对家乡父老，荀谌很快默默而终，以荀家和郭家为代表的颍川集团从此成为倒袁绍的中坚力量，日后还力劝曹操与袁绍决裂。在颍川集团看来，对韩馥败亡负有主要责任的，除了张邈、张超兄弟以外，就是袁绍和公孙瓒，他们很快就会为分赃不均而大打出手。而当张邈、张超、公孙瓒都死去以后，袁绍就成了韩馥之死唯一的责任人，成为颍川集团的众矢之的。袁绍晚年犯下的最大错误，就是没有及早与颍川集团划清界限，反而继续重用郭图、淳于琼、辛评、辛毗这四个颍川人。最终，袁绍的基业就毁在此"颍川四人帮"之手。可以说，韩馥之死，是对袁绍的永恒诅咒，韩馥生前没有安如泰山，可是死得重于泰山。也正是鉴于袁绍在颍川集团问题上的教训，曹魏政权一直严格避免启用袁氏的老乡汝南人。

顺利夺取冀州的袁绍并没有意识到韩馥之死会给自己带来多大麻烦，估计他满以为杀掉袭击韩家的朱汉就足以塞责。

随着地位的巩固，袁绍的阴暗面日渐暴露出来。

虎牙都尉刘勋本来是董卓派来与袁绍谈判的使者，却遭到扣留，无奈投靠袁绍，最早辅佐袁绍在河北起兵，又劝张杨、于扶罗和眭固归降，颇有功勋。后来，刘勋希望能返回故乡看望亲人，为此编了个谎话，却被袁绍识破。袁绍大怒，下令将刘勋在自己面前活活打死。此外，为了给部队筹措军需，袁绍在冀州大肆压榨世族乡绅，原上谷太守高焉、原甘陵相姚贡等富豪都因捐献钱财不多，被拷打致死。而依附袁绍的审配等家族则作威作福，横行乡里，打击异己，以至于藏匿罪犯，袁绍置若罔闻。

朱汉、刘勋两位功臣之死，看似袁绍的一念之差，但是如果我们详细考察袁绍此前和此后的行为，便会发现，这二人的死绝非偶然。当袁绍被韩馥软禁时，率先组织反董卓联军，从而解救袁绍的，是臧洪、张超、张邈、刘岱、孔伷、桥瑁等人。在《三国演义》等文学作品里，这些人都没有得到重点刻画，甚至被略去不提，因为他们很快就都纷纷死于非命，而且大多是被袁绍直接或间接杀害的。这些于袁绍有功之人为何被杀，究其原因，主要是这些人自恃资格老，功劳大，动辄以"老革命"自居，对袁绍的嫡系部下并不恭敬，而且要求一定的政治利益，对袁绍的光辉形象和现实利益都有妨碍。自袁绍复出担任虎贲中郎将以来，凡是挡了他通向最高权力之巅的人，全都没有好下场：伯乐何进如此，竞争对手蹇硕、张让、段珪等宦官如此，从小对他倍加爱护的袁隗、袁基等亲人如此，本想与他和平分享权力的董卓如此，给他添乱的吕布、韩馥如此。不仅如此，凡是帮助过袁绍，但是不能充分领会其意图，帮助得过多或过少、力度不到位的人物，也都纷纷沦为他屠刀下的冤魂。朱汉擅自攻打韩馥，伤害其家人，刘勋当面欺骗袁绍，都影响了袁绍的光辉形象，因此他们必须死。在中国历史上，极少出现如此难伺候的领导人。所以，袁绍走到哪里，哪里就内乱不断，从袁术到曹操，越是熟悉袁绍的人，情绪往往表现得越绝望。可以说，袁绍的残暴程度比董卓有过之而无不及。

年轻时孝顺仁爱、行侠仗义、廉洁勤政，基本没有负面新闻的袁绍，何以会在掌握大权以后变得如此残暴任性？回顾历史，汉末乱局始于党锢之祸，党锢运动之所以会不断升级，就是因为以"孝廉"自居的党人在担任官职以后，残暴地屠杀宦官家属，而且越杀越多，动辄数以百计。汉桓帝起初想要维持两派的政治平衡，后来因为案件性质过于恶劣，只得向涉案党人出示"红牌"，将他们从政府中清除出去几个月，让双方冷静一下。没想到，汉桓帝刚刚召回党人，自己就突然死亡，党人联合外戚迅速夺取政权，宦官担心自己又要被屠杀，发动反击，这才有了汉灵帝对党人的一次又一次的迫害。可以说，这些时间中阉党残暴的不断升级，就是党人逼出来的。因此，在党人群体里面，孝顺仁爱、行侠仗义、廉洁勤政与残暴任性从来都不矛盾。作为汉末的党人领袖，袁绍把这几种性格都表现得淋漓尽致。在袁绍屠杀宦官、铲除阉党以后，党人作风丝毫未变。毕竟，生于本初元年的他此时已经年过四十，想改变性格和作风不太可能。于是，用来对付宦官的那一套，现在又被他拿来对付董卓、袁术等其他敌人了。无论是袁绍的敌人，还是他的部下，都不断被他的这种性格所感染。

不难看出，袁绍取冀州的过程，很大程度上为后来刘备取益州提供了蓝本：袁绍似刘备，韩馥似刘璋，逢纪似庞统，公孙瓒似马超，审配似法正，沮授似刘巴。袁绍能得冀州，有外援公孙瓒的一半功劳；刘备能得益州，也有外援马超的一半功劳。刘备入成都之后，对法正言听计从，任其胡作非为，就连诸葛亮都不敢过问，这和袁绍宽容审配一样，是为了奖励支持自己的地方豪强。只是公孙瓒后来与袁绍刀兵相见，马超却早早病死，来不及与刘备反目而已。

　　宽容审配和法正，都只是袁绍和刘备的权宜之计，原因是审配和法正的家族在当地的势力过大，不便得罪。通常，袁绍并不纵容部下违法乱纪，有一个例子可以为证：袁绍的一个舍人（门客）犯了法，督军从事牵招当即将其处死，然后再上报袁绍。袁绍不仅没有怪罪牵招，反而增加了他的兵权。与袁绍相反，当董卓身边的胡人犯了法，被司隶校尉赵谦处决之后，董卓大怒说："我喜爱的狗，还不愿意让别人呵斥，更何况是人呢！"于是打死了赵谦的部下都官，以为那个胡人报仇。因此，董卓的部下一贯军纪败坏，胡作非为，而袁绍部下的军纪相对来说就好一些。

　　夺取冀州之后，袁绍问沮授："现今贼臣作乱，朝廷迁移，我袁家历世受宠，志在复兴汉室。但齐桓公没有管夷吾不能成霸主，勾践没有范蠡无以存越国。鄙人希望与爱卿戮力同心，共安社稷，我应当怎样做呢？"

　　沮授回答道："将军弱冠从政，自幼播名海内。当董卓擅行废立，国家处于危难之时，将军忠义奋发，单骑出奔，董卓恐惧；渡河北上，渤海全郡服从。将军拥一郡士卒，领导冀州人马横行河朔，名重天下。如果您现在举军东向，青州黄巾便可扫平；归来西讨黑山，则张燕可灭；回师北向，必能生擒公孙瓒；以此震胁戎狄各族，南匈奴和屠各一定会臣服。这样，将军席卷大河之北，包举冀、并、幽、青四州之地，招收当地的英雄勇士，集结百万大军，去长安迎天子回洛阳，以此号令天下，诛讨不肯臣服的诸侯，又有谁敢抵抗呢？几年之内，便可成功，并不困难。"

　　袁绍听了，笑道："这正合我意。"

　　沮授这番分析乍听起来挺高明，也挺务实，但是完全没有说到点子上。作为一位急于要求进步的冀州基层干部，沮授实在太不了解高层政治了，也太不了解袁绍这个人了。袁绍的"单骑出奔"其实是一大群人的集体行动，"渤海全郡服从"是董卓为了拉拢袁绍做出的正式任命，"横行河朔"其实是因为路线斗争而与盟友不断内讧，"青州黄巾"从来不是袁绍的敌人，公孙瓒、南匈奴和屠各部落此时与袁绍的关系都很友善。至于"席卷大河之北，包举冀、并、幽、青四州之地，招收当地的英雄勇士，集结百万大军，去长安迎天子回洛阳，以此号令天下"，放在那个时代背景下，实在太可笑了。此前一年组织讨董卓联军时，袁绍手下何止"冀、并、幽、青四州之地"，就连南方的荆、扬、徐、兖、益、交六州也都是他的囊中之物。"去长安迎天子回洛阳，以此号令天下"，这不是袁术路线吗？袁绍出奔的主要原因，就是他不承认汉献帝是合法皇帝，而是董家不知道从哪里找来的一个小杂种，没有神圣的东汉皇室血脉。他与袁术的根本分歧也在于此。如果袁绍执行这一路线，那他就无须和袁术翻脸绝交，孙坚在几个月前就打下长安，迎汉献帝回洛阳了。这样一来，"挟天子以令诸侯"的，就成了袁术。当然，更有可能的是，汉献帝离不开董卓，大骂袁术和孙坚是逆贼，与董卓、王允、吕布等人一起在长安坚持抵抗到死，袁术也无计可施，袁绍则乐得拥立刘虞当皇帝。

其实，根据曹操的回忆，袁绍早就对"席卷大河之北，包举冀、并、幽、青四州之地"，然后南向争天下的"光武帝路线"感兴趣，夺取冀州必然是第一步，否则沮授也无缘和他在邺城相见。但是，袁绍从来也没有忘记南方各州，兖州一直在他的亲友严密控制之下，荆州也是袁绍老部下刘表的控制范围，在夺取冀州的同时，他还派周昂、曹操去抢豫州。因此，曹操和沮授的这两篇讲话，并不符合时代背景，很可能都经过了后来的加工。袁绍其实并不需要谋士，在他心中，他自己才是天下第一谋士，其次则是他的军师、海内头号大儒卢植，再其次则是一直跟随他鞍前马后的许攸、逢纪、曹操，沮授之流不过是打工仔而已。基层干部沮授对这些高层政治缺乏了解，未来注定将稀里糊涂地丧命。

东方各州之所以分裂，主要原因是袁术坚持讨伐董卓，为家人报仇，而袁绍则要停止讨伐董卓，拥立刘虞称帝，放任董卓割据关中。袁术自身实力不足，只有孙坚的豫州和他本人的荆州北部南阳郡。袁绍急于一举摧毁袁术势力，于是派周昂、曹操攻豫州，刘表攻南阳。袁术无力招架，只能尽可能联合一切与袁绍敌对的势力，甚至包括董卓和黑山军。

正在袁术陷入绝境之时，突然发生了袁绍在通向权力巅峰的路上第四件意料之外的事情。

一再被袁绍撺掇当皇帝的太傅、幽州牧刘虞并没有当皇帝的野心，反而一再向汉献帝、董卓集团示好，一个原因是他的儿子刘和当时还在长安当侍中。汉献帝西迁以后，刘虞派使者田畴到长安去，请求朝廷返回洛阳。因为孙坚这时已经撤退，去与周昂争夺豫州去了，董卓表态同意朝廷返回洛阳，而且还主动允许刘和跟田畴返回幽州。刘和途经洛阳时，被孙坚的殿后部队扣留，交给了袁术。袁术此时已经与袁绍决裂，遭到刘表、周昂的夹击，四面楚歌，决定暂时与董卓和解，于是释放了刘和，敦促他劝刘虞派军队来南阳，与自己一起去长安迎驾。刘虞得信，立即派公孙瓒的堂弟公孙越率领数千名骑兵前往南阳。公孙瓒闻讯以后，力劝刘虞不可如此行动，以免触怒袁绍，刘虞不从。公孙瓒于是给了公孙越一个锦囊，让他在路上拆阅。

如果太师董卓的凉州、并州军和太傅刘虞的幽州军联合迎汉献帝回洛阳，那么袁绍的计划就将全面破产。究其原因，以刘虞为代表的东汉皇室已经察觉，袁绍和袁术并不代表自己的利益，如果任二袁这么折腾下去，汉朝很快就将灭亡，谁也不愿意去给他们当末代傀儡皇帝，倒是董卓一心拥戴刘协，是真正的汉室忠臣。

从幽州去南阳，本来应该经过冀州。然而，刘虞知道袁绍不会同意自己与董卓合作，于是让刘和、公孙越绕道并州南下。公孙越途中拆开公孙瓒的锦囊，竟是一封给袁术的密信，让袁术软禁刘和，不让他去长安见汉献帝和董卓。绝境中的袁术得信大喜，立即照办，并把公孙越介绍给孙坚相识，派二人共同攻打盘踞在豫州的周昂和曹操。同时，袁术给公孙瓒回信，再三表示感谢，并宣传说袁绍不是袁家的种，希望他与袁绍决裂。公孙瓒害怕得罪袁绍，将此信转送了袁绍，袁绍大怒。

与董卓、丁原等人一样，公孙瓒是位出色的边疆将领，但是对高层政治缺乏理解力。这些边疆将领一般都有两个愿望：一，朝廷不要由敌视自己的人（例如敌视董卓的何太后）掌控；二，朝廷不要有太多纷争，这样可以保证自己的后勤充足。所以，公孙瓒非常希望董卓、刘虞、袁绍、袁术这几位朝廷大佬能够放弃纷争，和谐共处。但是，在当时的环境下，这种想法无疑过于天真。周昂的军队已经占据豫州，与从洛阳返回的孙坚激烈交锋，公孙瓒本来想两边都不得罪，结果却被迫站队。他把袁术给自己的密信交给袁绍，结果既无法缓和袁氏兄弟的关系，又使袁绍怀疑刘虞和自己，实在太过愚蠢。

公孙瓒的困境，也是当时所有诸侯（或军阀）的困境。由于董卓废杀何太后与汉少帝，在反董卓问题上，诸侯们基本上能够达成一致。但是，在袁绍和袁术之间选边站，却并不容易，但是又没有其他道路可选。围绕汉献帝是否合法的基本问题，袁绍和袁术兄弟之间的矛盾太过尖锐，以至于无人能够劝他们和解。于是，全中国都陷入了严酷的分裂斗争之中。

豫州争夺战比所有人预想的还要残酷。前文提到，曹操在豫州募兵期间，曾被袁术（或黄琬）的部下围攻，曹操差点丧命，一名叫秦邵的友人冒名顶替他被杀，曹操才得以逃脱。曹操与袁术和黄琬此前并无过节，黄琬与袁绍、王允关系很好，不会置曹操于死地，袁术本来也是讨董卓联军的盟友。双方在豫州交战，只可能发生在袁绍派周昂袭击豫州，引来孙坚反击期间。曹操与周昂在扬州募兵时相识，周昂担任过曹操的军师，部队哗变以后一起去河内投奔袁绍，所以袁绍派周昂去袭击豫州时，新任东郡太守曹操完全可能同行。攻城期间，公孙越被周昂军射死，但孙坚还是收复了整个豫州，周昂逃回河北，曹操

　　还几乎被杀。袁术乘胜前进，攻入陈留郡，与刘岱争夺兖州。为安全起见，曹操把东郡的首府从黄河南岸的濮阳搬到了黄河北岸的东武阳（今山东莘县南），也可能濮阳此时已经被袁术、孙坚攻陷了。

　　周昂与曹操失守豫州、兖州也遭到攻击的消息，大大激怒了袁绍。他于是在安定冀州以后亲自率军南下，多次在兖州和豫州击败袁术和孙坚。袁术、孙坚败退回南阳，别无选择，只得南下攻打袁绍的盟友刘表，企图完全占领荆州。为了摆脱袁绍军的追击，袁术又给北方的公孙瓒写信，添油加醋地告诉他其堂弟公孙越是怎样被袁绍派来的周昂杀害的。公孙瓒得信震怒，立即率军攻入冀州，进驻盘河（旧河道在今河北沧州市境内，现已干涸）流域，向袁绍宣战，并发表檄文指责袁绍：

　　"车骑将军袁绍依靠先祖的功勋，获取了显赫的官爵，理应尽忠于朝廷。但此人为人轻薄，思想阴暗，野心勃勃，私欲无穷，因此几年来犯下了十条大罪，兹列举如下：

　　"罪一，袁绍本为司隶校尉，当时国家多难，太后临朝，何进兄弟辅政。袁绍不能秉公执法，主持正义，而是专门逢迎拍马，策划阴谋诡计，招来不轨的奸徒，令社稷受到损害。最终令丁原焚烧孟津，董卓入京横行，导致天下大乱，生灵涂炭。

　　"罪二，董卓无道，擅自废立，胁迫皇上。袁绍不能出谋划策，帮助朝廷脱离苦难，而是毫无责任感地放弃了自己的职务，私自逃亡，朝廷赐予他的官爵因而受辱。

　　"罪三，袁绍后来担任渤海太守，理当光明正大地讨伐董卓，却不与身在洛阳的亲属打招呼，而是秘密行动，导致事情提前败露，其叔父太傅袁隗一门老小惨遭董卓杀害。袁绍可谓不仁不孝。

　　"罪四，袁绍兴兵两年有余，凡事都不替国家考虑，而是拥兵自重，玩寇自养，不致力于讨伐董卓，却四处盘剥百姓，所过之处十室九空，民众叫苦连天。

"罪五，袁绍逼迫韩馥，窃夺冀州，私自刻造印玺，下达的文件自称什么'诏书一封，邟乡侯印'，随便封赏部下，行为僭越。过去王莽先当假皇帝，然后渐渐就变成了真皇帝。看袁绍现在这样胡作非为，将来肯定会和王莽一样，走上叛逆的不归路。

"罪六，袁绍大搞迷信活动，重用崔巨业等星工，与他们同吃同住，委托他们观察天象，预言祸福，甚至还分析在哪天洗劫哪个郡县的收获会比较大。这难道是大臣应该干的事吗？

"罪七，前虎牙都尉刘勋与袁绍共同兴兵讨伐董卓，后来刘勋又收降张杨，立下不少功绩。而袁绍出于很小的怨恨，一怒之下将刘勋处死，可谓陷害忠良。

"罪八，袁绍贪财忘义，视他人的性命如草芥。前上谷太守高焉、前甘陵相姚贡，都因为没能满足袁绍的金钱要求，被横加杀害。

"罪九，《春秋》大义，子以母贵。袁绍的母亲是个女奴，本来地位微贱，没有成为嗣子的资格。我曾与后将军袁术通信，多次听他说自己和袁绍其实没有任何亲缘关系。袁绍这样一个卑贱的人理应谦虚恭谨，却反而傲慢自大，处处排挤亲戚，与他们抢夺显赫的官爵，致使有光荣历史的袁家蒙羞。

"罪十，长沙太守孙坚，以前代理豫州刺史期间击败董卓，清扫洛阳陵庙，忠于王室，功劳甚大。袁绍却派小将周昂窃取了豫州刺史之位，断绝孙坚军的粮草，使其无法深入，导致董卓至今尚未伏法。

"过去周朝衰败，天子迁都，诸侯背叛，于是齐桓公在柯亭倡立尊王的同盟，晋文公也在践土召开诸侯会议，讨伐荆楚以求象征王室尊严的苞茅，攻克曹、卫等国以惩办无礼之徒。臣公孙瓒出身布衣，虽非官宦世家、名门之后，但一直蒙受朝廷的恩典，手握重兵，自认为有义务当此重任，与州郡诸将率兵讨伐袁绍等贼臣。如果战事胜利，抓获这些罪犯，那臣等也就可以算是继承了齐桓、晋文忠于王室的事业。以后战争的过程，我们会详细地向朝廷报告。"

公孙瓒不愧是大儒卢植的高徒，这篇檄文言辞犀利，说的基本上都是实情，可称佳作。不过，古代的檄文往往有"乌鸦笑猪黑"之嫌，公孙瓒对袁绍的许多指责，例如谋财害命、迷信预言、杀戮贤人、擅行封赏等，其实也都可以用在他自己身上。袁绍从韩馥手中夺得冀州，不是就有公孙瓒一半的"功劳"吗？事实上，当时袁绍曾许诺与公孙瓒瓜分冀州，可是后来并未兑现，造成双方利益冲突。更重要的是，公孙瓒不懂政治。既要惩办袁绍，又要董卓伏法，还要拥护汉献帝朝廷，严重矛盾。此外，公孙瓒不敢公开提自己派堂弟公孙越去帮助袁术和孙坚攻打周昂和曹操，本想左右逢源，反而挑起事端的事实。因此，这篇檄文的实际说服力并不强。

趁袁绍远在豫州、冀州空虚之机，公孙瓒军势如破竹，降服冀州东北部的许多城市。袁绍当时急于一举消灭袁术和孙坚，听说公孙瓒南下之后，主动拜公孙瓒的另一个堂弟公孙范为渤海太守，希望能够以此取得公孙瓒的谅解，为进攻南阳争取时间，这可能是出于军师卢植的调解。

公孙范出任渤海太守后，公孙瓒暂时停止了对袁绍的进攻，这倒不是因为他真的准备与袁绍和解，而是因为另一股军事力量正在逼近渤海郡，那就是青、徐黄巾军。他们没有固定的根据地，无法从事农业生产，难以收获足够的粮食，所以不免要四处游击，从事劫掠活动。如前文分析的那样，在张角兄弟死后，真正信仰《太平清领书》的教徒已经寥寥无几，黄巾军之所以又活跃了十几年，与袁氏兄弟的放任甚至支持有很大关系，因为袁家属于土德，崇尚黄色。每当有势力起来试图挑战袁氏兄弟时，总会遭到黄巾军的进攻。不过，在袁氏兄弟分裂以后，黄巾军内部也自然发生了分裂。

初平二年（公元 191 年）秋，张饶领导的青、徐黄巾军在打败青州刺史焦和率领的官军以后，听说兖州东郡被黑山军攻破，于是打算前去会师。但他们在泰山郡被袁绍麾下的太守应劭阻拦，又听说黑山军已经投降袁绍，他们只得转而北上，于十一月在渤海郡南部渡过黄河。公孙瓒与公孙范闻讯之后，率步骑两万在东光县南堵截，大破黄巾军，号称斩首"三万余级"。黄巾军放弃了车辆辎重，奔走渡河。公孙瓒利用骑兵机动迅速的特点，在半数黄巾军渡过黄河时突袭其中路，号称又"斩杀数万"，生擒"七万余人"，从此威名大震。于是，袁绍把韩馥死后空出来的奋武将军头衔赏给公孙瓒（袁绍似乎特别喜欢"奋武"这个杂号将军头衔），又"承制"封他为蓟侯。

此次，公孙瓒表现得不像他的讨袁绍檄文那样正气凛然，而是欣然接受了这些由袁绍"矫诏"册封的官爵，于是留在渤海郡过冬，暂时满足于和袁绍瓜分冀州的现状。公孙瓒的态度之所以软化，是因为从南方传来了对他不利而对袁绍有利的重大消息。

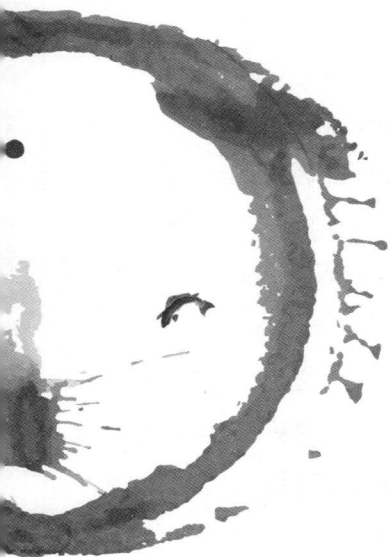

群雄逐鹿

第六章

英豪本色——孙坚之死与界桥之战（公元191~192年）

初平二年（公元191年）年底，袁术摆脱袁绍的追击之后，在南阳略作休整，便派孙坚南下攻打屯驻在襄阳的刘表。刘表听说孙坚来犯，派大将黄祖、吕公到襄阳城北的樊城、邓县（今邓州市）之间迎击。孙坚很轻松就击破了黄祖、吕公，乘胜渡过汉水，将刘表包围在襄阳城。黄祖、吕公的军队来不及撤入襄阳，于是逃入城外的岘山里，从那里频繁骚扰围攻襄阳的孙坚军。孙坚一怒之下，亲自进岘山追击黄祖、吕公。

岘山风景秀丽，林木繁盛，其南麓是襄阳名士庞德公隐居之所。庞德公是庞统的伯父或叔父，其子庞山民则是诸葛亮的姐夫。庞德公后来称赞诸葛亮为"卧龙"、庞统为"凤雏"，似乎有借诸葛亮抬高自己的亲属之嫌。不过，诸葛亮在建安二年（公元197年）之后才移民到荆州，此时还未与庞德公结交。刘表出任荆州刺史后，为收揽当地民心，多次派使者请庞德公出来做官，后来还仿效袁绍，亲自出马去岘山相邀，但还是遭到坚定的拒绝。

不过，刘表的岘山之旅并没有白来，他的部下对当地的地形从此了如指掌。孙坚贸然进入岘山，不料在庞德公住宅附近的竹林里遭到伏击，被躲在里面的黄祖、吕公的士兵用冷箭射杀。这位斩华雄、破吕布、夺洛阳、深受董卓忌惮的猛将，就这样为了袁术的事业，死于袁绍的盟友之手，成为二袁兄弟相争的牺牲品。

孙坚的意外死亡不仅拯救了刘表，也令袁术征服荆州的计划破产。袁术自身人脉有限，实力不强，一直无法与袁绍相抗衡。组织联军讨伐董卓这两年，袁术暴得大名，以至于能够同袁绍分庭抗礼，主要是靠孙坚英勇善战，以一己之力击败董卓，夺取洛阳的功劳。孙坚死时45岁，正值壮年，长子孙策才16岁，次子孙权才9岁，都尚未成年，无法统军。经过孙坚幕僚桓阶的交涉，刘表将孙坚的遗体还给了孙坚的侄子孙贲，孙贲带着孙坚的军队解围北归，投奔袁术的南阳大营去了。袁术见孙坚战死，知道自己困守南阳，四面树敌，无法发展，于是一面表孙贲为豫州刺史，以便安抚孙坚旧部，一面策划经自己的老家汝南郡向富庶的扬州进军。很快，孙贲就攻入扬州西部，打败一直支持袁绍和曹操的扬州刺史陈温，陈温败逃到今浙江地区。孙家籍贯富春（今浙江杭州市富阳），孙贲本想一举攻灭陈温，衣锦还乡，但见陈温抵抗比较顽强，就暂且在建康（今江苏南京）附近驻扎下来，并将孙策、孙权兄弟等家属暂时安置在长江北岸的徐州广陵郡江都县（今江苏扬州市南），等待袁术前来会师。

孙坚诸子的名字都挺有意思。孙策字伯符，孙权字仲谋，孙翊字叔弼，孙匡字季佐，"名"与"字"的含义均相似，可以算是"互训"。实际上，这四兄弟的名字可以从含义上分为两组，即"策符、权谋"组和"翊弼、匡佐"组。看来，在给儿子起名之时，孙坚便已经决定，让孙策和孙权用智谋打江山，而让孙翊和孙匡予以辅佐。孙策取字"符"，其名与字竟然又与上司袁术的名与字同义互训。"策"与"术"的含义相同，"符"和"公路"都暗指"代汉者当涂高"等图谶预言。袁术后来经常说："使术有子如孙郎，死复何恨！"袁术虽然有些忌惮孙策，但对他相当倚重，照顾有加。袁术败亡后，孙权娶了袁术的女儿，孙权的小儿子孙奋娶了袁术的孙女。孙权即皇位后，原本打算立袁夫人为皇后，只是因她无子而作罢。由此看来，袁术与孙家的关系可谓相当深厚。

身在长安的董卓听说二袁内讧，韩馥自杀，刘表又杀死了孙坚，大为得意，便故伎重施，拜部将壶寿为冀州牧，命他北上与公孙瓒合击袁绍。但就在此时，董卓阵营内部也爆发了冲突：驻守洛阳的河南尹朱儁与袁术通谋，打算让洛阳重新脱离董卓的统治。事情很快败露，朱儁弃官逃往南阳，投奔袁术。袁术刚刚折了孙坚，见老将朱儁来投奔自己，非常高兴，立即委以重任，拨给他一支部队。朱儁率袁术军北上，打败了董卓新任命的河南尹杨懿，重新占领了洛阳。此时洛阳一带几乎没有人烟，城郭成了废墟，重建工作非常困难。朱儁在洛阳得不到补给，只好向东撤退到中牟，并向一直在二袁之间中立的徐州刺史陶谦求援。陶谦统治的徐州从未参与内战，实力很盛，便派来精兵三千，又表朱儁为车骑将军，而这正是袁绍自称的官职。从此，袁绍与陶谦之间的关系开始恶化。陶谦自知实力不敌袁绍，于是西联袁术，北附公孙瓒，以与袁绍抗衡。这样一来，袁术的势力在孙坚死后又突然膨胀，把荆州北部、豫州南部、扬州西部和徐州联成一体，于是暂时停止了东迁扬州，与孙贲会师，割据东南的计划，转而准备重新争霸中原。孙贲可能是因为反对这一计划变动，被袁术从豫州刺史降为丹杨都尉，剥夺了大部分兵权，无力再攻取扬州东部，陈温因此躲过一劫。孙贲无奈之下将孙坚的灵柩埋葬在辖区曲阿（今江苏镇江市丹阳市西）。

董卓听说朱儁叛投袁术，还打败了自己新任命的河南尹杨懿，率领袁术和陶谦的援军退守中牟县，颇为恼怒，便派自己的女婿、中郎将牛辅与校尉李傕、郭汜、张济、贾诩领军数万，向中牟进攻。这一大规模军事行动表面上看顺理成章，实际上却打乱了董卓以往的战略部署，即联合袁术，压制袁绍。此前，由于袁绍不讨董卓，反而偷袭讨董卓的头号功臣孙坚，夺取冀州，又与公孙瓒开战，袁术已经停止对董卓的一切军事行动，董卓一时处于"坐山观虎斗"的战略优势。朱儁的兵变，不过给废都洛阳周边地区造成了一定的混乱，并没有动摇董卓的核心利益，董卓根本犯不着为此出动自己的精锐之师。牛辅、李傕、郭汜、张济、贾诩等将领离开长安东征以后，留在董卓身边的，就只剩下司徒王允、长史何颙、中郎将吕布等人了，董卓最终将为此付出生命的代价。董卓与袁术集团的交战，更会使王允、何颙的后台老板袁绍坐收渔翁之利。可想而知，撺掇董卓派牛辅、李傕、郭汜、张济、贾诩东征朱儁的，多半就是这几位袁绍在长安朝廷的内线。

得知董卓军兵临中牟城下，朱儁出城迎战，被李傕、郭汜杀得大败，只得退回城内，坚守不出。李傕、郭汜、张济见中牟城一时不易攻取，便绕道东行，攻打临近的陈留、颍川等郡，所过之处生灵涂炭。

颍川人荀彧是"本初俱乐部总经理"何颙的莫逆之交，袁绍组织联军讨伐董卓时，荀彧也离开洛阳，跑回家乡避难。当时，荀彧的同乡韩融带着亲友千余家到密西山中隐居，请荀彧过去。荀彧认为那里守不住，便应颍川老乡韩馥之邀北上冀州。荀彧刚走，李傕、郭汜等人的军队便攻到颍川，进入密西山中，抓走韩融，很多百姓被杀。

荀彧抵达冀州时，袁绍刚刚在荀彧的三弟荀谌帮助下夺了韩馥之位，见到"本初俱乐部"的老成员荀彧来了，对他非常重视。但是，很快韩馥就遭到袁绍党羽迫害，逃往陈留避难，最终在张邈、张超兄弟家中自杀，不久荀谌也死了。这一变动大大刺激了荀彧，他认为袁绍不致力于讨伐董卓，却一味排斥异己，冀州难以久居，但又深知袁绍的厉害，不敢公开脱离袁绍阵营，于是征得袁绍同意，去东郡辅佐袁绍的大将曹操。作为老党人，荀彧对高层政治斗争颇为了解，曹操与荀彧一聊，非常投机，高兴地说："您真是我的张子房啊。"于是拜荀彧为奋武司马，也就是奋武将军的副手。

奇怪的是，当时袁绍麾下的奋武将军已经不再是曹操，而是沮授。曹操当然不可能让荀彧返回邺城去给沮授当副手，而是将他留在自己身边，这说明曹操并不打算向沮授移交奋武将军的兵权。袁绍可能没工夫理睬这件小事，因为另一位奋武将军——被董卓委任为奋武将军的公孙瓒更让他头疼。

初平三年（公元192年）年初，袁绍不仅未能利用孙坚意外阵亡的机会一举消灭袁术，扩大势力范围，反而面临众叛亲离的危机。自从讨董卓联盟成立以来，袁绍的表现日益受到公众质疑，他怎么看都不像袁术、孙坚那样，一心讨伐董卓，而是在不断排斥异己，运用阴谋诡计夺走了韩馥的冀州、孙坚的豫州，并让这两位汉室忠臣死于非命。桥瑁、朱汉、刘勋等为袁绍立下过汗马功劳的官员，因为服侍得不到位，便相继被袁绍害死。越来越多的人开始质疑，袁绍究竟要把中国引向何方，追随袁绍是否还有意义。当孙坚战死，袁术这位"反对党领袖"行将垮台之际，公孙瓒、朱儁、陶谦、黑山军、青徐黄巾等中立势力纷纷转而支持袁术，刘勋之死又导致在他的劝说之下才投降袁绍的张杨、于扶罗和眭固重新发动兵变，率领黑山、南匈奴联军占据河内，与袁术、公孙瓒、朱儁结盟，兖州的刘岱、曹操、荀彧和冀州的赵云、李邵、孙伉、季雍等原本附属于袁绍的地方势力也都开始动摇观望。并不是袁术本身多么有魅力，而是因为这些人不愿意看到袁绍统治中国。其中，实力最强、最为活跃的，当数公孙瓒。

自从战胜青、徐黄巾，与袁术、朱儁、陶谦、南匈奴、黑山军结盟之后，公孙瓒野心极度膨胀，自以为趁袁绍众叛亲离的机会，"天下事可指麾而定"。恰值此时，一直在袁绍和公孙瓒之间牵线搭桥的军师卢植病逝，使袁绍集团遭遇重大损失，也让公孙瓒可以无须再顾忌这位老师的调停。春雪消融之后，他便率军离开堂弟公孙范的领地渤海郡，向袁绍的冀州腹地进军，趁袁绍的主力尚在豫州未归之际，连续攻占安平与清河二郡，势如破竹地推进到皇甫嵩当年击败黄巾军的主战场——巨鹿郡广宗县，离袁绍的大本营邺城仅有80公里路程。袁绍手下的巨鹿太守李邵、孝廉孙伉等见公孙瓒兵势强盛，都做好了倒戈的准备。清河人季雍也叛变袁绍，占据鄃城，投靠公孙瓒，公孙瓒还派兵协助他守城。在这种局势下，常山国真定县人赵云抱着和荀彧、李邵、季雍等人同样的想法，抛弃袁绍，转投公孙瓒，并当面吹捧公孙瓒是"仁政所在"。

见自己的部队势如破竹，公孙瓒十分得意，于是向袁绍学习，"承制诏拜"部下严纲为冀州刺史以代袁绍，田楷为青州刺史以代臧洪，单经为兖州刺史以代刘岱，打算先破袁绍，然后扫平华北。刘备当时被公孙瓒委任为低级军官——别部司马，可见公孙瓒并不很重视自己的这位老同学。他更重视的，是另一位姓刘的官员——兖州刺史刘岱。

原先诸侯联军讨董卓时，袁绍把家眷留在兖州，委托刘岱照顾，夺取冀州以后一时还来不及把他们接到邺城来。和袁绍一样，公孙瓒也与刘岱是姻亲，曾派从事范方率数千骑兵帮刘岱讨董卓，对此有所了解。此时便想把袁绍的家属弄到手里当人质，便命范方给刘岱下通牒，命令他立即把袁绍的家眷交给自己，然后与范方联合从南方夹击袁绍，否则的话，就让范方率骑兵北上与自己会师，一旦灭了袁绍，就要渡河南下攻打刘岱。

刘岱读了公孙瓒的通牒，十分恐惧，赶紧召集下属开会，其中很可能也包括时任东郡太守的曹操。曹操之所以敢于同沮授争夺奋武将军的头衔，可能就有顶头上司刘岱的授意。当时，兖州的形势很严峻，袁绍刚刚率主力从豫州归来，渡河北上迎战公孙瓒，而黑山军首领于毒、白绕、眭固联手张杨的河内叛军和于扶罗的南匈奴军，重新从河内攻入兖州北部，又与被公孙瓒赶过黄河的青、徐黄巾军取得了联系，形成了同公孙瓒夹击袁绍之势。袁绍孤军北上，无法指望自顾不暇的兖州和青州提供援助，远在荆州的刘表更不可能派来援军，甚至连半个冀州都已经落入了公孙瓒之手。因此，袁绍不光要以半个冀州抗衡公孙瓒、黑山与黄巾军的四州之众，而且他的军队数量、装备和马匹都不如公孙瓒军，胜负的天平明显倾向于公孙瓒一方，难怪刘岱、曹操犹豫是否要把袁绍的家属交给公孙瓒。

眼看公孙瓒规定的最后期限快到了，讨论还没有结果，别驾王彧便向刘岱推荐了东郡人程昱（奇怪的是，东郡太守曹操并未发现程昱这个人才）。刘岱召见程昱，问他是否应该满足公孙瓒的要求，程昱分析道："袁绍的地盘离兖州近，又与将军亲近；公孙瓒的地盘离兖州远，和将军的交情又比较浅。如果您抛弃袁绍，转到公孙瓒一边，就如同到遥远的南越去寻找潜水健将，请他来救自己落入水中的孩子一样荒谬啊。公孙瓒不是袁绍的对手，现在虽然打败了袁绍的冀州驻军，但最终将被袁绍消灭。如果只考虑眼前利益而没有长远眼光的话，将军一定会吃亏的。"刘岱深有同感，但也没有阻止范方及其骑兵离境北上。

范方从刘岱所在的兖州首府昌邑县出发，奔赴公孙瓒设在广宗的军营，途中必然要经过曹操统治的东郡。曹操任由范方的军队过境去攻打袁绍，实在很奇怪。当年春季，曹操既没有随同袁绍北伐公孙瓒，也不驻扎在辖地东郡的临时首府东武阳，而是驻扎在东郡西部边境上的顿丘（今河南濮阳市北）。曹操听说于毒、白绕、眭固、于扶罗等人率领黑山、南匈奴联军围攻东武阳，不东进救援，反而向西北方移动。据《三国志》与《魏书》解释，曹操这是要"围魏救赵"，攻打太行山中的黑山军根据地，以迫使黑山军解东武阳之围。于毒等人听说曹操正在向太行山进军，立即解围撤退，曹操于是在半路上设伏，重创了眭固和于扶罗的军队。

这听上去像是一次伟大的军事成就，可惜只是后世亲魏文人对曹操的粉饰。顿丘离黑山至少有100公里，离东武阳却只有80公里，曹操怎能保证，在自己深入黑山，攻打黑山军根据地期间，东武阳一定不会被黑山军攻陷呢？更何况，黑山军本是游击队性质，即便丢了根据地，也不会很在意。倒是曹操这个东郡太守不可能越过冀州的魏郡和司隶校尉部的河内郡，去统治黑山地区。另外，黑山军此后的规模不断壮大，根本就不像是刚刚打了大败仗。

实际上，河北地区在当年春季发生的三件大事，已无声地将实情透露给了后人：第一，袁绍军抵达前线，开始与公孙瓒交战；其次，董卓任命的冀州牧壶寿渡过黄河，招安了黑山、南匈奴联军，合力攻打袁绍的领地；第三，黑山军虽然不再围攻东武阳，却向袁绍的大本营邺城挺进，并且趁袁绍倾巢而出，魏郡驻军叛变之机，轻松地占领了这座河北第一大城。曹操即便不能随袁绍北上迎战公孙瓒，至少也应在东郡拖住黑山军主力，以确保袁绍后方基地的安全。但曹操并没有这样做，反而特意把军队带到远离所有敌军的偏远地区顿丘躲了起来。

曹操在初平三年（公元 192 年）春季的怯懦表现，说明他此时相信，袁绍败局已定，可能即将成为公孙瓒的刀下之鬼。为求自保，曹操便做出了很自然的选择——观望。所以，他不向邺城以西的太行山区进军，而是留在顿丘附近，坐视壶寿、于毒、于扶罗等人带领黑山、南匈奴联军从自己面前经过，去袭击防备空虚的邺城。同样，曹操也没有阻止范方带骑兵渡过黄河，经自己统治下的东郡，从背后去攻击袁绍。黑山军之所以放弃围攻东武阳，主要原因恐怕不是曹操袭击他们的大后方，而是壶寿命令他们立即把目标转向邺城。

袁绍抵达巨鹿郡南部后，听说当地太守李邵和孙伉等人意图叛变，就委任参军事董昭为巨鹿太守。董昭到任后，设计杀死孙伉，渐渐平定了当地的局势。不过，因为此事前后花了许多时间，所以对袁绍的战争帮助不大。

当曹操在顿丘按兵不动时，袁绍的军队顺清河北上，离广宗东郊的战略要地界桥（今河北威县东）只剩 20 公里路。如果袁军占领界桥，便可以越过清河，兵临广宗城下，因此公孙瓒决定在界桥以东的清河岸上迎战。当袁绍发现公孙瓒主力时，也许还不知道邺城陷落的消息，更不会知道，在曹操的纵容下，范方的骑兵正从自己背后袭来。此时的袁绍身陷绝境，除了手中的军队和脚下的战场，已经一无所有。因为丧失了大本营，他的后勤已经无法维持。除非袁绍在界桥战场上取得彻底的胜利，否则他肯定不会再看到明天的太阳。更糟的是，袁绍当时几乎没有骑兵，只有数万步兵，而且远来疲惫，行军中的部队首尾长达十余里，无法立即在前线集结大量兵力，摆出正确的战斗阵形，甚至连军营都来不及搭建。而在袁绍的对面，公孙瓒率领的 4 万多士卒和 1 万多匹战马早就以逸待劳多日了。

老将公孙瓒看到袁绍已经犯下了一个统帅所能犯的所有战术错误，认为自己已经胜券在握，于是采取了最常见也最稳妥的阵形，以步兵 3 万余人摆成方阵，并在方阵的左右两翼各部署五千余名骑兵，自己率领白马义从铁骑往来策应，旌旗铠甲光耀天地。因为是公孙瓒选择的战场，平坦的地形对他的幽州骑兵冲锋很有利。

虽然看似所有条件都不利于袁绍，但他必须立即开战，因为如果等到邺城陷落的消息在军中传开，粮草消耗得也差不多了，范方的骑兵又从背后赶来，便只有死路一条。于是，袁绍命令先锋麴义率 800 名凉州重步兵和 1000 名弩兵冲上沙场，主动向公孙瓒挑战，界桥之战爆发。

见麴义只带了这么点步兵，公孙瓒完全不将其放在眼里，便命令两翼的骑兵全部冲出，想把这 1800 人全部踩死。麴义命士兵躲在盾牌下不动，等公孙瓒的骑兵离自己只有数十步时才发出口令，让他们同时站起。凉州兵大吼着冲向敌人，同时弩兵将盾牌在地上支起，将上好箭的弩弓架在盾牌上沿，瞄准敌人猛烈射击，每射必中。冲在前面的幽州骑兵瞬间就被射倒一大片，后面的纷纷撤退，闯入步兵阵中自相践踏，全军大乱。麴义率军乘胜冲击，临阵斩杀了公孙瓒任命的冀州刺史严纲等千余人，一路追至界桥。公孙瓒知道如果界桥失守，广宗便危在旦夕，所以亲自带精锐部队守桥，但还是挡不住麴义的猛攻，只得干脆放弃了界桥和广宗，与公孙范、田楷、单经、刘备、关羽、张飞、赵云等人逃往清河郡。《三国演义》说赵云在界桥战场上杀死麴义，救出公孙瓒，纯粹是为突出赵云的勇武形象而妄自虚构的。

当麴义在界桥两侧把公孙瓒杀得落花流水时，袁绍离界桥还有十余里路。

听说敌军大败，连界桥都已经攻克了，他认为这一带不会再有敌人，便放松了警惕，让主力部队前行，自己从马背上下来，和田丰等幕僚带着数十名弩兵和百余名戟兵巡视战场。没想到，麴义因为兵力有限，真正打垮的只是公孙瓒的一翼骑兵，另一翼骑兵尚有两千余人，此时突然出现在战场，与袁绍相遇。这些人并不认识袁绍，见面前的袁军不过两百人，立即猛扑过去，四面包围，左右驰射，箭如雨下。田丰见附近有座废弃的建筑物，要扶袁绍进去躲箭，袁绍反而把头盔摘下来，扔到地上，以示自己无须任何防备，并对部下说："大丈夫理当在前线英勇战斗至死，藏到墙里面躲箭，难道能拯救自己的生命吗？"袁军群情激奋，强弩乱发，敌兵纷纷被射中，只得后退。这时，麴义带着胜利之师归来，公孙瓒的骑兵见势不妙，赶紧逃走。这次，袁绍靠自己的努力，又逃过一劫。

在汉末、三国军事史上，界桥之战的意义绝不亚于官渡之战、赤壁之战和夷陵之战。它不仅决定了此后袁绍统一河北地区的局面，更决定性地改变了袁绍、公孙瓒、刘虞、刘备、曹操、张燕等众多军阀的命运。由于在战前失去了邺城的大后方，加上缺乏骑兵，袁绍如果输掉界桥之战，必然全军覆没，形成袁术、公孙瓒和陶谦主宰华北和中原的局面。作为公孙瓒的老同学和部下，刘备必将崛起；而作为袁绍的部下，曹操必然没落，即便临时转投公孙瓒，也难以获得重用。公孙瓒军之所以会失败，主要是因为战前的准备过于充足，自己所处的态势过于有利，而敌人又看似一无是处，因此在心理上过于放松，缺乏拼死一搏的意志，从而给了袁军以"置之死地而后生"的机会。在这场决定性的战役中，麴义及其凉州精兵展示了强大战斗力，也一举奠定了他作为袁营首席名将的地位。在冷兵器战史中，在以步兵战胜骑兵的战例中，成就之大没有能超过界桥之战的。配备巨型盾牌的弩兵被证明拥有良好的防御能力，其盾牌还可以作为弩弓的支架，大大提高射击准确率，节省士兵的体能，该兵种因此逐渐成为世界上的主流兵种，直到中世纪晚期火器的出现与大量使用，巨型盾牌才被逐渐取代，该兵种逐渐消失。但是，袁绍性格"外宽内忌"，不仅没有给麹义适当的封赏，反而对这位凉州将领心存猜忌。当麹义战功积累得过多、在社会上的名望过高时，迟早将难逃袁绍的魔爪。

据《傅子》记载，袁绍在军队中常常头戴缣巾，该书以此指责袁绍华而不实。但从《汉末英雄记》的记载来看，在界桥之战时，袁绍一直戴着头盔，只是在绝境中为了鼓舞士气，表示自己无惧敌军的箭雨，才将它脱掉。汉代的标准军用头盔重达4公斤以上，不可能整天都戴着，否则容易导致颈部受伤。从出土的汉代兵马俑来看，多数汉军将士都不戴头盔。因此，袁绍在军营里摘下头盔，只戴轻便的缣巾，并非华而不实之举。

界桥之战的结局出乎所有旁观者的意料，袁绍的迅速胜利甚至没有给范方的骑兵留下任何机会。只有程昱的预测正确，刘岱对此非常感激程昱，表程昱为骑都尉，程昱却称病不出。

界桥之战结束后，袁绍继续北上追击公孙瓒，另派朱灵东攻占据鄃县的叛乱者季雍。朱灵本人原籍清河高唐，此时家属全在鄃城中，季雍便把朱灵的母亲和弟弟拉到城墙上，逼朱灵倒戈。朱灵看着家人，哭着说："大丈夫既然出来做官，自己的身家性命便已经给了主公，哪里还能顾念家人呢！"于是奋力攻克鄃县，生擒季雍，而他的家人则都被杀害。看到袁军势如破竹，公孙瓒惊慌失措，向北撤到幽州首府蓟城（今北京市西南），投奔刘虞。

公孙瓒的一连串失败，令他的部下人心惶惶，很多人都开始考虑改换门庭。

看到公孙瓒不是袁绍的对手，赵云便托言兄长去世，需要自己操办葬礼，辞别公孙瓒，返回故乡常山。常山当时在袁绍的控制下，刘备知道赵云这次去了就不会再回来，便与他依依惜别。果然，赵云到了常山之后，很快又搬家到邺城居住，显然是归顺了袁绍集团。

赵云抛弃公孙瓒投奔袁绍，在当时绝不是个例。界桥之战的消息传来，就连卢植的老师、马融的学生郑玄这时也离开徐州的隐居地，应袁绍的邀请来到冀州。可见界桥之战的胜利大大提升了袁绍的威望，社会各界普遍相信，袁绍统一中国已经只是时间问题了，于是纷纷前来投奔，争取赶上"摘桃派"的最后一班车。

可是，袁绍并不急着统一中国。

袁绍在界桥之战前后，应当已经知道了邺城失陷的新闻，但他严密封锁消息，直到收复了整个冀州之后，才引军南归，扑向邺城。抵达薄落津（今河北巨鹿县东南）时，邺城被敌军占领的消息才传开。袁军将校的家属大都在邺城，听到这个消息后纷纷惊慌失措，甚至痛哭流涕，袁绍却面不改色，继续射箭和玩投壶，谈笑自若。袁绍向来善于展现风度，更何况他的家属不在邺城，而在兖州，因此有保持沉着冷静的底气。在这个方面，袁绍比关羽强得多，否则他也只能败走麦城。不过，这次能够在绝境中战胜公孙瓒，主要并非依靠袁绍的临场指挥，而是有赖麴义的忠诚、果断和英勇，再加上一些运气。

界桥之战后，袁绍的好运还在继续。黑山军中的一名首领陶升听说袁绍战胜了公孙瓒，便在邺城发动兵变，赶走壶寿、于毒、于扶罗和张杨等人，并把袁绍军家属送到斥丘（今河北魏县西）的袁军哨所。袁绍抵达斥丘，得到这个好消息，大喜过望，立即拜陶升为建义中郎将，随即派麴义和曹操去攻打于扶罗、张杨，在邺城以南的内黄把他们打得大败。接下来，袁军又向壶寿和于毒发动进攻，在朝歌县西郊的鹿肠山苍岩谷（今河南淇县西）将其包围，猛攻五日，全部消灭，然后乘胜北上黑山，在山谷中连续战胜黑山军各部，前后斩首数万级。黑山本来是能与黄巾相提并论的强大农民武装，自此之后一蹶不振，余部被张燕整合，转入西面的太行山区活动。《后汉书·皇甫嵩朱儁列传》说"诸贼多为袁绍所定"，指的主要就是这一系列军事行动。

战败的于扶罗和张杨逃到黄河边，在黎阳战胜了袁绍任命的度辽将军耿祉，才得以重整旗鼓。董卓闻报，本着"敌人的敌人就是朋友"的原则，也拜张杨为建义将军兼河内太守，委托他防守洛阳北部，阻止袁绍渡过黄河南下。继让公孙瓒和曹操争夺"奋武将军"头衔以后，董卓和袁绍又为了"建义"这个将军头衔较起劲来。

初平三年年初的连续胜利，特别是界桥之战与讨伐黑山军的胜利，让袁绍从四面楚歌的孤家寡人一跃而成为天下势力最强的头号军阀，而且这些成绩不是在袁氏祖先广施恩泽的司隶、豫州或徐州取得的，而是在袁氏祖先从未当过官的冀州取得的。现在，再也没有谁能怀疑袁绍的实力了。然而，与公孙瓒和黑山军的冲突还是让袁绍付出了沉重的代价，他苦心经营、原先铁板一块的政治集团，在这一过程中产生了许许多多的裂缝。如果袁绍认真追查那些犹豫观望、勾结敌人的部下，势必会诱发无穷无尽的新叛乱。要想避免这种现象的发生，他必须有不追查部下历史问题的气度。然而，袁绍并不具备这种气度。最终，他的部下将会痛心地发现，自己的领袖不仅难以共安乐，甚至还难以共患难。

袁绍虽然忙着南下攻打黑山军和魏郡叛军，但并没有忘记继续打击公孙瓒。他在冀州北部留下数万部队，交由那位著名的星象家崔巨业指挥。当年晚些时候，崔巨业率军进入幽州南部的涿郡，围攻固安，但无法占领，只得撤退。公孙瓒闻讯，亲率步骑三万，从蓟县出发追击崔巨业，在巨马水（今拒马河）河畔大破崔军，斩首七千余级，然后乘胜南下，重新占领了渤海郡，并突入青州平原郡。在这次战役中，刘备立下了不少战功，公孙瓒于是晋升刘备为平原相，命他跟随青州刺史田楷渡过黄河，尔后刘备率军联合公孙度派遣到山东半岛东北部的营州刺史柳毅，击败袁绍新任命的青州刺史臧洪与黄巾军，占领了大半个山东半岛。

袁绍刚刚收复邺城，讨平黑山、南匈奴联军不久，便得知崔巨业和臧洪战败，连忙亲自率军北上，在龙河（又名龙凑，应即潴龙河，在今河北省白洋淀和滹沱河之间）与公孙瓒军相遇。这次，袁绍派一支由老弱残兵组成的小部队在前诱敌，大军在后埋伏。公孙瓒军冲过来时，袁军主力突然出现，并且开始渡河。公孙瓒的军队见袁绍亲来，"胆破众散，不鼓而败，兵众扰乱，君臣并奔"，自相践踏，一路逃回幽州。

龙河之战后，袁绍返回邺城，随后又派兵数万东进，企图帮臧洪夺回青州，在黄河下游与田楷、刘备展开了持续一年多的拉锯战。

公孙瓒派田楷、刘备军南下青州，这让公孙瓒的手下败将青州黄巾军极为恐慌。自从被公孙瓒在黄河下游击溃之后，张饶便率领仍号称二十余万的青州黄巾向东南方进军，进入徐州北部，被陶谦击败。初平三年四月，他们离开徐州，大举涌入兖州，号称百万之众，先杀死了任城相郑遂，又北上东平。身为兖州刺史的刘岱准备亲自率军出击，济北相鲍信劝他坚壁清野，黄巾军消耗光了粮草，自然会分崩离析。刘岱不同意，出城与黄巾军野战，结果兵败阵亡。

刘岱死后，兖州无主，人心忧惧。这时，曹操刚随袁绍击败黑山军和于扶罗、张杨，正带着胜利之师归来。东郡人陈宫有侠义之风，好谋善断，在兖州影响很大。他认为曹操有能力安定兖州，便四处游说，请曹操来接任兖州刺史的职位。鲍信等人深以为然，于是一同到东郡迎接曹操。此事未经袁绍批准，当然也得不到董卓的承认，完全是地方豪强的自发行为。但曹操与袁绍既是多年老友，又刚刚立下战功，所以袁绍对此并未反对。此后，他还曾多次派兵南下，支持曹操保卫兖州的军事行动。

无论自己的地位是否合法，新任兖州刺史曹操都必须立即在战场上捍卫自己的权力。于是，他率东郡军渡黄河南下，与鲍信的济北军会师，又转向西南，在寿张（今山东东平县西）与黄巾军相遇。此时，曹操与鲍信面对着与袁绍在界桥战场上相同的麻烦，那就是行军中的部队前后距离太长，前锋千余人已经与敌军交战，后面的部队却还没赶到。兖州兵的战斗力远不如公孙瓒的幽州兵和麴义的凉州兵，结果被黄巾军杀得大败，曹操也被包围，形势危如累卵。这时，鲍信奋力抵抗，掩护曹操突围逃走，自己不幸阵亡，连尸体都没有找到。就这样，鲍信、鲍韬兄弟二人为了救曹操之命，先后战死沙场。

侥幸逃生的曹操率少量人员撤回大营，同鲍信部将于禁率领的增援部队会师。于禁的军队大都是新兵，见老兵们首战惨败，鲍信也阵亡了，无不恐惧。曹操努力鼓舞士气，总算击退了黄巾军的下一波攻势。张饶见曹操势单力孤，就写信劝降："听说您以前在济南当官时，毁坏西汉城阳景王刘章的祭坛，和我们中黄太乙的作为完全一样，好像挺明白事理的，现在怎么又糊涂起来了？按照五行理论，现在汉行已尽，黄家当立。天意如此，不是您能够挽回的。"曹操自然不降，他只是暂时处于劣势，之后局势突然逆转，曹操大破青州黄巾军于济北郡，迫使他们投降，总号称士卒多达30余万，普通百姓百余万。当时的兖州根本养不活百万流民，而且对于青州一隅的黄巾军来说，"百万"这个数字实在太夸张了。即便在张角兄弟领导的黄巾运动极盛期，全中国的黄巾信徒加起来也只有36万。曹操收编的所谓"百万"青州黄巾，显然又是"以一为十"的夸张之词。正如袁绍后来在给汉献帝的《上书自讼》中提到的那样，当时的情况是"黄巾十万焚烧青、兖"，青州黄巾顶多只有男女10万，士卒3万而已。

曹操突然反败为胜，收编青州黄巾，其过程不很清楚，史书也没有详细描述这次战争的细节，似乎胜利的主要原因并不在曹操自己。可能是因为公孙瓒部将田楷与刘备占领青州，对青州黄巾军形成了夹击之势，也可能因为曹操坚壁清野半年，黄巾军无法获得补给，在饥饿的驱使下，被迫请求归附。但是，几年的战乱已经将兖州的物资储备耗尽，曹操此时也没有多少军粮，即便青州黄巾只有十万人，投降后造成的物资压力也过于巨大。所以，曹操可能得到了来自外界的帮助，而当时唯一可能帮助他的外界势力就是袁绍。

青州黄巾突然涌入兖州，杀死兖州最高军政长官刘岱、鲍信，给原本只是东郡太守的曹操提供了上升通道。此事本身颇为蹊跷，因为青州黄巾原本已经南下徐州，徐州在陶谦的治理下，从不介入内战，所以远比历经多次战乱的兖州富饶，且徐州的军队缺乏实战经验，战斗力也明显不如兖州驻军。青州黄巾既然有能力把刘岱、鲍信、曹操都打败，消灭大部分兖州驻军，那么他们如果全力进攻徐州，陶谦多半难以招架。那为何他们要弃徐州而攻兖州呢？

要解决这个难题，我们还得以袁绍为中心来思考。在青州黄巾攻入兖州之前，正是袁绍与公孙瓒爆发界桥之战的关键时刻。在界桥之战时，刘岱、鲍信、曹操领导的兖州当局动摇观望，企图在袁绍和公孙瓒之间保持中立，甚至考虑过答应公孙瓒的要求，将袁绍的家属送给公孙瓒当作人质扣押。当黑山、南匈奴联军经兖州北上袭击袁绍的大本营邺城时，兖州当局也没有尽力阻击，导致邺城失陷，袁绍军差点因此崩溃。对袁绍这么记仇的人来说，刘岱作为自己的姻亲，鲍信、曹操作为自己的老部下，这样的行为等同于背叛，必须受到惩罚。作为阴谋大师，只要有可能，袁绍从不亲自出手，何况之前处决刘勋已经造成了恶劣后果，所以他更喜欢借刀杀人。如前文所述，黄巾军之所以能够在张角兄弟死后继续活跃十几年，主要靠袁家的扶持，因为袁姓属于土德，崇尚黄色。无论袁绍还是袁术，都从不与黄巾军发生直接冲突，而是借黄巾军的名义，组织地方武装力量来为自己清理门户。每当有华北地方势力反抗袁绍之时，往往都会遭到黄巾军的攻击。当青州黄巾遭到公孙瓒和公孙度的夹击，被迫撤离青州以后，袁绍起初命令他们南下徐州，攻打新近倒向袁术的陶谦，但是转念一想，陶谦中立多年，只是援助朱儁，尚未公开与自己为敌，倒是刘岱、鲍信、曹操领导的兖州当局最近背叛自己，更急需打压，于是便让青州黄巾转而攻打兖州，杀死刘岱、鲍信，并几乎要了曹操的性命。张饶对曹操说"汉行已尽，黄家当立"，这个"黄家"指的就是袁绍，意思是说天下迟早是袁绍的，曹操之前对袁绍不忠，所以活该挨打。曹操显然向袁绍承认了错误，并将袁绍在兖州的家属送到了邺城，因此得到了袁绍的谅解，袁绍网开一面，让他代理兖州刺史，并临时接管后勤困难的青州黄巾。

无论怎样，曹操收编了青州黄巾中的上万名精锐士卒，号称"青州兵"。这支部队只服从曹操和青徐豪强张饶、臧霸等少数几个人，军纪败坏，喜好抢劫民财，甚至攻击友军，不断地制造麻烦，但在战场上却帮不了曹操多少忙。特别是当未来曹操与袁绍决裂时，完全不能指望他们忠于自己。

初平二年（公元 191 年）年底至初平三年（公元 192 年）年初，以往的常败将军曹操和刘备总算取得了几场像样的胜利，兵力和名气都有所增长。恰恰就在此时，关中传来剧变的消息，为这两位政坛的后起之秀提供了更加广阔的上升空间。

血染长安——董卓遇刺与李
催、郭汜的反击（公元192年）

初平三年（公元192年）四月，肯定是袁绍生平最忙碌也最快乐的一个月，因为除了战胜公孙瓒和黑山、南匈奴联军之外，西方还传来了一个天大的好消息：董卓被刺杀了！

自从袁绍、袁术兄弟交恶，联军开始相互残杀之后，董卓改变了以往礼贤下士的态度，变得日益骄横。与此同时，朝廷官员则加紧密谋刺杀董卓。这两件事之间并没有因果关系，无论董卓是否礼贤下士，朝廷里的袁氏故吏为了替袁隗等人报仇，为袁绍立功，都会策划这样的行动。实际上，这两年来，袁绍之所以不再致力于武力讨伐董卓，也是出于相同的考虑。袁绍曾经也一直是黑社会头目，搞暗杀是他的拿手好戏。和发兵与凉州军苦战相比，派几个刺客结束董卓的统治，显然要划算得多。

在所有这些企图谋杀董卓的袁氏故吏中，最重要的成员便是司徒王允和长史何颙，十几年来，他们可谓是袁绍的左膀右臂。王允是袁绍的老部下，而"本初俱乐部总经理"何颙更一直是袁绍的心腹。袁绍、袁术、曹操等人因为与董卓发生矛盾出逃时，这二人留守洛阳，与其他袁氏故吏调停董、袁之间的矛盾，给袁绍谋到渤海郡作为根据地，后来又护送献帝及大臣们前往长安。两年来，他们伪装出忠诚可靠的形象，深得董卓的信赖。王允被董卓升任司徒，当董卓在洛阳抗击孙坚时，王允辅佐汉献帝镇守长安大后方，建造宫殿和城堡，为董卓军提供后勤保障，还派司隶校尉宣璠把袁隗、袁基全家处死。在董卓看来，王允早已与袁绍、袁术一刀两断，全然不知道王允正是袁绍在长安的代理人。刘表出任荆州刺史之后，空出来的北军中候一职便被授予了何颙，由此可见董卓对何颙的信任。迁都长安之后，董卓又任命何颙为太师府长史，也就是自己的军师。然而，王允与何颙其实依然忠于袁绍，杀害袁隗、袁基全家，原本出自袁绍给王允的授意，越骑校尉伍琼刺杀董卓，其实也正是何颙策划的，而董卓对这些都一无所知。

在董卓从洛阳前线败退回长安之后，袁绍和袁术集团开始相互争斗，停止了对董卓的军事攻击，把对付董卓的策略改为以暗杀为主的"斩首行动"。伍琼死后，何颙表面上逢迎董卓，内心却仍然忠于袁绍，利用自己担任禁卫军司令北军中候的职务之便，联合议郎郑泰、侍中种辑、黄门侍郎荀攸、尚书郎华歆等以"本初俱乐部"成员为主的官员，制订了一个新的刺杀计划。他们效法汉桓帝灭梁冀、袁绍诱杀何进的老策略，成功地说服董卓派牛辅、李傕、郭汜、张济、贾诩去洛阳以东征讨朱儁，从而将董卓的主力嫡系部队从长安支走，以便自己对董卓下手。但在行动前，刺杀计划不慎被发现。由于董卓在长安至洛阳一带屯驻重兵，郑泰、华歆等人无法去华北投奔袁绍，只得经由防备较为空虚的武关，去南阳投奔袁术。何颙和荀攸却不幸被捕。何颙不堪忍受刑辱，在狱中自杀；荀攸却泰然自若，据《魏书》说，这是因为荀攸知道有人会在董卓面前为自己说情，所以心中有底。

作为"本初俱乐部总经理"，何颙自从灵帝继位以来，前后为袁绍奔走二十余年，表现出极强的个人能力和高度的忠诚，可谓劳苦功高。董卓对何颙言听计从，出为大将，入为军师，待遇可谓不薄，但何颙还是身在董营心在袁。因此，在谋杀事件暴露以后，董卓恨何颙恩将仇报，必然要置他于死地而后快。荀攸则人微言轻，又并未受过董卓的提拔（黄门侍郎一官还是何进授予他的，等于多年没有升迁），所以董卓对荀攸的死活并不重视。如果何颙没有自杀，或是荀攸与何颙一起在监狱中死去，后来的历史必定会向对袁绍有利得多的方向发展。

荀攸所谓的"有人会在董卓面前为自己说情"，指的当然是董卓的两大红人——司徒王允与左中郎将蔡邕。如前文所述，这两个人都曾在"官场不倒翁"胡广麾下效力，王允是胡广的首席幕僚，蔡邕则是胡广的得意门生，都深得为官之道。胡广的另一弟子陈蕃的败亡，使得这二人行动益发谨慎，难以被别人抓到什么把柄，在官场上如鱼得水。

几次暗杀行动的失败让王允知道，董卓武功高强，而且因为多次遭到刺杀，铠甲终日不离身，刺杀他很困难，于是准备采用兵变的形式。他先是与司隶校尉黄琬、尚书郑泰等人联名推荐护羌校尉杨瓒为左将军，执金吾士孙瑞为南阳太守，打算以到南阳追捕郑泰、华歆等逃犯，并讨伐袁术为名，拿到凉州军的部分兵权，但董卓坚决不同意。这个计划流产，王允只好另辟蹊径。

王允和董卓的养子、中郎将吕布是并州同乡。吕布因为长期与南匈奴交往，在男女关系上比较随便，与董卓的女仆（肯定不是王允的养女，也不叫貂蝉，因为"貂蝉"指的是北方游牧民族皮帽两侧用来给耳朵和下巴保温的貂尾，由于外形好似两只挂在帽子上的蝉而得名，南北朝以后才有这种叫法）有染，所以做贼心虚。董卓脾气暴躁，一次因小事用手戟掷向吕布，几乎击中他。后来，吕布向老乡王允、李肃等人聊起这些事，王允、李肃便趁机与士孙瑞、杨瓒等人劝吕布刺杀董卓。吕布担心自己终将被董卓谋害，再加上牛辅、李催、郭汜、张济、贾诩等将领远在中牟，为刺杀董卓提供了天赐良机，于是满口答应。

四月辛巳日，汉献帝大病初愈，在未央殿召集群臣举办宴会庆贺。董卓作为百官之首，当然也要出席。半路上，董卓听到有歌谣唱道："千里草，何青青，十日卜，犹不生。""千里草"即"董"，"十日卜"即"卓"，此谣暗指董卓将有生命危险。又有一名道士手举写有"吕"字的布招摇过市，提醒董卓要提防吕布。由此看来，当时董卓在民间有不少支持者。董卓刚刚破获何颙和荀攸等人刺杀自己的要案，在长安城进行了大清洗，原本感觉自己十分安全，看到这些怪事，并未立即领悟，但为他拉车的马匹看见李肃等人站在城门前，踟蹰不肯前进。董卓这才意识到不对劲，打算回府，但在吕布的劝说下，还是像以往那样，在外衣内穿上护身用的小铠①，以备不时之需，然后昂首入宫。

就在董卓的马车开入宫门时，李肃突然举戟刺向董卓。戟的穿透力有限，无法扎穿小铠，只是划伤了董卓没有小铠保护的臂膀。董卓被李肃用戟从马车上拉下来，连忙大喊："吕布何在？"吕布在他身旁回答："有诏讨贼臣！"于是举起穿刺力更强的长矛，刺死董卓。

董卓死前听到的最后一句话是"有诏讨贼臣"，在他听来，这话一定非常奇怪。所谓"诏"，只能是汉献帝的圣旨，而董卓当初为拥立汉献帝不惜得罪他本来想拉拢的袁绍，费了千辛万苦才让这位"董侯"登上帝位。董卓执政时期，起初相当宽厚，后来不断遭到反叛和暗杀，才被迫以牙还牙，做出一些暴行，但是从未虐待过汉献帝。董卓和汉献帝的关系一直极为和睦，因为他们既有共同的敌人，也有共同的利益，没有董卓，汉献帝这位"董侯"永远当不了皇帝，这在当时是众所周知的事情，所以汉献帝在董卓死后，还大力支持董卓的亲戚董承，并宠幸董承之女董贵人。汉献帝真正的敌人，一直都是长期宣扬他不是汉灵帝亲生儿子，没有资格当皇帝，因此必须被废黜的袁绍。但是，自从袁绍、袁术兄弟起兵讨董卓以来，以袁绍为首的党人集团不断利用自己擅长的舆论工具丑化董卓，扭曲他与汉献帝的关系，最终导致《三国演义》等文学作品声称董卓企图废黜汉献帝自立，并没有证据，只是反董卓的文人想象。所

---

① 汉末的铠甲根据大小的不同，分为防护整个上身及臂膀的"大铠"，和仅防护胸腹部的"小铠"。

以，汉献帝没有任何理由下诏书惩罚董卓。董卓遇刺的本质，是以王允、吕布和李肃为代表的并州势力趁董卓嫡系部队不在长安之机，伪造汉献帝诏书，暗杀执政大臣。这件事情就发生在袁绍击破公孙瓒，确立华北主导地位的界桥之战后两个月左右，恐怕绝非偶然。

当时，孙坚已死，袁术、陶谦、张燕等人的部队都是乌合之众，刘表、刘岱、周昂、臧洪、曹操、陈温等地方势力及黄巾军又都附属于袁绍，只有公孙瓒一人有能力在军事上对抗袁绍，现在也被干脆利落地打败。在外界看来，天下显然即将被袁绍统一了。从吕布的立场看，他本人和许多董卓部将，包括董卓本人，都在一年前被孙坚打得惨败，被迫匆忙烧掉洛阳城，逃到长安避难，而孙坚竟在几个月内就被袁绍彻底击溃，狼狈地从黄河边逃到汉江边，最终身死山林，可见袁绍的厉害。之后，袁绍在众叛亲离、大本营邺城失守的绝望情况下，居然还如秋风扫落叶般连续击败公孙瓒的幽州铁骑、黑山军和南匈奴军，还收服了十万青州黄巾军。一旦袁绍挥师西征，恐怕没有任何董卓部将敢于迎战。与其让袁绍来杀自己，还不如自己先下手，除掉袁绍的死敌董卓，算是给袁绍的投名状。当时，抱有这种想法的人，董卓军中肯定为数不少。吕布、李肃和张辽因为是并州人，不算董卓的凉州嫡系，所以更早地下定了刺杀董卓的决心。吕布刺董卓，与他和董卓的女仆有染、董卓曾经向他投掷武器都没有什么直接关系，这些戏剧性的情节在历来充斥暴力和色情的军队里其实都是常事（例如韩世忠与多位将官的妻子有染）。纵观历史，这类事情很少能够影响当事人的决策，真正能让吕布和李肃下定决心，帮助王允刺杀董卓的，是基于袁绍此前取得一连串辉煌胜利，董卓的嫡系部队又被派去东征朱儁，导致长安空虚的现实局势做出的理性政治考量。

吕布和李肃并不是独自发动暗杀的，王允、宣璠和时任司隶校尉的黄琬等大臣早已做好了充分的军事准备。董卓死后，长安城的军队全部倒向王允、吕布，董卓在长安和郿坞内的亲友、部属都被迅速逮捕并处决。左中郎将蔡邕当着王允的面叹惜董卓之死，王允大怒，将这位老同事关入监狱。同时，荀攸等在押犯人都被释放，他们与袁氏门生故吏不约而同地聚集到郿坞，以礼改葬袁隗、袁基等人的遗骸，并在其墓前焚烧董卓的尸体，告慰亡灵。不过，对袁隗、袁基等人遇害负有直接责任的王允和宣璠却官运亨通：王允加录尚书事，总理朝政，宣璠升任廷尉，主管司法，谁也不敢再提起他们的黑暗往事。

为了重获自由，蔡邕上书说，希望能像司马迁那样，用一种肉刑（也就是阉割睾丸的腐刑或宫刑的委婉说法）代替死刑，以便能够完成自己正在创作的历史著作，结果反而大大激怒了王允。王允认为："以前汉武帝不杀司马迁，结果司马迁写下诽谤武帝的反动书籍《史记》，流于后世，影响极坏。[1]如今大汉国运中衰，事态多变，绝不可让蔡邕这样的佞臣在皇帝身边记录重大事件，否则将来一定会让我们受到非议。"很快，蔡邕就像何颙一样，不明不白地死在监狱里，享年60虚岁。20年前，蔡邕与王允共同为师长胡广操办葬礼，当时双方的关系应当还比较和睦，算是老朋友了，而今却自相残杀，胡广地下有知，不知还能否保持其"天下中庸"的良好心态。

王允杀蔡邕之事，历来被认为是王允一时气昏了头，举措失当。有些史籍还说王允也感到后悔，想要释放蔡邕，但已经来不及了。其实，蔡邕之死是必然的，而且他死得并不孤独。大约与王允杀蔡邕同时，曹操就杀了蔡邕的门生边让全家，后来又杀了蔡邕的朋友王匡和边让的朋友孔融等人全家，曹丕称帝后还杀了边让的门生杨俊，这些持续迫害蔡邕师徒的惨案很难都归咎于当权者

---

[1] 司马迁的《史记》在汉魏时期属于禁书，不许官民自由阅读，即便是王公诸侯也没有这个权利，而且《史记》的《孝景本纪》《孝武本纪》等10篇内容被删除，其他篇章也多有篡改。今人看到的《史记》，与司马迁的原稿区别很大。汉明帝、魏明帝等君主多次在诏书中痛批司马迁诽谤汉武帝，这是当时的官方观点，并非王允的另类思想。

的心血来潮。

作为一位学者，蔡邕为什么必须死？他的徒子徒孙及家人为什么也必须死？

显然是因为这些学者们知道得太多了。

蔡邕被逮捕的直接原因，看似是他不合时宜地当着王允的面为董卓之死叹息。正如何颙对袁绍的忠诚一样，蔡邕对董卓的忠诚是难以否认的。现存有好几篇蔡邕给董卓写的贺表与劝进书，虽然这些文章有官样文章之嫌，但是在董卓手下，蔡邕升官非常快是事实，可见他表现特别活跃。蔡邕支持董卓，未必是因为他多么爱戴董卓，也可能是因为他厌恶董卓的对手——袁绍。

王允和曹操这两位杀害蔡邕师徒的凶手似乎没有多少共同点，但这二人肯定早就相识。能够将他们联系在一起的，只有袁绍。王允和曹操都曾长期为袁绍效力，因此我们有足够的理由怀疑，王允和曹操之所以长期迫害蔡邕师徒，是因为袁绍命令他们这样做。

如果要评选世界上最了解袁绍的人，那么蔡邕肯定名列其中。我们记得，早在袁绍出生、袁绍的法定父亲袁成去世的本初元年，蔡邕就受托为袁成撰写过墓志铭，还描绘了襁褓中的袁绍在葬礼上哭闹的情景。也就是说，自从袁绍出生起，蔡邕就认识了他，日后更是多次相见、相谈，眼看着这个富二代小男孩成长为党人领袖、政治怪兽。蔡邕不仅是学者和政治人物，很可能还是袁绍的老师，而袁绍和边让很可能是同学。所以，蔡邕对袁绍的理解远远多于他人，甚至多于袁绍的家人。作为师长，他清楚袁绍的性格和爱好，也了解袁绍的才华和野心。他虽然不能完全测度袁绍的行事计划，但完全可能逐渐发现，袁绍长期致力于秘密颠覆东汉政权，而拥立汉献帝的董卓则是真心诚意地致力于维护东汉政权。在别人面前，袁绍可以把自己包装成完美的大汉忠臣，但是在自小熟识的师长蔡邕面前，他无法掩饰住一切。蔡邕坚定支持董卓，等于在袁绍心中插进了一把刀：如果蔡邕师徒公开爆料，自己就有可能迅速身败名裂，只有蔡邕师徒永远闭嘴，这把刀才能拔出来。

董卓入京以后，礼贤下士，提拔了大批社会名流，其中一些如何颙、王允，名义上逢迎董卓，实为袁绍的死党；但是，也的确有一些人真心诚意地支持董卓，如蔡邕、边让师徒。董卓与袁绍合作期间，这两派名流自然亲如一家；董卓与袁绍决裂以后，这两派名流之间自然会随之产生裂痕。王允和蔡邕早在胡广门下就相识，还一起为胡广操办葬礼并撰写碑铭，算是老同事、老同学，彼此之间很熟悉。袁绍和董卓的决裂，暴露出这二人政见不同，而且因为越了解，所以越厌恶彼此。

在为董卓效力期间，蔡邕积极表现，成为董卓主要的笔杆子。当时，董卓政权发表的诏书、布告很多都出自蔡邕之手，但是除了少数残篇之外，都没有流传下来。从现存的《蔡邕集》中，我们可以看到，他称袁绍组织讨董卓联军为"关东史民敢行称乱，总连州郡，拥兵聚众，以图叛逆"[1]，称袁绍先锋王匡为"逆贼故河内太守王匡"[2]，将袁绍集团定性为"叛逆"和"逆贼"。可想而知，在蔡邕失传的文章中，又有多少是替董卓揭露、批判袁绍"乱党"的。蔡邕这样做，虽然有董卓执政的因素，但他本人确实也为了升官积极表现，真心诚意地给董卓出谋划策，制造舆论。董卓门下人才济济，唯独蔡邕特别热心于写这类宣传文章，无疑让袁绍集团如芒在背。特别是蔡邕多次将消灭宦官的功劳归于董卓，这在协助袁绍、袁术铲除宦官的王允看来，简直恶心至极。蔡邕本人也的确缺乏底线，长期靠为袁、杨等豪门撰写墓志铭谋生，只要出钱，他就能把庸官吹捧为国家栋梁，把几岁大的小孩吹捧为学术泰斗，俨然"润笔小天王"的形象，被称为文人"受金谀墓"的鼻祖，不免授人以柄。

---

[1] 参见《蔡邕集·宗庙祝嘏辞》。
[2] 参见《蔡邕集·表贺录换误上章谢罪》。

作为与蔡邕共事几十年的老同学、老同事，王允称蔡邕为"佞臣"，确实有自己的理由。

蔡邕生前继承师长胡广的遗志，早就开始撰写汉朝历史了，这在《蔡邕集》中都有反映。据蔡邕在《戍边上章》中自述，他花了二十多年，撰写了《汉书》的十志，《蔡邕别传》提到过其中的《律历志》《礼志》《乐志》《郊祀志》《天文志》《舆服志》，《后汉书》提到《五行志》，《续汉书》提到《朝会志》，此外还有《灵帝纪》和四十二篇列传。除了十志中的一部分流传到南北朝时期以外，所有这些史书，在蔡邕、边让师徒死后都很快失传了，极有可能是被王允、曹操等袁绍的爪牙销毁了。

如果我们现在看到的《后汉书》是由蔡邕而非晚得多的范晔撰写的话，汉末历史的情节肯定会很不一样。特别是从段颎之死到董卓之死这段时间，发生的许多重大事件都会有不同的版本，董卓、袁绍等人物的善恶形象也将被完全颠覆。由于蔡邕之死，东汉后期的历史注定将会被描绘得面目全非，正如郑玄听到蔡邕的死讯后叹息的那样："汉世之事，谁与正之？"蔡邕必须死，不只是因为他亲董卓，更是因为他反袁绍。正如王允亲口所言，阻止蔡邕等亲董派文人写史，就是他想要达到的目的，也是曹操等袁绍部下想要达到的目的。特别是《灵帝纪》和42篇列传等史料，还有蔡邕替董卓揭露袁绍罪行的诏书和布告，以及处决袁隗、袁基一家的相关原始材料，对袁绍不利，对袁术、王允、曹操不利，甚至对整个党人集团都不利，绝对不可以公之于世。问题是，蔡邕著作等身，友人门徒众多，其文章传播很广，要想将其彻底销毁，就必须兴大狱，大肆株连。

王允、曹操、曹丕对蔡邕师徒进行的长期迫害、追杀，显然是袁绍集团发动的一场文字狱。这场残酷的文字狱，带有鲜明的党人色彩：在东汉党人与阉党的长期斗争中，阉党作为"执政党"，即便下手杀人，也都要走法律流程，而且很少株连案犯的亲戚；但党人作为"在野党"，杀人通常都不经法律流程，而且往往一杀就杀对方全家，甚至连仆人、邻居都不放过，俨然古代的恐怖分子。与"本初俱乐部"成员刘表并列为"八及"的翟超、张俭、岑晊都犯下过这样的暴行。陈蕃、窦武最初策划，袁绍、袁术最终实施的对宦官集团的屠杀，也属此类。作为袁绍党羽，曹操杀吕伯奢全家、杀边让全家、杀孔融全家，包括在徐州进行的多次屠杀，都带有鲜明的党人风格。孔融的儿女只有几岁大，也全被砍掉了脑袋。表面上看，党人都是在社会上享有盛誉、文质彬彬的大知识分子，不应该下手如此凶狠，实际上，正因为党人都有知识分子背景，特别是袁绍虽然一直担任武官，但是他作为党人领袖，向来与知识分子来往密切，深知笔杆子的厉害程度不亚于枪杆子，依靠舆论才压倒阉党，夺取政权，所以绝不允许有人再来炮制对自己不利的舆论，为此不惜大开杀戒，株连族人。就蔡邕师徒而言，家里很可能藏有对袁绍集团不利的书稿、文章，而且不免会与亲友谈及其内容，因此也都成了袁绍、王允、曹操的眼中钉，急于想让他们家破人亡，永远闭嘴。如果蔡邕、边让、孔融等人不被"及时"杀掉的话，后世可能会清楚地知道，王允、曹操一伙究竟跟着袁绍干了些什么。同样，杀害杨俊的曹丕热衷于搜集孔融的文章，绝不仅是因为个人爱好，而是像乾隆热衷于编纂《四库全书》一样，旨在清除对自己统治不利的文献。

蔡邕师徒用自己的惨死证明：失败者是没有资格写历史的，历史必须由胜利者撰写。

入狱以后，蔡邕请求用宫刑代替死刑，可能也加速了他的死亡。在汉朝，将官员阉割，从而制造宦官的情况并不少见，这一制度是维持宦官集团数量和质量的主要基石。作为党人，王允早在"本初俱乐部"期间就一直与宦官为敌，后来更是以河南尹的身份协助袁绍、袁术兄弟将宦官几乎屠杀殆尽，阉割官员的腐刑制度就等于被废除了。蔡邕请求用宫刑代替死刑，等于要求恢复宦官制度，这又大大触犯了王允的忌讳。王允之所以厌恶司马迁，因为在反对所有宦官的他看来，司马迁也是阉党。换言之，蔡邕请求用宫刑代替死刑，再次凸显自己与袁绍、王允政见不合，在反阉党的基本问题上都存在严重分歧，而且还要借此继续控制笔杆子，王允实在没有任何理由再让这位老同学和老同事活下去。也就是说，王允杀蔡邕，与同事曹操杀边让等人一样，都不是意气用事，而是经过深思熟虑的。

　　王允、曹操通过对蔡邕师徒的处决和抄家，获得了大量的珍贵文物和文献。一年到头忙于军政事务的曹操父子之所以能够留下大量高质量诗文，很可能是因为他们大量剽窃了被他们杀害的边让、孔融、杨俊等的诗文，因为蔡邕是东汉末年公认最伟大的文学家和书法家，他的弟子也都是水准极高的文豪，然而，蔡邕这样的大文学家，除了刻在石头上的碑铭以外，却极少有其他作品流传下来。正如办企业成功的最快捷方式是剽窃其他企业的商业机密一样，想要成为文豪，最快捷的方式就是剽窃文豪的作品，再署上自己的名字。这在古今中外屡见不鲜。曹操本人的诗文中就大量"引用"了《诗经》等古籍的内容，例如《短歌行》中的"青青子衿，悠悠我心……呦呦鹿鸣，食野之苹；我有嘉宾，鼓瑟吹笙"，很多内容出自《诗经》，虽说当时大部分知识分子都熟悉《诗经》，不会将这些诗句视为曹操的原创，但后人就难免发生误会。《世说新语·文学》称曹丕怀疑曹植抄袭，命他七步内作诗；《三国演义》里说，张松指曹操的《孟德新书》剽窃战国作品，取自民间传说，都在影射这个问题。正如《水浒传》的作者仍有争议一样，只要古代的作品能够保留下来，原作者是谁似乎并不太重要，但蔡邕师徒却真的为自己撰写的史书付出了生命的代价，边让和杨俊还成了没有代表作的文豪。更为重要的是，蔡邕师徒都精通音律，蔡邕更是当时中国头号音乐权威，但音乐恰恰是最难流传后世的文艺表现形式。现存蔡邕《琴赋》一篇，而见于史册的《琴操》《琴曲五弄》等蔡邕原创乐谱全部失传，与王允、曹操等人的破坏未必无关。

蔡邕师徒之死，极大地影响了从诗辞曲赋到书法的中国文化。然而，与攸关天下苍生性命的现实政治相比，文化变革的重要性已居其次。

董卓及其亲友被杀以后，长安朝廷里腾出了大量的官爵，权力再分配立即开始了。亲手刺杀董卓的吕布被拜为奋威将军，但吕布自以为功劳很大，不满于仅仅获得这么个杂号将军头衔，何况"奋威将军"是之前袁绍赏给韩馥的头衔，很不吉利。王允无奈，又赏给他"假节"和"仪比三司"（即与司徒、司空、大司马这"三公"同级别的仪仗队）的待遇，封温侯。王允名义上说要与吕布共秉朝政，其实心里看不起这个武人。实际上，吕布也通文墨，最早还是在丁原手下干秘书工作的，王允对他明显有偏见。

王允不满吕布，自然也有不少人不满王允，譬如刚刚被释放的荀攸。王允听说荀攸的族叔荀彧正担任兖州刺史曹操的副将，便打算拜荀攸为兖州的任城相，到曹操手下去工作。也许是同乡名士韩馥被袁绍欺骗并逼死的缘故，荀攸此时对袁绍集团相当厌恶，知道曹操是袁绍的部下，所以拒绝前往兖州，又听说"益州分野有天子气"，便请求出任刘焉手下的蜀郡太守。当时张鲁的五斗米道教徒横行汉中，道路不通，荀攸便与王粲等党人去找刘表，想绕道荆州前往益州。但刘表当时与刘焉交恶，所以把这些人都扣留下来，不让他们去益州。从此，荀攸就居住在荆州，直到听说曹操有从袁绍集团中独立出来的征兆，才去投奔曹操。

如果王允在人事组织工作方面犯的错误仅此而已，那么他的政权还能坐稳一阵。可惜，他执政以后昏着不断。

五月，王允以献帝的名义宣布大赦天下，并派使者东行，向袁绍等诸侯报告董卓的死讯。可是，此时董卓派去东征朱儁的数万精兵依旧负隅顽抗，使者难以通行。为了打通道路，吕布派李肃率军到陕县（今河南三门峡市西），讨伐董卓的女婿牛辅，但被击退。吕布一怒之下将李肃处死。不久后，在袁绍和袁术军队的南北夹击下，牛辅部下反叛，牛辅试图逃走，却在半路上被贪财的亲兵胡赤儿杀死。

董卓死时，牛辅的部将李傕、郭汜、贾诩、张济、李儒等人正在陈留一带攻城略地。听说董卓已死，他们急忙撤兵，但还没到陕县，就听说主将牛辅也死了，大为恐慌。李傕等人准备解散部队，分道溜回凉州。贾诩认为难以逃脱，建议召集各路凉州兵马，打着给董卓报仇的旗号，攻打长安。李傕认为贾诩说得有道理，便散布谣言说朝廷拒绝赦免凉州军，对部下说："京师如果确实不赦免我们，我们当和他们拼死决斗。若能攻克长安，那就得到天下了；万一攻不下来的话，我等在三辅地区抢一些妇女财物，向西撤回故乡，还可以多活几年呢。"众人一致同意，于是聚众数千，向西进军。

王允听说李傕等人扑向长安，就派董卓的老部下胡文才、杨整修前去招抚。胡、杨二人本与王允不和，出城之后，便投靠了李傕等人。王允、吕布闻报，又派胡轸、徐荣、董承、樊稠、李蒙、王方等将领出击，与李傕军大战于新丰（今陕西临潼市东北）。胡轸等人与李傕、郭汜、胡文才、杨整修等人一样，都是董卓的凉州老部下，董承更是董卓的亲戚，因为是汉献帝的岳父才免于一死，因此临阵倒戈。幽州名将徐荣此前曾经连续击败曹操和孙坚，但此次被李傕军和叛军团团包围，寡不敌众，孤军奋战而亡。经此一役，李傕军声威大振，四方武装纷纷前来投奔，很快兵力便达十余万，于是进围长安。

长安城看似壮观坚固，但因为凉州兵纷纷倒向敌方，并无足够的驻军。王允、吕布能够依赖的主要是他们的老乡并州兵，可这些人数量有限，难以防卫漫长的长安城墙。此前，董卓曾派人攻打益州，被刘焉的青羌雇佣军击退。董卓被杀之后，刘焉响应王允、吕布等人的号召，向长安派来一些由益州土著少数民族组成的精锐部队——叟兵[1]，协助守卫长安城。八天后，吕布见形势危急，亲自持矛出城与郭汜单挑，虽然获胜，却无法解围。刺杀董卓和这次与郭汜的较量都说明，吕布是惯用长矛，而非方天画戟。又过了两天，吕布麾下的叟兵见形势不妙，与李傕、郭汜等人麾下的羌族士兵串通，在夜间打开城门，吕布慌忙与部将张辽、高顺、成廉、魏越等数百骑兵突围逃走，王允和太常种拂等万余名官民都被李傕、郭汜、李儒等人杀害，宣璠等大臣则选择了投降。

王允政权的垮台，貌似是胡轸等将领和叟兵叛变等一连串偶然事件导致的，其实是他用人不当的必然结果。王允之所以在人事问题上昏着迭出，是因为他的班子基于董卓政权，先天不足。董卓政权的核心，是董卓拥立了亲董的汉献帝为帝，掌握了朝廷实权。按照袁绍集团以往的主张，汉献帝没有神圣的东汉皇室血脉，是董家私自找来的野种，应当废黜，代以像刘虞那样的正牌皇室贵胄。王允虽然杀了董卓，却没有废黜汉献帝，还看在汉献帝的面子上，宽恕了董承与董贵人父女，为日后的兵变埋下了隐患。王允之所以不废黜汉献帝，未必是因为他忠于汉献帝，估计一是因为他暂时不想树敌太多，二是因为废黜皇帝这件事太重要，他希望使者从冀州召来自己的主公袁绍，由袁绍亲自决定废立。没想到董卓旧部顽强抵抗，导致使者未能及时传信给袁绍，贾诩的计策反而收到成效，王允败亡。可以说，这是袁绍在通向权力巅峰的路上第五件意料之外的事情。

李傕、郭汜占领长安之后，虽大肆屠戮王允等参与刺杀董卓的人员，但在董承的劝说下，也吸取了董卓的教训，准备与袁家和解。七月，他们拜太尉马日磾为太傅，兼录尚书事，又拜刘表为镇南将军、荆州牧，封成武侯，假节，

---

① 《华阳国志·南中志》："夷人大种曰昆，小种曰叟。"

并召驻守在中牟的朱儁入朝为太仆。朱儁之前一直在与李傕、郭汜交战，因此他的部下都不愿西行，徐州刺史陶谦、前扬州刺史周乾、沛相袁忠、北海相孔融、泰山太守应劭、博士郑玄等人又联名发文，请朱儁出任太师，总领他们所属的袁术、公孙瓒集团，讨伐李傕、郭汜等人，迎献帝回洛阳。朱儁认为这样做不妥，又觉得李傕、郭汜没有什么政治能力（也许是因为他们曾经被何颙、王允从董卓身边支走），便只身前往长安接受官职。于是，袁术又失去了一位得力助手。

次月，李傕、郭汜又请献帝颁发诏书，遣马融的族子马日磾及太仆赵岐（就是马融之兄马续的女婿）持节东行，宣布恢复和平，命令各地军阀解散自己的部队，化干戈为玉帛。这支使团的主要目的就是化解袁绍、曹操、刘表集团与袁术、公孙瓒、陶谦集团之间的矛盾，他们之间的战争正进行得如火如荼。不过，李傕、郭汜并没安好心：李傕当时自任车骑将军兼司隶校尉，这正是袁绍此前一直自称的职务。李傕占领长安以后，各种职务应当都可以随心所欲地获得，他选择这两个袁绍正在担任的职务，显然是有意而为。此外，据《后汉纪·孝献皇帝纪》记载，李傕、郭汜还迫使汉献帝给亲手毒死汉少帝的李儒封官。由此看来，李傕、郭汜表面上是要劝各地诸侯停战，实际上视袁绍为自己的最大对手，想要借停战之名扶持袁术、公孙瓒等人，联合打压袁绍。如果袁绍不接受停战，就以其人之道还治其人之身，用汉献帝的名义号召天下诸侯共同讨伐袁绍。在这方面，李傕、郭汜比董卓要高明。

当年年底，曹操在完成收编青州兵的工作之后，得知公孙瓒趁巨马水战役获胜之威，又在袁术的教唆下，命刘备进驻高唐（今山东禹城市西），单经进驻平原（今山东德州市平原县南），陶谦进驻发干（今山东冠县东），向自己的兖州发动了进攻，赶紧北上迎战。《三国志·武帝纪》说公孙瓒做这样的兵力部署是为了威吓袁绍，其实他们都不敢进入袁绍直属的冀州领土，而且公孙瓒军的前锋陶谦已经深入兖州东郡北部的发干县，离东郡首府东武阳只有30公里，显然是在攻击曹操。看来，公孙瓒自龙河战役失利之后，看到袁绍还难以战胜，所以就应袁术的请求，攻击曹操的兖州，以图削弱袁绍的力量。袁绍不能坐视曹操受欺负，更何况陶谦军驻扎的发干县位于黄河以北，距离袁绍的大本营邺城还不到一百公里，确实对袁绍形成了威胁。于是，袁绍亲自率军东进，与曹操联手在发干击退了陶谦，并乘胜追击，将单经和刘备赶回青州。然而，陈寿却在《三国志》里把此事说得像是曹操专门去兖州帮袁绍解围一般，应当是受到了亲曹史料的误导。一看地图，读者便能明了，对于袁绍和曹操来说，陶谦是多么危险的敌人。

　　发干之战，成为曹操与陶谦正式敌对的开端。对于曹操本人而言，陶谦接下来的报复举措将使他没齿难忘。

　　陶谦在发干战败之后，被迫撤回徐州首府东海郡郯县。这条路线要经过徐州北部的琅琊国，陶谦在半道上听说曹操的父亲曹嵩和弟弟曹德一家正在琅琊避难，顿起杀心。曹操此时也想到了这个问题，赶忙命泰山太守应劭去接自己的家人来兖州。应劭领命而行，但疏忽大意，没有派士兵随行保护曹操的家人。陶谦得知消息，便命都尉张闿率两百名骑兵向西追击，在兖州泰山郡的华县、费县之间的山区赶上了这支队伍，当场杀死曹嵩、曹德及其家眷数十人。接到消息后，应劭大为惊恐，担心曹操会以玩忽职守罪惩办自己，于是跑到冀州去投奔了袁绍。曹操不敢得罪顶头上司袁绍，只得与应劭和解。后来汉献帝迁都许县之后，曹、应二人还曾再度共事。

　　曹嵩全家被杀，显然是陶谦因被袁绍和曹操在发干击败而蓄意策划的报复行为，否则张闿的徐州兵不会越境跑到兖州泰山郡去。《吴书》《资治通鉴》《三国演义》等文献所谓的陶谦派张闿护送曹嵩一家，张闿贪财杀人的记载，不过是为了维护陶谦形象，进而维护刘备等人形象的说辞，完全忽略了之前陶谦与公孙瓒结盟对付袁绍，引起发干之战，导致陶谦和曹操结仇的历史背景。如果曹操不是袁绍的忠实部下，他根本不会成为陶谦的攻击对象。作为很早就曾参与过讨伐羌人、镇压黄巾暴动的老将军，陶谦在汉末内战中的真实形象是一位野心勃勃、手腕强硬的军阀。他在发干战败之后，为了报复曹操，卷土重来，不仅公然侵入兖州东南部，攻占了华、费等县，并杀死曹操的家人，而且还与自称天子的下邳地方武装首领阙宣结盟。没过多久，陶谦又谋杀了阙宣，兼并其部下，然后亲自率军西进，连续击败兖州驻军，一直打到任城国。曹操连战连败，他在兖州的统治岌岌可危。

袁本初密码

东汉帝国掘墓人
与三国大势揭幕者袁绍

下卷　罗三洋　著

台海出版社

图书在版编目（CIP）数据

掌故 . 004, 袁本初密码 / 罗三洋著 . -- 北京：台
海出版社 , 2017.9（2024.9 重印）
　　ISBN 978-7-5168-1525-0

　　Ⅰ . ①掌… Ⅱ . ①罗… Ⅲ . ①中国历史－掌故 Ⅳ .
① K206.6

中国版本图书馆 CIP 数据核字 (2017) 第 203771 号

掌故 004：袁本初密码

著　　者：罗三洋

责任编辑：俞滟荣　　　　　　　　策划制作：指文文化
封面设计：舒正序　　　　　　　　责任印制：蔡　旭

出版发行：台海出版社
地　　址：北京市东城区景山东街 20 号　　　邮政编码：100009
电　　话：010 － 64041652（发行，邮购）
传　　真：010 － 84045799（总编室）
网　　址：www.taimeng.org.cn/thcbs/default.htm
E － mail：thcbs@126.com

经　　销：全国各地新华书店
印　　刷：重庆亘鑫印务有限公司
本书如有破损、缺页、装订错误，请与本社联系调换

开　　本：787mm×1092mm　　　　　　1/16
字　　数：513 千　　　　　　　　　　印　　张：40.5
版　　次：2017 年 9 月第 1 版　　　　印　　次：2024 年 9 月第 2 次印刷
书　　号：ISBN 978-7-5168-1525-0

定　　价：199.80 元（全两卷）

一个搅弄风云意图篡位的阴谋家的历史自白

一个错综复杂疑云密布的大时代的宏观叙事

丧家之犬——吕布投奔袁绍及其再次逃亡（公元193年）

初平四年（公元193年）年初，太仆赵岐带着《罢兵诏》抵达河北。赵岐是《孟子章句》的作者，当时已经年过八旬，在尊老尊儒的汉代社会有很高的地位。袁绍听说自家长辈来了，连忙到邺城以南百里的黄河北岸迎接，恭敬地接受诏书。

经过长期交谈，赵岐成功地说服袁绍转变了长期以来敌视汉献帝的立场，接受汉献帝的合法地位，与其他各方势力停战，袁绍还专门派人把圣旨转送给公孙瓒。公孙瓒屡战屡败，这时正处于疲惫厌战的状态，当然乐得暂时停火，便给袁绍回信说："赵太仆以其像周公、召公一样崇高的地位，亲自奉天子之命莅临河北，宣扬朝廷的恩德，希望我们两家和睦。我听了真是如同开云见日一般，有什么喜事能与此相比呢？当年贾复和寇恂两位将军也曾相互敌视，甚至杀伤对方的部下，但在光武皇帝的宽宏大度的影响下，终于化敌为友，携手上朝，乘坐同一辆马车出行，当时的人都深以他们为荣。如今，我也能够与袁将军同享此福，这真是我公孙瓒的福分，也要多谢袁将军的眷顾啊。"于是，河北地区宣告停战。

赵岐出使河北，成为袁绍一生的转折点。当时，袁绍刚刚帮助曹操打败公孙瓒和陶谦的联军，势头正旺，眼看就要统一华北，而曹操则急于获得袁绍的进一步援助，以便彻底消灭有杀父之仇的死敌陶谦。赵岐调停了袁绍与公孙瓒争端以后，又继续南下兖州，抵达陈留，显然是为了调解曹操与陶谦之间的冲突。但是，当赵岐抵达陈留以后，却突然病倒，而且一病就是两年，直到献帝东迁才复出，而且很快又南下投奔刘表，与曹操的关系看来非常微妙。我们知道，赵岐是汉桓帝时大太监唐衡的死敌，而曹操是大太监曹腾过继的后代，曹操的军师荀彧更是唐衡的女婿，与赵岐有血海深仇，兖州等于是个"阉党集中营"。所以，赵岐与曹操的关系不可能融洽，与荀彧更是不共戴天，他在陈留"病倒"，实属必然的结局。

按照赵岐的计划，袁绍和公孙瓒（当然也包括附属于他们的曹操、刘备、陶谦等势力）应当组织联军西征，与李傕、郭汜一同迎汉献帝返回洛阳定都。这个计划看上去很美，其实根本执行不了，因为各方势力经过长期交战，宿怨太深。赵岐去兖州时，除了汉献帝的《罢兵诏》，肯定还给曹操带去了袁绍的信函，命令他听从自己的调解，而荀彧作为赵岐的死敌，肯定会阻挠这个计划，曹操只好安排赵岐去热心肠张邈统治的陈留，以便避开荀彧。同时，陶谦也拒绝接受《罢兵诏》，赵岐只得在陈留长期"疗养"。张邈原本极受袁绍、曹操的信任，而且刚刚为袁绍、曹操杀了陈留名士边让一家，看似非常可靠。但是，赵岐功败垂成，免不了要对袁绍和张邈、张超兄弟说曹操、荀彧的坏话。这个计划的半途而废，主要原因其实在陶谦，次要原因在荀彧，曹操并没有太大责任。不过，社会影响力巨大而又与荀彧不共戴天的赵岐在陈留住了两年之久，足以导致张邈、张超兄弟及陈宫等兖州名士与曹操原本亲如一家的友谊逐渐开始瓦解。

赵岐的出使，让曹操与张邈、张超兄弟关系恶化，袁绍集团的其他成员也纷纷陷入矛盾之中。

通过赵岐的调停，袁绍与公孙瓒勉强实现了暂时停战，还与李傕、郭汜之间实现了永久性和解，接受了他们赏赐的"右将军"职务。李傕、郭汜杀害袁绍的故吏王允等人，为袁绍的仇人董卓报仇，又继续辅佐袁绍厌恶的汉献帝，袁绍理应讨伐李傕、郭汜才对。当时，恐怕大多数人都认定，袁绍将会像以前对待董卓的使者阴修、胡母班等人那样，把赵岐抓起来处死。同时，直接杀害袁隗、袁基的凶手宣璠这时又投靠了李傕、郭汜，继续当他的廷尉，袁绍却丝毫不想追究宣璠的责任，可见袁绍才是袁隗、袁基之死的幕后策划人。更让人大跌眼镜的是，赵岐竟然说服袁绍改变了以往坚持拥立刘虞为新皇帝的立场，转而承认献帝的合法性。袁绍同意这样做，不是因为他真的对献帝产生了好感，而是因为他现在需要汉献帝。

组织讨董卓联军期间，袁绍原本打算与韩馥拥立刘虞为帝，后来这个计划执行得很不顺利：韩馥先是和袁绍翻脸，又在公孙瓒的威逼下将冀州让给了袁绍；刘虞不肯当皇帝，还和董卓暗中来往，并派儿子刘和联络袁术，甚至支持公孙瓒攻打袁绍。袁绍打败袁术和孙坚时，刘和从袁术的软禁中逃出，又落入袁绍的手中。刘虞见公孙瓒打不过袁绍，又怕刘和遭到袁绍的毒手，转而力主公孙瓒与袁绍和解。但是，袁绍对刘虞和公孙瓒都不放心，虽然暂时停战，却并不打算释放刘和。所以，拥立刘虞称帝，已经不再是袁绍的选择。另一位潜在的皇帝候选人是袁绍的亲家刘岱，但这个人在担任兖州刺史期间，曾在关键时刻动摇，导致袁绍险些输给公孙瓒，这让袁绍很不满，且不久后刘岱就被青州黄巾军攻杀。刘岱有个弟弟名叫刘繇，年轻时以勇闻名，也有一定的行政能力，颇受民众爱戴，但年纪越大越胆小，袁绍不大看好他，因此暂时没有满意的人选。

随着董卓遇刺，汉献帝的身份突然发生了变化。之前，他是董卓拥立的皇帝，自然被认为是亲董一派，董卓死后，汉献帝没有了靠山，反而可以被视为中立的政治符号，加之他历经多次政变，一直任人摆布，似乎是个听话的傀儡皇帝。不过，考虑到不愉快的过往经历，袁绍依然将汉献帝视为一个过渡人物。起兵这几年来，袁绍一直坚持亲自下达诏书，委任各地官员，等于已经在行使

304

皇帝的权力，要让他回朝廷做每日上朝跪拜的大臣，实在太困难了。

既然没有太合适的皇帝人选，袁绍肯定考虑过，干脆自己来做这个皇帝。可惜，最近受到袁术、公孙瓒、陶谦、黑山联盟的持续围攻，虽然屡战屡胜，但实在有些疲于奔命，需要有喘息之机，不能给敌对势力制造口舌。再加上由于袁绍长期宣传自己是大汉忠臣，麾下云集了一批真正的汉室忠臣，一旦他称帝，必然导致内讧。所以，袁绍思来想去，还得暂且抑制自己的皇帝梦，与主动向自己示好的李傕、郭汜和解，接受汉献帝为临时性皇帝的事实，以免多事。只要汉献帝承认自己的车骑将军、冀州牧职务，以及自己签发诏书委任各地官员的合法性，双方就可以和平共处。如果汉献帝朝廷做出与袁绍不同的人事任免决定，袁绍对此的政策是以他本人的任免决定为准。

在袁绍与李傕、郭汜和解的过程中，作为李傕、郭汜的凉州老乡，袁绍麾下的首席大将麴义可能在其中起了关键作用。通过几年的战争，袁绍深切体会到了麴义凉州兵的强劲战斗力，由此坚定了与李傕、郭汜讲和，专心对付袁术与公孙瓒的决心。但这一新决策与袁绍以往的决策背道而驰，必然导致袁绍阵营产生分歧，其再次分裂也就指日可待了。

似乎是为了加快袁绍阵营的分裂速度，赵岐刚走，袁绍便迎来了一位不请自到的客人——吕布。

吕布一行逃出长安后，经武关前往袁术的驻地南阳。因为临行匆忙，吕布连妻子都没来得及带，却特意带上了董卓的首级，以便向袁家显示自己的功劳。后来，吕布之妻靠着吕布部将庞舒的掩护，才逃脱李傕、郭汜的追杀。吕布抵达南阳，与袁术相见后，很快就离去了。按《三国志·吕布臧洪传》记载，袁术对吕布的反复无常感到厌恶，拒绝接纳他。按《后汉书·刘焉袁术吕布传》记载，袁术最初对吕布非常亲热，但吕布自恃刺杀董卓，对袁家有大恩，放任部下在南阳四处抄掠物资，袁术因此与吕布产生了矛盾。吕布不安，便离开袁术，北上冀州投奔袁绍。吕布从南阳去冀州，必然要经过张杨统治的河内郡，后者在叛变袁绍之后，便奉董卓的旨意，与南匈奴王子于扶罗占领此地，以图切断袁绍与黄河以南地区的联系。

当年春季，曹操又将驻地从东武阳移驻鄄城（今山东省鄄城县北）。当时，鄄城四面都被河流湖泊围绕：北面和西面是黄河，东面和南面是瓠子河、巨野泽与雷泽，早在先秦时期便是洪水多发区，直到宋代，还是宋江等梁山好汉来往荡舟之地。鄄城的城墙极为厚实，城外的大片沼泽与河滩又使得敌军无法在城下投入大量兵力，所以被公认为兖州最坚固的城堡，郦道元称其为"河上之邑，最为峻固"[1]。

鄄城虽然会给围攻它的人制造许多麻烦，但也同样不适于作为进攻的基地，因为城内的军队想要出征，必须花费大量人力物力来渡过河网。东汉兖州刺史的治所本在巨野泽以南的昌邑，而曹操战胜青州黄巾的战场也在瓠子河东的东平、济北一带。是什么原因让曹操不进驻兖州首府昌邑，也不回老根据地东郡，而是把队伍拉到鄄城这个沼泽区来呢？

原因只可能是：曹操此时又有大麻烦了，他必须首先采取守势。

初平四年春季，曹操统治下的兖州并未像陈宫预期的那样获得安宁，反而陷入四分五裂的窘境。徐州刺史陶谦在杀害曹操的家人之后，又亲自率军攻占兖州东部的泰山郡和任城国，吞并了兖州三分之一的领土。虽然被袁绍和曹操在发干击退，但等袁绍一走，陶谦就又打了回来。为配合陶谦的攻势，袁术拜名士金尚为兖州刺史，与自己一同攻打兖州。被袁绍和曹操击败的黑山军残部和匈奴王子于扶罗等武装集团纷纷赶来会师，孙坚的侄子孙贲也率孙坚旧部和

---

[1] 语出《水经注·河水注》。

他在扬州募集的新兵北上增援。起初，曹操进行了有效的抵抗，大破金尚的先锋部队，但当袁术的主力部队抵达以后，曹操便连战连败，只得渡河北逃。在很短的时间内，袁术便控制了整个陈留郡，并率主力部队进驻陈留郡北部、黄河边的交通要地封丘。这样，兖州的东部、中部和南部便全部失陷，曹操被迫退守兖州北部最坚固的城堡鄄城，等着袁绍再来援助自己。

袁术之所以能在很短的时间内连续击败曹操，夺取大半个兖州，是因为他刚刚在江淮流域取得一系列辉煌胜利，实力大为增强。此前，扬州刺史陈温病死，袁绍承制拜自己的堂兄袁遗为扬州刺史，与兖州刺史曹操联合围剿袁术。袁遗是曹操的好朋友，曹操曾赞扬袁遗说："年纪已经大了，还肯继续刻苦学习的，只有我和袁伯业（袁遗）啊。"但袁遗虽然学习刻苦，却是个不懂军事的书呆子，被袁术迅速杀得大败，最后战死在沛国。随后，袁术任命原太尉陈球的亲戚陈瑀为扬州刺史，经略江东，自己挥师北上，攻击曹操的兖州。

两年前，袁术曾在豫州战胜过曹操，若非秦劭舍身相救，曹操当时必死无疑。此番袁术倾巢而来，与陶谦形成东西夹击之势，已经占领兖州8郡之中的5个。在这种严峻形势下，曹操只能退守鄄城。鄄城北临黄河，也方便他向河北的袁绍请求援军。

不久后，曹操获得了袁绍的援助，实力有所恢复，便挥师西进，在匡亭（今河南封丘县北）战胜了袁术军的先锋刘详。袁术亲自来救，也被曹操击败，退守封丘，随即又向东南逃到襄邑。曹操决渠水灌襄邑，袁术只好离开兖州，逃到豫州宁陵县。最后，在曹军的持续攻击下，袁术只得撤向扬州，去投奔自己任命的扬州刺史陈瑀。但当袁术在封丘战败的消息传来，陈瑀见袁术大势已去，竟倒向袁绍阵营，发兵阻止袁术入境。在短短几个月内，袁术苦心经营的中原和江东得而复失，他也重新回到颠沛流离的状态。

不难发现，吕布投奔和离开袁术，就发生在袁术东征并失败的这几个月内。

尔后，吕布并未去见袁绍，而是到河内郡去见叛离袁绍的张杨，一直与张杨关系密切的黑山军残部和南匈奴王子于扶罗此时也前来与袁术会师。袁术后来说吕布有三大恩于他，愿意"奉以生死"，可见双方的关系此前并未破裂过。把这些事件联系在一起，便不难得出结论：吕布离开袁术去河北，并不是抛弃袁术，而正是奉了袁术的命令，到河内郡去见叛离袁绍的张杨、黑山军和南匈奴，争取结盟。

因为有共同的敌人袁绍，加上张杨与吕布祖籍都在并州，是同乡好友，所以双方一拍即合。张杨便派于扶罗和黑山军渡河南下，协助袁术和金尚攻击袁绍的部下曹操，而自己与吕布屯驻在河内，以图切断袁绍与曹操之间的联系。但由于曹操的迅速胜利，张杨的计划破产，遭到袁绍和曹操的夹击，孤立无援，被迫向长安的李傕、郭汜求救。李傕、郭汜对此开出的条件是：交出钦犯吕布。张杨无奈，便将吕布囚禁起来，想把他斩首，将其首级送到长安。吕布见势不妙，就对张杨说："咱们可是老乡，现在您如果杀了我，功劳不一定大吧。还不如留着我这个活口，这样肯定可以多得李傕等人的官爵和尊宠。"张杨深以为然，于是没有处死吕布，吕布瞅准机会，突然越狱，去和老部下张辽、高顺等会合。然而，这群人发现自己四面受敌：西面是李傕、郭汜、张杨，北面、东面和南面都是袁绍的势力。袁术逃到豫州，又遭到陈瑀的背叛，幽州的公孙瓒和徐州的陶谦更是鞭长莫及，完全指望不上。吕布和部下一商量，觉得天下肯定是袁绍的了，于是决定干脆改换门庭，去投靠袁绍。

袁术在兖州战败之后，在豫州南部老家尚有很大势力。他此时任命郭贡为豫州刺史，孙策的族兄孙香为故乡汝南郡的太守，但这二人的军事实力都不强，仅能勉强自保。屡战屡败的袁术迁怒于扬州刺史陈瑀，决定南下扬州九江。袁术之所以不亲自经营家乡豫州，是因为按照汉桓帝颁布的《三互法》，豫州汝南人袁术不能出任豫州牧、豫州刺史或汝南太守。汉末群雄对朝廷的圣旨常常置若罔闻，甚至称王称帝，胁迫天子，却无不严格遵守《三互法》，可见汉桓帝的法律是多么深入人心。

从宁陵前往九江，袁术几乎肯定会采取顺涡河而下的行军路线，而在这条路线上，他无疑会听到当地人对"代汉者当涂高"预言的解释。抵达涡河与淮河交汇点时，袁术定能惊喜地发现，神秘乃至于神圣的当涂县与涂山就近在自己的眼前。孟子不是说"天将降大任于是人也，必先苦其心志，劳其筋骨，饿其体肤，空乏其身，行拂乱其所为，所以动心忍性，曾益其所不能"吗？袁术的字"公路"与"当涂高"是一个意思，而他现在又到了当涂县，这是天意。之前几次被袁绍和曹操打败，只是上天对自己的考验和磨炼罢了。所以，代汉者当涂高，也就是代汉者袁公路。从现在开始，他袁术就将否极泰来，以扬州九江郡为根据地，顺应天意民心，秉承图谶预言，扫平群雄，统一中国，取代汉朝，建立起新的袁家皇朝。

一开始，做着皇帝梦的袁术在扬州进展得十分顺利。渡过淮河之后，他与孙贲军会师，在阴陵（今安徽淮南市东）击败袁绍任命的九江太守周昂，随后逼近扬州首府寿春（今安徽寿县），进攻叛变自己的刺史陈瑀。陈瑀大惊，派其弟陈公琰求和。袁术却把陈公琰囚禁起来，继续进攻。陈瑀慌忙带着自己的堂兄陈珪，以及陈珪之子陈登、陈应等亲友逃到下邳，投奔袁术的盟友陶谦，陶谦从此与袁术产生矛盾。

夺取九江郡之后，袁术任命名士郑泰为扬州刺史，但郑泰作为"本初俱乐部"成员，并不打算帮助他反抗袁绍集团，于是很快"病死"了，袁术干脆自称扬州牧。与此同时，袁绍拜刘岱之弟刘繇为扬州刺史，去和袁术争夺江淮流域，袁绍的后妻刘氏对刘繇的这次升迁应当出力不少。刘繇害怕袁术，不敢直接去交战，听说袁术原本许诺，如果打败陈瑀，就恢复丹杨都尉孙贲的豫州刺史职务，但在阴陵之战获胜后，袁术并未履行这一承诺，孙贲似乎因此对袁术心生不满，刘繇便去找孙贲。双方一拍即合，孙贲和孙坚的小舅子吴景认为袁术大势已去，不值得依附，不如转而投靠袁绍阵营，他们于是帮刘繇渡过长江，进驻孙坚的坟墓所在地曲阿。

曲阿县属丹杨郡管辖，当时吴景官居丹杨太守，孙贲任丹杨都尉，二人控制着丹杨郡的军政大权，帮助刘繇可谓易如反掌。孙策一家原居长江北岸的江都，后来受到徐州刺史陶谦的排挤，也都搬到曲阿居住。正如王朗给孙策写的信中所说："当初，刘正礼（刘繇）刚到扬州的时候，工作难以开展，实在是靠了您的家族帮他介绍通融，才能渡过长江，平定并治理这块土地。刘正礼对此感激不尽，发自肺腑。后来因为袁术的原因，才产生了嫌隙。原来的盟友变成了仇敌，其实不是他的本意。"

刘繇抵达曲阿之后，顺利地控制了江东诸郡，自以为有长江天险，足可抵抗袁术，又担心孙贲、吴景等人与袁术关系密切，便将孙、吴两家成员赶往江北。孙、吴两家对恩将仇报的刘繇恨之入骨，于是经历阳（今安徽和县）至寿春投奔袁术。袁术于是调给二人军队，让他们进攻刘繇任命的丹杨太守周昕。吴景、孙贲渡江之后，宣称"百姓敢从周昕者，死不赦"，周昕刚刚到任，知道当地居民大多是吴景、孙贲的旧部，人心并不归附自己，于是放弃抵抗，弃官逃回家乡会稽郡，投奔了会稽太守王朗。

袁术攻打扬州的同时，汉献帝的《罢兵诏》也传到了华东地区。在兖州中部的前线，陶谦得到诏书，但认为自己正处于有利的军事态势，于是上书表示，华东地区治安恶劣，群凶肆虐，自己不能遣散士卒，撤回徐州，要一举消灭祸害国家的敌人。这让赵岐和马日䃅十分尴尬。

陶谦所谓的"群凶"，一是袁绍、曹操等政敌，二是仍在华东地区活动的黄巾军余部。青州黄巾并未被曹操完全消灭，当时在首领管亥的领导下，又东进攻打北海国。北海相孔融自以为才兼文武，素有扫平天下之志，听说黄巾军将至，先痛饮烈酒壮胆，然后骑上战马，率军到首府剧县（今山东昌乐县西）城西的洋水东岸迎战。同时，郑玄也派自己的独生子郑益恩率家兵去支援孔融。管亥让部分军队在洋水西岸来往移动，吸引官军主力，然后命两翼快速渡河，绕道突袭剧县，将其一举攻占，斩杀郑益恩。消息传来，官军大溃，孔融本人率少量部下逃往南方，辗转来到都昌（今山东昌邑县西）。

到达都昌之后，孔融见自己被管亥团团包围，获胜无望，只得派部下太史慈北上平原，去向刘备求救。刘备虽然与孔融同为青州刺史属下，但孔融是董卓任命的，刘备则是公孙瓒任命的，所以一向没有来往。听说名士孔融向自己这个无名小卒求救，刘备吃惊地说："孔北海竟然知道天下有刘备吗？"立即拨给太史慈三千兵马，终于击败管亥，救出孔融。

如前文所述，孔融既是著名党人，也是蔡邕、边让师徒的朋友，他的北海相职务又是董卓任命的，因此与袁绍存在矛盾，势必会受到亲袁绍的黄巾军进攻。很快，黄巾军卷土重来，孔融被迫放弃北海郡，南下到徐州投奔陶谦。太史慈见孔融徒有虚名，没有实际能力，难以在乱世中自立，于是到扬州投奔自己的同乡刘繇去了，从此与孔融分属袁绍和袁术阵营。

曹操追击袁术到豫州北部，得知陶谦拒绝遵行《罢兵诏》，继续深入兖州，只好撤兵反击。此时，曹操的部队损耗严重，在各个方面都不及陶谦军，他自己也没有获胜的把握，临行前对家人说："如果我回不来了，你们就去投奔孟卓（张邈）吧。"但战局的发展却比曹操预计的顺利许多，当年秋季，曹军一举将陶谦赶出兖州，并乘胜追击，接连攻克徐州的十余座城池，随后与陶谦在彭城（今江苏徐州市）会战。陶谦军大败，死者数以万计，曹操又在泗水河道里坑杀男女数万人，河水为之断流。

接连战败之后，陶谦退守泗水东岸的武原（今江苏邳州市）。曹操无法渡过泗水，于是挥师南下，将泗水以西、淮河以北的五个县杀得鸡犬不留。陶谦退守郯县，向公孙瓒求援，公孙瓒于是派青州刺史田楷、平原相刘备去救陶谦。曹操见势不妙，便以粮尽为名撤兵。回到兖州后，他与张邈"垂泣相对"，庆幸自己能够活着回来。由此可见，因为军事力量不足，当时曹操进行的每一场战役都非常艰苦，想要取得胜利，一方面需要高明的战术和运气，另一方面则要依赖袁绍的援助。

击退曹操之后，陶谦出城慰劳田楷军，见刘备骁勇善战，又有千余名亲兵和一些乌丸杂胡骑兵，还组织了数千名饥民，十分欣赏，当场把四千名扬州丹杨兵调拨给刘备（这支军队应当是丹杨太守吴景、丹杨都尉孙贲应袁术的要求派来援助陶谦抗击曹操的）。刘备见兵眼开，立即放弃了公孙瓒授予他的平原相职务，投靠了陶谦。陶谦又表刘备为豫州刺史，屯驻在小沛（今江苏沛县）。小沛位于豫州的东北部边界上，离兖州边界只有十公里，这说明陶谦与刘备联军从曹操手中抢回了不少失地。

刘备出任豫州刺史，虽然只统治小沛周围一小块土地（此时豫州大部分都在袁术任命的刺史郭贡控制之下），但标志着他成为独立自主的诸侯，事业也随之上了一个新的台阶。他之所以能够如此快地飞黄腾达，主要依靠的是陶谦的提携。陶谦之所以这么欣赏刘备，不仅因为刘备及其保镖关羽、张飞骁勇善战，更是因为刘备给他提供了另一种政治上的可能。董卓废汉少帝、立汉献帝时，刘备是与袁绍、袁术、曹操一同逃离洛阳的"东奔四巨头"之一，可谓老革命。可是，刘备后来发展得并不顺利，正如名士赵戬所说，他"拙于用兵，每战必败"，而且因为投奔老同学公孙瓒，在公孙瓒与袁绍反目以后，还成了袁绍的对头，跟着公孙瓒参加了界桥、巨马水等讨伐袁绍的战役，又被派到青州来帮助公孙家族经营他们的"环渤海帝国"。尽管在军事上乏善可陈，但是在政治上，刘备一直立得住。他驻守的平原位于青州、冀州和幽州三州交会的战略要地，却一直没有受到袁绍军的进攻，可见刘备虽然追随公孙瓒，却一直给自己留了一手，不主动在军事上直接对抗袁绍，只要有可能，就与袁绍合作。陶谦与曹操的战争先胜后败，袁术、公孙瓒集团更是一再受挫，在此背景下，已经年过六旬的陶谦需要在政治上寻找出路，刘备这位政坛不倒翁的加入，无疑对他很有帮助。

刘备虽然升了官，却也等于背叛了公孙瓒。就任豫州刺史以后，刘备做的第一件事，居然就是将豫州宝贵的茂才名额送给了袁绍的长子袁谭（袁谭的籍贯当然在豫州），显然是在特意讨好袁绍。跟随刘备南下的部将田豫仍然忠于公孙瓒，于是像赵云托言兄长去世，离开公孙瓒投奔袁绍一样，田豫借口母亲年长需要照顾，告别刘备，返回幽州。刘备非常欣赏田豫，为他的离去流泪，却并未挽留。从此，刘备就再也没有与公孙瓒集团合作过。

曹操东征陶谦的同时，吕布也得到了袁绍的接见。吕布给袁绍带来了董卓的首级，使袁绍得以泄愤，自以为有大功于袁绍。但袁绍知道吕布曾阿附袁术，又与反复无常的并州老乡张杨过从甚密，所以对他缺乏信任。吕布看不起袁绍麾下诸将领，认为他们的官职都是袁绍私自授予，无足挂齿，触了袁绍的大忌。当时，黑山军领袖张燕率精兵万余驻扎在常山，并得到屠各与乌丸等游牧民族的支援。袁绍因黑山军曾多次袭击魏郡，又与袁术交好，特别恨张燕，此时便与吕布去攻打张燕。吕布乘赤兔马，与成廉、魏越等数十骑驰突万人敌阵，每日三四次，所向披靡。鏖战十余日后，张燕军大败，逃到太行山西麓去了。

张燕战败的消息很快传遍漠北，乌丸王蹋顿出于对袁绍集团的畏惧，便主动提出和亲，屠各人也倒向了袁绍。从此，袁绍的势力范围拓展到了乌丸人居住的塞北草原，以及屠各人居住的并州山区。乌丸人为袁绍提供了大批突骑（用于突击的重骑兵），袁绍把这支雇佣部队交给督军从事牵招统率。

战胜张燕之后，吕布自恃有功，便请袁绍借给自己一支部队，用以征讨李催、郭汜。袁绍不答应，又抱怨吕布的部队军纪不好。吕布看到袁绍难以相处，便反复请求离开河北，前往洛阳。袁绍满口答应，很慷慨地任命吕布为领司隶校尉，并派了30名卫兵到吕布身边，暗中却命令这些武士相机取吕布的性命。

《汉末英雄记》载，吕布预感袁绍的士兵要刺杀自己，于是派人在帐内鼓筝，而自己溜出帐去，帐外的袁绍兵没有察觉。半夜时，袁绍兵涌入吕布帐，乱砍其床被，以为自己杀死了吕布。次日，袁绍发现吕布还活着，派部队追击，但无人敢过于逼近，吕布于是逃走。

不过，30人共砍一张空床，却都自以为杀死了床上的人，实在不合情理。砍床被与砍人的感觉不同，刀剑上无血，这些士兵难道会没有察觉？他们如果真以为自己杀了吕布，就应该斩下其首级向袁绍报告，怎能空着手回去？此故事显然更可能是杜撰的。

还是让我们看看与袁绍、吕布同时代的人是怎样描述这起突发事件的。据《三国志·吕布臧洪传》引臧洪致陈琳的回信记载："吕奉先讨卓来奔，请兵不获，告去何罪？复见斫刺，濒于死亡。"由此看来，吕布不仅遇刺，而且还被袁绍的部下砍伤，几乎丧命，最后勉强逃走。

吕布刺死袁家的仇人董卓，不远千里来投奔袁绍，还帮袁绍打败了黑山军，收服了乌丸、屠各等北方游牧民族，袁绍为什么非要杀吕布？不要说后来人，就连臧洪这样的同时代人都百思不得其解，最后归咎于袁绍嫉贤妒能，心胸狭窄。其实，这是由于臧洪作为地方基层干部，不了解高层政治所致。回顾历史，袁绍诱骗何进送命，屠杀宦官以后，本来就应该夺取东汉政权，就连董卓起初也主动将军队撤出洛阳城。正是由于吕布在洛阳刺杀禁卫军司令、执金吾丁原，带领并州军和部分禁卫军投靠董卓，才导致董卓实力膨胀，控制首都，进而谋求废黜汉少帝，拥立汉献帝，袁绍只得与董卓翻脸，放弃官职逃离洛阳，闹得天下大乱。这一切，都要怪吕布。而且，在丁原遇刺后，作为司隶校尉，袁绍有义务逮捕并审判吕布。吕布辅佐董卓期间，对袁绍的多位亲友之死负有责任，

314

还挖掘东汉皇陵，焚烧洛阳城，毁掉了袁绍本人及其亲友的大量财产，又因为防御不力，导致长安陷落，王允败亡。在袁绍看来，吕布早已犯下多起十恶不赦的重罪，是比董卓更可恶的死对头，不杀不足以平民愤，不杀不足以平私怨。所以，袁绍对吕布以礼相待只是作秀，他不杀吕布才奇怪呢。

听说吕布与袁绍闹翻，李傕、郭汜大喜，主动与吕布讲和，并且封吕布为颍川太守。这是李傕、郭汜的一步妙棋，因为在韩馥自杀以后，颍川人大多已经成了袁绍的死对头，肯定会支持吕布。吕布欣然接受，于是率部渡过黄河，向豫州进发。袁绍本想立即南下追杀吕布，但正在此时，幽州突然传来剧变的消息，袁绍被迫回收兵力，吕布才得以逃往中原。

黄河流域虽然暂时恢复了宁静，但长城脚下的和平景象却一去不返。多年来，刘虞和公孙瓒之间的关系一直很微妙。传统观点认为，公孙瓒攻打袁绍是出于他自己的意图，刘虞爱好和平，一直反对这样的军事冲突。其实，公孙瓒是刘虞的下属，在他南下攻打袁绍期间，军粮和装备都由刘虞负责提供，足见刘虞与袁绍的友情已然破裂，根本原因在于袁绍夺取了韩馥的冀州。公孙瓒南下讨袁绍，肯定得到了刘虞的批准。后来，刘虞之子刘和虽然从袁术的软禁中逃脱，但在返回幽州的途中被袁绍扣留，从此，公孙瓒不再主动进攻袁绍，很可能就是因为刘虞想救出刘和，才勒令公孙瓒与袁绍讲和。正逢赵岐奉《罢兵诏》抵达河北，公孙瓒暂时同袁绍停战，但又与袁术、陶谦等人围攻曹操，间接打击袁绍。袁绍以此为由，拒绝释放刘和。由于儿子在袁绍手上，公孙瓒长期作战没有进展，刘虞因此又倾向于和解，削减了公孙瓒军的后勤补给，迫使他退兵。公孙瓒无奈，只得四处搜刮民财。刘虞据此上奏长安朝廷，指责公孙瓒不服从指挥，还侵犯百姓。公孙瓒闻报大怒，也上奏说刘虞克扣军饷。

因为与刘虞的关系恶化，公孙瓒离开刘虞所在的蓟城，到其东南方构筑小城居住。刘虞召开会议时，公孙瓒总是称病不去。刘虞大怒，于初平四年（公元 193 年）十月趁公孙瓒军主力南下青州之际，亲自率兵十万围攻公孙瓒。在公孙瓒已经带走幽州军精锐的情况下，突然动员这么大的兵力，超出了幽州自身的人力，未必都是刘虞的军队，很可能还有其他势力的援军，特别是曾与刘虞交好，甚至要拥立刘虞当皇帝的袁绍。出发前，刘虞反复告诫部下只杀公孙瓒一人，不得伤害无辜，又禁止他们破坏民宅，"冻死不拆屋"。刘虞的从事公孙纪是公孙瓒的好友，连夜到小城告密。公孙瓒当时并没有多少士兵，但刘虞指挥无方，攻城没有取得任何进展。公孙瓒见刘虞不会打仗，又过于重视军纪，便选精兵数百人，半夜执火炬出城，顺风纵火，刘虞的军营和周围民宅登时烈焰冲天，部队一片混乱。公孙瓒趁机率全军出城冲击，刘虞大败，逃到北方的居庸县。袁绍如果派来了援军，此时必定迅速溃散了。公孙瓒迅速追来，攻克居庸城，生擒了刘虞，带着他回到蓟城。

正在这时，汉献帝派使者段训来到幽州，诏命加封刘虞为都督六州事，又拜公孙瓒为前将军，封易侯，假节督幽、并、青、冀四州事。这份诏书很有趣，因为它的内容自相矛盾。这类诏书一般会考虑受封人的实际情况，刘虞的影响范围一直是河北，特别是幽州，所以诏书让他都督的 6 个州大概是幽、并、青、冀、兖、徐（或豫州），结果就会导致公孙瓒与刘虞共同都督幽、并、青、冀四州，可行性几乎没有。冀州是袁绍的地盘，肯定不会服从公孙瓒。此诏书既然出自李傕、郭汜的意思，目的不外乎挑动河北各势力之间的矛盾。如能成功，张杨和吕布在中原的地位就稳固了。这类"驱虎吞狼"之策是李傕、郭汜集团的惯用伎俩，可能出自贾诩的高明谋划。还存在一种可能性，即诏书本来只封刘虞为都督六州事，公孙瓒为前将军、易侯，后来公孙瓒为了给自己杀害刘虞、统治华北增添合法性，将诏书修改了。

公孙瓒看到诏书，觉得将其公布会对自己不利，于是与段训合谋，伪造诏书，宣称刘虞勾结袁绍，阴谋篡位，以谋反罪将其处死，并表段训为幽州刺史。

随后，公孙瓒派人将刘虞的首级送往长安，却在半路被人劫走。后来从事田畴又到刘虞墓前献祭哭泣，公孙瓒闻讯大怒，但因众人说情，没有将他处死。死里逃生的田畴随即率亲友跑至徐无（今河北遵化市）山中隐居，发誓要杀掉公孙瓒，为刘虞报仇，先后投奔田畴的幽州百姓多达五千余户，乌丸、鲜卑各酋长也与他通好。田畴的同事阎柔、鲜于辅、齐周、鲜于银等人又四处组织部队，准备和袁绍联合攻打公孙瓒。然而，对于刘虞之死，袁绍也不是没有责任。如果袁绍不是听信赵岐的调解，与公孙瓒讲和，公孙瓒根本腾不出手来对付刘虞。刘虞出征时，袁绍可能还以"志愿军"的形式，给刘虞提供了军事援助。没想到，刘虞实在不经打，拥有上万大军，却一下子被公孙瓒击垮并俘杀。

公孙瓒消灭刘虞之后，获得了幽州和青州的大部分领土和全部财富，实力较过去有增无减，"猛志益盛"，准备略作休整，便南下扫灭袁绍，当然也包括袁绍的附庸曹操。

幼狮出笼——孙策投奔
袁术（公元194年）

兴平元年（公元194年），中国各地都燃起了战火。为方便起见，我们首先从献帝所在的华西地区说起。

几年来，益州牧刘焉逐步平定了西南地区，雄踞巴蜀、汉中，渐渐野心膨胀，自以为与汉高祖担任汉王时的情况很类似，打算效法刘邦，进军长安，挟天子以令诸侯。刘焉有4个儿子，其中左中郎将刘范、治书御史刘诞和奉车都尉刘璋当时都在长安，只有刘瑁在益州跟随刘焉。荆州牧刘表听说刘焉在益州行为僭越，便上奏朝廷，说刘焉"有似子夏在西河疑圣人之论"，又乘坐帝王等级的马车，似有不臣之心。献帝知道后很生气，派刘璋到益州去警告刘焉。刘焉由此对刘表和李傕、郭汜怀恨在心，便留下刘璋，并与刘范、刘诞暗中计划，打算分化凉州军阀集团，拉拢其中的一派袭击长安，消灭李傕、郭汜。

兴平元年年初，韩遂、马腾等河西军阀应李傕、郭汜的邀请，率军队来到长安西郊，驻扎在郿坞。李傕、郭汜以献帝的名义封韩遂为镇西将军，马腾为征西将军，厚加赏赐，然后命令他们回凉州驻防。刘范、刘诞兄弟见这是个机会，便与前谏议大夫种劭、中郎将杜禀、侍中马宇等对李傕、郭汜不满的官员密谋。

刘范、刘诞兄弟的同谋种劭是卫尉种拂之子，曾受何进委托，去阻止董卓向洛阳进军。虽然最终因为何进突然被杀，阻止董卓入京的计划没有成功，但种劭的政治能力还是受到朝廷的一致认可。李傕、郭汜攻陷长安时，种拂在巷战中阵亡。局势平定后，李傕、郭汜多次给种劭加官，两度拜为九卿，种劭都不肯赴任。刘范、刘诞、种劭等人商议妥当之后，便派人去郿坞见韩遂、马腾，劝他们攻打李傕、郭汜。当时韩遂不在，马腾听到这个计划后很犹豫，便先向李傕提了一些待遇上的要求，结果遭到拒绝。马腾大怒，认为自己遭到了轻视，便答应了刘范等人的计划。刘焉闻讯，也派校尉孙肇率五千叟兵前往郿坞助战。

正当马腾准备袭击长安时，这次密谋却突然败露。刘范、种劭等人逃到槐里（今陕西兴平市南）投奔马腾，而刘诞则被处死。三月，马腾、刘范等人引兵至长安城北的长平观，准备攻城。李傕派兵出战，双方厮杀数日，不分胜负。这时，韩遂率军来到长平观，宣称要调解双方矛盾，但很快就与马腾联合攻城。李傕见情况紧急，于是命令侄子李利与郭汜、樊稠等将领全力出击，大破韩遂、马腾，斩刘范、种劭等万余人。樊稠、李利又进攻槐里，杀死驻守在那里的马宇等人，然后继续追击韩遂。韩遂见难以逃脱，只得向樊稠求和。樊稠表示同意，双方骑马同行，笑谈许久。李利见此情景，回去报告，李傕大怒。后来，樊稠、李蒙向李傕索要部队，李傕疑心二人准备和马腾一样叛变自己，便将他们处死。原本铁板一块的凉州军阀集团，从此走上了分崩离析的不归路。

刘焉听说兵变失败，而且自己的两个儿子都惨死，心痛不已，又遇火灾，精神崩溃，不久发病而死。益州官吏赵韪等人拥戴刘璋为益州刺史，李傕、郭汜则拜扈瑁为益州刺史，去汉中攻打刘璋。刘表因为是被董卓任命的刺史，与凉州军阀集团的关系一向和睦，便派别驾刘阖率军前来援助扈瑁。益州将领甘宁等人见刘璋形势不利，纷纷倒向扈瑁、刘阖，结果却被刘璋军击败，只得逃往荆州。李傕、郭汜得知扈瑁、刘阖战败，见益州难以攻取，只得承认刘璋的益州刺史合法性，又加封他为监军使者、领益州牧，双方讲和。

刘璋既然已与李傕、郭汜和解，便准备向刘表报复，于是拜赵韪为征东中郎将，率军进驻朐忍（今重庆市云阳县西），准备攻打荆州。因为汉中督义司马张鲁的母亲是刘焉的情妇，因此张鲁与刘璋素来有矛盾，张鲁迎接扈瑁、刘阖进益州，等于开门揖盗，刘璋出于新仇旧恨，将张鲁在成都的家人全部杀死。张鲁大怒，在汉中盆地宣布独立，建立起五斗米道的小王国，并派兵南下攻打巴蜀。刘璋只得放弃讨伐刘表的计划，调遣军队反击张鲁，却屡战屡败，陷入困境。

华西各地已经陷入一片混乱，江淮流域也越来越不宁静。十几年来，随着北方时局的动荡，数以万计的难民涌入南方，制造了大量社会矛盾。而随着袁术和刘繇的南下，扬州这块东汉帝国版图上最后的和平乐土，也已布满了阴暗的战云。

袁术的东进过程，不仅是一部与曹操的战争史，也是一部与陶谦的决裂史。对于自己昔日的这个盟友，陶谦有充足的理由感到恐惧。他十分清楚，近在咫尺的袁术就像条许久没有进食的鳄鱼，只要一有机会，便会对徐州下口。敌人的敌人就是朋友，听说刘繇初到江东，实力单薄，陶谦担心他会被袁术吞并，使袁术完全占有东南，便派部将薛礼南下长江沿岸，与刘繇结盟，以便压制袁术。袁术也不含糊，令丹杨太守吴景停止追击周昕，转而渡江北上，攻打徐州广陵郡。

陶谦突然与袁术决裂，不仅是为了眼前利益，更是一份给袁绍的投名状。由于袁绍在近几年所向披靡，陶谦逐渐丧失了与袁绍集团对抗的信心，试图脱离袁术集团。他将刘备表为豫州刺史以后，就逐渐停止进攻曹操的兖州，刘备也在豫州东北部暂时安定下来。这说明，陶谦和刘备正在逐步取得袁绍的谅解。不过，由于有杀父之仇，曹操仍然无法原谅陶谦，加上陶谦与袁术反目成仇，徐州的军事形势仍很严峻。

随着袁术的军队日益深入江淮流域，陶谦变得越来越多疑和敏感。汝南人吕范到徐州来办事，陶谦知道吕范与孙策关系亲密，便说吕范是袁术的间谍，将其逮捕并拷打。后来，吕范的朋友将他从狱中救出，前去寻找孙策。

被刘繇赶过长江之后，孙策身边亲友稀少，程普、黄盖、韩当、朱治等孙坚的老将虽有数千士卒，但都直属袁术，不能经常与孙策交往。这时，与孙策

"跋涉辛苦"的朋友，只有吕范与孙河二人。孙策心情烦闷，途中常与吕范下围棋消遣，形成了世界上最古老的棋谱，即宋代棋手李逸民《忘忧清乐集》一书中记录的"孙策诏吕范弈棋局"。

经过艰苦跋涉，孙策一行终于逃脱陶谦党羽的追捕，抵达袁术的驻地寿春。见到袁术后，孙策哭着请求对方交还父亲孙坚的旧部，袁术不肯答应，敷衍说："孤用你舅舅为丹杨太守，你堂兄为丹杨都尉，丹杨郡是出精兵的地方，你可以去找他们帮你招募嘛。"孙策无奈，只好与吕范、孙河再次南渡长江，到丹杨郡找吴景、孙贲。孙策虽然是将门虎子，但毕竟刚刚成年，缺乏实践经验，第一步迈得很艰难，只募得数百新兵，行至泾县，还遭到当地武装祖郎袭击，几乎丧命，部下也都逃散了。

从祖郎的伏击圈中逃脱后，孙策带着失望的心情回去见袁术，再次请求袁术拨给自己一支部队，总算得到一千余人。袁术早就听说孙坚在洛阳得到了传国玺，便软禁了孙坚之妻吴氏（吴景的姐姐），迫使她交出玉玺。《三国演义》将这两件事联系在一起，说孙策是用传国玺与袁术换得兵马的，倒也合情合理，但是证据不足。

袁术之所以对孙策这么苛刻，不是因为他天性如此，而是因为吴景、孙贲之前背叛他，迎袁绍派来的扬州刺史刘繇过长江，导致原本已经被自己控制的江东大乱。袁术之所以又同意拨给孙策军队，一是因为刘繇已经在江东坐大，而且同陶谦结盟，对袁术形成了很大的威胁；二是因为孙策家族作为扬州吴郡人，按照汉末群雄无人敢违反的《三互法》，不能出任扬州刺史或吴郡太守，因此不大可能长期割据江东。①总之，刚刚成年的孙策此时已成为袁术麾下将领，

---

① 后来，孙策和孙权兄弟以将军而非地方官的名义统治江东。

而且获得了两千名部曲，两人之间的关系也算和睦。但袁术本来答应让孙策担任九江太守，后来却改用陈纪，导致孙策不满。

不过，孙策的愤懑情绪很快便得到了缓解，因为袁术当时正在接待安抚东方的太傅马日磾。袁术借机拘留马日磾，让他给自己部下的千余名官员、将佐封官。马日磾没有办法，拜孙策为怀义校尉，华歆、朱治等人为太傅府掾，后来又表华歆为豫章太守。实际上，马日磾心中看不起华东人，所到之处常与来自中原的士大夫讨论，说华东人确有才华，但是不学无术，口才差。多年之后，孙策对此还耿耿于怀。

升任怀义校尉后，孙策更加迫切地渴望早日奔赴战场。之前，他路过庐江郡时，知道当地太守陆康是自己的吴郡老乡，于是上门拜访。没想到陆康托事不见，让主簿代为接待。孙策年少气盛，认为陆康看不起自己，心生怨愤。陆康和袁术的关系本来不错，《二十四孝》里还记载了一则陆康和袁术交往的故事：陆康带着自己年方 6 虚岁的小儿子陆绩到九江拜访袁术，袁术请他们吃橘子，陆绩偷偷把 3 个橘子塞在衣袖里，后来不慎掉了出来。袁术发现后询问，陆绩回答说橘子很好吃，想带给母亲尝尝，袁术听了大为赞赏。这就是《陆绩怀橘遗亲》的典故。

袁术进入淮河流域后，与陶谦关系破裂，打算发兵攻徐州，但苦于军粮不足，于是准备向陆康借三万斛米和盔甲等装备。陆康认为，袁术攻打陶谦是叛逆之举，便拒绝了他的请求，并且整军备战。袁术闻报大怒，听说孙策厌恶陆康，便对他说："孤上次用陈纪是错了，对不起你，现在深感悔恨。这次你若能打败陆康，庐江太守一职必定交给你。"孙策大喜，立即率军攻打陆康。袁术把孙坚的千余名老兵交还给孙策，很可能就在此时，目的在于借助孙策之力占领庐江。

孙策将陆康包围在舒县，前后攻打了近两年（公元 194~195 年），终于俘房了陆康。陆康当时已是 70 虚岁的老人了，不堪受辱，入狱一个多月后便去世了。陆家宗族在此惨祸中死者近半，只有陆康的儿子陆绩与侄孙陆议等几十人跑回吴郡，后来都被孙策俘虏。孙策死后，孙权把孙策的女儿嫁给陆议，陆家成员从此忠心耿耿地为孙吴效力，号称"陆忠"。然而，陆议受陆康多年抚养，不思为其报仇，反而认贼作父，娶孙策之女，后来虽然改名为"陆逊"，世人仍然忘记不了他的黑暗过去，就连许多孙权的部将也看不起他。刘备、关羽都非常鄙夷陆逊，结果在白衣渡江、火烧夷陵二战中吃了大亏，根本原因可能正在于此。

孙策虽有攻取庐江之功，却未能得到他想要的职务。袁术既不想给孙策太多的权力，又欺负他年轻，不懂官场上的规矩，便自食其言，用故吏刘勋为庐江太守（这个刘勋不是被袁绍杀害的那个虎牙都尉刘勋）。孙策再度未得赏赐，对屡次食言的袁术极为失望，不想继续跟着他干了，考虑找机会自立门户。

鹰扬河朔

第七章

饿鹰来袭——张邈联合吕布 驱逐曹操（公元194年）

正当孙策站在长江岸边生闷气的时候，另一位猛将也郁郁不得志地徘徊在黄河岸边。

他就是刚刚逃脱袁绍追杀的吕布。

离开冀州之后，吕布的行程有些奇怪。按照《三国志·吕布臧洪传》与《后汉书·刘焉袁术吕布列传》的记载，吕布想回河内去找张杨，中途经过陈留，与陈留太守张邈相遇。这个说法显·然有问题，因为冀州与河内都在黄河以北，距离很近，吕布根本无须渡黄河去陈留。更可能的是，吕布在离开冀州之后，并没有立即去河内找张杨，而是特意去了陈留。

意外的是，张邈非常欢迎吕布这位不速之客，临别时还拉着对方的胳膊密谈，举止亲热。此事不可避免地传入袁绍耳中。作为黑社会的大头目，袁绍最恨叛变自己的人，吕布是个叛徒，张邈与吕布沆瀣一气，还一起盟誓，当然也是叛徒。于是，袁绍给张邈的顶头上司——兖州刺史曹操写信，命令他除掉张邈。

这已经不是袁绍第一次让曹操杀张邈了。早在四年前，当袁绍担任反董卓联盟盟主时，张邈就曾公开指责袁绍有骄矜之色，袁绍大怒，命曹操杀掉张邈。曹操劝袁绍说："孟卓（张邈）是咱们的亲友，即便做了点错事，您也当宽以待之。何况现今天下未定，不宜自相戕害。"但是这段记载未必可靠，因为当时袁绍一直在黄河以北的河内，张邈则在黄河以南的陈留至酸枣一带活动，二人不大可能见面。袁绍、曹操、张邈共聚一堂，只可能是在曹操从扬州募兵失败,去河内投奔袁绍,酸枣方面军解散之后。当时袁绍和韩馥企图拥立刘虞为帝,袁绍又指使刘岱杀害伪造公开信组织讨董卓联军的桥瑁,这可能是张邈指责袁绍的主要原因。后来,冀州被袁绍夺取,韩馥投奔了以侠义闻名的张邈。不久,袁绍派使者来见张邈,当时韩馥在座,使者与张邈避席耳语,韩馥因此自杀。我不杀伯仁,伯仁却因我而死,作为主人的张邈自然十分难堪。而且这还不是与张邈有关的唯一名士死亡案。

按照陈琳《为袁绍檄豫州文》的记载,张邈对曹操起反心,导火索是蔡邕的学生、前九江太守边让被杀案。边让是陈留人,擅长文辞,又懂军事,汉灵帝时就已经名满天下。郭泰评论边让说:"英才有余,而不入道,可惜啊!"黄巾暴动开始后,边让受蔡邕的推荐,被何进征召入京,拜为九江太守。袁绍组织联军讨董卓时,边让辞职返回陈留老家。对于边让之死,《后汉书》的说法是,曹操担任兖州刺史后,听边让的老乡说,边让曾"讥议"并"轻侮"自己,勃然大怒,命陈留太守将边让及其妻子儿女全部处死,并悬首示众。

那位受曹操指使处死边让全家老小的陈留太守,正是张邈。前文曾分析过,曹操让张邈杀边让,和王允杀蔡邕都发生在董卓遇刺后的同一时期,相互间有明确的因果关系,不是曹操、王允出于私人恩怨的意气用事之举,而是他们为了维护主公袁绍的光辉形象,不得不做出的裁决。边让"讥议"并"轻侮"的主要对象,不是曹操,而是袁绍(当然可能顺带也把袁绍的下属曹操冷嘲热讽了一番),结果招来杀身之祸。张邈身为"八厨"之一,摒弃党人侠义好客的传统,接连害死韩馥、边让两位来投奔自己的名士,把颍川和陈留的知识分子全都得罪光了,在社会上受到的非议可想而知。

张邈和乃弟张超是最早公开反对董卓的两位太守,作为"本初俱乐部"成员,他们先是帮助曹操、卫兹在陈留郡组织联军,后来又与刘岱、孔伷、桥瑁、臧洪等人在酸枣结盟,誓言消灭董卓,还力劝韩馥将冀州牧让给袁绍,可谓劳苦功高。但袁绍攫取大权之后，一直没有升迁这两兄弟，反而把周昂、刘繇等新人提拔为州刺史，又让张邈昔日的下属曹操担任张邈的顶头上司，袁、张双方的矛盾已经暴露无遗。在张邈看来，他多年为袁绍出生入死，而且屡次替袁绍承担社会非议，葬送了自己的名声，却一直没有任何回报，心中难免滋生不满情绪。

曹操命张邈处死边让全家，不仅是对边让的迫害，更陷张邈于不仁不义的道德陷阱。

无论是袁绍、曹操、王允、张邈，还是袁术、陶谦、吕布，都不会容忍边让这种人的存在。边让的老师蔡邕是董卓的党羽，因对董卓之死表示叹惋而被王允杀害。袁绍组织联军讨董卓后，边让辞职回老家，更证明他和蔡邕一样，反对袁绍等人讨董卓。边让与蔡邕都支持董卓，反对袁绍，而张邈、张超、曹操是讨伐董卓态度最积极的三个人，吕布又是亲手杀死董卓的人。边让之死，与蔡邕之死性质相同，都是在董卓倒台以后，袁绍集团利用手中的权力，迫害亲董卓知识分子的政治斗争。

同为一代文豪，孔融与边让这对好友自幼齐名，并称"后进冠盖"，也就是年轻学者中的佼佼者。时人评论说，孔融的逻辑不如边让，而文采和学识则在边让之上。边让死后，时任北海相的孔融出于对朋友之死的愤怒，与凶手袁绍、曹操绝交，幕僚左丞祖见孔融势单力孤，无法自立，出于好意，劝他"自托于袁、曹"，也就是向袁绍集团服软。孔融听了勃然大怒，处死左丞祖，导致太史慈、刘义逊等人才的离去。后来，孔融虽然逃脱了袁绍的追杀，却终于死于曹操之手，他的朋友祢衡、杨修等人也无法幸免。

因此，曹操、张邈处死边让全家，与王允杀蔡邕、曹操杀孔融等人性质相同，都是在董卓死后，反董卓势力对亲董卓知识分子的清算。身为著名党人的张邈被迫充当杀害边让全家的刽子手，名誉受到很大损害，又长期没有获得升迁，与上司袁绍、曹操的关系开始恶化。正在此时，李傕、郭汜派太仆赵岐到东方来劝关东诸侯和解，得到袁绍和公孙瓒的支持，但在抵达兖州，劝和曹操和陶谦时，却因为陶谦刚刚杀了曹操的家人，曹操拒绝接受调解，曹操的军师荀彧又是赵岐死敌唐衡的女婿，曹操与荀彧不愿意与赵岐合作，于是将赵岐送到陈留，交由张邈看管，美其名曰"疗养"。赵岐很不满意，经常向张邈、张超兄弟说曹操、荀彧的坏话。以赵岐德高望重的学术泰斗身份，自然会对素以礼贤下士、乐于助人闻名的张邈、张超兄弟产生很大影响。第二年，由于公孙瓒杀了刘虞，袁绍重新与公孙瓒开战，又派原兖州刺史刘岱的弟弟刘繇为扬州刺史，与袁术争夺江淮流域，停战协议因此遭到了彻底的破坏。同时，曹操在同陶谦、袁术的战争中耗损严重，还在徐州大肆屠杀百姓，张邈、张超作为曹操的部下，承受的压力越来越大，赵岐劝他们与曹操决裂的话也就越来越中听。

但是，陈留地处中原，自从袁术和陶谦被击败以后，四周都是袁绍的势力，张邈独木难支。正在此时，袁绍的死敌吕布突然出现，被张邈视为拯救自身名誉，向袁绍、曹操报复的天赐良机。吕布要迎汉献帝回洛阳，符合赵岐和张邈兄弟的政治理念，而与袁绍另立皇帝的计划背道而驰。但吕布、张邈等人并不具备直接向袁绍挑战的实力，所以便在赵岐的劝说下，采取与袁术、陶谦一样的战略，先向袁绍的爪牙曹操发难。陈留人高柔提前看出了张邈反袁绍、曹操的密谋，便带着全家到冀州去投奔叔父（或伯父）高干。高干是袁绍的外甥，高柔离开陈留去冀州，说明张邈背叛袁绍集团只是迟早的事，但曹操似乎还蒙在鼓里。

兴平元年（公元194年）夏季，曹操尽发兖州之众，再次攻打陶谦，并向袁绍借调来朱灵等将领助战，留荀彧、程昱守鄄城，枣祗守东阿，靳允守范城，夏侯惇、陈宫守东武阳。鉴于上次攻打徐州时无法渡过泗水的教训，加之刘备以重兵屯驻小沛，曹操这次采取迂回战术，绕出北路，经泰山郡突入东海郡，连拔五城，一路攻到徐州首府郯县城下。刘备闻讯，急忙与陶谦的将领曹豹率军东进，至郯县东郊迎战曹操。曹操击破刘备、曹豹，向西追到襄贲（今山东枣庄市东南），所过之处大肆屠杀百姓。徐州琅琊郡名士诸葛玄带着未成年的侄子诸葛瑾、诸葛亮、诸葛均离开老家，南下到扬州避难，正是发生在这一时期。诸葛亮兄弟对曹操的厌恶之情，很可能就源于曹操这年在徐州北部犯下的暴行。诸葛玄曾在刘表手下做官，袁术知道此人来到自己的地盘，就立即表诸葛玄为豫章太守，后来也得到了刘表的承认。

正当曹操得意扬扬地追赶刘备时，他的后院突然失火了。两年前拥立曹操的地方豪强陈宫看到曹操就职以来一直没有给兖州带来和平，反而四面树敌，把兖州弄得民穷财尽，大为失望，又知道张邈、张超兄弟与袁绍、曹操不和，于是打算劝张邈自立。但张邈祖籍兖州东平，按照《三互法》，不能出任兖州刺史或东平相，自身军事实力也嫌不足。此时，正好赵岐来到陈留，劝张邈与曹操、荀彧划清界限，吕布被袁绍赶到黄河岸边，进退维谷，又与张邈来往，陈宫便趁机对张邈进言说："如今雄杰并起，天下分崩，明府君拥有千里之众，虎踞四战之地，拔剑环顾，堪称人中豪俊吧！您却反而处处受制于人，难道自己不感到可耻吗？现在曹操倾巢东征，后方空虚，正是我们独立的好机会。您的朋友吕布英勇善战，所向无前，如果迎他来当兖州牧，因时而动，足以纵横天下。"

外有赵岐劝说，内有陈宫怂恿，张邈觉得反抗袁绍、曹操的时机已经成熟，欣然同意，于是与张超、陈宫及部下许汜、王楷、氾嶷、董访等人去迎吕布来做兖州牧。吕布得报大喜，立即带领张辽、高顺等部下渡过黄河，进驻濮阳，同时派使者去见袁术，请求支援。曹操因为穷兵黩武，杀害名士，此时在兖州极不得人心，吕布入境的消息传出，包括曹操重点经营的濮阳和东武阳在内，兖州8郡77县立即全部响应，只有荀彧等人驻守的济阴郡鄄城和东郡的范、东阿三个县仍然忠于曹操。这三个县都位于黄河、瓠子河与巨野泽包围而成的沼泽三角地内，当时如果没有这片沼泽地险，曹操只怕连最后这三个县的根据地都要丢掉了。

张邈、张超、赵岐、陈宫等人也知道，荀彧等人驻守的这三个县有河网重重保护，易守难攻，只能智取。于是，他们事先派使者刘翊到鄄城对荀彧说："吕将军来帮助曹公击陶谦，你们要赶紧为他准备粮草。"荀彧知道吕布是袁绍的仇人，不应来帮助本方，判断张邈准备兵变，于是连忙在城内布防，并派人去找刚刚被赶出东武阳的东郡太守夏侯惇。夏侯惇闻吕布入境，急忙率军渡过瓠子河，与吕布交战。吕布军一触即溃，退入濮阳城内，一些将士向夏侯惇"投降"。夏侯惇认为敌军不堪一击，于是进军围攻濮阳。吕布便派轻骑出城包抄，抢走夏侯惇军的辎重，"投降"的吕布士兵同时发动兵变，在中军大帐里抓住夏侯惇。夏侯惇不久后便被部将韩浩救了出来，狼狈地逃回鄄城。

夏侯惇与韩浩刚刚返回鄄城，袁术任命的豫州刺史郭贡就率兵数万北上，抵达鄄城，要见荀彧。见郭贡大兵压境，鄄城军民无不恐慌。荀彧接受了郭贡的邀请，要出城去见他。郭贡见荀彧面无惧色，觉得鄄城不易攻取，兖州又缺乏军粮，于是带兵离去了。

吕布失去了郭贡这个强援，只得亲自渡过瓠子河攻打鄄城，另派陈宫攻东阿，氾嶷攻范城。荀彧听说吕布已经抓到了范城县令靳允的家眷，担心靳允和东阿县令枣祗一旦叛变，沼泽三角地的地险就丧失了，就派程昱到范城与东阿劝说两位县令坚守。当时，氾嶷已经渡河进入范城县，靳允诡称要投诚，伏兵刺杀氾嶷。程昱又遣骑兵赶到黄河南岸的仓亭津，封锁这个渡口，阻止陈宫军渡黄河。

陈宫、氾嶷两军都无法取得进展，吕布的并州铁骑又不适应鄄城周围的沼泽区，相持了一段时间后，军粮渐渐耗尽。这时，听说曹操已经离开徐州，回到兖州，吕布只得撤回濮阳。

曹操能够快速回军与吕布交战，是因为陶谦生了重病。起初，陶谦和刘备见曹操丧失根据地，军心不稳，便率军追击，打了几场胜仗，也就是陈琳在《为袁绍檄豫州文》中所说的"（曹操）躬破于徐方，地夺于吕布"。但陶谦突发急病，只得停止追击，曹操这才得以顺利从徐州抽身。同样，袁术之所以不亲自去联合吕布夹击曹操，而是派郭贡前往，也是因为陶谦突发急病，徐州出现了政治真空。

陶谦不久即病死。临终前，陶谦嘱咐别驾糜竺说："非刘备不能安此州也。"《三国演义》把陶谦描绘成一个无欲无求的老好人，其实他曾多次主动进攻曹操，也获得过胜利，极盛时地盘南临长江，北越黄河，横跨三州十郡，可以算是割据一方的豪强了。陶谦年轻时，曾随皇甫嵩讨伐北宫伯玉，之后又随张温西征韩遂、边章，是比董卓、孙坚资格更老的将领，在汉末战乱时还能把徐州治理得井井有条，可谓文武双全，只是因为年纪已经太大，没有施展才华的时间了。

陶谦去世后，糜竺遵照其遗嘱，与典农校尉陈登、流亡徐州的北海相孔融等人共同迎刘备为徐州刺史。刘备谦让道："袁公路近在寿春，这位先生四世五公，海内众望所归，你们可以把徐州给他呀。"陈登回答："袁公路生性骄豪，不是治乱之主。现在我们准备为使君募集步骑十万，上足以匡正君主，救济民众，成五霸之业，下可以割地守境，名垂青史。如果使君不肯听我的话，我也不敢听使君的话。"孔融为了报答刘备当年的救命之恩，也劝他说："袁公路难道是忧国忘家的人吗？不过是冢中枯骨罢了，何足挂齿。今日之事，实在是百姓的要求，可谓上天送给您的。您如果不要，将来后悔可来不及。"

刘备盛情难却，便要答应糜竺、陈登、孔融的要求。别驾陈群劝阻刘备说："袁术实力强大，我们如果东进，一定会与他发生冲突，很难迅速取胜，西方的吕布可能便会乘虚而入，袭击将军的后方。如果小沛失守，将军即便暂时占领了徐州，也难以成就大事。"刘备不听陈群的建议，还是接受了徐州刺史印绶，又表孔融为青州刺史，帮助后者在山东半岛上重建统治，与公孙瓒委任的青州刺史田楷分庭抗礼。

正如陈群预言的那样，袁术在陶谦死后已经将徐州视为自己的囊中之物，听说刘备获得了徐州，勃然大怒，立即发兵来攻。刘备在盱眙、淮阴一带布阵迎战，但总是无法取胜。刘备见形势对自己不利，便决定改投袁术的敌人——袁绍阵营，派陈登等人到河北，致信袁绍说："上天降祸于徐州，州牧大人病逝，全州百姓无主。我们担心奸人（袁术）一旦趁隙而入，可能会给身为盟主的您制造麻烦，所以一起奉前平原相刘备府君为新的宗主，让百姓有所归依。如今战火纷飞，刘府君忙得连盔甲都来不及解下，只好恭谨地派我来向您报告。"

在信中，刘备不称"前豫州刺史"，而称"前平原相"，是恭谨的表示，淡化了他此前帮助陶谦与袁绍、曹操交战的敌对历史，实在是高明之举。

袁绍见徐州主动奉自己为盟主，又间接打击了袁术和公孙瓒，当然欢喜不已，欣然回答："刘玄德弘雅有信义，徐州百姓现在乐于拥戴他为主，实在是众望所归。"这样一来，刘备便在短短两年时间内，完成了从袁绍的敌人、公孙瓒的部下，到袁绍的部下、公孙瓒的敌人这一百八十度的大转变，政治身段可谓相当柔软，这也正是陶谦看重他的地方。

就这样，兖州刺史曹操、豫州刺史周昂、徐州刺史刘备、荆州刺史刘表和扬州刺史刘繇五人便成为袁绍手下的五大异姓刺史。他们因为都承认袁绍的盟主地位，所以相互间也构成了同盟关系。有意思的是，按照五行学说，这五个人的姓氏都属于火德，崇尚红色。究其原因，当然在他们的上司袁绍身上。作为儒学世家的领袖人物，袁绍和袁术一样笃信三统、五行学说，认为属于土德的各个姓氏（比如虞、陈、田、袁、王、李、项、孙、许等）会对自己夺取天下构成潜在威胁，所以不肯用他们独当一面；而刘、周、曹等火德姓氏则无法取代汉朝的火德，可以放心使用。

值得一提的是，曹姓出自周文王的第六个儿子曹叔振铎，所以随周王室属火德。后来曹丕篡汉，不顾曹操在《家传》一文里祖述曹叔振铎的记载和弟弟曹植为曹操所作的诔文"胄稷胤周"等铁证，大力宣传自己的家族与曹叔振铎无关，目的也是为了证明自己取代汉朝的正统性，真是煞费苦心。孙坚的孙姓则和袁姓一样出自虞舜，属于土德，崇尚黄色，所以袁绍可能很早就盯上了他，视为竞争对手，处处与之作对。袁术虽然一度不得不重用孙坚，但在孙坚死后，也千方百计削弱孙家的兵权。

尽管摆脱了陶谦、刘备军的追击，并且与刘备化敌为友，曹操的归途仍然十分艰险。曹操的兖州部下听说自己的家乡已经投降吕布，亲属也落入了吕布手中，纷纷逃离队伍，袁绍派来的盟军也陆续渡过黄河北返，只有青州兵还坚定地跟随着曹操。途经泰山山区时，曹操听说当地官员已经倒向吕布，十分紧张，以为自己会在山谷中遭到伏击，但居然未见吕布的一兵一卒，心中便认定吕布不懂军事，对部下夸口说："吕布不能占据东平，阻断亢父、泰山的山道，利用天险伏击我，却屯驻在濮阳，我知道他没什么能耐。"于是命鹰扬校尉曹洪率兵进驻东平、范城，与夏侯惇、荀彧等人的鄄城驻军取得联系，迫使吕布撤退。

早年的曹操特别喜欢说大话，而且常常不能兑现。在听说兖州叛变时，他曾吹牛说："只有我亲自提拔的孝廉魏种可靠，他绝不会背叛我。"话音刚落，就传来魏种背叛的消息，曹操被气得大喊："魏种，你若是不能向北逃进胡人那里，向南逃进越人那里，只要还留在大汉境内，我就不会放过你！"吕布战败后，魏种仍不肯向曹操投降，又跑到河内，投靠了吕布的盟友张杨。

因为急于收复失地，且认为吕布不足为惧，回到鄄城后，曹操慰劳驻军，略作休整，便出师西进，逼近濮阳，寻吕布军主力决战。此时，濮阳豪强田氏支持曹操，从内部烧毁了濮阳城东门，曹操于是率军冲入城来。吕布见曹军入城，只得率全军出战。他知道曹军中就数青州兵的战术与纪律最差，又缺乏装备，于是首先派骑兵扑向青州兵。青州兵无法抵挡并州铁骑的集团冲锋，大败而逃，把曹操的全军阵势全冲乱了。这正是吕布希望看到的局面，于是紧追上去，把曹操及其随从逼到正在燃烧的东门边。曹操见情势危急，就想效法马戏团，跃马从火中冲出。结果，曹操的坐骑因受惊绊倒在火焰中，曹操摔下马，左手因此被严重烧伤。吕布的骑兵一拥而上，把曹操擒住，但见这个俘虏貌不惊人，也没有穿戴上等的甲胄，以为只是个普通士兵，便问他："曹操何在？"曹操见对方不认识自己，于是强忍伤痛，骗他们说："前面那个骑黄马的就是。"吕布的骑兵急于立大功，都扔下曹操不管，猛追骑黄马者，曹操因此逃过一劫。但曹操仍然被困在城中，左手伤残，坐骑也被烧死了。恰好曹操的司马楼异经过，赶紧扶曹操上马，冲了出去。这时，曹军诸将担心曹操已经被杀，军心动摇。曹操处理了左手的烧伤之后，亲自出外督促军队训练，赶制武器，重整旗鼓，再次向吕布进攻，相持百余日，不分胜负。

八月，曹操听说吕布在濮阳城西扎了一个营寨，便亲自率军前去夜袭。吕布闻报，认为曹军大营此时必定空虚，于是在清晨亲率主力出城前去袭击。两军一直打到中午，曹军大营几乎被攻破，曹操才率军返回，见情势不妙，便在军中招募敢死队冲锋。张邈迎吕布入兖州时，张邈的部下典韦是少数离开张邈投奔曹操的军官之一，可能与夏侯惇越狱事件有关，因此备受夏侯惇重视，担任司马。听说曹操招募敢死队，典韦果断应征，率部下奋力突入吕布阵中，给主营解了围。曹操大喜，即刻提升典韦为都尉，担任自己的卫士长。

吕布虽然暂时撤退，但战斗还在进行，而且形势对曹操越来越不利。夏侯惇的左眼被射瞎，从此被部下称为"盲夏侯"。日暮时分，曹操率数千残兵逃走，对外宣称是因为粮尽撤退。吕布也因为缺粮，没有继续追击曹操。

郭贡撤离兖州，曹操和吕布的战斗无法长期进行，都是因为缺粮。当年夏秋季大旱，加上蝗灾，粮价暴涨，百姓相互杀食，人口直线下降。直到九月秋末，通常只在春夏之交成熟的桑葚意外地迎来当年第二茬大丰收，这才救了许多百姓的命。在这种情况下，袁绍命令用桑葚充当军粮，《魏书》为此嘲笑他不重视农业，以致粮荒。

其实，桑树种植是古代农业的重要部分，被汉朝人称为"干椹"的桑葚干还是当时最受欢迎的军粮之一，因为桑树生长快，桑葚产量高，桑葚干又便于长期保存，易于消化，而且富含维生素。人体每天都需要大量维生素才能保持健康，但富含维生素的蔬菜、水果都容易腐烂，不易保存。古代常见军粮如面包、锅巴、腌肉、奶酪等，虽然容易保存，但都缺乏维生素。和它们相比，桑葚干的营养要丰富、均衡得多，既能够生津止渴，又便于长期保存，常吃桑葚干的军人不易患败血症等远足常见病，因此备受欢迎。

桑树原产于亚洲，公元前 4 世纪被希腊人引入欧洲。当时欧洲没有家蚕，希腊人种植桑树的目的并不是为了养蚕纺纱，而只是为了吃桑葚。[1]后来，马其顿王亚历山大东征波斯，桑葚干也成为其军队的主要食物之一。马其顿将士之所以能够在 10 年内步行 3 万多公里，穿越海峡、沼泽、沙漠、森林、雪山、草原、海滨等各种不同的地形，仍然保持体力充沛，百战百胜，桑葚干居功至伟。[2]曹操若是没有幸运地在新郑县（今河南省新郑市）找到一些桑葚干，恐怕早就饿死在西迎献帝的路上了。《魏书》作者王沈、荀顗、阮籍如此叙史，不知是真不懂军队后勤工作，还是有意贬抑。

---

[1] 参见《Realencyclopaedie der classichen Altertumswissenschaft》之 "Maulbeerbaum" 及 "Brombeerstrauch" 条。

[2] 参见 BBC 纪录片《In the footsteps of Alexander the Great》，1996 年。

九月，曹操和夏侯惇回到沼泽区，清点自己还能统治的鄄城、范城、东阿三县人口，兵民全部加起来，能够拿起武器战斗的也不过 1 万余人，而且粮食储备接近枯竭。吕布则拥有 77 个县的人口，如果全部动员起来，足以获得十万军队。明年一旦军粮充足，吕布肯定会发动新的攻势。

绝境中的曹操知道，现在世界上只有一个人能够拯救他。

这个救星不是别人，正是曹操的宗主——袁绍。

力挽狂澜——袁绍助曹操击退吕布（公元194~195年）

兴平元年（公元194年）九月，曹操发信向袁绍求助。袁绍派来使者，给曹操开出了借兵的条件——把曹操的家眷送到邺城去。

袁绍这样做，有多种理由：一，曹操是袁绍的部下，如果曹操被吕布消灭，兖州倒向袁术—公孙瓒阵营，对袁绍极为不利，所以不能不救；二，如陈琳在《为袁绍檄豫州文》中所说，曹操虽然"数丧师徒"，屡战屡败，但总能屡败屡战，不曾因为失利而叛离袁绍，其忠诚值得赞许，袁绍理应向他提供援助；三，从过去的表现看，曹操随袁绍东奔和黑山军来袭时，都曾动摇过，不能绝对排除曹操投降吕布的可能性，所以要扣留他的家属，保证他的忠诚度；四，在过去的两年里，曹操没有表现出能够统治一州的才干，否则也不会导致80个县中的77个倒向吕布，援助曹操需要谨慎；五，曹操此时已被吕布军团团包围，以三县的一万人之众，能否坚持到袁绍军打通补给线，扭转战局，尚存疑问。所以，袁绍做了两手准备：一是自己的军队能够迅速战胜吕布，占领兖州北部，救出曹操；二是在胜利之前，曹操便投降或被吕布消灭。前一种情况最理想，但如果出现后一种情况，那就要未雨绸缪，尽量减少损失。让曹操把自己的家眷送到邺城去，就是为了牵制曹操，使第二种情况发生的概率降低。

曹操收到这样的要求，起初准备接受，荀彧、夏侯惇等人也没提出什么意见。这时，程昱站出来表示反对。按照《三国志·程郭董刘蒋刘传》的记载，程昱对曹操说："袁绍占据燕、赵之地，有并天下之心，但他的智力不足以做到这一点。将军觉得自己能够久居其下吗？将军以龙虎之威，能够甘心当韩信、彭越（任汉高祖宰割）吗？如今兖州虽然残破，我们尚有三城。能够作战的男子，也不下万人。以将军的神武，加上荀文若和我程昱等人帮助，完全可以成就霸业。希望将军再仔细考虑考虑！"

《三国志》的作者陈寿实在应把假话编得更像样一点，不该如此漏洞百出。当时公孙瓒未灭，袁绍控制的河北领土仅相当于战国时期的赵国，而无一寸原燕国的领土（也就是幽州），根本谈不上"占据燕、赵之地"。曹操手中兖州三城的最大问题不是缺乏士卒，而是没有足够的军粮，并且在这块四面受敌的狭窄沼泽地里，很难指望来年有大丰收。程昱如果想阻止曹操将家眷送到袁绍处，就该告诉他如何能"为无米之炊"，而不是空谈什么"神武"。"神武"不能换饭吃，军队没饭吃就没法作战，将领再"神武"也得输。

不过，程昱确实曾劝曹操不要将家眷送到邺城，曹操出于袁绍会利用家人牵制自己的担忧，也表示同意。而到了当年年底，曹操手中的兵力和军粮突然大增，因而能够在次年春季展开对吕布的全面反攻。种种证据表明，这些及时而慷慨的援助都来自袁绍。但是，曹操既然拒绝了把自己的家眷送往邺城的要求，袁绍为何还要向他提供援助呢？

答案是：在程昱等人的建议下，曹操向袁绍提出了新的援助条件。虽然曹操后来销毁了所有相关文件，可是消灭不了历史留下的铁证。

在曹操向袁绍开出的新援助条件中，最明显也最重要的是把包括范城和东阿二县在内的整个东郡都划给袁绍直接管理，自己只保留鄄城一个县。证据是：当年年底，备受曹操信任的夏侯惇突然失去了东郡太守的职务，袁绍派前青州刺史臧洪到东武阳，接管了整个东郡。此前，吕布派陈宫驻守东郡，所以袁绍军一定在当年冬季战胜了陈宫，尔后臧洪才能进驻东武阳等东郡城市。从此，东郡太守臧洪直接对袁绍负责，而不隶属于曹操。

　　兴平元年十月，曹操亲自前往东郡南部的东阿，目的大概就是迎接臧洪南下的军队，并且与他办理交割东郡的手续。随后，袁绍拨给曹操 5000 名士兵[1]，朱灵又率领麾下的 3 个营加入曹操的军队，并且从此长期为曹操效力，名义上是因为朱灵及其部下仰慕曹操（曹操其实一直不信任朱灵），实际上是袁绍对曹操的援助。于是，曹操在当年冬季兵力翻倍，军粮骤增（其中大概主要是当年深秋冀州出产的桑葚干），防区又从 3 个县减少到 1 个县，自然可以全力进攻吕布了。

　　东郡被从兖州划到冀州，使曹操丧失了黄河以北的全部领土，直属县城也从三座减少到鄄城一座。对袁绍来说，其直属领土现在地跨黄河两岸，解除了冀州南方的后顾之忧，比曹操把家眷迁到邺城更加实惠。袁绍 20 虚岁成年后便担任濮阳县令，对当地很有感情，曹操向袁绍提议用东郡换援助，也是吃准了袁绍的这段个人经历。更重要的是，吕布一旦完全占领兖州，与公孙瓒形成南北夹击之势，对袁绍的威胁太大。袁绍无论出于个人感情，还是基于现实利益，都必须尽快援助曹操。

　　袁绍南下攻东郡，吕布和陈宫自然要奋起抵抗。当时，陈宫驻扎在东武阳一带的黄河北岸，而吕布仍在濮阳过冬。结果，这两人都不是袁绍的对手，袁绍军"金鼓响震"，"布众破沮"，在几十天内，东郡便易主了，吕布、陈宫等人从濮阳逃向东南方的济阴郡乘氏（今山东巨野县西）。之前吕布入兖州时，先派别驾薛兰、治中李封到乘氏，劝曹操麾下的守将李乾反水，李乾不听，薛兰、李封便杀死李乾，占据乘氏。吕布、陈宫等人丢失东郡后，想到乘氏来与薛兰、李封会师，但乘氏人李进奋起抵抗，把吕布、陈宫、薛兰、李封等人全部从乘氏赶走，迫使他们向东逃往山阳郡。李进的情况史书无载，估计是李乾

---

① 参见惠栋《后汉书补注·袁绍刘表列传注》载李善注引谢承《后汉书》。

的亲戚。李家是济阴郡的豪强，李乾死后，曹操便把其旧部交给他的儿子李整和侄子李典统帅。

这样一来，在兴平元年年底，曹操便夺回了济阴郡北半部，臧洪也控制了整个东郡，吕布的领土大大缩水，而且有被切成两半的危险。张邈担心自己的陈留郡会与吕布失去联系，如坐针毡，便亲自率军东进，寻吕布军会师，留弟弟张超与家属屯驻在雍丘（今河南杞县）。张超与臧洪是莫逆之交，袁绍用臧洪为东郡太守，大概有劝张邈、张超投降的意思。

兴平二年（公元195年）春季，实力大大增强的曹操从鄄城出征，率军渡过瓠子河，向济阴郡首府定陶进攻。途中，曹操看到王匡从泰山带来数千兵马，打算与东进的张邈会合。曹操知道王匡以前奉袁绍的命令杀了妹夫执金吾胡母班，与胡母家结仇，而胡母家是泰山郡豪强。于是，曹操与胡母家的私人武装联合起来，攻杀了王匡。王匡是跟随袁绍灭宦官、讨董卓的老部下，但也是蔡邕的好友。蔡邕、边让死后，王匡心中不安，转而背叛袁绍和曹操，实属情理之中。在袁绍的统治下，其部属总是爆发这种相互报复的内讧。

杀死王匡后，曹操率军南下，把吕布任命的济阴太守吴资包围在定陶南城里，一连攻了几个月，却难以占领。夏季，中原再度爆发大饥荒，曹操耗尽军粮，只得放弃围攻定陶，东进到乘氏。这时，吕布派薛兰、李封率军北上巨野，似乎打算渡过巨野泽，袭击曹操的大后方鄄城。曹操于是派李整、李典等将领及袁绍的援军合击薛兰、李封，将他们击败。吕布亲自来救，又被击败，薛兰、李封也都阵亡了。此战获胜后，李整升为青州刺史。当时，曹操在青州毫无势力，当地是袁绍与田楷、孔融激烈争夺的地盘。李整担任青州刺史，无疑是袁绍委派的，用以取代改任东郡太守的臧洪，不过李整很快就病逝了。

巨野战役失利之后，吕布只得退回山阳郡，与张邈会师。他感到自己在兖州已经难以立足，便留陈宫守东缗（今山东金乡县），自己则南下到小沛，去找徐州刺史刘备，同时派张邈去扬州，向袁术求助。

此时，刘备正与袁术对峙，互有胜负，听说吕布来投奔自己，连忙亲自到小沛相迎。吕布对刘备说："我与您都是边疆人啊。我见关东各郡联合讨伐董卓，便亲手杀死董卓，然后东行。不料关东诸将没有一个心存善意，都想杀我吕布，我好委屈啊。"刘备表示同情，吕布大喜，请刘备坐在自己妻子的床上，让妻子向刘备跪拜，一同吃饭饮酒，称刘备为弟。就这样，刘备在叛离公孙瓒后不到一年的时间里，又背叛了袁绍集团，转而联合吕布，又倒向了袁术—公孙瓒集团。但这个决策没有战略眼光，只图短期收益，给他人以反复无常、不值得信赖的印象，必然会使刘备付出惨痛的代价。

听说刘备接纳吕布，曹操便打算先攻徐州，再回来灭吕布。荀彧表示反对，认为袁曹联军此时虽然已经有了"十万之众"，兵力占优，但粮草依然匮乏，应该先收麦子，巩固兖州根据地，然后再图发展。

曹操此时东征徐州，确实时机不当，也明显不符合自己的利益，很可能是袁绍命令他这样做的。在不过半年的时间内，曹操的军队便从不过万余人，发展到"十万之众"，其中的大部分士兵肯定都是从袁绍处借调的部队，拒不执行袁绍的命令，是需要勇气的。

曹操采纳了荀彧的意见，借口军粮不足，停止东进，转而去收麦子。这时，正如荀彧所说，徐州的麦子已经收割完毕，吕布从刘备处得到军粮，便从小沛北上到东缗，与陈宫会师，然后趁曹操的主力部队都在抢收麦子之际，率万余人发起突袭，准备收复山阳郡，重建自己与济阴郡、陈留郡之间的联系。

据《魏书》记载，当时曹操的部下多数都出去收麦子了，留守的还不足一千人。如此剧烈的兵力缩水并不正常，恐怕是袁绍知道曹操不肯攻徐州，便撤走了自己的多数援军，只有朱灵和他的3个营还留在曹操阵营中。曹操见吕布突然出现，虽然苦于兵力不足，但还是不肯示弱，于是让妇女守垒，自己率领那数百名士兵出营迎战。曹营西面有个大堤,堤南是片森林,草木丛生,十分幽深。吕布见曹操只带这么少的士兵出战,怀疑他把主力部队埋伏在森林里,便对部下说:"曹操诡计多端,我们不可上当。"于是率军撤退。次日,吕布又带兵杀来。曹操伏兵于森林中,将吕布诱入包围圈,两面夹击,将其击溃。此战失利后,吕布终于放弃兖州,逃往小沛。

《魏书》一如既往地把曹操吹得神乎其神,可惜这段记载疑点重重。既然曹操派大部分士兵下田收麦子,当日天气必定晴好,战场地形又平坦,对擅长弓马的吕布军非常有利。吕布以万余人对曹操的数百人,兵力占绝对优势,即便考虑到森林里可能有伏兵,也可以先用弓弩射击曹军。曹军数量有限,远程火力一定占劣势,如果不赶紧撤入军营或森林里,必定会被全部射死。如果森林里有伏兵,此时也得出来掩护曹操,吕布的胜算十拿九稳。吕布如果怀疑森林里有伏兵,可以派几个侦察兵(汉朝人叫"斥候")到森林里看看,然后回来汇报情况。如果侦察兵都没回来,说明森林里确有伏兵。吕布也可以采取最简单的方法,派一支轻装部队到森林里放火,把躲藏在里面的伏兵烧出来,这在适宜收割麦子的晴朗天气下很容易办到。

以上三种办法都是军事常识,作为一名富有军事经验且不乏智谋的统帅,吕布看到曹操的几百士兵部署在森林附近,不进行任何调查和试探,就立即掉头撤退,次日又跑来上钩,实在荒谬。吕布如果真的如此愚蠢、懦弱,早就被别的敌人杀死了,根本不可能活到此时。更有可能的是,吕布进攻曹操时,刚刚奉命撤离的袁绍军闻讯赶回,吕布见势不妙,匆忙逃跑了。

看来,战胜吕布、夺回兖州,主要胜利是袁绍的援军及李进、李整、李典等地方武装取得的,曹操自己连定陶都打不下来。《魏书》如果不编造一些曹操亲自运用智谋战胜吕布的故事,实在无以彰显其"用兵如神"的光辉形象。在这次决战中,曹操能够战胜吕布,主要是靠优势兵力,而不是什么计谋。不过，经过这次与吕布的苦战，曹操积累了大量经验，也提高了自己的军事指挥才能。渐渐的，他已经不再是以前那个缺乏整体战略眼光，只知一味蛮干，屡战屡败的曹孟德了。

祸起萧墙——袁绍镇压臧洪, 分封诸子 (公元 195~196 年)

　　袁绍之所以停止南下攻打吕布和刘备，把援助曹操的部队撤回河北，表面原因是曹操反对进攻徐州，坚持先消灭吕布，根本原因则是幽州方面有了重大变故，袁绍急需兵力。

　　经过两年的准备，阎柔、鲜于辅等刘虞故吏在幽州北部山区集结起一支上万人的军队，并联合乌丸、鲜卑等曾受过刘虞恩惠的游牧民族，向公孙瓒发起了进攻。公孙瓒派渔阳太守邹丹发兵迎战，双方在潞县（今河北廊坊市）北郊交战，结果公孙瓒军大败，邹丹等四千余人阵亡。袁绍闻报，认为这是个夹击公孙瓒的好机会，便派麴义和刘虞之子刘和（在刘虞死后被袁绍释放并封官，负责指挥骑兵）北上，与公孙瓒在鲍丘水（今河北潮河）河岸上会战，并再次击溃对方，斩首两万余。从此，公孙瓒赖以纵横华北的精锐铁骑"白马义从"就在历史上消失了。这样一来，他也就永远丧失了与袁绍野战争雄的能力。

　　公孙瓒的一系列失利，与他执行的错误战略有极大的关系。当邹丹等将领被敌军以优势兵力包围时，公孙瓒都拒不救援，反而说："若是救他，会使别的将领产生依赖救援的思想，不肯努力作战；我不去救他，别的将领就都会努力作战了。"这样一来，公孙瓒麾下的各路将领要么独木难支，被敌军轻松歼灭，要么主动投降。幽州的代、广阳、上谷、右北平四郡的驻军纷纷杀死公孙瓒任命的官员和将领，驻守在渔阳郡的公孙瓒部将王门也主动投靠袁绍，率部下万余人攻打泉州县①（今天津市南），被泉州县令田豫劝退。田豫一直忠于公孙瓒，为此辞别刘备，不远千里回到幽州，危急关头又拒绝投降袁绍，可谓难得的人才。公孙瓒虽然知道田豫有能力，却不予重任，一直让他担任泉州县令。

公孙瓒由于不断犯错，导致众叛亲离，袁军长驱直入，只得放弃蓟县和涿县，退守重镇易京（今河北雄县西北），并领导部下开展屯田运动，加强自身的经济实力，以与袁绍抗衡。这比曹操采纳枣祗、韩浩等人的建议开始屯田还要早一年。

据《汉末英雄记》记载，公孙瓒建造易京，主要是因为当时有首童谣唱道："燕南垂，赵北际，中央不合大如砺，唯有此中可避世。""燕"指幽州，"赵"指冀州，公孙瓒经考察后认定，童谣指的这块世外桃源就在易县，便仿效董卓的郿坞，在当地建造了要塞。从地图上看，易京位于易县西郊的拒马河畔，是公孙瓒战胜崔巨业军的福地，也是他与袁绍势力范围交界的最前线，而且控制着幽、冀、青三州之间的交通要道，实属战略要冲。公孙瓒离开幽州首府蓟县，南下到易县建城，其实是在向袁绍示强，也符合他包举幽、冀、青三州的固有战略目标，并非保守或迷信举措。

因为设计目的就是为了吸引袁绍军主力的围攻，所以易京的防御体系极为坚固，结构也非常新颖，与以往的中国城市或要塞完全不同。这座要塞没有一条连贯的城墙，设计理念与长城完全背道而驰。公孙瓒在易京工地周围挖掘了十道层层环绕的堑沟，阻止敌军的大型攻城机械靠近，又在堑沟之间建造起几十座独立的堡垒，称为"京"，都有5~6丈高（约合11~14米）。公孙瓒自己

---

① 今本《三国志·满田牵郭传》写作"东州"，汉朝没有这个县，显然是"泉州"之误，见中华书局1982年版卢弼著《三国志集解》第603页。

住在第 10 道堑沟环绕的"京"里面，这座中央堡垒有 10 丈高（约合 23 米），以铁为门，以防敌人火攻。在各个"京"里面，又造起上千座高楼，军民都住在楼上，俯视平地，如同高居空中。

易京堪称中国建筑史上里程碑式的建筑物，难怪袁绍会为它伤透脑筋。公孙瓒在长城脚下服役多年，深知长城的弊端。这种壮观的长线形城墙貌似坚固，其实很容易攻陷。有汉一朝，匈奴和鲜卑军队平均每年都要"入塞"（翻越长城）好几次，来去自如，少有人员损失。究其原因，汉长城全长不下 2300 公里，常驻守军通常不过 30 万，最多时号称"六十余万"，平均每公里长城上的驻军不过一二百人。再考虑到士兵换岗、屯田、运输、生病等因素，汉代平均每公里长城上的驻军通常仅有几十人。北方游牧民族若调动几千骑兵攻击长城上一个驻军兵力薄弱的点，守军就必须以一敌百，实在难以抵抗。按照秦代兵法《尉缭子·守权》记载："守法，城一丈十人守之，工食不与焉。"也就是说，秦代每一丈（约合 2.3 米）长的城墙需要 10 名驻军才能保证守得住，工兵和后勤人员还不算在内。由此推算，要想保证 100 万丈（2300 公里）长的汉长城不被攻破，不算工兵和后勤人员，也至少需要 1000 万常驻军，这是汉帝国和此后中国历朝历代都无法提供的庞大兵力。与汉朝同时代的古罗马人也在从苏格兰到叙利亚的漫长边境上修筑长城，因为同样的原因，防御效果也不甚理想。

公孙瓒的易京，反长城之道而行，完全颠覆了传统的防御工程建筑理念。它不追求面面俱到，而追求集中兵力；不追求平面作战，而追求立体作战。长城守军只能集结于城墙上方的一条线上，没有任何变化的可能；易京守军则分散于各个堡垒的多个楼层之中，突入堡垒间的敌军将会受到来自各个方向的不同堡垒、不同楼层的交叉立体火力的打击。由于各个堡垒之间都有堑沟分割，攻城的军队只能在其间的狭窄区域内活动，无法施展自己的优势兵力，守军则容易对攻城的军队形成局部火力优势。袁绍军虽然在野战中所向披靡，但在这座新式要塞面前却无计可施。他们好不容易填平一道堑沟，却最多只能有几百人突入到堡垒下的狭窄地带，突入的人又会立即遭到周围多座箭楼围攻，难免在多角度箭雨下全军覆没。

无论是在中国还是在世界军事建筑史上，易京也应占据显赫的地位。明朝后期，出现了由数百座"台"组成的大凌河防御体系，明朝人所谓的"台"，也就是汉朝人所谓的"京"。20世纪前期，世界战场上流行碉堡群防御体系，其代表作就是由1533座独立碉堡构成的"马其诺防线"。这些防御体系的实战效果显而易见：皇太极率领的清军在大凌河城外一筹莫展，直到守军因粮草耗尽和援军被歼而投降；德军因为不敢强攻马其诺防线，所以才绕道比利时偷袭法国。从历史的角度看，无论是大凌河防御体系，还是马其诺防线，其原理都和易京有异曲同工之妙。

新型堡垒群易京也有自己的缺点，例如造价昂贵，不太适宜居住，军民用水也成问题。不过，公孙瓒似乎较好地解决了这些问题，随后便在中央堡垒里面安居起来，过上了土皇帝般的糜烂生活。据说他禁止男子进入自己居住的楼里面，把重要公务都交给妇女管理。公孙瓒对士大夫十分鄙视，认为这些人眼高手低，即便授予他们官职，也不会得到感谢和忠诚。但公孙瓒特别喜爱商贩，甚至与占卜师刘纬台、布商李移子、小贩乐何当三人结为异姓兄弟和儿女亲家。《三国演义》说刘备与关羽、张飞结为异姓兄弟，其实并无此事，而是从公孙瓒、刘纬台、李移子、乐何当四人结为异姓兄弟的故事里衍生而来。关羽和张飞的年龄比刘备小很多，在正史中有"义为君臣，恩犹父子"的说法。[①]刘备确实曾与一个人结为异姓兄弟，可惜此人是声名狼藉的吕布，因此《三国演义》

①参见《三国志·刘晔传》。

易京防御体系结构示意图

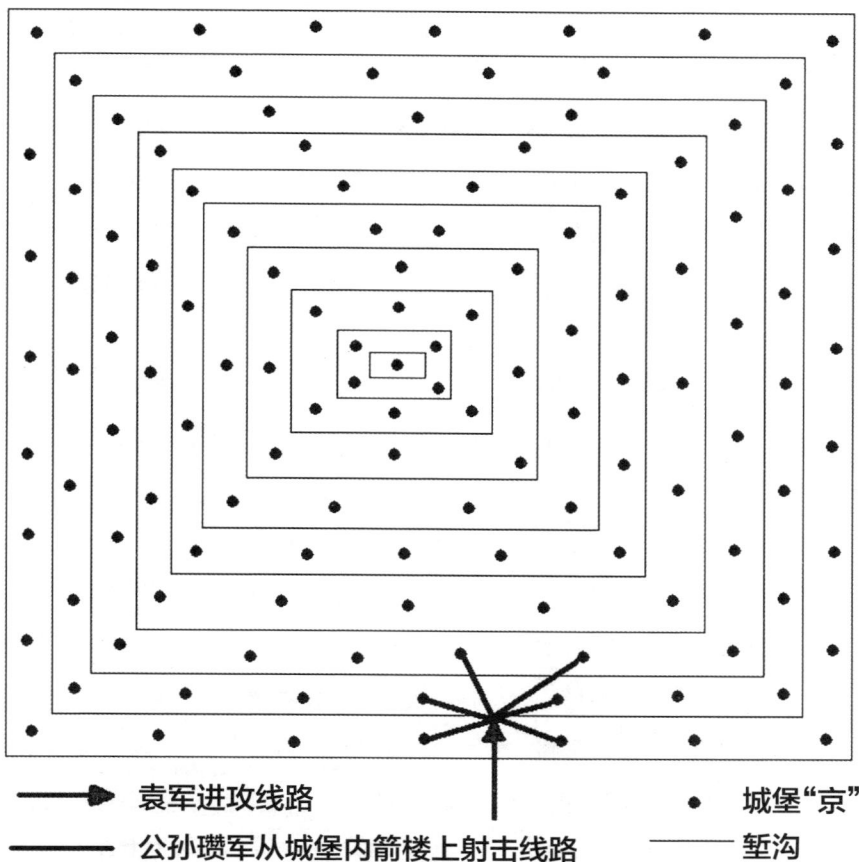

袁军进攻线路

公孙瓒军从城堡内箭楼上射击线路

城堡"京"

堑沟

不予宣扬。

袁绍围攻易京的同时,曹操也挥师西进,将张超包围在雍丘。张超四面楚歌,无法指望吕布、张邈和陈宫的援助,但拒不投降,对部下说:"我就指望臧洪了，他一定会来救我的。"众人都以为袁、曹之间的关系如此亲密，臧洪又是袁绍任命的官员，不会冒着与袁绍、曹操决裂的危险，发兵来救雍丘。张超回答："子源（臧洪）是天下义士，绝不会背叛老朋友。我只是怕他受到限制，无法及时赶来。"

新任东郡太守臧洪是最早公开鼓吹讨伐董卓的人，他首先劝服的刺史就是张邈和张超兄弟。尔后，张邈许可曹操、卫兹等人在自己的陈留郡内招兵买马，又与刘岱、孔伷、桥瑁等人结盟，以三公的名义发布檄文，这才迫使韩馥释放被他软禁的袁绍，共同讨伐董卓。因此，臧洪与张邈、张超兄弟的关系一直非常亲密，而且有大恩于袁绍和曹操。

正如张超预计的那样，臧洪为人仗义，却没有多少政治头脑。听说曹操包围了张超，他真的调集自己麾下的部队前去解围，而且居然还给正在围攻易京的袁绍写信，明确告知袁绍，自己要去救张超，请求他派遣援军来帮助自己。

在袁绍集团内部制造裂痕的，不仅有臧洪，还有曹操。

多年与袁术集团的恶战，让曹操付出了惨重的代价：包括父亲和弟弟在内多位亲友丧命，连自己也几度与死神擦肩而过，还成了残疾人。虽然升迁为兖州刺史，却一天也坐不安稳，好不容易赶走袁术和陶谦，刚刚积攒一点实力，就遭到最好的朋友张邈、张超、魏种的集体背叛，被吕布抄了大后方，不得不一再向袁绍求助，还得献上自己经营多年的东郡，甚至被要求将家眷送往邺城，给袁绍当人质。再这样混战下去，未来看不到任何希望。曹操及其亲友不由得怀疑，继续老老实实地听从袁绍的指挥，自己还能有什么前途。周边的张杨、吕布、陶谦、刘备等诸侯在袁绍阵营和袁术阵营之间左右摇摆、见风使舵、借机渔利的圆滑表现，不免让曹操心生羡慕。此前，当公孙瓒与黑山、南匈奴联军夹击袁绍的时候，曹操就曾动摇过，但袁绍迅速取得的辉煌胜利，逼迫他重新死心塌地跟随袁绍。这次，当吕布袭取兖州时，袁绍虽然来救，却先是索要自己家眷，后又夺走东郡，不可避免地让曹操大为沮丧。多年的出生入死，亲友们相继死去，仍然难免充当棋子的命运。看来，袁绍就没打算让曹操做大做强，也从来不在乎曹操的死活，尽管曹操是"本初俱乐部"硕果仅存的几位创始成员之一。

袁绍的"本初俱乐部"，起源于本初元年梁太后颁布《学而优则仕诏》，大幅扩招太学，而朝廷又无法给这么多太学生安排工作，导致大批精通儒家经典、热衷于参政议政的知识分子事实上处于长期失业状态，从而造成严重的朝野对立。汉灵帝多次升级"党锢运动"，不仅严格限制太学生当官，而且还创建艺术院校"鸿都门学"，把太学生仅有的一些晋级升官的名额也侵占了，令太学生更加不满。袁绍在这种政治环境下，依靠袁家强大的政治和经济资源，将何颙、荀爽、荀彧、王允、郑泰、曹操、刘表、张邈、许攸、逄纪、伍琼、周毖、吴巨等有太学生背景的青年知识分子组织起来，形成了他的"本初俱乐部"班子，企图以此夺取东汉政权。起初，他们的计划执行得天衣无缝，外戚与宦官同归于尽，"中朝"几乎覆灭，东汉政权只能任由以党人为主的"外朝"把持。但是，由于吕布刺杀丁原投奔董卓，袁绍的政变计划功亏一篑，转而公开起兵讨伐董卓，酿成全面内战。

起兵5年以来，何颙、荀爽、王允、郑泰、张邈、伍琼、周毖等"本初俱乐部"成员相继死于非命，损失惨重，刘表和吴巨因为早早南下荆州才得以幸免。留在北方的，只剩下荀彧、曹操、许攸、逄纪等少数几人而已，其中，荀彧、许攸、逄纪都没有实权，只有曹操担任兖州刺史。算来算去，在追随袁绍十余年的"本初俱乐部"核心成员中，能够取得地方诸侯身份的，也只有曹操和刘表了，而且他们的职务还不是袁绍任命的：曹操的兖州刺史头衔是鲍信、陈宫等地方势力私自"拥立"，尔后才征得袁绍批准；刘表的荆州牧头衔则是董卓任命的。此外，王允在董卓生前和遇刺后曾在关中拥有一段时间的实权，何颙和刘表曾被董卓任命为禁卫军司令，郑泰死前曾被袁术任命为扬州刺史，张邈曾被何进任命为陈留太守，都与袁绍毫无关系。可见，如果依照袁绍的本意，为他长期效力的"本初俱乐部"成员全都不能获得地方上的军政实权，这一现象既明显，又费解。

袁绍在党锢之后出山，担任虎贲中郎将、司隶校尉等要职，进而诱杀大将军何进，屠灭宦官，夺取东汉政权，主要依赖"本初俱乐部"成员为他制造舆论，出谋划策，奔走联络。但是，当袁绍与董卓闹翻，逃离洛阳时，只带了曹操、许攸、逢纪这三位年纪较小的"本初俱乐部"成员（刘备或许也能勉强算一个），何颙、荀爽、荀彧、王允、郑泰、刘表、伍琼等资深成员全都被留在洛阳，被董卓收编。尽管如此，这些人依然对袁绍忠心耿耿：王允在杀董卓之后，称袁绍的部下为"吾徒"（我们一拨的）；刘表幸运地成为荆州牧以后，始终尊袁绍为"盟主"。其他人只要有条件东奔，都去投奔袁绍阵营，而那些身在董营的，尽管得到董卓的重用，却大多在袁绍组织讨董卓联军期间，因刺杀董卓而丧命，这无疑是对袁绍的尽忠之举。但是，他们对袁绍的忠诚好像只是一厢情愿：对于他们的牺牲，袁绍似乎从未表达过哀悼，也从未有过慰问他们的家人、抚养他们后代的记载，显得异常绝情。对于跑到东方的荀彧、荀攸、郑泰等几位"本初俱乐部"成员，袁绍也不重用，他们因此只能去投靠曹操、刘表等人。袁绍重用的，除了刘岱、高干等亲戚之外，反而是麹义、臧洪、沮授、审配、周昂、李整等在起兵反董卓以后新投奔自己的人，即便这些新人的能力未必比"老革命"们强。事后看来，袁绍明显是对"本初俱乐部"成员过河拆桥。但在那时，这些当事人未必能猜得出袁绍的心思。

为什么"本初俱乐部"成员会遭到袁绍的抛弃，任他们自生自灭呢？因为他们基本上都是太学生出身的党人，是热衷于参政议政的知识分子，属于与"中朝"抗衡的"外朝"骨干。袁绍曾经花费大量资源组织培养他们，但是在外戚与宦官同归于尽，东汉的"中朝"集团覆灭以后，这些人对于袁绍来说其利用价值就不大了。更糟的是，作为功臣，这些人都要求论功行赏，于是作为执政者的袁绍就要面对一个自从本初元年以来就一直无法解决的老问题：三万太学生都想做官，谁都提供不了这么多官职。让其中一部分人当官，另一部分人就不满意。于是，"本初俱乐部"成员不仅失去了利用价值，反而成了袁绍讨厌的累赘。此外，这些人跟随袁绍多年，富于高层政治斗争经验，了解袁绍的一些秘密。一旦袁绍决定离开洛阳，到外地再创业，这些人在首都的高层政治斗争经验就派不上用场，他们又缺乏外地的人脉，还可能在社会上散布袁绍的隐私（例如诱杀何进），给袁绍制造麻烦，甚至成为袁绍的竞争对手。另外，由于是一夜之间匆忙出奔，袁绍带走的财产肯定很有限，而这些"本初俱乐部"成员都习惯了京城的高消费生活方式，如果大批带走，高昂的花销会吞噬袁绍的现金流。反之，鞠义、臧洪、沮授、郭图、审配等在组织反董卓联军以后投奔袁绍的新人普遍属于地方豪强，不太懂高层政治斗争，更不了解袁绍的秘密，却拥有庞大的地方资源，无须花袁绍的钱，可以毫无顾忌地使用。当然，袁绍离京时也需要带几个助手，与他同行的曹操、许攸、逢纪在"本初俱乐部"中属于年纪小、级别低、忠诚度高的，接触的机密不多，又急于表现，可以"回炉再造"，而年纪大、声望高、知道内幕多的人他一个都没带，任其在洛阳自生自灭。

跟随袁绍离开洛阳东奔时，曹操应当是满怀感激的，因为没想到主公居然能在上百位名士之中看上自己，在紧急情况下叫上自己，并把重大任务托付给自己。然而，随着时间的推移，曹操付出的代价越来越高昂，"本初俱乐部"同仁相继毫无意义地牺牲，特别是好友张邈、张超兄弟突然起来反抗，极大地刺激了曹操。他逐渐明白，自己之所以能够活到现在，主要原因并不是袁绍的庇护，而是自己始终掌握着一支军事力量。换句话说，不能把自己的未来希望寄托在袁绍身上，这位主公太难伺候。既然如此，曹操就应该另寻他路，向刘备、张杨、吕布这些墙头草、老油条学习，背着袁绍，悄悄壮大自身力量。

弱小力量要想壮大，就需要广交朋友。在以荀彧为代表的颍川集团的辅佐下，曹操逐渐明白了这个道理，并坚定地将其实践。臧洪向袁绍借兵攻打曹操的同时，曹操也效法袁绍与李傕、郭汜和解的行为，派从事王必前往长安，向昔日的死敌李傕、郭汜示好。王必在曹操阵营中的地位非常高，曹操对他言听计从，称之为"忠能勤事，心如铁石，国之良吏也"。建安二十三年（公元218年），耿纪等反曹官员发动政变，王必在指挥抵抗时被射伤而死，曹操闻讯后狂怒，大杀汉朝百官为王必报仇，可见此人在曹操心目中的地位。

王必从兖州前往长安，途中必然要经过张杨的领地。张杨与袁绍为敌，不愿意让袁绍的部下曹操与李傕、郭汜等人交好，于是将王必扣留下来。恰逢袁绍的魏郡太守董昭因为弟弟董访帮助张邈迎吕布的关系，遭到袁绍革职通缉，逃到河内，他向张杨进言说："袁、曹虽为一家，但形势决定了他们不可能长期合作。曹操现在虽弱，其实是天下英雄，您应当与他结交。现在有了这样的缘分，不如允许曹操的信使前往长安，并表荐他为兖州牧。如果这事成了，曹操将会永远感激您。"张杨深以为然，于是放王必前往长安，并让董昭代自己写信给李傕、郭汜，推荐曹操出任兖州牧。随后，曹操便暗中与张杨、董昭往来。

虽然有张杨的推荐信，但李傕、郭汜还是觉得曹操是袁绍的死党，曾支持袁绍拥立刘虞，现在说的未必是真心话，便要回绝曹操的请求。时任黄门侍郎、荀彧的颍川同乡钟繇向李傕、郭汜进言说："方今英雄并起，各自矫命专制，只有曹兖州还忠于王室。如果我们拒绝他的美意，以后恐怕就不会有人再派使者来了。"李傕、郭汜接受了这个建议，于是以献帝的名义正式拜曹操为兖州牧。

兴平二年（公元195年）十二月，新任兖州牧曹操攻陷雍丘，张超自杀，全家遇害。与此同时，曹军还在陈留抓到一位重要战俘——李傕、郭汜派来劝东方诸侯和解的太仆赵岐。对于曹操而言，赵岐明摆着是张邈、张超兄弟造反的幕后策划人，作为赵岐的死敌，荀彧当然想杀掉赵岐，曹操以往也不忌讳杀名士，但是赵岐既是李傕、郭汜的使者，还是袁绍、马融的亲戚，杀了他会得罪太多人。最终，曹操选择以大局为重，让赵岐继续在陈留"疗养"。张邈的运气就没这么好了：他受吕布之命，赴袁术处求救，不幸在半路上被部下杀死，显赫一时的张家就此消亡，他们以往的功劳都化作云烟，同曹操多年的友情终以血腥的灭门屠杀而终结。

袁绍、曹操起兵初期，曾受到张邈、张超兄弟的大力扶持。当袁绍被韩馥软禁时，张邈、张超兄弟最先响应臧洪的号召，组织讨董卓联军，为袁绍争得自由，后来更是多次帮助袁绍，还说服韩馥将冀州让给袁绍。袁绍对张邈、张超兄弟一直非常客气，称他们为兄长。如果袁绍生于本初元年，比曹操大9岁的话，那么张邈、张超兄弟就比曹操大10岁以上，在他们面前，曹操是小字辈。曹操能够在兖州站住脚跟，除了袁绍授予的权力以外，主要就是依赖张邈、张超兄弟的支持。曹操与陶谦开战时，对家人说"如果我回不来了，你们就去投奔孟卓（张邈）吧"，战后返回时，更是与张邈"垂泣相对"，亲如一家，完全可以说，曹操长期将张邈、张超兄弟以父兄相待。那么，为什么张邈、张超兄弟会突然勾结吕布驱逐曹操呢？

在初平四年（公元193年）年初，当陶谦多次进攻兖州，袭杀曹操父亲、弟弟等家人，导致曹操与陶谦的战争日渐升级之际，张邈、张超兄弟仍在无条件地支持曹操，还替曹操处死了边让一家。所以，张邈、张超兄弟在兴平初年（公元194年）夏季背叛曹操的举动，源头一定在初平四年年初至兴平初年年初这一年内发生的事情。这一年内，张邈统治的陈留迎来了两位重要客人，一是赵岐，二是吕布，而这两个人都是从袁绍的大本营邺城来陈留的：赵岐是奉汉献帝的旨意，劝东方诸侯停战，说服袁绍和公孙瓒以后，又南下兖州，劝曹操和陶谦停战，但并未受到曹操和荀彧的欢迎，被迫滞留在陈留；吕布则是在为袁绍讨伐黑山军立功以后，受到袁绍的追杀，被迫流亡到兖州和豫州边境。赵岐说服袁绍与公孙瓒和解，并让袁绍接受了汉献帝授予的右将军头衔，在袁绍阵营里造成了巨大的分歧，因为袁绍此前一直宣称汉献帝没有汉朝皇室血统，无权继承皇位，应该被废黜，袁绍的部下对此都是了解并认同的，而现在袁绍突然承认了汉献帝的合法性，不能不让部下感到困惑。此前，执行类似任务的胡母班等汉献帝大臣可是被袁绍下令杀掉的。既然连袁绍本人都接受了任命，袁绍的部下也都得欢迎赵岐，赵岐则顺带为他们给汉献帝朝廷写推荐信。之前，这些人的官职都是袁绍私自"表"的，因此受到吕布等人的嘲讽，现在有可能"转正"为朝廷认可的正式官员，很多人都会心动。但是，袁绍"只许州官放火，不许百姓点灯"，严禁部下接受汉献帝朝廷的官职，违者一律问罪。

从张邈、张超兄弟的角度来看，赵岐于私批评荀彧的"阉党原罪"和袁绍、王允、曹操对蔡邕、边让等名士的迫害，于公颂扬汉献帝的正统性、长安朝廷授予官职的合法性、《罢兵诏》的正义性，全都无可辩驳，极具说服力。袁绍自己接受汉献帝的官职，却禁止部下接受，以及吕布的遇刺逃难，更加证明袁绍集团不是在安定国家，而是在祸乱国家；不是在以天下为己任，而是在公报私仇。相反，张邈、张超兄弟曾带头替袁绍讨伐的董卓已经被吕布杀死了，李傕、郭汜虽然赶跑了吕布，但现在以大局为重，同吕布和解，并号召所有诸侯都捐弃前嫌，共同拥戴汉献帝，并愿意与他们分享权力，正义性无可置疑。袁绍表面上接受了赵岐的调解，实际上又与公孙瓒刀兵相见，阳奉阴违。既然如此，张邈、张超兄弟继续在袁绍集团内，特别是在曹操、荀彧手下工作，就毫无前途可言了。与赵岐、吕布相处的这一年，已经足以让他们抛下以往二三十年积累的私情，转而投入李傕、郭汜的怀抱。张邈、张超兄弟迎吕布入主兖州，主要并非是出于对曹操的厌恶，更多的是出于对袁绍的不满。曹操把张邈、张超兄弟往年对自己的恩情忘得一干二净，将张家三族全部处死，又是典型的党人作风，完全不念往日的友情，想必是在袁绍压力下做出的无奈之举。这必然导致曹操在兖州社会上臭名昭著，更得罪了张邈、张超兄弟的生死之交臧洪。

想当年，袁绍被韩馥软禁时，是臧洪带头说服张邈、张超兄弟组织讨董卓联军的。现在，臧洪奉袁绍之命入主兖州，与献帝任命的兖州牧曹操本来就存在利益冲突，袁绍不顾组织原则，袒护曹操，更让臧洪感到心寒。所以，臧洪接到张邈、张超兄弟的死讯，极为气愤，但不去攻打凶手曹操，而是归罪于曹操的上司袁绍没有及时来救援，宣布与他断绝关系，并派出使者，联络袁绍的宿敌公孙瓒、袁术、李傕、张燕、吕布等人。袁绍闻讯，留麴义、刘和在易京包围公孙瓒，亲自南下东郡，将臧洪包围在东武阳。

袁绍何以如此重视臧洪，以至于要放下劲敌公孙瓒去亲征呢？

在《三国演义》里，臧洪是一位被遗忘的人物。然而，《三国志》将吕布和臧洪并列，证明了臧洪的重要性。当袁绍离开洛阳东奔，被韩馥软禁在渤海郡时，是臧洪奔走呼号，制造舆论，说服张邈、张超兄弟带头组织讨董卓联军，才迫使韩馥释放袁绍，可见臧洪的社会影响力之大。后来，袁绍也很重视臧洪，给予其青州刺史的实权，但臧洪与乃父臧旻一样，口才有余，武略不足，在同公孙瓒和陶谦的较量中屡屡受挫，最终袁绍提拔曹操的部将李整取代臧洪出任青州刺史，把臧洪降为东郡太守。这样的处理不仅伤害了臧洪，也伤害了曹操：臧洪当时的社会名气高于曹操，年纪也比曹操大，不可能久居曹操之下；同时，李整原是曹操下属，这样一提拔，便与曹操地位相当，曹操自然心里颇不是滋味。看来，袁绍对曹操疏于防范，被吕布夺走大半个兖州很不满意，又听说曹操背着自己与李傕、郭汜等人交往，十分不满，所以通过这些手段，剥夺了曹操的一部分实权。当时，袁绍对臧洪的信任超过对曹操的信任，没想到臧洪居然为了救张邈、张超兄弟，背叛了袁绍，证明袁绍的用人出现了严重偏差。为了消除恶劣影响，重新控制中原，巩固自己对兖州的控制，袁绍必须尽快一举打垮臧洪，以将此事的负面影响降到最低。另外，臧洪的大本营东武阳位于黄河以北，距离袁绍的大本营邺城不过100公里，还是兖州豪强陈宫的老家，陈宫家族在当地势力庞大，陈宫因此被曹操视作干儿子，后来又成为迎吕布入兖州的主要地方力量。陈宫虽然随吕布跑到了徐州，但随时可能返回，臧洪在徐州又有很大影响力，这股叛变力量一旦不能被迅速扑灭，就可能会迅速坐大，成为袁绍的心腹之患。同时，袁绍亲征兖州的臧洪，任意干涉兖州大小事务，也说明此时的曹操受制于袁绍。

袁绍军围攻东武阳将近一年，但因臧洪防备严密，无法破城。同时，臧洪发挥自己的宣传联络特长，西连张燕，北连公孙瓒，南连吕布，东连刘备，不停地骚扰袁绍的领土。无奈之下，袁绍在建安元年（公元196年）秋季命臧洪的同乡兼儿女亲家陈琳给臧洪写了一封长信，责备他忘恩负义，勾结贼党，要求他立即投降。臧洪答复陈琳的回信完整地保留到了今天，现将其主要内容摘译如下：

"我臧洪本是个小人物，因为办了一些杂事，得到了这样的大州（臧洪此时在东武阳，但东武阳属于兖州，可见袁绍可能一度考虑让臧洪代替曹操出任兖州刺史），与诸位恩情深厚，怎么会乐意今日自相残杀呢？每次我率领士兵登上城墙，看到城下主人（袁绍）的旗鼓，想到老朋友交往的故事，手抚弓弦，指捻箭矢，不知不觉间，就已经泪流满面了。

"以往我辅佐主人，至今不感到后悔。主人给我的待遇，远远超过一般的部下。当年我受任之初，自认为终于可以办些大事，共尊王室。没想到天子不悦（汉献帝为董卓所立，诸侯讨董卓，其实就是反对汉献帝，汉献帝当然不乐意看到），本州反而遭到敌人侵略，郡将（张超）遭遇到周文王被关押在羑里那样的祸事，陈留太守（张邈）谋划起兵，结果与自己的初衷背道而驰，把忠孝之名和朋友之义丢失得一干二净。我实在不得已，只能含泪与你们绝交了。

"但是，如果主人能够对留在身边的人多一些宽容，对离开自己的人多一些谅解，而不是整天忙于离间朋友，滥用刑罚，以巩固自己的地位，我今日也绝不会与你们交战。举例来说：张景明（张超）当年登坛歃血，奉命奔走，终于说服韩州牧（韩馥）让出印绶，使主人得到冀州；后来却只是因为接受诏书，拜谒皇上，获得爵位和节传的缘故，不能获得主人的赦免，遭遇全家被屠戮的惨祸。吕奉先（吕布）杀死董卓，来投奔我们，后来借兵无果，于是要求离去，有什么罪？却又遭到刺杀，濒临死亡。刘子琪（刘勋）出使我们这里，过了规定的时间，不仅没有得到希望的结果，反而还遭到扣留。他思念家人，编谎话以求返回，可以说是既忠且孝，也无损于我方的利益，结果却被活活打死在主人的面前。

"我虽然不够聪明，而且又无法把这些事情的本末了解清楚，但看到小事，也足以推出大意了。我私下里猜度主人的意思，难道他真的以为那三位先生就应该死，自己的判决符合正义吗？恐怕是为了自己一统东方，然后发兵消灭仇敌，担心战士将来看到皇上的旨意后内心狐疑。所以，主人禁止部下接受皇帝的封赏，要求我们尊奉他的任命。谁这样做，就可以得到荣华富贵；谁拒绝这样做，就会落得家破人亡的结局。但这只是主人的私利，并非我等的志向。所以，我鉴于前人的教训，虽然身处困窘之境，仍然坚持死战。这不是我的本意，都是主人逼出来的。

"我得罪了主人，被长期围攻，还遭到您的嘲讽，并要求我不顾家乡，永远忠于主人。我听说，义不背亲，忠不违君，所以向外联络自己的故乡徐州（指刘备和吕布，臧洪是徐州广陵人），在内扶持郡将（张超），忠孝兼顾，您为何认为我的行为不义？论年龄，主人是我的兄长，论交情，他也是我的朋友，但道不同不相与谋，我现在离开他，顺乎情理。

　　"足下也许看到我困守城中，救兵未至，有感于我二人之间的婚姻亲缘，又想到平生的交情，觉得屈节以求苟生，比守义而遭灭亡要好吧。以往晏婴不在白刃前低头，南史不曲笔以求生，所以才能名垂后世。何况我现在占据金城汤池，集中百姓的力量，积攒了三年的牲畜、一年的粮草，有什么可怕？我倒是担心，秋季即将到来，伯珪（公孙瓒）的战马又会南下，张杨与张燕也协力出击，主人的北方边境将不再太平。主人理当赶紧回去修补邺城的城墙，何宜长久地在我的城下发泄怒火呢？足下讥笑我指望黑山军来救，就不记得当年你们收编黄巾军的事吗（指袁绍派曹操收编青州黄巾）？再说，张燕等人已是朝廷命官，与我是名正言顺的同事关系。过去汉高祖接受彭越的归降，光武帝也曾收编绿林军，才能成就伟业，这有什么好嘲讽的呢？

　　"孔璋（陈琳），你走吧！足下在境外谋取名利，臧洪在城内侍奉君亲；足下把前程托付给盟主，臧洪把声名交给长安（东汉统治者）。您说我会身死而名灭，我也笑您会身死而无闻。悲哀啊！你我二人出自同样的根基，最终却分道扬镳，相去得这样远！"

　　作为当事人亲笔写下的第一手史料，臧洪的这封信在真实性上显然超过了《三国志》和《后汉书》等史籍，不过原文中可能有几句指责曹操的内容，被曹魏文人删掉了。按照此信的记载，兴平元年（公元194年）到兴平二年（公元195年）之间的历史应当被大幅改写。由于篇幅所限，我们只能将这些事件的过程粗略描述如下：

　　袁绍在初平四年（公元193年）接受赵岐带来的《罢兵诏》，承认长安政权的合法性，在自己的阵营中制造了极大的分歧。赵岐等使者下达袁绍领导的各个州郡，逐个授予当地官员以爵位和官职，受到了广泛的欢迎。袁绍对此极为反感，并开始惩办那些接受"王命"官职爵位的人，其中就包括曹操，袁绍免除其兖州刺史一职，还让曹操把家眷送到邺城来当人质。当时曹操还在徐州与陶谦交战，吕布刚刚逃离袁绍的追杀，同李傕、郭汜和解，前往封地颍川。同时，由于袁绍指使曹操攻打陶谦的徐州，并在当地大肆屠杀百姓，导致身为徐州人的臧洪试图干涉曹操对徐州的征伐。在赵岐、臧洪、陈宫与张邈、张超兄弟的策划下，吕布被迎为兖州牧，一举夺取了曹操的大部分领地。由于曹操屡战屡败，袁绍被迫亲征吕布，为了安抚兖州民众，改任臧洪为东郡太守兼代理兖州刺史，并提拔刚刚立下战功的李整为青州刺史。张邈、张超兄弟见吕布战败，便归顺了新任兖州刺史、老朋友臧洪，臧洪承诺他们将不会受到惩罚，可以继续当陈留太守。臧洪在信中所谓"这样的大州"指的就是东郡和陈留郡所属的兖州，而不是他曾经统治的青州。他称张超为"郡将"，正是州刺史对下属郡太守的专用称呼。但是，袁绍拒绝接受叛徒张邈、张超兄弟的归降，命令臧洪杀掉他们。臧洪为了保护挚友，拒绝执行袁绍的命令，同时在暗中也"策名于长安"，接受了李傕、郭汜的兖州刺史任命，同时联络公孙瓒、张燕、吕布等袁绍的宿敌，开始与袁绍公开对抗。

造成这场乱局的根子不在曹操，也不在臧洪，而在袁绍本人。他表面上歃血发誓要保护汉献帝，私下却策划拥立新皇帝，对汉献帝毫无认同感。兴平二年（公元195年），袁绍又从李傕、郭汜处接受了右将军的职位。袁绍言行不一，必然导致其政策反复无常，最后把部下全都搞糊涂了。上有所好，下必甚焉，这是人之常情，袁绍却只准州官放火，不许百姓点灯，严禁部下接受长安当局授予的一切职位。无论张邈、臧洪，或是张杨、王匡，还是吕布、曹操，都具备相当的能力，虽然有个人野心，但也有为袁绍奔走献身的愿望。可惜，袁绍自相矛盾的政策迫使这些人相继造反，并最终导致了袁绍集团的毁灭。

新任兖州刺史臧洪公开叛变，令袁绍颜面尽失。他只好亲征臧洪，并重新启用曹操为兖州刺史，与新任青州刺史李整一同协助自己围攻臧洪。这不是小题大做，除了政治上的威慑，更是一场军事演练：如果袁绍连东武阳都攻不下来，那么又怎么能拿下易京堡垒群？

自从内战爆发以来，袁绍的强大主要并不表现为政治上，而是军事上的强大，一种令董卓、孙坚、公孙瓒、袁术、吕布都感到绝望的强大。袁绍之所以在军事上强大，是因为他对军事有全新的理解。在中国历史上，袁绍是第一个把远程投掷武器放到近战武器之上的军事家，因为近战武器无论多么精良，也往往只能杀敌一千自损八百。但是，如果远程投掷武器发展得好，就可以在杀敌的同时，完全避免自损。所以，袁绍打的仗往往没有激烈的近战——这是一种相当现代化的军事理念，超越那个时代。以往，战国时期的韩国、西汉时期的李陵都曾试图以纯弓弩手对抗多兵种联合作战的敌人，结果都惨遭失败，这要么是由于当时的弓弩杀伤力不够大，不能洞穿敌方甲胄；要么是因为组织得不好，缺乏持续的火力压制手段，导致敌人很快冲到近处，开展对弓弩手不利的近战甚至肉搏。经过袁绍和麴义等人的反复改进，袁绍军的远程火力为汉末军阀之最，除了在界桥大显身手的巨盾弩兵以外，还有巨型箭楼"高橹"，可以居高临下，压制城墙上的守军火力，而且还发展出类似中世纪晚期"三段击"的战术，一部分人射击，一部分人装填，可以持续输出火力。这样大比例配备远程投掷武器的优势是，袁绍军很容易迅速压制并击溃敌军，但也有一个弊端：由于缺乏骑兵，袁绍军往往只能击溃，而很少能够彻底歼灭敌军。

经过近一年的围攻，袁绍终于占领了东武阳城，生擒臧洪，但也付出了代价：首先，青州刺史李整在攻城期间去世；更重要的是，为了打败臧洪，袁绍放弃了亲自控制汉献帝君臣的机会，改派曹操去迎驾，而曹操则从此逐渐摆脱袁绍的控制，走上张邈、臧洪的道路。

俘虏臧洪以后，袁绍当面质问道："臧洪，你为何做出如此对不起我的事情？今日服了吗？"臧洪回答："袁家四代人一连出了五位三公（加上袁滂，其实有六位），可谓世受皇恩。现今王室衰微，您却没有辅佐朝廷的意思，还想利用这一机会，谋求过分的地位，杀害大量忠良之士，以树立自己的奸威。臧洪亲耳听到您称张陈留（张超字）为兄长，就理应做弟弟该做的事，同心协力为国除害，怎能在手握重兵的情况下，坐视兄长被（曹操）屠灭？可惜我臧洪力弱，不能亲自为天下报仇，又有什么好说的？"袁绍听了这番话，知道臧洪现已完全倒向了汉献帝政权，而且已经识破自己打着复兴汉室的旗号，实则准备篡汉自立的阴谋，不会再为自己效力，于是下令将他斩首。

　东汉末年，臧洪绝不是一个可有可无的历史人物。在生前，他的历史作用和社会地位并不亚于曹操，而且其行为与曹操有许多相似之处。若无臧洪，袁绍组织反董卓联军的活动将会困难得多，公孙瓒的抵抗不会持续那么久，吕布入兖州也与臧洪大有关系。臧洪不仅始终与袁绍关系密切，而且长期与曹操共处兖州，交往肯定很多。但除了《三国志·吕布臧洪列传》之外，没有任何原始史料提及此人，显然是有意在淡化他与曹操之间的关系。事实上，臧洪的叛变，是未来曹操叛变的预演，而袁绍也将用镇压臧洪的这一套战术来对付曹操。下文中，我们将发现，臧洪在东武阳所进行的一年多抵抗，绝非无意义之举，它牵一发而动全身，完全改变了汉末历史的进程，也彻底改变了汉献帝、袁绍、曹操、公孙瓒、吕布等人的命运。

　在袁绍围攻东武阳期间，麴义、刘和等将领由于缺乏攻城器械，在易京城堡群下耗尽了军粮，一筹莫展，只得撤退，还让公孙瓒缴获了许多物资。但从此以后，公孙瓒很少再出易京作战，并就此对部下解释说："我当年在长城脚下打败胡人，在黄河岸边横扫黄巾之时，自以为可以轻松平定天下，但从今日的局势看，战争才刚刚开始，也不是我能够决定得了的，不如停战务农，以降低凶年的损失。按照兵法，有上百座塔楼的要塞不可能被攻破。我现在在易京

362

营造了上千座塔楼，存谷 300 万斛（足够 10 万人吃 2 年），吃完这些粮食，足以等来天下局势的变化。"看上去，公孙瓒已经对争夺天下丧失了兴趣。他的保守战略都基于对易京防御能力的信心，但再坚固的要塞也只能用以防御，并不能帮助守军扭转被动挨打的局势。

虽然公孙瓒不积极反攻，但袁绍集团内部的危机却像恶性肿瘤一样迅速扩散着。由于五大异姓刺史的表现太让人失望，特别是臧洪公然背叛袁绍，曹操也在私下里同李傕、郭汜眉来眼去，袁绍渐渐对异姓部下的能力与忠诚丧失了信任。

作为通儒世家子弟，袁绍具有良好的儒家理论基础，了解儒家的政治用人原则。在春秋时期，儒家原本主张用人要遵循"仁、义"的标准，兼顾"用人以亲"和"用人以贤"，即孔子所说的"仁者，人也，亲亲为大；义者，宜也，尊贤为大。"[1]但是，到了战国时期，吴起、商鞅、韩非等人为代表的法家学派所强调的"举贤而上功"最终造成了秦始皇"陛下有海内，而子弟为匹夫"[2]的现象。作为对法家的回应，儒家开始片面强调"亲亲"，孟子把孔子的"仁者，人也，亲亲为大；义者，宜也，尊贤为大"改成了"亲亲，仁也；敬长，义也"[3]。孔子的"尊敬贤人"是"义"蜕变成了孟子的"尊敬长者"是"义"。这样一来，儒家所谓的"仁义"概念，就逐渐缩小为孔子所说的"仁"，贤人没有发展空间，全都倒向了法家。汉高祖起初沿用法家的一套，分封了大量异姓功臣为诸侯王，但不久便将他们一一镇压，规定"非刘氏不得王，非有功不得侯"[4]。汉文帝进一步提升刘氏贵族的地位，还派贾谊担任梁国太傅，不料

---

① 语出《中庸》第二十章。
② 语出《史记·秦始皇本纪》。
③ 语出《孟子·尽心上》。
④ 语出《史记·绛侯周勃世家》。

很快就发生诸侯王谋反的事件，贾谊被迫将自己的政治理论修改为"众建诸侯而少其力"①。经过汉景帝时的"七国之乱"，汉武帝又颁布《推恩令》，诸侯王从此不再对中央政府形成威胁。因此，汉朝人普遍将儒家用人理论定性为"尊尊亲亲"，将法家用人理论定性为"举贤而上功"，大搞"外儒内法"，其实反而恢复了孔子提倡的"亲亲"和"尊贤"并举。在汉朝官场上，儒家的"亲亲"理论经常表现为"任人以亲"，甚至要在法律上做到"父为子隐，子为父隐"②，汉朝法律还因此规定："子首匿父母，妻匿夫，孙匿大父母，皆勿坐。"③袁绍家族都以研究《孟子》和《孟氏易》闻名，对"仁义"的理解自然接近孟子的"亲亲，仁也；敬长，义也"。虽然在同宦官和董卓的对抗过程中，袁绍迫于形势，不得不采取法家"举贤而上功"的那一套，重用能立功的贤人，但是当主要政敌都被打倒，他便立即改变用人思路，开始任人唯亲。看到几个儿子和外甥都已经逐渐成年，袁绍决定授予他们较大的权力，到地方上去取代那些已经没有太多利用价值且政治立场不坚定的"老革命"们。

在袁绍的3个已成年的儿子之中，长子袁谭被誉为德才兼备，次子袁熙较为平庸（可能是小妾生的庶子，没有什么竞争力），三子袁尚则被公认为容貌俊美。由于袁绍服了"六年之丧"，长子和次子生于此之前，三子袁尚生于此之后，所以袁尚要比袁谭和袁熙小许多，最小偏怜，袁绍夫妇也不例外，袁尚自然多得父母的爱宠，刘氏就曾多次赞扬袁尚，袁绍也着实喜爱这个小儿子，以至于决定废长立幼，立袁尚为自己的嗣子。

然而，废长立幼严重违反儒家宗法，这想必让袁绍和刘氏非常头疼。后来，

---

① 语出贾谊《治安策》。
② 语出《论语·子路》。
③ 语出《汉书·宣帝纪》。

他们想出了一个妙招：袁绍仿效亲生父亲袁逢把自己过继给已故兄长袁成的做法，将长子袁谭别有用心地过继给已故的兄长袁基为继承人，这样袁尚就成了第一顺位的嫡子。袁谭出继别家，公开称袁绍为"叔父"，自此丧失了袁绍继承人的资格。正巧青州刺史李整去世，袁绍便让袁谭去统治青州。对于袁绍这种废长立幼的做法，沮授进谏说："谚语说野兔进城，万人追逐，但当有一人抓获了野兔之后，别人就会散去，因为所有权明确了。我听说，古人选择嗣子的标准是：长子优先，如果年纪相当，就选择较为贤能的；如果才德相当，那就求助于占卜。希望主公汲取先代成败的教训，以及市民追逐野兔的道理。如果您一意孤行的话，祸患恐怕从此就会开始了。"袁绍敷衍道："我就是想观察这几个孩子的才能，才安排他们各自管理一个州。"随后又拜次子袁熙为幽州刺史，外甥高干为并州刺史，独留袁尚在身边培养。

兴平二年（公元 195 年）到建安元年（公元 196 年）之间，袁绍做的重大抉择，绝不止废长立幼这一件，更加重大的抉择正在等着他呢。同样面临重大抉择的，还有他的弟弟袁术。

霸王开疆——孙策渡江与吕布夺徐州 (公元195~196年)

袁绍在帮助曹操赶走吕布之后，幸运之神似乎便离他而去：袁绍本人接连在易京与东武阳遭遇顽强的阻击，由其部下控制的扬州六郡还接二连三地被敌人攻陷。

袁术派孙策攻陷庐江以后，作为刘岱的弟弟和袁绍的姻亲，扬州刺史刘繇非常紧张，立即派樊能、于麋、陈横、张英率水师到长江南岸的江津与当利口（今安徽马鞍山市），封锁江面，以图抵抗袁术军。袁术此时不再自称扬州牧，而拜故吏惠衢为扬州刺史，吴景为督军中郎将，孙贲为征房将军，共同南下攻打樊能、张英等人。两军对峙一年，战局毫无进展。孙策正为自己没有得到庐江太守的职位而气愤，苦于手下兵力不足，听说惠衢方面战局受挫，便对袁术说："我家在江东民间有旧恩，愿意去帮助舅舅（吴景）攻打横江。占领横江之后，我们便可以回家乡（吴郡）募兵，至少能得到三万人，用以帮助明公匡济汉室。"

袁术知道孙策厌恶忘恩负义的刘繇，便答应了这个请求，表孙策为折冲校尉、行殄寇将军，给士卒千余人，战马数十匹。孙策带上程普、黄盖、韩当、朱治、吕范、孙河等数百名宾客一同南下，沿途招兵买马，抵达历阳（今安徽和县）时，已经发展到五六千人。这时，原丹杨太守周尚与侄子周瑜也率领家兵前来会师，孙策见了好友周瑜大喜，便与他共同前往吴景、孙贲的营帐。

抵达长江前线之后，孙策在姑妈的建议下，趁张英尚未在这一江段部署战船之机，砍伐芦苇作筏，抢渡长江，随后大破张英，占领牛渚营（今安徽马鞍山市南）。略作休整以后，孙策又东进攻打丹杨郡重镇秣陵（今南京市南），赶走驻扎在此城的原陶谦部将薛礼和笮融，他们是在曹操攻陶谦时带领万余名军民南下避难的。从此，孙策在江东就有了一个稳固的根据地。

尽管孙策方面进展顺利，但为了彻底打垮刘备，袁术还需要一个人的大力帮助：此人就是刚刚与刘备结盟，并且以兄弟相称的吕布。吕布虽然曾与袁术交恶，但他与刘备间的关系正处于蜜月期，后方又受到袁绍、曹操的威胁，所以与袁术的关系逐渐缓和。事实上，如果不是臧洪在此时背叛袁绍，吕布和刘备很可能就被袁绍灭掉了。

兴平二年（公元 195 年）年底，刘备听说袁术率军东侵，便留张飞与下邳相曹豹、中郎将许耽等将领守下邳，自己和关羽等将领西进，与袁术在淮阴石亭（今江苏清江市西南）对峙，互有胜负。此时，张飞却和曹豹闹翻了，曹豹担心张飞会杀了自己，便派使者到小沛去向吕布求救。吕布见自己有了内援，不禁对徐州垂涎欲滴，立即率军出发。进入徐州境内后，他才想起徐州是袁术渴望得到的地盘，出于谨慎，先给袁术写了封信，探询对方的意见。袁术当时已经击败刘备军，江东又传来孙策的捷报，重新建立起与袁绍逐鹿中原的信心，急需有战斗力的盟友，见吕布主动给自己写信示好，立即答复说：

"当年董卓作乱，破坏王室，杀害我全家老小。我在关东举兵，不能屠裂董卓，而将军亲手杀死董卓，又亲自把他的首级送给我，为我灭仇扫耻。我袁术即便将来死了，在地下也无愧于祖先。这是您为我立的第一件大功。以前我派金元休（金尚）前往兖州，刚到封丘，便遭到曹操的袭击，情况危急，几乎灭亡。将军攻入兖州，大破曹操，帮我好好出了一口恶气，这是您为我立的第二件大功。我自有生以来，就没听说过天下有刘备，现在刘备这小子竟敢举兵与我对战。凭借将军的威灵，我现在总算打败了刘备，这是您为我立的第三件大功。将军为我立此三大功，袁术虽然不聪明，也愿意用自己的生命帮助将军。将军连年攻战，一定缺乏军粮，我现在送去二十万斛米。不光这些，以后还会继续给您运送粮食。如果您缺乏兵器等物资的话，无论多少，只管向我要。"

吕布得到了袁术对自己抢占徐州的支持，立即命三军水陆并进，加速扑向下邳。抵达城西40里处时，许耽派司马章诳来见吕布，章诳报告说："张飞已经杀了曹豹，城中现在一片大乱，各支部队之间全无信任。城西的白门内驻有丹杨兵千余人，听说将军东来，无不踊跃，就像获得了第二次生命一样。将军只要把部队开过去，丹杨军就会立即开门让您进城。"吕布连夜急行军，凌晨时来到白门，丹杨兵果然开门。吕布带头突入刺史衙门，指挥部下赶走张飞，将刘备的妻子与其部下的家属全部捉住。此时，志得意满的吕布肯定不会想到，仅仅三年之后，同样是在这曾是自己福地的白门城楼上，他竟然会被五花大绑，听候曹操和刘备的裁决。

刘备见张飞逃到淮阴，知道下邳已经失守，慌忙率兵撤退。到了下邳城郊，士兵们听说家人都已落入吕布之手，集体哗变。刘备只得向东南方转移，结果又被袁术击败，最后逃往广陵郡海西县（今江苏灌南县南），被敌对势力团团围困，丧失了与外界的一切联系，经济上也近乎崩溃。幸好，武运给刘备造成的损失得到了桃花运的弥补：在海西县，别驾从事麋竺把妹妹（也就是麋夫人）嫁给了他，还送来两千名奴隶和许多金银财宝做嫁妆，使刘备军能够勉强再支撑一段时间。

在刘备屡战屡败的时候，孙策却连战连捷，攻陷湖熟、江乘（二者都在今南京市东南方），逐步逼近刘繇的驻地曲阿（今江苏丹阳县）。见形势危急，有人劝刘繇可以用太史慈为大将军，抵抗孙策。刘繇回答："我若任用子义，许子将不会笑我吗？"原来，最受袁绍重视的人物品评家许劭当时正在扬州，担任刘繇的谋士。刘繇不肯重用太史慈，只派他和另一名骑士出城侦察敌情，恰好在曲阿城西的神亭山上和同样在侦察敌情的孙策遭遇。太史慈上前挑战，与孙策斗得难分难解，后来双方的大部队赶到，这才各自撤退。

孙策一家本是江东豪强，孙策本人相貌英俊，善于用人，渡江之后军纪严明，又屡战屡胜，所以百姓都竞相归附，兵力越来越强。刘繇认为曲阿难以守住，于是弃城逃走，准备南下会稽郡，投奔会稽太守王朗。许劭说："会稽郡经济发达，孙策性贪，必然会首先攻击那里。而且会稽位于沿海，一旦失守，无处可逃。我们不如到西南方的豫章郡去，那里北连豫州，西接荆州，可以与刘表和曹操取得联系。虽然袁公路隔在豫章与兖州之间，这个人性如豺狼，不可能支撑太久。足下受王命为扬州刺史，孟德与景升一定会来救济的。"刘繇与刘表、曹操本来就共奉袁绍为盟主，并列五大异姓刺史，互为盟友，与袁术敌对。刘繇采纳了这个建议，便与许劭、太史慈等人向西南方进发。行至芜湖，刘繇任命太史慈为丹杨太守，在泾县断后，自己则坐船逆流而上，抵达豫章郡的彭泽县。

刘繇等人逃跑后，孙策高奏凯歌进入曲阿，派人从北方迎来母亲吴氏与弟弟孙权等家眷。孙策担心自己后方不稳，便命周尚与周瑜返回丹杨郡，防备刘繇、太史慈等人的反扑，自己则率主力从曲阿东进，讨伐刘繇属下的吴郡太守许贡，另派朱治率军绕过震泽（今太湖），攻取钱唐（今浙江杭州市西）。许贡听说敌人在自己的后方出现，慌忙南下迎战，结果在由拳（今浙江嘉兴市南）被朱治打得大败，只得去投奔吴郡地方豪强严白虎。

至此，孙策已经占领了丹杨郡东部和吴郡大部，于是又南下攻打会稽郡。沿途，孙策出于私怨，处死了许多反对自己的吴郡地方豪强。孙家祖籍吴郡，这种杀害老乡的举措自然大失人心，也为后来孙权统治时期东吴层出不穷的政治危机埋下了伏笔。

听说孙策已经引兵到了浙江（今富春江），准备进攻会稽郡，刘繇在江东的最后一根支柱——会稽太守王朗赶紧召集属下商议对策。功曹虞翻认为难以获胜，不如逃跑。王朗力排众议，率军到浙江南岸的渡口固陵（今浙江萧山区）应战。孙策多次企图强渡浙江，都不能成功，后来采纳叔父孙静之计，托言暴雨后浙江下游水质恶化，士兵饮水后腹痛，命孙静带人去上游取水。黄昏时，孙静在对外宣传的取水地区插上许多火把，吸引王朗军的注意力，率军摸黑通过查渎道，奇袭江南的王朗军营。王朗毫无准备，闻讯后连忙派前扬州太守周昕、前豫州刺史周昂兄弟带兵前去堵截，被杀得大败，周昕阵亡，周昂逃回家乡，投奔了严白虎和许贡。

王朗无法退回会稽，本想与虞翻北上广陵投奔刘备，但受预言书误导，坐船南下逃往东冶（今福州市），又准备继续逃往交州。当时，交州刺史张津和苍梧太守史璜相继去世，刘表便派部下赖恭为交州刺史，吴巨为苍梧太守，与交趾太守士燮联合控制了交州，因此从珠江流域到今越南中部的广阔领土也落入了袁绍集团的控制之中，所以王朗打算去那里。

战胜王朗以后，孙策又转向西方，大破严白虎军，严白虎率残兵败将逃往余杭（今杭州市西）。身在严白虎军中的许贡见大势已去，知道袁术和孙策因为周昂袭取孙坚的豫州之事，特别恨周昂，于是将他斩首，然后拿着周昂的首级向孙策投降。接着，孙策又南下追击，生擒了企图逃往交州的王朗、虞翻等人。就这样，会稽郡也落入了孙策之手。

建安元年（公元 196 年）年初，刘繇在袁术、孙策集团的持续攻击下，已经丧失了扬州六郡中的四个半，只能控制豫章郡和丹杨郡西部了。袁绍集团在长江下游的统治已经岌岌可危了。

第八章

自掘坟墓

天子下席——李傕、郭汜的内讧与献帝东迁（公元195年）

正当袁绍、曹操与吕布、张邈、臧洪在兖州激战，公孙瓒死守易京，刘备与袁术争夺徐州，孙策席卷江东之际，帝国的临时首都长安城也燃起了熊熊战火。

《三国志》和《后汉书》等载，兴平元年（公元194年）三月，刘范、刘诞、种劭等长安官员联合韩遂、马腾和益州牧刘焉攻打长安，遭到惨败。李傕、郭汜的部将樊稠因为放走韩遂，遭到李傕的侄子李利的举报，被李傕在酒宴上刺杀，成为凉州军阀集团彻底分裂的序曲。尔后，郭汜之妻怀疑李傕会把小妾送给郭汜，使自己失宠，便在李傕送来的食物中下药，郭汜因此认为李傕要杀掉自己，便起兵攻打李傕，导致长安全城大乱。

不过，早在兴平元年（公元194年）三月李傕便已赦免了韩遂、马腾，并在四月拜马腾为安狄将军，韩遂为安羌将军，五月又封郭汜为美阳侯，加樊稠开府，与郭汜、樊稠三分长安城，各自治理一个片区，可谓授予了樊稠很大的权力。[①]而李傕杀樊稠之事发生在兴平二年（公元195年）二月，距离樊稠放走韩遂已经过了一年。李傕既然赦免了韩遂，就不应向樊稠问罪，更不应先授予樊稠大权，拖延一年后再下手。可见，樊稠被杀，并不是因为他放走韩遂，

---

① 参见袁宏《后汉纪·献帝纪》。

并受到李利的诬陷，而是另有隐情。

李傕杀樊稠时，还同时杀了抚军中郎将李蒙。这位李蒙可不是无名小卒，他本是徐荣的副将，先后破曹操于汴水，败孙坚于梁东，克吕布于长安，可谓战功显赫。董卓遇刺后，徐荣、樊稠、李蒙都投靠了王允、吕布。新丰大战时，徐荣阵亡，樊稠、李蒙向李傕、郭汜投降，受到重用。但是，由于樊稠、李蒙曾经投靠王允、吕布，有历史问题，不可能太受李傕、郭汜的信任。在李傕、郭汜、樊稠三分长安城之后，因为一些鸡毛蒜皮的小事，两派矛盾日益升级，多次发展到要进行白刃械斗的地步，虽然每次都被贾诩劝阻，然而根本矛盾并未得到解决，终于酿成惨案。①

樊稠和李蒙刚在二月被杀，郭汜便在三月发兵攻打李傕，根本无须郭汜之妻在其中添油加醋，这是局势发展的必然结果。李傕本来与郭汜、樊稠三分长安城，现在李傕杀樊稠，兼并其部属，三分长安而有其二，郭汜难以再安枕无忧，只能考虑先下手为强了。

实际上，长安城中有一派势力特别热衷于促成凉州军阀集团的分裂，它就是汉献帝身边的官僚集团，其领导人物是太傅马日磾与太尉杨彪，这两个人又都是袁绍和袁术的姻亲。马日磾在兴平元年年底病逝于寿春之前，曾多次在袁术给朝廷的上表中署名，内容虽然没有流传下来，但袁术明显对迎献帝东归非常感兴趣，所以后来才有派军前往洛阳迎驾之举。张昭在为孙策写的致袁术信中也提到，献帝东迁时曾命袁术前去迎驾。而杨彪又是袁术的姐夫，二人自小过从甚密。东方诸侯之中，始终旗帜鲜明地支持汉献帝的，只有袁术一人。所以，当时在长安的宫廷里，"袁术"肯定是一个相当受欢迎的名字。

---

① 参见袁宏《后汉纪·献帝纪》。

此时，袁绍和袁术势同水火，因为马日磾、杨彪和袁术的关系很好，他们因此遭到袁绍的仇视。后来，袁绍在给汉献帝的上表中痛斥马日磾，又命令曹操杀杨彪及其好友孔融等人。杨彪、马日磾等人不会乐意看到献帝落入袁绍集团之手，而凉州军阀集团此时已经与袁绍集团结盟，所以，杨彪、马日磾等长安官僚集团希望拆散凉州军阀集团，借机投奔袁术。他们有一位重量级的助手——大司农朱儁，朱儁曾在镇压黄巾军时战功显赫，当诸侯讨董卓失败以后，董卓拜朱儁为河南尹，驻守洛阳，朱儁趁机发动兵变，失败后逃往南阳，投奔袁术。袁术拨给朱儁一支部队，帮助他打败了董卓军，重新占领了洛阳。董卓死后，朱儁被李傕、郭汜召入长安，拜为大司农。朱儁在洛阳有很深的群众基础，一直致力于劝汉献帝移驾洛阳。

不过，汉献帝君臣想从凉州军阀集团牢牢控制的长安城中逃出去，实属不易。

郭汜向李傕开战之后，由于自身势弱，便打算挟持皇帝和百官。当夜，李傕得到了这个情报，立即派侄子李暹率领数千兵马包围宫殿，迎献帝到自己的军营里去。杨彪表示反对，但无济于事，献帝及其后宫嫔妃、朝廷百官只得一同来到李傕的军营，在里面饿了一整天。当日，凉州乱兵在殿内大肆抢夺宫人和财宝，然后四处放火，长安皇宫扫地无余。

应李傕的要求，献帝派太尉杨彪、司空张喜、大司农朱儁等十余名公卿去见郭汜，请他与李傕讲和。然而郭汜不仅把公卿全部扣压下来，还逼迫他们与自己联合进攻李傕，结果引发激烈的争执。郭汜一怒之下拔出佩刀要杀杨彪，左右连忙劝解。当日，大司农朱儁死于郭汜营中，原因大概是情绪过于激动，导致心脏病发作。

郭汜扣留公卿以后，率领几百精兵趁夜突袭李傕的大营，弓箭射到献帝的身边，又射穿了李傕的耳朵，李傕军几乎支撑不住了，后来董承称"郭多（郭汜）有数百兵，坏李傕数万人"。这时，白波将领杨奉率军前来救李傕，迫使郭汜退却。李傕惊魂未定，为了防止郭汜再来抢夺皇帝，又要把献帝君臣转移到更坚固的黄白城里。献帝君臣闻讯后很害怕，先后派司徒赵温和谒者仆射皇甫郦去劝阻李傕。但这两位官员却有意揭人短处，嘲讽董卓有勇无谋，暗示李傕将会众叛亲离，又卖弄《易经》，惹得李傕大怒。汉献帝十分害怕，便拜李傕为大司马，位在三公之上，以求淡化双方的矛盾。

六月，侍中杨琦、黄门侍郎丁冲、钟繇、尚书左丞鲁充、尚书郎韩斌等大臣与杨奉、杨帛、宋果等李傕部将暗中来往，计划杀死李傕。正巧李傕因故处死杨帛，杨奉等人担心阴谋败露，便率领自己的部下投靠了郭汜。这样一来，李傕便丧失了军事上的优势，接连被郭汜打得大败。这件怪事的幕后策划人，恐怕非钟繇等人的顶头上司、当时被李傕军包围在郭汜营中的太尉杨彪莫属。此后，献帝又命宣义将军贾诩遣散李傕部下的许多羌胡雇佣军，李傕的势力由此更加衰弱。

不久，镇东将军张济从陕县返回长安，试图调解李傕、郭汜之间的矛盾。经过多次谈判，李傕、郭汜同意以各自的女儿和堂弟（或侄子）为人质，签署和解协议。

看到长安城已经残破不堪，各方势力一致同意迁都，但在迁往何处的问题上又争论不休。趁着李傕暂时离开长安城之机，郭汜要求朝廷迁都到北方的高陵县（今陕西高陵县东），而杨彪祖籍弘农（今河南灵宝市北），与公卿和张济共同要求迁都到东方的弘农，双方争执不下。汉献帝袒护杨彪，以弘农离洛阳宗庙近为由，命令郭汜接受迁都弘农的决定。郭汜坚决不从，又要求把朝廷迁往董卓的故居郿坞，这触动了献帝的心事，这位天子竟然绝食以示抗议。郭汜营中的侍中种辑等官员知情后，密告自己的友人杨定、董承和杨奉，让他们先护送皇帝前往弘农，然后再东迁洛阳。

九月，杨定、董承、杨奉等人联合发动兵变，攻打郭汜。郭汜战败，离开长安，逃入南山。十月，郭汜旧部夏育、高硕等人攻击长安，要带献帝去郿坞。杨定、董承击退敌军，将献帝护送到杨奉营，路遇宁辑将军段煨。董承、杨定、种辑等人与段煨有矛盾，发兵攻击段煨，太尉杨彪、司徒赵温、尚书梁绍等大臣苦劝无果。这样一来，东行的计划便被延误，李傕、郭汜、张济、贾诩等人知道献帝君臣离开长安的消息后，立即抛弃宿怨，联合向东追赶。

十一月，献帝一行终于抵达弘农县，眼看就要入城，却被李傕、郭汜、张济、贾诩的军队追上，损失惨重，只得放弃进弘农县的计划，转而前往东北方的曹阳亭（今河南三门峡市西），准备从这个口岸渡黄河北上，前往河东郡。河东郡太守王邑忠于汉室，但其辖区却是白波军和南匈奴的主要活动地。当时于扶罗已死，其弟呼厨泉继称南单于。董承、杨奉等人派使者去向白波军及呼厨泉求援，白波军领袖李乐、韩暹、胡才便率军南下，呼厨泉也派右贤王去卑助战，击败凉州追兵。但在十二月，李傕、郭汜、张济、贾诩率领的主力赶到，大破护送献帝的军队，杀死光禄勋邓渊、廷尉宣璠、尚书令士孙瑞等大臣，又生擒司徒赵温等大臣，史称"曹阳之败"。

死于"曹阳之败"的廷尉宣璠，是杀害袁隗、袁基等袁家男女老幼五十余人的直接凶手。可以说，李傕、郭汜、张济、贾诩这一仗，替袁家报了仇。然而，宣璠实际上是王允一党，他杀害袁隗、袁基等袁家成员，实际上是王允在主公袁绍的幕后指使下，栽赃董卓的行动，因此袁绍并不会因此感激李傕、郭汜。李傕、郭汜也并不想帮袁绍这个忙，但是他们造成的"曹阳之败"，却把本来想去投奔袁术的汉献帝一行赶到了黄河以北的袁绍势力范围内，因此给袁绍提供了一次"挟天子以令诸侯"的天赐良机。

曹阳之败后，献帝君臣被凉州军包围在黄河岸边，又因害怕河中的暗礁，不敢坐船东下，形势危在旦夕。李乐找来一些船，要把皇帝、宫眷和大臣渡往黄河北岸，随行人员纷纷往船上挤，董承抽戈将攀附船只者的手指全部砍断，场面惨不忍睹。最后，汉献帝君臣总算勉强渡过黄河，经大阳（今山西平陆县西）前往河东郡的首府安邑（今山西夏县西北）。①

摆脱凉州军追杀，抵达大阳县后，献帝与随行人员都饥肠辘辘。正巧河内太守张杨派人送来食物，河东太守王邑也亲自送来布匹，献帝君臣这才解决了温饱问题。汉献帝于是封王邑为列侯，并拜韩暹为征东将军、胡才为征西将军、李乐为征北将军、张杨为安国将军，又派韩融前往弘农，与李傕、郭汜等人讲和，要回了宫女、公卿百官和车马仪仗。于是，献帝在凉州军、白波军和南匈奴的辅佐下，暂时定都于安邑，总算过了个好年。

可惜，屋漏偏逢连夜雨。在献帝东迁当年，中原爆发蝗灾，粮食严重减产。第二年，即建安初年，河东郡有限的粮食储备消耗殆尽，献帝君臣再次陷入了严重的生存危机。他们能够求救的对象，只能是兵精粮足的河北霸主袁绍。

然而，袁绍并不待见前来投奔自己的汉献帝小朝廷。

① 参见袁宏《后汉纪·献帝纪》。

百虑一失——袁绍命曹操迎献帝迁都许县（公元196年）

汉献帝君臣一行在李傕、郭汜、张济、贾诩等凉州将领的追击下，被迫渡过黄河北上，抵达河东郡的兴平二年（公元195年）十二月，曹操刚刚攻下雍丘，处死张超及其全家老小，导致新任兖州刺史臧洪叛离袁绍。袁绍只好留麴义、刘和等将领在易京围攻公孙瓒，自己南下东武阳讨伐臧洪，而袁谭正在青州攻打田楷和孔融，高干正在并州攻打张燕和屠各部落，此时的袁绍实在分身乏术。

不仅袁绍自己焦头烂额，他在黄河以南设立的五大异姓刺史也都不争气：周昂已经被许贡杀害，首级被献给袁术的部将孙策；刘繇被袁术和孙策夺走了大半个扬州，逃到豫章郡，而且身患重病；刘备反复无常，目前被袁术和吕布联合打垮，处境艰难；刘表则遭到孙策与刘璋东西两侧的夹击，自顾不暇；曹操的兖州刺史之位失而复得，但面临袁术和吕布的威胁，同时还要分兵与袁绍围攻臧洪。是否放弃眼前的利益，集中力量迎接近在咫尺的献帝君臣，成为袁绍难以回避的选择题。

根据《献帝传》与《后汉书·袁绍刘表列传》的记载，汉献帝君臣东迁的消息传到袁绍阵营时，监军沮授向袁绍献言说："累世以来，将军的家族一直忠心耿耿地辅佐汉室。如今朝廷四处漂泊，宗庙也遭到毁坏。其他势力虽然在名义上拥戴天子，其实只是为了私利，没有保护社稷、抚恤百姓的诚心。如今我们刚刚平定周边州郡，部队强大，士民亲附，趁此良机，西迎大驾，迁都邺城，挟天子而令诸侯，招募兵马讨伐不肯服从朝廷的势力，又有谁能抵御我们呢？"

　　袁绍听了沮授的话，准备接受他的意见。此时，幕僚郭图、淳于琼反对说："汉室早就衰落了，我们去振兴它，不是很困难吗？现在英雄并起，各据州郡，聚众上万，正所谓'秦失其鹿，先得者王'，我们如果迎来天子，那什么事情都要上奏，事事听从皇帝的意见，我们的权力就受限制，如果不听从便成了叛逆，这样的计划可不好。"

　　沮授反驳说："迎接朝廷，符合大义，适应时宜。如果不早决定，一定会被他人抢占先机。机会失去了太可惜，希望主公仔细考虑。"

　　按照《三国志·董二袁刘传》的记载，袁绍听说献帝君臣渡河，立即派郭图前往河东郡见驾。郭图返回之后，便劝袁绍迎献帝到邺城来。与前两种文献的记载不同。但无论怎样，三种文献都认为，袁绍最终因为献帝不是自己希望拥立的皇帝，没有听从幕僚的建议，坐视献帝君臣脱离自己的势力范围，导致这一巨大的政治资源落入曹操之手。许多评论者都认为，这是袁绍毕生犯下的最大错误。

　　不过，凡是与袁绍有关的历史事件，都有详细分析的必要。迎接献帝君臣的决策事关重大，简单地总结为袁绍本人缺乏智谋、性格偏执恐怕并不全面。

　　《三国志》的作者陈寿行文比较严谨，凡是他认为值得怀疑的，都宁肯弃而不写。他说袁绍曾主动派郭图前往河东见献帝，可信度比较高。在所有相关史籍中，《献帝传》成书最早，它说沮授提议迎献帝到邺城，郭图、淳于琼反对，也值得重视。

　　到底当时发生了什么，让袁绍决定不把汉献帝迎入邺城呢？我们不妨先看看袁绍自己的解释。

　　在陈琳后来为袁绍撰写的《为袁绍檄豫州文》中，对此事有这样的描述："当皇上东迁时，冀州的北方边境正有激烈的战事，我实在无法脱身，所以派从事中郎徐勋前往曹操处，命令他修缮郊庙，保卫幼主。"历来评论者多以为这段话的内容是袁绍为推卸责任编造的，然而我们知道，在建安元年（公元196年），曹操无疑确是袁绍的部下，还刚刚在袁绍的支援下击退吕布，公孙瓒也正在易京为袁绍制造着麻烦，所以袁绍的这一解释符合逻辑。袁绍没有说，或是被曹操、陈琳删掉的内容，是袁绍当时很快就决定从"冀州的北方边境"脱身，亲自南下，去兖州攻打臧洪。

汉献帝君臣逃到河东与臧洪在兖州叛变的两条消息很可能几乎同时抵达了袁绍的易京前线。为什么袁绍选择去攻打臧洪，而不是去迎献帝？或者说，袁绍为什么不在攻打臧洪的同时，派人去接汉献帝？

随着事件的发展，袁绍命曹操迎献帝的整件事将会变得越来越清晰。现将这段极为复杂的历史简略描述如下：

汉献帝君臣在曹阳战败后，被迫渡过黄河，进入河东郡。这一行动路线是出于无奈的权宜之计，完全不符合他们首先前往弘农，随即迁都洛阳，进而继续东进的计划，所以让包括袁绍在内的所有军阀大吃一惊。沮授向袁绍建议，在皇帝近在眼前的情况下把他迎到冀州首府邺城来。袁绍同意了，便派郭图前往河东觐见汉献帝。但是此时传来了更令袁绍吃惊的消息：他亲自委任的兖州刺史臧洪叛变，并且与李傕、郭汜、张燕、张杨、袁术、吕布等势力结成了反袁绍同盟。臧洪占据的东武阳距离邺城很近，对袁绍的后方威胁极大。

作为袁绍的使者，郭图不大可能受到献帝和杨彪、董承等人的欢迎。但是郭图发现，献帝一行的物资需求量极大，河东郡根本无力支撑，他们肯定会很快离开此地。西归李傕、郭汜的势力范围太愚蠢，北上进入南匈奴保留地更不可行，东进投奔那位长期怀疑汉献帝的地位合法性、敌视杨彪和董承等人的袁绍，也无异于自投罗网。所以，献帝君臣必然会选择南下。河东郡南方的洛阳地区是一片废墟，同样不能久留，所以这些人还得继续东进。这样一来，他们就会进入郭图的故乡——颍川郡。作为袁绍身边的"颍川四人帮"成员，郭图意识到这是个为家乡谋福利的好机会。

郭图回到邺城后，得知臧洪已经起兵反抗袁绍，袁绍被迫亲征东武阳。郭图、淳于琼等"颍川四人帮"于是劝袁绍说，既然他打算亲征兖州，就不要强行把献帝君臣迎到空虚的邺城后方，以免浪费资源，还给自己制造麻烦；但也不要放手不管，任他们落入敌对势力之手。最好派一位信得过的人，把献帝君臣带到一个忠于袁绍又便于提供物资补给的地区控制起来，而最佳的地点就是他们的故乡——豫州颍川郡。至于迎接献帝君臣的最佳人选，当然是他们那个以往一直忠于袁绍、统治范围离颍川郡不远的豫州老乡——曹操。

冀州人沮授出于本地区的利益考虑，反对这个提议，更希望迁都邺城，让自己的故乡变成首都。但袁绍本人一来长期宣传汉献帝不是汉灵帝的亲生儿子，应该被废黜，二来同杨彪等亲袁术的大臣矛盾重重，与汉献帝君臣宿怨太深，担心一旦将汉献帝君臣迎入邺城，自己又要长期远离邺城，容易发生政变，另外，袁绍与"颍川四人帮"及曹操一样，都是豫州人，所以让曹操去迎汉献帝君臣的提议通过。很快，从事中郎徐勋就带着袁绍的信函去找曹操，命令他去洛阳迎驾。

徐勋带来的袁绍命令，彻底打乱了曹操的计划。攻陷雍丘以后，建安元年正月，曹操离开雍丘，向东南方的陈国进军。当时，陈国处于袁术的控制之下，袁术还任命自己的亲戚袁嗣为陈王刘宠的国相。但当曹操的军队抵达陈国的武平县（今河南柘县南）时，刘宠和袁嗣却辜负了袁术的信任，主动向曹操投降。在武平，曹操得到了汉献帝君臣跑到河东，以及取代自己出任兖州刺史的臧洪反叛袁绍的消息。无论有没有接到袁绍的命令（事实上，曹操肯定接到了袁绍恢复自己兖州刺史职务的命令），此时的曹操明显都对去河东迎驾兴趣不大。作为"颍川帮"的领袖，荀彧劝曹操说："古时晋文公接纳周襄王，诸侯便听从他的指挥；汉高祖为楚义帝发丧东伐，天下归心。天子西迁长安时，将军首先组织义兵，虽然无法远赴关中，但还是多次派使者翻山越岭，入京面圣，说明您无时无刻不在想着王室。现在皇帝的车驾来到东京（洛阳），而城市荒芜，生活困难。此时，顺应民意，奉迎皇上，是大顺；以至公之举迫使四方雄杰顺从，是大略；提倡弘义以收揽英俊之士，是大德。天下即便有逆臣，也不能阻止我们，这是显而易见的。韩暹、杨奉怎敢为害？如果不立即决定的话，被别人抢了机会，后悔可来不及了。"

即便荀彧、程昱等谋士都力劝曹操去迎驾，他也只是象征性地派鹰扬校尉曹洪带了一支小部队前往，但这支部队并不受汉献帝君臣欢迎。在袁术部将苌奴的支持下，国舅董承悍然率军堵截，使曹洪进退维谷。

汉献帝君臣一直都很清楚，自己要投奔的对象是袁术，只要有可能，他们就要尽快逃离敌视自己的袁绍集团，这其中当然也包括曹操。偏偏就在他们逃到河东后不久，袁术就派来了苌奴的援军，他们怎么能不喜出望外呢？

兴平初年（公元194年）到兴平二年（公元195年），是袁术毕生中最辉煌的时光。初平四年（公元193年）的袁术被袁绍、曹操和刘表击败，几乎无立锥之地；而到了兴平二年，他却席卷江淮，把扬州、豫州和徐州的大部分疆土都纳入了自己的势力范围，沉重地打击了袁绍集团。和袁绍不同，袁术始终承认汉献帝的合法地位，并与长安当局的重臣马日磾、杨彪、董承等人来往密切。于是，兴平二年（公元195年），在袁术的姐夫杨彪及董承等人的护送下，汉献帝君臣离开长安，踏上了前往淮南，投奔袁术势力的道路。袁术也派大将苌奴率军经豫州前往洛阳迎驾，并得到了豫州黄巾军的支持。他们与董承等人的军队联合起来，足以给袁绍、曹操制造巨大的麻烦。

如果袁术在统一东南之后还能迎得汉献帝，挟天子以令诸侯，那对袁绍的打击就太沉重了。无疑，袁绍集团也能认识到这一点。可是此时的袁绍正纠缠在公孙瓒的易京与臧洪的东武阳这两块硬骨头之间，实在难以脱身。于是，袁绍做出了一种自以为聪明的折中选择，让曹操迎汉献帝君臣到豫州，以图阻止他们前往扬州，并使自己腾出手来对付公孙瓒和臧洪。没想到，聪明反被聪明误，袁绍虽然跳出了毒气室，却掉进了焚尸炉。

平定了陈国之后，曹操一面象征性地派曹洪去河东迎汉献帝，一面派军队北上协助袁绍镇压臧洪，自己则挥师西进，攻入他这位兖州刺史不应该涉足的豫州颍川郡。当时，颍川郡有数支黄巾军在活动，其首领何仪、刘辟、黄邵等人长期与袁术来往，又曾为孙坚效力，给袁绍和曹操制造过许多麻烦。得知曹操来犯，刘辟、黄邵等人决定夜袭曹营，被陷阵都尉于禁击败，刘辟、黄邵等人阵亡，驻守许县的何仪及其部下全部投降。于是，曹操在颍川郡有了一个完好的战略基地，为他下一步的大行动打下了坚实的基础。

作为兖州刺史，曹操无法直接统治颍川郡；作为豫州人，按照汉桓帝的《三互法》，他也无法出任豫州刺史。曹操进攻颍川郡，占领许县，无疑与其部下大批颍川籍官员的切身利益有关。这一临时举措收获了意想不到的成功，但也给曹操带来了烦恼：兖州在长期的内战中破败不堪，目前依然三面受敌，内部矛盾重重，他早就希望回到相对富饶的豫州家乡，更不愿意放弃在颍川郡的现实利益，但是又不敢冒天下之大不韪，违反《三互法》，亲自统治这里。遵照袁绍的命令，去河东迎汉献帝，路途遥远，敌手众多，并没有成功的把握，反而容易偷鸡不成蚀把米。

正当曹操在许县左右为难之际，天上突然掉下了馅饼。

如同臧洪在给陈琳的信中说的那样，他起兵反袁绍以后，立即向长安派出使者，寻求李傕、郭汜的支持。没想到，使者走到半途，却看到李傕、郭汜将汉献帝撵到了河东。由于袁绍迅速回师包围了臧洪，使者无法返回东武阳，向臧洪报告这一重大消息，只能滞留在河东。这样，汉献帝君臣就都知道了袁绍集团发生内乱的消息。当董承在苌奴的帮助下击退曹洪以后，他们自以为已经无须担心袁绍的威胁了。然而，河东郡此时已经没有了粮食，献帝君臣的处境极为狼狈。迫于形势，他们不得不大肆封赏，甚至亲自到郊外采摘水果、野菜充饥。在饥饿的驱使下，各支武装力量因为争夺有限的食物而相互敌视，韩暹起兵攻打董承，董承逃到河内郡野王（今河南沁阳市西）去投奔张杨，韩暹则北上闻喜。[1]五月，献帝向杨奉、李乐、韩暹诸将提出护送自己渡河前往洛阳的要求，这样一来可以改善经济状况，二来可以远离袁绍的威胁。这些将领见河东郡确实难以久留，便表示同意。

张杨和董承奉命为汉献帝君臣前往洛阳开道，他们听说吕布已经战胜刘备，取了徐州，又接受袁术的领导，便请献帝下诏书给吕布，让他从徐州来迎驾。但吕布对"挟天子以令诸侯"没有兴趣，推脱自己军粮不足，暂时无法迎驾。献帝于是拜吕布为平东将军，封平陶侯，派人送去将军与侯爵的印绶，责成他抓紧筹集粮草迎驾。但当使者走到河内郡山阳县（今河南焦作市东）境内时，却意外地把圣旨和印绶都遗失了，吕布最终没有收到圣旨和印绶。这样一来，张杨和吕布之间就发生了误会。

半年前，袁术刚刚送给吕布20万斛米，还说将会继续提供粮食和武器，所以，吕布的军粮应该很充足才对。他借口缺粮，说自己无法迎驾，恐怕只是托词。真正原因是，吕布初到徐州，情况不熟，地位不稳，不敢长期离开根据地。当时，吕布写信给孙策，让他把祖籍徐州广陵郡的谋士张纮送给自己，虽然遭到了拒绝，但可以看出吕布正在努力录用徐州本地人才，以便巩固自己在徐州的统治，而且此时他自己的队伍也开始了内讧。

当年六月，吕布的部将郝萌造反，趁夜袭击吕布设在下邳的刺史府。被郝

---

[1] 参见袁宏《后汉纪·献帝纪》。

萌袭击时，吕布正在睡觉，听到大门外的搏斗声，赶紧拉着妻子跑到都督高顺的军营里避难。郝萌攻不进高顺的军营，其属下曹性又发动兵变，与高顺共同杀死郝萌，平定了这场叛乱。据曹性交代，郝萌的叛变是受了袁术的指使，向来朝三暮四的陈宫也参与了这场阴谋。陈宫闻言后面色大变，这一切吕布和其他人都看在眼里。但出于稳定军心的考虑，吕布宽恕了陈宫，并把郝萌的旧部交给曹性指挥。不过，吕布与袁术之间从此便出现了深深的裂痕。

袁术急于控制吕布的势力，用以迎接汉献帝君臣，固然不难理解。其实，郝萌兵变的背后，并不只有袁术。郝萌是河内人，大概是张杨的旧部。当时，张杨多次催吕布来洛阳迎驾，这也符合张杨以前与吕布的约定，双方信件来往达三四个月之久，但吕布就是不离开徐州。这肯定会在吕布阵营中造成分裂，郝萌和陈宫可能认为，如果能够杀掉吕布，就可以联合袁术去洛阳迎接汉献帝和张杨，从而"挟天子以令诸侯"，以汉献帝的名义讨伐袁绍，实现汉室复兴。

郝萌兵变的同时，献帝君臣也在六月从安邑启程，踏上了前往洛阳的旅程。他们不采取南下或东进的最短路线，而是首先北上，来到韩暹的根据地闻喜县，尔后向东绕了一个大圈子，经过传说中被愚公移动过的王屋山和太行山，取道河内郡渡黄河南下，进入张杨的辖区。张杨闻讯，连忙带着粮食到太行山东南方的野王来迎驾，并帮助他们渡过黄河，前往洛阳。但是，张杨的资源非常有限，献帝君臣一路上仍然十分困窘。

张杨的幕僚董昭原本是袁绍部下，因为涉及张邈、张超兄弟迎吕布入兖州事件，逃奔张杨。此时，董昭被献帝拜为议郎，他见护驾的各支部队之中，杨奉的兵马最强，便伪造曹操的信给杨奉说："我早就听说过将军的大名，仰慕将军的义气，所以不多客气，直接说真心话。现在将军帮助皇帝返回旧都，功劳无与伦比。但如今中原大乱，朝廷事务繁多，不是一个人能够独自解决的，需要多人相互帮助，这就像心腹与四肢的关系一样，相互依赖，不能偏废。将军理应主管中央的事务，我当在外地提供援助。目前我手里有粮食，将军有部队，互补性很强。"杨奉出身黄巾军，没有什么文化，闻讯大喜，对其余将领说："兖州诸军近在许县，有兵有粮，是国家应当倚仗的啊。"于是共同表曹操为镇东将军，并让他继承其父曹腾的爵位，封为费亭侯。

董昭真是位奇人。自从逃离袁绍集团以后，他伪造曹操的信向关中各将领示好，已经不止一次，目的显然是帮张杨将汉献帝集团迎回洛阳，同时在袁绍阵营中制造分裂。曹操进军许县时，本来对迎汉献帝君臣不感兴趣，即便有袁绍的命令和荀彧、程昱的劝说，他依然在长达4个月的时间内没有大动作，只是派曹洪带了一支小部队前往河内，在中途受到董承、苌奴的阻击以后，便放弃了这一行动。如果不是吕布也对"挟天子以令诸侯"不感兴趣，汉献帝君臣可能早就落入袁术集团之手了。董昭的秘密活动，等于赶鸭子上架，生生把汉献帝君臣向曹操的怀里塞。

袁绍、曹操、吕布都对"挟天子以令诸侯"不感兴趣，绝不是偶然。袁绍自然是因为一直讨厌汉献帝君臣，巴不得他们早点饿死，那曹操和吕布为什么也这样想？因为这是一桩赔本生意。汉献帝君臣一行有上千人之多，大部分都是在战乱中没什么用处的知识分子，以及妇女儿童。此外，还有护驾的上万军人，大部分都是凉州兵或地方武装，他们自"诸侯讨董卓"以来长期与东方各势力为敌。在战乱中，各势力的粮食都非常紧缺，没有多余资源养活这么多对自己未必友好的人。汉献帝君臣东迁本来是去投奔袁术，但袁术远在扬州，能够动员的护驾资源有限。所谓的"挟天子以令诸侯"，在当时并没有多少意义，因为如果这位"天子"不能得到袁绍的认可，在大半个中国就没有号召力。

七月，献帝君臣一行经过近一年的颠沛流离，总算抵达了洛阳。但这座大都会早已被董卓和吕布烧得干干净净，只有原中常侍赵忠的宅第还算能勉强居住，献帝便立即搬了进去，百官则不得不住在残垣断壁之间。张杨和董承紧急督造了一座宫殿，张杨用自己的名字命名它为"杨安殿"，以彰显他帮助皇帝迁都的功劳。八月，杨安殿落成，献帝拜张杨为大司马，韩暹为大将军，杨奉为车骑将军。但这三员大将及董承之间很快爆发冲突，张杨一气之下离开洛阳，回到河内，导致献帝君臣丧失了主要的粮食来源。因为洛阳周围没有多少百姓，所以他们很难再获得什么物资，许多官员都饿死了，尸体就躺在残垣断壁中无人掩埋。

眼见袁术集团内乱不断，迟迟不来洛阳迎驾，在绝境中，汉献帝君臣只得转而求助于他们一向厌恶的袁绍集团。曾经调停袁绍与公孙瓒冲突、劝张邈兄弟迎吕布入兖州、与曹操和荀彧都积怨很深的太仆赵岐这时被曹操释放，专程来洛阳劝董承说："如今海内分崩，唯有荆州境广地胜，西通巴蜀，南达交趾，连年丰收，部队齐整，人心安定。我愿意坐着牛车去见刘表，一定让他亲自率军来保卫皇上，与将军并心同力，共尊王室。"董承表示同意，就派赵岐去荆州向刘表求援，但赵岐抵达荆州以后，得知朝廷已经被曹操、荀彧控制，就不再返回，几年后病逝于荆州。同时，据《后汉书·董卓列传》记载，董承还批准曹操的老朋友、黄门侍郎丁冲给驻守在许县的曹操写信，说"足下以前经常表达辅佐朝廷的志向，现在正是好时候"，劝他来洛阳迎驾。

董承向袁绍的部下曹操、刘表求援，似乎是出于无奈，而非真心。在内心深处，董承仍然倾向于联合袁术、吕布集团，只是他们一直没有行动，而周边都是袁绍的势力。向袁绍集团求救，实在是权宜之计。

正如赵岐所说，刘表这时已经统一了整个荆州，并且接纳了许多来自北方的避难者，拥有十多万军队，粮食储备充足，有足够的实力帮助献帝君臣摆脱困境，进而重建洛阳。但就在此时，骠骑将军张济因为关中饥荒，军粮不足，率军东下，洗劫荆州北部的南阳郡。南阳郡是荆州最靠北的一个郡，也是荆州通往中原的必由之路，刘表费了很大力气才将袁术势力从当地赶走，后来一直屯驻有重兵。在攻打穰县（今河南邓州市）时，张济中箭身亡，其部下奉其侄子张绣为主帅，占据宛城。

也许是因为同张济交战的原因，在接旨后，刘表拒绝亲自前往洛阳，只是派了些兵士，带着物资前往洛阳，帮助董承修宫室，并以粮食救济官民，号称"军资委输，前后不绝"。不久，张绣迫于经济压力，派贾诩去见刘表，与他和解。在贾诩的三寸不烂之舌的劝说下，刘表欣然同意，将南阳郡的军政大权都交给张绣执掌，作为保护荆州北部的屏障。这样，刘表就安定了荆州北部，准备亲自去洛阳迎驾。

眼看刘表即将"挟天子以令诸侯"，同为袁绍麾下五大异姓刺史的曹操开始着急了，准备执行徐勋带来的袁绍命令，前往洛阳迎驾。诸将都以为，兖州尚未平定，韩暹、杨奉、张杨的兵力很强，难以迅速战胜，曹操自己也犹豫起来。而且曹操现在其实严重缺粮，因为去年他与吕布激烈争夺兖州，极大地影响了当地的粮食生产。

当时，曹操的兵力和粮食之匮乏触目惊心，让人怀疑他迎接汉献帝君臣的能力。按照裴松之引《魏略·贾逵李孚杨沛列传》的记载，当曹操亲自率军向洛阳挺进时，麾下竟然只有千余兵，而且根本没有携带军粮。不过，曹操再次交了好运：当他饿着肚子抵达新郑时，当地县长杨沛报告说，他在前两年桑葚丰产时，组织百姓把多余的桑葚晒成干果，以备旱灾和战乱之需，现在小仓里还储存着千余斛桑葚干，他很乐意把这些桑葚干都送给曹操。曹操大喜，于是与部下一边嚼着桑葚干，一边向洛阳挺进。

从建安元年（公元 196 年）二月击败颍川黄巾，占领许县，派曹洪迎献帝失败，直到当年八月亲自西迎献帝之间，曹操有长达半年的活动不见于史。如果说曹操在此期间一直留守许县，无所作为，实在难以令人信服。考虑到时代背景，最大的可能性是：曹操在攻陷许县之后，被袁绍调回兖州，与袁绍围攻臧洪去了。袁绍攻打臧洪，发生于兴平二年（公元195年）十二月曹操攻陷雍丘之后，结束于建安元年（公元196年）秋，曹操失载于史的建安元年（公元195年）二月至七月这半年时间正在此期间。袁绍特地把曹操从许县调到东武阳来，一是因为他当时两线作战，缺乏兵力，二是因为此时献帝君臣还在黄河以北，曹操又控制着豫州北部，无须担心袁术迎得献帝。袁绍本人虽然厌汉献帝君臣，但更不愿意让他们落入袁术的掌握之中，因为那样自己在政治上就会非常被动。

建安元年（公元196年）七月左右，袁绍突然听说献帝君臣已经进入洛阳，并召袁术和吕布西进迎驾，大为惊骇。为了阻止献帝落入袁术之手，袁绍在"颍川四人帮"的劝说下，命令曹操立即率部队轻装西进，尽快控制汉献帝。事出突然，曹操无法携带很多军粮，只能将大部分军队留在兖州继续围攻臧洪，同时防备袁术和吕布的西侵。由于是急行军，骑兵与步兵、新兵与老兵之间的距离势必越来越大，等到了新郑，曹操麾下就只剩下1000多人，而且随身的粮食也吃完了，只能仰仗于杨沛县长赠送的桑葚干了。

八月，曹操进入洛阳，朝廷大臣都吃到了桑葚干。然而，并不是所有人都欢迎曹操的到来，因此爆发了激烈的冲突：曹操杀死了羽林郎侯折、尚书冯硕、侍中台崇等中朝大臣，才得以面见献帝，并立即要求惩办大司马张杨和大将军韩暹。韩暹、张杨与曹操本人没有什么私怨，张杨此前还经常与曹操联系，但他们是袁绍的死敌，曹操显然是应袁绍的命令，才对汉献帝提出如此无礼的要求。汉献帝认为这二人有护驾迁都之功，当面拒绝了曹操的要求，但韩暹听说后还是很害怕，逃到洛阳东南方的梁县（今河南临汝县西）去投奔杨奉，杨奉与曹操的关系因此骤然紧张起来。当日，献帝拜曹操为司隶校尉，又封卫将军董承、辅国将军伏完、侍中丁冲、尚书仆射钟繇等13名迁都功臣为侯，其中董承、伏完是外戚，丁冲是曹操的老朋友，钟繇则是颍川帮的重要成员。

控制了洛阳的局势后，曹操仍然面临两大问题：一是他自己也没有携带多少食物，在洛阳坚持不下去；二是汉献帝君臣仍然比较敌视自己，同时自己又受制于袁绍，两头不讨好。于是，曹操找到他仰慕已久的谋士董昭，双方就如何周旋于汉献帝和袁绍两个政权之间，将自身利益最大化的问题展开了密谈。

董昭提议说："将军兴义兵，诛暴乱，拥戴天子，辅佐王室，这是同春秋五霸一样显赫的功勋啊。但是，此地的各位将领意见不一致，未必都乐意服从您的领导。您留在这里辅佐皇帝，有不大方便的地方，最好移驾到许县去。"

曹操回答："迁都许县，安定社稷，是孤的本志啊。不过，杨奉如今近在梁县，听说他的部队很精锐，会不会给孤制造麻烦呢？"

董昭答道："杨奉的部队虽然精锐，但没有什么盟友，孤立无援。何况他以前对将军的印象比较好，您被拜为镇东将军、封费亭侯的事，都是杨奉决定的，再加上看到诏书，肯定会信任您。您应该给他送去一些礼品，再附信说'京都目前没有粮，我们准备带皇上暂时迁往鲁阳，那里离许县比较近，运输方便，不用再担心物资匮乏了'，让他安心。杨奉有勇无谋，一定会相信。"

曹操大喜，便依董昭之计而行。

鲁阳位于梁县的南方，从洛阳前往鲁阳一定会经过梁县。杨奉得到曹操的信之后，以为迁都鲁阳对自己有利，欣然同意，立即率军离开梁县，北上迎驾。但曹操带着献帝君臣离开洛阳后，并不像他告诉杨奉的那样，南下前往梁县，而是迅速东行，十日内长驱约200公里，到达许县。

杨奉等了好几天，献帝君臣都没有来，这才发现自己被曹操耍了，非常愤怒，便与韩暹率军东追。他们抵达定陵（今河南平顶山市东）时，听说献帝与曹操已经进入了许县，只得悻悻撤兵，返回梁县去了。

迁都豫州颍川郡首府许县，不仅让曹操能够用中央官员的身份避开《三互法》，直接统治自己的豫州老家，而且还能让以荀彧为代表的"颍川帮"得以衣锦还乡，威望和势力都大幅增长。与"挟天子以令诸侯"相比，这才是曹操此后势力逐渐壮大的基础。

抵达许县后，献帝便拜曹操为大将军，取代此前担任大将军的韩暹，还加封他为武平侯。曹操连续两次上表辞让（即所谓"固让"），都未得到献帝的许可。[1]这样一来，曹操的地位就上升为东汉群臣之首，不再是地方官员，摆脱了《三互法》的桎梏，可以名正言顺地统治他一直希望统治却无法正式统治的豫州了。结果，这次升迁竟成了曹操与老上司袁绍决裂的开始。

---

① 参见袁宏《后汉纪·献帝纪》。

五世七公——袁绍晋升太尉、大将军（公元 196~197 年）

　　曹操迎朝廷迁都许县期间，从东方和北方不断传来袁绍的捷报：袁绍本人攻克东武阳，杀死了臧洪；袁谭驱逐孔融和田楷，攻占青州全境；高干也横扫并州，降服了南匈奴和屠各部落。袁绍父子于是跨有冀、并、青、兖四州。一向与袁绍不和的献帝得知这些消息后，明白袁绍集团离统一天下已经近在咫尺，既愤慨又恐慌，于是将被袁谭追杀的孔融召至许县，拜为将作大匠，让他起草诏书给袁绍，责备他"地广兵多而专自树党，不闻勤王之师，而但擅相讨伐"，地位已经极为尊崇，却还企图加九锡，专国柄，目无朝廷，有不臣之心。客观地讲，这样的评价用在袁绍身上，倒算是公允。

　　袁绍有很长时间都不搭理汉献帝，部下如果有接受汉献帝封赏的，必定遭到他的迫害。但是如今汉献帝已经被曹操控制，还如此不听话，有点出乎袁绍的意料。特别是献帝已经拜曹操为大将军，以曹操一直为袁绍效力的背景而言，这样的任命无疑是在蓄意挑拨，制造袁绍阵营的分裂。因此，袁绍接旨后反应激烈，上书作自我辩护，并回忆自己的光荣历史。这篇文献奇迹般地保存至今，可以视为袁绍的简历或自传，现翻译如下：

　　"臣曾经听说，古时邹衍含冤入狱时，对空哀叹，霜雪便从天而降；杞梁的妻子（孟姜女）听说丈夫阵亡，仰天哭泣，城墙即刻坍塌。在书中读到这些典故的时候，臣都以为是真实的，但对照现今的情况，才知道它们全是胡扯。为什么呢？臣为国献身，不惜全家老小的生命，为朝廷建立功勋，心怀忠信，却遭到猜忌和批判。臣昼夜悲叹，剖肝泣血，崩城、降霜的神迹也没有出现。邹衍、杞妇的那点小冤屈，又怎能感动上苍呢？

"臣在刚刚能够背动柴火的年纪[1]，得到先帝的赏识，从奴隶般低下的地位一直被提拔到内阁大臣、禁军将领。中常侍张让等宦官祸乱天常，侵夺皇威，陷害忠良，扇动奸党，前大将军何进忠于国家，仇恨这些祸乱朝廷的奸贼，认为臣颇有节操，可以像鹰犬那样放心地委以重任，所以授予臣督司（司隶校尉）的官职，向臣咨询消灭坏人的计策。臣无畏于权臣的威胁，不敢避灾求福，冒着生命危险与何进策划铲除阉党的方针。可惜，我们的策略尚未完全付诸实施，何元帅就遭到杀害，太后也被绑架，宫室都遭到焚烧，陛下年纪尚幼，也被贼臣围困，危在旦夕。何进被害后，禁卫军士气低落，臣独自率百余名家兵，举戈挥剑，冲入正在燃烧的宫殿里，像猛虎那样向敌人吼叫，奋力攻击奸贼，不过一个时辰，便将罪人全部杀死了。这可以算是愚臣为国效命的证据吧。

"后来董卓乘虚而入，图谋不轨。此时，臣的叔父、兄弟和亲戚都担任要职，但臣心中只有保卫国家的大义，无惧家族的灾祸，所以解节出奔，到黄河以北去创业。那时董卓正需要外界的援助，希望招揽英豪，所以拜臣为渤海太守，又加以前将军的军职。所以，臣与董卓之间，本来并未有一丁点嫌隙。如果臣希望随波逐流，偷荣求利，那么进可以享受荣华富贵，退也可以避免让家人的生命遭遇危险。但臣一心为国，所以召集英雄，兴师百万，饮马孟津，歃血漳河，讨伐董卓。可惜，原冀州牧韩馥心怀逆谋，想要专权，断绝臣的军粮，导致军队无法渡河南下，使董卓有机会杀害臣的全家，尊卑长幼同日受戮。鸟兽尚且知道号哭，臣当时之所以全然忘记了悲痛，脸上没有哀容，就是因为知

---

[1] 即《礼记》所言"负薪"，指成年。《礼记·曲礼下》："问庶人之子：长，曰能负薪矣；幼，曰未能负薪也。"

道忠孝不能兼顾，心怀私情者无法为朝廷创立功勋的道理。这可以算是愚臣破家为国的证据吧。

"不久后，十万黄巾军焚烧青、兖二州，黑山军与张杨又骚扰冀州。臣于是挥师北上，讨伐这些叛党。臣的军队尚未敲响金鼓，敌人便知道了即将灭亡的命运，所以韩馥出于畏惧，引咎辞职，张杨与黑山军同时求降。臣当时窃比帮助光武帝在凉州创业的窦融将军，承制拜议郎曹操暂领兖州牧（责成他去消灭在青、兖二州活动的黄巾军）。随后，公孙瓒率其精锐骑兵南下，掳掠北方边境，臣立即班师，与他交锋，倚靠皇天的眷顾，百战百胜。

"臣身为公族子弟，生长于京城，炒菜做饭等厨房事务多少懂一些，舞枪弄戈等军旅事务实在没有研究过（这是袁绍的自谦之词）。加之臣的祖先世代位居相位，担任的都是文职，因为办事忠诚可靠，才免于刑罚。臣实在不是和久经沙场的公孙瓒较量兵马的实力、争夺战争胜利的人啊。但臣以为，不致力于消灭贼臣，是《春秋》贬斥的罪行，只要是对国家有利的事情，就不考虑自己的危险，执着地去做。因此，臣顶风冒雪，不辞劳苦，努力战胜了公孙瓒，希望最终能够立下可以名垂青史的功勋。社稷尚未安定，臣实在感到羞耻。此时，太仆赵岐带着圣旨到冀州来，宣读陛下的诏命，要求臣与公孙瓒和好。在奉诏之日，臣就引师南返了。这可以算是臣畏惧天威，不敢怠慢陛下旨意的证据吧。

"另外，臣麾下的将校，都是品德高尚、才华横溢的贤士，在往年的争战中，多半已经牺牲在敌人的锋刃之下。这些烈士虽然立下了勤劳国事的大功，却不曾受到朝廷封赏。而各个州郡的牧守欺世盗名，心怀二意，不做正经事（指吕布、孔融、刘璋等人），却能够加官封侯，跨州连郡，难怪远近狐疑，议论纷纷。

"臣听说，在守文的时代，德高者应当位尊；在仓卒之时，功多者应当厚赏。陛下远迁到不适宜的都城，洛阳宗庙无人祭祀，海内伤心，志士愤慨。忠臣们为了大汉江山社稷，宁愿肝脑涂地，身躯分裂，而不后悔。但朝廷却把官爵赐予无功之辈，将他们置于功臣之上，罢免忠臣、名将的职位，令军民失望。这难道是有远见的举措吗？还是因为陛下身边有奸臣在进谗言呢？臣本人已经拥有侯爵、二千石的高位，早就享受着朝廷厚重的恩典，怎敢再生非分之想，觊觎彤弓、旅矢的九锡大命呢？只是为麾下将校的命运感到悲伤，怜惜他们尽忠为国，有功不能得到奖赏，反而遭到朝廷的惩罚，就像当年蒙恬在狱中号哭，白起在杜邮唏嘘一样啊。

　　"太傅马日磾位为上公，奉旨东行，却滥用陛下授予的权力，宠信坏人，凡是他举荐的官员（指孙策、华歆等人），都是民众厌恶的。陛下反而对他言听计从，导致臣与自己的骨肉兄弟袁术反目成仇，多年交锋作战，造成巨大的祸难。臣虽然非常希望休战，却实在没有办法。臣实在担心陛下像日月一样的光辉，有照耀不到的地方，远达四方的听觉，有不曾了解的信息，所以才会责成各位贤士调查臣的行为，诏命三公九卿讨论臣的罪过。如果以臣现在承制行权为叛乱的话，那么齐桓公、晋文公都犯下了僭越的死罪；如果以拥众不讨贼者为贤臣的话，那么《春秋》也不必批判赵盾弑君了。

　　"臣虽是个无能的小人，志向却始终如一。如果陛下能够允许臣把心中的话都表达出来，无愧于先帝，那么臣把头颅伸进断头台里，或穿着囚服走向油锅，都心甘情愿。希望陛下思考《诗经·曹风·鸤鸠》中的内容[1]，拒绝奸臣的谗言，不要让愚臣饮恨三泉！"

　　袁绍这封洋洋洒洒的书信，可以视为他对自己前50年人生的总结（袁绍当年51虚岁）。和他后来讨伐曹操时写的檄文一样，此文较为充分地表现出

---

　　[1]《诗经·曹风·鸤鸠》："鸤鸠在桑，其子七兮。淑人君子，其仪一兮。其仪一兮，心如结兮。"袁绍借此向汉献帝表达自己始终如一的志向。

了袁绍的性格：他不是一个说谎者，讲的基本上都是实话。但是，袁绍喜欢"选择性记忆"，只说对自己有利的事实，而忽略对自己不利的事实。对于何进是怎样被杀的、皇宫是怎样被焚的、董卓是怎样入洛阳的、献帝是如何登基的、刘虞是被谁拥立的、韩馥是怎样交权的、自己怎样派周昂和曹操袭击豫州进而与袁术、孙坚决裂等重大历史事件，袁绍都避而不谈。特别是他所谓的"董卓乘虚而入，图谋不轨"，其实是要拥立汉献帝当皇帝，这一真相实在是太尴尬。所以，袁绍笔下的历史虽然不算虚假，却十分片面。

在信中，袁绍也委婉地向汉献帝君臣提出了自己的要求，就是希望得到被他痛批的马日磾的太傅之职，还有他表示不敢奢望的九锡大命。在古代中国的官场上，谦让往往就是渴望。拜太傅、加九锡，在汉朝是位极人臣的高位，在包括大将军曹操、太尉杨彪在内的全体朝廷官员之上，而这也是袁绍自认为应得的。他的叔父袁隗在死前就担任太傅，袁绍认为自己理应得太傅之位。

袁绍寄到许县的，不仅那一封致汉献帝的自辩书，还有一道给曹操的密令，指使他铲除朝廷中的袁术党羽和曾与自己为敌的人。前一种人的代表是太尉杨彪、司空张喜与大长秋梁绍，他们都是协助献帝东迁的重要官员；后一种人的代表则是将作大匠孔融。曹操得到袁绍的信以后，难免心里有鬼。不久，曹操在许县上朝时，发现杨彪的神色不悦，担心杨彪准备谋杀自己，于是谎称自己腹泻，经厕所溜回军营。曹操倒确实有腹泻的病根，桥玄和曹操本人都曾提到过他患的这种疾病。①

曹操与杨彪之间的关系颇为奇特。一方面，曹操是袁绍的党羽，而杨彪是袁术的党羽，双方的关系理应水火不容。另一方面，在曹操随袁绍逃出洛阳，

---

① 参见《后汉书·李陈庞陈桥列传》及《太平御览》卷五百、五百六十、六百八十七、六百九十七、六百九十九、八百二十、八百五十九引曹操《遗令》。

被董卓通缉时，杨彪曾派幕僚卫兹沿途保护，使曹操得以逃命，又在陈留用财力和人际关系协助曹操招兵买马，这才得以组建首批讨董卓的军队。汴水大败时，卫兹舍身抵抗，用生命保护曹操安然撤退。迁都许县后，如果杨彪问曹操："我的阿兹在哪里？"恐怕曹操将会无言以对。若说杨彪对曹操有救命之恩，恐怕并不过分。但是，对曹操有救命之恩的人为数不少，在袁绍与杨彪这两位恩主之间，曹操权衡利弊，还是会倾向于前者。

由于袁绍不断向汉献帝和曹操施加压力，当年九月，许县朝廷原本批判袁绍的政治运动，突然转向一百八十度，改为批判袁术集团了。杨彪和张喜被迫称病辞职，杨彪还被曹操以勾结袁术、图谋废黜献帝的大逆罪逮捕，下狱拷打，"榜楚并兼，五毒俱至"，惨不忍睹。孔融听说杨彪被捕，立即跑去对曹操说："杨家连续四世都是品德高尚的君子，海内无不仰慕。《周书·康诰》上说父子兄弟的罪行都不应连坐，何况以姻亲袁术的罪行归于杨公呢？《易经》讲'积善余庆'，现在忠良之家的成员却蒙受冤屈，莫非《易经》是自欺欺人之语？"曹操回答："这是国家的意思，我并不清楚。"孔融反驳道："假使成王欲杀召公，周公能搪塞说自己不清楚吗？如今天下绅士贤人之所以仰慕明公，是因为您聪明仁智，能够辅佐汉朝罚恶雪冤，令天下变得太平啊。现今朝廷若是滥杀无辜，那么海内闻讯，岂不解体？鲁人孔融明日便当拂衣而去，不再上朝了。"曹操闻言，便将杨彪释放了。

曹操对袁绍的密令执行得并不彻底，仅仅是迫使杨彪和张喜辞职，还在孔融的劝说下饶了杨彪一命，这当然令刚刚攻灭臧洪，正在准备重新向易京进军一统华北的袁绍不悦。正如曹操所说，杀杨彪"是国家的意思"，而这个"国家"绝不是汉献帝，更不是他这位大将军，而只能是他的老上司、此时政治地位反而低于曹操的袁绍。曹操知道，自己必须有所表示，才能对袁绍有个交代，孔融等人也得有所行动，才能保住性命。

杨彪下台之后，他交出来的太尉一职立即被朝廷赏给了袁绍，这当然是曹操的意思。在接下来的半年之内，被《续汉书》描绘得刚直不阿的孔融也转变政治立场，接连做了至少三件迎合袁绍的事：

一，袁术的部将苌奴西征之时，太傅马日磾的灵柩也从寿春向西进发，后来抵达了许县。朝廷本打算按照老规矩，给位居上公的马日磾举办高规格葬礼，孔融却上表反对说：

"马日磾以上公的尊贵身份，带着朝廷授予的髦节奉命出行，旨在安抚东方，而他却曲媚奸臣，为袁术效命。凡是袁术的章表署用文件，马日磾都把自己的名字签在首位，可谓附下罔上，事君不忠。春秋时，齐国使者国佐在晋军的威胁下拒不屈服，楚国大臣宜僚面对白公胜的利刃仍然神色不变。王室大臣理应舍生取义，岂能推脱说自己是被胁迫的？何况，袁术行为僭逆，已不是一朝一夕，而马日磾跟随袁术已经一年有余。

"按照《汉律》，凡是与罪人连续交往超过三日的，都应算作知情者，即同谋。古代鲁国大臣叔孙得臣明知同僚谋反而不告发，所以《春秋》贬低他的地位，不记载他去世的日期。郑国大臣子家杀害郑幽公，死后百姓将他剖棺戮尸。圣上哀怜马日磾是旧臣，不忍心追查其历史问题，但无论如何都不宜再为他举办高规格葬礼。"

孔融的这道奏章与袁绍批判马日磾的那封自辩书前后呼应，如出于一人之口，直接导致朝廷取消了给马日磾举办葬礼的计划。

二，在汉献帝迁都许县以后，荆州牧刘表停止了进贡，加上当年继续大旱，朝廷重新陷入经济困难的局面。另外，刘表也和袁术一样，行僭越之事，他竟按照帝王的标准郊祀天地，而不是按照诸侯的标准祭祀本地的山川。汉献帝闻讯，非常愤怒，命令百官讨论惩办刘表的方案。孔融上书反对说：

"听说荆州牧刘表桀逆放恣，行为不轨，乃至于郊祭天地，图谋社稷。虽然此人昏僭恶极，罪不容诛，但为了国体考虑，我们最好还是暂且不对外声张。

"为什么呢？因为万乘是至重之物，天王是至尊之体，陛下是至圣之身，朝廷是至神之器，臣子不得触及它们，就像人类不能飞上天空，超越日月一样。每出一个逆臣，陛下就要讨伐他，如果让四方臣民知道此事，不仅无法起到消灭僭越行为的作用，反而可能助长诸侯的野心。

"愚以为刘表虽然悖逆已极，陛下还是需要隐忍，这就是贾谊所谓的'掷鼠忌器'啊。所以，古代齐桓公伐楚，不责备楚君僭称王爵的大恶，而责他不向周朝进贡包茅的小过；周朝军队遭遇贸戎之败，《春秋》不说他们是被晋国人战胜的。先前朝廷已经批判了袁术的罪过，如今再批判刘表，那么君臣之分就不清楚了，人们会觉得沟渠可以升为高岸，天险也能够攀登了。

"臣以为，刘表行为跋扈，擅杀列侯（刘表部下射杀的孙坚和张济都是侯爵），扣留诏书，抢夺贡品（指刘表收回荆州各地给汉献帝的援助），招揽元恶（指刘表收降张绣及贾诩等阻挠献帝东迁的凉州将领），用以自卫，专为乱逆，无恶不作，必然会很快自取灭亡。所以，为了巩固国防，不必公布刘表擅自郊祀天地之事。"

袁术与刘表同犯僭越罪，孔融批判袁术与马日磾，而不批判刘表，显然是双重标准，无以服人，更难以达到"巩固国防"的效果。如果说批判逆臣需要"投鼠忌器"，那么朝廷当初就不应该公开批判袁术与马日磾。

孔融前后两封奏章之所以会标准迥异，原因只有一个：马日磾是袁术的军师，袁术是袁绍的敌人，所以朝廷必须批判袁术与马日磾；刘表是袁绍的部下，所以朝廷不能批判刘表。总之，凡是与袁绍为敌的，朝廷就必须批判；凡是与袁绍为友的，朝廷就绝不能批判。说到底，当时的许县朝廷名义上由曹操领导，实际却是在袁绍的控制之下。无怪乎在曹操的口中，袁绍即"国家"，袁绍给他的密令就是"国家之意"。

三，孔融还将亲手把大将军印绶和九锡大礼送给袁绍，由此完成他从袁绍之敌到袁绍之友这一百八十度的大转变。

就在建安元年（公元196年）年初，孔融还在青州激烈地抵抗袁谭的进攻，最后突围逃走，妻子儿女都被俘虏。后来，孔融的这些家属很可能被袁绍父子处死了，因为当建安十三年（公元208年）孔融被曹操处决时，他的儿子年方9虚岁，女儿7虚岁，都是在他从青州逃至许县之后出生的。曹操迁都许县后，还曾得到袁绍的授意，让他处死孔融。可见，袁绍本来想对孔融一家斩尽杀绝。显然，正是靠了这些尽力为袁绍说话的"政绩"，孔融才得以暂时保住自己的性命和官位。不过，就在袁绍集团彻底灭亡后刚刚一年，"覆巢之下无完卵"，孔融也将被曹操满门抄斩，结束自己的悲剧人生。

直到建安元年，曹操仍然还只是袁绍的一台杀人机器，不过这台机器已经渐渐具备了自由意志，不再完全任由主人摆布了。对于袁绍的两项指示，曹操虽然并没有完全拒绝，但在执行的过程中都打了折扣：袁绍要杀的杨彪、张喜等人只是被免职，孔融更是官居原职。曹操当时一定曾对孔融等人说过："只要你们表态支持袁绍、反对袁术，我就向袁绍为你们求情。"所以，孔融才会突然改变立场，为袁绍一党辩护。随后，曹操给袁绍写信解释说："当今天下土崩瓦解，雄豪并起，各地诸侯大员都有自立为帝之心，这是上下相疑的危险时候啊。我们即便以坦诚的心胸对待对方，还怕他们不信；如果再大行杀戮，那么有谁能不自危？汉高祖赦免仇敌雍齿，诸侯立即放心，您怎么忘了呢？"曹操反复请求，袁绍不得已赦免了杨彪、孔融等人，逐渐争得了袁绍的谅解。同样，被吕布赶出徐州的刘备也得到了宽恕。

曹操虽然没给袁绍弄到太傅之职和九锡大礼，而只是三公之一的太尉，但是这样一来，袁绍便成为袁家连续五世的第七位三公，他们分别是袁安、袁敞、袁汤、袁逢、袁隗、袁闳、袁绍。从元和三年（公元86年）到建安七年（公元 202 年）间，七位袁家成员累计担任太傅、大将军、太尉、司徒、司空这五种执政官职务共达 38 年之久，此期间的东汉内阁平均每四年就有一年由袁家领导，真可谓尊荣无比。

然而，袁绍对这种待遇并不领情。曹操私自赦免杨彪等人，让他觉得曹操"外托公义，内实离异"，自己又没有得到太傅的职位和九锡的荣誉，而只获得一个太尉，地位反而低于曹操的大将军，非常不满，埋怨说："曹操曾多次陷入死地，我每每把他救出来，现在竟敢忘恩负义，挟天子以令我吗？"于是上表，以谦虚的语气将太尉一职让给著名党人、陈群的父亲、尚书令陈纪。

综上所述，袁绍派曹操入洛阳，迎献帝迁都许县，目的就是间接地"挟天子以令诸侯"。正因为如此，袁绍对曹操没有给自己谋求到太傅加九锡的职位和荣誉，并完成杀杨彪、孔融等人的任务，会表现得如此吃惊和不满。从曹操这段时间给袁绍写的信来看，他依旧接受袁绍的领导，并不想立刻与袁绍翻脸。

即便如此，袁绍仍然对曹操很不满意。他制裁曹操的办法很直接：命令老部下刘表停止向许县提供经济援助，还不许汉献帝朝廷为此惩处刘表。

在曹操收到袁绍怒气冲冲的回信之前，他取得了一场新的重大胜利：当年十月，曹操讨伐杨奉和韩暹，通过分化和偷袭的方法，一举占领了他们位于梁县的军营。杨奉和韩暹众叛亲离，只得率少数部下东逃，归附于袁术。献帝为此又授予曹操以象征生杀大权的节钺，并录尚书事。

但是，朝廷中的职务晋升并不能让曹操开心。在收到了袁绍恼怒的回信和刘表停止提供经济援助的消息之后，他感到深深的恐惧，立即向汉献帝要求辞去大将军职务，将它让给袁绍。次月，献帝改封曹操为司空、行车骑将军事，为袁绍空出了大将军的职务。

除了竭力缓和与袁绍的紧张关系以外，曹操还急需解决因刘表停止进贡而导致的粮食危机，以免许县小朝廷像之前在河东、河内、洛阳那样一次又一次迅速崩溃。为此，曹操召开了一次经济会议。在会上，韩浩提出应当自力更生，在己方的控制区内屯田，以摆脱对其他势力的经济依赖。曹操于是下达屯田令，委任典农中郎将任峻和羽林监枣祗领导军民在许县郊区屯田，效果很好，后来又把这种模式推广到其他各个州郡。

公孙瓒、曹操和陶谦都屯田，而袁绍的直接统治地区夹在这三者之间，粮食又比他们多得多。这说明当时屯田规模最大、效果最好的应是袁绍。枣祗以擅长领导农业生产闻名，袁绍想得到他，曾经多次下聘书，说明袁绍重视农业专家，也在进行大规模屯田。官渡之战时，袁军虽然在此前多年连续作战，但仍然粮食充足，肯定与袁绍在河北发展农业生产有关系。后人多受《魏书》诬蔑之词的影响，加之缺乏古代军事后勤知识，以为袁军吃桑葚是因为袁绍忽视农业生产，导致粮荒的恶果，真相却恰好相反。没有新郑的桑葚干，曹操在当年西迎汉献帝的途中可能就饿死了。

当曹操迎献帝、袁绍灭臧洪时，袁绍的粮食储备已经非常可观，以至于有足够的多余粮食来大量酿酒。据曹丕在《典论》中的记载，当"大驾都许"时，袁绍的子弟经常带着军人在三伏天于黄河岸边畅饮美酒，不分昼夜，直到喝醉，形成习俗，[①]可见袁绍可供酿酒的粮食之多，这与汉献帝君臣和曹操本人此时颠沛流离，在饿死的边缘挣扎形成了鲜明的对照，证明袁绍的屯田效果远在曹操之上。这还可以说明，曹操迎献帝、袁绍灭臧洪时，袁绍集团自认为一切尽在掌握中，天下已经到手了，因此十分放松，开始享乐。

汉末群雄之中，屯田最积极的是袁绍、公孙瓒和曹操。那么，汉末的"屯田"究竟是什么意思？

---

① 参见《太平御览》卷三十一《伏日》引《典论》。

　　"屯"有"军营"的意思，"屯田"这个词与军队有密切的关系。据《汉书·西域传》记载，"屯田"一词始于汉武帝，随后西汉一直在西域驻兵屯田，匈奴也曾效仿。如果以组织军队进行农业生产为屯田的基本特征，那么屯田的历史至少可以上溯到春秋时期。但是，汉末军阀们的"屯田"与古代的屯田有所区别：为了满足频繁的战争需求，当时的屯田者不仅有军人，也有战俘和招募来的游民，耕种者基本上没有土地所有权和生产资料，两者均由政府发放，所以税率特别高，是一种全新的、带有明显乱世特征的临时性农业制度，不适用于和平时期。

　　根据屯田者的身份不同，汉末屯田分为两种，即民屯和军屯。民屯的耕种者称为"屯田客"，以流民和战俘为主，军屯的耕种者当然是士兵。曹操用于许县周围屯田的战俘大都是他新近俘虏的颍川黄巾军，这些人本来控制着许县一带的土地，并拥有相当多的"资业"（耕牛等生产工具），在战败后全部被曹操缴获。曹操将这些"资业"重新分配给黄巾军将士，让他们就地开展农业生产，然后向政府缴纳高额税收，可谓一本万利。根据税收形式不同，汉末屯田又分为两种，即"计牛输谷"和"分田"两种。曹操最早实行的是"计牛输谷"，也就是按照分给每个耕种者的耕牛数量收税，每头牛每年收谷两百斛。[①]"分田"则给予屯田者固定的耕种田地，然后按照收获粮食的数量纳税，自己拥有耕牛的纳50%的税，向官府借耕牛的纳60%的税。[②]后来，曹操推行的主要是"分田"税制。很可能袁绍和公孙瓒以前就是这样对待自己俘虏的农民武装成员的，因为他们是镇压黄巾、黑山、白波等农民武装战果最大、俘虏的农民武装成员

---

　　① 《晋书·食货志》："分种牛三万五千头，以付二州将吏士庶，使及春耕。谷登之后，头责三百斛。是为化无用之费，得运水次成谷七百万斛，此又数年后之益也。" 35000头牛得谷700万斛，每头应合200斛，原文"头责三百斛"显然有误。

　　② 参见《晋书·傅玄传》。

最多的军阀，尔后曹操又在豫州推广这一政策。

虽然屯田可以缓解许县的粮食危机，但粮食生产的周期长，而且屯田的推广费时费力，也不可能解决所有经济问题，所以，曹操仍然急需打通通往荆州产粮区的道路，而夹在曹操与刘表之间的张绣便成了曹操急于拔除的眼中钉。建安元年（公元196年）十二月，曹操离开许县，踏上了讨伐张绣的征程。他当时肯定不会想到，这次征战会成为一场彻头彻尾的灾难。

出兵之前，曹操入朝辞别献帝。没想到，在宫殿前，皇家卫兵把两支长戟叉成十字形，让曹操把脖颈放到戟的利刃上面。曹操吃惊地质问这是怎么回事，对方答复说：汉朝三公率军出战前，都要履行这一恐怖的程序。曹操现在身为司空，当然得按规矩办。曹操从未听说过这种"待遇"，一怒之下拂袖而去，随即撤换了宫中警卫，用自己信赖的七百名精兵接管皇宫防务，实际上把献帝软禁了起来。从此，曹操就不再入宫朝见了。

郁闷地离开许县之后，曹操大概会想，虽然自己在皇宫中受到了侮辱，但现在毕竟是"奉天子以讨诸侯"，必然"有征无战"，不会遭到激烈的抵抗。次年正月，当他抵达南阳郡的时候，张绣和贾诩果然前来迎降。

可惜，接下来发生的事情，却把曹操"挟了天子就能令诸侯"的美梦击得粉碎。

进驻宛城后，曹操见张济的遗孀貌美，便纳为妾，张绣心怀不满。曹操知晓后，召来张绣麾下的勇将胡车儿（疑为杀牛辅的那位胡赤儿），亲手送给他一些金子，令其刺杀张绣。结果胡车儿向张绣报告，张绣便与贾诩合谋造反。他们谎称要转移部队，向曹操请求允许从曹军军营前经过，又说："车辆太少，物资又重，请允许士兵披甲行动。"曹操表示同意。张绣便率军队身披铠甲，手持武器，大摇大摆地走入曹营，突然发起攻击，曹军措手不及，被打得大败。曹操的右臂被射伤，长子曹昂、弟弟曹德之子曹安民、都尉典韦全都阵亡。曹操的次子曹丕当时只有10虚岁，但居然能奇迹般地骑马逃脱。曹军全体溃散，只有平虏校尉于禁军容严整，并首先安营扎寨，这才稳住阵脚。

战后，曹操对部下反省说："我接受张绣等人的投降，错在没有扣押其亲属当人质，以至于此。我明白失败的原因了，你们看着，从今以后，我不会再败了。"

曹操的总结并不深刻，难怪他以后还会失败。楚汉相争时，刘邦的父亲和妻子都被项羽抓获当人质，而刘邦根本不管家人死活，继续攻打项羽。乱世中争天下者大都舍得放弃亲属，袁绍、刘备等人都是如此，何况张绣这种亡命之徒呢？曹操本人并未把家属送到邺城，这么多年来也没有背叛袁绍，可见扣留亲属并不是保证部下忠诚的绝对条件。

福无双至，祸不单行。在向许县撤退的过程中，曹操收到了袁绍的一封信，读罢脸色大变，惶惑不安，部下都以为是因为被张绣击败，子侄阵亡的原因。尚书仆射钟繇询问荀彧，荀彧回答："曹公是个聪明人，不会长久纠结往事，一定出了别的问题。"入见曹操询问，曹操便把袁绍的信给荀彧看，说："我想讨伐这个不义之人，但实力不敌，怎么办啊？"

荀彧回答："以古代成败的教训来看，有才者虽弱必强，无才者虽强易弱，刘、项的胜败就是好例子。现今与明公争天下的，只有袁绍而已。袁绍貌似宽厚，实则内心多忌，总是怀疑部下，而明公不拘一格选用人才，气度胜过袁绍；袁绍性格迟缓少决，经常错失时机，明公能断大事，应变多端，谋略也胜过袁绍；袁绍统军宽缓，法令不立，士卒虽多，其实很难控制，明公法令森严，赏罚必行，士卒虽少，都争着拼死，在军事上胜过袁绍；袁绍凭借家族几世以来积攒的资财，加上善于粉饰自己，沽名钓誉，收揽了很多人，但大都没有真才实学，而明公以至仁诚心待人，不主张华而不实，提倡恭俭，不吝惜封赏，所以天下忠正多才之士都乐意效命，品德也胜过袁绍。以此四胜辅佐天子征伐，谁敢不服从？袁绍虽强，又能如何？”

接下来，荀彧又指出："不先取吕布，河北就不易攻取。"

曹操回答："是啊。我最担心的，是怕袁绍侵扰关中，联合羌、胡、蜀、汉，这样我就必须以兖、豫二州抵抗天下的六分之五。怎么办才好？"

荀彧便推荐颍川老乡钟繇出任司隶校尉，主持关中事务，拉拢马腾、韩遂等凉州军阀。

实际上，这篇文献的真实性也要打些折扣。曹操控制汉献帝朝廷以后，虽然以大将军和司空的身份控制了豫州的大部分地区，却失去了兖州的大部分地区，袁绍打败臧洪之后并未将其全部交还曹操。袁绍和曹操当时是上下级的关系，根本就谈不上相互"争天下"。即便将曹操作为一个独立势力看待，当时，他的经济实力不如刘表，军事实力不如李傕、郭汜，东方还有袁术、吕布这两大宿敌，根本无法挑战综合实力更强的袁绍。历来文人都有在事后修改文献，将自己描绘成"先知"的习惯，以荀彧为代表的"颍川帮"自然不例外。

不过，袁绍究竟写了些什么，导致曹操和荀彧在刚刚被张绣打得惨败的最困难时期，考虑与他对抗呢？

在官渡之战后，曹操在给汉献帝上的奏章里提到过袁绍给他写的这封信，内容是："可都鄄城，当有所立。"

袁绍让曹操迁都鄄城，历来被认为是他想将献帝移到身边，以便亲自控制的举措。但他为什么还要说"当有所立"呢？立谁做什么？只能是像董卓废少帝立献帝一样，废黜献帝，另立皇帝。汉少帝死后，袁绍长期宣传汉献帝不是汉灵帝的亲生儿子，应该被废黜，还曾试图拥立刘虞为帝，最终虽然作罢，但另立天子的计划并未完全被他放弃。当然，这只是一个过渡方案，袁绍最终的目的是自立为皇帝，完成三统、五行终始理论中从赤统到黄统的转变。自古被废黜的皇帝大都难逃一死，袁绍又一直厌恶与董卓沾亲带故的献帝和董承，所以肯定想要置他们于死地。袁绍之所以选在这个时间开展废立活动，倒不是因为曹操刚打了败仗好欺负（从邺城到宛城有好几百里路程，又隔着黄河，袁绍写信时不大可能知道曹操在几天前刚刚打了败仗），而是因为汉献帝不甘心给袁绍当听话的傀儡，与董承、杨彪等人不断搞暗中支持袁术、公孙瓒、吕布，反对袁绍、曹操、刘表的小动作，还不断挑拨曹操与袁绍之间的关系，让袁绍日益不满。他懒得再上书自我辩护了，决定干脆换个听话的新皇帝。

但是，袁绍并不想亲自下手杀献帝，因为弑君毕竟会导致千载骂名。所以，多年来一直被他当刺客使用的曹操便成为刽子手的最佳人选，就像项羽命英布杀楚义帝，司马昭命成济杀高贵乡公，朱元璋命廖永忠杀韩林儿一样。之后，罪行就可以全部推到曹操头上。故此，袁绍并不打算把献帝迁到自己居住的邺城，而是要把他迁到曹操控制的鄄城，以便将来推卸责任。实际上，袁绍当年不亲自迎汉献帝，而让部下曹操去迎，就是准备将来好对汉献帝下毒手。可是，这么做如今并不符合曹操的利益。

袁绍下达的这一"可都鄄城，当有所立"的命令，让曹操发觉自己正面临着遗臭万年的危险，在朝廷的长期经营也面临毁于一旦的局面，政治上彻底失去号召力，基本利益受到严重侵犯。原来，袁绍让曹操去迎汉献帝，仅仅是因为袁绍当时正在讨伐臧洪，腾不出手而采取的临时性措施；一旦袁绍擒杀臧洪，立即就要把汉献帝弄到自己身边，加以废黜，还要让曹操背这个黑锅。曹操对此终于忍无可忍，这才下定决心要和袁绍对抗。他之所以和荀彧密谈此事，就是因为他知道以荀彧为首的"颍川帮"因为韩馥之死的缘故，已经同袁绍产生巨大的裂痕，袁绍让荀彧的仇人赵岐调解曹操与陶谦的争端，更导致张邈、张超兄弟迎吕布入兖州，几乎让曹操和荀彧送命，因此曹操可以放心地与荀彧谈论与袁绍对抗的计划。

虽然曹操和荀彧的对话在史籍中被写得义正词严，实际上这二人都很清楚，他们现在无力与袁绍对抗，暂时还必须尽力讨好袁绍，满足他的各种要求。当年三月，也就是曹操撤回许县后不久，献帝便派将作大匠孔融前往邺城，拜袁绍为使持节、大将军，加九锡，兼督冀、青、幽、并四州，封邺侯。[①]不清楚献帝为什么要拒绝拜袁绍为太傅，也许是因为袁绍的年龄还未达到担任太傅的要求。东汉一朝，出任太傅者年龄都在55虚岁以上，如果袁绍生于本初元年（公元146年），在建安元年（公元196年），他仅有51虚岁。

所谓"九锡"，也就是"九命之锡"的简称，是自周代以来朝廷对大臣的最高礼遇，包括九种赏赐（"赐"与"锡"通假）：一曰车马（大辂、戎辂各一，玄牡二驷），二曰衣裳（衮冕之服，副以赤舄），三曰礼乐（轩县之乐，六佾之舞），四曰朱户，五曰纳陛，六曰虎贲百人，七曰鈇钺，八曰弓矢（彤弓一，彤矢百，旅弓十，旅矢千），九曰玉器（秬鬯一卣，副以珪瓒）。翻译成白话文，九锡由下列赏赐构成：由四匹黑马拉的一辆金色马车；由四匹黑马拉的一辆战车；前文提到过的爵弁服豪华版套装，再配以朱红色的鞋子；一批御用悬挂乐器，如编钟、编磬、悬鼓等，以及御用歌舞队；有权将大门刷成朱红色；上朝时获得贵宾专用通道；一百名身穿虎纹紧身衣的禁卫军；一柄御用战斧；一把红色的弓配备一百支红色的箭，再加上十把黑色的弓配备一千支黑色的箭；一套御用玉质酒器，内盛美酒。自古以来，只有文武双全、功勋卓著，如齐桓公、晋文公这样的大臣，才能获得九锡大礼。有了九锡之后，袁绍就可以说是真正位极人臣了。

袁绍当然不会满足于使持节、大将军、加九锡等官职和荣誉。但他还是按照惯例表示谦让，婉言拒绝接受邺侯的爵位，因为邺侯是县侯，地位比袁绍原

---

① 袁宏《后汉纪·献帝纪》说袁绍晋升大将军是在七月。

有的邟乡侯级别高。此后，袁绍便自称"使持节，大将军，督幽、青、并，领冀州牧，邟乡侯"。不过，曹操后来却一直称袁绍为邺侯。毕竟，和袁绍的弟弟袁术此时公然称帝相比，袁绍到底称县侯还是乡侯，并不那么重要。

僭号仲家——袁术称帝之谜（公元196~197年）

袁术称帝，是汉末时期最令人震惊的事件之一。想要了解这位此前一直拥戴汉献帝的官员突然决定代汉自立的原因，就得先了解袁术集团在建安元年（公元196年）的发展态势。

兴平二年（公元195年），袁术集团在华东地区大获全胜，袁术虎步淮南，孙策席卷江东，吕布袭取徐州，打败了刘繇和刘备，跨有豫、徐、扬三州十二郡，并几次派军队西进，去洛阳迎接汉献帝君臣。但由于袁绍与曹操的插足，加之吕布的不合作，这一计划破产。当年九月，曹操带领朝廷迁都许县，杨彪被免职，董承丧失了军权，杨奉和韩暹则直接投奔了袁术。

不幸的消息接连传来，令袁术郁闷不已。根据他以往的经验，汉献帝落入了一向宣传其不是汉灵帝亲生儿子，应该被废黜的袁绍集团之手，肯定只有死路一条。袁术的这种判断并没错，袁绍果然向曹操下达了"可都鄄城，当有所立"的密令。

过去，袁术与陈王刘宠关系密切，袁术又派袁嗣担任刘宠的国相。一旦袁绍和曹操杀害献帝，袁术也许可以拥立刘宠为帝。但现在，就连刘宠和袁嗣都向曹操投降了。袁术既然不可能接受许县朝廷的领导，就只能另谋出路。

当时产生非分之想的，似乎不光是袁术，还有擅自郊祀天地的荆州牧刘表。

曹操迁都许县之后，刘表曾派别驾刘先前去觐见献帝。曹操问刘先："刘州牧怎么郊祀天地啊？"刘先回答："刘州牧身为汉室肺腑，位处牧伯，遭遇王道未平的乱世，群凶塞路，怀抱玉帛却无法施展，写好了章表却不能送达朝廷，所以才举办仪式，向天地诉说自己的赤诚。"曹操反问："群凶是谁？"刘先回答："举目皆是。"曹操大概希望刘先承认张绣、贾诩是"群凶"，进而推出刘表包庇"群凶"的结论，没想到刘先回答"举目皆是"，其中自然包括曹操本人，所以曹操一时语塞。以此看来，说刘表打算背叛朝廷自立，有僭号称帝的野心，证据不足。

以上记录可能出自刘先给刘表写的报告，目的是突出自己的作用，为自己邀功请赏。汉献帝和曹操不再追究刘表"郊祀天地"的严重罪行，肯定不光是因为刘先口齿伶俐，而是另有原因。

袁术和刘表的共同之处，在于他们在建安元年上半年都曾接受杨彪、董承的邀请，迎接献帝到自己的地盘去。二人为了迎接朝廷的到来，都在自己的首府（寿春和襄阳）兴建了帝都必备的宫殿和宗庙，并举办了仪式彩排。当时汉献帝君臣对此并未表示反对，但朝廷迁都许县之后，却将这些仪式视为"僭越"，大加批判。朝廷的态度突然发生了一百八十度大转变，原因无疑就是曹操迎献帝，控制了朝廷舆论导向。但是，曹操为什么最终决定批袁术，而不批刘表呢？从曹操本人的角度看，难以解释他的这一行为，但从袁绍的角度观察，这个问题就很容易回答了。袁术和刘表的不同之处，在于袁术长期与袁绍为敌，而刘表则长期追随袁绍。所以，批袁术就是支持袁绍，批刘表则是反对袁绍。作为袁绍的老部下，曹操当然倾向于放过刘表了。

《三国志·董二袁刘传》与《后汉纪·献帝纪》记载，兴平二年（公元195年）年底，袁术听说"天子败于曹阳"，便召集群臣，宣布要称帝，此说很不可信——若兴平二年袁术便已决心甚至已经称帝，那他为何会在建安初年（公元196年）年初派苌奴去洛阳迎献帝，还能得到献帝岳父董承的欢迎？《后汉书·孝献帝纪》记载，袁术是在建安二年（公元197年）春季自称"天子"，综合各类资料来看，此说较为可信。袁术正式称尊号，应是在建安二年春季，也就是曹操讨张绣失败，袁绍通知曹操"可都鄄城，当有所立"的时候。袁术之所以"称尊号"，其原因大致如下：为了迎献帝朝廷到来，袁术耗费了大量资源，还与吕布闹翻，结果迎驾失败，汉献帝被袁绍集团控制，自己反而成为朝廷的主要攻击对象。偏偏就在此前不久，袁术最为看重的太傅马日磾也去世了，导致袁术在政治上更加孤立。通过各种消息来源，袁术判定袁绍即将废黜并杀害汉献帝，清洗杨彪等所有亲自己的中央官员，另立新帝。这样一来，他必将丧失所有在朝廷上的政治资源，无论如何都会被宣布为叛逆。既然奉迎汉献帝的原有计划已经行不通，那么袁术就必须为自己另觅前途。

袁术意欲代汉自立，与他信仰三统、五行终始思想和《春秋谶》中"代汉者当涂高"的预言，又控制着九江郡当涂县一带，有很大关系。袁术在被曹操赶出兖州，逃到扬州九江郡之后，事业突然迎来第二春，屡战屡胜，横扫东南，并取得了传国玉玺，河内人张蚡又送来预言符命，情况与刘秀当年在河北称帝时非常相似。因此，袁术在迎献帝到寿春的计划失败，又预计献帝将会被袁绍和曹操废黜后，决定干脆一步到位，便大会群臣，对他们说："现今刘家衰微，海内鼎沸。我家连续四世担任公辅（袁术当然不肯算上袁绍这第五世），百姓归依，所以准备应天顺民，各位怎么看？"

袁术的部下大部分都是冲着袁术一心一意讨伐董卓，后来又忠于汉献帝政权，反对袁绍另立皇帝、结党营私来投奔他的，袁术此言一出，众人一片哗然。

主簿阎象反对说："过去周国从后稷至文王，积累功德上千年，三分天下有其二，还要服从殷纣王。明公的家族虽然连续几世昌盛，毕竟比不上周国；汉室虽然衰微，却也不像殷纣王那样暴戾啊。"

袁术不采纳阎象的意见，依照图谶符命，在他原本为汉献帝东迁准备的宫殿里称尊号，改九江太守为淮南尹，如司隶校尉，又拜三公九卿，祭祠南北郊，以彰显汉朝的火德已尽，袁家的土德当兴。

但袁术称的"尊号"究竟是什么，史籍中的说法并不统一。《后汉纪·献帝纪》与《后汉书·孝献帝纪》都说袁术称"天子"，《三国志·董二袁刘传》说袁术称"仲氏"，《后汉书·刘焉袁术吕布列传》说袁术称"仲家"。

在这件疑案上，我们其实应该以权威的第一手资料为准。袁术的死对头曹操在其《让县自明本志令》一文中说："袁术在九江僭号，部下都称'臣'，命名其城门为'建号门'，衣着都按照天子的规格，两位妻子预先争夺皇后的位置。计划已经定好，有人劝袁术就干脆即帝位，并宣告天下。袁术回答：'曹公尚在，不可以。'"这就证明袁术只是行为僭越，实际上并未称皇帝，其妻也不曾称皇后，连曹操都没有袁术称帝的证据。《后汉纪》与《后汉书》说袁术称帝或称天子，并不符合事实。当然，那句"曹公尚在，不可以"就显然是曹操的自大之辞了。

看来，袁术自称的"尊号"并不是"皇帝"或"天子"，而是"仲氏"或"仲家"。"氏"与"家"是一回事，"仲"的意思则是"第二"。袁术如果要称帝，又为何自称"老二"？如果他是老二，那"老大"或"伯氏"又是谁呢？

看来，袁术虽然认为汉献帝将被废黜并杀害，但毕竟尚未得到其死讯，所以在没有证实献帝死亡的前提下，不肯明目张胆地称帝。袁术对于自己将来能否战胜袁绍集团，也没有把握，所以先称"仲氏"，万一将来战败了，就尊袁绍为"伯氏"，以求自保。曹操在《上言破袁绍》一文中也提到，袁绍的从弟、济阴太守袁叙给袁绍写信说："南兄（袁术）臣下欲使即位，南兄言：'以年则北兄（袁绍）长，以位则北兄重。'"

从曹操等当事人撰写的第一手材料来看，袁术在建安二年（公元 197 年）春季预计献帝即将被袁绍和曹操废黜并杀害，于是做好了一切称帝的部署，但他为了给自己留退路，并没有自称"皇帝"或"天子"，只是称"仲家"，类似于"天下兵马大元帅"的皇储性质。如果袁绍和曹操真的废黜并杀害了汉献帝，袁绍自称皇帝，袁术就准备随时正式称帝，与之继续对抗；如果汉献帝没有被废黜，或是袁绍另立了一位可以被各方势力接受的刘姓傀儡皇帝，袁术就再缓一缓称帝。

此外，吕布和孙策对袁术称帝的态度，也决定着袁术事业的成败。

郝萌兵变失败之后，袁术和吕布之间的关系便陷入低谷。本来袁术打算和吕布结为姻亲，让自己的儿子娶吕布的女儿，吕布也答应了。袁术便于建安二年（公元 197 年）年初派大臣韩胤去徐州迎吕布的女儿，并向吕布征询对自己称尊号的态度。吕布部下陈珪的堂兄是曾叛变袁术倒向袁绍集团的扬州刺史陈瑀，因为同是名门之后，陈珪从小就与袁术相识。吕布攻占下邳之后，将陈珪的二儿子陈应交给袁术，袁术便给陈珪写信，请他支持自己的称尊号计划，遭到陈珪的拒绝。陈珪得知袁术计划称尊号，又要与吕布联姻，便向吕布进言，劝他与袁术决裂，转而依附已经控制汉献帝朝廷的袁绍集团。因为郝萌兵变的原因，吕布此时对袁术的看法已经发生了转变，加上陈珪的口才，便派军队追回自己已经上路的女儿，并把韩胤押解到许县，交给曹操处置。

曹操在被张绣击败以后实力大损，与袁绍的关系也开始恶化，正愁缺乏盟友，见老对手吕布主动向自己示好，既惊又喜，立即将韩胤以附逆罪斩首，又给吕布写亲笔信致谢，并以献帝的名义委托他讨伐公孙瓒、袁术、韩暹、杨奉等"逆贼"（这份军阀黑名单里当然不会有曹操的后台老板袁绍）。同时，得知袁术有称帝的计划，曹操就愈加不愿意执行袁绍将汉献帝迁往鄄城的密令，反而以此为借口，敦促袁绍放弃这一计划。客观地讲，袁术的称帝计划暂时保住了汉献帝的皇冠和生命。以曹操当时刚刚被张绣击败，粮草又严重匮乏的情况，如果袁绍执意要将汉献帝迁往鄄城，曹操和荀彧是抵抗不了的。

吕布接旨大喜，上书献帝说："陛下在洛阳时，臣接到圣旨，正要亲自去迎接大驾，得知忠孝双全的曹操已经把朝廷迎接到了许县。臣以前曾与曹操交战，如今曹操在首都保护陛下，臣身为外地将领，想要率军前来追随，但害怕有嫌疑，所以留在徐州待罪，进退不安。"又给曹操写信说："我吕布是个有大罪的人，理当被处死，却能够得到您的亲笔信慰劳，还厚加褒奖，不胜感动！朝廷要求我捉拿袁术等叛贼的诏书已经收到，我将舍命完成这一光荣任务。"

曹操得吕布回信，又派奉车都尉王则携带诏书与印绶到徐州，拜吕布为平东将军，并再次给吕布写信说："以前朝廷在河东郡时，派使者给将军送去过平东将军的大印，结果不慎在路上搞丢了。现在朝廷经济困难，国库里没有成色好的金子，孤就拿自家的上好金子给将军重新造印；国库里也没有紫绶，孤就把自己的紫绶送给将军，以明心迹。将军第一次派来的使者不是好人，孤听说袁术要称天子，将军曾劝止他，又上书朝廷告发，而使者竟敢不把如此重要的报告交给朝廷。朝廷信任将军，所以再次封您官爵，以增强彼此之间的信任。"

吕布读信之后，增强了对曹操的信任，就派陈珪之子陈登去许县谢恩，并希望再得到徐州牧的官衔。据《三国志·吕布臧洪传》说，陈登在曹操面前讲了很多吕布的坏话，曹操便给陈珪加了俸禄，并拜陈登为广陵太守，而拒绝了吕布兼任徐州牧的请求。吕布闻讯大怒，对陈登吼道："你父亲劝我与曹操结盟，和袁公路绝交；现在我的要求没实现，你们父子却升了官，显然我被你们出卖了！"陈登回答："我对曹操说：'待将军犹如养虎，得让它吃饱，不饱就会咬人。'曹操却说：'不是这么回事。养吕布如同养鹰，饿了才会工作，一吃饱就会飞走。'"与《三国志》所载不同，《江表传》引献帝的诏书记载，陈登去许都晋谒后，吕布被许县朝廷承认的正式头衔是"使持节、平东将军、领徐州牧、温侯"。由此看来，陈登应当完成了给吕布求领徐州牧的任务，《三国志》的记载属于不可信的民间谣传。

一时间，曹操和吕布这对老冤家突然步入了蜜月期。这两个叛徒出于对旧主袁绍和袁术的恐惧，各怀鬼胎，捐弃前嫌，结成了此前难以想象的联盟。

因为同样的原因，吕布和刘备也迅速化干戈为玉帛。在此前的一年多时间内，刘备孤军游荡于广陵郡一带，四面楚歌，粮草断绝，以至于相互杀食，最终不得不向吕布求降。吕布因为遭遇郝萌内乱，实力严重受损，又与袁术反目成仇，急需盟友，于是欣然同意，与刘备在泗水河岸上欢聚一堂，并交还被俘的刘备家属、仆人，以及徐州刺史专用的车马仪仗。但刘备还不敢进下邳，要求前往小沛驻扎，吕布也答应了他的要求。

听说吕布拒绝联姻，还把韩胤交给曹操处死，又与自己的死敌刘备和解，袁术不禁暴怒，立即派张勋、桥蕤、韩暹、杨奉等将领率数万军队，分七路围攻吕布。当时，吕布刚刚平定了郝萌内乱，军队损失严重，其麾下只有3000名士卒、400匹战马，双方兵力悬殊。吕布恐慌，问陈珪说："都是因为您的原因，才导致现在袁术军前来围攻我，这可怎么办？"陈珪回答："韩暹、杨奉与袁术只是暂时结盟，以往相互没有接触过，缺乏互信的基础，这样的联盟难以长久维持。请派遣我儿子陈登去说服韩暹、杨奉，保证让他们与袁术的军队像斗鸡一样厮打起来，将军就容易取胜了。"

吕布便派陈登去见韩暹、杨奉，并给二人写信说："两位将军保护皇上东迁，有大功于国家，足以垂名青史，万世不朽。如今袁术叛逆，天下理当共同诛讨，两位将军为何帮助这个贼臣攻打我呢？我吕布有杀董卓之功，与二位将军都是功臣，正好一同击破袁术，建立新的大功，此良机不可失。"他还许诺获胜之后将战利品都送给韩暹、杨奉。韩暹、杨奉被说服，便与吕布同时进攻张勋、桥蕤，将他们打得大败。

接下来，吕布与韩暹、杨奉又渡过淮河，一直打到钟离（今安徽凤阳县东），然后北返。临走前，吕布写信给袁术："足下自恃军队强盛，经常威胁我说，您麾下的猛将武士都想吞灭我，您总是劝阻他们。我吕布虽然不算勇将，但如今虎步淮南，一时之间，足下鼠窜寿春，不敢出城迎战。您的猛将武士都在哪里啊？足下喜好说大话来蒙蔽天下，天下的人难道都会上当受骗？古代打仗时要有使节往来，现在我派人告诉您，这场冲突不是我首先挑起的。我现在离您不远，您有什么意见，可以赶紧告诉我。"袁术读后非常愤怒，立即亲自率领五千兵马追至淮河，又不能渡河，只得任由淮河北岸的吕布军对自己大肆嘲笑。

经过这次冲突，袁术丧失了对徐州的控制，实力大损。盘踞江东的孙策听说袁术的僭越行为招致许县朝廷的批判与吕布的叛变，也决定与他绝交。

当时，原陶谦部下张昭渡江南下，受到孙策的重用，被委任为长史，待以师友之礼。张昭是赵昱、王朗、应劭、陈琳等人的好友，起初不肯迎合陶谦，遭到拘禁，后来却转而支持陶谦，陶谦的悼词就是张昭所写。不难看出，张昭对陶谦立场的大转变，与陶谦晚年叛离袁术、公孙瓒集团，转而与袁术交战有密切关系。张昭的朋友应劭、陈琳都是袁绍的部下，证明张昭是袁绍一党。我们不妨推测，张昭南下江东，就是奉了袁绍之命，去说服孙策与袁术绝交的。孙策重用张昭，证明他已经决定脱离袁术集团，加入袁绍集团。

受孙策的委托，张昭替孙策给袁术写了一封信，可以视为袁术集团版的汉末简史：

"天上有司过之星，圣王立敢谏之鼓，希望借此得到下级的批评，因为有长处者必有短处，人无完人，必须听取他人的劝谏。去年冬季，传言您有重大的计划（称帝），我们无不恐惧；后来听说您给朝廷进贡以表忠心，我们的疑虑便消除了。没想到这些天又传来风声，说是您准备遵行先前的计划，连举事的日期都定好了。我们更加迷惑，觉得一定是谣言。如果这是真的，人民还能有什么希望呢？

"过去您组建义军的时候，天下贤士之所以闻风响应，是因为当时董卓擅自废立皇帝，杀害太后和少帝，发掘并焚烧皇陵，行为暴逆。凭借您的神武，

418

我们在战场上击败了董卓，使他被部下杀死。元凶已灭，幼主准备东迁，派太傅（马日磾）来宣扬诏命，希望让我们前去接驾。不幸就在此时，河北（袁绍）与黑山军通谋，曹操在徐州肆虐，刘表在荆州作乱，公孙瓒荼毒幽州，刘繇在江左挑衅，刘备在淮右争雄，所以您一时难以获得囊弓、戚戈（即九锡象征的最高执政权）。如今，刘备和刘繇已经被击溃，曹操等人又陷入饥馁，我们都认为您应当与天下有智之士合力消灭那些丑类。您如果不致力于进剿贼党，还打算自取皇位，就违背了海内有志之士对您的期望。这是第一。

"成汤伐夏桀时，说'有夏多罪'；武王伐殷纣时，也说'殷有罪罚'。这两位国王虽然都具备圣德，其成功也需建立在敌人的罪孽上，否则难以兴起。当今幼主并未对天下人犯有大的过错，只是因为年纪还小，经常被强臣胁迫而已。如果夺走无罪之君的皇位，恐怕与成汤、武王的情况不符合。这是第二。

"董卓虽然狂妄狡诈，至少还没有篡夺皇位。但天下听说他行为暴虐，就一致攘臂同心，敢于用中原没打过仗的新兵，去冒死进攻边疆的强悍老兵。现在天下大乱已久，四方割据势力都富有军事经验，想要战胜他们，必须具备对方混乱而我方太平、对方叛逆而我方忠顺的前提条件。您如果见海内大乱，就打算君临天下，恐怕反而会给自己带来灾祸。这是第三。

"作为天下神器，皇位不可随意染指，需要上天与民众的共同协助。历朝历代的兴起都有祥瑞预兆：殷汤王有白鸠，周武王有赤乌，汉高祖有五星聚，汉世祖（光武帝）有神光，再加上当时的民众受到夏桀、商纣、秦二世、王莽的暴政压迫，所以才能颠覆无道的政权，成就大业。今日之天下并非因幼主而混乱，您受天命赐福的祥瑞也还没有出现，就想顺利地登上皇位，类似的情况在历史上还不曾有过。这是第四。

"天子高贵无匹，四海富足无比，谁不想要呢？但是对大多数人而言，于义不可行，于势不可得。陈胜、项籍、王莽、公孙述等人都曾南面称孤，却没有一个成功的，可见帝王之位不可随便觊觎。这是第五。

"听说幼主很聪明，臣子如果能够消灭他身边的坏人，认真辅佐，定能成就中兴大业。我们真心期盼，明公能够帮助朝廷恢复周成王中兴的盛世，自己也获得像周公旦、召公奭那样的美名。即便幼主将来有些毛病，我们仍然希望明公能够仔细研究汉室宗亲的族谱，在其中挑选出贤良之君，以继承刘家的天下，巩固汉室江山。如此，明公必定会名垂青史，永远受到士民的歌颂。以明公的仁德和智慧，不会逆潮流而动，铤而走险吧。这是第六。

"袁家连续五世担任宰相，重权在握，势力昌盛，无人可敌。作为这样的豪门成员，忠信之人一定会思考复兴国家的方略，设法将社稷从危难之中解救出来，以此发扬祖先的崇高精神，并报答汉室的恩情。而野心勃勃的贪婪之徒却会说：'天下之人，不是我家的故吏，就是我家的门生，谁敢不服从我呢？四方的诸侯不是我的朋友，就是我的下属，谁会违抗我呢？我为何不倚靠家族累世积攒的势力，起来夺取天下呢？'二者的区别，明公不可不察。这是第七。

"圣人和智者之所以被社会尊敬，是因为他们善于判断时机，办事审慎得当。如果坚持去做难以完成的事业，违背公义和私利，让敌人振奋精神，而令自己的队伍陷入混乱，聪明睿智之士是绝对不会附和的吧。这是第八。

"世人往往被图纬迷惑，想入非非，用巧合的事件决定自己下一步的行动，自欺欺人。古往今来，这类事情不少，最终当事人都后悔莫及。在重大抉择面前，不可不深思熟虑。这是第九。

"以上这九条，必定早就在明公的深思熟虑之内。我们之所以还要不厌其烦地把它们写下来，是因为担心明公一时忘记了。忠言难免逆耳，希望能够得到您的采纳！"

张昭的这一番掷地有声的凿凿言辞，大概任何一个汉室忠诚都会拍手称赞，然而袁术不是汉室忠臣。

听说孙策已经与袁术决裂，曹操立即在当年夏季派议郎王誧前往江东，以汉献帝的名义对孙策宣诏说：

"逆臣董卓祸国殃民，你的父亲孙坚奋力讨伐董卓，可惜事业尚未成功便不幸去世，英名远播。你孙策遵行祖先的善道，为自己积累了卓越的声望。现在，朕拜你为骑都尉，并把你父亲的爵位乌程侯归还你，兼领会稽太守。

"原左将军袁术不顾朝恩，行为凶逆，编造虚假的预言，打算趁着兵荒马乱之际，欺骗百姓，以达到其不可告人的邪恶目的。朕刚刚听说此事时，还以为只是谣传，没有相信。后来得到使持节、平东将军、领徐州牧、温侯吕布的上书，详细报告了袁术如何制造妖妄之事，造谣惑众，这才了解袁术像鸱鸮一般残忍的性格。此人无道之极，竟敢擅自修建王宫，私拜三公九卿，郊祀天地，祸害国家，罪不容诛。

"吕布曾多次报告说，你忠于朝廷，希望参与讨伐袁术的事业，为国效劳，希望国家能加以表彰。先加悬赏，以待立功，合情合理。现在，朕许可你承袭父亲的爵位乌程侯，再加拜为大郡（会稽）的太守，可谓荣耀备至。孙策，你为朝廷努力效命的时刻已经到了！希望你能不怕艰险，辛勤工作。接旨以后，你立即与吕布及吴郡太守、安东将军陈瑀齐心协力，共同讨伐逆贼袁术。"

孙策接旨后，却觉得骑都尉的军职太低，向王誧讨价还价，希望能够得到将军职位。王誧无奈，承制拜孙策为明汉将军。孙策这才满意，向王誧举荐了会稽人骆俊作为扬州的孝廉，让骆俊陪同王誧一同返回许县复命，自己则挥师北上，准备和吕布、陈瑀围攻袁术。

袁术本以为自己有大恩于孙家，孙策定会支持自己，没想到孙策却倒向了曹操，要与吕布等人联合讨伐自己，不禁大为沮丧，以至于生了重病。不过，虽然躺在病床上，但袁术的头脑还算清醒，他知道敌人的大网已经撒开，自己的末日即将到来，如果不想坐以待毙，就必须舍命一搏。

鯨吞宇內

第九章

藕断丝连——袁绍与曹操的 最后合作（公元197年）

孙策奉诏北伐袁术，抵达钱唐县时，他的盟友陈瑀突然又倒向袁术一方，并与袁术共同派使者渡江南下，与丹杨太守太史慈、吴郡豪强严白虎、丹杨郡豪强祖郎等敌视孙家的地方武装取得联络，准备共同围剿孙策。孙策得报之后，立即决定分兵两路，自己攻打丹杨郡的地方武装，另派舅舅吴景与吕范、徐逸等将领渡江北上，赶在陈瑀与袁术会师之前，对陈瑀发动进攻。

当时，陈瑀驻扎在广陵郡海西（今江苏灌南县南），以为孙策遭到太史慈等各路敌军的牵制，一定自顾不暇，无法渡江北上，所以未作防备。吴景趁机发动袭击，大败陈瑀，俘虏了包括陈瑀的妻子儿女在内的4000多人。陈瑀单骑逃走，不敢再去见袁术，他觉得天下终将是袁绍的，于是辗转来到冀州，得到袁绍的接纳，被安排到幽州的故安县（今河北保定市易县）当都尉。

吴景、吕范、徐逸奇袭陈瑀之时，孙策也在丹杨郡高奏凯歌。他首先打败了袁术的堂弟袁胤，随后又收服了曾经差点杀死自己的太史慈和祖郎。凯旋时，祖郎和太史慈担任前锋，沿途军民见了，都叹服孙策的气度。

虽然几次军事行动都很成功，但孙策却不得不放弃许县朝廷授予他的讨伐袁术的任务。通过巧妙的外交活动，袁术不费一兵一卒，就让原本要围攻自己的孙策和陈瑀自相残杀起来，化危机于无形。这期间，袁术一定曾派使者游说众"叛徒"，通过分析利弊使对方明白，大家是唇齿相依的关系，自己的毁灭对他们很不利。于是，不仅陈瑀倒向袁术一方，就连吕布都停止了对袁术的敌对行动。

与吕布、陈珪和解之后，袁术腾出手来，便派大将纪灵率 3 万军队攻打驻守在小沛的刘备。刘备不敌，无奈之下，派使者向吕布求救。吕布麾下诸将领都说："将军总想杀刘备，现在正好假手于袁术。"吕布答："不可。袁术若灭了刘备，其势力范围便扩张到了北方的泰山一带，与当地豪强臧霸等人相连。这样，我便在袁术的包围圈中，无法施展。所以，现在我不得不救刘备。"当时，泰山豪强臧霸等地方武装占有徐州北部的琅琊郡，对吕布在徐州的统治形成了重大威胁。吕布虽与袁术和解，但仍然担心对方施展诡计，拉拢臧霸等人围攻自己，所以怀着私心，率 1000 名步兵和 200 名骑兵前往小沛。

虽然吕布的兵力不足，但他的名气胜过千军万马。听说吕布已经在小沛西南一里处安营扎寨，纪灵大为吃惊，不敢动武。吕布便把刘备和纪灵都请到自己的军营里来会餐，他对纪灵说："玄德算是我吕布的弟弟，弟弟被各位围困，我不能不来救他。我生性不喜欢争斗，但是喜欢阻止争斗。"于是在营门中立起一支戟，对众人说："各位看我射这戟的小支，一发若中，各位就当撤兵；如果不中，各位可以留下来继续作战。"随即举起弓来，一箭正中小支，纪灵只好解围而去。

吕布"辕门射戟"的目的，在于维持华东各军阀之间的均势。只有各方能够保持和睦并互为掣肘的关系，才有利于实力不足的吕布巩固他在徐州的统治。但没过多久，吕布便亲手破坏了这来之不易的大好局面：他亲自率兵去攻打刘备，将后者赶出小沛。刘备走投无路，只好到许县去投靠曹操。

刘备逃走后，吕布还不解恨，召来被俘的刘备老部下、袁滂之子、袁绍的侄重孙袁涣，让他给自己写信骂刘备。刘备在担任豫州刺史期间，为了讨好袁绍，先后推荐了两位袁绍的亲戚为茂才，其一是袁绍的长子袁谭，其二就是袁涣。豫州是袁家的籍贯所在地，因此豫州刺史是唯一一个可以推荐袁家成员为孝廉、茂才的封疆大吏。袁涣念刘备的知遇之恩，拒绝了吕布的要求，并对他说：
"我听说，只有用自己的高尚品德才可以令别人蒙羞，没听说用辱骂可以令别
人蒙羞的。如果刘备是君子，就不会在乎将军骂他；如果他是小人，那必然要
回骂，这样将军反而受了侮辱。何况我以前侍奉刘将军，就像今日侍奉您一样。
一旦我哪天离开了此地，随后又为他人写信骂将军，合适吗？"吕布颇感惭愧。

　　不忍一时小忿，与刘备反目成仇，无疑是吕布的重大战略失误。刘备固然
常年徘徊在袁绍、曹操集团和袁术、公孙瓒集团之间，但吕布更加反复无常。
这样下去，他势必会成为各方势力共同嫌恶的对象。

　　袁绍集团与袁术集团在华东的角力，以及袁术集团的分裂和相互倾轧，直
接导致三国时期最重要的一个家族陷入深重的苦难，也给其成员带来了全新的
历史机遇，这就是荟萃了诸葛瑾、诸葛亮、诸葛诞等众多名人，被《世说新语·品
藻》称为"蜀得其龙，吴得其虎，魏得其狗"的诸葛家族。

　　诸葛家族祖籍徐州琅琊，是西汉司隶校尉诸葛丰的后裔。公元 2 世纪末，
诸葛玄出任扬州豫章郡的太守，但在建安二年（公元 197 年）被民众推翻。从
此，诸葛家族便各奔东西，诸葛玄的侄子诸葛瑾留在扬州，诸葛瑾之弟诸葛亮、
诸葛均与两位姐姐前往荆州，族弟诸葛诞则北上中原。

　　东汉时期的豫章是个大郡，相当于现在的整个江西省，战略位置重要，自
然资源丰富，是兵家必争之地。公元 2 世纪末的豫章郡位于袁绍集团与袁术集
团在长江流域角力的最前沿，政局变幻莫测。为了解开诸葛玄被推翻和诸葛家
族离散的奥秘，首先就必须搞明白：诸葛玄究竟属于袁绍集团，还是袁术集团？

　　据《三国志·诸葛亮传》记载，诸葛玄是被袁术委任为豫章太守的。这个
说法肯定不正确，因为袁术与马日磾于初平三年（公元 192 年）联名拜华歆为
豫章太守，此人直到建安三年（公元 198 年）一直坐在豫章太守的位子上，袁
术无须任命两位豫章太守。按《献帝春秋》记载，原豫章太守周术病逝以后，

刘表打算把自己的势力范围扩展到扬州，便拜老朋友诸葛玄为豫章太守，进驻南昌。刘表是袁绍集团的重要成员，因为断袁术军粮草，又杀死孙坚的原因，与袁术和孙策都有深仇大恨。因此，诸葛玄的豫章太守头衔得不到袁术的承认，也不会得到李傕、郭汜控制的长安朝廷的承认。很快，长安就向豫章郡派来了一位新太守朱皓，而袁术也派来了自己的豫章太守华歆。一个郡不能容三位太守，这便为诸葛玄的败亡埋下了祸根。

看来，《献帝春秋》的说法比较可信。按此书记载，朱皓向刘繇借兵攻打诸葛玄，占领南昌，诸葛玄逃入西城。建安二年（公元 197 年）正月，西城发生内乱，诸葛玄被杀，朱皓将他的首级送给刘繇。刘繇是袁绍的部下，也是刘表和曹操的同事及盟友，他在被孙策击败后，听从许劭的建议，撤至豫章郡以寻求刘表的援助。此时，袁绍在赵岐的调停下，已经与李傕、郭汜集团和解，于是命令刘繇与李傕、郭汜的部下朱皓合作，结果二人便联手攻杀刘表的部下诸葛玄，导致袁绍集团在长江流域的力量被削弱。

诸葛玄之死牵一发而动全身，扬州的袁绍部下就像多米诺骨牌一样，迅速随之崩溃。

刘繇在进入豫章郡之后，自己驻扎在彭泽，其部将笮融则挥师南下。这位笮融是中国第一位狂热的佛教徒，在为陶谦督运广陵、下邳和彭城三郡的物资时，挪用军粮大兴佛事，后来又发明了中国式的佛塔，广建寺庙，开窟造像，奠定了中国佛教艺术的基础。

不过，笮融虽然笃信佛教，但这并不妨碍他杀人，抢地盘。陶谦死后，他虽然投奔了刘繇，却总是擅自行动，很快引起了刘繇的军师许劭的注意，许劭劝刘繇提醒朱皓防备这位心狠手辣的佛教徒将军。后来，笮融果然攻杀朱皓，占据南昌。刘繇大怒，发兵攻打笮融，将其赶出南昌。不久，笮融被山越土著杀死，而刘繇和许劭入据南昌没多久，也相继染病身亡。袁术的部下华歆于是不费一兵一卒，就控制了整个豫章郡。

从结局来看，袁术才是豫章郡这一连串混乱的最大受益者，而刘繇、许劭、诸葛玄、朱皓、笮融等人则成了牺牲品。很明显，这些受害人全都中了袁术的反间计。正如吕布指出的那样，袁术集团行反间计的能力相当强，凡是与袁术为敌者，内部都不断地发生叛变，董卓、袁绍、曹操、吕布、刘备等势力如此，刘繇、刘表也如此。因为与李傕、郭汜集团和解，袁绍集团一时发生分歧，以华歆为首的袁术部下利用这一良机开展特务活动，诱使刘繇、朱皓、诸葛玄、笮融等袁绍部下自相残杀，从而达到自己坐收渔利的效果。

诸葛玄败亡之后，诸葛亮、诸葛均兄弟及两位姐姐无法在豫章郡立足，只得逃往荆州，投奔叔父的老上司刘表。当时，诸葛亮才16岁，尚未成年。在荆州，诸葛亮的大姐嫁给刘表军师蒯越的亲戚蒯棋为妻，二姐嫁给荆州名士庞德公之子、庞统的堂兄庞山民。[①]作为外来避难的侨居户，诸葛亮表面上隐居于襄阳卧龙岗（一度可能在刘表与曹操关系缓和时移居南阳，投奔张绣），"苟全性命于乱世，不求闻达于诸侯"，其实已经步入荆州的上流社会，并且密切地观察着全国的形势。诸葛瑾则留在扬州，大概落入了袁术集团的手中，因此，当孙策后来全面接管袁术集团时，诸葛瑾也就顺理成章地成了孙家的部下。

由于身处乱世，家族横遭惨祸，长期颠沛流离，诸葛亮失去了上太学的机会，也没有条件全面研读儒家经典，但却得以在"民间太学"里深造，了解各阶层民众的诉求。因此，诸葛亮的言行与传统的东汉士大夫非常不同。与贾谊、司马相如、司马迁、杨雄、张衡、马融、曹操等在汉朝为官的大学者相反，诸葛亮从未写过汉赋，他的文章一反汉代的华丽文风，极少引经据典，避而不谈

---

① 参见张澍《诸葛忠武侯文集·诸葛氏谱》。

三统、五行、图谶、阴阳玄虚等东汉的时髦理论。诸葛亮不信三统、五行终始理论，拒绝承认天命将改，是他支持汉朝统治的主要原因之一，也是他与魏、吴大臣的思想根本不同之处。

诸葛亮不仅不信三统、五行、图谶，也不是一个预言家，后世流传的诸葛亮预言未来的文献都被认定为伪作。《隆中对》属于局势分析和远景规划，《出师表》与《后出师表》体现的思想更是"尽人事以待天命"，没有任何"料敌如神"的成分。现存的诸葛亮文章篇篇平铺直叙，照实论理，简明易懂，偏重工作和生活细节问题，可谓是中国古代典型的务实文风的代表。自从三顾茅庐以后，诸葛亮的几乎每一次重大决策都借鉴了袁绍的历史经验，例如取益州、借荆州、杀刘封、贬李严、大力屯田、高度重视远程投掷武器等，后文将进一步分析。

建安二年（公元197年）年初，袁术通过分化和拉拢，成功地瓦解了多个对手的联合进攻，重新成为华东地区的头号军阀。但是，过于轻易的成功往往诱使人走向狂妄，袁术不顾孙策和刘备还在苟延残喘，便决定趁曹操刚刚被张绣击败之机，进军许县，争霸中原，完成迎接献帝的既定计划。当年八月，他便率军渡过淮河，向许县挺进。

在豫州东部，袁术的军队长驱直入，直到进入陈国境内，才迎来真正的抵抗。陈国是豫州仅次于汝南郡的第二大行政区，在全国的郡国中，人口排名第四，极为富强。陈王刘宠原本和袁术关系密切，袁术还为刘宠安排了自己的亲戚袁嗣担任国相。但在建安元年，曹操进军陈国，刘宠与袁嗣投降，由此离开了袁术阵营。孙策与袁术绝交以后，向许县朝廷举荐了会稽人骆俊，曹操很欣赏骆俊，安排他担任刘宠的新国相。刘宠善于弩射，和骆俊一武一文，把陈国治理得安定繁荣，深受百姓的拥戴。袁术西征，进入陈国境内后，向刘宠和骆俊索要粮草，遭到拒绝。袁术觉得刘宠和骆俊背叛了自己，便派曾经为陶谦截杀曹操父亲曹嵩和弟弟曹德的都尉张闿刺杀二人，趁乱占领了陈国。骆俊死后，袁术将他的遗孀改嫁给智取豫章郡的功臣华歆为妾，骆俊之子骆统及其姐姐则到会稽去投奔孙策。于是，骆家和诸葛家一样，因二袁的争斗而离散天涯。

杀死刘宠和骆俊之后，袁术军进抵蕲阳县（今河南周口市北），但一时无法攻取。袁术的部下何夔祖籍阳夏县，与蕲阳同属陈国，因此被袁术命令去劝降守军，但他拒绝了这一命令，然而袁术最终还是占领了蕲阳。此时，袁术的军队离许县已经不过 40 公里，汉献帝似乎触手可及。

从南阳败退回许县后，曹操内外交困。曹昂与曹安民之死，在曹家内部刮起了猛烈的风暴。曹昂是曹操的前妻刘夫人所生，刘夫人去世后，曹操便把曹昂交给继室丁夫人抚养。丁夫人无子，待曹昂如同亲生。曹昂的死讯传来，丁夫人痛哭流涕，不断责骂曹操。曹操大怒，将丁夫人赶回娘家，后来又亲自去劝丁夫人返回，丁夫人执意不肯，曹操只好放弃，让丁家人将丁夫人改嫁，丁家人不敢。从良倡家女卞氏原本是小妾，因为前后生育了曹丕、曹彰、曹植三兄弟，此时便被曹操升为正妻。

丁夫人之所以执意与曹操离婚，有内外两方面原因。在家庭内部，丁夫人与曹操结婚较早，年纪肯定较大，一直没有孩子，没有生育的希望，而小妾卞氏连生 3 个儿子，在那个"母以子贵"的年代，丁夫人所受压力可想而知。丁夫人维持地位的唯一希望是养子曹昂，而曹昂战死又毁灭了这一希望，丁夫人自然情绪崩溃。在官场社会上，曹操作为很早就在袁绍扶持下担任中级官员的人物，父亲又位为侯爵，联姻的对象地位不会很低微，丁夫人的家族很可能与劝曹操迎献帝的黄门侍郎丁冲有关。丁冲是董卓执政时期的尚书丁宫的亲戚，自己也因此效力于长安朝廷。按照曹操在《丁幼阳令》文中的说法，他与丁冲（丁幼阳）是同县老乡，很早就熟识，而且经常相互拜访，丁冲还多次在曹操家住宿，势必与丁夫人有往来，很像是亲戚。后来，丁冲突然"以忧恚得狂疾"，

"发作持兵刃"，险些伤害曹操，因此曹操不再让丁冲在自己家居住。《后汉书》《后汉纪》记载，曹操入洛阳以后，立即封丁冲为列侯，随后又拜为司隶校尉，地位远比同样劝曹操迎献帝的谋士董昭高得多，可见双方关系很不一般。但是，丁冲的情况却并未因此好转，据《魏略》记载，丁冲担任司隶校尉期间，经常与各位将领一起喝酒，"不能止，醉，烂肠死"。丁冲的仕途一直很顺利，在劝曹操去洛阳迎汉献帝时精神状态还十分正常，此后却突然"忧患"成疾，还险些持刀伤害曹操，甚至染上酗酒的毛病，可见其精神压力之大，或许患上了抑郁症。丁冲在帮助曹操迎献帝，本人封侯并担任司隶校尉的几年内，本该春风得意，却陷于巨大的忧虑之中，精神状态发生极不正常的剧烈变化，恐怕与曹操此时同丁夫人离婚有关。此外，曹操此时开始与袁绍交恶，将中国拖入更深的内乱泥潭，或许也对身为司隶校尉，负责洛阳周边防务的丁冲造成了巨大的心理压力。既然丁夫人与丁家有关，丁家原是董卓党羽，曹操追随袁绍讨董卓以来，丁夫人在曹家的处境可能一直不太妙。当袁术宣称曹操可能已死的时候，在曹家做主的居然不是丁夫人，而是小妾卞氏，这就很容易理解了。董卓死后，曹操在丁冲的建议下成功迎献帝，使曹丁两家的关系有所缓和，但在曹昂死后，丁夫人就成了一个多余的累赘，离婚给卞氏让位，也许是丁夫人最好的选择。

不仅家庭生活动荡，随着攻打南阳的失败，曹操在许县建立的临时政权丧失了通往华南的贸易通路，屯田又一时没有收成，只能在经济危机的泥潭里越陷越深。眼见袁术军正在逼近，军费却没有来源，为了解决财政问题，无奈之下，曹操竟向董卓学习，开始公然刨坟掘墓。按照陈琳在《为袁绍檄豫州文》中的说法，曹操设立了发丘中郎将、摸金校尉两个军职，专门负责刨坟掘墓，掠夺随葬品。西汉前期梁国的统治者梁孝王刘武是汉景帝的亲弟弟，曾经在平定吴楚七国之乱的过程中立下大功，又是窦太后最喜爱的儿子，经常得到朝廷的赏赐，加之封地广阔肥沃，非常富有，死后葬于砀县（今安徽砀山县南）。梁国当时在曹操的控制下，按《曹瞒传》记载，曹操亲自率军入砀县，挖掘梁孝王陵，砍开梁孝王的棺材，取其随葬品，抢得数万斤金宝，献帝听说之后，痛哭流涕。[1]这与陈琳的记载完全一致。南北朝时，宋前废帝刘子业仿效曹操，于永光元年（公元465年）拜皇叔建安王刘休仁为发丘中郎将，并拜另一位皇叔山阳王刘休祐为摸金校尉[2]，也算是曹操曾经干过这种事的旁证。

有趣的是，当时不仅曹操，袁绍也一直放任部下刨坟掘墓。骑都尉崔琰见袁军所到之处，遍地横陈着从古墓中刨出的白骨，实在看不下去，便向袁绍请求掩埋它们。可见，曹操刨坟掘墓之举很可能是受袁绍行为的启发，甚至就是袁绍指使的。先秦和秦汉时期的中国人都提倡厚葬，而魏晋君主却全部提倡薄葬[3]，根本原因就在于他们看到董卓、袁绍、曹操等人刨坟掘墓的暴行，有了"自古无有不亡之国，不掘之墓，故圣王知厚葬之招害也，故不为之"[4]的前车之鉴。袁绍的军师卢植死前，也严禁子孙为自己厚葬。

通过刨坟掘墓，曹操迅速攫取了大量军费，很快集结起一支可观的军队，带领他们迎战即将兵临许县城下的袁术。袁术根据此前的情报，本以为曹操已经在经济上破产，食不果腹，无力出城野战，现在见曹操主动出战，而且兵势很盛，袁术措手不及，慌忙向淮河撤退，留张勋、桥蕤、李丰、梁纲、乐就等五将守蕲阳。曹操攻陷蕲阳城，又向东一路追到苦县（今河南鹿邑），杀死桥蕤、李丰、梁纲、乐就，袁术与张勋逃回寿春。

听说曹操战胜了袁术，孙策便派正议校尉张纮到许县进贡并道贺。曹操

① 参见惠栋《后汉书补注·袁绍刘表列传注》引《曹瞒传》。
② 参见《南史·宋本纪》。
③ 参见《宋书·礼志》。
④ 语出《晋书·刘曜载记》。

非常高兴，为加强与孙策的联系，便把已故弟弟曹德的女儿嫁给孙策的弟弟孙匡，又为三子曹彰娶了孙策堂兄孙贲的女儿，曹家由此与孙家结为姻亲。同时，曹操又拜孙权为奉义校尉、孙翊为司空掾、张纮为侍御史、王朗为谏议大夫参司空军事。按照朝廷的规矩，这几位新人官员都应到许县上班，但孙策出于私心，只派王朗去许县，果然不出孙策所料，王朗去许县后便被曹操留下，一去不返。

建安二年（公元197年），曹操以汉献帝的名义大张旗鼓地广揽四方人才，不仅限于孙翊、张纮和王朗三人。为曹操选拔人才的主要负责人是此时已经升任尚书令的荀彧。

在迁都许县之后，荀彧立即派人到长安，迎来叔父荀爽及好友何颙的遗体，将其葬在自己的故乡颍阴县。荀爽晚年曾参与王允、何颙刺杀董卓的密谋，但在事发前突然去世。看着荀爽、何颙与韩馥的凄凉结局，再加上袁绍要求曹操迁都鄄城，杀汉献帝，另立皇帝，荀彧此时已经彻底认清了袁绍冷血的本性，一心要辅佐曹操与袁绍对抗。

为了能够与人多势众的袁绍对抗，荀彧必须为曹操招揽许多人才。他第一个想到的，便是自己的侄子，曾与何颙共同刺杀董卓，并在失败后一起下狱的荀攸。此时，荀攸正在荆州刘表处，曹操听从荀彧的推荐，拜荀攸为尚书，成为荀彧的副手。同样在建安二年（公元197年）离开荆州，北上许县来投奔曹操的，还有毛玠、杜畿、杜袭、赵俨、繁钦等人，都被委以重任。只有祢衡恃才傲物，得罪了朝廷里的大部分官员，被曹操退还给刘表。刘表能容忍这么多人才离开自己，去投奔曹操，说明他当时与曹操的关系已经明显改善，这很可能是他们共同的领导袁绍的意思，因为袁绍当时正一门心思在幽州围攻公孙瓒，需要一个安定的南方，并未想到曹操将与自己决裂。

建安二年（公元197年），曹操麾下的外地幕僚迅速增加，其来源不只是刘表的荆州和孙策的扬州，还有袁绍的冀州！

平定了臧洪之后，除了公孙瓒死守的易京周围和张燕活动的并州北部山区之外，中国北方的冀、幽、并、青四州已经完全落入了袁绍之手。连续的征战使得袁绍及其部下身心疲惫，大量的人员和资源损失也迫使他休养生息，收揽人才。

袁绍最先想到要收揽的人才，是当时正在青州避难的大儒郑玄。袁谭在打败孔融和田楷，征服青州之后，亲自邀请郑玄去见袁绍，郑玄于是来到邺城。袁绍闻报，设下酒席为郑玄接风。袁绍的部下大多以为郑玄不过是个书呆子，缺乏社会实践经验。不想郑玄酒量惊人，口若悬河，博古通今，言辞锋利，无人能敌，满座惊叹。军谋校尉应劭深感佩服，于是向郑玄自荐为弟子。袁绍于是推荐郑玄为茂才，表为左中郎将，又让曹操拜郑玄为大司农，安排马车，请他到许县朝廷去上任。但郑玄不愿意和曹操共事，不久即称病回青州家中养老。

郑玄不愿意留在许县，给曹操带来了不少麻烦。朝廷迁都许县之后，百废待兴。但经过董卓和李傕、郭汜之乱，原宫中藏书几乎全部被焚毁，蔡邕等博学的官员也大都丧了命，导致很多朝廷礼仪典章难以制订。曹操、荀彧和孔融等人学力有限，只好向袁绍求助。袁绍本来派郑玄去许县主持恢复朝廷礼仪典章的工作，郑玄抵达许县以后，被任命为大司农，但没多久就辞职了，袁绍只得退而求其次，将这一重大工作交给郑玄的新弟子应劭。对于曹操之父曹嵩和曹操之弟曹德在泰山被陶谦袭杀一事，当时担任泰山太守的应劭负有玩忽职守之责，他为了避免被曹操惩罚，弃官投奔袁绍。但如今朝廷实在缺乏学者，迫于袁绍的命令，曹操和应劭这对冤家也只能捐弃前嫌。

早在献帝君臣刚刚抵达许县后不久，应劭便编纂了一部礼仪典章集，包括《律本章句》《尚书旧事》《廷尉板令》《决事比例》《春秋折狱》等280篇，通称《汉仪》，上奏朝廷。在重建法典的过程中，大司农郑玄、大鸿胪陈纪等名儒都赞成乱世用重典，恢复肉刑，但在孔融的反对下作罢。[①]由此可知，郑玄之所以离开许县，可能就是因为与孔融等人不和，才负气辞职回青州的。

完成《汉仪》之后，应劭又连续撰写了《汉官礼仪故事》（简称《汉官仪》或《汉官》）、《风俗通义》《中汉辑序》《汉书集解》等136篇著作，目的都在于帮助许县朝廷尽快重建汉朝固有的礼仪典章制度。应劭还收集东汉名臣事迹，撰写了一部《状人纪》，成为后来蜀汉大臣杨戏创作《季汉辅臣赞》的蓝本。由于工作繁重，应劭积劳成疾，于建安五年（公元200年）之前在邺城病逝。汉代的文化、政治、法律制度能够流传于后世，应劭可谓是头号功臣。

立法者应劭晚年的奇特经历，证明献帝迁都许县之后，袁绍和曹操的友好关系仍然维持了很长一段时间。在此期间，袁绍不断派遣官员前往许县，协助曹操重建东汉朝廷的工作。

被袁绍派往许县的官员中，不仅有郑玄和应劭，还有曹操后来的首席军师郭嘉。郭嘉是颍川郡阳翟人，与袁绍的谋士郭图既是同姓，又是同乡。郭嘉本与郭图一同在袁绍麾下任职，曹操带献帝迁都许县之后，郭嘉南下前往许县。临行前，据说他在同乡郭图、辛评面前批评袁绍说："袁公表面上仿效周公礼贤下士，但不通晓用人之道，自己喜好谋划，却不敢决断。你们想要和这种人一起平定天下，奠定霸王之业，难啊！"

《三国志·程郭董刘蒋刘传》里的这段郭嘉语录和多数批评袁绍"多谋寡断"的言论一样，显然是后世好事者编造的。袁绍以"外宽内忌"闻名，以往想要离开袁绍的人，除了吕布靠着武艺和运气侥幸逃生之外，全都惨死。郑玄、

---

① 参见《晋书·刑法志》。

434

应劭和郭嘉等书生的武艺与吕布不可同日而语，假若没有得到袁绍的同意，他们根本不可能安然离开河北。因为袁绍此时还视曹操为自己的忠实下属，他才会允许这些人前往曹操控制的许县。更何况，郭嘉的谈话对象郭图、辛评都在此后的袁、曹战争中被杀，死无对证，只剩下郭嘉的一面之词。

郑玄和应劭已被曹操委以重任，对于郭嘉的到来，曹操自然也非常欢迎，但起初只是让他到司徒赵温府内当幕僚。此时，荀彧和荀攸在尚书衙门里饱受繁重的公务所苦，程昱、董昭等谋士又在外地为官，曹操只能任命颍川本地人戏志才为军师，但后者很快就去世了。曹操苦于身边没有谋士，给荀彧写信问道："自从志才去世后，没有可以同我规划事情的得力助手了。汝南、颍川二郡自古多奇士，谁可以继承志才的位子呢？"

汝南和颍川二郡是豫州的两大郡，也是东汉教育最普及的两个郡，所以盛产谋士良吏。不过，受党人风气的影响，这两个郡的知识分子也按照地域拉帮结派，相互攻击。荀彧是颍川郡人，而袁绍是汝南郡人。所以，当曹操问汝南、颍川二郡奇士时，荀彧推荐了自己的颍川老乡郭嘉。事实上，荀彧从未向曹操推荐过汝南人，他推荐的所有人都来自颍川郡。曹操终生任用的汝南人，只有和洽与应劭的侄子应瑒等少数几名文吏而已。

奇怪的是，袁绍似乎有意促成"颍川帮"与曹操的合作关系，这在事后被证明是袁绍人生中的一大败笔。究其根本原因，一在于袁绍逼杀颍川士族领袖、冀州牧韩馥，导致大批颍川人离开袁绍，二在于袁绍终生信仰的五行终始理论。凡是袁绍派往曹操麾下的官员，如荀彧、郑玄、应劭、郭嘉、朱灵等人，他们的姓氏都出自周的姬姓，因而和周朝一样，属于火德，崇尚红色。袁绍将曹、荀、郑、应、郭、朱这些火德姓氏派往汉献帝身边，使得许县成为一片红色的海洋。袁绍深信，只有自己的土德才能取代汉朝的火德，而另一个火德无法取代汉朝的火德，即便强行取代，也属于"逆天"，不可能维持多久。因此，袁绍认为，把献帝交给火德大臣管辖比较安全，若是交给土德或水德大臣管辖，就有代汉自立，进而与自己争天下的可能。如果火德大臣们执意要帮助献帝兴复汉室，按照五行终始理论，在当今汉朝火德已衰的时代大背景下，他们也绝不可能战胜袁绍的土德。

火德与土德两大姓氏集团并非是后人的简单编造。火德家族都可以上溯到炎帝，土德家族则要上溯到黄帝。在华夏民族融合之初，为了公平起见，很可能规定族群的共同领袖要由炎帝的后裔和黄帝的后裔轮流担任。此种轮流担任总领袖的政治游戏规则称为"禅让"，也是三统、五行终始理论的一大源头。由于历史原因，颍川郡的居民以属于火德的炎帝后裔为主，汝南郡的居民则以属于土德的黄帝后裔为主。在以袁绍为代表的黄帝后裔看来，刘家代表的炎帝后裔已经占据了太长时间的皇位，早该禅位给自己了。难怪袁绍会对河北地区如此感兴趣——那里本是黄帝当年起兵伐蚩尤的根据地。

曹操与郭嘉这两位火德成员一见如故，曹操表郭嘉为司空军祭酒。按照《傅子》记载，曹操对郭嘉说："本初拥有冀、青、并三州之众，仗着自己地广兵强，经常有不恰当的言行。我想要讨伐他，但实力不敌，怎么办？"

郭嘉回答：

"当年楚汉相争时，汉高祖力弱，但善于用智，因而取胜；项羽虽强，最终还是失败。我分析，袁绍有十败，明公有十胜，袁绍虽然兵强，也不可能战胜明公。

"第一，袁绍拘泥于礼仪，明公顺应自然，这叫道胜；

"第二，袁绍为凶逆，明公奉天子，这叫义胜；

"第三，汉末政令过宽，袁绍以宽济宽，所以无法平定乱世，而明公政令严猛，这叫治胜；

"第四，袁绍外宽内忌，用人多疑，任人唯亲，而明公外简内明，用人不疑，任人唯才，这叫度胜；

"第五，袁绍多谋少决，办事迟缓，而明公果于决断，应变无穷，这叫谋胜；

"第六，袁绍凭借家族累世积攒的资源，沽名钓誉，投奔他的人多半能说会道，却没有真才实学，而明公推诚待人，不为虚美，行为恭俭，重赏功臣，忠正有远见且有真才实学的人都乐意投奔您，这叫德胜；

"第七，袁绍见人饥寒，脸上立即表现出怜悯的神色，但他不曾亲眼见到的问题就不去解决，这是所谓的妇人之仁，而明公疏于小事而敢断大事，思虑精当，这叫仁胜；

"第八，袁绍的大臣相互争权，谗言不止，而明公用正道教育部下，没有谗言和内耗，这叫明胜；

"第九，袁绍不懂是非，明公赏罚严明，这是文胜；

"第十，袁绍喜好摆排场，不懂得军事的要领，而明公多次以少胜多，用兵如神，军人佩服，敌人畏惧，这是武胜。"

曹操听后，大笑道："如卿所言，孤何德以堪之也！"

《傅子》记载的这段郭嘉语录，历来被当作袁绍不如曹操的主要证据。但郭嘉的这段言论与《三国志·荀彧荀攸贾诩传》中荀彧对曹操说的话几乎一模一样，只是把"四胜"扩展为"十胜"而已。荀彧与郭嘉是同乡，思路可能近似，但居然连很多字句也没有区别，恐怕不免有抄袭之嫌。

无论"四胜"还是"十胜"，对袁绍的批评都没说到点子上，对曹操的吹捧则过于夸张。反复强调袁绍"政令过宽"，实际上袁绍的统治既苛刻又暴虐；说袁绍"外宽内忌"，曹操也不遑多让；说曹操用兵如神，显然没有咨询徐荣、吕布、张绣等人的意见；说袁绍不懂军事，可是袁绍至今百战百胜，而且多次以少胜多；说曹操部下都有真才实学，为何连朝廷典章都编纂不出来，而要向袁绍求助；说袁绍用人唯亲，其实曹操有过之而无不及，他大量起用曹姓和夏侯姓亲属，因为这些人忠诚度更高，而且袁绍早期用的淳于琼、沮授、审配、麹义、田丰、逄纪、郭图、荀谌、臧洪、许攸等人与袁绍都没有什么亲戚关系，直到几个儿子成年以后才逐渐倾向于用人唯亲；说曹操部下没有谗言和内耗，又不知张邈、张超、陈宫等人为何会迎吕布到兖州来；说袁绍不懂是非，那么曹操为何还长年追随袁绍……思之令人捧腹。

《三国志》与《傅子》都成书于晋初，前者盛赞荀彧，后者盛赞郭嘉，两书作者的好恶显然不同。《傅子》也是最卖力贬低袁绍的一部史书，这本书的作者是西晋司隶校尉傅玄，此人是曹操的参军傅干之子，而傅干是曹操的死党。傅干终生做过的最大一件事，就是当后来袁军南下攻河东，曹军不能抵挡之时，劝马腾弃袁投曹，从而扭转了战局。因此，傅玄在《傅子》书中竭力贬低袁绍，颂扬曹操，就不难理解了。《傅子》全书无一字批评曹操，还肉麻地吹捧郭嘉和刘晔这两个连曹魏大臣都普遍厌恶的官员，实在令人难以恭维。

虽然如此，《傅子》毕竟也保存了一些正确的史料。据该书记载，刘备被吕布赶出小沛，来许县投奔曹操后，曹操拜他为豫州牧，拨给他一支军队，让他重新回小沛反击吕布。郭嘉便对曹操说："刘备有雄才，甚得百姓欢心，张飞、关羽都是力敌万人的猛将，为刘备效死卖命。在我看来，刘备不会长久屈居人下，此人难以估量啊。古人说：'一日纵敌，数世之患。'您应该早点解决他。"当时，曹操正要招揽英雄，没有听从郭嘉的建议。《三国志·程郭董刘蒋刘传》虽未正面说此事，但记载了其后发生的一件事，可为佐证。曹操后来派刘备去攻打袁术时，程昱与郭嘉对曹操说："明公以前不杀刘备，我们确实没有那样的远见。但您现在借给他兵马，此人必有异心。"可见，程昱与郭嘉曾劝曹操杀刘备，《傅子》的有关记载可信度比较高。至于《魏书》所载当有人提议要杀刘备时郭嘉却表示反对，可信度便要低得多了。

建安二年（公元197年），不仅袁绍依然在用人力、物力支持曹操的工作，曹操也给予袁绍家族以崇高的地位。继派孔融拜袁绍为大将军、加九锡之后，曹操又将已然控制着青州但官方头衔还只是都督的袁谭正式拜为青州刺史。袁绍也投桃报李，表曹操的堂弟曹仁为幽州广阳郡的太守。但曹操担心曹仁一去便难以返回，阻止后者去幽州就任。

　　此时的曹操，虽然已决心与袁绍决裂，但在表面上仍然要巴结袁绍，而不是与他对抗。毕竟，曹操现在的实力还远不敌袁绍，而且此时还另有亟须他消灭的敌手。

白门缚虎——袁绍与曹操
消灭吕布（公元198年）

　　重建了汉朝的礼仪典章之后，曹操怀着为子侄报仇雪恨的决心，开始再次讨伐张绣，攻陷宛、湖阳（今河南新野县东）、舞阴（今河南泌阳县北）等城，占领了大部分南阳郡，而后返回许县过年。这次战役，很可能导致刚刚移居南阳的诸葛亮一家重新逃回襄阳卧龙岗。

　　当年（建安二年）年底，投靠吕布的韩暹、杨奉陷入粮荒，吕布没有袁术的经济支持，不能提供救济粮。韩杨二人见自己无法在徐州继续立足，听说刘表军粮充足，便要求去荆州，吕布不肯答应。杨奉知道刘备与吕布有仇，便派使者到小沛，邀刘备来徐州袭击吕布。刘备表面上同意，请杨奉到小沛会谈，却在酒宴上将其斩首，兼并了他的部下。韩暹闻讯，打算逃回并州山区，在半路上又被刘备的部下张宣杀死。建安三年（公元198年）年初，段煨等关中诸将奉献帝的命令，攻打李傕、郭汜，斩杀李傕全家，郭汜也被部下伍习杀死。就这样，显赫一时的董卓凉州旧部，就因为持续不断的经济危机，在内讧中自我毁灭了，只剩下荆州北部的张绣和贾诩依靠刘表的经济援助，还在苦苦支撑。

　　三月，曹操力排众议，再次进攻荆州，将张绣和贾诩包围在穰县（今河南邓州内城东南隅）。不久，刘表派来援军，曹操也率军撤退。张绣以为曹操害怕遭到夹击，要亲自率骑兵追赶，贾诩苦劝无果。五月，曹军抵达安众①，发

_____

　　① 一说安众位于今河南镇平东南；二说安众城故址位于卧龙区青华镇杨官寺村南；三说为三国安众之战的古战场，位于今邓州境内。

现此城已被刘表军占据，而张绣又从后方追来，众人都很害怕。曹操却给荀彧写信说："我一定会在安众城下战胜张绣。"于是在夜间凿地道撤退。天明，张绣看见地道，认为曹操已经溃逃，便顺着地道追过去，结果被曹操安排的伏兵打得大败。荀彧闻报大喜，问曹操为何知道自己能破张绣，曹操回答："敌人竟然把我正在撤退的部队逼入死地，我就知道必将战无不胜了。"

张绣败退回穰县后，贾诩对张绣说："将军再去追，必胜无疑。"张绣于是重新追击，果然大胜，回来后问贾诩先败后胜的原因，贾诩说："曹操撤退时，担心遭到追击，一定亲自率精兵断后。我军将士不如对方，所以必败。曹操现在尚有余力，不继续进攻，而是迅速撤退，一定是因为后方出了问题。他在战胜将军之后，以为没有了追兵，一定带主力向许县快速前进，留部将断后。那些人都不是您的对手，所以您再次追赶，定能取胜。"

曹操迅速向许县撤退，确实如贾诩所说，是因为其后方出了问题。曹操屡次亲自率兵攻打张绣，许县自然空虚。田丰于是建议袁绍说："我们让曹操迁都鄄城，他却置若罔闻。这样，我们就应该早点向许县进军，亲自奉迎天子，以皇帝的诏书号令海内。否则的话，我们必将被打败，到时候后悔也没有用了。"此时袁绍军中出了叛徒（很可能就是"颍川四人帮"的成员部下），秘密报告曹操说："田丰让袁绍立即袭击许县，如果他们挟天子以令诸侯，四海可指麾而定。"曹操赶紧撤兵，这才阻止了袁绍南下的计划。从此时起，曹操终于下定决心和袁绍对抗，双方的直接冲突很快就会爆发。

不过，回到许县之后，曹操首先要对付的敌人，并不是北方的袁绍，而是东方的吕布和袁术。

听说刘备重新占领了小沛，并且杀死了韩暹、杨奉，吕布十分惊恐，便又与袁术结盟，然后派中郎将高顺和北地太守张辽攻打刘备。曹操听说刘备被高顺、张辽包围，便派夏侯惇去救，结果被打得大败。九月，高顺军攻陷小沛，擒获刘备的家属，刘备、关羽、张飞杀出重围，逃到许县。郭嘉便建议曹操：
"袁绍正要北伐公孙瓒，我们可趁他远征，东取吕布。若不先取吕布，将来袁
绍南下，得到吕布的援助，为害必大。"曹操也认为应当首先消灭吕布，但诸
将都认为刘表、张绣近在南阳，若远袭吕布，刘表、张绣必然要袭击许县，劫
夺献帝。荀攸反对说："刘表、张绣刚刚被击败，肯定不敢来。吕布骁猛善战，
又与袁术结盟，淮河、泗水一带的豪杰不断倒向他。现在趁他刚刚叛离我方，
部下尚未完全统一，还可以战胜他。现在不去打，以后就难以战胜了。"

　　曹操采纳了郭嘉、荀攸的意见，立即率军从许县出发，在梁国与刘备等人
会合，然后向东挺进。九月底，曹操军抵达彭城西郊。此时，徐州和兖州的臧
霸、昌豨等豪强都带领地方武装投奔吕布，吕布兵力大增，便信心十足地西进
迎战曹操，两军隔泗水对垒。陈宫建议吕布说："趁曹军新至疲惫，我军可渡
河进攻，以逸击劳，必然取胜。"吕布说："不如等对方首先发动进攻，趁其
部队半渡，放马队将其踩死在泗水里。"十月，广陵太守陈登突然率部叛离吕
布，投奔曹操。曹军趁机渡过泗水，一举占领彭城，然后长驱直入，逼近下邳。
吕布多次组织抵抗，却接连失利，部将侯谐、成廉等均被俘虏，张辽见大势已
去，也率部投降了曹操，吕布只得退守下邳城。

　　曹操见吕布屡战屡败，士气低落，便给吕布写信劝降。吕布准备投降，陈
宫却反对说："曹操远来，势不能久围此城。将军可以率领野战军出城挑战，
我率余部守城。曹操如果向将军进攻，我就与将军夹击他；如果他来攻城，那
么将军就袭击他的大本营。这样拉锯十几天，曹军的粮食就会耗尽，必能击破。"
吕布打算留陈宫与高顺守城，自己率骑兵出城去断曹军的粮道。

　　这时，吕布的妻子反对说："陈宫、高顺素来不和（大概是因为陈宫参与
过郝萌叛乱，被高顺镇压），如果将军出城，这二人必定不会同心防守。如果
下邳城因而失守，将军又能到哪里去发展呢？曹操当年对待陈宫如亲生儿子一

样，陈宫依然背叛了他。将军给陈宫的待遇没有超过他从曹操那里得到的，却想把整个城和家属都交给他照料，自己孤军远出。一旦生变，我还能够继续做将军的妻子吗？"吕布便取消了这个计划。

吕布之妻不信任陈宫，确实有其道理。但吕布也可以与陈宫守城，而派高顺等将领出城去断曹军的粮道，这样就安全了。实际上，自从郝萌、陈登等人叛变之后，吕布就对自己的部将丧失了信任，怀疑对象并不只是陈宫与高顺。一次，部将侯成夺回良马，军官们举办宴席庆贺，并向吕布孝敬一些猪肉和酒，正逢吕布下达禁酒令，吕布因此勃然大怒，以为部将故意违令，双方闹得很不愉快。吕布的私生活作风也是个重要原因：吕布祖籍并州五原郡，与南匈奴保留地为邻，颇受匈奴习俗影响，生性风流，不仅曾与董卓的侍婢私通，而且连部属的妻妾也都不放过。受害者虽然隐忍未发，但吕布难免做贼心虚，不敢对部将委以重任。

无奈之中，吕布只好派使者去向袁术求救，对后者说："我今日被消灭，您明日也难以自保。"袁术同意救吕布，但要求吕布先把女儿送过去，以示诚意，然后才发兵。吕布于是亲自背着女儿，趁夜突围（他现在怎么又放心留陈宫与高顺守城了），但未成功，只好再派使者秦宜禄去袁术处说明情况。袁术于是派了千余名骑兵去救下邳，但很快被曹军击退。

为吕布遥相声援的，不仅袁术一人，还有吕布的并州老乡——驻军河内的大司马张杨。张杨本来准备围魏救赵，渡过黄河威胁许县，迫使曹操从徐州撤退。但导致董卓凉州旧部毁灭的经济危机也蔓延到了河内，当年十一月，张杨被其部将杨丑杀死，原黑山军将领眭固很快又杀了杨丑，率部向袁绍投降。于是，袁绍不费一兵一卒，便把多年无法攻占的河内郡纳入了自己的统治范围，同时也为围攻吕布的曹操解了后顾之忧。这可以算是袁绍对曹操的最后一次援助。

张杨集团发生内讧的同时，荀攸、郭嘉向曹操献计，引沂水和泗水灌下邳城。到了十二月，吕布见仍然没有援军来救自己，十分绝望，便决定投降，但遭到陈宫的阻止。几天之后，侯成、宋宪、魏续等将领发动兵变，抓住陈宫、高顺，开城投降。吕布登上白门城楼，见四面都是曹军，便命令部下将自己斩首，但部下不忍。吕布只好自己走下城楼，束手就缚。

在围攻下邳的过程中，还有一段插曲。《献帝传》《华阳国志》和《魏氏春秋》都记载，当吕布派秦宜禄去向袁术求救时，刘备部将关羽多次请求曹操，希望在攻占下邳后，能够娶秦宜禄的妻子杜氏，曹操应允。后来，关羽又多次向曹操提及此事。曹操见关羽如此眷念杜氏，怀疑这个女人是国色天香。入城后，曹操先去秦宜禄府，见杜氏果然美若天仙，于是自己娶了她为妾，并认其子秦朗为养子（后来，杜氏为曹操生下曹林、曹衮二子）。关羽大怒，深恨曹操，后来在打猎时企图杀死曹操，但被当时正对曹操感恩戴德的刘备劝阻。袁术听说曹操夺走了杜氏，便把一个汉朝宗室的女贵族嫁给秦宜禄作续弦。杜氏的命运与曹操先前收纳的何进儿媳尹氏一样，尹氏之子何晏作为曹操的养子，与杜氏之子秦朗后来都备极荣华。

见到曹操后，吕布说："从今以后，天下就要太平了。明公的对手不过吕布而已，现在已经降服了。如果让吕布率领骑兵，明公率领步兵，天下可以很容易平定。"又对刘备说："玄德，卿为座上客，我为降虏，绳索捆得我这样紧，你就不能替我说句话？"曹操笑道："捆老虎，不得不紧。"命人给吕布松绑。刘备说："不可！明公不见吕布是如何侍奉丁建阳与董太师的吗？"吕布恼怒，喊道："大耳儿（刘备），最无信用！"曹操又笑道："何不直接对我说，而向使君求助呢？"便打算宽恕吕布。曹操的主簿王必反对说："吕布是勇猛的敌人，他的部下近在营外，放了他容易生事端，不可。"曹操对王必言听计从，见他也反对赦免吕布，便对吕布说："我本来打算饶了你，主簿却不同意，怎么办？"于是将吕布、陈宫、高顺都绞死，斩下首级，悬挂在许县的市场上。唯一一个能从袁绍手心里逃脱的人，就这样死在曹操的绞索下。

吕布为什么必须死？

作为当事人的吕布，在被俘后的表现并不愚蠢。如果他是个蠢材，肯定无法在那个乱世活这么久。吕布所说的"从今以后，天下就要太平了。明公的对手不过吕布而已，现在已经降服了。如果让吕布率领骑兵，明公率领步兵，天下可以很容易平定"，针对的主要就是袁绍和袁术兄弟。吕布显然知道，袁绍与曹操的关系近期已经恶化，他有能力帮助曹操对抗自己的死对头袁绍；袁术更是曹操的宿敌，可以共同讨伐；孙策与吕布的关系则一向很好，可以招抚。就此而言，曹操完全可能饶恕吕布。但是，这里面有个死结：如果吕布真心想投降曹操，他早干什么去了？像张辽那样主动投降，和像吕布这样被俘之后求降，两种性质完全不同。更何况，此时的许县朝廷依然是以袁绍为最高领导人的，曹操作为司空兼兖州牧，只不过是袁绍的下属而已。与吕布劝曹操宽恕自己并共同对付袁绍的言论，后来又出现过多次，如姜维劝钟会、王衍劝石勒、李秀成劝曾国藩等，成功率为零。我们可以从中归纳出一个模式，即甲派乙去攻打死敌丙，乙俘虏了丙，丙为求活命，劝乙饶恕自己，并且提议双方合作攻打甲。甲既然能派乙去攻打丙，说明甲的势力比乙强，而且甲和乙的信任度较高。丙既然抵抗过乙，战败才被俘，说明丙本来无意投降，只是为了保命才求饶，对乙的忠诚度值得怀疑。经过这一战，乙和丙的实力都有很大损耗，即便联合，也未必是未曾直接参战的甲的对手。更何况，乙作为甲的部下，其手下未必都会心悦诚服地帮助乙攻打甲。所以，吕布这一求降模式，是个聪明人在绝境中提出的傻主意，由于逻辑不自洽，基本上没有实现的可能。

处死吕布似乎并不是曹操在他人的劝说下临时起意，因为不仅吕布被处死，陈宫、高顺也都被处死，侯成、宋宪、魏续等将领虽然生擒陈宫、高顺投降，却从此在历史记载中消失，多半没有好下场。在吕布集团内，只有最先率部投降的陈登和张辽得到曹操的任用。曹操何以对吕布集团如此心狠手辣？

在所有这些被杀人员中，曹操最恨的应该是陈宫，因为曹操在兖州对陈宫像亲儿子一样好，陈宫却趁曹操东征徐州之际，勾结张邈、张超，迎吕布入兖州，差点要了曹操的命。即便如此，曹操仍然不舍得杀陈宫，临刑前向陈宫谈及母子、儿女之情。吕布、侯成、宋宪、魏续等人已经主动投降，为何还难逃一死？

将吕布集团的众多人才全部杀光，似乎并不符合曹操的利益。如果说这是刘备为削弱曹操而出的馊主意，那么王必为何也坚持杀吕布？如果依王必所说，担心吕布获释后发动兵变，可是吕布投降时已经筋疲力尽，部下数量不多，又遭到长期水攻，很难想象还能有精力发动兵变。即便为了安全起见，非要杀吕布，那再杀掉吕布部下的那些人才岂不可惜？曹操此时身边谋臣很多，为何都不劝说曹操刀下留人呢？

看来，曹操背后还有一股强大的力量，在迫使曹操对吕布集团赶尽杀绝。

从以往的历史经验看，凡是涉及曹操中青年时期的难解之谜，基本上都与袁绍有关。这次杀吕布等人，会不会也是如此呢？

的确，如果以袁绍为中心来观察曹操讨吕布事件，这些难题就都能迎刃而解了。

前文分析过，张邈、张超、陈宫迎吕布入兖州，主要针对的并不是曹操，而是他的后台老板袁绍，因为袁绍长期不升迁为他立下大功的张邈、张超，还将很多杀戮名士的肮脏工作交给他们去做，败坏了他们的名声。袁绍是非常记仇的，从不饶恕叛徒，所以后来曹操将与自己关系本来非常好的张邈、张超全家都杀光，与这次杀吕布集团如出一辙。

吕布与袁绍的关系就更敌对了。前文分析过，袁绍屠杀宦官以后，本来应当顺理成章地夺取汉朝最高政权，晋升大将军或三公，但由于吕布刺杀执金吾丁原，

446

率领并州军和一部分禁卫军投靠董卓，导致董卓势力骤然增长，反而将袁绍逼出洛阳，导致内战爆发，袁绍从此将吕布视为不共戴天的死敌。后来，吕布与袁绍的老助手王允合作刺杀董卓，却因为吕布指挥失误，导致董卓旧部攻陷长安，杀害王允等人，再次坏了袁绍的大事。吕布逃离洛阳以后，首先投奔袁绍的竞争对手袁术，这在袁绍看来，又是一大罪行。所以，当吕布投奔袁绍时，虽然立了一些功劳，袁绍却仍然要取他的性命。吕布遇刺之后，知道自己无法取得袁绍的谅解，只得重新投靠李傕、郭汜、袁术等以前有过节的敌对袁绍的势力，最终偷袭袁绍部下曹操的兖州，尔后又联合袁术驱逐刘备，夺取徐州。在袁绍看来，吕布恶贯满盈，甚至超过了董卓、袁术和公孙瓒，是他天底下第一痛恨之人。谁敢包庇吕布，就等于向袁绍宣战。此时的曹操虽然已经有与袁绍对抗的意向，却自知远没有与袁绍对抗的实力，甚至连张绣集团都打不下来。杀掉吕布一党，等于曹操为袁绍报了一大仇，有助于改善双方关系，虽然失去了一些人才，却给曹操积攒实力提供了时间和空间，显然是笔划算的交易。这就解释了曹操为什么一定要杀掉吕布，而且要杀掉陈宫、高顺、侯成、宋宪、魏续等人，甚至还得砍下他们的人头送回朝廷——只有这样，他才能对袁绍有所交代。别忘了，此时许县朝廷里的很多官员都是袁绍和刘表派过来的，曹操自己的部队里也有很多袁绍以往派来的援军，耳目众多，根本没有瞒天过海可能。

就这样，曹操为了讨好袁绍，像铲除张邈、张超家族一样，铲除了吕布、陈宫集团。在袁绍看来，罪大恶极的吕布终于得到了应有的惩罚，立功的曹操应当得到嘉奖。他因此暂时放弃了南下许县，将汉献帝转移到自己身边，再予以废黜，"可都鄄城，当有所立"的原有计划，而把主要精力用于对付北方的敌人去了。

吕布集团的覆灭，宣告华东政坛上的均势已被打破。臧霸等地方武装听说吕布已灭，也都臣服于曹操。于是，曹操与袁术这两个老对手在淮河边迎头相撞，最后的决战迫在眉睫。与此同时，暂时放弃南下计划的袁绍也在河北积极地扩张势力，并迎来了自己人生中的巅峰岁月。

鬼神之攻——袁绍消灭麴义、公孙瓒与袁术败亡（公元 198~199 年）

　　建安二年（公元 197 年）年底，袁绍在镇压了臧洪叛变之后，不仅通过曹操控制了汉朝中央政府，成为地位仅次于皇帝的大将军并加九锡，而且也征服了冀、并、青、幽、兖、豫六州的大部分。只有公孙瓒还在冀州北部的易京负隅顽抗，张燕还在并州山区内活动。这样一来，袁绍的势力便伸展到长城脚下，不可避免地要与桀骜不驯的塞外游牧民族直接来往。如何处理好与鲜卑、乌丸的关系，便构成了袁绍在建安二年（公元 197 年）到建安三年（公元 198 年）间考虑的政策重点。

　　从袁绍的高祖父袁安开始，袁家对待北方游牧民族的态度一直是以怀柔为主，袁绍也秉承这一传统，因而受到鲜卑、乌丸民族的普遍拥护。

　　公元 2 世纪 90 年代，鲜卑民族分裂为扶罗韩、步度根、轲比能三部。扶罗韩是步度根的兄长，二人都出自鲜卑的王族，轲比能则出身低微。但轲比能作战勇敢，清廉公正，因而在鲜卑人中更受欢迎。后来，轲比能袭杀扶罗韩，吞并了他的部下，又收服了一些乌丸人，由此与步度根形成东西对峙的局面。袁绍听说轲比能勇健开明，乐于学习汉文化，便派使者去拜访轲比能的部下，教他们书写汉字和冶炼金属的技术。步度根见轲比能部越来越强大，出于恐惧，也向袁绍示好。于是，东、西鲜卑都主动向袁绍臣服了。

　　与鲜卑人相比，乌丸人的内部分裂更加严重。公元 2 世纪末，经常在长城脚下活动的有四个乌丸部落，即辽西部、上谷部、辽东部和右北平部，各立一名"率众王"，也称"大人"（单于）。乌丸大人丘力居死后，其子楼班年少，由丘力居的侄子蹋顿摄政。蹋顿智勇兼备，征服了其余三部乌丸，奉楼班为乌丸单于，自称率众王。

袁绍在吕布的帮助下战胜张燕以后，乌丸人便开始支持袁绍。不久，刘虞旧部鲜于辅、阎柔等人组织鲜卑和乌丸军队帮助袁绍、刘和攻打公孙瓒，立下了许多功劳。建安元年（公元196年），臧洪叛变，公孙瓒又在易京击退了麹义与刘和的围攻，袁绍面临两线作战的窘境，蹋顿认为这是一个提高自己地位的好机会，于是派使者到冀州，请求与袁绍和亲。袁绍应允，把一个袁家的女儿嫁给蹋顿，后者便发兵助袁绍攻击公孙瓒，迫使他退守易京，不敢出击。袁绍灭了臧洪之后，返回冀州，论功行赏，用自己刚被献帝拜为使持节、大将军的权限，在建安二年（公元197年）派使者杨林正式拜蹋顿等乌丸三王并为单于，赐给他们安车、华盖、羽旄、黄屋、左纛等仪仗，承制颁诏说：

"使持节、大将军、督冀幽青并、领冀州牧、邟乡侯袁绍，承制诏命辽东属国率众王颁下、辽西率众王蹋顿、右北平率众王汗卢维：

"你们的祖先仰慕中华的美德，从遥远的地方迁到长城脚下，效忠于朝廷，向北抗击猃狁（匈奴族在周代的古名，比'匈奴'典雅，袁绍当时已经统治着南匈奴，不欲用匈奴的恶名），向东抵御秽貊（今朝鲜东北部民族，经常侵略辽东），世世代代镇守北方边境，保护大汉百姓。虽然偶尔也触犯王法，导致朝廷派将领前来讨伐，但总是很快就幡然悔悟。在所有外国的野蛮人之中，你们要算是最聪慧的了。

"以前，你们的领袖称为千夫长、百夫长，都能尽心尽责，为国效力，因此后来渐渐有被封王、侯等爵位的。近年来，我汉朝王室多灾，公孙瓒发动叛乱，不仅残害你们的人民，也不服从皇帝的圣旨，所以四海军民都拿起武器，保卫社稷。汝等三王对公孙瓒的行为感到愤怒，忧心国家的命运，举起弓箭，与汉军联合作战，表现得极为忠勇，朝廷非常欣赏。然而，像虎兕长蛇一般的恶人阻断道路，导致皇帝的诏命无法抵达你们的居住地区。

"有功不赏，就会让勤劳者懈怠。现在，我派谒者杨林加封汝等三王为单于，赐予相应的玺绶、车服，以彰显你们的功劳。你们应当继续安抚各自的部落，教育部下谨慎行动，不得放任他们作恶。你们的子孙将世袭单于之位，永远担任所有野蛮人的领袖。不要玩忽职守，自取祸乱！努力吧！乌丸单于蹋顿统辖所有部众，左、右单于（颁下、汗卢维）受他的节度，其余一切都照旧行事。"

袁绍安抚、收编鲜卑、乌丸、南匈奴、屠各等北方游牧民族，让他们成为自己的雇佣军和敢死队，在内战中冲锋陷阵，其实并非首创。早在楚汉相争时期，刘邦和项羽都曾雇用匈奴的楼烦部落为自己效命，因为刘项都来自江淮流域，当地不产良马，也缺乏优秀的骑兵。汉末时期，袁绍是唯一一个能够让所有塞北游牧民族心悦诚服的军阀，他后来在内战中的失败，给中国的北部边疆制造了巨大的隐患，其危害一直延续到宋朝。

收服了各个塞北游牧民族之后，袁绍在田丰的建议下，起初考虑南征，攻打拒绝迁都鄄城的曹操。但袁军若渡过黄河南下，公孙瓒就有可能袭击其空虚的后方。袁绍此时还想不出攻克易京堡垒群的办法，于是考虑与公孙瓒讲和，以便腾出手来对付曹操。建安三年（公元198年）年初，袁绍便主动给公孙瓒写了一封信，内容如下：

"孤与足下早就结为同盟，共同发誓讨伐乱臣贼子（董卓、韩馥等），相互间的感情比伯夷、叔齐还要深厚，盟约也写得清清楚楚，决心协力建立像齐桓公、晋文公那样的功勋。所以，孤解下自己的印绶，把最肥沃的一块地区送给你的部下（指袁绍夺冀州后，拜公孙瓒的堂弟公孙范为渤海太守），这难道不证明了孤对足下的真情吗？没想到足下放弃了烈士的高义，自寻祸乱的险途，恩将仇报，偷偷派遣军队，袭击孤的豫州。孤听说不仅您的士卒已经南下，连您本人也亲临前线，担心在飞矢迸流、狂刃横集的战场上，足下可能遭遇不测，增加孤的罪责，所以给足下写信，希望您能够改悔。但足下却不听劝阻，仗着自己的威名和诈术，以为可以吞并天下，扫灭群雄，不肯悔悟，结果令您尊贵的弟弟（公孙越）死于锋刃之下。

"孤的劝诫尚在耳边，足下却不肯自我反省，而是蛮横地发泄无穷的怒火，不顾逆顺，跃马控弦，侵入我的疆土，杀害生民，侮辱死者。孤实在没有办法，只好到界桥去和您较量。当时，足下的部队训练有素，骏马奔驰得像闪电一样快；而我部队大都是刚刚募集的新兵，未及训练，也缺乏装备。双方战斗力强弱悬殊，兵力又相差甚远。依靠上天的帮助，孤在小战中取得了重大胜利，于是长驱直入，把足下赶回家乡，这难道不是上天保佑我方的证据吗？可是足下仍然不肯服输，又纠集残兵败将，拉拢我方的叛徒，来洗劫渤海郡。孤还是没有办法，只能率军前往龙河，让老弱士卒在前挑战。没想到主力部队尚未渡河，足下就已经胆破，不待我方击响战鼓，将士便陷于混乱，君臣一同逃亡。这又是足下自取其辱，并不是孤的原因。自此以后，我们双方的嫌隙越来越深，孤的部下不胜其忿，导致尸体堆成京观（金字塔），砍下的头颅遍布原野，其中有多少无辜的死难者啊！每次看到这样的惨状，孤都不由得慨然流涕。

"后来，孤收到足下的书信，辞意很谦逊，说是希望和好。我既为重新得到一位好朋友而感到高兴，又哀怜百姓在战乱中受的疾苦，立即顺应足下的意思，率军南返。可是没过几天，北方边境就又接二连三地送来足下率军入侵的紧急报告。孤实在痛心疾首，无以言表！身为三军统帅，理当表现得怒如严霜，喜如时雨，光明正大，真心诚意，臧否好恶都能够令别人理解。可是足下朝令夕改，形势不利就屈膝求和，形势缓和就重新恣意妄为。行动没有准则，言辞没有信用，海内知名的壮士怎么可以这样做呢？

"足下不仅背信弃义入侵我的疆土，还在幽州残害老弱（指公孙瓒杀刘虞），导致民众愤怨，众叛亲离，落得孑然一身、孤立无援的下场。乌丸、秽貊等部族都是足下的幽州同乡，我们和他们风俗不同，素无来往，如今却争着担任我军的先锋，远在北方的东西鲜卑也都不辞辛苦地来追随我。孤没有能力招揽这些外援，他们全都是被足下逼到我这里的啊。身处乱世险境，却对内违背同盟的誓言，对外失去戎狄的信赖，家里尚有不安定的因素，却一再主动发兵侵略邻居，还想要成就霸业，岂不很困难吗？

"不久前，西山（太行山脉）发生骚乱，孤发兵前去讨伐，又恰逢麴义的残余部属担心自己被诛杀，逃离军营，孤只得令大军分头扫荡。这些叛军本为孤的前锋精锐，也就是当年在界桥战场上搴旗拔垒，先登制敌的勇士啊。叛乱开始时，孤听说足下派使者去见叛军的领袖，授予他们金印紫绶，拜他们为元帅，觉得您一定会趁此良机出征，像孟明视那样，为以往的败仗报仇雪耻。所以，孤的部下都做好了迎接大战的准备，等候足下的旌旗出现。奇怪的是，足下却一直不见踪影，静坐在易京之内，导致盟友相继被我军屠灭，连孤都为此感到惋惜。足下向来有平定天下的志愿，渴望建立永垂青史的功勋，也一直在努力训练士卒，养殖战马，如今却不能讨伐叛徒，也不敢支援友军，威武和仁爱都已丧失殆尽，又拿什么来扬名立万呢？

"如今，旧京已经光复，国家的漏洞已经弥补，罪人全部被消灭，忠义之臣主持朝政，华夏重归太平，人人向往着中兴大业，即将干戈入库，马放南山，足下为何还独自死守着区区一小块土地，躲在军营里面，甘心让自己蒙受恶名，丧失以往的荣誉呢？大家都觉得，这不是什么好策略。还是忘记过去那些不愉快的事情，与我们重归于好吧！"

袁绍的这封《与公孙瓒书》中最令人印象深刻的，是他那讽刺意味十足的语气，以及他一如既往的利己选择性记忆。在这份寻求和解的信函里，袁绍详细列举公孙瓒以往的不光彩历史，并大肆加以嘲笑挖苦。这样肯定无助于他与公孙瓒改善关系。此时的袁绍显然认定天下即将重归太平，中国也即将被自己统一，公孙瓒若是识时务，便应主动投降。另一方面，公孙瓒不除，袁绍也不敢渡过黄河去长期作战，所以他选择了逼公孙瓒立即表态。

根据袁绍的《与公孙瓒书》，他在镇压臧洪叛乱之后，没有选择南下许县，劫掠献帝并行废立，而是做了一件大事——处死自己麾下的首席名将麹义，导致麹义部下叛变并与公孙瓒结盟。袁绍不得不出兵镇压。

袁绍杀麹义，是汉末的一件大事，意义不亚于孙坚、吕布、周瑜、关羽等名将之死，对中国历史的影响甚至还在其上。

据《汉末英雄记》，麹义是因为居功自傲，随意行动，才惹来杀身之祸的。这一解释并不成立，因为麹义于建安元年（公元 196 年）在易京包围公孙瓒，结果粮尽撤退，又受到敌军追击，虽然损失不大，但毕竟是麹义终生仅有的一次败仗。袁绍处死麹义，必定发生于麹义在易京城下的失利之后，到袁绍给公孙瓒写信说自己消灭了麹义的旧部之前，也就是建安二年（公元 197 年）至建安三年（公元 198 年）年初之间。因此，麹义是在自己首次战败之后的一年左右被袁绍处死的。一位以前在界桥、内黄、龙河、鲍丘等大胜后都不曾居功自傲的将军，怎会在打了生平第一次败仗之后居功自傲？显然于理不合。

如果说袁绍是因为麹义在易京城下失利，以军法斩之，更加难以置信。六年多来，麹义为袁绍横扫四州，转战千里，歼敌数十万，连续击败公孙瓒、孙坚、吕布等公认的名将，其余如袁术、刘备、陶谦、于毒、张燕、张杨、于扶罗等人无数，还曾在界桥战场上救出命悬一线的袁绍本人，即便是白起、韩信，也不过如此。在易京城下折兵数千，何足构成处死麹义的正当理由呢？

在中国历代开国皇帝中，杀功臣者不乏其人，如刘邦、李渊、朱元璋等等。从某种程度上来说，开国皇帝杀功臣，有利于帝国政权在开国皇帝死后的稳定，因为开国皇帝本人通常能力超群，但其继承人则往往较为平庸，很可能驾驭不了开国功臣们。不杀功臣的秦朝、西晋和隋朝，都在开国皇帝死后很快瓦解。正是基于这样的历史教训，北宋太祖赵匡胤杯酒释兵权，让开国功臣们交出军权，养尊处优，安度晚年，受到一致好评。但是，开国皇帝杀功臣，一般都是统一全国以后的事情，在内战尚未结束之前，他们还唯恐对功臣优待得不够，导致他们投奔自己的竞争对手呢。作为立志要当开国皇帝的野心家，袁绍在尚未统一中国之前，就杀掉了自己的无数功臣，这在中国历史上只有宋高宗赵构与袁绍略微类似，但程度也远远不及。更何况赵构当时面对强敌，并无取胜的把握，所以才选择苟且偷安。袁绍则是多年来横扫华北，草原游牧民族也纷纷臣服，统一天下前景光明，何以在即将摧毁公孙瓒、袁术、吕布等几大死敌之前，急着向功臣举起屠刀呢？

起兵七年以来，死在袁绍手里的功臣早就不计其数。这其中，当以杀麹义最为匪夷所思，在外界看来，袁绍这么做简直是自残手足。从袁绍给公孙瓒的信来看，他也很为麹义及其精锐部下的覆灭而感到惋惜。那么，是什么原因，导致袁绍非要在统一中国的最后决战之前，杀掉自己的这位头号名将呢？

看来，处死麹义，绝不是因为麹义居功自傲，袁绍一时动怒做出的非理智行为，而是经过深思熟虑的——袁绍自己就以足智多谋闻名，身边又一直谋士云集，办事很少不经过深思熟虑。

为了解决麹义之死的疑案，让我们先来看看麹义这个人的背景及其社会关系。

尽管麹义战功显赫，正史却未给他立传，只有《汉末英雄记》保留了一些他的情况。麹义祖籍青州平原，后来家族移居凉州。麹义在凉州多年，可能曾在段颎、皇甫家族或董卓麾下效力。诸侯组建讨董联军时，麹义率领凉州旧部投奔冀州牧韩馥，不料韩馥软禁袁绍，后来又克扣袁绍的军粮，麹义因此离开韩馥，击败韩馥派来的讨伐军，投奔袁绍，并辅佐袁绍逼韩馥让权，占领冀州，从此北破公孙瓒，南破孙坚、袁术、吕布，西破张杨、张燕，可能还数次救援曹操，所向无敌，威震华夏。在袁绍干几件不得人心的事情，例如逼杀韩馥，与公孙瓒反目，袭击孙坚、吕布，还宣传汉献帝不是汉灵帝的亲生儿子，打算拥立刘虞时，麴义都坚定地站在袁绍一边。可见，麴义在重大政治问题上与袁绍完全保持一致。

那么，麴义会不会是被敌人陷害的呢？或者说，袁绍有没有可能中了敌人的反间计？

由于麴义多年跟随袁绍南征北战，树敌无数，包括公孙瓒、孙坚、袁术、吕布、张杨、张燕等人。不过，麴义死时，公孙瓒已经退守孤城；孙坚已死，儿子孙策远在江东；袁术退到江淮，众叛亲离；吕布同袁术反目成仇，又与刘备争夺徐州，招来曹操的讨伐，危在旦夕，自顾不暇；张杨、张燕躲在太行山区，势力都很微弱……谁都不像还有能力对袁绍、麴义实施反间计，袁绍也没有理由在这一时期去信此类谣言，毕竟，作为传播谣言的大师，袁绍对于情报战是很在行的。此时，唯一势力蒸蒸日上，并准备在日后与袁绍一较高下的，就是曹操了。可是，如果麴义果真死于曹操的反间计，曹魏史料为何不大肆宣扬，以表彰他们向来一有机会就大肆吹捧的谋士们？

如果麴义没有死于敌人的反间计，那他就只能死于袁绍集团的内部斗争了。

在袁绍集团内，一直存在两大派别，即袁绍本人的豫州老乡与河北本土人才。早在韩馥时代，由于韩馥从豫州颍川老家招揽了不少幕僚，冀州就存在这两大派别。麴义祖籍青州平原，紧邻冀州，而且位于黄河北岸，风俗与冀州极为接近，立场自然偏向以田丰、沮授、审配为代表的河北帮。韩馥败亡的主要原因，就是麴义率部倒向袁绍，尔后联合公孙瓒，使韩馥在军事上处于不利地位。韩馥败亡，麴义固然风光，却也得罪了韩馥的颍川老乡。袁绍对于豫州、河北两派的态度，原本是不偏不倚，希望他们保持均势。等到曹操迎献帝、迁都到豫州颍川郡许县前后，袁绍部下以荀、郭两大姓为代表的"颍川帮"纷纷离开冀州，南下投奔曹操，袁绍一则认为曹操也是自己的部下，二则认为他们只是贪图衣锦还乡，并不在意。留在冀州辅佐袁绍的颍川人，最终只剩下郭图、淳于琼、辛评、辛毗这"颍川四人帮"。由于人少势孤，他们逐渐受到河北帮的排挤，因此心怀怨恨。在袁绍集团内部，最嫉恨麴义的，当数这"颍川四人帮"。麴义死后，其兵权果然落入"颍川四人帮"之手，可见"颍川四人帮"是麴义之死的最大受益者。

虽然"颍川四人帮"能言善辩，资格又老，也有足够的理由去陷害麴义，作为自己当年帮袁绍逼杀韩馥向颍川老乡们赔罪的礼物，并从中攫取私利，但以麴义的功劳、威望和在袁绍心目中的地位，他们要想说动袁绍对麴义痛下杀手，并不容易。他们需要等待时机，而这个时机还真的来了。

时针回拨到建安元年（公元196年）春季，当曹操西征南阳的张绣集团时，袁绍在田丰等人的劝说下，做出了一个重大决策——密令曹操"可都鄄城，当有所立"，也就是将首都从豫州颍川郡许县迁到被郦道元称为"河上之邑，最为峻固"的兖州鄄城，以便他废黜汉献帝。可想而知，这一密令不仅令曹操烦恼，也令所有的颍川人不满，因为按照这一密令，他们的故乡将丧失得来不易的首都地位，重新沦为一个普通的郡；相反，大部分河北人都会赞成这一方案。作为袁绍集团的高级决策圈成员，"颍川四人帮"肯定早于曹操就知道了这一计划，并且竭力予以阻挠。赞成迁都鄄城计划的河北人，不仅有田丰，很可能还包括麴义、沮授、审配等人。他们的计划不仅包括迁都鄄城，废黜汉献帝，而且还包括要另立一位皇帝。

田丰、麴义代表的河北帮想要拥立谁当皇帝呢？从袁绍所说的"当有所立"来看，并不是袁绍本人。袁绍肯定考虑过废掉汉献帝之后，自己直接当皇帝的可能性，主簿耿苞也曾对他说："赤德已经衰败，袁氏是黄帝后裔，应该顺天意、从人心。"也就是说，按"五德相生"理论，汉朝的火德要由袁家的土德代替，所以袁氏取代汉朝是"天意"。袁绍在打败群雄之后，有一次公开了耿苞的这些言论，没想到僚属们都认为耿苞妖言惑众，混淆视听，应当杀头。袁绍见时机还不成熟，不得已令人杀了耿苞。但是这样一来，袁绍就对当时主张杀耿苞的部下们心存憎恶和提防了，麴义肯定是其中之一。

既然田丰、麴义等"河北帮"主张袁绍南下废黜汉献帝，另立一位皇帝，而此人并不是袁绍，那么会是谁呢？

肯定只能是一位在河北享有威望的刘姓皇室成员。

这个人选是现成的：

诸侯讨董卓时，袁绍曾经与韩馥谋求拥立太傅、幽州牧刘虞当皇帝，但是被刘虞拒绝了。后来刘虞被公孙瓒所杀，但刘虞有个儿子叫刘和，曾在长安宫廷当官，还代表刘虞出使过董卓和袁术辖地，途中被袁绍扣留当人质，在刘虞死后获得自由，负责指挥袁绍的骑兵，领导刘虞的旧部鲜于辅、阎柔、齐周、鲜于银等将领，多次同麴义共同攻打公孙瓒，立下过许多战功，并与麴义一同从易京败退。

田丰、麴义等"河北帮"如果主张袁绍废黜汉献帝，另立一位皇帝，那么此人非刘和莫属。刘和在河北有着巨大的号召力，而且有丰富的政治和军事经验。袁绍一开始被他们说服了，但是由于曹操和颖川集团的抵制，这一计划暂时搁置。在"颖川四人帮"的影响下，袁绍逐渐意识到，刘和既年轻，能力又强，还有田丰、麴义等"河北帮"实权派忠心辅佐，一旦当上皇帝，恐怕不会甘心当自己的傀儡，而要大展宏图，很可能领导汉朝实现复兴，自己的皇帝梦就将破灭。

袁绍渐渐不再支持拥立刘和称帝的计划，然而刘和可能早已对这一计划有所了解，并积极推动。刘和与麴义前后共事三年，感情必然不错，所以麴义对刘和的雄心也应当有所了解。在麹义看来，袁绍既然一直自称是汉室忠臣，又长期宣称献帝血统不纯、能力又差，理应拥立一个根正苗红、能力强的君主，那么自己的战友刘和当然是最佳人选，所以他肯定支持刘和称帝。因此，在建安二年（公元 197 年）年初，袁绍命令曹操迁都鄄城，准备另立皇帝的同时，刘和必然会积极活动，而他的主要"辅选"助手就是麹义。袁绍惊恐地发现，这两个人在军民中的威望太高，自己有被架空的危险，如果不立即除掉他们，自己必将丧失大部分权力，在未来的"中兴"功臣排名中甚至可能还不如老下级麹义！袁绍当年不顾家族成员的生命安全，跑到河北组织联军讨董卓，搅得天下大乱，可不是为了这个目的。袁绍如果仅仅满足于三公九卿的高官厚禄，根本就没有和董卓决裂的必要。如果黄统不能取代赤统，土德不能取代火德，那么袁绍以往的一切奋斗都将毫无意义。

在袁绍看来，功高震主的麹义不愿意自己当皇帝，而力主刘和当皇帝，等于从大功臣变成了叛徒和最危险的竞争对手。于是，麹义与刘和就都成了袁绍通向皇帝宝座的绊脚石。

自从初平四年（公元 193 年）年底公孙瓒杀害刘虞之后，刘和便一直担任袁绍的将军，而到了麹义被杀一年多之后，在官渡战场上，鲜于辅、阎柔等幽州将领集体叛变袁绍，倒向曹操，其中的原因不言自明：麹义死得并不孤独，袁绍在杀麹义的同时，还杀了这些幽州将领的旧主、刘虞之子刘和。

为了袁绍的皇帝梦，刘和必须死，麹义也必须死。他们果然都死了。狡兔未死，走狗已烹；飞鸟未尽，良弓早藏。天下未定，却如此滥杀功臣，袁绍排斥异己的阴毒之心，实在令人发指。毫无疑问，当袁绍下令杀麹义、刘和时，一定遭到"河北帮"的强烈抵制。"颍川帮"领袖荀彧后来说"田丰刚而犯上"，但田丰以往对袁绍的态度是相当客气甚至逢迎的，荀彧指的很可能就是袁绍杀麹义、刘和时，田丰忍无可忍，代表"河北帮"站出来表示坚决反对，此后还一直为此批评袁绍的"犯上"之举。对田丰、沮授等"河北帮"来说，他们追随袁绍之初，袁绍告知他们的，是自己将要拥立在河北极得人心的刘虞，刘虞死后，刘虞之子刘和投入袁绍集团，成了他们心中新的皇帝人选，他们支持袁绍将汉献帝迁到鄄城并废黜的前提就是改立刘和为皇帝。刘和死了，他们的政治理想随之破灭，袁绍将来是否还迁都鄄城，废黜汉献帝，他们再也无所谓了。

作为袁绍集团的头号大将，如果麴义在发现袁绍行将加害自己的时候，试图逃跑，以他的能力和资源，应该能够设法脱身。毕竟，袁绍的防备并没那么严密，连吕布都曾冲杀出去，而且袁军将士未必会全力追杀麴义。但是，如果离开袁绍，麴义能去哪里呢？六年以来，麴义跟随袁绍打遍了华北和中原，放眼周围，不是袁绍的盟友，就是自己的宿敌，曹操虽然正在积极准备与袁绍对抗，但他身边的"颍川帮"不可能容得下麴义。麴义与袁绍手下的"河北帮"一直仅有军权而无政权，缺乏公孙瓒、曹操、臧洪那样的地盘，无法在紧急情况下经营独立势力。结果，麴义束手待毙，不仅害了他本人，也让整个"河北帮"的实力大幅下降，前途昏暗渺茫，还害了他的凉州老部下。

麴义死后，他的凉州旧部出于恐惧，逃入太行山区，与袁绍的敌人公孙瓒、张燕结盟，试图找到一条生路。然而，公孙瓒让他们失望了。袁绍亲自指挥了这场大屠杀，死的都是当年在界桥战场上为袁绍浴血拼杀的精兵，是冒死把袁绍从公孙瓒骑兵包围下救出的勇士。屠杀结束以后，袁绍还在致公孙瓒的信中对他们冷嘲热讽。

麴义及其凉州部下的覆灭，斩断了袁绍与凉州集团的最后一丝友谊纽带。现在，袁绍已经成为全体凉州人的公敌。对张绣、贾诩、马腾、韩遂等凉州军阀来说，袁绍连为自己立有盖世之功的麴义都容不下，还能容下他们这些曾为董卓效力的凉州军官吗？难怪在袁、曹战争中，这些人都会坚定不移地站在曹操一方。他们并不是在为曹操而战，张绣、马腾、韩遂后来还死于曹操父子之手，实际上，他们是在为反对袁绍而战，在为自己的生存而战。

綝义与刘和之死，也提高了曹操与公孙瓒反抗袁绍的信心。从此之后，曹操便无所顾忌地与袁绍决裂，而公孙瓒也干脆利落地拒绝了袁绍的和解要求。公孙瓒似乎预见到袁绍即将面临众叛亲离的窘境，所以自信地对长史关靖说："现在四方群雄虎争，肯定没有人能够连续多年包围我的要塞。袁本初能拿我怎么样？"

然而公孙瓒对形势的估计完全错了。虽然受到一系列内讧的打击，袁绍集团依然是当时中国最强大的军事势力。建安三年春末，就在公孙瓒拒绝和解后不久，袁绍亲自率领冀、并、幽、青四州兵马，乌云一般压向易京。公孙瓒坚守半年之后，渐渐不支，派儿子公孙续去向张燕求救，并计划亲率重骑兵突围前往太行山区，与张燕的黑山军会师，南下威胁邺城，以达到围魏救赵的目的。和吕布之妻劝阻吕布一样，关靖劝阻公孙瓒说："将军的部下都已经人心涣散，剩下的人之所以还坚持与袁军战斗，是因为其家属都在将军的控制之下。将军继续坚守一些时间，袁绍必然会撤退，随后我军的四方兵马一定会重新前来会师。如果将军离开大本营远征，易京驻军没有优秀将帅指挥，肯定会很快陷入危险境地。将军一旦丢失了大本营，孤身在草野里漂泊，还能成就多大的事业呢？"公孙瓒听关靖说得有理，便放弃了这一计划。

袁绍见公孙瓒拒绝出战，一味死守待援，便将自己与田丰等人设计已久的新战术付诸实施。他不再用传统的高橹、云梯、土山方法强攻易京堡垒群，而是派工兵挖掘地道，直至易京各箭楼的地基之下，地道内用木柱加固。等到箭楼的地基被掏空一半之后，袁军便放火烧掉地道内的木柱。箭楼突然失去平衡，向地道一侧倾倒。这样一来，袁军便克服了在地面作战，遭到居高临下的公孙瓒军箭楼群围射的不利局面，僵持的战局由此被打破，胜利的天平迅速向袁绍一方倾斜。

袁绍攻打易京的战术，远不止挖地道一种。陈琳在其代表作《武军赋》中，对此战的过程和场景进行了细致的描写，说袁军所建瞭望台之高，上干云霄，所挖地道之深，直下三泉，其余攻城器械种类之多堪称空前，还有十几种战术是连《孙子》《吴子》《三略》《六韬》等古代著名兵书都不曾记载的。可惜和有关袁绍的多数历史资料一样，《武军赋》如今仅存残篇。其中提到的袁军攻城战术中运用了云梯、地道、火攻、行阁、神钩、排雷及冲车、钩车等多种作战工具。行阁大概是一种有轮子的活动箭楼，又名"楼车"；神钩的作用类似云梯，可钩住城墙，便于攻城部队攀爬；排雷即抛石车，又称"霹雳车"；钩车可以通过钩拉的方法摧毁城墙和立柱，需要九头牛来牵拉。

眼看袁军逐渐逼近自己居住的中京（易京最中央的箭楼，公孙瓒本人住在里面），公孙瓒渐渐焦虑起来。建安三年（公元198年）冬季，长期失眠的他梦见城墙崩塌，感到很不吉利，便给儿子公孙续写信说："袁氏的进攻有如鬼神，云梯和冲车在我的楼上飞舞，鼓角在大地上鸣叫，日夜不停，令人无法安生。形势紧迫，你即便向张燕磕碎头颅，也要让他快马加鞭赶来救急。你我父子之间天性慈爱，不必明说就应该行动起来。援军集结后，你先带五千铁骑到易京城北的荒野里埋伏，在夜间点火为应，我看见火光，就会率军全力出击，奋力和敌人决命于一役。不然的话，等我死了以后，天下虽然广大，也不会再有你的立足之地了！"

很不幸，公孙瓒派去送这封信的使者被袁军抓获，袁绍看过此信，便命陈琳把信的内容略加改动，仍然寄给公孙续，并且做好了应对的准备。

与此同时，曹操攻陷下邳，消灭了吕布集团。

本来，曹操理应趁着消灭吕布的军威，渡过淮河攻打袁术，但他做出了另外的选择：逆泗水北上，于次年二月抵达昌邑。这样的行军路线表明，曹操并不打算立即消灭袁术，也不打算回西方的许县，而是另有企图。

公孙瓒与曹操之间的关系并不为人熟知，但它的确存在。据陈琳《为袁绍檄豫州文》记载，袁绍包围易京一年，不能攻破。曹操便私下与公孙瓒联系，计划以帮助袁绍攻打公孙瓒为名北上黄河流域，然后突袭冀州。从曹操在建安三年（公元 198 年）十二月至建安四年（公元 199 年）四月之间的行动路线来看，陈琳的说法绝非空穴来风。在曹操看来，吕布已灭，袁术新破，孙策羽翼未丰，华东各军阀短期内不可能给自己制造威胁，但袁绍如果消灭公孙瓒和张燕，统一北方，势力必将进一步增强，令曹操更加难以战胜。因此，与公孙瓒和张燕夹击袁绍，便成为曹操必然的考虑方案。

不过，曹操袭击冀州的行军路线过于漫长，所以很难保密，他的部队也因长期急行军而疲惫，减员十分严重。袁术听说此事，认定曹操这是自取灭亡，感叹说："曹操打算以数千疲兵，向十万之众挑战，可谓自不量力啊！"

曹操北上的同时，张燕与公孙续收到袁绍寄来的公孙瓒之信，终于开始了行动，分兵三路，号称十万，来救公孙瓒。但他们来得太晚了：建安四年（公元 199 年）春，袁绍按公孙瓒原信中约定的日期在易京北郊举火，公孙瓒以为救兵已至，于是率全军出战，结果中了袁绍的埋伏，大败而归。袁军乘胜追击，突破公孙瓒新挖的三层战壕，包围了中京。公孙瓒见袁军四面涌来，明白大势已去，便将自己的姐妹妻儿全部绞死，然后在楼上点火，准备自焚。袁绍并不打算给老对手自杀的机会，他命令士卒冒火登楼，在短暂格斗后砍下了公孙瓒的首级。田楷、关靖等将领也相继战死。不久，张燕与公孙续的救兵都相继被袁绍击败，公孙续被袁绍麾下的屠各人杀死，与袁绍争霸华北多年的公孙瓒家族从此灰飞烟灭。

作为袁绍在军事上最大的对手，公孙瓒的失败，主要原因一是袁术、李傕、陶谦等盟友相继崩溃；二是缺乏应对袁绍军弓弩手的办法，最后想出来的易京堡垒群，实际上是在骑兵主力损失殆尽的情况下不得已而想出的办法，放弃了战略纵深，坐以待毙。如果公孙瓒撤到辽东去投奔董卓、李傕的党羽公孙度，必然会给袁绍制造更大的麻烦。

袁绍攻克易京之时，曹操的军队在当年四月抵达了黄河南岸。此时，投降袁绍的眭固被委以黄河防务的重任，率领张杨的残部驻扎在河内郡射犬聚（今河南焦作市东南）。曹操见河内郡驻军实力有限，突然脱下了和平的伪装，命令中军校尉史涣、议郎曹仁渡河攻击眭固。眭固措手不及，急忙命原张杨的长史薛洪、河内太守缪尚及魏种等人留守射犬聚，自己北上向还在易京附近的袁绍求救。但眭固运气不好，在途中被史涣、曹仁截住，战败身亡。曹操随即率全军渡过黄河，包围射犬聚，薛洪、缪尚、魏种开城投降。为了安定河内人心，曹操封薛洪、缪尚为列侯，还拜曾经背叛过自己的魏种为河内太守。

但魏种的河内太守当不了几天，曹操也不敢在黄河以北立足太久，因为袁绍已经攻陷了易京，而且得到了曹操与公孙瓒勾结，图谋夹击自己的证据，正在怒气冲冲地返回邺城。

《昭明文选》卷44所载陈琳《为袁绍檄豫州文》比《魏氏春秋》《后汉书》的引文多几句话，涉及不少历史问题，历来颇有争议。按照前者的记载，在袁绍从易京返回邺城的途中，"大军过荡西山（太行山），屠各、左校皆束手奉质，争为前登，犬羊残丑，消沦山谷"。这句话恐怕不是作伪者能够写出来的，也没有作伪的意义。左校即南匈奴的左校部，匈奴有左校和右校两个部落，李陵投降匈奴之后，便被单于封为右校王。袁绍从易京返回邺城，有两条路可以选择，即漳水西岸的平原大路，以及太行山东麓的西山小路。张燕与公孙续听说易京陷落，很可能会退回太行山区，袁绍便率军追赶。公孙瓒死后，袁绍最感兴趣的，当然是斩草除根，干掉公孙瓒的儿子公孙续，所以选择了走西山小路，向太行山区的各军阀势力施压。并州中部本是屠各人与南匈奴的地盘，他们本已臣服于袁绍，此时自然乐得杀死公孙续，向袁绍邀功请赏。若非对当时的局势十分了解，是无法写出这种文字的。

　　袁绍消灭了公孙瓒、公孙续父子之后，派使者把他们的首级送往许县，此时身在河内郡的曹操先一步看到。按照《魏略》的记载，官渡之战时，曹操对投降他的袁绍部将鲜于辅说："去年本初送来公孙瓒的首级，孤看了之后感觉自己也快要灭亡了，不料今日能够战胜他。"可见当时曹操被吓得不轻。

　　在袁绍的强大压力与威吓之下，曹操闪电般地放弃了河内郡，渡过黄河，撤退到敖仓（今河南荥阳市东北）去了，留下袁绍在黄河北岸对他破口大骂。其实，如果袁绍在攻陷易京之后，不走西山，而是直接沿漳水南下，再派骑兵绕到河内郡南部包抄，曹操未必能全身而退。但在袁绍看来，曹操兵力较少，威胁比张燕和公孙续小，所以才听任曹操威胁冀州南部，坚持率主力进攻太行山区，给了曹操撤退的机会。

　　但对于曹操偷袭河内这种忘恩负义的反叛行为，袁绍无法原谅。他怒不可遏，打算直接渡过黄河，攻打许县。为此，袁绍召开了一次军事会议。在会上，袁军将领、参谋发生了激烈的争论。

　　"河北帮"沮授、田丰说："最近讨伐公孙瓒，连续作战一年有余，百姓疲敝，仓库没有物资储备，赋税与兵役繁重，十分堪忧。我们应当先派使者进京，向天子报告胜利的消息，同时休养生息。如果使者被赶回来，就可以控告曹操阻隔我们上书皇帝的道路，然后进屯黄河北岸的黎阳（今河南浚县东），逐步向黄河以南拓展，多造船只器械，并派轻骑兵分路攻打曹操的边境，令他无法安生，我方则以逸待劳。如此，可以坐收胜利。"

　　"河北帮"的这一作战计划，看似比较稳妥，实质上是"河北帮"必然采取的保守态度，因为自从麴义与刘和遇害后，再南下攻许县对他们已经没有什么现实意义。如果袁绍打败了曹操，占领了许县，控制了汉献帝，无论是否予以废黜，袁绍和朝廷都很有可能留在河南，再也不会返回冀州，所以"河北帮"

态度并不积极。袁绍对此心知肚明。"河北帮"中地位较低的审配也许是窥见了袁绍的心思，为了积极上位，此时转而投靠"河南帮"，替他们说起话来。

审配与"颍川四人帮"领袖郭图反驳道："按照兵法，军力是对方的十倍，就可以把他们包围；军力是对方的五倍，就可以主动进攻；军力与对方相当，也可以与之较量。以明公的神武，加上河朔的强大军队，讨伐曹操，如同覆手。现在不立即进攻，以后想战胜曹操可就难了。"

沮授、田丰回答："救敌诛暴，叫作义兵；自恃强大，叫作骄兵。义者无敌，骄者先灭。曹操奉迎天子，建宫许都。（我方）如今举兵南向，不符合大义。而且庙胜主要靠策略，不靠强弱，曹操军法严明，士卒精悍，不会像公孙瓒那样坐等我们包围。现在抛弃万全的战术，发动无名的战争，我为明公感到害怕啊。"

郭图、审配又说："武王伐纣，都不算不义，何况进攻曹操，能说是无名之师吗？明公军队精勇，将士渴望建功立业，不趁此时机早点行动，正所谓'天与不取，反受其咎'。这就是越国能够称霸，吴国之所以灭亡的原因啊。监军的计策在于持久，却没有随机应变。"

郭图代表的"颍川四人帮"急于让袁绍进攻曹操，同样是出于他们的现实利益，而非真的为袁绍考虑。只有尽快攻下许县，他们才能衣锦还乡，压倒辅佐曹操的荀彧、郭嘉等老乡，成为颍川的骄傲。而如果拖延下去，他们可能再也回不了家乡，长期滞留在河北，逐渐被边缘化。

作为豫州汝南人，袁绍一直将包括颍川在内的整个豫州视为自己的地盘，从来不容敌对势力染指，这就是他派周昂南下袭击孙坚的原因。曹操的背叛，并未触及"河北帮"的核心利益，却令袁绍及其河南裔部下忍无可忍，由于麴义、刘和之死，"河北帮"的实力严重受损，无力令袁绍改变心意。

按照《献帝传》的记载，袁绍采纳了郭图、审配的意见，郭、审二人又趁机对袁绍进谗言说："沮授监统内外，威震三军，将来很难管制啊！《黄石》警告我们，大臣为君主效力，国家就能昌盛；君主被迫为大臣效力，国家必然衰亡。何况内外有别，沮授作为统率军队的将领，不宜过多干涉内部决议。"袁绍便将沮授的军队一分为三，交给沮授、郭图、淳于琼三人统率，最终又剥夺了沮授的军权，把部队完全交给"颍川四人帮"成员郭图、淳于琼指挥。一般认为，这是袁绍的大昏着。

不过，从此后一年多的局势发展来看，袁绍并未完全采纳郭图、审配的意见，而是又搞起政治平衡游戏，也采纳了"河北帮"沮授、田丰的很多意见。

回到邺城之后，袁绍先派使者带着公孙瓒等人的首级去许县报捷，然后花了半年多的时间休养生息，最终在次年春季率主力进驻黎阳，并派沮授、郭图、颜良、文丑等人分路进攻黄河以南的曹操属地，这些都与沮授、田丰提出的战略完全一致，结果却被曹操各个击破。

如果袁绍按照郭图、审配的意见行事，就应该在建安四年夏季直接渡过黄河南下，进攻驻扎在敖仓的曹操。实际上，袁绍并未这样做，却命令部下休养生息，反而使曹操在建安四年（公元 199 年）八月再次渡过黄河北上，攻占战略要地黎阳，并不断向袁绍挑衅。袁绍忍无可忍，被迫反击，曹操采取游击战略，留于禁断后，又派兵在官渡一带筑垒备防，阻止袁绍渡过黄河，自己则在九月返回许县休整去了。对于这种被动的局面，以沮授、田丰为代表的"河北帮"负有不可推卸的责任。

袁绍集团犹豫不决，曹操集团内也蔓延着巨大的恐慌情绪，在公孙瓒败亡以后，多数将领和官员都认为袁绍难以战胜。曹操对众人说："我很了解袁绍，他志向很大，却智力不足，貌似强大，却没有勇气，因为迷信而有许多忌讳，治兵不严，计划不明，将领骄横，政令不一，土地虽然广大，粮食虽然充足，却正好送给我当战利品。"其实，曹操这么说只是为了鼓舞士气，自己心中并没有底。据曹操在《让县自明本志》文中所说，"及至袁绍据河北，兵势强盛"之时，曹操"自己估算形势，实在无法与之抗衡，只是准备为国献身，因大义而死，也足以垂名后世"，做好了被袁绍击败，"慷慨就义"的准备。

大约同时，曹操又在筵席上对刘备说："方今天下英雄，只有使君与我曹操罢了。像袁本初这样的人，算不上英雄。"刘备正在吃饭，听了此话，吓得把餐刀和筷子都掉到了地上。当时正在打雷，刘备便对曹操敷衍说："圣人讲'迅雷风烈必变'，真有道理。雷震之威，竟然有这么大！"

煮酒论英雄，其实只涉及三个人，即曹操、刘备和袁绍。《三国演义》里让曹操评论天下各个军阀，都是添油加醋之言。身为司空的曹操对左将军刘备说这番话的目的，就在于给刘备打气，让他相信自己能够战胜此时汉朝的最高执政者——大将军袁绍，从而为自己卖命。打个比方，这就好像一个部门经理准备脱离原公司，自组新公司，又苦于实力不足，便鼓动另一个经理说："我们两人才是公司真正的顶梁柱，董事长不行，差远了！"

刘备听了此话，明白袁、曹之间的决战已经不可避免，而自己又身处曹营，势必要与袁绍交战，因而深感恐惧。刘备一向敬畏袁绍，此前追随袁绍从洛阳出奔，又曾主动离开公孙瓒集团，转投袁绍集团，现在身处曹营，只是因为自己遭到袁术和吕布围攻，才被迫投奔袁绍集团中离自己最近的曹操。据《汉末英雄记》记载，曹操曾与刘备详细密谈攻打袁绍的计划，刘备却将此消息泄漏给袁绍，袁绍才知道曹操真的打算进攻自己，及时做了准备，刘备也趁机逃离许县。事情暴露后，曹操悔恨不已，气得咬破了自己的舌头。[1]这和"煮酒论英雄"其实大概是同一件事。直到袁绍死后，刘备与刘表还屡次为他惋惜。

---

[1] 参见《艺文类聚》卷十七引《汉末英雄记》。

正因为刘备认为袁绍将战胜曹操，才会找借口离开许县，第二次投靠袁绍。

巧的是，机会偏偏就摆在刘备的面前。

一年多来，袁术屡遭打击，自己连续战败，盟友吕布身死，部下孙策叛变，加上淮河流域灾荒不断，他只得离开寿春，到灊山（今安徽六安市西南）向雷薄、陈兰等部将要粮，还遭到拒绝，众叛亲离，忧惧不已。听说袁绍已经消灭了公孙瓒，又击退了曹操的进攻，袁术失去了逐鹿中原的勇气，判断天下已经是袁绍的了，趁着袁绍与曹操决裂，自己还能向兄长主动请求夹击曹操，以讨得一条生路，便派使者到冀州，劝袁绍称帝："汉朝失去天下已久，天子被诸侯随意挟制，政策都由私人制定，豪雄角逐，国家分裂，这和周朝末年七国争雄没有区别，天下终将被最强者统一。我袁家受天命，当成就王业，早已见诸符瑞。如今您拥有四州，民众百万余户，实力与德行都无人可匹敌。曹操打算振兴已然衰亡的汉朝，无异于想要让死者复生，怎么可能成功呢？"

袁术的堂弟、济阴太守袁叙也给袁绍写信说："现在海内丧败，天意实在我家，而且就应在您的身上。南兄（袁术）的臣下希望让他即位，南兄说：'论年纪则北兄较长，以爵位则北兄更重。'就打算给您送去传国玉玺，不幸被曹操断道。"

袁绍读了袁术和袁叙的信，对兼并袁术集团，拿到传国玉玺非常感兴趣，便命令袁谭从青州南下迎接袁术。袁术闻报，打算穿越徐州，经下邳前往青州。曹操闻报，担心二袁合一，更难对付，于是以汉献帝的名义下诏，命董承、孙策、刘璋等军阀与自己并力讨伐袁术、刘表，又给交趾太守士燮下诏书，拜他为绥南中郎将、董督七郡，负责讨伐刘表、赖恭、吴巨等人。当年六月，曹操派刘备和朱灵、路招等将领东进攻打袁术，又于八月派臧霸等将领北上青州，攻占齐、北海、东安等郡，阻止袁谭南下。程昱、郭嘉、董昭等谋士闻讯，都劝曹操不可派刘备领兵去外地，但为时已晚。

刘备离开许县时，肯定早已下定决心逃离曹操，投奔他看好的袁绍，但恐怕无法料到，他尚未抵达徐州，就传来袁术死亡的消息。袁术因为前往北方和西方的道路都被曹军封堵，只得撤退到寿春城北 80 里的江亭。此时他的军队已绝粮，只剩下麦屑。时值六月盛暑，袁术想要喝点蜜水，厨师说找不到蜂蜜。袁术于是长叹道："袁术至于此乎！"随即倒在床下死去。

对于袁术其人，历来评史者无一例外地予以贬斥，认为他只会做坏事。其实，从袁术一生的所作所为来看，并没有袁绍和曹操那么"坏"。在汉末时期，袁术是唯一一位从未镇压过农民武装的军阀，而且长期受到黄巾军、黑山军、白波军及江东地方武装的支持。很明显，袁术虽然遭到部分社会精英的厌恶，却颇受底层民众，特别是贫苦农民的爱戴。这说明袁术一定提出并执行过对农民较为有利的土地政策，所以比其他推行强制屯田的军阀更受百姓欢迎。在消灭宦官和组织反董卓联军这两件大事上，袁术都是袁绍的得力助手。在讨伐董卓的过程中，袁术及其部将孙坚的表现还是诸侯之中最为积极的。与袁绍、曹操、刘表决裂，责任多不在袁术。袁术失败的主要原因，是他综合能力较弱，难以应对袁绍的野心和诡诈，加上运气太差，孙坚战死、朱儁投敌、孙策倒戈、吕布和刘备反复无常，还与迎立献帝失之交臂，领地又不断遭遇天灾，引发经济危机所致。

袁术之死，宣告了汉末农民暴动的彻底失败，但绝不代表正义的胜利。

袁术死后，他的堂弟袁胤、女婿黄猗带领袁术的家属到皖城（今安徽潜山县）投奔庐江太守刘勋，大臣徐璆趁乱盗走传国玉玺，到许县献给曹操，因功被拜为卫尉；长史杨弘、大将张勋等人则准备投奔孙策，不料被刘勋在半路截击，全部束手就擒。

在统合了袁术余部之后，刘勋的军势迅速强大起来，成了孙策的眼中钉。孙策明白，用军事手段难以战胜刘勋，便主动派使者与刘勋结盟。刘勋突然多了数万部下，粮食紧张，于是派堂弟刘偕向豫章太守华歆借粮。华歆刚得豫章不久，没有多少粮食储备，便派人带刘偕到海昏县的上缭镇（今江西永修县北），命令当地武装出 3 万斛米给刘偕。刘偕求了一个多月，才得到数千斛米，认为对方是在欺诈自己，大为不满，便给刘勋写信，请他率军来上缭袭取粮食。刘勋闻讯，担心一旦出兵，后方就会空虚，犹豫不决。孙策闻讯，便派使者带重礼去劝刘勋说："上缭驻军多次欺凌我们，已经好几年了。早就想要攻打他们，可惜路途不便，希望能够借助您的力量。上缭非常富有，得之可以令仓廪充足，我请求出兵为您的外援。"

刘勋在沉重的后勤压力下，不听幕僚刘晔的劝阻，相信了孙策，率军西征上缭，结果对方早有准备，远征一无所获，反而被孙策偷袭了大本营皖城，袁术与刘勋的家属等 3 万余人都被俘虏。刘勋闻讯匆忙撤兵，却在彭泽（今鄱阳湖）遭到孙策军队的伏击，被打得大败，只得向驻扎在夏口（今湖北沙羡县）的刘表部将黄祖求救。黄祖派长子黄射（祢衡的好友）率水军五千来救刘勋，又被孙策俘虏 2000 多人，船只 1000 艘，黄射率军逃回夏口，刘勋与刘偕只得北上投奔曹操。显然，孙策袭刘勋的这次战役，就是后来吕蒙、诸葛瑾白衣渡江偷袭关羽、夺荆州的预演，而它们都起源于袁绍指使的刘岱袭桥瑁、刘表袭袁术、周昂袭孙坚等阴谋。

说到底，孙策、孙权兄弟，都是袁绍的好学生。

收编刘勋的部队之后，孙策的军力大增，于是乘胜逆江西进，逼近夏口。刘表闻讯，派侄子刘虎、部将韩晞率长矛兵五千来救黄祖。孙策与周瑜、吕范、程普、孙权、韩当、黄盖等将领奋力进攻，大破刘表军，俘虏黄祖的妻子儿女七人，斩杀刘虎、韩晞等 2 万余人，落水淹死者 1 万余人，缴获战船 6000 多艘。从这两次战役的歼敌数目和缴获战船数目来看，当时的战船大多很小，除了"蒙冲"等少数巨型舰可容百余人以外，多数战船只能载 3~5 人，行动灵活，适合在江河上航行。

　　战胜刘勋、黄祖后，孙策又派功曹虞翻至南昌，威胁豫章太守华歆。华歆见豫章郡已经难以自保，所以未作抵抗，便投降了孙策。就这样，孙策在几个月内征服了庐江郡和豫章郡，将整个扬州都纳入自己的统治之中，随后派使者向许县报捷。曹操对孙策能够取得这样的战果颇感意外，十分担心自己会遭到袁绍与孙策的南北夹击，大呼："狮儿难与争锋也！"

箭在弦上——袁绍与曹操的决裂（公元199~200年）

随着建安四年（公元199年）秋收的结束，袁绍见军队已经从连年征战中恢复过来，粮草储备充足，便决定在次年春季南下讨伐曹操。为了获得各地军阀的支持，在曹操背后开辟第二战场，并达到沮授所说"师出有名"的目的，他命陈琳创作了一篇声讨曹操的檄文，即著名的《为袁绍檄豫州文》，内容如下：

"危难之际，圣明的君主应当敢于随机应变，忠义的大臣应当敢于专权决断。以前，强大的秦朝出了一个软弱的君主秦二世，奸臣赵高趁机掌控国柄，擅自行使君主的权力，群臣却不敢反抗，终于导致秦二世在望夷宫被杀的大祸，秦朝随之灭亡，恶名流传至今。等到吕后当权时，吕禄、吕产专政，擅自决断政策，排斥其他官员，以下凌上，海内寒心。绛侯周勃、朱虚侯刘章等忠臣奋起消灭了这些贼臣，尊立太宗皇帝（汉文帝刘恒），所以才能移风易俗，中兴汉室。这两则例子，都可以作为大臣要敢于专权决断的证据。

"司空曹操的祖父曹腾本是中常侍，与左悺、徐璜等宦官一起胡作非为，像饕餮那样贪婪横行，剥削百姓。曹操的父亲曹嵩无耻地乞求曹腾收养自己，随后又行贿购买官爵，四处给权贵送礼，以图盗窃国家大权。曹操作为太监的肮脏后代，天生不具备优秀的品德，从小就胡作非为，唯恐天下不乱。

"后来，幕府（袁绍）率领精锐的军队，扫除凶逆之徒（宦官集团），又遭遇董卓祸害国家，于是提剑挥鼓，号召东方各地的英雄，只要敢于为国赴难者，不计缺点，一概录用。因此，幕府与曹操讨论策略，认为此人具备鹰犬之才，可以充任爪牙。但他却表现得愚蠢鲁莽，进攻时十分轻率，撤退时又异常慌张，屡次战败，损失了众多将士。每次战败之后，幕府都要给曹操补充兵力，修缮装备，还推荐他代理东郡太守、兖州刺史，授以崇高的职务和权力，希望他能够像秦将孟明视一样，在多次失利后吸取教训，最终取得胜利。

"万万没有想到，曹操在取得大权之后，居然借此飞扬跋扈，随心所欲地推行暴政，剥削百姓（屯田收税），残害忠良。原九江太守边让天下闻名，英才横溢，因为说了一些真话，没有逢迎曹操，便与妻子、儿女一同惨遭杀害。从此，士大夫和平民都痛恨曹操，天怒人怨，一夫奋臂，举州响应。结果，曹操在徐州被打败（被陶谦和刘备击退），兖州的土地也被吕布夺走，彷徨于东郡，无路可走。幕府考虑到自己和曹操就像树干与树枝之间的关系一样，负有帮助对方的义务，而且不应与叛徒妥协，于是再次集结军队，席卷南征，金鼓响震，吕布抱头鼠窜，这才将曹操从死亡线上解救出来，恢复了他作为地方军政首长的地位。如此看来，幕府可能没有为兖州的百姓办过什么好事，却帮过曹操的大忙。

"后来，銮驾东迁，群虏（李傕、郭汜等）乱政。此时，冀州北部正遭到公孙瓒的入侵，幕府实在无法分身，所以派从事中郎徐勋去传令曹操，让他修缮宗庙，保卫幼主。而曹操竟然就开始随意专行，窃取权力，侮辱大臣，违法乱纪，号令三公，专制朝政，自主赏罚。凡是他喜爱的人都光宗耀祖，凡是他仇恨的人都被诛灭三族，当面批评他的人被公开处死，腹诽他的人也遭到暗杀，道路上的行人不敢相互打招呼，朝廷里的百官不敢开口发言，尚书开会时只是负责签个字，公卿全都尸位素餐。

"原太尉杨彪，两次出任三公，位极人臣，德高望重，官民无不敬仰。曹操因为睚眦小怨，就以莫须有的罪名将杨彪革职逮捕，不经审讯，便下狱拷打，五毒俱至，随意妄为，不顾宪章法典。议郎赵彦忠谏直言，提出过合理的建议，所以受到过朝廷的嘉奖。曹操打算祸乱朝政，杜绝言路，不加申报，擅自将赵彦逮捕杀害。梁孝王乃是先帝（汉景帝）的同母弟，被批准建造高大、威严的坟墓，上面的一草一木都理应得到尊敬，而曹操居然亲自率领士兵前去掘墓，砍破棺材，扒掉梁孝王遗体上的衣物，掠取金宝，陛下为之流泪，士民为之痛心。曹操又建制了发丘中郎将、摸金校尉这两个荒唐的军职，所过之处，专门刨坟掘墓，无骸不露。曹操身处三公高位，却做着和野蛮人一样残忍的事情，祸国殃民，毒流人鬼。曹操又颁布了大量严刑峻法，设下种种陷害民众的圈套，罪犯多得足以塞满监狱，百姓动辄遭到逮捕和刑罚。在曹操的暴政之下，兖、豫二州民不聊生，帝都里怨声载道。

"历观古今书籍的记载，贪残、虐烈、无道之臣，以曹操为最甚。幕府以前忙于消灭外寇，来不及加以训导，对此人过于宽容，以为他将来可以改邪归正。但曹操心怀豺狼之心，阴谋不轨，居然打算斩断朝廷的栋梁（袁绍集团），孤立汉室，杀害忠良，独掌大权。去年幕府挥师北征，讨伐公孙瓒，遭到负隅顽抗，前后围攻达一年之久。曹操趁易京尚未被攻破之际，私下给公孙瓒写信，打算托名援助王师（袁绍的军队），在背后发起偷袭，所以带兵来到黄河南岸，坐船北渡。恰逢行人（间谍，指刘备的使者）前来报告，公孙瓒也被杀死，令曹操的阴谋败露。等到幕府的大军扫荡西山（太行山），屠各、左校各部胡人都主动投降，争着为我军冲锋陷阵，犬羊残丑（公孙续、张燕等）在山谷中灭亡之后，曹操仓皇南逃，死守敖仓，妄图依靠黄河天险抵抗王师，就像螳臂当车一样可笑。

"幕府凭借大汉的威灵，足以令整个宇宙畏惧退缩，持戟的战士多达百万，胡人的骑兵数以千群，加以像中黄、夏育、乌获这样的猛将，高举良弓劲弩，并州军越太行山攻曹操的左方，青州军涉济河、漯河逼曹操的右方，冀州军渡黄河攻曹操的前方，荆州军出宛、叶两县以袭曹操的后方。雷震虎步，四面围攻，一同向贼窟发起攻击，犹如举烈焰焚烧干草，用大海之水浇熄炭火，怎能不将其一举消灭呢？

"曹操的将士成分混杂，其中能够战斗的都来自幽、冀二州，是幕府的老部下，现今无不思念故乡，流泪北望。其余或是由兖、豫二州百姓拼凑，或是吕布、张杨的旧部，因为害怕死亡，暂且托身于曹操，心中却依然与他为敌。看到王师的旗帜出现，鼓吹响起，无须交锋，这些部队就一定会土崩瓦解，争相投降。

"现今汉朝的国运衰败，法律得不到有效执行，朝廷里没有一位能够辅佐陛下的贤相，贵族中没有一个能够力挽狂澜的能士。纵观全国上下，官员们都垂头丧气，找不到可以依托的对象。即便有个别忠义之臣，还受到暴虐的逆贼胁迫，怎能施展自己的才干？曹操又派七百名精兵包围皇宫，对外号称是为了保卫皇帝，其实是将陛下软禁了起来。我们实在担心，篡逆的大祸即将要发生了。这真是忠臣肝脑涂地、烈士立功扬名的大好机会啊，诸位难道可以不努力吗？"

陈琳写的这份檄文，堪称汉献帝一朝最重要的文件。它不仅反映了袁绍的愤怒之情，也道出了曹操的发迹轨迹，更是对袁绍与曹操集团在以往十年内所犯罪行的全面交代。和以往的各份文件一样，袁绍这次并没有说谎，他的每一个指责都属事实，让曹操无法否认（也从未否认过）。毕竟，曹操的一生作恶无数，袁绍完全没有凭空编造其罪行的必要。

但是，袁绍仍然一如既往地拒绝说出事情的全部真相：文中指责曹操的十大罪之中，至少有七件是袁绍亲自指使曹操去做的。因此，无论陈琳的文采如何飞扬，这篇檄文依然是"乌鸦笑猪黑"之作。

"曹操天生不具备优秀的品德，从小就胡作非为，唯恐天下不乱"——所以袁绍很早就看上了曹操，把他纳入自己的"本初俱乐部"里。

"原九江太守边让天下闻名，英才横溢，因为说了一些真话，没有逢迎曹操，便与妻子、儿女一同惨遭杀害"——这是曹操奉袁绍的命令，派二人的好友兼部下陈留太守张邈干的。

"袁绍可能没有为兖州的百姓办过什么好事，却帮过曹操的大忙"——这确是大实话。

"冀州北部正遭到公孙瓒的入侵，幕府实在无法分身，所以派从事中郎徐勋去传令曹操，让他修缮宗庙，保卫幼主"——袁绍当时的确无法分身，但不是因为冀州北部正遭到公孙瓒的入侵，而是因为他委任的兖州刺史臧洪要给被袁绍、曹操杀害的张邈、张超兄弟报仇，勾结吕布等人造反，袁绍不得不去镇压。

"曹操竟然就开始随意专行，窃取权力，侮辱大臣，违法乱纪，号令三公，专制朝政，自主赏罚。凡是他喜爱的人都光宗耀祖，凡是他仇恨的人都被诛灭三族，当面批评他的人被公开处死，腹诽他的人也遭到暗杀"——大部分遇害者都不是因为得罪曹操，而是因为得罪袁绍才被迫害的，因为袁绍一直主张废黜汉献帝。

"原太尉杨彪，两次出任三公，位极人臣，德高望重，官民无不敬仰。曹操因为睚眦小怨，就以莫须有的罪名将杨彪革职逮捕，不经审讯，便下狱拷打，五毒俱至，随意妄为，不顾宪章法典"——杨彪遭到迫害，因为他是袁术的姐夫或妹夫，袁绍与袁术兄弟反目成仇以后，袁绍就多次要求曹操等部下杀掉杨彪。

"梁孝王乃是先帝的同母弟，被批准建造高大、威严的坟墓，上面的一草一木都理应得到尊敬。而曹操居然亲自率领士兵前去掘墓，砍破棺材，扒掉梁孝王遗体身上的衣物，掠取金宝，陛下为之流泪，士民为之痛心。曹操又建制了发丘中郎将、摸金校尉这两个荒唐的军职，所过之处，专门刨坟掘墓，无骸不露"——袁绍自己也一直纵容军队这么干。

"曹操又派七百名精兵包围皇宫，对外号称是为了保卫皇帝，其实是将陛下软禁了起来。我们实在担心，篡逆的大祸即将要发生了"——曹操这么做，确实是为了保护汉献帝，而不是要篡位。当多次叫嚣要废黜汉献帝的袁绍南下逼近汉献帝时，到底是谁打算篡位？

对于袁绍、曹操之争，王夫之评论道："绍之为汉贼也，不下于操，为操谋绍，犹为绍而谋操也。"[1]其实，公平的看法应该是：绍之为汉贼也，远甚于操，曹操起码还能保住汉献帝的地位和性命，袁绍则是赤裸裸地要废掉汉献帝，另立他人，甚至自己篡位。可以说，曹操之所以要与袁绍决裂，就是为了保住汉献帝。如果袁绍稍有维护汉朝的忠心，何进就不会死于宦官之手，汉少帝就不会被董卓废黜，董卓反而迟早会被何太后与何进革职问罪，孙坚更不会在讨董卓期间遭到袁绍的偷袭……

对于熟悉袁绍集团内幕的人来说，即将到来的袁曹大战并不是一场正义与邪恶之间的战争，而是一场关乎汉朝命运和自身利益的决斗。如果黄统的袁绍战胜赤统的曹操，赤统的汉朝必定会很快灭亡；反之，如果赤统的曹操战胜黄统的袁绍，赤统的汉朝也许还会迎来复兴的转机。随着袁绍的檄文发往各个州郡，全国所有军阀都必须立即表态：他们是支持袁绍，还是支持曹操？如果站对了队，他们很可能将会飞黄腾达；但如果他们站错了队，等待着他们的很可能将会是身败名裂。

首先表态的军阀，是与曹操有杀子之仇的张绣。

建安四年冬，袁绍的使者抵达荆州南阳郡，向张绣递交檄文，也给贾诩送去了一封示好信。张绣读过檄文，打算接受袁绍的调遣，贾诩却对袁绍的使者

---

[1] 语出王夫之《读通鉴论·献帝》。

说："请您回去对袁本初讲，他们兄弟之间尚不能相容，怎能容纳天下国士呢？"随即赶走袁绍的使者，并建议张绣去投奔曹操。张绣大惊，说："袁强曹弱，我又与曹操有杀子之仇，怎么能去跟从他？"贾诩回答："曹操奉天子以令天下，这是第一。袁绍强盛，我军人少势单，前去投靠的话，不会得到重赏；曹操较弱，得我军支持必大喜而重赏，这是第二。曹操有霸王之志，必定能忘却私怨，以令四海英雄心悦诚服，这是第三。有此三条，我们投靠曹操安如泰山，希望将军不要犹豫不决了！"张绣便在当年十一月向曹操投降，曹操喜出望外，亲自设宴欢迎，拜张绣为扬武将军，与他结为儿女亲家，又拜贾诩为执金吾，并封张、贾二人为侯。

贾诩劝张绣投奔曹操，其实对张绣并无好处。建安十二年（公元207年），袁绍集团刚刚覆灭，张绣便被迫自杀，12年后曹操又将其子张泉处死，张绣因此绝后。相反，贾诩从此却官运亨通，一直做到魏朝的太尉，并以77虚岁的高龄寿终。对于贾诩其人，陈寿与裴松之的评价截然相反。陈寿盛赞贾诩是德才兼备的一流智者，而裴松之却认为，贾诩时常为虎作伥，李傕、郭汜攻陷长安，杀害王允等大臣，劫持献帝，"诩之罪也，一何大哉"！后来魏文帝用贾诩为太尉，还遭到孙权的嘲笑，可见时人对贾诩评价不高。纵观贾诩一生的言行，唯求自保和显达而已。但是他劝张绣投奔曹操，虽然长远来看是害了张绣，但在眼下却不失为明智的选择。

《三国志》所载贾诩列举张绣应投曹操的三条理由，其实都不成立：第一，曹操早就奉天子以令天下，但张绣与贾诩却多年与曹操作战，与许县朝廷为敌，贾诩还亲自去襄阳与刘表结盟对抗曹操，言行前后不一致；第二，曹操如果在得到张绣支持的情况下，仍然输给袁绍，那么他再重视张绣，对张绣也没有益处，而张绣集团的实力如果足以影响战争的胜负，还不如坐山观虎斗，等到袁、曹双方疲惫，再直捣许县，争霸天下，如果他们的实力不足以影响战争的胜负，那投靠弱者等于选择了战败和灭亡；第三，曹操父子生性记仇，虽然迫于形势，有时摆出宽容的态度，最终一定会秋后算账。说袁绍兄弟不相容，可是袁绍此前已经与袁术和解。所以，贾诩劝张绣投奔曹操，根本用不着这几条编造痕迹极重的理由，一句话就够了："您忘记了我们的凉州老乡麴义吗？"

说到底，是袁绍讨董卓、杀麴义等行为，令他丧尽凉州人心。张绣、贾诩都是董卓的旧部，又不可能为袁绍立下比麴义更大的功劳，所以在他们看来，自己如果投奔袁绍，只能是死路一条。如果改投曹操的话，也许可以免死，至少还能死得慢一些。

接下来，袁绍的使者又抵达了襄阳。刘表读罢檄文，表示将积极配合袁绍讨伐曹操。不过，他此时刚刚被孙策在夏口打得惨败，损兵折将三万余人，一时无力出征。更何况，曹操已经命令益州牧刘璋进攻荆州了，刘表的主力部队一旦北上中原，空虚的后方随时可能遭到东西两面敌人的夹击。所以，刘表虽然表面上接受了袁绍的命令，实际上却采取观望自保的态度。大将蒯越、从事中郎韩嵩等官员都劝刘表采取主动战略，和张绣一样投奔曹操。刘表于是派韩嵩出使许县，刺探曹操的态度，结果变成了一场不了了之的闹剧。

不久，长沙太守张羡起兵反抗刘表，占据长沙、武陵、零陵、桂阳四郡（相当于今天的湖南全省），投靠了曹操。士燮在得到曹操诏书后，虽然并未与刘表决裂，却不断向许县派遣使者，又将得罪过曹操的袁忠、桓邵二人送给曹操处死。随后，吴巨又起兵赶走赖恭，与士燮兄弟瓜分了交州。刘表丢失了半壁江山，只得将自己有限的机动兵力派到江南讨伐张羡，战事久拖不决，让他更加难以北上夹击曹操。

离开荆州以后，袁绍的使者们顺江东下，又来到扬州。此时，孙策已经征服了大部分扬州。听说袁绍即将南下讨曹操，孙策立即同意配合袁绍的攻势，停止与刘表的敌对行动，集中兵力渡江北上，准备从东南方袭击许县。作为孙策集团驻扎在江北的先锋，袁绍的汝南老乡、庐江太守李术（此人可能是袁绍派到孙策身边的）很快就开始北伐，杀死了曹操任命的扬州刺史严象，然后兵临淮河，围攻当涂县的匡琦城（今安徽蚌埠市西），但被九江太守陈登击退。孙策又派弟弟孙权和张昭等人增兵攻打匡琦，陈登派幕僚陈矫向曹操求救。曹操虽然派去少量援军，一度为匡琦城解围，但迫于四面受敌的窘境，最终还是命陈登放弃匡琦城，向东撤退到广陵郡。孙权又追到广陵，继续围攻陈登。

　　东南战事吃紧，许县人心惶惶。司空军祭酒郭嘉劝慰众人说："孙策为人轻率无备，即便有百万之众，也无异于独行于中原。如果遭到刺客伏击，与匹夫无异。以我看来，他必将死于匹夫之手。"确如郭嘉所言，孙策性格莽撞，容易成为刺杀的目标。不过，如果孙策直到战胜曹操、攻取许县之后才被刺杀，那么郭嘉的预言又有什么意义呢？

　　看到袁绍的外交在东南方取得了巨大的成功，曹操便打算到西方寻找盟友。此时，西方的马腾、韩遂等军阀都保持中立，曹操便派司隶校尉钟繇前往游说，让马腾、韩遂把儿子送到许县来当人质，又派治书侍御史卫觊出使益州，催促刘璋立即发兵东下，攻打荆州，以图阻止刘表北上。但卫觊到了长安之后无法继续前进，只能留在当地。究其原因，估计是因为马腾乃袁绍的远亲（参考本书开头部分的袁马联姻），韩遂又是反宦官的先锋旗手，对亲手诛灭宦官的袁绍敬畏有加，不愿意帮助曹操、刘璋与袁绍、刘表对抗。不过，鉴于袁绍多年来一贯敌视凉州人的行为，他们也不打算与袁绍走得太近。

　　其实，即便卫觊顺利地抵达益州，刘璋恐怕也无力东征荆州，因为他自己也正在忙着平叛。大将赵韪曾在拥立刘璋为益州牧的过程中立下头功，本来被刘璋委任为攻打荆州的统帅，此时却倒向刘表，率兵杀回益州，将刘璋包围在成都城内。刘璋有一支由来自关中和南阳郡难民组成的部队，称为"东州兵"，他们此时挺身而出，击败赵韪，将后者包围在江州（今重庆市）。后来，赵韪被其部将庞乐、李异杀死，这场叛乱才宣告结束。诸葛亮后来罢免李严，就是为提防李严变成下一个赵韪。显然，赵韪之乱的直接主谋是刘表，而幕后导演则是袁绍。这场叛乱虽然以失败告终，但刘璋也已经无力出兵帮助曹操。曹操听说益州大乱，派五官中郎将牛亹为益州刺史，拜刘璋为九卿，征他来许县。刘璋不肯接受，从此与曹操产生了嫌隙，为他后来迎刘备入益州埋下了伏笔。

就这样，在袁绍发表南下讨伐曹操檄文之后，整个中国南方都陷入了一片混战之中。董卓、袁术、公孙瓒、吕布相继败亡以后，整个中国基本上都已落入袁绍集团手中，人们本来希望从此天下太平，离黄河流域较远的南方更是如此。当袁绍讨伐曹操的檄文传出，各地民众、特别是南方民众肯定十分吃惊，措手不及。严重的政见分歧，导致这些昔日的盟友和上下级大打出手，留下了无数隐患。在东汉时期，以秦岭—淮河为界，中国南方的人口只有中国北方人口的三分之一左右。由袁绍出奔引发的内战原本主要在华北和中原展开，南方相对较为安定，人口和经济规模逐渐接近北方，但当北方重新陷入战乱时，南方再也无法幸免了，东汉十三州全部被战云笼罩。

截止到建安四年（公元199年）年底，全中国的军阀都已经决定了自己在即将到来的袁曹大战中采取的立场。文学游戏中袁曹双方旗鼓相当，甚至曹操略强的情况并不符合历史事实，曹操所谓的袁绍占有"天下六分之五"的描述也过于夸张：在东汉十三州中，袁绍得到冀、幽、并、青、扬、荆六州全部或大部，司隶、兖、豫、徐、交五州各一小部分，以及包括鲜卑、乌丸、屠各、南匈奴在内的所有北亚游牧民族的支持；而曹操得到司隶、兖、豫、徐、益、交六州大部及荆州北部的支持，凉州倾向于曹操。以占地面积和辖区人口论，袁绍大约两倍于曹操。到了建安五年（公元200年）年初，袁绍对曹操的优势还将继续扩大，因为后者会遭遇一次严重的内讧，同时徐州也将倒向袁绍。

更重要的是，拿双方统帅以往亲自指挥的战绩对比，曹操的胜率不足三分之二，多次侥幸地死里逃生，而袁绍居然是恐怖的全胜。十年来，袁绍只要亲临战场，必定无坚不摧，拿陈寿的话说："天下畏其强。"

看上去，与袁绍对抗的曹操即将成为下一个臧洪，难逃覆灭的下场。

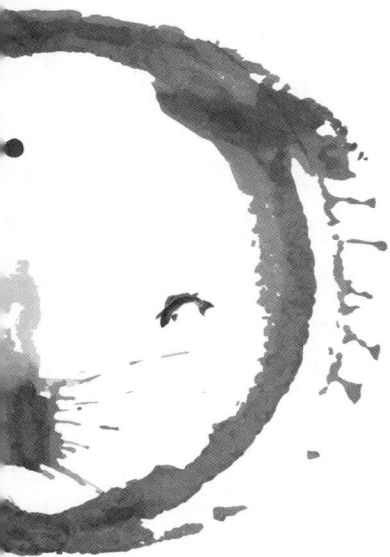

龙战官渡

第十章

悠悠黄河——袁绍南征曹操（公元200年）

　　建安五年（公元200年）春，袁绍经过一年多的筹备，率领步兵十万、骑兵一万，南下扑向许县。

　　对曹操这位跟随自己多年的老部下，袁绍给予了充分的重视，不仅亲临战场，还调集了南方的刘表、孙策等附庸势力，对曹操形成南北夹击之势。不过，袁绍无法动员起自己的全部兵力参加这场战争，因为以张燕为首的黑山军依然在太行山区活动，并州的局势颇为严峻，董卓任命的辽东太守公孙度也虎踞幽州东部，还占据着山东半岛沿海的一些地区，威胁幽州和青州。袁绍以此为由，让自己的外甥、并州刺史高干留守并州，次子幽州刺史袁熙留守幽州，三子袁尚与审配、逢纪留守冀州，长子青州刺史袁谭则在将公孙度的势力赶出山东半岛沿海以后，率军西进，与袁绍共同进攻兖州。所以，袁绍用于进攻曹操的兵力主要来自冀州和青州，以及部分幽州军，而并州军没有参战。

　　袁绍做出的这种军事部署，反映出其集团的政治动向和各派势力消长。在袁谭、袁熙、袁尚、高干这四位袁绍潜在的继承人之中，对南征曹操态度最积极的是袁谭，袁熙和袁尚的态度模棱两可，以袁绍的意志为转移，最不积极的是高干。究其原因，袁谭作为袁绍的长子，却在成年后失去了长子继承权，被袁绍强行过继给已故的哥哥袁基。在兄弟之中，袁谭年纪最长，行政和军事经验也最丰富，打败曹操，控制汉献帝，夺取朝廷政权，成为他夺回长子继承权的唯一希望，他自然跃跃欲试。袁尚作为袁绍最宠爱的儿子，袁熙作为袁绍最不看重的儿子，如果参战并立功，自身地位不会发生什么变化，如果犯了错误，倒有可能一落千丈，所以他们的态度自然模棱两可，以袁绍的意志为转移。就年龄而论，袁谭此时已经年过 30，一生的大部分时间都在河南度过，对征战兖州和豫州颇有心得；袁尚只有 20 岁左右，是在河北成长起来的，深受袁绍的河北幕僚影响，在河南人生地不熟。更何况，袁绍刚刚又添了一个小儿子袁买，对他们儿兄弟而言，这不是什么喜讯。所以，比起攻打曹操，家务事更让他们操心。高干的工作经验比袁绍的这几个儿子都要丰富，文武双全，才华横溢，然而与袁绍的亲缘关系也最为疏远，无论袁绍是否南下攻打曹操，以至于取胜与否，对高干的实际利益都没有多大触动。如果高干积极参战并立下大功，反而有可能成为各方势力嫉恨的众矢之的。更何况，高干祖籍兖州陈留，一旦袁绍与曹操交战，家乡势必成为主战场，因此高干对袁绍攻打曹操毫不热心，借口防守张燕，在并州按兵不动，形同中立势力。

从委派审配留守冀州，也可以窥见袁绍的心思。前文讲过，袁绍的部下分成"河南帮"与"河北帮"两派，"河南帮"中的"颍川四人帮"出于自身利益，一直力劝袁绍立即攻打曹操；"河北帮"原本主张袁绍废黜汉献帝，另立刘和当皇帝，但自从袁绍处死麹义与刘和之后，政治理想破灭，对袁绍攻打曹操这场河南人的内讧不感兴趣，只有"河北帮"中地位较低的审配支持"河南帮"。袁绍让唯一支持自己攻打曹操的河北幕僚审配辅佐刚刚成年、缺乏行政经验的儿子袁尚留守冀州，表面上看是维系政治平衡之举，实际上，把这位积极求战的官员留在后方，只会让他因无法立功而郁闷，整天没事找事，给所有官员都增添巨大的压力。

把爱子袁尚和唯一主战的河北幕僚审配留在后方，并不是袁绍一个简单的昏着。种种迹象都显示，袁绍南下时，主要精力并没有放在如何在军事上打败曹操上，而是在重点考虑一个问题：既然汉献帝没有汉朝皇室血统，是董卓非法拥立的伪皇帝，而袁家土德代替刘家火德的迹象已经非常明显，因此在取胜以后，袁绍必须废黜汉献帝，给自己戴上皇冠，并处决忠于汉献帝的朝廷百官。因此，他才委任当时的天下头号大儒郑玄为自己的军师，还带上了大量图书、珍宝、仪仗出征，以便论证袁家代替刘家君临中国的合法性和必要性，并且筹备未来的禅让仪式。为了让全国各方势力都心服口服地接受自己为新皇帝，有必要通过干净利落地打败曹操树立自己英明伟大、战无不胜的光辉形象，所以这一仗必须由袁绍自己亲自指挥，其他人都不能立太过耀眼的功劳。所以，文武双全的高干、积极求战的审配都得留在后方——绝不能再搞出另一个麹义了。甚至就连几个儿子也没有得到锻炼的机会，不是袁绍过于爱护他们，而是袁绍担心儿子们抢了自己的风头。

袁绍这样的安排，在政治上颇具前瞻性，缺点也很明显：除了"颍川四人帮"和部分急于进步的少壮派官员以外，大部分参战者都缺乏积极性。袁绍对此显然并不在意，毕竟他之前百战百胜，在军事上又有压倒性的优势。更何况，以袁绍在曹操集团内的深厚人脉，曹操未必能活到与袁绍在战场上刀兵相见的时候。

袁绍与曹操在建安五年的斗争并不始于直接的军事冲突，而是始于一系列政治暗杀阴谋，这倒很符合袁绍的办事风格。

早在建安五年（公元 200 年）之前，车骑将军董承便私下宣称，自己得到了汉献帝藏在衣带中的密诏，命令自己杀死曹操。然而，起初并无人响应董承，直到建安五年年初，董承才和刘备、种辑等军官结成了反曹操的地下同盟。在这群人之中，刘备早已投靠袁绍，种辑是王允的老部下，所以也是袁绍一党。董承作为董卓的亲戚、汉献帝的岳父，与曹操的矛盾由来已久，但在曹操依然附属袁绍的情况下，刘备和种辑是肯定不会支持董承刺杀曹操的。曹操与袁绍决裂以后，若能消灭曹操，董承便可借此向袁绍邀功请赏，从而为汉献帝及董家与袁绍和解创造较好的条件。

不过，董承之前虽然奉旨与曹操、刘璋共同讨伐袁术、刘表，却在军事上被曹操架空，刘备又临时被曹操派往徐州，反曹集团严重缺乏兵力，所以只能采取突然袭击的刺杀手段。袁绍之所以不在建安四年大张旗鼓地率军南下攻打曹操，估计就是鉴于讨董卓的历史经验，期待用更加经济的非军事手段解决对手。

很快，鸿沟边的官渡军营中就爆发了谋刺曹操的大案。卫士徐他等人受雇于董承，长期蓄谋刺杀曹操，出于对曹操贴身猛将许褚的畏惧，他们特地等到许褚休息的日子，才身怀利刃，潜入曹操的大帐。可是人算不如天算，此时许褚恰巧因故从住处返回大帐，捕杀徐他一伙，曹操这才侥幸保住了性命。

经过审讯，徐他很快就与董承等人扯上了关系。建安五年（公元200年）一月，曹操火速从官渡军营返回许县，处死董承、种辑等嫌犯。董承的女儿董贵人虽然已经怀孕，但曹操不顾汉献帝的再三求情，将她一同诛杀，从而完成了汉献帝朝廷的"去董卓化"。

刘备听说董承东窗事发，知道自己一定也被列入了黑名单，便袭杀徐州刺史车胄，并派孙乾出使冀州，向袁绍投诚。这就很清楚地说明，刘备从未认同过曹操所谓的"今天下英雄，唯使君与操耳，本初之徒，不足数也"的言论。在刘备的心目中，天下第一英雄是袁绍，所以他才会主动背离老同学公孙瓒，又在曹袁之争中主动背离曹操，倒向袁绍。

为配合袁绍的攻势，刘备留关羽守下邳，自己率军进攻豫州东部，再次占领了小沛，兖州东南部的嬴郡太守麋竺也倒向刘备。曹操派部将刘岱、王忠进攻小沛，却都被击退。刘备自信有袁绍和孙坚撑腰，还嘲讽刘岱、王忠二人说："像你们这样的人来上百个，都不能拿我怎么样。曹操如果亲自前来，胜负也未可知啊！"

曹操见麾下将领都不是刘备的对手，便要亲自东征。诸将全都反对说："与您争夺天下的是袁绍啊。现在袁绍刚刚抵达前线，您却掉头东进，袁绍如果乘虚攻我后方，怎么办？"唯有郭嘉支持曹操说："袁绍性缓而多疑，不会迅速进军。刘备刚刚起兵，部下尚未团结，我们立即进攻，定能战胜他，此机不可失。"曹操也说："刘备是人杰，现在不消灭，将来必为后患。袁绍虽有大志，但优柔寡断，必定不会行动。"于是留于禁率两千兵守延津，程昱率七百兵守鄄城，东郡太守刘延守白马（今河南滑县东），自己带领主力部队东征刘备。实际上，曹操敢于冒险做出这样的决定，既与他刚刚处决董承、种辑一党，许县后方安定有关，更与他在袁绍集团内的情报网传来的消息有关。袁曹这对昔日主仆之间的战争，因为双方过于熟悉，一直都是信息战高于军事斗争。

原来，就在袁绍准备南征的时候，一个儿子突然生病，他决定回去看望，耽误了行程。田丰听说曹操东征刘备，立即建议袁绍说："与您争夺天下的是曹操啊。现在曹操东击刘备，不可能迅速结束战事，我们现在发兵袭击他的后方，可以一举而定。军事要把握好时机，现在就是最好的时机。"袁绍不同意，田丰懊恼地用手杖击打地面，说："唉，大事去矣！好不容易得到如此难遇的机会，却以婴儿生病为由将其丢弃，可惜啊！"袁绍听后很生气，从此疏远田丰。

袁绍前后娶了两房正妻，又有宠妾 5 人以上，儿子自然不止袁谭、袁熙、袁尚。实际上，袁绍至少还有一子名袁买，后来与袁熙、袁尚一同逃往辽东。田丰所谓的"婴儿"，年纪应当还幼小，也许就是袁买。

袁绍的家庭关系十分复杂，袁绍的健康状况也很堪忧。建安五年南征曹操的袁绍三人，早已不再是那个初平元年（公元 190 年）在河北起兵时的袁绍了。他沉睡在十年来百战百胜的功劳簿上，浑然不知自己的生理和心理正在发生剧烈的变化，而这种变化对未来的战争有致命的影响。

南征时，袁绍实岁 54，虚岁 55，正处于从中年向老年过渡的年纪。在这一年龄段，男性的身体逐渐变得虚弱多病，性格变得急躁而敏感，时常为一些小事陷入焦虑，容易因冲动而犯错误。他们的身体已经步入老年，而精神还处于中年甚至青年期，因此往往心有余而力不足，工作能力开始大幅下降。最明显的现象，是视力开始减退，在那个尚未发明眼镜的时代，老花眼不能使用远程投掷武器，而袁绍偏偏最重视弓弩等远程投掷武器。55 虚岁的袁绍战败于官渡，54 虚岁的曹操战败于赤壁，很好地证明了这一自然规律。

但是，即便主帅袁绍因为年事渐高，健康状况下降，不适合亲临前线指挥作战，他麾下的众多将领也总能承担起这个责任吧？

然而，此时的袁绍帐下根本没有能够独当一面的将领。文武双全的高干、积极求战的审配都被留在后方，以往曾为他屡立战功的部将们——刘勋、吕布、臧洪、麴义等现在都进了坟墓，虽有的死于曹操之手，有的死于刘表之手，但说到底，他们的死与袁绍不无关系。与项羽、拿破仑等人类似，袁绍不愿意重用有能力的军官，而更乐意提拔无能的军官，以彰显自己所向披靡的光辉形象。如果有军官显露了过强的能力，袁绍便要置之死地而后快。在众多庸才的陪衬下，统帅的形象就像一个越吹越大的肥皂泡，虽然貌似越来越光辉璀璨，却也越来越接近于毁灭。

袁绍自以为胜券在握，曹操则忐忑不安，他嘴上说不怕袁绍，心里却极为恐惧，所以采取速战速决的策略，急行军抵达小沛。刘备本以为曹操正面对袁绍的强大压力，不敢带主力东进，所以准备不足，遭到突袭而溃败。刘备与中郎将张飞、嬴郡太守糜竺、彭城相糜芳等人北上青州投奔袁谭，刘备的妻子、儿子及部将关羽、夏侯博均被俘。张飞临行前，对时任铚县县长的秦宜禄说："曹操夺走了你的妻子，你却为他当县长，大丈夫岂能如此懦弱？还是跟我们走吧！"秦宜禄便与张飞同行数里，突然后悔，想要返回，被张飞杀死，后来被曹操以烈士的规格厚葬。

二月，刘备一行抵达青州。青州刺史袁谭本是刘备举荐的茂才，此时热烈欢迎刘备，并向袁绍报告此事。袁绍派将领去青州迎接刘备，又亲自来到离邺城200里处与刘备相见。东汉的1里约合415米，200汉里相当于83千米。邺城正东83千米是冀州魏郡的元城县，袁绍专程到元城县来，难道只是为了迎接刘备吗？

答案是否定的。据《后汉书·张曹郑列传》记载，建安五年，袁绍南下讨伐曹操时，命令袁谭请郑玄前来参谋军事。郑玄当时已经74虚岁了，身体多病，但仍然被袁绍委任为军师。袁绍做这样的安排绝非附庸风雅，而是非常实用：郑玄是当时的首席儒士，也是最渊博的法学家和礼学家。按照既定方针，袁绍战胜曹操之后，便要逼汉献帝禅位给自己，建立新的皇朝，新皇朝必须有新法律和新礼仪，除了郑玄，没有别人更适合主持这一工作。正因为这一目的，袁绍出征时，还携带了大量图书珍宝随军。另外，郑玄在社会上有很强的号召力，能够将一些曹操的部下和中立人员拉拢到袁绍身边来。

在袁绍的不断催促下，郑玄只得带病西行，但在抵达元城县（今河北省大名县）时病情转重，卧床不起。郑玄是马融的学生，也是卢植的同学，卢植又曾担任袁绍的军师，还是刘备与孙乾的老师。郑玄病重的消息传来，袁绍与刘备当然要到元城县去看望他。

看来，袁绍之所以不能及时渡河攻曹操的后方，主要原因恐怕不是因为小儿子生病，而是军师郑玄生病。袁绍对田丰生气的原因，估计也在于此。对袁绍这样的正统儒家知识分子来说，郑玄可比曹操重要多了，田丰居然不理解领导意图，简直是无理取闹。与此同时，袁绍也没有停止出兵，于二月攻克黎阳，消灭驻扎在河北的曹军，准备渡河南下。田丰此时却劝阻袁绍说："曹操既然已经战胜了刘备，许县一带恐怕将不再空虚。而且曹操善于用兵，变化无穷，士卒虽少，不可轻视。我们现在不如与他打持久战。将军据山河之固，拥四州之众，可以先外结英雄，内修农业，操练士卒，然后挑选精锐部队，乘虚四出，骚扰黄河以南，曹操救右方我便击其左，救左方我便击其右，使敌人疲于奔命，军民不得安生。这样，我未劳而彼已困，用不了三年，就可以坐收胜利果实了。明公抛弃万全的庙胜之策，而坚持决成败于野战，假若不能取胜，后悔可就来不及了。"

从这时起，亲曹史书对袁绍的污蔑达到了登峰造极的地步。

在官渡之战期间，《三国志》及裴注共五次提及袁绍"不从"，三次提及袁绍"不听"，给后人描绘了一个极其愚蠢而冥顽不灵的统帅形象。袁绍因为多次拒绝部下提出的正确意见，所以才战败的结论，从此深入人心，成为学界和社会的共识。

但这种共识是完全错误的！

假若我们认真分析袁绍的实际行动，就会发现他绝非一直"不从"幕僚提出的意见。正相反，袁绍对幕僚提出的意见几乎一直言听计从，因而吃了大亏。

从《三国志》和《献帝传》称郭图或沮授劝袁绍迎献帝而袁绍"不从"的记载来看，这些史书有意贬低袁绍判断力的态度就很明显了，因为事实上袁绍派了曹操去洛阳迎献帝。《献帝传》还记载，袁绍消灭公孙瓒之后，沮授、田丰劝袁绍向许县朝廷报捷，然后务农休整一段时间，再声讨曹操，分遣骑兵南下袭击曹操的各个领地，令其疲于奔命，袁绍又"不从"。但在建安四年夏到建安五年春之间，袁绍的行为完全符合沮授、田丰的建议。

事实上，尽管在出征前夕接连发生军师郑玄和小儿子相继生病等意外，袁绍也仍然迅速下达了渡河攻击曹操的命令。根据《三国志·张乐于张徐传》记载，袁绍听说曹操率主力东征刘备后，立即遵照田丰的建议，派军队南下，击败曹军，攻下黎阳，随后又攻打黎阳西南方的黄河渡口延津，但遭到于禁、乐进军的顽强抵抗，无法渡河，于是转而将进攻的重点转移到了与黎阳隔黄河相望的白马县，当时驻守那里的是曹操的东郡太守刘延。

被袁绍委以攻打白马重任的军官名叫颜良。在《三国志·武帝纪》里，颜良与另一员军官文丑被誉为"绍名将也"。

不过，谁是颜良？谁是文丑？

尽管文学作品为了颂扬关羽，大肆渲染颜良、文丑的勇武，将他们抬高到河北诸将之上，但是在原始史籍里，此前的袁绍征战史上却全无此二人的记录，更不见他们立过什么战功，地位显然远在麴义、吕布、刘和、淳于琼、崔巨业等人之下。

据《三国志·荀彧传》记载，孔融曾在战前对荀彧说过："颜良、文丑，勇冠三军，统其兵。"这是有关颜良、文丑的最初记载，证明孔融对颜良、文丑有印象。

历史上，孔融曾经与袁军交战。孔融在担任青州刺史期间，遭到袁谭的进攻，战败而逃。既然孔融对颜良、文丑的"勇冠三军"有印象，那么颜良、文丑很可能是袁谭的部将。隋朝名士颜之推所作《颜氏家训·诫兵篇》中也曾提到颜良，说："颜家的祖先最早住在春秋时期的邹国和鲁国，后来又分布到齐国……汉朝末年有颜良，东晋末年有颜延之，都处在将军的位置上，最终却因此败亡。"这样看来，颜良应当是青州人氏，而且还可能与孔门大弟子颜回有亲戚关系。所以颜良很可能曾是孔融的部将，后来投降了袁谭。文丑后来与刘备一起统率幽州骑兵，估计最有可能是幽州人士，或许是公孙瓒的"白马义从"旧部之一，后来投降了袁绍。

从颜良、文丑的履历来看，肯定算不上光鲜夺目。但由于袁绍在过去几年不断滥杀有经验的将领，他此时只得面对这样的局面——河北无大将，颜良为先锋！

袁绍之所以重用颜良、文丑，不是因为这两个人有多强的指挥能力或多丰富的军事经验，而是因为他们代表了袁军中的"少壮派"军官，这些人急于立功升官，是袁绍麾下除了"颍川四人帮"以外，最支持袁绍南下攻打曹操的一群人。至于他们的工作能力，袁绍未必看重，因为他和很多领导人一样，都相信只要把人放在有权力的工作岗位上，工作能力自然就会被培养出来，正所谓"说你行你就行，不行也行"。与其使用工作经验丰富、忠诚度却可疑的能人，不如使用工作经验匮乏、忠诚度却有保证的新人，慢慢筛选、培养他们，以形成自己的嫡系力量。

听说袁军已经发动了进攻，孔融便对荀彧说："袁绍地广兵强，田丰、许攸这样的智能之士为他出谋划策，审配、逢纪这样的尽忠之臣为他奔走效力，颜良、文丑这样勇冠三军的猛将为他统率兵马，恐怕很难战胜吧？"荀彧回答："袁绍兵马虽多，法令却不严谨。田丰过于刚直，许攸过于贪婪，审配专权无谋，逢纪刚愎自用。听说袁绍让审配、逢纪这两人留守后方，如果许攸家犯其法，他们定会加以惩办。许攸闻讯，必将叛变袁绍。至于颜良、文丑，不过一夫之勇而已，可以一战而擒。"

这篇谈话记录显然有问题，荀彧居然能在战前就极为准确地预言审配会在战时抓捕许攸的家人，导致许攸临阵投降曹操这种突发事件，如同卜卦巫师，实在荒唐，很可能经过了荀家弟子的事后加工。不过，从籍贯和五行理论来看，许攸确实是袁绍集团中的薄弱环节，因为许攸是何进、何颙的南阳老乡。在何颙死后，许攸作为荆州人，在袁绍集团颇为孤立，很难与田丰、审配、沮授等冀州"地头蛇"和睦相处，同时又难免受到"颍川四人帮"的排挤。许姓出自姜姓，按照五行理论，属于火德，应当帮助同属火德的曹操与汉朝，而不是帮助与自己"德行"相克的土德代表袁绍。

《三国志·董二袁刘传》的记载与荀彧的意见不谋而合，袁绍的监军沮授也认为，颜良缺乏独当一面的能力，于是劝袁绍说："颜良性格过于急躁，虽

494

然骁勇，却不可独当一面。"结果，"绍不听"。但按《后汉纪·献帝纪》记载，袁绍派去渡河攻白马的将领不止颜良一人，还有沮授、郭图、淳于琼。《三国志·武帝纪》也说，渡河攻白马的袁军将领有郭图、淳于琼、颜良。

显然，《三国志·董二袁刘传》又在污蔑袁绍。袁绍并未"不从"，而是再次接受了沮授的建议，放弃了派颜良独自攻打白马的计划，命令沮授及郭图、淳于琼等将领协同颜良，一起渡河攻打白马。但是，出征之前，身为监军的沮授心情却不大好，对自己的亲属说："有了权势，威力便无所不加；没有了权势，连自己都难以保全。悲哀啊！"其弟沮宗说："曹操的兵马不如我军，您有什么可怕？"沮授回答："以曹兖州的明略，又挟天子为资本，实在是劲敌。我们虽然消灭了伯珪（公孙瓒），部队其实还很疲敝，而主帅骄横，将领奢靡，军队的破败就在此举！"

袁军在消灭公孙瓒之后，至此已经休息了足足一年，连骨折都早该痊愈了，为何仍然疲敝？在协助颜良攻白马这件事上，沮授真没什么可抱怨袁绍的。作为"河北帮"成员，沮授真正不满的，是袁绍杀害麴义、刘和，导致自己的政治理想破灭，因此他无论如何都对南下攻打曹操不感兴趣。袁绍对此也心知肚明，所以专门派沮授去做他不想做的事。

袁绍之所以首先选择白马县发动攻势，大概是因为这个县与濮阳相邻。袁绍初次为官即担任濮阳县令，对这一带比较了解，民意基础也比较好。但这样的战略计划，导致袁军日后陷入黄河中游的濮水、济水、鸿沟、汴渠、浪荡渠等众多河网之间，难以发挥河北的骑兵优势。袁绍如果以攻击许县为首要军事目标的话，理应首先前往河内郡，从那里渡河占领洛阳，占据洛阳四周的地险，截断曹操与钟繇、马腾、韩遂等关中势力的联系，尔后南下攻取南阳郡，与刘表势力连成一片，再联合东进攻打许县。

至于袁绍为何执意派颜良去攻打白马，这多半是受了颜良上司袁谭的影响。

作为青州刺史，袁谭的大部分辖区都在黄河以南，无须渡河就可以攻击曹操的领地。虽然袁谭本人陪同郑玄到元城来与袁绍会合，但他在黄河南岸应当还留有部队，以配合袁绍军主力渡河，其指挥官可能就是颜良。既然如此，那么对袁绍而言，派遣沮授、郭图、淳于琼率领河北的先头部队渡河，与黄河南岸的颜良联合攻打白马，就是顺理成章的事情了。

沮授、郭图、淳于琼、颜良攻打白马时，曹操尚未从淮河流域返回，黄河前线的曹军兵力不足，许县人心惶惶。从前方传来两种情报：一说袁绍在数十万大军中挑选了精锐的步兵 10 万、骑兵 1 万；[1]另一说袁绍有步兵 5 万、骑兵 8000。[2]古籍中的兵力记载大多严重夸张，《三国志·国渊传》就记载当时的规矩是"以一为十"，夸大十倍，现代学者通常倾向于取较小的数字。也就是说，袁绍南下的总兵力更接近步兵 5 万、骑兵 8000，而由沮授、郭图、淳于琼、颜良率领的先头部队估计不足 1 万人。

以袁绍控制的地域和人口看，58000 名士兵实在不算很多。袁绍并未征集一支数量庞大的乌合之众，而是挑选了一支久经战阵、装备优良的中等规模的军队。这样，他才不至于受到后勤问题的困扰，百姓也无须负担过于沉重的赋税和劳役，军队可以持久作战，也可以比较灵活快捷地运动。对于一支人数超过十万的大军来说，军旗、军乐之类的原始通讯方式根本不能满足需求，在无线电尚未发明的年代，他们将不可避免地受到通讯瓶颈的困扰，前后左右难以协同行动，因而比规模较小的部队更容易溃败。从战术层面来说，袁绍的选择是正确的。

之前，田丰曾劝袁绍说，曹操战胜刘备以后，必定会迅速返回许县，事实

---

① 参见《三国志·董二袁刘传》。
② 参见《魏晋世语》。

却相去甚远：袁绍已经大举南下，而曹操却依然滞留在遥远的淮河流域，难以脱身。

战胜刘备后，曹操并未立即赶回战事吃紧的黄河前线，而是拜董昭为徐州牧，自己南渡淮河，抵达寿春，与北上流亡的刘勋会师，又招揽了扬州名士刘晔、蒋济、胡质等人充任幕僚。当时，广陵太守陈登在与孙权展开激烈的拉锯战期间身患严重的寄生虫病，虽然曹操派去自己的谯县同乡神医华佗为他治疗，最终仍然病逝。孙权乘虚而入，攻占了广陵郡。在刘晔的建议下，曹操从寿春南下，在庐江郡击败了地方武装头目陈策，兼并了他的数万部下。至此，曹操和孙策差不多已经在今安徽省与江苏省边界直接对垒了。看来，曹操根本就没有听信荀彧、郭嘉等人为他打气的那些话，而是准备拿孙策这个软柿子捏，也就是放弃中原给袁绍，自己先攻下扬州，割据东南。曹操此前先攻刘备，也不是因为他多么重视刘备，而是怕刘备与孙策的北伐军会师，那样曹操恐怕就打不动了。这样一来，无论曹操与孙策的战争进行得怎样，袁绍都可以轻松地攻入许县，废黜汉献帝。

偏偏就在这个节骨眼，正如郭嘉预言的那样，孙策被暗杀了！

孙策的遇刺过程有三个版本，但都说刺客是原吴郡太守许贡的门客（或家奴）。许贡本是许劭、许靖兄弟和王朗的好友，孙策破扬州，许劭随刘繇逃走，后病死于豫章，许靖逃往交州，王朗战败被俘，后被曹操召至许县，唯独许贡仍然为孙策效力，但不可避免地身在孙营心在曹。孙策与曹操和亲后，许贡秘密上奏朝廷说："孙策骁雄，与项羽相似，最好召他入京为官。如果留他在外地，将来必为大患。"不料孙策手下截获了此信，许贡因而被处死，他的小儿子与门客则潜藏于民间，图谋报仇。当孙策在丹徒县（今江苏镇江市东）集中兵力，准备渡江北伐曹操时，他们便展开了行动。

按《江表传》记载，孙策狩猎时，遇见三名许贡门客，自称韩当部下。孙策不认识这三人，怀疑他们是伪装的，便举弓射倒一人，另两人回击，射伤孙策面颊。此说不合情理，孙盛已有驳斥。按《后汉纪·献帝纪》记载，许贡的小儿子与门客故意在长江岸边的路上杀人，孙策闻报大怒，单骑冲去调查，被许贡门客伏击刺伤。这种说法的真实性似乎大一些，但仍然显得很蹊跷。

临终前，孙策对亲袁绍的谋士张昭说："如果仲谋不会办事的话，您便自取好了。万一无法取胜，缓步西归，也没什么好顾虑的。"这就是后来刘备在白帝城托孤于诸葛亮的蓝本。由此，张昭与孙权形成了非常特殊的关系。后来，张昭对孙权说："当初太后（吴夫人）、桓王（孙策）不把老臣交给陛下，而把陛下交给老臣。"孙权也对张昭说："吴国的士人入宫就拜朕，出宫则拜您。"

扬州的西方是荆州，荆州牧刘表本与孙策有不共戴天的杀父之仇，但当孙策接受张昭的建议，背离袁术，改投袁绍之后，便不得不与刘表和解。当时，刘表正忙于镇压南方的张仲景兵变，孙策不趁机联合张仲景攻打刘表，反而北伐曹操，并在临终前让张昭"缓步西归"，意思是张昭和孙权一旦无法控制扬州，就不必顾虑以往的仇怨，西投刘表，继续与袁绍夹攻曹操，这就是他与刘表团结在袁绍的大旗之下，捐弃前嫌，结为盟友的证据。可想而知，如果孙权确实没有出息，无法掌控政权，张昭必定会执行他与孙策的既定政策，与刘表和解，继续北伐曹操。

四月四日，江东小霸王孙策因伤去世，享年 26 虚岁。

建安五年（公元 200 年），曹操于一月东征，约二月破刘备，三月下淮南，四月北上白马救刘延，而孙策约于三月底遇刺，四月四日去世，这会是巧合吗？陆机在《辨亡论》中说孙策"戎车既次，群凶侧目，大业未就，中世而陨"，似乎暗示后人，孙策遇刺绝非许贡之子和门客的个人行为，而是有众多权贵在幕后指使。郭嘉的预言恐怕不只是一语成谶，他很可能与曹操直接策划了刺杀孙策的计划。曹操本是袁绍的刺客，虽然职业生涯不大成功，但对这一行业还是颇为熟悉的。孙策及时遇刺，说明曹操并没白得"刺客综合征"。

孙策的死讯传出，身在广陵的孙权面临众叛亲离的险境。他立即渡江南下，却发现，即便把张昭、周瑜的部下都算上，忠于自己的将士也只有三千余人。孙权的堂兄孙贲在孙坚死后长期主管孙坚旧部，并主持安葬孙坚遗体，威望很高，还是曹操的儿女亲家（孙贲的女儿嫁给曹操的儿子曹彰）。所以，孙贲之弟孙辅得知孙策已死，便趁孙权出巡会稽郡东治县之机，给时在江北的曹操写信，请他渡江南下，接管扬州。不料孙权南巡东治县只是个圈套，他在截获孙辅密信后立即返回，在张昭的帮助下逮捕了孙辅，将其囚禁至死，孙贲虽然仍然担任豫章太守，兵权却被架空。孙权的小弟孙匡因为娶了曹操的侄女，此时也神秘地死去。同样试图夺权的，还有孙权的堂兄孙嵩等人，但他们在孙辅、孙匡死讯传来后，便都臣服于孙权了。

张昭是个难以捉摸的重要历史人物。当孙策殒命，孙辅、孙匡联合曹操争权，孙权在江东的统治危在旦夕之时，他辅佐孙权消灭亲曹派；而在赤壁之战前，孙权已经完全控制了江东，张昭反而带头提出投降曹操。如果我们知道张昭是袁绍的党羽，那他这前后矛盾的行为就不难理解了。

张昭籍贯徐州，年轻时与同为徐州才子的陈琳、王朗、赵昱结为好友，很可能也都认识徐州名士臧洪。陈琳一直是袁绍的秘书，王朗、赵昱、张昭本是陶谦部下，陶谦晚年推荐王朗担任会稽太守，张昭因为与陶谦争吵而被一度囚禁，赵昱则在担任广陵太守期间被贪图广陵财富的陶谦部将笮融袭杀，陶谦因此讨伐叛乱的笮融。笮融与彭城相薛礼被陶谦击败，渡江逃到秣陵，投靠被袁绍任命的扬州刺史刘繇，后者刚刚在吴景、孙贲协助下渡江占领江东。此事导致陶谦军主力南下长江北岸，曹操乘虚而入，在彭城大破陶谦，陶谦被迫与刘繇和解，刘繇也就承认了王朗的会稽太守职务。但是，袁术很快就派孙策、吴景、孙贲渡江攻打刘繇和王朗，大约就在此时，张昭也从徐州渡江来到江东，辅佐孙策。孙策打败王朗以后，起初派张昭劝降，王朗不降，但随着孙策在张昭等人的影响下转变立场，与袁术决裂，投入袁绍阵营，王朗就放弃了原有的立场。袁绍派曹操控制汉献帝以后，召王朗进京。至此，陈琳、王朗、张昭都投入了袁绍阵营，袁绍镇压臧洪以后，他们对袁绍更加敬畏。刘繇原本任命知名学者盛宪为吴郡太守，后来盛宪因病离职，由其副手许贡接替其职位。从现存的遗留下来的相关书信看，在曹操与袁绍决裂以后，盛宪、许贡与曹操、孔融交流密切，其立场显然是反对袁绍，因此孙策后来处死了许贡，软禁了盛宪。孙策死后，孙权、张昭立即杀掉了盛宪，可见盛宪很可能牵涉进了许贡门客刺杀孙策一案，背后则有曹操、孔融的指使，为曹操一旦被袁绍击败，转而割据江东铺平道路。张昭一直支持孙策和孙权兄弟北伐曹操，执行这一战略的前提必然是与西方的刘表和解，但刘表与孙策、孙权兄弟有杀父之仇，虽然都投靠袁绍，还是很难化解彼此的隔阂。刘表为了与孙权和解，做出过努力，据裴松之注引《典略》记载，刘表曾亲自写信给孙策，请求和解，但起初文笔散漫，刘表的顾问祢衡看了嘲笑说："这信是想要给孙策帐下的孩童读吗？还是想要让张子布看到？"刘表知道祢衡的评价后立即态度端正地重新给孙策写了一封信。祢衡所说的张子布即张昭，由此可见张昭是刘表一方在孙吴政权内的主要联络人。张昭也努力地促成孙吴与刘表和解，每当孙权部下要求西征刘表时，张昭都大力反对，为此不惜与甘宁等武将争吵。孙策死时，袁绍正在讨伐曹操，张昭力主孙策联合袁绍合击曹操；赤壁之战前，曹操已经吞并了袁绍势力，陈琳、王朗等徐州旧友都归附了曹操，张昭心目中的正统势力就从袁绍变成了曹操，自然不主张抵抗。在袁曹大战前后，中国各地都不乏立场发生类似改变的人。赤壁之战后，孙权并未因为张昭主张投降曹操而惩罚他，因为他能够理解张昭主张投降曹操的动机，也明白张昭对自己的忠心并未改变。尽管如此，在曹操看来，张昭依然是孙吴集团内部对自己威胁最大的人，在刘备入川，拒不交还荆州，与孙权关系恶化以后，曹操南征孙权，派阮瑀致信孙权（即《为曹公与孙权书》），写道："若能内取子布，外击刘备，以效赤心，用复前好，则江表之任，长以相付，高位重爵，坦然可观。"言下之意，只要孙权杀了张昭并讨伐刘备，曹操就撤兵。可见张昭的影响力。

在张昭的协助下，孙权迅速平定了萧墙之祸，但外藩叛乱却方兴未艾。孙策死后，庐江太守李术配合孙辅的行动，倒向曹操。孙权大怒，发兵渡江北上，将李术包围在皖城（今安徽潜山县），并写信给曹操，警告他不要干涉，因为李术本是袁绍的老乡，在官渡之战前夕曾给曹操制造过不小的麻烦，不值得曹操信任。李术向曹操求救，而曹操正忙于北上救白马，根本无暇搭理他。最终，皖城陷落，李术阵亡，部下3万余人均被孙权俘虏。为了阻止袁军南下，曹操放弃了夺取扬州的天赐良机，导致原本地位不稳的孙权坐大。仅仅3年之后，孙权便将与刘表重启战端，为远征河北的曹操解除后顾之忧。

从古籍中看，曹操在这次东征期间，前后收编了刘备军数万、陈策军数万、袁术旧部数万，大大充实了自己的兵力。即便这些数字都是"以一为十"的夸张，总共也不下万人。再加上曹操本人的嫡系部队，以及司隶、兖、豫三州驻军和张绣、贾诩的凉州盟军，兵力不可能比袁绍的58000人少。曹军真正不如袁军的地方，并非士兵的数量，而是装备和粮草，而这两点都是曹操集团的经济实力比袁绍集团差的表现。按照曹操自己在《军策令》里的说法，"袁本初有大铠一万领，我只有大铠三十领；袁本初有马铠三百具，我连十具都没有。看到这些装备实在太少，我干脆就没有带"[1]，可见双方武器数量差距之大，当然，其质量也是不可同日而语。

---

① 语出《太平御览》卷三五六引曹操《军策令》。

袁绍南征曹操的军队装备空前豪华，此前的任何一支中国军队都难以与之相比。"铠"即铁甲，西汉以前的中国军队防护装备普遍以皮甲为主，铁甲甚少；马铠即战马披的铁甲，在此前的中国军事史上从未出现过。当时，铁制马镫尚未发明，受其影响，战马的载重能力有限，马铠只有西亚的波斯人和东欧的萨尔马特人在使用，欧洲和东亚都极其罕见。直到南北朝时期，马铠才成为中国北方军队中较为普及的装备。在东汉末年，马铠肯定要算作进口的高科技军事装备，通常与"大铠"配合使用，能够极大提升军队的防护水平。袁绍是最先在军队中配备马铠的中国将军，在建安五年（公元200年）已有马铠300具，可见袁军中有不少西北胡人，也不排除有波斯人为袁绍效力的可能性。在《三国演义》中，刘备的双股剑、关羽的青龙偃月刀、张飞的丈八点钢矛，以及他们的铠甲都是用镔铁打造的，而镔铁正是波斯的特产，波斯对中国出口镔铁的历史一直持续到元朝。如果没有汉桓帝在位期间罗马对波斯的入侵，导致大批波斯难民涌入中国，恐怕就不会有这种武器装备的大变革。由此，战争的激烈和残酷迈上了一个新的台阶。

孙策死后，江东陷入内乱，曹操如释重负，急行军600多公里，抵达黄河前线。此时，沮授、郭图、淳于琼、颜良已经包围白马两个多月，却无法攻占，给曹军平添了不少士气。但曹军远来疲惫，面临与袁绍在界桥之战时类似的困境，部队只能分批投入战场，一线的兵力有限。荀攸建议曹操说："我军兵力不如对方，必须诱使对方分散兵力。您到延津时，可以摆出要渡河北上的态势，袁绍一定派兵西进迎战，您便可率轻装精兵袭击白马，攻其不备，可擒颜良。"曹操依计而行，派兵强行渡河，袁绍果然派文丑、刘备（估计还有张飞和赵云）出兵迎战。

曹操见袁军已经出动，便舍弃重装步兵，率轻骑直扑白马。沮授、郭图、淳于琼指挥的河北军大约尚未听到孙策的死讯，以为曹操还被牵制在江淮一带，因此措手不及。颜良得知曹操赶来，亲自出寨迎战。曹操见颜良没有河北军的协助，孤立无援，便派张辽、关羽率领骑兵发动突袭。关羽望见颜良的麾盖，像吕布一样拍马举矛，冲入袁军阵中，一举将颜良刺死。颜良一死，青州军大溃，沮授、郭图、淳于琼等人见势不妙，慌忙解白马之围，逃往河北。曹操大喜，当场封关羽为汉寿亭侯。

对于白马之败与颜良阵亡，监军沮授负有不可推卸的责任。毕竟，他当时是战场上的最高指挥官。作为惩罚，此战之后，沮授的指挥权即被袁绍免除。沮授此人有些像拿破仑的参谋长贝尔蒂埃元帅，作为一个参谋长出谋划策、处理军务琐事还算称职，但是一旦让他自己指挥军队，就表现得极为蹩脚，特别是缺乏决断力。作为沮授的副手，郭图和淳于琼的表现也没好到哪里去。但恰恰是这种缺乏战术素质和指挥才华的缺点，才让袁绍放心大胆地起用他们，结果酿成恶果。

尽管解围成功，但考虑到白马的城防破损严重，一旦袁军主力扑来，难以继续固守，曹操便将其放弃，带着白马的百姓西迁。按《三国志·程郭董刘蒋刘传》记载，曹操后来对谋士蒋济回忆说："当年孤与袁本初对垒官渡时，想要带燕、白马两县百姓撤退，百姓不肯走，但敌人也不敢犯。"蒋济说："当时我弱敌强，不迁徙百姓，就把他们都丢失了。"以此看来，燕、白马两县的百姓支持袁绍，所以才不肯随曹操南迁。与此同时，袁绍按照田丰之计，"曹操救右方我便击其左方，救左方我便击其右方，使敌人疲于奔命"，不去救白马的沮授、郭图、淳于琼、颜良军，而是命令文丑、刘备（大概也包括张飞、赵云、糜芳、糜竺等人）率骑兵渡河，攻打白马西南方的延津这一袁绍垂涎已久的渡口。这支袁军渡过黄河后，恰好与西返的曹操军遭遇。

按照《三国志·武帝纪》的记载，文丑、刘备军有骑兵五六千名，步兵"不可胜数"。这一数据水分很大，因为袁绍南征的骑兵总数不过是8000或1万而已，主力还在袁绍手中，沮授、郭图、淳于琼、颜良攻白马也需要一些，能划给文丑、刘备的骑兵至多不过 1000 人，很可能仅有五六百人，正是"以一为十"。见敌军冲来，曹操命骑兵解鞍放马，步行前进，并将道路塞满辎重。袁军见有利可图，纷纷扑向辎重，阵型陷入混乱。曹操见战机成熟，便突然率部下上马突击，大破袁军，斩杀文丑，刘备等人落荒逃走。

白马、延津之战时，曹操仅有"不满六百"的骑兵，数目也许可信，但这绝非曹操的全部骑兵。在此前后，司隶校尉钟繇说服马腾、韩遂，从关中给曹操送来两千余匹战马，曹操大喜，给钟繇回信感谢，将他比作萧何。随着时间的推移，曹操的骑兵和步兵数量都应当有较为显著的增长，只是在物资、装备方面仍然难以与袁绍相比。

就这样，在短短几天时间内，颜良和文丑就都丧了命。在史籍和文学作品里，这二人的死亡被大书特书，好像袁绍此时败局已定一样。其实，这仅仅是前哨战而已，对袁绍的军事实力并没有多大损耗。对袁绍而言，颜良和文丑正如拿破仑手下的缪拉和内伊元帅，对战略一窍不通，只知道冲锋蛮干，虽然勇冠三军，但是注定无法统率大军团独当一面。也正是他们的这种特质，让袁绍敢于放心大胆地让他们去带兵打仗。

在取得白马、延津之战的胜利之后，曹操带领主力部队南下官渡休整，并命令随同他一起东征刘备的将领乐进率部留在延津，与驻扎在那里的于禁军会师。得到增援后，于禁与乐进等人便率步骑五千人渡河北上，攻克河内郡的汲县和获嘉县，焚烧袁营三十余座，生擒何茂、王摩等二十余名袁绍部将，斩首、俘虏各数千人，然后才大摇大摆地撤回黄河南岸。

田丰和沮授的战术都不见效，颜良、文丑阵亡，二十余名将领被俘，损兵近万人，多座城池和军营遭到洗劫，袁军士气低落。同时，张仲景叛离刘表、孙策遇刺这两个不利消息传来，袁绍也已经无法指望长江流域的盟军在南方开辟第二战场了，他必须独自从正面解决这场战争。

包括《三国志》和《三国演义》在内，现存关于袁曹战争的历史文学作品都将主要篇幅用于描述白马、延津之战。然而，这几次战斗仅仅是大规模战争的预演，颜良、文丑等将领和数千兵马的损失，对于袁绍而言其实不值一提。对他造成更大困扰的，是军师郑玄的病情突然恶化，于建安五年（公元 200 年）六月病逝于元城县，享年 74 虚岁。作为敌军统帅，曹操对此事颇为关注。《汉末英雄记》载曹操所作《董卓歌》，内容有："郑康成行酒，伏地气绝。"看来，郑玄的病情一度有所改善，所以能够在宴会上给众人（很可能以袁绍为首）劝酒，没想到急病复发，因而不治。郑玄去世后，有千余人参加他的葬礼，其中必定包括袁绍和刘备。郑玄的葬礼结束之后不久，刘备前往邺城，在那里与老友赵云相会，两人还在当地募集了数百名士兵，加入了袁绍的军队。强敌当前却大办丧事，看来此时袁绍真正重视的，是占领许县之后的登基大典，而为他主持制订新皇朝典礼、法律的郑玄大师突然去世，似乎预示着袁绍将无法顺利地君临天下。

袁绍刚刚与曹操交战，就先折损了郑玄、颜良、文丑、何茂、王摩等诸多部下，显然是不祥之兆。在有些历史和文学作品里，甚至认为袁军此时败局已定。

然而，袁绍和曹操都很清楚，真正的决战尚未开始。袁绍折损的这些将领本来也没有打胜仗的能力，因为真正的袁军主力一直都掌握在袁绍手中。等到安葬了郑玄以后，袁绍终于调动全军，大举渡河进攻曹操。"河北帮"对此仍不热心，田丰和沮授继续坚持分兵袭击的旧战略，建议袁绍留守延津，分兵进攻官渡，等到前锋取胜，再行渡河。这一建议听上去好像有道理，但自从鞠义死后，袁军已经没有任何将领能够独自打赢一场像样的胜仗了，完全依赖袁绍本人的指挥能力。按照"河北帮"的提议，如果前锋失利，就等于宣告袁绍南征的失败，袁绍的皇帝梦也将就此破灭。袁绍终于忍无可忍，将田丰逮捕，让审配将其拉到邺城关押起来，同时剥夺了沮授的军权，将他的军队划给郭图指挥，但仍然担任监军。就这样，大部分袁军都落入了"颍川四人帮"之手，"河北帮"完全丧失了军权，作为他们输掉白马、延津之战的惩罚。沮授在白马之战中指挥无方，导致颜良战死，这时对南征的抵触情绪更大，因此推托说自己生病，不愿随军出征，但仍然被袁绍强迫随行渡河。

建安五年（公元 200 年）夏末，袁绍率大军渡过黄河。由于百战百胜的袁绍亲征，全军士气高涨，个个摩拳擦掌，只有沮授坐在船里长叹说："上司志得意满，下属立功心切，悠悠的黄河啊，我还能回到家乡去吗？"

风雨乌巢——官渡大战
(公元 200~201 年)

袁绍率领的主力军从黎阳出发后，一举突破了曹军的黄河防线，夺取了白马、延津和濮阳，袁曹大战由此进入高潮。《三国志》和《后汉书》等原始史料将接下来发生的战事描述得相当零乱，而《三国演义》等历史文艺作品更将这场大战简略化处理，反倒将主要精力都用于描写一些杜撰的情节。事实上，这场大战的过程远比《三国演义》用大段篇幅描绘的赤壁之战、夷陵之战及诸葛亮七擒孟获等战役复杂，对中国历史的影响也比那些战役更大，而且作战双方的指挥水准也更高。之所以《三国演义》等历史文艺作品要淡化处理袁曹大战，正因为这是一场更高水准，接近于现代化的大规模战争。它既不像白马、延津之战那种简单的前哨战，也不像高度依赖精锐军官个人勇武决定双方胜败的中世纪战斗，无需吕布、郭汜、关羽、颜良、文丑这些武夫单枪匹马冲出阵来，在双方军队（或者说啦啦队）的关注下大战几十个回合。这一次，双方主帅都亲临前线，在一片极为广阔的战场上，组织了多次复杂的大军团运动和大军事工程，而这恰恰是传统文学作品不善于描写的，也是传统社会听众无法理解的。归根结底，《三国演义》等历史文艺作品原本就是评书和戏曲的底稿，因此和现代流行网络文学一样，需要迎合读者或听众的口味。传统社会的评书和戏曲听众主要是没怎么远离过家乡的农民和小市民，他们有着明确的道德标准和文艺倾向，习惯于用家乡的农村宗族械斗或街头群殴来理解高层政治军事斗争。在这些斗殴中，个别武林高手完全可能凭借一己之力，决定双方的胜负。

但是，在高度发达的战略战术和军事机械面前，这些在街头或乡村以一敌十甚至以一敌百的武林高手实际上不堪一击，就像没有任何武林高手能够被高速公路上疾驰的汽车撞击而幸存一样。

作为东汉末年首屈一指的军事家，袁绍没有必要和老百姓分享自己的指挥艺术——那可是他用来夺取皇位的不传之秘，如同传说中的屠龙术，普通人既很难学会，学会了也没有用处，反而容易给自己带来杀身之祸。有志于此者需要拥有袁绍的地位和资源，才能获得指挥军队按照自己的想法作战的条件，经过长期练习，才能达到袁绍的指挥水准。

一旦亲临战场，袁绍就立即证明了自己起兵十年来的百战百胜绝非浪得虚名。很快，他就迫使于禁和乐进等人从延津撤退到原武（今河南原阳县），又迅速攻破原武，并派一支军队从杜氏津（今河南荥阳市北）渡河，企图从西方堵截南撤的曹军。不过，除了袁绍以外，其他袁军将领的指挥水平都乏善可陈，结果这支军队被于禁击退，于禁和乐进所部这才得以与曹操会师。《三国志》等史籍迫于政治压力，不明写曹军失利，而是点出曹军每一次"胜利"的地理位置，实际上婉转地说出了战局的真相。后人如果认真研究战场地图，不难得出客观的结论。

听说于禁和乐进等人败退，白马、延津、濮阳和原武相继失守，曹操担心自己的老根据地鄄城的安危，打算派 2000 名士兵增援当地守将程昱。程昱认为自己即便获得了两千援军，也不可能顶住袁绍主力的围攻，所以拒绝说："袁绍率十万大军，自以为所向无前。见我兵少，不会特地前来攻打。如果您给我派来援军，袁绍必然会来攻鄄城，而且一定能攻下来，徒然给您造成损失。"袁绍听说程昱兵少，果然不浪费时间深入沼泽去攻鄄城，而是直扑曹操的官渡大营。但是，程昱也无法给袁绍形成什么威胁，等于一支中立势力。

与程昱相似，另一支原本附属于曹操的力量也在动摇观望，这就是李典所

508

部。李家是兖州山阳郡（今山东省菏泽市东）豪强，宗族人数多达上万，一直很受各方重视。李典的堂兄李整曾帮助曹操击退吕布的进攻，因此被袁绍委任为青州刺史，后来在与袁绍围攻臧洪期间去世。可见，李家作为曹操的老部下，与袁绍的关系一直颇为密切。李整去世后，曹操很重视李典，任命他为中郎将兼离狐（今山东省菏泽市西北）太守，继续驻扎在兖州东北部，这里也是袁绍与曹操势力交界的最前线，离濮阳、白马、鄄城都很近。然而，正史记载，在官渡之战期间李典仅仅向曹操供应了一些布匹和粮食，并无参战记录。战后，李典更是被曹操免去离狐太守职务，从中郎将降为将领中级别最低的裨将军，可见李典及其家族在袁绍南征曹操期间，并没有站在曹操一边，甚至可能加入过袁绍阵营，最后才又倒向曹操。这样一来，曹操的实力就更为薄弱。

虽然围歼于禁和乐进所部的计划失败，但袁绍自己率领的主力军还是连战连捷，继拿下了白马、延津、濮阳和原武之后，又在阳武（今河南原阳县东南）重创了曹操亲自率领的主力军。刘延、魏种等将领从此在历史上消失了，估计都死于袁军之手。曹操本意肯定希望阻止袁绍渡过黄河天险，但他的一线兵力在黄河南岸的多次交锋中损失惨重，"兵不满万，伤者十二三"，只得全部撤回鸿沟西岸的大本营官渡，凭借这条刘邦和项羽曾经用于瓜分天下的运河及其河岸边上的重重战壕，抵挡袁军的攻势。

曹军连续战败的消息传来，"四方瓦解，远近顾望"①，"自许、蔡以南，人怀异心"②，"王师寡弱，天下寒心，莫有固志"③。兖州东部的鲁国和徐州沿海武装首领昌豨相继背叛曹操，投靠袁绍。曹军将领及各地官员也纷纷给

① 语出曹丕《下颍川诏》。
② 语出曹丕《诏官李通子基、绪》。
③ 语出汉献帝《封曹操为魏公诏》。

袁绍写信，表示要弃暗投明，而且还有几名将领将其付诸实践。其中之一，就是刚刚被曹操封为汉寿亭侯的关羽。

由于《三国志》的语焉不详和《三国演义》的高度杜撰，关羽在袁曹大战期间的形象变得既耀眼又怪诞。在《三国志》里，关羽离开曹操去投奔了刘备，而刘备当时正在袁绍麾下，不久前还在与文丑一同攻打延津，而关羽之前则在曹操麾下参加了白马之战，并杀死了颜良。关羽与刘备相见以后，二人不知为何离开袁绍，去了汝南，随即又因遭到曹军攻击而跑到荆州去投奔刘表了。在《三国演义》里，关羽这一期间的事迹则变得丰富生动许多：关羽被曹操在徐州包围时，谈妥了"降汉不降曹"、善待刘备家属、一旦找到刘备就去投奔等三项投降条件，尔后参加了袁曹大战，先斩颜良，后诛文丑，这时才发现刘备在袁绍军中，于是打算前去投奔，欲找曹操辞行，曹操却避而不见。关羽被迫不辞而别，带上刘备的家属过五关、斩六将，即将抵达袁绍领地时，却得知刘备已经告别袁绍，去了汝南，关羽又连忙赶往汝南，最终在汝南实现了"斩蔡阳兄弟释疑，会古城主臣聚义"。由此，关羽"义薄云天"的形象深入人心。

事实上，除了关羽在徐州投降曹操、杀颜良、后来与刘备一同到了汝南以外，《三国演义》里的上述其他情节都是杜撰的。关羽如果从许县或官渡出发去河北，那么他直接往北走就可以迅速到达，但是他所过的五关——东岭关、洛阳、荥阳、汜水关、黄河渡口却是一个向西方兜的大圈子，而他所杀的孔秀、韩福、孟坦、卞喜、王植、秦琪等六将更无一人见于古代史籍。仔细一琢磨，这件事显得非常蹊跷。

原来，在宋代以前各个版本的三国评话中就有关羽过五关、斩六将的传说，但是这些评话认为，曹操是去长安迎立了汉献帝，因此关羽从长安出发去河北，这样就需要朝东走，从长安东郊的霸陵出发，依次经过东岭关、洛阳、荥阳、汜水关、黄河渡口这五个关口。这个故事虽然不符合史实，却没有地理问题。

后来，罗贯中在这些评话基础上写作《三国演义》时，参考《三国志》，发现曹操根本没有去长安迎立汉献帝，而是将汉献帝迎到了许县。罗贯中希望把《三国演义》写成尽可能贴合史实的严肃历史文学作品，然而，他又是关羽的山西老乡，非常崇拜关羽，不愿意放弃关羽过五关、斩六将这一精彩传说，所以就直接将长安改成了许县，尔后便将这些传说强行塞进了官渡之战前后，导致时空混乱，官渡之战的故事也就讲不好了。类似的情况在很多古代历史传奇文学作品中都有出现，例如英国的亚瑟王传奇系列故事、法国的《罗兰之歌》和德国的《尼伯龙根的指环》，也出现了严重的时空错乱，都是因为作者被迫兼顾内容相互矛盾的民间传说和史实。至于罗贯中为什么不能将东岭关、洛阳、荥阳、汜水关、黄河渡口这五关改成许昌北方的五个地名，我们留待后文再作分析。

事实上，关羽既没过五关，也没斩六将，"土山约三事"纯属子虚乌有，诛文丑也不是关羽所为。关羽投降曹操的时候，应当很清楚刘备去河北投奔了袁绍。他当时多半真心投靠了曹操一段时间，但是当曹操在延津、原武、濮阳和阳武连续战败以后，关羽便和其他许多曹军将领一样，对曹操逐渐失去了信心，转而向刘备——其实也就是袁绍靠拢。

那么，为什么关羽会和刘备、张飞、赵云等人一起到了汝南呢？

汝南这个地方，在《三国演义》里像是一个土匪集中营。我们知道，汝南其实是东汉的第二大郡，而且还是袁绍的故乡。刘备和关羽在官渡之战期间跑到袁绍故乡去干什么？

事实再明显不过了：他们是被袁绍派去的。换言之，刘备作为被袁绍承认的豫州刺史，在官渡之战期间，被袁绍派往南方，发动汝南等地的亲袁绍势力，开辟第二战场。关羽作为弃曹投袁的将领，被袁绍调派给他的老上司刘备，与张飞、赵云、糜竺、糜芳、简雍、孙乾等人一同辅佐刘备南下。

袁绍与曹操军营之间的鸿沟，是战国时期魏惠王为沟通黄河与淮河开凿的运河。由于是一条用于行船的人工运河，在秦汉时期，鸿沟的两岸非常陡峭，水也很深，不易穿行，因此刘邦和项羽选择以此中分天下，曹操也选择在此阻击善于野战的袁绍军。根据《汉晋春秋》等史料的记载，由于一时无法攻破曹操的鸿沟防线，部将张郃劝袁绍说："明公虽然连战连胜，但不必继续与曹操硬拼，应秘密派轻骑兵包抄其南路，断绝他们与许县的联络，曹军自然会溃败。"谋士许攸也说："曹操兵少，而集中全力来抵抗我军，许县由剩下的人守卫，防备一定空虚，如果派一支队伍轻装前进，连夜奔袭，可以攻陷许县。占领许县后，就奉迎天子以讨伐曹操，必能捉住曹操。假如他未立刻溃散，也能使他首尾不能兼顾，疲于奔命，一定可将他击败。"袁绍不同意，说："我一定要先捉住曹操。"但是，刘备、关羽、张飞、赵云诸将恰恰在此时南下，从东面和南面包抄曹操的后方，可见袁绍至少部分采用了张郃、许攸的建议。

回顾各种原始史料，事实很明显：当曹操在延津、原武、濮阳和阳武等地连续战败以后，关羽便和其他许多曹军将领一样，对曹操逐渐失去了信心，决定投降袁绍。为了达到这个目的，他只需要在晚上趁卫兵不注意，游过鸿沟，就可以到达对面的袁绍军大营。袁绍欢迎关羽的"弃暗投明"，并且安排他重新与老上司刘备共事。当罗贯中创作《三国演义》时，在此遇到了一个史实与传说之间难以调和的矛盾：关羽离开曹操，过五关、斩六将，去投奔刘备的传说必须保留，但根据史书记载，当时刘备在官渡的袁绍军中，关羽在官渡的曹操军中，双方之间仅隔一条鸿沟，根本没有给罗贯中改造"过五关"留下任何空间。罗贯中绞尽脑汁也解决不了这个难题，最终只能放弃，仅仅把太过荒谬的长安改成了许昌。

当关羽离开曹营，向袁绍大营逃去的时候，原本被曹军卫兵发现，并且报告给了曹操。曹军将领要求追杀关羽，曹操却阻止了他们。毕竟逃跑的人并不止关羽一个，曹操杀也杀不过来，反而会制造军队的恐慌情绪，还不如博一个宽宏大量的美名。如今，对曹操来说，有多少部下还值得信赖，已是生死攸关的问题了。

随着袁军连战连胜，曹军一败再败，另一位重要的政治人物也饱受压力，这便是汉献帝。长久以来，汉献帝和袁绍的关系一直十分敌对，虽然偶尔有所缓解，但总是很快再度恶化。汉献帝和曹操的关系虽然也不好，而且曹操不久前刚刚杀了国舅董承和董贵人父女，但在袁绍决定废黜汉献帝、曹操与袁绍决裂的大背景下，曹操实际上是汉献帝唯一可以依靠的。如果曹操失败，汉献帝别说皇位，就连性命都不一定能保得住，他本人对此是十分清楚的。就在建安五年（公元200年）七月，年满20虚岁的汉献帝生下了长子刘冯，汉献帝自然非常高兴，立即封刘冯为南阳王。刘冯的南阳这一封地可能是曹操安排的，因为此前占据南阳的张绣刚刚投靠了他，共同抵抗袁绍。不料，刘冯刚刚被封为南阳王没几天，就夭折了，恐怕与曹军败退回官渡的坏消息给汉献帝家庭造成巨大恐慌有关。

袁绍军进展顺利，从南方又传来对他有利的消息：叛离刘表的长沙太守张仲景病死，刘表利用这一机会，正在抓紧平定荆州南部，尔后便要北上与袁绍夹击曹操。

尽管形势一片大好，但袁绍在官渡还是遇到了顽强的阻击。鸿沟陡峭的河岸给袁军的推进带来了困难，浮桥搭不起来。在这种情况下，袁绍转而向地形更开阔的东南方进军，占领陈留等地，再西攻许县，这似乎是更好的选择。但是，这样一来，也就给曹操和汉献帝逃往洛阳或长安，与张绣、马腾等凉州军阀割据关中，联手抗衡袁绍制造了条件，中国有可能形成长期分裂的局面，这是志在统治全国的袁绍所不愿看到的。袁绍当时考虑的，是自己在官渡牵制住曹军主力，并且在汝南家乡动员起当地亲袁势力，开辟第二战场，联合北上的刘表军，将曹操彻底围歼在许县、官渡一带，不给他们逃入虎牢关的机会。这个战略本身没有错，但是实施起来却不大如意，因为袁军历来高度依赖袁绍本人的指挥能力，特别是在麴义死后，其他人都指挥不好袁绍的军队，除了袁谭在青州取得过一定战果之外，其他人都无胜绩。

这样，袁绍就面临一个两难的选择：既然只有他本人才能带兵打胜仗，那么如果他带兵南下陈留和汝南，与刘表联手从侧面进攻许县，官渡大营很可能会被曹操攻破，袁军将被切成两半，南下的袁军可能因失去后勤补给而崩溃；如果袁绍自己留守官渡，又找不到合适的南下指挥官人选。放眼袁军之中，近年来曾独立指挥军队打过胜仗的，只有青州刺史袁谭和豫州牧刘备了，相比刘备低得可怜的胜率，在袁绍身边耳濡目染多年，与袁军将士关系密切的袁谭似乎是更好的选择。但是，派袁谭南下包抄许县，也有两个绕不过去的困难：一来袁谭的籍贯就是豫州汝南郡，按照神圣的《三互法》，他既无权统治豫州，也无权统治汝南，而刘备作为豫州牧，则可以合理合法地统治这里；二来袁谭已经被袁绍过继给被杀的长兄袁基了，以便给袁尚接班让道，可是一旦袁谭在南征过程中立下大功，就可能获得将士的支持，重启与袁尚的继承人之争，这是袁绍不愿意看到的。于是，派刘备南下开辟第二战场，就成为政治正确的选择，但刘备缺乏指挥才能，这样的安排难免会酿成军事灾难。

为什么袁绍的部下在屡屡分兵包围曹操都失利的情况下，仍然继续坚持请求这样做呢？沮授渡河时长叹的"下属立功心切"，其实已经告诉了我们答案。如果袁绍消灭了曹操，中国的统一大业便触手可及。但如果全靠袁绍亲自指挥战胜群雄，改朝换代之后，他的部下就都不会有多少功勋，中国将迎来一个开国君主异常强势、大臣空前弱势的朝代。这样的未来图景对于袁绍的部下来说，实在没有吸引力。因此，袁绍的下属都渴望独当一面，立下奇功。但因为缺乏实战经验，他们并不具备独自战胜曹军的能力。以张郃为例，虽然后来成长为一位令人生畏的将领，但直到官渡之战为止，他还没有立下过什么战功，实战经验并不如刘备。尽管刘备明显缺乏军事才华，但是在张仲景病死，刘表即将平定荆州内乱，不日即可北伐的情况下，刘备到汝南去动员亲袁群众，等待与刘表的北伐军会师，从而牵制住曹操和张绣的一部分兵力，应该还是可以胜任的。

为了确保南下包抄计划的成功，袁绍将关羽和赵云这两位刘备昔日的下属和好友交给刘备指挥，组成了一个看似十分强大的班子，该班子成员包括刘备、关羽、张飞、赵云、糜竺、糜芳、简雍、孙乾等人。这个班子，再加上以诸葛亮为代表的在荆州刘表处避难的"客家人"，以及以法正、孟达、李严为代表的在益州刘璋处避难的"客家人"，构成了后来蜀汉政权的核心班底，能力似乎很强。但是，袁绍之所以敢于放手让这个班子南下，恰恰就是因为在当时看来这个班子的能力并不强，尤其不善于打仗。

如果刘备、关羽、张飞、赵云这个班子有能力趁曹操主力在官渡与袁绍对峙之机，一举攻下许县，控制汉献帝，那么袁绍恐怕是不会派他们南下的。因为袁绍自青年时代起便卷入一系列阴谋，自己逐渐成长为策划阴谋的大师，所以在成年以后，养成了不信任他人的世界观，尤其在杀麴义、刘和以后，更不喜欢用能人。中国历史上不乏这种性格的统治者，只是这种问题在项羽和袁绍身上表现得更为明显，他们手下的能人都遭到排挤，留下来的都是善于"做人"的庸人。结果，无论最高领袖多么英明神武，最终却免不了因为分身乏术，逐渐失去对局面的控制，好像他们打的胜仗越多，天下就越乱。

刘备、赵云、张飞、糜竺、糜芳、简雍、孙乾从徐州逃往河北时，军队已经被曹操完全打散，麾下没有什么嫡系部队。这些人中，刘备曾经追随袁绍离开洛阳东奔，却没立过什么功勋，后来在袁绍与公孙瓒交恶的过程中，先是追随老同学兼幽州老乡公孙瓒，与袁绍对抗，等到屡战屡败以后，又趁陶谦"让徐州"之际，抛弃公孙瓒，倒向袁绍阵营，为此与袁术、吕布大打出手。战败以后，再次向袁绍求助，终于携手曹操击败袁术、吕布。等到袁绍与曹操决裂时，刘备立即参与了刺杀曹操的阴谋，但最终还是战败逃奔袁绍。可见，刘备一有机会，就会选择攀附他认为更强的势力，政治身段柔软，但实在没有什么原则和节操，在华北社会上民望很差。与刘备相似，赵云是独自离开公孙瓒阵营来投奔袁绍的，关羽是独自离开曹营来投奔袁绍的，等于都有叛变的历史污点。而且，赵云本来是冀州人，当公孙瓒势力强大时，他抛弃冀州牧袁绍投靠公孙瓒；等到袁绍连续打败公孙瓒，赵云又立即抛弃公孙瓒投靠袁绍。可想而知，这样一个见风使舵的人在河北特别是他的冀州家乡，是非常令人不齿的。总而言之，这个班子的主要成员都有不大光彩的历史，在河北的社会评价很低，没有多少号召力。由于他们都没有嫡系部队，袁绍肯定要拨给他们一些自己的军队。前文分析过，随袁绍南下的军队主要来自冀州、青州和幽州，其中袁绍本人指挥的多为冀州军，袁谭指挥青州军，不大可能割爱，所以拨给刘备、关羽、张飞、赵云这个班子的，应该以幽州兵和曹操的降兵为主。由于历史原因，幽州兵本来就看不起刘备、赵云等人，曹操的降兵忠诚度又不可靠，所以这支军队实际上很难指挥，除了袁绍本人，恐怕谁也镇不住，更不用说以刘备、赵云为代表的这个因多次见风使舵而在华北社会上臭名昭著的班子了。

虽然名誉不佳、实力有限，但刘备毕竟是袁绍选定的豫州牧兼南征军总司令，还具备一定的影响力。听说刘备南下，许县以南各县纷纷响应，黄巾军首领刘辟、祝臂等地方武装势力相继前来会师。在袁绍的家乡汝南郡，大部分地方官员都转向了袁绍一方，只有阳安都尉李通与朗陵县长赵俨还忠于曹操。李通本是江夏豪强，拥有自己的私人武装，可能曾为孙坚效力过，后来因为孙坚担任豫州刺史，离开荆州来到豫州。不久，孙坚遭到袁绍派遣的周昂、刘表等人的袭击而丧命，因此李通与刘表闹翻，自立山头。等到曹操迎立汉献帝，并与袁绍交恶，李通便主动归附曹操，在曹操与张绣的战争中出力，因此被封为阳安都尉。为了尽快控制汝南故乡，当刘备南下时，袁绍派使者拜李通为征南将军，刘表也派人前来劝降，依然记恨前事的李通都予以拒绝，并将袁绍使者斩首。由于曹军前线物资不足，李通于是向阳安、朗陵二县大肆摊派，百姓怨声载道。赵俨见周边郡县都已倒向袁绍，朗陵军民也人心思变，深感恐惧，劝李通与荀彧停止剥削民众，以便安定人心。荀彧与长广太守何夔一同向曹操进言，曹操便不再向汝南郡索要物资。随后，曹操又特别改任许县县令满宠为汝南太守，与李通、赵俨联合消灭了忠于袁绍的一些地方武装。

即便满宠、李通等人在汝南的经营卓有成效，但随着刘备军的南下，曹操集团在豫州南部的统治仍然面临着巨大的危险。很快，刘备军就攻下了滍强（今河南省漯河市临颍县东），这里距离曹操的大本营许县只有20公里的距离，等于已经兵临许县城下，同时派张飞等将领去洗劫曹操的故乡谯县。这时，曹操麾下大将夏侯渊只有十三四虚岁的堂侄女在谯县郊外捡柴，被张飞掠走，二人生的女儿后来嫁给刘禅，成了蜀汉的皇后。夏侯渊的这个堂侄女早年丧父，被夏侯渊收养，在之前的饥荒岁月，夏侯渊为了养活她，自己的亲生儿子都被饿死，可见夏侯渊对她的喜爱。但在袁绍军南下的兵荒马乱之中，夏侯渊家早已穷得揭不开锅，这才有了养女被张飞掠走的事情，可见曹军此时处境之艰难。照此发展，袁军完全有可能在刘备的指挥下占领许县，控制汉献帝。这时，曹操的堂弟曹仁在官渡军营向曹操进言说："南方遭到刘备的强大兵力逼迫，估计我军主力目前难以去救援，其背叛在情理之中。但刘备新得袁绍兵马，不能与部属很好地协调，立即发兵袭击，必定能打败他。"曹操便派曹仁、曹洪、徐晃率领骑兵从官渡南下攻打刘备、关羽、张飞、赵云、糜竺、糜芳、简雍、孙乾与刘辟、祝臂的联军，将他们打得大败，不仅重占了滍强，而且一举收复了整个汝南郡和颍川郡南部诸县，袁军对许县的威胁就此解除。

袁绍不敢离开官渡主战场，曹操同样不敢远离。但是，曹操敢于放权，愿意培养部下，无论是曹仁、曹洪、夏侯惇等亲戚，还是于禁、乐进、徐晃等和曹操无亲无故的将领，曹操都大胆任用，调给他们最精锐的部队，放手锻炼他们的指挥才能；而刘备、关羽、张飞、赵云等人在袁绍的指挥下，却表现得束手束脚，其他袁军将领也是一样。前文已经分析过，这是因为袁绍的起点高，从小就有大志向，又策划过很多阴谋诡计，因此对部下不信任，既不允许他们犯错误，又不愿意看到他们立下太大的功劳，对自己的地位形成威胁；曹操起点低，长期为袁绍效力，在高层政治上没有自己的独立计划，与袁绍决裂之后，面临生死存亡的考验，又没有能力制止关羽等部将投靠袁绍，已经没有什么可输的了，因此对部下随和宽容，愿意留则留，愿意走则走，放手培养他们独当一面，建功立业，建的功劳越大越好，因此小人物在曹操麾下的发展空间很大，在袁绍麾下的发展空间则很小。

刘备攻不下许县，还与另一位重要的政治人物有关，此人就是此时正在许县的汉献帝。

在几乎所有文学作品里，汉献帝与刘备的关系都被描绘得亲密无间，汉献帝一见刘备就尊称其为"皇叔"，一被别人欺负，就找刘备诉苦。事实上，刘备与汉献帝的亲缘关系非常疏远，双方的交往也不多。袁绍派曹操迎汉献帝到许县，刘备被吕布赶出徐州以后，双方首次相遇，刘备是以袁绍部下的身份觐见汉献帝的。由于袁绍长期宣称汉献帝没有东汉皇室血统，汉献帝和他身边的杨彪、孔融等宠臣更倾向于袁术阵营，对袁绍的部下印象都不好。当曹操为了保住汉献帝不被废黜而与袁绍决裂时，必然受到汉献帝及其宠臣们的极力支持和怂恿。在这时，刘备反而勾结董承等人，计划刺杀曹操，迎袁绍来许县。一旦袁绍进入许县，很可能会废黜汉献帝。在刘岱、刘繇、刘和相继死去以后，刘备成为袁绍阵营中资格最老、实力最强的刘姓皇亲，袁绍一旦废黜汉献帝，如果自己不打算直接登基，很有可能会考虑拥立刘备称帝。因此，在汉献帝心目中，刘备既不可靠，还是危险的皇位竞争对手。所以，当刘备军南下攻占灈强，兵临许县城下，已经可以看见汉献帝的皇宫时，汉献帝及其宠臣们毫无疑问全部站在曹操一边，尽管曹操不久前刚杀了国舅董承和董贵人，但这并不是对汉献帝的迫害。当刘备等人兵临许县城下时，正是曹军主力在外，许县驻军最薄弱的时候，而汉献帝和忠于汉朝的大臣、将军们并没有响应刘备军，原因无非是出于对袁绍的憎恶。而在此前和此后，这批人却频繁地发动政变，给曹操制造麻烦。毕竟，敌人的敌人就是朋友，而官场上没有永久的敌人。官渡之战期间的曹操，正是汉献帝及汉室忠臣们最值得信赖的朋友。当曹操军主力在官渡与袁绍军相持时，如果他们乐意配合刘备，刘备恐怕早就占领许县了，而失去大后方的曹操必定会在官渡被袁绍围歼。事实是，正是汉献帝及其臣属坚定地在许县抵抗刘备军的进攻，才给曹仁、曹洪、徐晃率领骑兵从官渡南下击溃刘备军制造了条件。

被曹仁军击溃后，刘备等人匆忙逃回阳武。至此，袁绍已经四度分兵南下，全都大败而归，教训可谓惨痛。但就在此时，从荆州传来对袁绍有利的消息：刘表已经消灭了张仲景的儿子张怿，长沙、武陵、零陵、桂阳四郡全部平定。对于迫切渴望盟军在曹操背后开辟第二战场的袁绍来说，这一重大喜讯意味着刘表总算有能力发动北伐了。于是，袁绍应刘备、张郃、许攸等人的要求，同意第五次分兵南下，又拨给刘备一支军队，经汝南前往荆州北部，与刘表的盟军会师，尔后再度北上攻打许县。在这种历史背景下，刘备奉袁绍之命，再次与关羽、张飞、赵云、简雍、孙乾等人前往豫州南部，与龚都等忠于袁绍的汝南武装势力会师，然后前往荆州去见刘表。

出发之时，刘备肯定无法料到，由于此后官渡战局逆转，此生他再也没有机会踏上华北的土地。如果没有袁绍的这次命令，刘备肯定去不了荆州，更无从结识诸葛亮等人，三分天下也就成了幻想。

送走刘备等人之后，袁绍的幽州骑兵大部分都随刘备、赵云等人南下，而曹操的凉州骑兵却源源不断地赶到战场，此消彼长，袁军在官渡战场上的骑兵优势损失殆尽。为了给刘备再度南下创造有利条件，袁绍下令向官渡的曹军大营发动猛攻。这时秋收已经开始，袁绍地广粮多，而曹操的领地战火纷飞，特别是经过刘备军反复扫荡，豫州的庄稼基本上都绝收了。监军沮授这时又向袁绍进言说："北军虽然数量多，但不如南军的战斗力强；而南军粮食少，资储不如北军。所以，南军更希望立即交战，而长期的消耗战对北军更为有利，我们应当与曹操打持久战才是。"这一次，袁绍没有接受沮授的建议，于八月催动全军，向鸿沟推进，在鸿沟岸边沙坝上建造三十里连营，向鸿沟对岸的曹营猛烈射击。所谓"连营"，并不是简单的一连串营帐，而是一个复杂的移动军事体系，最早由袁绍构思并实施，有可能借鉴了公孙瓒的易京堡垒群防御体系。通过连营，袁军巩固了战果，并不断尝试越过鸿沟，迫使曹操将曹仁、曹洪、徐晃从南方召回官渡，搭建与袁军一样长的连营相抗衡，刘备军这才得以顺利地重返汝南。

袁绍不等刘表与刘备的联军在南方开辟第二战场，迫使曹操分兵回救许县，再发起攻势，而是独自进攻曹军，原因无他，刘备等人没有能力与曹仁、曹洪、徐晃等曹军将领在战场上抗衡，必须要袁绍牵制住曹军主力，才能顺利地南下。

公元 200 年（建安五年）9 月 26 日，中国东北部观测到日环食。[1]按照五行学说，太阳是火德的象征，日食对火德不利。袁绍见日食大喜，认为天亡曹操，便加速发动进攻。曹操见情况紧急，出兵迎战，结果大败而逃，袁军乘胜攻占故市（今河南郑州市西北），此地位于鸿沟西南方，说明袁军已经突破了

---

[1] 刘次沅、马莉萍《中国历史日食典》，北京：世界图书出版公司，2006 年版，第 294 页。

曹操的鸿沟防线。随后，袁军在曹军营前搭建箭楼，堆起土山，居高临下，用弓弩扫射曹营，箭如雨下，曹军士兵必须举着盾牌行走。曹操制造号称"霹雳车"的投石车，发石击破袁军箭楼。袁绍又效法攻打易京的战术，挖地道入曹营，曹操吸取了公孙瓒的教训，在军营里挖掘横向的壕沟，阻断袁军的地道。双方你来我往，较量了数十日，不分胜负。这些都是经典的战术行动，但是并不适合传统文艺作品表现。

袁绍在派刘备南下后，加速攻打曹操，并取得了明显的战果，既说明刘备等人在军事上对袁绍可有可无，也说明袁绍确实无意再等到刘备和刘表的联军北上，与自己共同夹击曹操了。究其原因，大概有三点：

一，曹军的兵力并不比袁军少，曹军真正缺乏的是装备，而袁绍则缺乏能够独当一面的良将。刘备南下已经是秋收时节，等到他带着刘表的联军北伐，只怕已经入冬，不再适合开展大规模军事行动了。

二，随着战事的进展，张绣、马腾、刘璋、孙权等军阀相继背叛袁绍，倒向曹操一方，袁绍的盟友越来越少，目前只剩下一个因镇压张仲景兵变而筋疲力尽的刘表。如果继续拖下去，曹操的援军会越来越多。因此，拖延战术对袁绍不利。

三，如果袁绍采取沮授等人的建议，对曹操采取消耗战术，而刘表和刘备北伐顺利，就有可能先于袁绍攻入许县，因为从刘表的势力范围到许县的距离不过100公里，又不会遭遇曹军主力。如果出现这种情况，刘表可能会像曹操一样，挟天子以令袁绍。袁绍并不担心刘备，因为刘备出身低微，社会口碑又差，还缺乏军事指挥才能，对袁绍完全形不成威胁。但是刘表不一样，他是名列"八俊"之一的党人领袖，还是"本初俱乐部"的核心成员，在中国知识分子中的名望仅次于袁绍。汉灵帝因黄巾暴动废止"党锢"以后，刘表与袁绍同时被召入朝廷做官，并且长期担任袁绍的副手，积累了丰富的行政经验，对他的政变计划也有所了解。袁绍东奔以后，刘表骗取了董卓的信任，先是担任禁卫军司令，随后又设法出任荆州刺史，并在没有嫡系部队的情况下，巧妙地将袁术、孙坚集团排挤出荆州，还用铁血手段镇压了荆州的各个地方武装，射杀孙坚和张济，最终独霸荆州，拥兵十万，招揽四方英才，积极迎立汉献帝，甚至举办了郊祀天地的仪式。虽然在表面上刘表一直服从袁绍的领导，但他的荆州刺史之职是董卓授予的，就任以后不仅席卷荆州，而且还积极介入邻州事务，先是在刘焉死后协助李傕、郭汜攻打益州，后来又通过诸葛玄等人介入扬州事务，引来袁绍任命的扬州刺史刘繇猛烈反击，导致诸葛玄丧命，诸葛亮兄弟到荆州投奔刘表。诸葛亮在《隆中对》里向刘备提出的占有荆、益二州，再图中原的计划，其实正是刘表曾经设想过的一个计划。从这些表现来看，刘表的野心相当大，并非袁绍能够轻易控制。作为刘氏皇亲，刘表肯定希望汉朝能够延续，这又与袁绍灭汉自立的计划产生了根本性矛盾。一旦刘表占领许县，控制汉献帝，难保不会像董卓、曹操那样，起初以袁绍盟友或下属的面貌出现，但很快便发展为袁绍的劲敌。因此，袁绍无法信赖刘表或其他任何一个军阀。为了成功地颠覆汉朝，他必须先于所有势力进入许县，独自控制深受他痛恨的汉献帝，然后亲手给自己戴上皇冠。

作为官场老手和袁绍多年的助手，刘表对此也心知肚明。刚刚平定张仲景兵变的刘表，即便有野心，也没有足够的实力与袁绍争霸中原。他尽管在政治上支持袁绍讨伐曹操，但是心里很清楚，自己之所以能够长期与袁绍保持友好关系，是因为双方地盘不接壤，一旦袁绍灭了曹操，下一个也许就要轮到自己了。因此，对南下寻求援军，以在曹操背后开辟第二战场的刘备集团，刘表的态度不冷不热，并不急于大规模北伐。

刘表和刘备联军一时还难以威胁曹操的后方，但是曹操本人指挥的官渡正面战场却有了崩溃的迹象。袁军突破鸿沟后，对曹营形成了半包围的态势，尽管曹操用霹雳车和战壕等各种战术手段顽强抵抗，但是随着故市失守和刘备一再南下扫荡豫州产粮区，曹军陷入粮荒的窘境，渐渐顶不住了。袁绍又发兵马袭击曹军粮道，多次得手。为了保护粮道安全，曹操特地派典农中郎将任峻负责护送粮草，任峻善于治军，军容严整，袁军不敢进攻，曹军的后勤压力因而得到一定程度的缓解。即便如此，曹操已没有任何天险可守。这些胜利全是在袁绍的亲自指挥下取得的，更反衬出袁军将领们的普遍无能。曹操的许多部下渐渐丧失了信心，纷纷效法关羽，悄悄给袁绍写信，接洽投降事宜。曹操见形势不妙，便给留守许县的荀彧写信，借口军粮即将耗尽，表示要放弃官渡，撤回许县固守。

荀彧回信说："您以弱敌强，如果不能顶住，撤退时定会遭到对方的追击，天下就要丧失了。袁绍是个布衣之雄（平民豪杰），能团结人，却不会用人。以明公的神武和明哲，再加上朝廷的支持，哪里有不能成功的道理呢？如今我军的粮草虽少，还不像楚、汉在荥阳、成皋之间对峙时那样困难。当时，刘邦和项羽都不肯首先撤退，因为先退一方的形势必将危险。您以相当于袁绍十分之一的兵力，坚守阵线，扼住敌人的咽喉，阻止对方前进，已经有半年了。敌人的力量就要耗尽了，必将发生变故。这正是用奇计之时，不可丢失啊。"

《三国志》所录各谋士类似预言家的言论，往往不可尽信，荀彧的这番建议也属此类。袁家在袁绍之前已经四世三公，加上袁绍这一代更达到五世七公，是响当当的天下第一豪门，怎能说是"布衣"？从战事的过程看，曹操与袁绍的兵力大致处于同一级别，裴松之就认为两军的阵线完全一样长，证明曹军此时的兵力并不比袁军少，无论如何，也不可能相差10倍。袁军主力渡黄河还是在郑玄去世的六月，之后3个月内把战线向前推进了约100公里，离许县仅有约80公里，曹军何谈"阻止对方前进，已经有半年了"？

虽然荀彧的这篇语录纯属后人捏造，但他劝曹操坚持在官渡作战，倒不是空穴来风。按曹操的《请增封荀彧表》一文记载："当年袁绍侵入首都郊区，在官渡会战。后来我因为兵少粮尽，准备返回许县，与荀彧讨论。荀彧不同意臣的意见，力主应该坚持作战，设计进攻的方略，鼓舞臣的斗志，改变臣愚蠢的思路，终于打败了强大的逆党，兼并了他的部队。"由此可见，荀彧不仅鼓舞了曹操的作战意志，也给曹操提供了一些切实可行的策略。

受荀彧影响，曹操决定继续坚壁死守。他知道，为了战胜袁绍，全军将士的思想都必须统一。曹操的部将朱灵曾为袁绍效力，袁、曹讨吕布时改由曹操指挥，此后并没有得罪曹操的言行，但曹操突然憎恨朱灵，还派于禁率领数十名骑兵，带着公文突入朱灵军营，宣布将朱灵降职为于禁的部下都督。此事估计就发生在官渡之战时，原因大约是曹操发现朱灵暗中与袁绍来往，可能会背叛自己，所以有必要立刻解除其军权。

在《三国志·武帝纪》中，曹操本人似乎也变成了一个未卜先知的预言家。当他发现自己对民众的压迫过重，可能激起民变时，亲自慰劳运粮者说："我将在十五日内战胜袁绍，到时候就不必再劳累你们了！"其实，此时由于张绣等援军赶到官渡，曹军兵力大增，粮食消耗量大幅提升，而曹操领地内的农田、粮仓又被刘备等人反复践踏掠夺，所以曹操的军粮只能支撑一个月，日益困窘，而袁绍的军粮正源源不绝地从河北运来。曹操应当很清楚，靠吹牛是变不出粮食的。没有粮食，再精锐的部队也会迅速溃散。如果不能在一个月内取得胜利，曹操必败无疑。

十月，河北秋收结束，袁绍派老将淳于琼和将军韩猛（又名韩荀或韩若）等人北上，分头迎接冀州来的运谷车队。韩猛护送数千辆运谷车渡过黄河，前往官渡前线，令看到这一情景的曹军将士垂涎不已。在荀攸等主管曹军情报系统的颍川谋士提议下，曹操派曹仁、徐晃与史涣等将领在鸡洛山区（今河南郑州市西南）伏击韩猛，将其击溃，并一路追到故市，焚烧了袁军的许多粮草和其他物资，给袁军后勤以沉重的打击。

鉴于韩猛失利的教训，为保证淳于琼接粮队安全抵达前线，沮授建议袁绍说："您可以派蒋奇率一支机动部队在路上掩护，以防曹操截击。"袁绍又"不从"。这次"不从"倒是合情合理：蒋奇不过是个无名小将，岂能阻止曹操的行动？若是安全起见，干脆让袁绍自己带着主力部队去接粮草算了。而且，韩猛走的是靠近官渡前线的西线道路，容易遭到曹军攻击；淳于琼走的是远离官渡前线的东线道路，在袁绍大营背后，不容易遭到曹军攻击。

淳于琼作为"西园八校尉"之一和"颍川四人帮"成员，在袁军中有着最老的资格和最大的实权，白马之战后更是抢了沮授的军权。"河北帮"成员沮授与淳于琼曾在许多事件上意见相左，可想而知，二人的关系并不和谐，只要是淳于琼办的事，沮授无不反对。这一次，沮授也不认为淳于琼有能力将粮草安全地护送到官渡，希望让蒋奇这样的将领插手，既是为了袁军后勤安全的大局考虑，也是为了削弱淳于琼在军中的影响力。

此时，淳于琼军正护送着运粮车队从冀州南下，驻扎在官渡以北40里的乌巢。

乌巢并不是一个村庄，也不是一座城市。按郦道元《水经注·济水注》引《郡国志》和《晋太康地记》载，"乌巢"是济水流经的一片湖泊，西通鸿沟，东通巨野泽，最终汇入黄河。在东汉末年，黄河、济水、鸿沟的水位都很高，足以通行大船，而船队足以在一天之内从延津抵达官渡。但袁绍此时可能尚未完全控制鸿沟两岸，担心运粮船队容易在途中遭到曹军截击，所以没有采用水运的方法。

从实用角度考虑，再缺乏远见的农民也不会把自家的粮食堆放在湖泊或沼泽沿岸，因为那里的空气和土壤都很潮湿，又是动物聚集之处，粮食容易腐烂，或被鼠雀吃掉。对于军队来说，湖岸边土地松软，地形低洼，不适于防御。在曹操刚刚袭击韩猛运粮车队之后，淳于琼作为戎马数十年的老将，把军营和粮仓设在对自己有害无利的沼泽岸边，而且还在当地停留达数日之久，实在费解。

有理由相信，屯粮乌巢并非淳于琼的昏着，而是出自袁绍的授意。

我们记得，汉末第一名士郭泰在临终前引《诗经·小雅·正月》的名言"瞻乌爰止，不知于谁之屋"，预言汉朝天下终将归袁（爰）家所有。《诗经》是神圣不可亵渎的儒家经典，在将儒家经典奉若神明的东汉知识分子们看来，"瞻乌爰止"正是袁家代汉称帝的有力证据，这比王莽、刘秀等人当年凭空编造的图谶要权威得多。从此，乌鸦大概就成了袁绍心目中的幸运鸟。"乌巢"的意思是"乌鸦的家"，这个名字必然会让袁绍感到万分亲切和安全。可叹十二年来，中国的命运竟被这个满脑子迷信思想的野心家主宰着，而这位易学大师的传人却不曾预知，历史将给自己开多大的一个玩笑。

袁绍不仅无法预知未来，也没有察觉，在自己身边正在酝酿着一场巨大的叛乱风暴。韩猛被袭击之事说明袁军内部有曹军的奸细，否则曹操和荀攸不可能知道韩猛负责护送车队的行动细节。

自从袁绍与曹操这对昔日主仆决裂以来，很多官员都两面下注，扮演双面间谍的角色，因此袁营里不乏曹操的奸细，曹营里也同样不乏袁绍的奸细。对于军队的内奸，袁绍早有防备，他一直要求主要官员将家眷都安置在邺城，当然不是为了发展邺城的房地产事业，而是为了保证他们的忠诚度。纵观袁军阵营，最有可能叛逃到曹操一方的莫过于郭图、淳于琼、辛评、辛毗这"颍川四人帮"，袁绍也有所防备，虽然给予郭图、淳于琼军权，却依然让"河北帮"领袖沮授监管他们，而只要郭图、淳于琼向袁绍提出重要建议，或是谋求重要任务，身为监军的沮授总是会表示异议，颇有"反对党领袖"的风范。事实证明，在多数情况下，"颍川四人帮"对袁绍的忠诚并无问题，但他们的亲友老乡却的确可能向曹操泄露军情。

当沮授等人将主要精力用来防范"颍川四人帮"时，却忽视了袁绍身边资格最老的一位谋士，此人正是多年为袁绍奔走效力的"本初俱乐部"老成员许攸。许攸年轻时就以行侠仗义闻名，当袁绍与董卓闹翻，离开洛阳出奔河北，又被韩馥软禁时，唯独许攸、逢纪这两位南阳人始终不渝地跟随袁绍，后来献计献策，帮助袁绍反客为主，取得冀州。当袁术和孙坚占据南阳时，许攸、逢纪利用他们在家乡的人脉，帮助袁绍打压袁术和孙坚，最终将这些竞争对手逐往东南。因此，许攸既是劳苦功高的"本初俱乐部"成员，又不属于长年党争恶斗的"河北帮"或"颍川四人帮"，自然被袁绍视为最为忠诚可靠的部下。

对于许攸叛变袁绍的原因，古籍给出了三种自相矛盾的说法。《三国志·武帝纪》说，许攸贪财，袁绍不能满足其要求，因此来投奔曹操。《三国志·荀彧荀攸贾诩传》说，许攸家人犯法，被邺城守将审配逮捕，许攸闻讯后，怒而投奔曹操。《汉晋春秋》与《后汉书·袁绍刘表列传》又记载，许攸建议袁绍分兵袭击许县，袁绍不同意，许攸这才怒而投奔曹操。

《三国志·武帝纪》的记载自然不可信。当时曹操已面临经济崩溃，而袁绍则富强无比。许攸的金钱要求连袁绍都无法满足，一向提倡节俭的曹操又岂能满足？

《汉晋春秋》与《后汉书·袁绍刘表列传》的记载更有问题。分兵袭击许县，是田丰、沮授、张郃、许攸等人多次提议，袁绍也派刘备等人多次付诸实施的老计划。结果证明，这些部队连曹仁、曹洪、满宠、李通等人都战胜不了，屡遭惨败，遑论袭取许县了。

《三国志·荀彧荀攸贾诩传》的记载也值得怀疑。许攸的家属犯法，被邺城守将审配逮捕，与荀彧的预言一致，陈寿想要借此说明荀彧料事如神，与郭嘉预言孙策将会被刺杀一样。但审配怎么会恰好在袁绍即将取胜，曹操即将崩溃的紧要关头逮捕许攸的家属，还让许攸知道？即便审配真的有必要立即逮捕许攸的家属，难道会不事先报告袁绍？一旦袁绍得到这一消息，难道不会限制许攸的人身自由，还任其随意活动？若说许攸首先叛变，尔后袁绍命审配逮捕其家属，才合乎情理。

在中国历史上，有一个人与许攸的情况相似，这就是清朝初年的台湾人何斌。何斌本是海盗首领郑芝龙的旧部，随郑芝龙到过台湾，郑芝龙投降清朝时，何斌不肯降清，跑回台湾，投靠荷兰殖民政府，皈依基督教，并掌握了荷兰语，被总督揆一委任为通事（翻译官）。后来，何斌突然离开台湾去厦门，力劝反抗清朝多年的郑芝龙之子郑成功东征台湾，并献上台湾地图，告知郑成功台湾水道和炮台的部署情况。荷兰和中国史籍都有记载，说何斌叛离荷兰殖民政府，是因为他利用职务之便，为亲友谋利，私自征税，贪污公款，被揆一总督审查，因而畏罪潜逃。但是，即便何斌贪财确有其事，也不是他投奔郑成功并得到信任的主要原因。处在通事的位置上，不谋私利的人很少，离开台湾去厦门者，每年都有，但是只有何斌能够办成大事。更何况，何斌能够穿越海峡离开台湾，足见其人身自由并未被荷兰当局限制。此事的根本原因是，何斌从小与郑成功相识，还曾至少两次被荷兰殖民当局派到厦门，去与郑成功谈判通商事务，都有官方记录。因此，在郑成功眼里，何斌不是一般人，而是可靠的信息来源和老朋友。更重要的是，当时郑成功在与清军的对抗中遭遇了一连串失利，前景渺茫，急需一个稳定的根据地，何斌的攻台计划此时正好投其所好。

与何斌类似，许攸也很早就认识曹操，都是"本初俱乐部"成员，还都曾牵涉进冀州刺史王芬袭杀汉灵帝的大案。何斌作为华人，在荷兰殖民政府内的发展空间很小；许攸作为南阳人，在袁绍阵营中也遭到各主要党派的孤立。因此，何斌作为揆一总督的通事，与郑成功集团成员反而更为投契；许攸作为袁绍的参谋，与曹操集团成员反而更为投契。早在他们叛变之前，在对方阵营的人脉网就已建好。

虽然《三国志·荀彧荀攸贾诩传》把荀彧描绘成一位预言家、"多智而近妖"的巫师，很不可信，但是也不能排除其中有真实的成分。种种迹象表明，曹操早已通过荀彧等人，了解到许攸可能叛变的消息。与其他人不同，荀彧、荀攸这对叔侄与许攸早在"本初俱乐部"里就认识，而且关系特别亲密。将他们联系在一起的，是籍贯南阳的"本初俱乐部"总经理何颙。

前文提到，荀彧同何颙是莫逆之交。袁绍带许攸东奔之后不久，荀彧也离开洛阳东奔，又因为袁绍逼杀颍川士人领袖韩馥而与袁绍关系恶化，投靠同样有阉党背景的曹操，何颙与荀攸则因为谋杀董卓失败而入狱。不久，何颙在狱中自尽，荀攸却因为董卓被王允、吕布刺杀而幸运地获释。荀彧和荀攸将何颙的遗体安葬，这无疑会得到行侠仗义的何颙老乡许攸的高度赞赏。袁绍年轻时为了攀附南阳籍的大将军何进，重用何颙、许攸、逢纪等南阳籍士人，但到了河北以后，便重用麴义、沮授、田丰等"河北帮"和郭图等"颍川四人帮"，让这些新人后来居上，更令许攸感到失落。两相比较，许攸与荀彧、荀攸叔侄更心有戚戚。

对许攸反抗袁绍造成影响的，恐怕还有他的另一位南阳老乡——叛变刘表的长沙太守张仲景。张仲景年轻时与"本初俱乐部"走得很近，曾就职业规划咨询过"总经理"何颙，很可能也认识袁绍、曹操、刘表等人。刘表南下荆州时，自然重用张仲景，张仲景也与同样南下投奔刘表的王粲等人关系密切。但当袁绍与曹操决裂以后，张仲景倒向曹操，因此遭到支持袁绍的刘表的讨伐。

张仲景支持曹操，反抗袁绍，代表了南阳民众的态度。作为东汉第一大郡，南阳举足轻重。最早，南阳地区坚定地支持袁绍反对董卓，因此变成袁术与孙坚讨伐董卓的根据地，孙坚屡战屡胜，逼得董卓烧掉洛阳城逃往长安，南阳民众功不可没。然而，袁绍突然派周昂、曹操等人南下袭击孙坚的豫州，逼得孙坚南下，在襄阳被刘表军射杀，此后更是连年与袁术交战，令整个南阳备遭蹂躏。此后，南阳地区长期被张绣占据，又多次遭到曹操的进攻。作为袁绍麾下的南阳谋士，许攸、逄纪虽然在此期间多有贡献，但也难免为家乡惨遭荼毒而感到心寒，张仲景更是如此。张绣支持曹操对抗袁绍，不仅出于其个人利益，在南阳也是有民意基础的，他与南阳人张仲景在荆州南北呼应，抗袁援曹，给刘表造成了巨大的压力。韩嵩等南阳籍官员一直力劝刘表支持曹操，后来又劝刘表的儿子刘琮投降曹操，都代表了南阳的民意。袁绍当年为了早日夺权篡位，设计害死提携自己的南阳籍大将军何进，即便能够在很长时间内蒙蔽全天下，至此终于还是尝到了恶果。前文曾提到，何进的部下兼南阳老乡黄忠曾与袁绍共同劝说隐士申屠蟠出山，后来黄忠随同刘表南下荆州。黄忠与另一位南阳籍的名将魏延之所以会在赤壁之战以后出现在长沙一带，很可能是被刘表委任为长沙太守的南阳老乡张仲景将他们带到了这里。

按《曹瞒传》载，曹操听说许攸来投奔自己，赤着脚出寨迎接（赤脚在汉朝礼仪中表示恭谨，而非失礼的表现），拍掌笑道："子卿（许攸字）远来，我的大事要成了！"许攸便问曹操："现在你还有多少军粮？"曹操回答："还够吃一年。"许攸不信，曹操又说："够吃半年。"许攸笑道："足下不想破袁绍吗？为何不与我说实话？"曹操只得说："前面是与你开玩笑，其实只够吃一个月了，我应该怎么办才好？"许攸便献计说："你孤军独守官渡，外无救援，而粮谷已尽，这真是危急之时啊。我知道袁绍从北方调遣了运粮车万余乘，分驻在故市、乌巢两地，守军防备不严，如果以轻兵袭击，烧掉这些物资，不过三日，袁绍自然会败退。"

驻扎在故市的是韩猛军，驻扎在乌巢的是淳于琼军。故市在鸿沟西南岸，曹军容易攻击，但是乌巢在鸿沟以北，四周全被袁军控制，越过袁军主力袭击乌巢，是极为危险的任务，一旦失利，执行任务的部队势必将全军覆没，所以曹营众将都表示反对，只有荀攸与贾诩支持。曹操见没有将领愿意执行这一作战任务，便先派曹仁、徐晃与史涣等人去鸡洛山与故市袭击韩猛。曹仁军获得大胜，曹操因此相信许攸提供的情报是真实的，这才留曹洪、荀攸等人守营，自己与许攸、乐进率步骑五千人，趁夜打着袁军的旗帜出发，人抱薪，马衔枚，直入袁军阵地。袁军哨兵见有部队经过，加以盘问，曹操令许攸等部下回答："袁公担心曹操袭击后方，派我们来加强防备。"因前有韩猛被袭，袁绍派军来援在情理之中，哨兵便信以为然，曹军因此得以长驱直入。凌晨时分，曹操抵达乌巢，命部下四面放火，在淳于琼军中制造恐慌。天明后，淳于琼见曹操的兵力并不多，便率军出战，反被曹操击败，只得退回营中，同时派使者向袁绍求救。

袁绍听说曹操亲自深入自己的占领区，去乌巢袭击淳于琼军，认为曹操这是在自投罗网，便对袁谭说："趁曹操攻淳于琼时，我攻下他空虚的大营，他即便战胜了淳于琼，也无路可逃了！"于是派部将张郃、高览等人攻打曹营。张郃反对说："曹操亲自率精兵去乌巢，必定能战胜淳于琼，那我军的大势便去矣，最好还是先救淳于琼。"向来善于揣摩领导意图的郭图说："还不如围魏救赵，先攻曹操本营，曹操闻报势必会撤退，这样乌巢之围不救自解。"张郃反驳道："曹军营寨坚固，不可能很快攻克。"袁绍见二将各执一词，便采取折中方案，仍令张郃、高览攻打曹营，再派轻骑兵去救淳于琼。

以当时的战场情况来说，袁绍最好的选择，莫过于率全军围攻曹营，攻不下来不要紧，因为曹操即便能够攻破乌巢，战胜淳于琼，也不可能以数千兵力在袁军控制区内停留太久，迟早会回主营来，这时袁绍正好发挥兵力优势，围城打援。如果袁绍率领全军去救淳于琼，官渡大营就有失守的可能。曹操、许攸等人的思路是，既然袁绍手下的都是打不了胜仗的庸才，那就主动拉长战线，开辟新战场，迫使袁绍压一边。袁绍分身乏术，结果就干脆自己坐镇官渡，派其他人出战，这恰恰是曹操最愿意看到的。

事实证明，淳于琼虽然有优势兵力，却被曹操死死压制，只能死守军营。等到袁绍派来的轻骑兵出现在曹操后方时，淳于琼大喜，以为可以通过夹击打败曹操，便率军出战。曹操遭到前后夹击，部下都劝他撤退，他却坚持命令部下进攻，结果击败了淳于琼，占领了乌巢粮仓。这是曹操毕生中最重要也最危险的一仗，如果输了，他就等于被许攸骗进了袁绍的包围圈，即便能够突围，也断难逃回官渡大营，这就是诸葛亮在《后出师表》里说到的曹操"险于乌巢"。

既然如此，问题就来了：既然曹操兵力占绝对劣势，在袁绍援军尚未赶到之前尚且攻不破乌巢营寨，那么在袁绍援军赶到，与淳于琼对他形成前后夹击的态势时，怎么就能够占乌巢营寨呢？或者说，淳于琼作为久经沙场的"西园八校尉"之一，怎么会在获得援军以后，反而打了大败仗，失守乌巢呢？即便乌巢位于湖畔低洼地带，易攻难守，也很难解释这一现象。

为了解释曹操取得乌巢大捷的疑问，也许我们得更换个方式思考——袁绍派来援助乌巢的轻骑兵是由谁指挥的？

官渡之战期间，曹操身边除了许攸以外，还突然多出了两位袁绍的大将，这便是乌桓司马阎柔和渔阳太守鲜于辅。

阎柔和鲜于辅原是刘虞部下，刘虞被公孙瓒杀害之后，二人便在幽州组织军队，投靠袁绍，立志向公孙瓒报仇。袁绍安排他们到刘虞之子刘和麾下，与麴义等将领合兵十万，共同攻打公孙瓒，立过许多功劳。袁绍处死麴义、刘和以后，二人便失去了靠山，因此对袁绍怀恨在心。鲜于辅认为袁绍终将向自己下手，便开始招揽公孙瓒的旧部，任命一直忠于公孙瓒，因刘备脱离公孙瓒阵营而离开刘备的田豫为自己的长史。当袁绍还在易京围攻公孙瓒时，田豫听说曹操从河南来袭，就劝鲜于辅说："终能平定天下的，一定是曹操。您应当赶紧向他投诚，去得晚了，便会招致灾祸。"不料袁绍迅速击退曹操，消灭公孙瓒，并派次子袁熙当幽州刺史，成了阎柔和鲜于辅的顶头上司，令二人如坐针毡，更急于投靠曹操，但苦于幽州与曹操领地相距甚远，需要率部穿过袁绍的核心领地，这是他们难以做到的。正在此时，袁绍召他们去参加官渡之战，给了他们一个天赐良机。

前文分析过，袁绍南下讨曹操时，主要依仗冀州和青州的步兵，以及幽州的骑兵。后来，幽州骑兵在文丑和刘备等人的率领下，不断折损，刘备南下汝南时又带走了一部分，袁绍手里的骑兵所剩无几，大部分应当都在阎柔、鲜于辅和田豫等幽州将领手中。当曹操袭击乌巢时，袁绍派去支援淳于琼的，应当就是阎柔、鲜于辅和田豫率领的幽州骑兵。曹操敢于率领五千兵马攻打乌巢，并在袁绍援军赶来时继续进攻并取胜，说明他对于这支骑兵的临阵叛变早已心中有数。淳于琼看到援军赶到，连忙开门迎接，不料这支援军却和曹操联合起来进攻自己，乌巢粮仓因此迅速陷落，淳于琼本人也被俘了。后来，曹操特别重视阎柔、鲜于辅、田豫三人，对阎柔像亲生儿子一样，又拜鲜于辅为建忠将军，督幽州六郡，还将田豫调到自己身边来担任幕僚，可见这三人在官渡之战中起到了多大的作用。

即便攻占了乌巢，曹操也并不打算在袁军控制区内停留太久。取得大捷之后，他下令将袁营内的粮谷宝货全部烧掉，而不是带走或保护起来，这说明他根本没有信心控制当地，而只是想破坏袁军的粮食储备，然后赶紧撤回大营，这完全是游击战的思路。

乌巢之战，曹军共斩杀淳于琼、眭元进、韩莒子、吕威璜、赵叡等袁军将士一千余人，说明由于阎柔、鲜于辅和田豫等幽州将领临阵倒戈，战斗迅速分出了胜负，没有经过太激烈的搏杀，也说明淳于琼麾下的所谓"万余"名将士，其实也就一千余人，仍是曹操"以一为十"的夸张。除了烧毁粮谷宝货之外，曹军割掉被俘袁军将士和牲畜的鼻子，向敌人展示这一恐怖景象。这很可能是阎柔、鲜于辅和田豫等与袁绍有宿怨的幽州将领的私刑，曹操并不知情。当夜，军人将被割掉鼻子的淳于琼押到曹操面前。曹操见这位当年与自己共同担任"西园八校尉"的老同事落到如此悲惨的田地，大为吃惊，问道："怎么会这样？"淳于琼回答："胜负自有天意，又何须问呢？"受"颖川帮"的影响，曹操本不打算杀淳于琼，许攸却反对说："他明天照了镜子之后，会更加忘不了我们！"曹操这才下令将淳于琼斩首。

乌巢之战的失败，与袁绍的战略部署失误有直接关系，对乌鸦的痴迷，让他将粮仓设置在这一不利于防守的地区，派刘和与公孙瓒的旧部去援助淳于琼，不料这支部队又因为往日积怨而临阵倒戈。不过，曹操若非已经处于绝境，即便有许攸等人提供的情报，也断然不敢赌上全部家当，亲自深入袁军领地去执行这一极为危险的任务。战争中会出现各种突发事件，有些可以预测，有些则无法预测。当天，深秋的乌巢战场上空必定飞翔着成群的乌鸦，准备对袁军的尸体大快朵颐。对笃信"瞻乌爰止"的袁绍来说，这副凄惨的景象也许是最残忍的讽刺。

与曹操取得乌巢大捷同日，在曹洪、荀攸等人的顽强抵抗下，袁军对曹操主营的攻击也被击退。《三国志·张乐于张徐传》载，郭图对袁绍说："张郃正为我军的战败窃喜呢。"张郃闻讯，既怒又惧，便与高览焚烧了攻城器械，向曹军投降。曹洪怀疑对方是假投降，荀攸劝他受降。但按《武帝纪》和《董二袁刘传》，张郃是听说淳于琼战败的消息，才投降曹军。张郃向曹洪投降，应当发生在淳于琼受到曹操攻击的次日，因为曹操还没有从乌巢归来。综合这些史料，张郃、高览由于战绩乏善可陈，遭到上司郭图的苛责，惧怕遭到袁绍的严惩，因此通过荀攸的情报系统进行谈判，临阵投降了曹军。

从乌巢返回官渡的路上，曹操连续收获大礼包：一支又一支袁军倒向曹操，袁绍对军队显然已经失去控制。这当然与前两天故市和乌巢粮仓相继被焚有关，但是古代军队行军至少要随身携带三天的军粮，官渡大营里也不可能没有存粮，阎柔、鲜于辅、田豫、张郃、高览等将领在短短一两天内相继追随许攸，向曹操投降，而且还都得到部下的拥护，说明袁绍阵营中早就潜藏着巨大的危机，很多人都在策划反叛袁绍，绝不是许攸或张郃的个人行为。他们的投降与缺粮毫无关系，因为如果此时袁军因为饥饿而投降，那么也即将断粮的曹军更没有能够提供给他们的食物。造成袁军集体叛变的主要原因，一是以郭图、淳于琼为代表的"颍川四人帮"领导失误，二是随着袁绍离消灭曹操、占领许县、废黜汉献帝的目标越来越近，越来越多的人意识到，帮助袁绍打江山对自己并没有好处。出现这种情况其实并不太意外——每当袁绍的敌人濒临绝境时，总会有人出手相救，过去的董卓、袁术、公孙瓒、吕布等都是如此，现在曹操也享受了这一"待遇"。十多年来，袁绍一直打着拥护汉朝的旗号颠覆汉朝，虽然自以为做得天衣无缝，但是在关键时刻总是不免会露出马脚。当人们发现自己的基本利益受到袁绍的威胁时，转而支持袁绍的敌人，这是再自然不过的选择。这不是普通的临阵倒戈，而是一场大规模的兵变，曹操在许攸的指导下夜袭乌巢，实际上点燃了这个炸药桶的导火索。

曹操等人从乌巢返回官渡，看到袁军正在自相残杀，大喜，曹操立即召见张郃、高览，赞扬他们的行为"如微子去殷，韩信归汉也"。尔后共同配合曹洪、于禁、张绣等各营，加上曹仁、徐晃与史涣从故市返回的部队，联合发起进攻，很快便冲入袁绍的主营。监军沮授试图组织抵抗，却被部下捆起来交给了曹操。袁绍措手不及，为如此多的部队在如此短的时间内叛变而震惊，当他意识到局面失控以后，他连盔甲都来不及穿，便慌忙与袁谭、郭图等八百人骑马杀出军营，向北逃走。

袁绍为什么要逃跑？此时，还有上万将士正在为他浴血奋战。八年前，当他被黑山军占领了邺城大本营，自己在界桥面对公孙瓒的优势兵力，同样众叛亲离，陷入绝境时，他都顽强地坚持战斗，直到取得胜利，而此时并未入绝境却要逃跑，实在匪夷所思。究其原因，袁绍在界桥之战时身为并非朝廷任命，而是从韩馥手中抢来的冀州牧，本是弱势的创业者，没有什么可以失去的，又有麹义这样智勇双全的可靠将领值得托付；而在官渡之战时，袁绍作为朝廷任命的大将军，再加九锡，已经过了多年皇帝般养尊处优的生活，有太多东西可能失去，又缺乏麹义这样智勇双全的可靠将领值得托付，对大部分人都失去了信任，因此他没有坚持恶战的毅力。

看来，命运公平地给了那个时代所有枭雄以展示自己逃跑才能的机会，在孙坚、曹操、董卓、吕布、袁术、公孙瓒、孙策、刘备等名字之后，现在又加上了袁绍。东汉末年唯一在此前还战无不胜的统帅，就这样糊涂地结束了自己的不败纪录。对于战胜者曹操来说，这是最辉煌的胜利，因为他绝处逢生，以弱胜强；而对于战败者袁绍来说，这是最悲惨的失败，因为他自己打败了自己。保护袁绍杀出重围的，正是被他强行剥夺继承权的长子袁谭，这又是多么讽刺的事情啊！

不过，与以前曹操的历次失败相比，袁绍输得还不算太难堪。以往帮袁绍打江山的时候，曹操至少五次负伤，已经是一位残疾人，而袁绍并未在战场上负过伤，否则亲曹史料一定会大加渲染。

袁绍能够从曹军的重围中逃出去，也得益于曹操没有穷追不舍。后来，魏将王基对司马昭解释说："武皇帝克袁绍于官渡，自以所获已多，不复追奔，惧挫威也。"曹操不追袁绍的原因很容易理解：如果真的活捉了袁绍，曹操难以处置；如果杀死了袁绍，曹操更难以心安。因此，袁绍顺利地一路跑到黄河边，渡河至黎阳北岸，来到部将蒋义渠的军营。此时，袁绍惊魂未定，怀疑所有部下都要背叛自己，握着蒋义渠的手说："孤以首领相付矣！"意即他把自己的身家性命都托付给了蒋义渠。蒋义渠听得此言，连忙把部队的指挥权交给袁绍，各路散兵闻讯也陆续赶来会合，终于稳住阵脚。

在中国近代史上，有一次战役与官渡之战颇为相似，这就是 1925 年的巨流河之战。

辛亥革命之后，东北三省落入奉系军阀张作霖之手。1919 年，为了提升奉系军官素质，张作霖在奉天（沈阳）建立东三省陆军讲武堂，聘请原北京讲武堂教官郭松龄为教官。作为张作霖的长子，张学良报名成为东三省陆军讲武堂第一期学生，受教于郭松龄。郭松龄非常重视张学良，在他的严格训导下，张学良多次考试都名列第一，尚未毕业就被任命为团长，郭松龄也被张作霖任命为参谋长，这对师徒从此建立了深厚的友谊。1921 年，张学良的第三旅和郭松龄的第八旅组成了奉军司令部的核心力量，在次年的直奉战争中，这两个旅力挽狂澜，在山海关击退了吴佩孚的大军。自此，奉系将领中形成了以郭松龄为首的"陆大派"，以其成员多为东三省陆军讲武堂师生而得名。

1924 年，第二次直奉战争爆发，张作霖任命张学良与郭松龄担任第三军的正副军长，与姜登选的第一军作为奉军的主力，多次击败吴佩孚的直系军队。吴佩孚的第三军军长冯玉祥作为郭松龄的好友，起初按兵不动，此时见直系军形势不利，便发动"北京政变"，联合奉军，将吴佩孚和溥仪赶出北京。张作霖任命张学良为京榆驻军司令，郭松龄任副司令。此时，在张作霖的支持下，大批奉系少壮派军官云集在杨宇霆周围，形成了与"陆大派"抗衡的"士官派"。由于"士官派"的影响，郭松龄等"陆大派"将领在第二次直奉战争胜利后未获进一步重用，双方关系急剧恶化。当年底，孙中山受张作霖、冯玉祥等人的邀请来到北京，受到张学良、郭松龄的热情款待，但不久病逝。随后蒋介石等人在广东筹划北伐，得到冯玉祥和郭松龄的声援，却遭到张作霖和"士官派"

的反对。为了对抗北伐军，张作霖任用杨宇霆为总参议，联合蒙古军阀徐树铮和江苏军阀孙传芳，意欲建立反北伐联军。不久，孙传芳背盟偷袭杨宇霆，冯玉祥又诱杀了徐树铮，时任第三军代军长的郭松龄因此与杨宇霆交恶，决定联络第一军军长李景林和冯玉祥等人共同反奉。

1925年11月，郭松龄在滦州起兵，通电全国，宣布要推翻张作霖和杨宇霆，拥立张学良为奉系军领袖，支持革命军统一中国。张作霖大惊，派张学良与姜登选去与郭松龄谈判，结果郭松龄杀了姜登选，率7万大军攻占山海关和锦州，直逼奉天。当时，奉军精锐装备都在郭松龄手中，张作霖感到大势已去，被迫将杨宇霆革职，命张作相和张学良拼凑6万多军队，在辽河东岸组织迎战，自己则收拾细软，准备一旦辽河防线失守，就烧掉大帅府，从大连坐船逃往海外避难。不料就在此时，李景林和冯玉祥这两位盟友却在郭松龄背后打了起来，郭松龄军的后勤登时陷入困境。而当郭松龄军抵达营口时，又因为不肯答应日本方面的无理要求，遭到关东军的袭击，损失惨重。同时，张作霖以答应不平等条约为条件，从日本获得了大量军事援助。

12月21日，郭松龄军抵达巨流河，与张作相、张学良军主力相遇。张学良自知实力不如郭松龄军，就派飞机向郭松龄军散发传单，称"老张家人不打老张家"，"吃张家，穿张家，跟着郭鬼子造反真是冤家"。同时，日军少将斋藤义夫率领4万关东军及80架飞机抵达战场，对郭松龄军形成夹攻之势。经过三天苦战，郭松龄军无法突破巨流河防线，部队纷纷向张学良倒戈。郭松龄夫妇见大势已去，弃军逃往营口，在途中被张学良的骑兵追上俘虏，张作霖下令将他们就地枪决。经此一战，张学良的"少帅"之名威震华夏，而张作霖因为不能兑现战时向日本做出的卖国承诺，被炸死在皇姑屯。之后，张学良处死杨宇霆等"士官派"领袖，为郭松龄报了仇，并且与蒋介石北伐军合作，实现"东北易帜"，完成了郭松龄的遗愿。

郭松龄智勇双全，毕生百战百胜，只输掉了巨流河战役这一仗。巨流河战役，与其说是他在军事上的失败，不如说是政治上的失败。郭松龄希望结束内战，同孙中山、蒋介石的国民政府合作，大局观并无问题，也符合时代潮流，但是实行的策略却有严重的缺陷。张作霖与张学良是亲生父子，郭松龄宣布要推翻张作霖，拥立张学良，实在无法令人信服，连张学良本人都因此倍感尴尬。对于观点不同的人，郭松龄一再打压，嫉贤妒能，导致杨宇霆等"士官派"坐大。郭松龄寻找的盟友李景林和冯玉祥都是不靠谱的人，以"坑盟友"出名。对于强邻日本，郭松龄也没有足够的重视，交涉时缺乏策略，导致日军迅速参战。论带兵打仗，张学良自己都承认远逊于郭松龄，他在巨流河战役的胜利，其实是郭松龄用一系列失误白白送给他的。郭松龄部下在张学良的政治心理攻势下纷纷倒戈，实为必然的结局。张学良虽然消灭了郭松龄，但作为郭松龄的学生和好友，却最终实现了郭松龄的遗愿。凡此种种，都与袁绍和曹操的关系颇为相似，可供读者参考。

在袁绍遗弃的军营里，曹操发现了大批图书和珍宝，其中就有许多来自许县和曹军的官员、将领给袁绍写的信函。曹操没有细看，就命令把它们全部烧掉，并对众人解释说："当袁绍强大的时候，孤还不能自保，何况众人呢？"其实，曹操大致浏览了这些信函的封面，知道只有李通没有给袁绍写信。由此可见，荀彧、荀攸、贾诩、程昱、郭嘉、董昭等人都曾经背着曹操给袁绍写信，内容虽然不可知，但其中一定不乏抑曹扬袁、泄露曹军情报的话。同样，在曹操的军营里，一定也有大量袁军官员、将领写的信函，这些人一定程度上决定了官渡之战的结局。为了保全曹操英武的形象，这些信函都必须被销毁。

当事人曹操很清楚，自己能够战胜袁绍，靠的绝不只是实力和智谋，还不乏运气和袁绍的失误。官渡之战十年后，曹操在《让县自明本志令》一文中说出了自己的心里话："当袁绍占据河北时，兵势很强盛，孤自己估量形势，确实不如对方，但觉得为国献身，舍生取义，足以流芳后世，结果幸运地打败了袁绍。"《魏略》记载，当得知袁绍已经弃营逃走时，曹操兴奋地对身边的降将鲜于辅说："去年袁本初送公孙瓒头来，孤看了之后，以为自己也即将被消灭了，而今战胜了他。这不仅是天意，也要感谢你们几位出的力啊。"可见曹操对这场胜利感到十分意外，也可见鲜于辅等人在战胜袁绍的过程中起的重大作用。

曹操不仅缴获了大批战利品，也俘虏了许多敌人。和所有的袁绍重要的部属一样，沮授也早就与曹操相识，所以曹操亲自恭敬地出迎被擒的沮授，并对他说："我们所处地区不同，因而长久未曾谋面，没想到今日会把您擒获啊！"沮授答道："冀州失策，自取败北。我的智谋和力量都已耗尽，理应被俘。"曹操说："本初无谋，不用您的计策，才导致战败。现在天下丧乱未定，我正要与您商议合作呢。"沮授拒绝说："我的叔父和母弟都在袁绍手里，如果您肯施恩的话，就请将我处死吧。"曹操叹息道："孤若能早日得到您，平定天下就容易了。"他赦免了沮授，并加以重赏。

官渡之战虽已结束，但袁、曹之间的战事却还远未终结。袁绍毕竟实力雄厚，而官渡之战损耗的大多都是少壮派军官和新兵，容易补充，损失的资深将领只有沮授和淳于琼。沮授是"河北帮"的代表，淳于琼是"颍川四人帮"的代表，这两个党派各自折损了一位重量级人物，恰好又帮助袁绍维持住了政治平衡。因此，只要袁绍处置得宜，吸取失败的教训，恢复元气不成问题。在惨败之后仅仅几个月，他就又集结起一支可观的武装力量，并占据了黄河南岸的战略要地仓亭津，再次摆出进攻态势。沮授闻讯，计划逃走，结果被曹操抓获处死。同时，曹操又坑杀了一批袁绍的降兵，这两件事之间应当有关，或许沮授曾计划策反这些部队发动兵变，以配合袁绍的新一波攻势，结果在失败后被杀。

建安六年（公元 201 年）年初，冀州的许多郡县听说袁绍战败，都主动倒向曹操，袁绍被迫北上平叛。曹操由于军粮匮乏，也从黄河前线撤兵，到寿张县西的安民亭（今山东梁山县）休整。曹操知道，与袁绍的战争还要进行很长时间，见自己的军粮太少，而随着袁绍降军和张绣所部的加入，曹军对粮草的消耗量大幅增长，不能打持久战，十分忧虑，打算趁袁绍北上平叛之机，先南下攻打刘表，夺取荆州产粮区，然后再北伐。荀彧反对说："袁绍新败，部众离心，我们应当趁其处于困境，一举平定他。您如果远征江、汉流域，一旦袁绍率其残余势力乘虚袭击我们的后方，您的大事可就完了。"曹操于是放弃了南征荆州的计划，于四月返回黄河前线，打败了袁绍留在仓亭津的驻军，呼应冀州各地反抗袁绍的叛乱。不过，经过几个月的战斗，袁绍逐个平定了叛变他的冀州诸郡县，曹操不敢渡河北上，袁、曹双方于是重新恢复了战前的黄河边界。

平定冀州各地叛乱之后，袁绍突然生了病，只得暂停南下继续与曹操交战的计划，返回邺城。听说袁绍战败而归，有些人就对狱中的田丰说："这下，您一定会得到重用了。"田丰回答："袁公貌似宽宏大度，内心却嫉贤妒能，不体谅我的忠心，而我多次直言冒犯他，他一定恨我。如果此战获胜，袁公一高兴，或许还会赦免我；如今他战败而归，肯定恼羞成怒，我不指望活命了。"袁绍回来以后，对护军逢纪说："冀州人听说我军战败，都在埋怨我，只有田别驾以前劝阻我出兵，与众不同，我也感到羞愧。"逢纪却告状说："田丰听说大将军撤退了，拍手大笑，为其预言成真而大肆庆祝。"袁绍一怒之下，便下令将田丰处死。

田丰之死，主要原因不在袁绍，而在逢纪。前文说过，逢纪与许攸这两位南阳老乡作为"本初俱乐部"的成员，曾经陪同袁绍从洛阳东奔，并最终夺取冀州，平定河北，劳苦功高。之后，"河北帮"在袁绍阵营中崛起，与"颍川四人帮"争权,逢纪与许攸这两位"老革命"被边缘化。在官渡之战中,许攸投降曹操,协助曹操攻破故市、乌巢粮仓,是袁绍战败的导火索。袁绍返回邺城以后,肯定会怀疑许攸的南阳老乡兼同事逢纪是否忠诚。墙倒众人推,各个政治派别也都会诋毁逢纪,可想而知,逢纪的压力一定非常大。南征曹操是"颖川四人帮"的主意,官渡战败,淳于琼被杀,导致"颖川四人帮"的实力和声望都一落千丈,"河北帮"虽然失去了沮授,声望却大大提升。但是,袁绍并不甘于在河北称霸,仍然想南下讨伐曹操,争霸中原,这与"河北帮"的政策相矛盾,而与逢纪的意见一致。沮授被俘后,袁绍急需一位新的监军,但是并未考虑田丰,反而属意于支持"颖川四人帮"的河北年轻官员审配,就挑明了他的态度。逢纪作为在政坛摸爬滚打多年的"老革命",很快就算清了其中的利害关系:"河北帮"是自己维持现有利益的最大障碍,所幸"河北帮"领袖田丰还在狱中,是只死老虎。一旦田丰出狱,取代沮授执掌军政大权,逢纪必定遭到打压。如果能够干掉田丰,自己的地位就会得到巩固。恰巧逢纪身为护军,指挥袁军的预备队,在袁绍从官渡撤回河北,继而平定各地叛乱的过程中应当立有功勋,重新赢得了袁绍的信任,便趁机利用职务之便(护军也有纠察官员的资格),将田丰置于死地,以此压制"河北帮"。袁绍杀田丰,并不只是因为逢纪说了田丰的坏话,也是因为自从袁绍杀麴义、刘和,放弃将汉献帝北迁的计划以来,田丰就在政治上与袁绍越走越远,在郑玄生病期间,双方更已经闹僵。在袁绍看来,田丰既然与自己离心离德,不再支持自己废献帝、夺天下的计划,那么就没有利用价值,反而成为需要铲除的不稳定因素了。

沮授和田丰死后,审配与孟岱竞争监军的职务,孟岱向袁绍告审配的状说:"审配在位专权已久,其家族势力庞大,部下兵马强盛,而且两个儿子又在曹操手中,他一定心怀反计。"淳于琼死后,"颖川四人帮"剩下的郭图、辛评、辛毗三人受到河北帮压制，不顾审配当年对他们南征计划的支持，转而力挺孟岱，袁绍于是委任孟岱代替沮授为监军，并将审配革职查办。

审配作为河北人，转而支持"颍川四人帮"，因此在官渡之战前就广受非议，后来又被"颍川四人帮"抛弃，遭到革职查办，似乎已无政治前途可言。正巧逢纪作为南阳人，在老乡许攸叛变以后也备受各派排挤。当袁绍问逢纪应当如何处罚审配时，逢纪迅速意识到这是一个为自己争取盟友的机会，于是表态说："审配天性烈直，一向仰慕古人的高风亮节，必定不会因两个儿子在南方而产生非分之想，希望您不要怀疑他。"袁绍很吃惊，说："您不是一直厌恶审配吗？"逢纪回答："以前我们产生矛盾，是因为私事；现在我为他辩护，是为了国事。"袁绍称善，便将审配官复原职。审配向逢纪表示感谢，两人的关系转而和睦。

逢纪替审配求情，从此这两个在官渡之战后被边缘化的政治人物抱团取暖，以便对抗郭图、辛评、辛毗等"颍川四人帮"高官。就这样，"河北帮"中原本地位较低的审配，却阴差阳错地取代田丰、沮授，成了新"河北帮"的领袖。袁绍宽恕审配，目的也在于维护"河北帮"与"河南帮"之间的力量平衡，反映了这位大儒脑子里根深蒂固的中庸思想。袁绍的这种人事思想与曹操专门用颍川人压制汝南人形成了鲜明的对照，以正统儒家思想看来，袁绍似乎更正确。但正因为袁绍大力维持两派之间的力量平衡，反而导致了他死后的分裂乱局。

建安六年（公元201年）九月，曹操得胜而归，回到许县朝廷，向汉献帝报捷说：大将军、邺城侯袁绍以前与冀州牧韩馥谋立原大司马刘虞为帝，擅自刻金玺，派原任县县长毕瑜去见刘虞，对其宣扬天命和图谶。后来，袁绍又给臣写信说"可都鄄城，当有所立"，并继续擅自铸造金银印章，各地政府推荐的孝廉和中下层官吏也都要先去见袁绍，才能得到委任。袁绍的从弟济阴太守袁叙给他写信说："如今海内丧败，天意实在我家，神灵已降征兆，应当就在尊兄。南兄（袁术）的臣下欲使他即皇位，南兄说：'以年纪论则北兄更长，以地位论则北兄更重。'便打算把传国玉玺送给尊兄，却被曹操断道。"袁绍宗族累世受国家重恩，而凶逆无道，乃至于此！臣率领兵马，与他在官渡会战，凭借圣朝的威力保佑，得以斩杀他的大将淳于琼等八人，袁军大败而逃。袁绍与其子袁谭轻身逃走，我军共斩首七万余级，缴获辎重财物上亿。

曹操的这封报捷表章，是对官渡之战成果的总结，也是对陈琳《为袁绍檄豫州文》的正式回应。按曹操的说法，他在官渡之战中共杀死八名袁军将领，应当是淳于琼、沮授、颜良、文丑、眭元进、韩莒子、吕威璜、赵叡。其中，淳于琼、眭元进、韩莒子、吕威璜、赵叡五人死于乌巢，沮授死于官渡，颜良死于白马，文丑死于延津。由此可见，袁军在官渡并未作多么激烈的抵抗。曹操在乌巢之战中斩首不过千余人，白马、延津战役的杀敌数目也与此相当，于禁、乐进等人袭击汲县、获嘉之战又歼敌数千，沮授叛逃被捕后又处决了一批投降人员。看来，曹操所谓的"斩首七万余级"，恐怕很有水分，随同袁绍南下的军队有5.8万（或11万）人，大多并未被曹军杀死，而是投降了曹操。

相比陈琳《为袁绍檄豫州文》中对曹操及其家族的痛斥，曹操的报捷表章语气却十分平和，真正批判袁绍的话，只有"凶逆无道"一句而已。按照当时讨敌公文的规矩，曹操应该写"逆贼故使持节、大将军、邺城侯、领冀州牧袁绍"才对，曹操以前也一直是用"逆贼"称呼公孙瓒、袁术、吕布、刘表等敌人，这个词表示他已经与对方完全划清了界限，"故"表示对方的一切职务和爵位都已被朝廷革除。曹操没称袁绍为"逆贼"和"故"，说明直到官渡之战以后，许县朝廷依然承认袁绍的所有职务和爵位。

作为一个聪明人，曹操这样做的目的，大概仍是为了给自己留后路。毕

544

竟，虽遭官渡大败，但袁绍的地盘未遭受任何损失，实力仍然很强，而政坛上既没有永远的朋友，也没有永远的敌人。曹操继续承认袁绍的职务和爵位，也就保住了未来与袁绍和解，乃至于重新合作的希望，这正是他作为政客的高明之处。

　　不过，无论是曹操，还是袁绍，都没有等来双方的下一次决战或和解。命运以突如其来的方式，让这二人前后长达30余年的交往戛然而止。

巨星陨落——袁绍病逝、刘表北伐与袁尚南征失败（公元201~203年）

　　建安六年（公元201年）下半年，袁绍和曹操都暂时停止了敌对行动，返回各自的首府。袁绍的撤退是因为自己生病，而曹操的撤退，则是因为他的后方又出了乱子：在刘备的劝说下，刘表终于开始了北伐，派一万军队攻打南阳郡北部的西鄂县（今河南南阳市北），企图由此进入豫州南部，然后与刘备、龚都的汝南盟军合围许县。时任西鄂县县长的杜袭是荀彧的颍川老乡，他率领部下顽强抵抗，但终因寡不敌众，城池陷落，杜袭率十余人逃走。攻占西鄂之后，刘表军离许县只有不到两百公里的路程，这一消息可能就是迫使曹操在袁绍生病、袁军北返的大好形势下，离开黄河前线，撤回许县的主要原因。

　　为了压制刘表的汝南盟军，曹操在自己南下之前，先派将军蔡阳攻打汝南。结果蔡阳战败，被刘备、龚都联军杀死，曹操只得亲征汝南。刘备听说曹操率主力扑来，立即放弃汝南，逃往荆州，龚都等人也都溃败。刘表听说刘备前来投奔，亲自出襄阳城郊迎，待以上宾之礼，并拨给刘备一支军队，让他担任攻打豫州的先锋官，向荆、豫两州交界处的叶县发动进攻。

　　曹操听说叶县告急，派遣夏侯惇、于禁、李典、夏侯兰等去救援。刘备见曹操的援军赶来，便烧掉自己的军营，向西南方撤退，夏侯惇猛追不舍。行至博望县，李典劝夏侯惇说："敌人无缘无故撤退到这么远的地方，恐怕会设置埋伏，我看南道窄狭，草木深幽，将军不可再追。"一向行事鲁莽的夏侯惇认为李典太胆小，于是留他守营，自己带领主力军继续深入，果然中了刘备的埋伏，被杀得大败。李典闻讯来救，掩护夏侯惇和于禁逃走，夏侯兰被俘，后来在同乡赵云的劝说下投降了刘备。刘备虽然取胜，却也付出了很大的代价，只得放弃继续北伐的计划，退守博望县西南方的新野县。

夏侯惇等人南征的同时，曹操又派夏侯渊、张辽等人东征忠于袁绍的地方武装，首先攻占鲁国，又在徐州北部的东海郡包围了昌豨，迫使他投降。至此，袁绍集团围攻曹操的计划宣告彻底失败。其失败原因，主要在于南北相距遥远，信息不畅，难以协同行动，使得曹操可以集中兵力，各个击破。袁来刘无影，刘来袁无踪，可怜袁与刘，何日得相逢？

在曹操和荀彧等人的眼里，官渡之战后，和他们争夺天下的最大对手依然是袁绍，而不是刘表、刘备、孙权等人。此时，刘表、刘备联军已经退却，孙权在消灭了庐江太守李术之后，因为母亲吴氏去世的原因，也返回了江东。时刻担心袁绍再度南下的曹操得知这些消息以后，便立即北上，巡视了豫州东部一带，然后迅速返回官渡军营，准备迎击袁绍的下一波攻势。

当曹操抵达官渡军营时，等待他的却并不是袁军南下的军情，而是震惊天下的消息——袁绍病逝！

自建安六年（公元201年）秋季起，袁绍就一直留在邺城。虽然曹操此后率主力部队南下征刘表、刘备，黄河中游防备空虚，袁绍却没有利用这一大好机会，再次渡河向许县进军，不是因为兵力不足，而是因为他本人的健康每况愈下。建安七年（公元202年）五月，主宰了中国政局14年之久的一代霸主袁绍突然在邺城病逝，从本初元年出生算起，享年57虚岁。

对袁绍的死亡，《后汉书·孝献帝纪》和《袁绍刘表列传》用的字都是"薨"，这很有意思。对不同社会地位者的死亡，古籍用的字也不同。按照《春秋公羊传·隐公三年》的解释："天子曰'崩'，诸侯曰'薨'，大夫曰'卒'。"《后汉书》遵循《春秋》"一字定褒贬"的原则，在这个方面字斟句酌，但标准有所改变，诸侯之死不能再称"薨"，只有王、上公、三公、大将军、大司马在职期间的正常死亡才叫"薨"。在《后汉书·孝献帝纪》中，除了王之外，只有3个人的死亡被称为"薨"，即司空荀爽、太傅马日磾，以及袁绍。由此可见，袁绍至死都还是汉献帝朝廷承认的合法大将军，曹操依然是地位低于袁绍的司空。

关于袁绍的死因，《三国志·武帝纪》说是"呕血"，听上去很悲惨，似乎在暗示读者，袁绍是因官渡之战失败而被气死的。不过，包括《三国志》的其他篇章在内，所有古籍都只说袁绍病故。在古籍中，汉末三国时期"呕血"而死的名人有三位——袁术、袁绍、诸葛亮，他们都是曹魏的大敌，又都没有在与曹军的交战中负过伤。《魏书》说诸葛亮"忧恚呕血"而死，裴松之出于对诸葛亮的崇拜，力辩其谬。这么一来，袁绍是否"呕血"而死，恐怕也值得怀疑。如果病情属实，袁绍和袁术这对兄弟都吐血死亡，那么袁家可能就有遗传性疾病。袁家男子本来相当长寿，袁汤、袁敞、袁逢、袁隗等都活到七八十岁的高龄，因此袁绍在官渡之战以后，肯定认为自己至少还能再活一二十年。可是，从袁绍、袁术这一代起，河南袁家的男性后代寿命突然大减。以汝南袁氏为首的河南袁家是中国历代家谱保留最完整的大家族之一，刘义庆编写《世说新语》时，就曾引用《袁氏家传》《袁氏世纪》《袁氏谱》等资料。随着袁绍、袁术兄弟的败亡，袁家子孙散布于河北、江淮各地，后来又因战乱进一步迁徙，散居全国各地，但很多仍以汝南为祖先源头。到了明清时期，全国各地的袁家编撰的家谱已多达十余种。根据正史和这些家谱记载，三国以后可考的河南袁氏男性成员如袁宏、袁枢、袁郊等人活到四五十岁时就纷纷去世，唯有明末大臣袁可立活到61岁，算是其中长寿的。清末势力庞大的项城袁氏家族向来以袁安家族后裔自居，其公元1835年修的家谱中自诩"汝南家声旧，舜裔世泽长"，而其著名成员如袁耀东、袁甲三、袁保恒、袁保中、袁保庆、袁世凯等，竟无一人能够活到 60 岁。为此，袁世凯本人还曾说过："袁家没有过六十岁的人。"直到袁世凯死后，袁家才重新出现长寿男性。由此基本可以得出结论，无论袁绍死于何种疾病，都与官渡之战没什么关系，而是整个家族的遗传性健康问题。

袁绍的遗体起初被安葬在邺城郊外，但据说后来改葬在今河北省沧州市前高龙华村，至今尚存，官方名称为"前高龙华古墓（袁绍墓）"，为河北省重点文物保护单位。此处属于黄河冲积平原，并非什么风水宝地。在东汉末年，沧州市前高龙华村属于冀州渤海郡首府南皮县管辖，这里是袁绍从洛阳东奔，进入河北以后的第一个落脚点，虽然一度被公孙瓒占据，但是当地人一直对袁绍忠心耿耿，所以后来将袁绍改葬在这里。

袁绍死后，河北民众莫不悲痛，市巷挥泪，如丧亲戚。究其原因，袁绍虽然好施阴谋，也多次陷害忠良，但针对的都是权贵官员，对中下层百姓，他的政策是东汉末年所有军阀中较为宽松、优惠的（所有古籍都称他"政宽"），其辖区也是当时经济最繁华、社会最安定的。他的军队虽然有时迫于经济压力，也免不了抢劫财物、刨坟掘墓，但从未向老百姓举起过屠刀，因此河北民众才会如此感激他。

袁绍的死讯，不仅震惊了河北，也震惊了中原和九州各地。远在荆州，荀彧的死对头，曾奉李傕、郭汜之命安抚东方诸侯，说服袁绍接受汉献帝的封官，与公孙瓒暂时停战，从而给袁绍阵营带来巨大分歧，导致张邈兄弟背叛曹操，迎吕布入兖州的大儒赵岐，得知袁绍的死讯，竟然也随之一命呜呼了。赵岐之死，多半是缘于袁绍之死给他带来了巨大的震撼：随着袁绍的去世，天下可能将无人能够挑战曹操，他的死敌荀彧即将辅佐曹操统一中国，赵家的未来必将无比黯淡。

对于袁绍的一生，曹丕在《典论》中是这样总结的："得收英雄之谋，假士民之力，东苞巨海之实，西举全晋之地，南阻白渠黄河，北有劲弓胡马，地方两千里，众数十万，可谓威矣。当此之时，无敌于天下，视霸王易于覆手，而不能抑遏愚妻，显别嫡庶，婉恋私爱，宠子以貌；其后败绩丧师，身以疾死。"

"视霸王易于覆手"一句，很明显，曹丕此处是在将袁绍与项羽相提并论。不独曹丕将袁绍比作项羽，在袁绍生前，他就经常被人与项羽并提，因为这两人都曾百战百胜，毕生只输了一场战役，但就因这一败而丧失了天下。究其根本原因，都在于两人自恃才高八斗，不肯放手用人，导致有能力的部下都背叛自己，忠于自己的部下又没有能力。一个人不可能在所有方面都是专家，不可能永远不犯错误，更不可能有精力去管理全部事务。在内战中不肯抓大放小之人，即便统一了全国，恐怕也难以成为优秀的开国之君。

回顾袁绍的一生，很难不对他无人能及的组织能力、强烈偏执的权力欲望和超乎常人的执行意志所震撼和折服：这个亲手毁灭了东汉帝国的人，竟能有如此众多的支持者；他虽然策划了罄竹难书的罪恶阴谋，却还能受到如此广泛的爱戴；他竟然要犯下如此多的错误，并遭遇如此多的不幸，才能品尝到一次失败。这种现象本身就说明，袁绍的基本政策是正确的，难怪曹操后来会袁规曹随，亦步亦趋。

袁绍既没，余威震于殊俗。从贝加尔湖到湄公河，从罗布泊到日本海，他的统治范围曾经如此辽阔。未来的中国版图，也将由他的三位老部下——曹操、刘备和孙权瓜分。在他们的身上，或多或少都有着袁绍的影子。

对袁绍的评价，曹魏集团的史家们费尽心思。曹操跟着袁绍打拼了几十年，直到最后四五年才逐步决裂，当然不能说袁绍此前的行为都是错误的。杀宦官没有错，讨董卓没有错，偷袭袁术和孙坚没有错，镇压张杨、公孙瓒、吕布、陶谦和张邈等人当然也没有错，这些行动都是曹操亲自参与的，因此都不能批评，只有企图废黜汉献帝，并与曹操决裂是错误的。正因为曹魏集团的史家们看到，批评袁绍的早年路线和政策会对曹操不利，所以才只得批判袁绍刚愎自用、缺乏智谋、宠爱恶妻等缺点，而这并不是袁绍的本来面貌。

曹操的次子曹丕，正是曹魏集团史家的代表人物。在其代表作《典论》里，曹丕两度提及袁绍，但都不批评其政策，而是丑化其妻妾、大臣。据《典论·内诫篇》记载，袁绍的后妻刘氏生性极为善妒，袁绍刚死，尚未举办葬礼，刘氏便将袁绍的五位宠妾都杀死，又怕死者的冤魂在阴间向袁绍告状，便将她们的尸体毁容，还让袁尚把死者的家人全部杀害。《奸谗篇》又说，刘氏屡次向袁绍进言，劝他立袁尚为嗣，但袁绍没有同意此事，尚未来得及宣布遗嘱就去世了。审配、逢纪因为生活奢侈，经常被袁谭批评，于是与刘氏伪造袁绍遗嘱，立袁尚为嗣，而辛评、郭图等人则劝袁谭自立，袁家因此开始了内战。最后，曹丕总结说："（袁尚）逢迎恶母，蔑视已故的父亲，行暴逆，忘大义，理应灭亡！"

在《内诫篇》中，曹丕批评袁尚杀害父亲爱妾的家人，涉及袁家的私生活，真伪已经难以考证。曹丕又说，袁术家中的"宫斗"也很激烈，袁术曾经娶过司隶人冯方的女儿，袁术的妻妾嫉妒她，告诉她在袁术面前不要笑，而要装出伤心的样子，冯氏照做，没想到袁术更加宠爱她。袁术的妻妾没有办法，就把冯氏勒死，吊在厕所里，装成上吊的样子。这些记载不知是否可信，只是曹丕家的"宫斗"显然同样凶残。至于《奸谗篇》的记载，实在错误百出。袁绍早已剥夺了长子袁谭的继承权，并将他过继给亡兄袁基，即便没有遗嘱，袁尚也理应成为嗣子。根据第一手资料（刘表、刘备等人写的信件），在袁绍的丧期里，袁尚在内"斩衰居庐"，表示自己是死者的嫡子，而袁谭则在外"斋于垩室"，表示自己只是死者的侄子，内外有别，亲疏自见。曹丕说审配、逢纪与刘氏为了立袁尚为嗣，伪造袁绍遗嘱，难以令人信服。

曹丕与袁绍家族的关系很不一般。当曹操被吕布、张邈袭击时，袁绍本来想让曹操把包括曹丕兄弟在内的家眷送到邺城，由自己抚养。在当时曹操屡战屡败的背景下，这更像是一种照顾，而非勒索。曹丕后来娶了袁熙的妻子甄氏，又照顾袁熙的儿子，使其后代繁衍至今。曹丕在《典论》中，一再为袁绍开脱，竟然说何进是毁于吴匡、张璋，而非袁绍让何进召董卓、丁原进京杀宦官的馊主意，完全不合逻辑。曹丕这种扭捏、掩饰的态度，显然受到了曹操的影响，并进而导致曹魏史家只能以非常别扭的态度来撰写袁绍的历史。

可以肯定，袁绍根本没有料到自己的病情会恶化得如此之快，而当时的"建安三名医"——华佗、张仲景、董奉之中，华佗和张仲景都旗帜鲜明地支持曹操，因为华佗是曹操的谯县老乡，张仲景更是代表南阳势力，在长沙公开起兵反抗袁绍，并因此败亡，董奉则隐居南岭，无一人能够北上给袁绍看病。因为病情突然恶化，袁绍来不及好好培养接班人，甚至来不及指定一个辅佐继承人的班子。不过，在袁绍死后，权力交接还算顺利。按照曹操的说法，袁绍去世后，袁尚受到众人拥戴，继承了袁绍的使持节、假黄钺、大将军、邺乡侯之位。[1]袁谭也接受了袁尚的领导，自称车骑将军，南下屯驻黎阳，以防曹操北侵，袁尚还派护军逢纪去协助袁谭，足见兄弟二人此时关系还算和睦。

曹操不会不明白，袁绍之死为自己提供了进攻河北的大好时机。但是，曹操并未立即将其付诸实施，而是从六月一直等到八月。按照《春秋谷梁传·襄公十九年》和《春秋公羊传·襄公十九年》的解释，趁人之丧而加以讨伐，严重违背中国传统的礼法和道义。多年以来，袁绍与曹操长期相交，袁绍死后，曹操从六月等到八月，显然是遵守《礼记》和《仪礼》的规定，按照"五服"中"族兄弟"的"缌麻"标准，为袁绍服丧 3 个月，等到袁绍的葬礼结束。但这是只有袁绍才能享受到的待遇，后来曹操征荆州时，正逢刘表去世，曹操闻

---

① 参见《太平御览》卷三五六引曹操《破袁尚上事》。

讯后不但不停留，反而加速进军，在一个月内便占领了大半个荆州，与他在袁绍死后的表现形成了鲜明的对照。另一方面，曹操这样做，其实也是在等待秋收结束，军粮充足的时机，毕竟豫州和兖州的屯田已经有两年没有正常收割了，曹军的仓储极为空虚。

九月，曹操结束为袁绍服丧，宣布袁尚为"逆贼"，其大将军职务是非法的，随即渡河北上，与袁谭大战于黎阳，不分胜负。袁谭认为自己的部队太少，向袁尚要求增援，审配却劝袁尚不要增援袁谭，以便消耗其军事力量。袁谭得知这一消息，认为是审配的好友逢纪在捣鬼，愤而将逢纪处死，从而破坏了袁绍晚年精心打造的政治平衡。

袁尚与审配拒绝增援袁谭，与他们计划在西方开辟第二战场有关。鉴于官渡之战的教训，他们认为不如先从并州南下攻打河东郡，尔后从那里渡河取洛阳，与荆州的刘表、刘备势力连成一片，同时阻止曹操与关中势力的联络。但曹操先下手为强，命司隶校尉钟繇率军北上并州，在平阳包围了忠于袁尚的南匈奴单于呼厨泉。袁尚与审配闻讯之后，急忙放弃增援袁谭的计划，命并州刺史高干、河东太守郭援率领数万军队从壶关（今山西长治市北）西进，直扑河东郡，企图截断钟繇军的退路，并派使者游说马腾、韩遂，向这些凉州军阀示好。钟繇遭到南匈奴和高干、郭援的夹击，陷入孤立无援的险境，而曹操却爱莫能助。

郭援是钟繇的外甥，钟繇知道此人勇猛善战，认为自己如果匆忙撤退，必然难以脱身。于是，钟繇率军缓缓撤退，至汾河北岸扎营，同时命令新丰县令张既和扶风太守傅干去游说马腾。马腾几经犹豫，决定倒向曹操一方，派长子马超、大将庞德等人率领一万多名骑兵驰援钟繇。

张既、傅干去游说马腾之时，高干、郭援军已经顺汾河而下，兵锋直指绛邑（今山西绛县西北）。绛邑县长贾逵见自己势单力孤，难以守住城池，便组织百姓转移到汾河河口的重镇皮氏（今山西河津市东），又对郭援的军师祝奥实施反间计，使郭援犹豫七日不进，给马超军的驰援争取了宝贵的时间。高干、郭援一时攻不下绛邑，后来得到南匈奴单于呼厨泉的增援，这才占领城池，俘虏贾逵。贾逵拒不投降，郭援本想杀了他，但在众人的劝说下，郭援免其死，囚禁于壶关。后来，贾逵设法越狱，逃奔曹操。当时贾逵还没有儿子，晚年方得一子，即司马昭的军师、司马炎的岳父、西晋开国元勋贾充。试想当年郭援若杀了贾逵，贾充就不可能出生，司马昭之心将很难实现，贾充之女贾南风也无从成为晋惠帝的皇后，更不会由此导致八王之乱、五胡乱华和南北朝的分裂局面。郭援这一念之差，竟然令后来的中国历史天翻地覆。

攻占绛邑之后，高干、郭援、呼厨泉本来计划南下攻打河东郡首府安邑，但听说钟繇军正在汾河北岸，便西进挑战。此时，钟繇已经与马超会师，而袁军对此还不知情。钟繇主动示弱，诱导高干、郭援渡河，马超军趁袁军半渡，突然率部出现，联合曹军发动进攻，双方展开激战。战斗中，马超被郭援军射伤，当时马镫尚未发明，骑兵主要靠双腿夹住马身以保持平衡。马超受伤后失血过多，腿部无力，坐在马背上摇摇欲坠。他急中生智，取布囊挂在马鞍上，把脚插入其中固定，因而得以避免落马，坚持战斗。这可能就是中国马镫的起源。

最终决定这场恶战胜负的，是马超的副将庞德。他在千军万马中遇见一员袁军大将，双方单挑，最后庞德将对方斩杀，随即袁军溃败，高干逃走，呼厨泉投降，郭援失踪。众人都对钟繇说看到郭援被杀，却无法找到其尸体。当晚，庞德从战场上归来，由装弓的鞬囊中拿出一个血淋淋的头颅，钟繇见了大哭。庞德这才知道自己杀的就是郭援，连忙向钟繇道歉。钟繇擦干眼泪，回答说："郭援虽然是我的外甥，但也是国贼。您何须道歉？"

在袁、曹战争之中，像钟繇、郭援这样亲戚相残的事例，其实是常态，因为这本来就是同一个阵营里的内战。以郭援为例，他既然是颍川人钟繇的外甥，很可能也是颍川人，与郭嘉、郭图同郡同姓，很可能是亲戚。而颍川郭氏家族之盛衰，也将与袁绍集团之兴亡相伴始终。

郭援的败亡，标志着一度权势熏天的"颍川四人帮"失去了袁绍集团的主要兵权。为了维护自身地位，他们在绝望之中，将做出令亲者痛仇者快的选择。

建安八年（公元203年）二月，曹操在击退刘表、刘备、高干、郭援等人的进攻之后，再次渡过黄河，猛攻袁谭。由于担心刘表、刘备乘虚袭击许县，曹操暗中与孙权达成了盟约，命后者攻打刘表。当年，孙权便发动西征，大破黄祖的水军。不久，孙权因山越暴动而撤兵，但这次军事行动也足以牵制住刘表的主力部队了。

孙权的胜利，也是曹操的胜利，因为孙吴政权从此放弃了孙策晚年协助袁绍夹击曹操的策略，转而集中力量西征刘表，使刘表无力北上攻打曹操。与此同时，孙吴政权内的亲袁派地位随之大幅下降，其中的典型就是虞翻。在孙策时代，虞翻是最受重视的幕僚之一，而在孙权地位巩固以后，虞翻却迅速淡出权力中心，而且经常与包括孙权在内的各官员争吵，最终被流放而死。究其原因，虞翻是汉末除袁家成员之外仅有的《孟氏易》专家，因为《孟氏易》也是虞家的家学：虞翻的高祖父虞光、曾祖父虞成、祖父虞凤、父亲虞歆全都以研习《孟氏易》闻名，可想而知，他们的意识形态一定接近袁家。袁家兴盛时，虞翻辅佐孙策协助袁绍夹击曹操；袁家衰亡以后，虞翻再有能力，也不免在政治舞台上被边缘化。此外，由于孙权停止了北伐中原的计划，转而经营荆州，以张昭为代表的徐州帮和以程普为代表的华北帮也在孙吴政权中逐渐失势，将军权让给以周瑜为代表的扬州帮和以黄盖为代表的荆州帮，后两者在与刘表的战争中逐渐壮大，最终成为孙权在赤壁之战中用以击败曹操的中坚力量。此外，张昭的另一位徐州老乡鲁肃带头支持孙权的西征荆州计划，被张昭视为徐州帮的叛徒，多次加以诋毁。

　　不难发现，鲁肃与审配的情况极为相似。他们都是某地域集团的后起之秀（审配属"河北帮"，鲁肃属"徐州帮"），由于资历尚浅，处处被老资格成员（"河北帮"的田丰、沮授，"徐州帮"的张昭等人）压住一头。因为急于提升自身地位，他们便揣摩最高领导人的意图，支持与本地域集团基本利益相违背的政策（审配劝袁绍南下征曹操，鲁肃劝孙权西进征刘表），结果打破了政治平衡，促使最高领导人做出对本地域集团不利的决策，因此得到升迁，但遭到本地域集团领袖的批判和抵制（审配被田丰、沮授批判，鲁肃被张昭等人批判）。但是，审配的影响比鲁肃更大———一是因为审配是冀州人，冀州是袁绍集团的主要根据地，而孙权集团的主要根据地不是张昭、鲁肃的故乡徐州，其主要根据地是扬州，因此更看重周瑜、陆逊、顾雍等扬州人；二是因为袁绍同曹操原本是友好的上下级关系，后来虽然矛盾积累，但还没有到不共戴天的程度，而孙权和刘表、黄祖却有杀父之仇，难以和解，迟早必有一战。后来，孙权虽然取得了一定的战绩，但是连荆州都未能完全占领，更不用说实现张昭占领徐州，携手袁绍集团消灭曹操的政治理想了。于是，尽管鲁肃后来立了大功，并获得了孙权的信任和嘉奖，但仍然被张昭排挤出孙吴政权的首都，只能长期镇守荆州和扬州边境，直至去世。世人多受赤壁之战时期人物表现的影响，以为张昭是亲曹派，鲁肃是抗曹派，其实在此前和此后，张昭长期主张联刘抗曹，鲁肃长期主张联曹讨刘，只是在赤壁之战时期，受时局的影响，二人的立场发生了戏剧性的短暂转变。如前文所述，张昭一直都是孙吴政权内曹操最为忌惮的人物。

　　张昭虽然排挤鲁肃，却并非嫉贤妒能，他向孙权推荐过很多人才，其中最主要的是武将吕蒙和文臣严畯。吕蒙籍贯汝南，是袁绍和袁术兄弟的老乡，严畯则是张昭的徐州老乡，可见张昭选拔人才的标准。鲁肃原本对张昭举荐的吕蒙不以为意，但后来吕蒙在孙权讨刘表的战争中积极表现，大受鲁肃欣赏，培养为接班人。鲁肃死后，孙权先是派严畯镇守荆州，严畯一再推辞，后来便改用吕蒙，二人皆为张昭举荐，可见张昭的巨大影响力。与张昭一样，严畯也对鲁肃没有什么好感，孙权后来对严畯说，汉光武帝刘秀本来并没有当皇帝的志向，是邓禹劝他开创基业，鲁肃的作用与邓禹一样。这样看来，孙权放弃孙策、张昭配合袁绍、刘表讨伐曹操的既定政策，一心割据东南，做土皇帝，特别是在袁绍集团败亡以后，只要曹操不攻打自己，他便不主动出击，甚至还向曹操示好，终于导致天下三分，徐州人鲁肃的建议对此起到了关键的作用。刘琦、刘备、诸葛亮等人受赤壁之战期间形成的观念的影响，不信任张昭而信任鲁肃，最终导致关羽在鲁肃死后被吕蒙"白衣渡江"袭击而痛失荆州。

没有了刘表的掣肘和孙权的威胁，曹操可以毫无顾忌地北上攻打冀州。袁谭抵不住曹军的巨大压力，向袁尚告急。袁尚便留审配守邺城，亲自带兵南下黎阳，与袁谭合作，一度将曹操亲自率领的曹军主力赶回黄河南岸，也就是诸葛亮在《后出师表》里说的曹操"逼于黎阳"。这时，曹操派李典、程昱等人率领船队运军粮到前线，袁尚又派魏郡太守高蕃率兵到黄河边截击。曹操闻讯，给李典、程昱写信说："如果船队无法通过，就下船走陆道。"此时，袁军的装备已经无法与官渡之战时相比，高蕃的部下大多没有甲胄。李典见状，便对部下说："高蕃军装备不足，穿盔甲的少，又自恃有黄河天险，有懈怠之心，我们勇往直前，必定能战胜他。按照军法，如果对国家有利，将领便可独自决定，无须再向上请示。"程昱深以为然，二人率军渡河，突袭缺乏准备的高蕃，将他打得大败，一举占领了黄河水道。曹操于是率军从此处渡河，再次进攻袁谭、袁尚。

三月，曹操攻至黎阳城下，袁谭、袁尚出战，却被曹操击败，只得趁夜突围，逃回邺城。按《三国志·程郭董刘蒋刘传》记载，曹操取得黎阳大捷之后，曹军诸将要求乘胜攻邺城，郭嘉对曹操进言说："袁绍喜爱袁谭、袁尚这两个儿子，不知道应该立哪一个做嫡子。两人有郭图、逢纪为谋臣，一定会相互争斗。形势紧急，他们就会相互帮助；形势缓和，他们就会起争心。您不如挥师南向荆州，摆出要远征刘表的态势，以待其变。等到二袁相争，我们再去攻打他们，便可一举平定河北。"曹操称善，于是不攻邺城，移师南下荆州。

陈寿对郭嘉推崇备至，为此不惜屡次引用伪造的文献。《三国志·程郭董刘蒋刘传》中的这段郭嘉语录虽然只有短短五句话，却犯了三大明显错误：

一，如前文所说，袁绍并不很喜爱袁谭，早已将他过继给亡兄袁基为嗣，不可能再让他当自己的嫡子，袁尚的合法继承人之位无可置疑。

二，逢纪在建安七年（公元202年）九月便已被袁谭处死，曹操取得黎阳大捷是在建安八年（公元203年）三月。也就是说，郭嘉对曹操预言郭图、逢纪会挑唆袁谭、袁尚兄弟相互争斗之时，逢纪已经被袁谭杀了半年左右，袁谭、袁尚兄弟并未因此反目。

三，建安八年（公元203年）秋，曹操挥师南向荆州，并不仅是摆出一个要远征荆州的态势，而是真的打算攻打荆州。《后汉书·袁绍刘表列传》明确记载，曹操是因为被袁尚在邺城下击败，所以才退回许县。《三国志·辛毗杨阜高堂隆传》也说，曹操本欲攻刘表，辛毗先说服郭嘉，尔后又说服曹操回击河北。

因此，郭嘉劝曹操伪装南征刘表，以诱使袁谭、袁尚兄弟争斗的说法，全系后人编造，是颍川集团的自我炒作。事实上，曹操也没有装出要南征刘表的姿态，甚至没有返回黄河南岸，而是气势汹汹地直逼袁家的大本营邺城。

四月，曹操追至邺城下，割走郊外的春小麦，随即乘胜向邺城进攻。五月，袁尚和袁谭在获得援军以后出兵迎战，击败曹操，将他赶到东南方的阴安（今河南濮阳市北）。几仗打下来，曹操损失惨重，见河北暂时还不易攻取，便留将军贾信驻守黎阳，自己率军返回许县。刚刚从邺城败退回许县，曹操就在五月己酉日气急败坏地下令："《司马法》规定'将军死绥'，所以赵括的母亲

558

事先请求赵王，一旦儿子战败，不要处死自己。古代的将军一旦战败，家属就要受到严惩。以前我派将领出战，只赏功而不罚罪，不符合国典。现在我下令：诸将以后出征，败退者一律抵罪，失利者一律免去官爵！"看来，他在邺城下的失利，是因为有部将临阵脱逃。

曹操和郭嘉等人并没有料到，自己在邺城下的战败，反而成了袁谭与袁尚兄弟反目的导火索。

芟夷大难——袁尚、袁谭反目与曹操征服河北（公元203~207年）

  击败曹军以后，袁谭建议袁尚说："我的部队铠甲不精，所以才被曹操打败，希望你能拨给我一些新装备。曹军正在逃跑，将士都希望尽快回家，我们应当趁他们尚未渡河，出兵追击，可令其惨败，此良机不可失。"袁尚、审配怕袁谭一旦战胜，对自己不利，所以拒绝追击，也不肯给袁谭军增发甲胄。袁谭大为不满，"颍川四人帮"郭图、辛评、辛毗趁机对他说："先公把将军过继给您的伯父，就出自审配之谋。"袁谭怒不可遏，发兵攻打审配，却被袁尚派来的军队打败，只得带着郭图、辛毗逃往渤海郡，而辛评及其家人被袁尚、审配逮捕。

  袁谭与袁尚兄弟的决裂，显然是郭图、辛评、辛毗的"颍川帮"和以审配为代表的"新河北帮"党派斗争的延续。我们知道，官渡之战前，急于返回颍川故乡光宗耀祖的"颍川帮"力主速战，以田丰、沮授为代表的"河北帮"主张相持，而审配作为河北人，支持"颍川帮"的意见，从而得到了同样希望速战的袁绍的欣赏。袁绍需要的，不是帮助他割据河北的人才，而是帮助他争夺皇位的人才，审配这种人正投其所好。官渡之战前后，田丰、沮授等"老河北帮"相继丧命，审配则崛起为"河北帮"的新领袖，进而遭到"颍川帮"的排挤，被免职并审查，只得联合同样遭到边缘化的南阳籍"老革命"逢纪抗衡"颍川帮"。袁谭与袁尚兄弟原本关系和睦，因为袁绍服"六年之丧"的原因，袁谭比袁尚大10岁左右，这兄弟二人年纪相差很大，经历也有所不同：袁谭生在河南，长在河南，成年后才跟着父亲袁绍去了河北，自然与河南人亲近，曹丕称赞他"长而慧";袁尚虽生在河南,但长在河北,受河北社会影响较大。所以,审配作为"河北帮"的新领袖,必然选择支持袁尚;郭图、辛评、辛毗的"颍川帮"于公于私,都只能选择支持袁谭。由此可见,难以化解的地域矛盾正是袁绍集团在袁绍死后彻底分裂的最根本原因,曹操正是鉴于袁绍的前车之鉴,才干脆坚持不重用汝南人。

袁谭抵达南皮以后,得到青州别驾王修从平原带来的旧部的支援,很快就正式起兵攻打袁尚、审配。出于对偏心的母亲刘氏的不满,他甚至对部下说:"孤虽有老母,也只给她留个完整的身体而已,其他的一概不管!"

遭到袁谭袭击后,袁尚慌忙迎战,两军在馆陶相遇。战斗中,袁尚麾下的屠各骑兵突然倒向袁谭,导致袁尚战败,退回邺城。袁谭追击至邺城下,又被击溃,在王修的掩护下勉强撤回南皮,青州部将刘询等人都投降了袁尚。袁谭四面楚歌,长叹道:"现在全州都背叛了我,是因为我不讲德行吗?"王修回答:"东莱太守管统虽然远在海外,但这人不会反叛,一定会来。"没过几天,管统就赶到袁谭身边,而其家属都被袁尚处死。

袁谭、袁尚兄弟内讧的消息很快传遍了全中国。作为他们的盟友,刘表、刘备闻报,极为震惊,立即给袁谭、袁尚写信,劝两兄弟和解。袁尚见自己形势占优,便让审配给袁谭写信,说只要杀掉郭图,就宽恕他。王修认为这一建议可以考虑,对袁谭说:"兄弟就像一个人的左右手。比如一个人将要与别人角斗,却砍断了他的右手,反而说'我一定能胜',像这样行吗?抛弃了兄弟,不相亲近,天下人还有谁能亲近!您的部下有进谗言的人,本来就在你们兄弟之间参与争斗,以求取有朝一日的利益,我愿意明白地告诉使君:堵上耳朵不要听他们的。如能斩杀几个奸佞的臣下,兄弟重新亲近和睦,以抗御四面八方的敌人,可以凭这个横行天下。"但袁谭不听,反而向郭图问计。

郭图见袁尚、审配不可能宽恕自己,便对袁谭进言说:"现在将军地少兵缺，粮乏势弱，如果遭到显甫（袁尚字）的围攻，恐怕不可能长久支撑。我以为，可以叫曹操来攻打显甫。曹操渡河之后，必定先攻邺城，显甫闻讯，势必要回师去救。将军带兵西追，自邺城以北都将是您的囊中之物。如果显甫战败，他的部下一定会来投奔我们，您便可以此对抗曹操。曹操粮饷不足，不会久留河北，必定会撤回河南。如此，将军便控制了赵国以北的全部疆土，足以与曹操争夺天下了。否则，我方的形势可不妙。"王修坚决反对，力劝袁谭杀掉郭图等颍川人，万不可做出这等令亲者痛仇者快的糊涂事。

袁谭犹豫再三，或许是拉不下面子向弟弟袁尚求饶，或许出于对自己生命的担忧，做出了比刘琮降曹、孙权联刘抗曹、刘璋迎刘备入益州等对汉末局势影响更深远的决定：他没有听王修的意见，而是接受了郭图的提议，派另一个颍川人辛毗去向曹操求援。这样一来，原先夹在袁尚、袁谭、刘表、刘备之间，行动瞻前顾后，打了胜仗也扩张不了地盘，打了败仗就可能崩盘的曹操，突然获得了一统华北和中原的天赐良机。

八月，辛毗进入曹操的领地，听说曹军已经向荆州进发，赶紧南下追赶，在西平赶上了曹军。此地距离刘备负责防御的荆州东北前线只有不到20公里，可见曹操绝非只是摆摆姿态而已。如果辛毗晚到一天，曹军可能就会与刘备军交火了。辛毗对曹操陈述了袁谭的请求，曹操听了大喜。但没过几天，曹操因为对邺城之败还心有余悸，担心自己难以战胜袁尚，仍然倾向于先平荆州。辛毗在酒宴上看出曹操的改变，连忙找郭嘉说情，二人一同去见曹操。曹操问辛毗说："袁谭真的可信？袁尚一定能够被战胜吗？"

辛毗回答说：

"明公无须问袁谭可信与否，看看眼下的形势好了。

"袁氏兄弟相攻，当然不是为了让他人坐收渔利，而是相信自己在消灭对方后，便可平定天下。现在袁谭却向您求救，战局不问可知。显思（袁谭字）

已困，显甫却不能取，说明其力量差不多已经耗尽。部队战败，谋臣被杀，兄弟因谗言争斗，国分为二，连年战伐，加以旱、蝗等天灾，饥馑横行，积蓄耗尽，百姓都知道他们将要土崩瓦解，这正是上天将要灭亡袁尚之时。兵法上说，有石城、汤池，带甲百万，但假如没有粮食的话，也守不住。明公现在去攻打邺城，袁尚若不回救，邺城一定会失守，他如果回来救，袁谭必然袭击其后方。以明公之威，攻打这样困穷疲弊的敌人，无异于用迅风扫秋叶。

"上天把袁尚给明公，明公却不取，而要讨伐荆州。荆州民众丰乐，内部没有矛盾。如今二袁不务远略而内讧，粮草断绝，朝不保夕，民众困苦，您不趁机攻取，而要等到他年；他年去打，对方也许已经改正了错误，用兵的机会就丧失了。明公现在应袁谭的请求去救他，必将获得最大的利益。四方之敌莫大于河北，河北平，则天下震。"

曹操听辛毗说得有理，便答应了袁谭的请求，挥师北上。

很明显，辛毗把袁家兄弟全部出卖给了曹操，而其背后授意者定是郭图。当曹操改变攻打河北的主意之后，辛毗立即就去找郭嘉谈话，郭嘉与郭图之间的关系由此不难想见，颍川人集体叛变袁绍集团的事实更加明了。党人运动始于甘陵南北部互相讥讽，最终发展为豫州的"颍川帮"与"汝南帮"恶斗，实为必然的结局。

十月，曹操渡过黄河，进抵黎阳，袁尚部将吕旷、吕翔都主动投降。正在围攻平原的袁尚闻讯，立即解围，撤回邺城。曹操见袁尚已经返回，邺城不易攻，便引军撤退。同月，曹操又为自己的儿子曹整迎娶了袁谭的女儿，以巩固双方的联盟。裴松之认为，袁谭应为袁绍服丧三年，期间不得为子女举办婚礼，所以双方的婚约未必能付诸实施。但袁谭早已被袁绍过继给长兄袁基，在宗法上是袁绍的侄子。按照《仪礼·丧服》的规定，侄子应该为已故的叔父行"大功"中的"长殇"礼，也就是服丧9个月。袁绍死于建安七年（公元202年）五月，至建安八年（公元203年）二月已满9个月，此后袁谭便无须再服丧。

更何况，汉朝流行服丧以日易月，袁尚都已经停止了为袁绍服丧，所以裴松之的猜测并无依据。

建安八年（公元203年）年底，袁尚得知曹操已经返回河南，为了尽早消灭袁谭，立即留苏由、审配守邺城，沮授之子沮鹄守邯郸，武安县长尹楷守毛城（今河北涉县西南），并派督军从事牵招去上党，催促并州刺史高干调运军粮，自己重新向平原进军。曹操闻讯，在建安九年（公元204年）正月再次渡河北上。二月，袁尚包围平原，曹操则急进军至邺城南50里的洹水，邺城守军闻讯大乱。苏由打算投降，审配不肯，于是二人大打出手，苏由战败，出奔曹操。曹操进围邺城，建起土山、地道猛攻，审配则在城内挖堑沟抵抗。曹操自己则率军四面出击，先后战胜了尹楷与沮鹄，又迫使涉县、易阳（今河北邯郸市东北）等县投降，肃清了邺城周围的袁军。

看到曹军接连奏凯，而袁尚迟迟不归，审配部将冯礼便又倒向曹操，打开城门迎曹军。审配发觉之后，从城上扔下大石，重新封锁城门，消灭了叛军及入城曹军。五月，曹操也在邺城外挖掘堑沟，起初很浅，审配大加嘲笑，不去阻挠。曹操于是命部下连夜挖掘，将堑沟拓展到两丈宽、两丈深，引漳河入堑沟灌邺城。这样围攻了3个月，邺城居民一半都饿死了。并州刺史高干作为袁尚的表哥，拥兵5万，却在汾河之败以后专心自保城池，对邺城见死不救，牵招多次劝谏，都没有效果。七月，袁尚在攻克平原之后，才率领主力部队返回邺城。

从东北方回邺城，有两条主要道路：一条是沿着漳河向西南方走的大路，另一条是先渡过漳河，经邯郸与西山（太行山）东麓南下的山路。以往袁绍北伐公孙瓒，回师时常走山路。这次，袁尚也因循守旧，在渡过漳河之后，先收复曹操新占的易阳、邯郸等县，然后向南逼近邺城。但是此一时彼一时，袁绍回师时，要么邺城周围安定，要么袁军刚刚取得大捷，士气高昂，所以可以走山路，占领地险，居高临下，出敌不意。袁尚此时的情况则不然：将士攻平原近半年，又没有抓到袁谭，身心疲惫，士气萎靡，而袁尚还带着他们绕弯路，去攻打易阳、邯郸等县的曹军，部下必然会心力交瘁。袁绍虽然喜爱袁尚，但是尚未来得及培养他就去世了，甚至没有带他参加过一场战役，袁尚虽有才华，毕竟缺乏实践经验，难免会犯错误。

听说袁尚回来救邺城了，曹军众将鉴于上次战败的经验，都以为敌人难以对付，而且将会竭力死战，不如解围撤退。曹操却说："如果袁尚从大道来，我理当撤兵；但如果他顺西山来的话，就要自投罗网了。"曹操这么说，是因为当时袁熙正率领幽州军南下支援袁尚。如果袁尚从东北方的大道来，很可能已经与袁熙会师；如果袁尚绕西面的弯路，就表明他没有获得幽州援军，而在试图与并州刺史高干会师，但高干此时已经倾向于背叛袁尚，倒向曹操了。后来，探马们连续向曹操报告袁尚军动向，听说袁尚已经攻克了邯郸，曹操大喜道："孤已经得到冀州了，诸君知道吗？"于是在堑沟外布下埋伏。

袁尚占领邯郸之后，并未等来袁熙和高干的援军，便独自南下渡滏水，趁夜行至邺城东17里的阳平亭，举火为号。审配望见曹营后方起火，也举火相应，随即出兵进攻，打算与袁尚里应外合，突破包围圈，结果被曹军赶了回去。同时，袁尚军也突入曹营，但其河北骑兵陷入堑沟水网之间，无法施展，也被埋伏的曹军杀得大败。袁尚向东退至漳河，被曹军包围，只得派他任命的豫州刺史阴夔和陈琳去求降，曹操不肯答应。袁尚见河岸地带低洼不可守，被迫出战，部将马延等人临阵投降曹操，全军覆没，阴夔战死，陈琳被俘，袁尚凭借个人的勇武单骑突围，逃奔中山国。曹操缴获了袁尚的持节、衣冠与假黄钺、大将军、邡乡侯等三枚印绶，以及袁军头盔19620顶，得意地向汉献帝报告。①

① 参见《太平御览》卷三五六引曹操《破袁尚上事》。

　　击败袁尚后，曹操把他的持节、衣冠、印绶摆在邺城下展览，城中守军以为袁尚已死，无不气馁。审配鼓励部下说："大家坚守死战，曹军已经很疲惫了。幽州（袁熙）就要来了，何必担心没有主人呢？"曹操亲自巡视攻城部队时，审配命弓弩手齐射，差一点命中曹操。

　　但审配的努力是徒劳的。八月的一天，负责守卫邺城东门的审配侄子审荣觉得大势已去，在夜间打开城门，引入曹军。审配在城东南角楼上望见曹军涌入，知道大势已去，想起冀州是被辛评、辛毗、郭图等颍川人从内部破坏的，便派人驰奔监狱，处死囚禁在里面的辛评全家。城破后，辛毗赶紧带着军队冲入监狱，见兄长全家刚刚被杀，号哭不已。曹军捉得审配，带到曹操面前，曹操说："前些天孤在包围圈外走的时候，弩为何那样多啊？"审配回答："我只恨弩太少！"曹操认为审配忠诚干练，打算释放他，但辛毗强烈反对，审配又不肯投降，只得将其处死。临刑前，审配要求面朝北方，说："我君在北。"

　　曹操破邺城之后，进入袁绍故居，先是拜见袁绍遗孀刘氏，表示慰问，又检查户籍、经济、军事文件，看到冀州如此富强，非常激动。次日，曹操便对投降自己的别驾从事崔琰说："昨天我检查冀州户籍，此地足以征发三十万士兵，真是大州啊！"崔琰答道："方今天下分崩，九州幅裂，二袁兄弟互斗，冀州百姓的白骨覆盖原野。民生如此凋敝，王师不先行仁政，访问风俗，救生民于涂炭，而急于计算甲兵，哪里符合鄙州男女百姓对明公的期望呢？"此话一出，满堂宾客都大惊失色，曹操不得不向崔琰道歉。

　　曹操对冀州的人口、财富垂涎的同时，他的次子曹丕此时坠入了爱河。曹丕随曹操进入袁尚府时，见袁绍遗孀刘氏身后站着一位年轻妇女，披头散发、满面灰土，正在哭泣，此妇人正是袁熙之妻甄氏。曹丕用手巾擦去甄氏脸上的灰尘，见其容貌美丽无双，大为赞叹。曹丕走后，刘氏便对甄氏说："我们不必担心会死了！"不久，曹操便为曹丕正式迎娶了甄氏。然而，袁熙较曹丕年长十余岁，其妻甄氏生于光和五年（公元182年），比生于中平四年（公元187年）的曹丕年长五岁，与曹丕的婚姻属于"姐弟配"，这就为她日后年老色衰，终于被曹丕赐死埋下了祸根。

慰问了袁绍家属之后，曹操又前往袁绍的墓地，在坟前痛哭流涕。从此以后，曹操变得越来越像袁绍，坐镇邺城，遥控许县朝廷，将东汉帝国引向灭亡之路。袁绍把东汉帝国送入了坟墓，而袁绍本身又是东汉帝国的产物。正是通过制造袁绍这样的个体，东汉帝国完成了自我毁灭。

当年九月，汉献帝按照曹操的意思，拜他为冀州牧。一个人不可以同时担任两个州的州牧，所以曹操交出了原有的兖州牧头衔。为了提升自己在冀州的人气，曹操对冀州实行特殊的经济政策，禁止地方豪强兼并贫民田地，并免除冀州百姓当年的全部租赋，此后也只征收每亩田粮食4升，每户绢2匹、绵2斤。

曹操消灭袁尚军主力，逐步巩固自己在邺城的统治之时，袁谭收复了平原郡，随即率军深入冀州，连续占领了甘陵、安平、渤海、河间等郡，最后在中山包围了势单力孤的袁尚。牵招闻讯，再次劝高干去援救袁尚，但高干不仅不发兵救袁尚，还决定投靠曹操，且打算谋害牵招。牵招无奈，自己前往中山，却得知袁尚已经被曹操和袁谭赶离此地，到故安去投奔幽州刺史袁熙了。走投无路的牵招落入曹军之手，此后便为曹操效力，高干也获得曹操的允许，继续担任并州刺史。

袁尚的失败，既有自己指挥策略的失误，更是由于用人不明。当曹操进攻时，吕旷、吕翔、苏由、马延等将领纷纷主动投降，高干坐观成败，审配虽然忠诚，却刚愎自用，只知坐守邺城，贪婪地敛财，导致一败涂地。这都是因为袁绍突然病死，没有给袁尚留下一个成熟的辅佐班子，又没有给袁尚足够的政治军事锻炼机会，才导致这样的失误。原本，袁尚的实力远强于袁谭，却因为部署失当，没能及时灭掉袁谭，反而被曹操钻了空子。

战胜袁尚之后，曹操见袁谭的势力迅速膨胀，对自己在冀州的统治形成了威胁，便突然撕毁盟约，袭击袁谭。当年十二月，两军在龙河对垒，袁谭军不战自溃，将领纷纷投降曹操，袁谭连夜逃奔南皮。次年正月，曹操逼近南皮。袁谭派使者到柳城（今辽宁朝阳市南）向乌丸人求救，峭王苏仆延答应了他的请求，调集五千骑兵，准备前往南皮。曹操闻讯后颇为担忧，听说牵招曾经统领过袁绍麾下的乌丸雇佣兵，便派他去柳城阻止此事。

牵招到达柳城后，得知辽东太守公孙度刚刚去世，其子公孙康自称平州牧，也派使者来拉拢苏仆延。苏仆延有些犹豫，便在大会上问牵招："当年袁公（袁绍）说他受天子之命，拜我为临时单于。现在曹公说要再次请示天子，拜我为真单于，而辽东人又拿着单于印绶来了。如此，谁当为正统？"牵招回答："过去袁公承制，有权授予他人临时性的官爵。但前一阵发生了变故，曹公代替了袁公的职位，说请示天子之后，就拜您为真单于，是合法的。辽东只是个下等小郡，怎能擅自授予您单于头衔？"苏仆延听牵招说得有理，于是接受曹操的领导，停止了对袁谭的援助。

在这场外交风波之中，牵招面对的尴尬局面很有代表性。袁绍作为汉献帝册封的大将军，是许县朝廷的最高执政官，有权册封各个藩国君主。即便袁绍与曹操之间爆发了官渡之战，许县朝廷也没敢将他免职。也就是说，对于司空曹操而言，袁绍的各项任命依然合法。这样，在外交领域，牵招这样的使节难免会遇到尴尬的局面。牵招对苏仆延的表态，并非因为他曾经是袁绍的部下，而是说明曹操旧部同样必须承认袁绍册封的合法性。

袁谭虽然没有等到乌丸援军，却顽强抵抗，在南皮城下接连打退了曹军的进攻。曹操准备撤兵，其堂弟曹纯进言说："我军现在深入敌境千里，难以持久，进不能胜，退必丧威。对方屡战屡胜，势必骄傲，我军屡败之后，内心忧惧，以忧兵攻骄兵，必然获胜。"曹操便命令曹纯率精锐骑兵虎豹骑挑战袁谭军。袁谭出城应战，但还没列好阵势，部下便突然全体溃散。袁谭企图返回城中，却无法穿过人群，丢掉了发簪，披头散发地在沙场上驰骋。这头秀发引来了曹军的关注，几名虎豹骑立即追击上来。袁谭在逃跑过程中摔下马，他试图求饶，却被一名虎豹骑当场斩杀。

袁谭的突然败亡，完全出乎曹操的意料。据《汉末英雄记》记载，在看到袁谭的首级之后，曹操出于极度的狂喜，当场谱写了一首凯旋进行曲，在乐队的伴奏下骑着战马，在全军将士面前表演盛装舞步，并当众高呼自己的名字道："曹操万岁！"这也许是曹操毕生最快乐的一天，因为袁谭是袁绍后代中最富于政治和军事经验的，他一死，曹操征服河北的前景就立即变得光明起来。果然，袁谭的部下得知主公战死，纷纷停止抵抗，王修安葬了袁谭，率领南皮军民向曹操投降。

袁谭的突然败亡，同样不是军事原因，而是部下造反，这恐怕又要归罪于他的颍川籍谋士郭图和辛毗，正如袁绍在官渡的失败要归咎于许攸一样。事实上，曹操本人对这些背叛袁氏集团的人非常厌恶，如果不再需要他们，就很乐意对他们痛下杀手，而对沮授、审配、王修、陈琳、牵招等真正的袁氏忠臣则非常尊重，因为曹操自己原本就一直属于袁氏集团，意识形态相近。很快，知道过多内情的郭图与许攸都被曹操处死，甚至连其妻子儿女都不能幸免。曹操杀郭图时，肯定曾受到郭图的亲戚郭嘉的劝阻，然而他并未采纳。在当时，郭嘉之所以社会评价不高，恐怕就与郭图之死有关。看来，这位特立独行的郭嘉是为曹操执掌情报部门的特务头子，所以在同袁氏集团的对抗过程中，曹操离不开他的人脉，但众人却都讨厌他。随着袁氏集团的瓦解，对曹操而言，郭嘉这位颍川谋士的代表人物也就失去了利用价值，不久后郭嘉即病死。

袁谭战死的消息很快传遍河北大地，袁家的死敌张燕便率领号称十万的黑山军投奔曹操，而在袁熙、袁尚的最后根据地幽州，当地人不是支持公孙瓒就是支持刘和，袁氏兄弟的统治不得人心。还没等曹操打过来，幽州将领焦触就自称幽州刺史，率数万军队倒向曹操，并将袁熙、袁尚赶到辽西，投奔辽西乌丸单于蹋顿。但还不到一个月，故安人赵犊、霍奴便起兵攻杀焦触，并与袁熙、袁尚和蹋顿取得联系。曹操派幽州将领鲜于辅、阎柔等人北上攻幽州，却遭到袁军包围。八月，曹操只得亲征幽州，经过苦战斩杀赵犊，为鲜于辅、阎柔等人解围。同时，从并州传来高干起兵反曹的消息，曹操派乐进、李典前去攻打，却被击退。曹操闻报，只得停止追击袁熙、袁尚和蹋顿，撤回邺城。

建安十一年（公元 206 年）正月，曹操亲征并州。高干见自己独木难支，便留部将夏昭、邓升守城，亲自到平阳向南匈奴单于呼厨泉求救。呼厨泉不肯答应，高干便又打算到荆州投奔刘表，但途中被俘身死，并州于是落入曹操之手。

袁氏集团崩溃的原因，一半归于袁谭和袁尚的兄弟相争，一半因高干的反复无常。袁绍生前非常重视高干，拿这个外甥当亲生儿子培养，高干因为比袁绍的几个儿子年纪都大，很早就积累了丰富的政治军事经验，还在袁绍夺冀州的过程中立下大功。然而，自从被袁绍委任为并州刺史以后，高干鉴于刘勋、孙坚、吕布、臧洪、麴义、刘和等袁绍的功臣相继败亡的历史教训，一心自保，内不能劝和袁谭、袁尚，外不能拉拢马腾、韩遂，北不能灭张燕，南不能取洛阳。曹操围攻邺城半年之久，高干一直拥兵观望，专打自己的小算盘，不去援助袁尚，导致袁尚战败，邺城失陷。直到袁谭战死，袁熙、袁尚逃往辽西，他才想起来反抗曹操，为时已晚。就个人而言，高干很精明，换成别人，可能当不了多久的并州刺史，就像吕布、臧洪、麴义等人一样，被袁绍干掉了。在袁氏集团中，这种善于打小算盘，为自己做官的聪明人太多，曹操正是利用这一点，将他们各个击破。

此时，曹操已经在河北度过了三年时光，许县一带的防备十分空虚。在此期间，刘备多次建议刘表挥师北伐，但刘表担心被孙权、刘璋偷袭荆州，又害怕刘备一旦攻下许县，也会效法曹操，挟天子以令自己，所以一直不肯答应。刘备在荆州连续数年无所事事，虽然相继结识了徐庶、司马徽、庞德公、诸葛亮等名士，却一直无法得到施展抱负的机会。反过来说，如果曹操当年不是听从辛毗、郭嘉的建议，认为袁谭、袁尚比刘表、刘备等人的威胁更大，全力攻打河北，而是按照既定计划挥师南下荆州，刘备也根本没有机会结识诸葛亮等人。刘备见夺取天下的良机一年年流逝，自己却由于多年不骑马，大腿内侧的肉越来越多，在刘表面前慨然流涕，刘表却无动于衷。

对于刘表不重用刘备，不让他率军北伐曹操，《三国志·吴书·鲁肃传》的解释是："刘备天下枭雄，与操有隙，寄寓于表，表恶其能而不能用也。"这段话因为入选《资治通鉴》而闻名，但其观点其实颇有问题。刘备与曹操原本并无矛盾，还在董卓入京以后一起陪同袁绍东奔。直到袁绍与袁术、公孙瓒结仇，陶谦与袁术、公孙瓒结盟入侵兖州，攻打袁绍任命的兖州刺史曹操，并杀害曹操父亲一家，导致曹操攻打陶谦，公孙瓒派刘备救陶谦，刘备才与曹操发生矛盾，但很快陶谦去世，吕布入侵兖州，双方便和解了。直到曹操与袁绍决裂，与刘备"煮酒论英雄"，希望说服刘备支持自己，刘备却认为袁绍必胜曹操，试图在战前暗杀曹操，以向袁绍表功，事情暴露后又袭杀曹操任命的徐州刺史车胄，这才与曹操结仇。所有这些事件的根源都是袁绍，曹操、刘备经常处于被动的地位，很多情况由不得自己做主。刘备"寄寓于表"的原因是官渡之战期间，袁绍屡次派刘备以豫州刺史的身份南下攻打延津、许县和汝南，但刘备每战必败，在延津害死了文丑，攻打许县和汝南，又一再被曹仁、满宠等曹军将领击败，得知袁绍从官渡败退的消息以后，只得离开豫州逃往荆州，投奔袁绍的盟友刘表。作为袁绍的"本初俱乐部"老部下，并长期与袁绍保持书信往来的刘表，对刘备的过往表现必然有充分的了解。刘备"寄寓于表"期间，刘表打了很多仗：北方不时与曹操发生边境冲突，东方疲于应付孙权的一再西侵，南方先是镇压张仲景父子的兵变，又派赖恭、吴巨等人进攻交州，西方还长期与刘璋在三峡附近发生军事摩擦，可谓四面受敌。然而，在所有这些军事行动中，刘表一次也没有派刘备、关羽、张飞、赵云、糜芳等人上战场，导致刘备无所事事，身体都因此发福。刘备为大腿长粗在刘表面前慨然流涕，是主动要求上战场，刘表无动于衷，肯定不是"恶其能而不能用"，而恰恰是"恶其无能而不敢用"。如果刘备在官渡之战后不是南投刘表，而是北归袁绍，袁绍肯定也不会再重用他。在刘备无能这方面，袁绍和刘表是取得了一致意见的。直到曹操平定河北、黄祖败亡、赖恭与吴巨内讧、刘表病逝以后，刘备及其残兵败将才成为荆州重要的军事力量。

刘备的大腿越长越粗，袁家的生存空间却越来越窄。建安十二年（公元207年）二月，曹操返回邺城，大封功臣二十余人为列侯。为了一举肃清袁家势力，曹操又计划北伐乌丸，诸将都反对说："我们深入北方征讨胡人，刘备必定劝刘表袭击许县。万一许县沦陷，后悔可就来不及了。"只有郭嘉支持曹操说："明公虽然威震天下，胡人自恃遥远，必然没有防备。我们趁机发动袭击，可以消灭他们。袁绍生前有大恩于河北百姓与野蛮人，而袁尚兄弟至今还活着。现在北方四州之人都只是因明公的威势而臣服，尚未感受到什么德政。我们现在如果南征，袁尚与乌丸必定南下，其旧部也会纷纷响应，恐怕不只是幽州，就连青、冀二州都不再为我们所有了。刘表只是个座谈客而已，自知才能不如刘备，重用刘备则担心难以控制，如果不重用刘备又不会为他卖命。我们虽然后方空虚，明公也无须担忧。"曹操于是力排众议，发动北伐。

的确，在很大程度上，刘表和高干都是一路货色，虽然在创业时表现得很有能力，但一旦安定下来，为了避免引起袁绍的打压，就小富则安起来。曹操之所以敢于发动北伐，也绝不是受了郭嘉的鼓励，更与南方其他军阀的行动有着密切关系。

就在建安十二年（公元207年），孙权再次西征刘表，大破黄祖。次年，孙权攻克江夏，杀死黄祖，曹操也多次声称将挥师南下。同时，刘表在平定张仲景之乱以后，又与张仲景的盟友、交州牧张津开战，不久张津被部将区景刺杀，刘表便派部下赖恭为交州刺史，吴巨为苍梧太守，进占交州。曹操闻报，宣布赖恭政权为非法，委任今越南北部的实力派人物、交趾太守士燮为绥南中郎将，总督交州七郡，与赖恭、吴巨对抗。士燮很快攻占广州，赖恭、吴巨屡次南下都受挫，在困境中发生内讧，结果吴巨打败了赖恭。益州牧刘璋因为甘宁、赵韪之乱的缘故，一直憎恨刘表，在三峡屯驻大军，不时进攻荆州西部。

就这样，孙权、士燮、刘璋的多次配合行动，牵制了刘表军主力，使后者无力北伐，曹操因而可以放心大胆地全力征服河北。刘表受到曹操、孙权、刘璋、士燮的四面围攻，又不敢重用刘备，得知袁氏兄弟败亡的消息以后，在绝望中死去。

七月，曹操抵达渤海之滨，东临碣石，感慨于眼前之景，作诗咏叹。当时正逢水灾，海滨道路不通。刘虞旧部田畴曾多次被袁氏父子邀请，都拒不受命，此时却主动站出来，请求担任向导。在田畴的建议下，曹操先引军西返，并效法当年公孙瓒诱骗乌丸人的经验，在路边贴告示说："现在气候炎热，道路不通，等到秋冬再进军。"乌丸侦察兵看到后，都以为大军已去，安心地回去禀报。没想到曹军主力却在田畴的引领下，绕道北方的燕山山麓，急行军至柳城西南200余里的白狼堆（今辽宁建昌县西北）。袁尚、袁熙察觉后，慌忙与蹋顿、楼班及右北平单于能臣抵之、辽东单于速附丸等率数万骑兵出战。曹操登上白狼堆远眺，见乌丸骑兵阵容不整，便派张辽突击，大获全胜，斩杀蹋顿和能臣抵之，袁尚、袁熙带着小弟袁买和速附丸等数千骑兵逃往辽东，投奔公孙康。

白狼堆大捷之后，曹军士气高昂，纷纷劝曹操继续向辽东追击。曹操说：

"我正要让公孙康斩袁尚、袁熙的首级送来，不必用兵了。"于是撤退。当时天气寒冷，又逢大旱，曹军走了200里还找不到水，几乎全军覆没。回到幽州南部后，曹操重赏那些劝自己不要北伐的谋士，说明他不向辽东进军，主要原因是后勤补给困难。

曹操声称公孙康会杀掉袁尚、袁熙，并非随口一说。公孙康的辽东太守职务继承自乃父公孙度，公孙度的辽东太守职务是董卓在公孙度同乡徐荣的建议下授予的，目的就是在背后牵制袁绍领导的反董卓联军。因此，长久以来，袁绍与公孙度关系恶劣，在董卓死后，袁绍更是派长子袁谭攻取公孙度占领的胶东半岛，又在攻灭公孙瓒以后，派次子袁熙担任幽州刺史，等同公孙度的顶头上司，公孙度自然不肯屈服，双方摩擦不断，关系一直恶劣。这次，袁尚、袁熙在被曹操打败以后，逃奔辽东，等于自投宿敌的罗网，曹操稍一鼓动公孙康，便可大有所获。

按照曹丕的记载，袁绍家族的最后结局是这样的：袁尚和袁熙打算偷袭公孙康，夺取辽东，公孙康也害怕被兼并，又打算巴结曹操，于是在家中设伏抓获袁尚、袁熙和速附丸，捆起来扔到雪地里。袁尚感到寒冷，请求在身下垫张褥子，袁熙对他说："我兄弟的头颅马上就要踏上万里长征路了，还要褥子作什么？"果然，公孙康很快就下令将他们斩首，并把头颅送给曹操。曹操拿到二袁的首级以后，对部下解释说："公孙康一向害怕袁尚等人，我如果急攻，他们就会合力抵抗，我如果缓行，他们就会自相残杀，这是形势发展的必然结果嘛。"至于袁尚和袁熙是否真的有偷袭公孙康的计划，只有当事人才能知道了。

时为建安十二年（公元207年）九月。

作为袁绍欣赏的接班人，袁尚没能完成父亲的遗愿。回顾他与曹操的七年较量，虽然败多胜少，但毕竟曾三次击败曹操，还一度把曹操逼入绝境，表现远强于汉朝末年的大部分军阀。如果不是兄弟反目，部下屡屡叛变，袁尚无疑能坚持更久，甚至消灭曹操也不是没有可能，可见他确实具备一定的才华。但是，袁尚有个致命的缺陷：他执政之前，一直被袁绍留在后方，缺乏在一线锻炼的机会，没有实践经验，与很多官员和将领都不熟悉。袁绍是一位过于强势的父亲，这对孩子的成长并没有好处。袁绍临终前，给袁尚留下了一支中国最强大的武装力量和最充实的仓库，但是也留下了最棘手的政治遗产。作为大将军的袁尚，既不能解决袁绍与汉献帝遗留下来的矛盾，也不能及时清除"颍川四人帮"的影响，还不能打消兄长袁谭的疑虑，最终在无尽的内耗中走向了灭亡，把整个华北都断送给了曹操。

一年之后，曹操南征荆州，结果在赤壁被孙刘联军击败，从此天下三分。

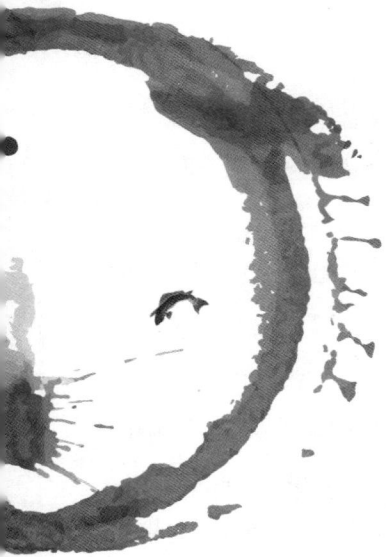

尾声

毁灭与轮回

袁绍集团戏剧性的败亡，带来了深远的影响。

由于袁尚兄弟的顽强抵抗，曹操在河北前后征战五年，错过了南征的最好时机，与统一中国的荣耀擦身而过，其他军阀又无力撼动曹操的地位，于是国家只能分裂。

袁绍失败的最主要原因，在于没有处理好人事关系。从组织联军讨董卓开始，袁绍就不断地杀戮部下，逼得于扶罗、张杨、吕布、张邈、臧洪、曹操等人相继造反，最终导致官渡战场上的全军倒戈。自魏晋以来，袁绍经常被人与项羽相提并论，因为这两人都自恃能力卓绝，视统一天下如探囊取物，不肯满足部下对名利的要求，结果落得众叛亲离的下场。不过，袁绍生前还能控制住局势，当他突然病逝以后，由于没有来得及培养出合格的接班人，袁谭、袁熙、袁尚兄弟因为部下的连续叛变，最终被实力原本不如自己的曹操各个击破。

在政治上，袁绍最大的失误，或许不是召董卓进京，也不是主张废黜汉献帝而与袁术、公孙瓒等盟友反目成仇，更不是派曹操迎汉献帝或杀戮功臣，而是对汉桓帝《三互法》的绝对服从。根据《三互法》，袁绍及其直系亲属无权统治自己的故乡豫州和姻亲的故乡兖州，因此他长期坐镇冀州，而派刘岱、曹操等部下统治兖州，派周昂、刘备等部下统治豫州。事实证明，这些人缺乏当地的群众基础，在任上都过得十分艰难，多次被颠覆，有人甚至丢了性命。官渡之战期间，身为豫州刺史的刘备在豫州屡战屡败，如果他表现好一些，用不着等到曹操夜袭乌巢，袁绍军早已拿下空虚的许县，控制住汉献帝，并对曹军实现合围。在战乱时期，家乡的亲友人脉对于个人的成败兴亡至关重要：曹操迎得汉献帝以后，以中央政府的名义统治家乡豫州，实力立即壮大；孙策以袁术部将的名义杀回扬州故乡，从此奠定了孙吴政权的坚实根基。可想而知，袁绍如果打破《三互法》，亲自（或是派袁谭、高干等能力较强的直系亲属）统治家乡豫州和姻亲的家乡兖州，中原恐怕早已平定。按理说，颁布《三互法》的汉桓帝是党锢运动的始作俑者，历来备受党人痛恨，而《三互法》的主要目的就是打击党人，破坏他们的组织，袁绍作为党人领袖，又历来不缺乏颠覆现有秩序的勇气，于公于私都理应废除《三互法》。但他没有想透这个问题，反而成为《三互法》最忠实的支持者，结果给自己埋下了巨大的隐患。

袁家的失败，也是对三统、五行终始理论的沉重打击。按照五行理论，代替火行刘氏的应是一个属土德的家族，而袁家是东汉末年土德家族中最强大的，连续五世七人位至三公，五行、图谶、名字、年号等各种祥瑞毕至，门生故吏遍华夏，天时、地利、人和集于一身，"瞻乌爱止"，四海归心，本来已经具备了改朝换代的条件，但最后却惨遭失败，与之前的王莽借助儒家理论篡汉一样，使中国毫无意义地消耗了大量国力。

如果没有袁绍，东汉帝国肯定不会灭亡得这样早。原本，汉桓帝经过厉行整顿，一扫梁冀执政时代的萎靡奢侈之风，留下了一个富裕强大的国家，无论人口数量、国土面积、经济规模和军队实力，均居同时代世界首位。当汉桓帝驾崩以后，党争逐渐失控，汉灵帝政权以暴易暴，最终酿成一连串灾难性的内战。以陈蕃、窦武为首的士大夫集团利用社会对"党锢运动"的不满情绪，试图通过屠杀宦官，将汉灵帝变成自己的傀儡，结果被张奂、董卓的凉州军阀集团镇压。作为党人领袖，袁绍继承了陈蕃、窦武的遗志，成功地诱使大将军何进与宦官集团同归于尽，但正当他即将掌控帝国最高权力之时，却因为吕布的兵变，被董卓夺去了战利品。不甘心与董卓妥协的袁绍选择带领袁术、曹操、刘备、许攸、逢纪等心腹出走，将中国引入全面内战的泥潭。如果袁绍的影响力不是这样大，个人能力不是这样强，东汉帝国完全有可能再存在上百年。

也正是因为信仰三统、五行终始理论，曹操才拒绝代汉自立。在《家传》中，他自称"曹叔振铎之后"，出自姬姓，属于火德，崇拜红色。但曹丕却不具备曹操的觉悟，为了当皇帝，他不惜伪造曹氏家谱，自称出自邾子曹侠，与姬姓无关，属于土德。但伪造的历史终究是伪造的，曹魏政权无法长久，此后中国持续大乱数百年，直至属土德的李姓建立唐朝为止，才算安定下来。

从社会大众的角度看，袁绍集团的失败有其必然性。作为党人领袖和诸多大儒的亲友，袁绍的一生都在身体力行地践行儒家思想，结果与事事引用儒家经典而走向灭亡的王莽殊途同归，对中国的影响甚至更加深远。自从汉灵帝解除党锢，袁绍复出走向政坛以来，中国每一年都在打内战，而且内战的规模和范围越来越大：从某些州郡扩大到首都和整个华北，再扩大到南方。特别是在袁绍派周昂、曹操袭击反董卓盟友袁术、孙坚以后，父子相杀、兄弟相残的现象愈演愈烈，人与人之间的基本信任荡然无存，每一个人都可以背叛另一个人，每一个人都可以暗害另一个人。最终，全国每一个郡，甚至每一个县都发生了战乱。从整个中华民族的角度来看，这是一场空前的自残悲剧。在这个过程中，中国人口减少了一半以上，从汉灵帝初年的 5000 多万下降到汉献帝时期的 2000 多万，很多地区都出现了"十室九空""十裁一在"的惨象，中国的经济规模更是大为缩减，从此丧失了世界第一大国和最大经济体的皇冠，最终导致了未来的"五胡乱华""衣冠南渡"。

对于这段残酷的历史，袁绍要负很大的责任，因为他一直在主动激化社会矛盾。东汉后期漫长的党锢运动极大地伤害了他的身心，完全改变了他的性格，反过来对国家造成了无法治愈的伤害。曹操倒是没有被禁锢过，一直仕途顺利，但因为长期与袁绍交往，耳濡目染，也变得和袁绍一样酷虐狡诈。晚年的曹操，做了许多袁绍做过或是准备做的事，也变得和晚年的袁绍一样嫉贤妒能，"诸将有计画胜出己者，随以法诛之"。难怪曹操要在袁绍墓前痛哭流涕，因为只有他才能真正理解袁绍。

曹操死后，袁、曹两家的关系并未终止，反而产生了最后一个谜团：魏明帝曹叡究竟是谁的儿子？

《三国志·后妃传》说曹丕于建安九年（公元204年）八月娶甄氏，后生曹叡。《三国志·明帝纪》说曹叡"年十五，封武德侯"，联系《文帝纪》的记载，可知此事发生在建安二十五年（公元220年）。由此推算，曹叡应当生于建安十一年（公元206年），是曹丕的亲生子。不过，《三国志·明帝纪》又说，曹叡在景初三年（公元239年）驾崩时36虚岁，照此推算，曹叡正是在建安九年（公元204年）所生。如此，则曹叡决然不可能是曹丕之子，而是甄氏的前夫袁熙之子。换言之，甄氏与曹丕结婚前，已怀有袁熙的骨肉，曹丕娶的是一个孕妇。裴松之早已注意到这个问题，后来卢弼《三国志集解》、冒广生《疢斋日记》、金性尧《三国谈心录·魏明帝生父之谜》等众多学术著作也都怀疑，曹叡恐怕是袁熙的儿子、袁绍的孙子。

《三国志·明帝纪》的记载前后矛盾：要么曹叡死时不是36虚岁，要么他受封为武德侯时不是15虚岁。到底哪一种说法是正确的呢？

在曹魏皇室中，曹叡显得十分独特。曹叡从小得到祖父曹操的异常喜爱，曹操经常让他跟随自己，曹操还对曹叡说过："我基于你，可以有三世之业了。"但是曹丕却并不一定喜欢这个长子。早在甄氏还得宠时，曹丕就曾多次想要册立曹礼等其他儿子当继承人，而且在处死甄氏时还将曹叡从齐王贬为平原侯，几近公开废黜。只是在病危时，曹丕才立曹叡为太子，可见其中大有文章。曹操死后，曹叡就一直过着铁面人般的隐居生活，直到登基之前，居然没有任何一位大臣见过他，社会上因此议论纷纷。曹叡登基后，曹魏大臣们都很吃惊：曹操相貌丑陋，曹丕的相貌也只能说是平平，而曹叡却"有岐嶷之姿"，"容止可观"，是著名的美男子，不由得让人联想起"有姿貌威容"的美男子袁绍。

曹丕有 10 个儿子的名字见于正史，除长子曹叡以外，其中 3 个夭折，3 个在曹丕在位期间去世，曹礼等两个皇子虽然活到成年，却也在曹叡在位期间去世，只有东海王曹霖活得比曹叡长。80% 的死亡率实在不正常，很可能是人为造成的。曹叡也曾多次生子，但每一次都夭折，最后只得另行抱养来路不明的孩子，直接导致了魏朝短命而亡。

基于这些现象，笔者推论：作为幽州刺史，袁熙不带妻子甄氏去幽州驻地，而是将她留在邺城，就是因为甄氏怀孕了，行动不便。甄氏怀孕肯定是在曹操围攻邺城之前，而曹军围攻邺城达半年之久，所以曹丕迎娶甄氏时，甄氏的怀孕迹象已经非常明显，即将临盆。据《三国志·魏书·后妃传》记载，曹丕本来有原配妻子任氏，是曹家的老乡，由于性格不合，夫妻经常争吵，曹丕改娶甄氏之后，不顾甄氏的反对，将任氏逐出家门。这恐怕只说出了事实的一小部分。曹丕随曹操进攻邺城时才 18 虚岁，与任氏结婚必然不会太久，新婚宴尔就急着再娶甄氏这么一位结过婚的大姐，恐怕并非出于爱情，而主要是曹操的意思。曹操让曹丕娶甄氏，很大可能是因为甄氏已怀有袁家骨血，袁家骨血自然属土德，可代汉。甄氏生下袁熙的儿子以后，曹操让曹丕当作自己的儿子抚养，还经常亲自加以指点。笃信五行终始理论的曹操相信，属火行的曹家不可能代汉当皇帝，又为了报答袁绍对他的知遇之恩，实现二人共同的政治抱负，再加上曹操素来喜欢收养别人的儿子，所以隔代指定袁绍的孙子曹叡为曹丕的继承人。曹丕对这个安排一直有看法，但又不敢违抗曹操的意思，于是迟迟不将继承人公之于众。曹叡长得实在太像袁绍，为了不让老资格的大臣认出他是袁绍的孙子，曹丕让这个少年长期过着与世隔绝的生活，而且总想予以废黜，由自己的亲生儿子取而代之。但是，由于曹操生前已经为曹叡的接班做了周密的部署，曹丕的抵抗无济于事。曹叡即位后的一段时间内，只有刘晔、曹真、司马懿三人被允许参见皇帝，因为刘晔是淮南人，从没有见过袁绍父子；曹真、司马懿两位顾命大臣虽是中原人，但比刘晔年轻得多，对袁绍父子的容貌也不大可能有印象。为了清理门户，曹叡处决了一些名义上的弟弟，宫中支持曹家的势力则在暗中和曹叡对抗，有计划地杀死他的孩子，使他没有后代可以继承皇位，结果导致曹魏的衰亡。

魏明帝实为袁绍孙子的这种古怪身份，有助于我们解释其在位期间中国东部沿海地区发生的一系列重大事件。

辽东太守公孙康在杀害袁熙、袁尚兄弟以后，得到曹操的嘉奖，被拜为左将军，封襄平侯。公孙康从此放弃了乃父公孙度经营河北、山东的战略，转而向东南方发展，攻灭高句丽国，占领了朝鲜半岛的大部分地区，打开了通向日本海的出口。公孙康死后，其弟公孙恭继承了辽东太守、左将军、襄平侯的职务和爵位，后来又被曹丕加封为车骑将军，公孙恭则将自己的官爵竞争者、公孙康的长子公孙晃送到洛阳去当人质。但魏文帝黄初七年（公元226年），曹丕驾崩、曹叡继位的消息传出，公孙康便突然病倒，公孙晃的弟弟公孙渊趁机于魏明帝太和二年（公元228年）夺位，并从此改变了辽东政权忠于曹魏的传统战略，不断派使者渡海前往东吴。魏明帝青龙元年（公元233年），公孙渊正式向孙权称臣。当时，东吴已经建立中国历史上空前强大的海军，远航至今台湾省、柬埔寨和南洋多个地区和国家。孙权得报大喜，打算册封公孙渊为燕王，并派遣大军渡海前往辽东，协助公孙渊进攻曹魏，不料遭到张昭极为激烈的反对。孙权不听张昭劝阻，还是派太常张弥、执金吾许晏率领一万军队前往辽东，拜公孙渊为燕王，加九锡。张昭愤而辞职，回家隐居。公孙渊看到东吴舰队到来，突然变卦，将东吴军队遣散到辽东、朝鲜各地，又发兵袭杀张弥、许晏，将此二人的首级送往洛阳，他因此被曹叡封为大司马、乐浪公。孙权闻讯，派使者去向张昭道歉，请他重新入朝，张昭拒绝，孙权又派人用土封住张昭家门，还放火烧门，张昭仍不肯出门。最后，孙权只好亲自到张昭家门口长久站立谢罪，最终得到张昭的谅解。此后，东吴转而支持高句丽复国，但高句丽国王东川王复国之后，也杀了吴国使者，向曹魏称臣。不久，公孙渊突然再次联合孙吴反抗曹魏，由于孙吴的援军迟迟不来，公孙渊最终于魏明帝景初二年（公元238年）被司马懿击败杀死。次年，倭女王卑弥呼就派使团来洛阳进贡，可见这场战争的影响波及日本海彼岸。此外，公孙渊的哥哥公孙晃虽然一再向曹魏朝廷指控公孙渊将要造反，但在公孙渊起兵时仍然被曹叡赐死。

公孙恭生病、公孙渊夺权并联合孙吴叛变曹魏政权，都发生在曹叡继位之后。用传统史观分析，这些事情都难以理解，更无法解释孙权和张昭这两位成熟的政治家和老朋友为何会为了此事闹到彻底决裂的地步。但是，如果曹叡不是曹丕的儿子，而是袁熙的儿子，这些疑问便都会迎刃而解。袁熙是被公孙康处死的，因此曹叡与公孙康家族有杀父之仇。曹操和曹丕生前都很好地隐瞒着曹叡的身份，几乎无人知道曹叡是袁家的后代。但是，杀害袁熙和袁尚的公孙康却完全有可能从临死前的袁熙或其随从口中得知甄氏已经怀孕的消息。得知曹丕娶了甄氏以后，公孙康一家于公于私，都必定会时刻关注甄氏的生育情况，因为这关系到他们自身的安危。公孙康、公孙恭都经常向曹魏集团派遣使者打探消息，还把公孙晃送到洛阳去当人质。最终，他们通过多种渠道，基本确认了曹叡是袁熙儿子的身份。但是，曹叡并不受曹丕的喜爱，特别是在甄氏被杀以后还遭到贬斥。只要曹叡不能继承皇位，对公孙家族就不会形成多大的威胁。但是他们没想到，曹丕突然驾崩，曹叡竟以平原侯的身份继承了皇位。作为公孙康的弟弟，公孙恭一旦得知曹叡即皇位的消息，足以被吓得精神错乱。了解这一情况的公孙渊肯定清楚，曹叡迟早会向自己的家族讨还血债，所以他掌权之后就一直致力于对抗曹魏。但是，公孙渊向孙吴称臣以后，由于袁绍党羽张昭的阻挠，并没有换来太多的支持，因此公孙渊被迫杀掉东吴使者，以缓和自己与曹叡的敌对关系。但是，最终双方还是得兵戎相见，由于东吴援军迟迟不来，公孙渊最终败亡。孙权出于眼前利益的考虑，主张援助公孙渊，但这触犯了张昭作为袁绍支持者的底线，因为公孙渊家族杀害了袁熙和袁尚，所以也是张昭的仇人。通过阻挠孙权援助公孙渊，张昭算是间接地替袁绍家族报了仇。公孙晃虽然一再向曹魏朝廷告发公孙渊，却不能改变他的父亲公孙康曾杀害曹叡生父袁熙的事实，曹叡为了报杀父之仇，必然要借公孙渊谋反之名，处死公孙晃。

在讨伐公孙渊的过程中，司马懿可能在辽东了解到了袁熙与曹叡的父子关系，这一定使他大为震惊，并由此改变了他的基本政治立场。结果，司马懿刚刚返回洛阳，曹叡就身患绝症，于次年正月初一驾崩，年仅36虚岁，皇位由宫中一位来历不明的儿童曹芳继承，司马懿以太尉的身份辅政。从此，曹魏军政大权逐渐落入司马氏之手，为司马炎建立西晋奠定了基础。

历史毕竟是最公正的审判者。最终，一切血债都得到了偿还。

除曹叡外，袁绍还有其他的后代在日后中国政坛上活跃。据《旧唐书·袁恕己传》记载，武则天时期的大臣袁恕己籍贯今河北省沧州市东光县，多份袁氏家谱均称袁恕己是袁绍的后代。原来，袁熙的裔孙袁令喜在唐朝初年担任同州持中，其子袁异弘官至泸州参军，袁异弘之子即袁恕己。武则天病重时，袁恕己联合宰相张柬之等发动兵变，诛杀武则天宠臣张易之、张昌宗，废周国号，迎中宗李显复位。袁恕己因此大功升任中书侍郎，封南阳郡公，又加封郡王，成为袁家继袁绍之后的又一位最高执政官。但没过多久，由于反对韦皇后及其宠臣武三思，袁恕己同张柬之等五位郡王一同被流放，并在途中被武三思的爪牙周利贞下毒，再用竹板活活打死。袁恕己的孙子袁高辅佐唐代宗平定"安史之乱"，因功封为京畿观察使，后来因为反对奸臣卢杞被贬职，死时60虚岁。

袁绍集团的失败，还产生了更持久的副作用。

在中国历代皇朝之中，东汉看起来较为平淡，似乎政治上比较稳定，科技上创新不多，文化上因循守旧，军事上也缺乏规模特别大的战争。换个角度看，东汉也是儒家思想对中国社会影响最大的朝代，"二十四孝"之中，东汉独占7位，加上继承东汉的魏晋时期，更多达13位，占了一多半。再加上看似不多但大都特别实用的科技创新，看似规模不大但开拓了广阔疆土的对外战争，以及相对较少的天灾和经济危机，我们不难得出结论：东汉有非常成熟和完善的政治、经济、军事体制，有被普遍认可的社会道德标准，民众信任度非常高，整个社会长期处于可持续发展的良好状态下，在当时的世界上，可以说是首屈一指。以袁绍为代表的党人集团通过屠杀宦官，打破了这个成熟和完善的政治、经济、军事体制，社会道德标准也随之崩塌。

如果袁绍成功地取代汉朝，他的新皇朝一定与中国其他皇朝不同——袁绍代表的党人集团与宦官不共戴天，袁绍本人更是亲手消灭了当时几乎所有的宦官，因此在袁绍的势力范围内再无宦官。但在袁绍父子死后，曹操、刘备、孙权这三位与袁绍关系密切的继承者都不约而同地重建了宦官制度，从此，每一个中国皇朝都有宦官，而且宦官的数量和权力还有增长的趋势。究其原因，宦官制度有利于中央集权，有利于帝国的政治稳定。由于袁绍父子的失败和以曹操、荀彧为代表的"阉党余孽"的胜利，中国重新走上了正常的政治轨道。

汉末三国时期的战乱之所以吸引人，不是因为其复杂，而恰恰是因为其简单：这是中国最后一场基本上没有宗教冲突，也基本上没有民族冲突的内战，除了"复兴汉室"以外，没有其他什么能够被广泛认同的宗旨。在这场内战中，任何人都不值得信赖，任何人都可能成为叛徒，任何人都可以被背叛，各方势力都在为生存而战，往往被迫为一点眼前的利益，与多年的盟友或亲戚刀兵相见。究其原因，是袁绍通过政变和战争，破坏了东汉原有的政治、经济、军事体制和社会道德标准。当东汉的"长者"们信守两百年之久的各项原则和标准统统坍塌时，人性中巧诈、邪恶的一面便主宰了社会，最缺乏道德原则、最没有诚信的人，往往便能够取得最大的成功。结果，中国在这场内战中耗尽国力，最终酿成"五胡乱华""神州陆沉"的惨剧。

如今，凡是前往山西省北部旅行的游客，都会发现一幅奇特的景象：这里有两座长城，一座在朔州市和大同市以北的燕山山脉上，另一座则在朔州市和大同市以南的恒山山脉上。这两座长城的形成有其历史原因：自从三国时代开始，汉族政权就丢失了朔州市和大同市以南的整个桑干河——永定河上游流域（大同盆地），因此放弃了原在今内蒙古南部的燕山长城，转而到恒山山脉上重建长城。后来，北方游牧民族多次从大同盆地出兵，南下太原，东指北京，途中几乎没有天险。经过反复争夺，到了五代十国时期，晋高祖石敬瑭又将此地割让给契丹人，也就是"幽云十六州"中包括云州（今山西大同市）在内的9个州，从而注定了日后宋朝亡国的命运。造成"幽云十六州"之痛的根本原因，正在于袁绍的失败。

曹操战胜袁绍集团之后，虽然又降伏了乌丸人，但对原本臣服于袁绍的鲜卑人却没有办法，只能任由他们占领大同盆地。魏文帝黄初元年（公元220年），曹丕刚刚代汉称帝，便将此地正式割让给鲜卑人，退守陉岭（恒山山脉）以南。[①]后来，叛变袁绍的田豫虽然一度北伐至平城（大同市），但面对着空无人烟的废墟，他发现魏军已经不可能守住此地。在袁、曹战争中，北方游牧民族全都下错了赌注，所以才会如此与曹魏交恶，最终导致了"五胡乱华"。

---

① 参见《晋书·地理志》。

假如袁绍当年战胜了曹操，历史绝不会如此演变。

这两座横亘在晋北山峦上的长城，便是袁绍的纪念碑。

袁绍对历史的影响，不仅遍布长城内外，而且远达海外。

魏明帝曹叡临终前的一年，他在洛阳接见了倭国女王卑弥呼派遣的使团，这是日本列岛第一次出现在中国史书中。三国时代的中国，给日本使团留下了前所未有的深刻印象，回国后广泛宣传，三国文化由此成就了日本文化的革命与重生。这其中，对日本影响最大的，莫过于由袁绍创建，又由曹操和曹丕父子继承的二元政治军事制度：名义上的最高统治者皇帝驻洛阳或许县，实际最高执政者大将军驻邺城。结果，日本逐渐形成了名义上的最高统治者天皇驻京都，实际最高执政者"幕府将军"驻江户（今日本东京）的二元政治军事制度，一直持续到1867年的"倒幕运动"才结束。日本所谓的"幕府将军"，最早叫"持节大将军"或"持大使"，也就是袁绍曾经担任的"使持节、大将军"。正如陈琳为袁绍撰写的檄文显示的那样，袁绍在担任大将军期间，一直自称"幕府"。

当然，袁绍思想的最佳继承者，并不是卑弥呼女王等外国人，而是中国人。除了曹操父子以外，其他英雄豪杰也都热衷于研究袁绍的历史经验，特别是希望能建立起袁绍那样所向披靡的军队。这其中，最坚定的袁绍信徒，莫过于刘备和诸葛亮。

前文提到，刘备"三顾茅庐"与诸葛亮相会，就是效法袁绍再三造访申屠蟠。此事发生在建安十二年（公元207年）年底，背景就是从华北传来袁尚和袁熙兄弟被公孙康斩杀，曹操统一了北方的消息。刘备身为豫州牧，在官渡之战期间受到袁绍派遣，到荆州寻求刘表支援，此时彻底失去了靠山，在襄阳寄人篱下，如同热锅上的蚂蚁一般惶惶不可终日，只能到处寻求一切可能的支持者。刘备取西川，虽然最早源自诸葛亮在《隆中对》里提出的计划（其实也是刘表曾经尝试过的老计划），但是在实际操作中，却与袁绍取冀州的策略如出一辙：袁绍似刘备，韩馥似刘璋，逢纪似庞统，公孙瓒似马超，审配似法正，沮授似刘巴。袁绍能得冀州，有外援公孙瓒的一半功劳；刘备能得益州，也有外援马超的一半功劳。刘备入成都之后，对法正言听计从，任其胡作非为，就连诸葛亮都不敢过问，这和袁绍纵容审配一样，是为了奖励支持自己的地方豪强。刘璋交权以后，被刘备任命为振威将军，但不给兵权，这和袁绍任命韩馥为奋武将军，但不给兵权，一模一样。

刘备尽管在华北和中原屡战屡败，但面对的都是如袁绍、袁术、吕布、曹操这样久经沙场的强敌。刘备自己虽然没打过什么胜仗，毕竟见过别人打胜仗。与他们相比，南方的领导人缺乏政治和军事斗争的经验，军队规模也小，训练和装备都不足，刘备直接照搬从袁绍等北方军阀那里学到的经验，便足以如鱼得水，所向披靡，其实就是科幻小说《三体》里所谓的"降维攻击"。

在关羽被杀以后，刘备进攻孙权，被陆逊在夷陵火烧连营而败，与曹操在赤壁被火烧连营如出一辙。所谓"连营"，并不是简单的一连串帐篷，而是一个复杂的移动军事体系，首先被袁绍构思并应用，在官渡之战中曾一度将曹操逼入绝境。后来，曹操、曹丕、刘备等人都效法过。

作为汉末漫长的内战中少有的幸存者，刘备在切身实践中，早已抛弃了老师卢植教导他的儒家"仁义礼智信"等道德原则。社会这所大学胜于一切围墙里的大学，几十年的苦难教育了刘备，临终前，他心中已经不再信任任何人。所以，白帝城托孤时，刘备居然对丞相诸葛亮说："如果我儿子还能辅佐，您就辅佐他；如果他没有当皇帝的才能，您可以自取皇位。"

相较刘备，诸葛亮受袁绍的影响甚至更大。

诸葛亮家族之所以跑到荆州，就是因为袁绍发动内战，随即袭击弟弟袁术，陶谦支持袁术，袭杀袁绍部下曹操的父亲和家属，引来曹操入侵徐州的诸葛家族故乡。诸葛家族虽然颠沛流离，却从未反抗过袁绍，诸葛玄还接受了袁绍盟友刘表的任命，出任豫章太守，不料却引来袁绍直接任命的扬州刺史刘繇的进攻，死于非命。可以说，诸葛家族是袁绍集团内讧的直接受害者，所以正如《隆中对》显示的那样，诸葛亮年轻时一直在研究袁绍集团，因为这不仅关乎中国的前途，也关乎诸葛家族的命运。

执政前，诸葛亮做过一件很重要的一件事，就是趁刘备养子刘封救援荆州不力，导致关羽败亡，又没有察觉孟达叛变，失陷上庸城之机，力劝刘备杀掉刘封。刘备临终前，肯定会想，诸葛亮能杀刘封，就不会杀刘禅吗？如果能让独生子刘禅保住性命，把皇位让给诸葛亮也不错。诸葛亮这样做，恐怕主要是担心未来刘封和刘禅会像袁谭和袁尚那样自相残杀，导致亡国的悲剧，所以最好只留一个。

执政以后，诸葛亮表现得更像袁绍。外交上，一有机会，他就劝东吴对曹魏开战，以便坐收渔利。如果需要蜀汉出动军队作战，诸葛亮必定亲自领兵。讨孟获时，诸葛亮亲自"五月渡泸，深入不毛"，后来七次北伐，除了一次在羌中的高原作战以外，诸葛亮有六次都亲临第一线指挥。北伐期间，虽然面临多条狭窄的山路，但是诸葛亮只要能不分兵就不分兵，总是尽可能让主力部队走一条道路，导致进军缓慢，很多人批评他贻误战机。诸葛亮这样做，恰恰是吸取了他崇拜的袁绍在与公孙瓒、曹操作战时，多次分兵包抄，总是以失利告终的历史教训。因此，当魏延献计，要率五千骑兵从子午谷突袭长安、夺取潼关时，诸葛亮连想都没想就拒绝了。结果，诸葛亮几乎没有打过败仗，但也没打过什么歼灭战，7次北伐没攻下多少地盘，经济上也得不偿失。更有甚者，和袁绍一样，诸葛亮总是亲率全军，夙兴夜寐，连20杖以上的责罚都亲自过问，主帅大包大揽，就锻炼不出能够独当一面的少壮派军事人才，导致"蜀中无大将，廖化作先锋"，这与在麹义死后"河北无大将，颜良作先锋"如出一辙。

除了尽可能不分兵包抄，总是亲率全军之外，诸葛亮与袁绍在军事上的另一大相似处是对远程投掷武器的高度重视。袁绍曾用巨盾弩兵和"高橹"横扫群雄，诸葛亮也长于军事发明，其中最重要的当数"诸葛连弩"，"损益连弩，谓之元戎，以铁为矢，矢长八寸，一弩十矢俱发"。强大的远程火力，使得蜀军在山地战中颇占优势，还射杀了曹魏名将、在官渡之战中叛变袁绍的张郃。不过，和袁绍的军队一样，偏重远程火力的蜀军往往只能击溃敌军，却不能歼灭敌军，导致蜀汉无法快速扩张，在同曹魏的拉锯战中逐渐耗尽国力，最终灭亡。

一千多年来，因袁绍而引发的悲剧多如恒河沙粒。

公元 1898 年 9 月初，清朝维新派领袖谭嗣同在内外交困之中，采纳友人徐仁录之计，上奏光绪皇帝，请求派徐仁录去天津小站劝袁世凯发动兵变，消灭慈禧和荣禄等顽固派。徐仁录临行前，谭嗣同意外地收到同事杨锐的一封信，打开来看，是一首七绝诗：

"陈词痛哭终何用，慷慨何曾报主恩？愿为君歌千里草，本初健者莫轻言！"

受康有为影响，维新派大多长于经学，因此对经学大盛的东汉历史特别了解，喜欢使用东汉的典故，杨锐的这首诗即是如此。"千里草"即董，原指董卓，此处指当时比袁世凯兵力更强的回族将领董福祥，董卓与董福祥都祖籍甘肃；"本初"原指袁绍，晚清大臣常用它指袁世凯，袁绍与袁世凯也都祖籍河南。杨锐的意思是，与其去联络袁世凯，还不如去联络董福祥。

谭嗣同并没有采纳杨锐的意见。听说徐仁录受到袁世凯的热情款待，袁世凯又迅速入京觐见光绪皇帝，谭嗣同便完全放下心来，连夜至北京法华寺拜访袁世凯，将兵变密谋和盘托出。他并没有理解杨锐诗中暗含的历史信息：何进实际上是被袁绍所害，而董卓则被袁绍、王允等政敌丑化了。

更糟的是，康有为策划"围园杀后"时，还多次援引宰相张柬之、相王府司马袁恕己、右羽林卫大将军李多祚等联合发动兵变，诛杀武则天宠臣张易之、张昌宗，逼武则天退位，迎唐中宗李显复位的事例，要求众人予以效仿。按照日本外务省档案所藏毕永年《诡谋直纪》记载，9 月 14 日，康有为对谭嗣同的好友毕永年说："吾欲效唐朝张柬之废武后之举，然天子手无寸兵，殊难举事，吾已奏请皇上，召袁世凯入京，欲令其为李多祚也。"康有为将袁世凯定位为李多祚，实在太过走眼了。对于袁家后裔袁恕己主导的这又一次政变，家谱中自称"汝南家声旧，舜裔世泽长"，并在诗中以袁安后裔自居，还允许众人称自己为"本初"的袁世凯必然十分了解。从袁世凯的角度看，让他效法袁恕己或许还可以考虑一二，让他去干李多祚的工作就太荒唐了。要知道，李多祚正是在追随太子李重俊发动又一次宫廷政变，杀死武三思，并试图废黜韦皇后，替张柬之、袁恕己报仇时，因部下叛变而失败，父子翁婿均遭惨死的。作为祖上多次参与宫廷密谋的家族后裔，袁世凯绝不会像李多祚那样缺乏政治头脑，被人当枪使。向慈禧太后、荣禄告发康有为、谭嗣同等人，是对袁世凯最有利的选择。

被捕后，谭嗣同又收到另一位同事林旭仿杨锐所作的绝命诗《狱中示复生》：

"青蒲饮泣知何补，慷慨难酬国士恩。愿为君歌千里草，本初健者莫轻言！"

这一次，谭嗣同也许看懂了。他很快就唱和道：

"望门投止怜张俭，直谏陈书愧杜根。手掷欧刀仰天笑，留将公罪后人论！"

随着"有心杀贼，无力回天，死得其所，快哉快哉"的怒吼，谭嗣同、林旭、杨锐等戊戌六君子在北京菜市口刑场慨然就义，也同时埋葬了清朝变法维新的最后希望。假若他们对袁绍的历史有正确认识的话，这一切原本不应发生。

误读历史，是多么可怕！

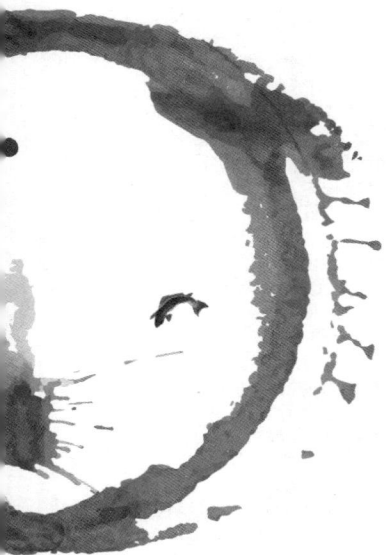

附录

袁绍年表

年代 （皇帝年号）	年份 （公元）	袁绍年龄 （虚岁）	袁绍家族事件	大事记
本初元年	146	1	太学生袁逢生庶子袁绍。袁逢的二哥、左中郎将袁成突然去世。袁成之父太仆袁汤让袁逢将袁绍过继给袁成当嗣子，并委托青年学者蔡邕为袁成撰写墓志铭。袁汤支持梁冀拥立汉桓帝，升任司空，封安国亭侯。	九江都尉滕抚镇压当涂暴动。梁太后下《学而优则仕诏》，大规模扩招太学。梁太后的哥哥、大将军梁冀毒死汉质帝刘缵，立准妹夫刘志为帝，即汉桓帝。太尉李固和大鸿胪杜乔支持清河王刘蒜称帝，因此被梁氏兄妹和中常侍曹腾免职，司徒胡广改任太尉，司空赵戒改任司徒，太仆袁汤升任司空，与曹腾都封侯。梁冀的弟弟、颖王、光禄勋梁不疑辞职。
建和元年	147	2	袁汤改任司徒。	汉桓帝立梁冀妹妹为皇后，罢免胡广，以杜乔为太尉，不久又罢免杜乔，以赵戒为太尉，袁汤为司徒，胡广为司空。刘文与刘鲔计划拥立清河王刘蒜为帝，结果刘文战死，刘鲔被擒，刘蒜在流放途中自杀。梁冀委任袁汤的亲家——南郡太守马融审讯刘鲔，刘鲔供出李固和杜乔，二人被捕入狱。在太学生的压力下，梁太后和梁冀释放了李固和杜乔，但很快又将他们逮捕并处死。汉桓帝的老师、清河人周福与其清河老乡房植成为知识分子领袖，相互竞争，自我标榜，排挤对方，社会上称之为"党人"。
建和二年	148	3		
建和三年	149	4		
和平元年	150	5		

续前表

元嘉元年	151	6		
元嘉二年	152	7		西域长史王敬轻信于阗国宿敌扜弥王的谗言，杀害于阗王，被于阗民众杀死。
永兴元年	153	8	太尉袁汤被免职。郎中袁著劝大将军梁冀退休，被梁冀追杀。南郡太守马融因为与梁不疑来往，被革职流放，自杀未遂，流放结束后回乡隐居。	于阗攻灭扜弥等周边国家，驱逐汉朝驻军和官吏，隔绝丝绸之路。冀州刺史朱穆因为与宦官赵忠家族发生矛盾，被革职逮捕，罚作刑徒，导致学生领袖刘陶领导的东汉第一场太学生上书运动。汉桓帝赦免了朱穆，刘陶名扬天下。
永兴二年	154	9	袁汤的堂弟袁盱出任光禄勋。	宦官邓香去世。梁冀妻子孙寿的舅舅梁纪娶邓香前妻"宣女士"，收养"宣女士"与邓香所生女儿邓猛，改其名为梁猛。
永寿元年	155	10	袁腾任洛阳令。	中常侍曹腾养子曹嵩生子曹操，曹嵩升任司隶校尉。
永寿二年	156	11	袁汤病逝。	梁皇后不受宠，孙寿为巩固家族地位，介绍梁猛入宫。中郎将段颎镇压泰山暴动领袖郭窦、公孙举，通过贿赂宦官封侯。度辽将军李膺击退鲜卑人，因为与宦官关系恶劣而无法升迁。曹腾去世，袁赦接任中常侍。
永寿三年	157	12	袁闳与袁逢、袁隗兄弟不和，离开汝南郡，搬到扶乐县隐居。	汉桓帝宠爱梁猛，册封为贵人，重赏梁纪。梁冀处死荆州刺史吴树、辽东太守侯猛、羽林中郎将耿承等大臣。学生领袖刘陶上书，指责汉桓帝，不久升任顺阳县长。汉桓帝进行人口统计，全国在籍人口56486856人。

续前表

延熹元年	158	13		汉桓帝改元"延熹",洛阳的一处新建高档居民区因此被命名为"延熹里"。袁赦与梁纪等权贵在延熹里购房入住。使匈奴中郎将张奂联合南匈奴打败鲜卑人。
延熹二年	159	14	陈蕃向汉桓帝推荐袁成、袁逢、袁隗兄弟的堂侄袁闳,汉桓帝召袁闳入京做官,遭到拒绝。	梁皇后病逝,汉桓帝要立梁贵人为皇后。梁贵人的姐夫议郎邴尊上书,要求恢复梁贵人的原姓邓,因此被梁冀派刺客杀害。梁冀又派刺客去延熹里梁纪家,刺杀宣女士灭口,却被邻居袁赦发现,行动失败。宣女士去向汉桓帝和梁贵人哭诉,梁冀派太监去窃听,又被当场抓获。汉桓帝于是借口在洛阳城西兴建皇家园林"显阳苑",将梁家成员调离皇宫,联合袁赦等太监及光禄勋袁盱等将领,指挥洛阳卫戍部队突然包围大将军府,免除梁冀的职务,梁冀与孙寿夫妇自杀。邓猛改姓"薄",不久又恢复邓姓。汉桓帝册立邓猛为皇后,封邓猛的四位兄弟及立功的五名宦官、七名官员为侯爵,罢免太尉胡广、司徒韩縯、司空孙朗,任命黄琼为太尉,祝恬为司徒,盛允为司空,陈蕃为大鸿胪,朱穆为尚书,李膺为河南尹,并创建秘书监。
延熹三年	160	15	袁绍年满15岁,进入太学深造。	白马县令李云上书批评朝政,被革职处死。护羌校尉段颎在积石大破羌人。兖州刺史第五种控告济阴太守单匡贪污公款6000万钱,单匡的叔叔、车骑将军单超袒护侄子,逮捕了第五种。

续前表

延熹四年	161	16		刘备生。第五种在流放途中逃亡。单超病死。洛阳皇宫连续发生大规模火灾。羌人各部落大规模暴动，攻入渭河流域，被中郎将皇甫规击退。
延熹五年	162	17		名士与太学生结为"三君""八俊""八顾""八及""八厨"等集团，相互吹捧，官方称之为"党人"。荆州发生大规模暴动，长沙、江陵陷落。
延熹六年	163	18		
延熹七年	164	19		荆州刺史度尚平定暴动。
延熹八年	165	20	袁绍成年，举行冠礼，取字"本初"。袁绍迎娶名士李膺的女儿（或孙女）。袁绍之父、京兆尹袁逢调查侯览的哥哥侯参一案，侯参、左悺及其兄长左称相继自杀，徐璜、侯览等宦官都被革职逮捕，宦官集团被重创。	汉桓帝严惩宦官集团，废黜邓皇后，处死邓皇后的两个哥哥。护羌校尉段颎再次大破羌人。荆州南部再次发生暴动，又被度尚平定，败逃官员都被处死。汉桓帝拜陈蕃为太尉。陈蕃劝汉桓帝立窦宪的堂侄孙女窦妙为皇后。汉桓帝拜窦妙之父窦武为城门校尉。黄河水变清，汉桓帝大赦天下。司隶校尉李膺违反大赦令，处死杀人犯张成之子。
延熹九年	166	21	袁绍生长子袁谭，并出任濮阳县令，不久因牵涉进张俭案，辞职回家，并遭到党锢。袁绍因母亲去世，开始服"三年之丧"。	马融去世。汉桓帝任命胡广为太中大夫，韩缜为司隶校尉，周景为尚书令。大秦王安敦派遣使团到洛阳朝觐。山阳郡东部督邮张俭屠杀中常侍侯览家人百余口后弃官逃亡，遭长期通缉却未被拿获，在众多党人的协助下逃往鲜卑。张成指控司隶校尉李膺、太仆杜密等党人领袖诽谤朝廷，袒护凶犯，汉桓帝发动"党锢运动"，以"钩党罪"逮捕涉案的李膺、杜密等人，并禁止党人做官。

续前表

永康元年	167	22	袁术被豫州当局推举为孝廉，出任郎中。	为抑制党人，桓帝颁布《三互法》，禁止本州人当本州刺史，本郡人当本郡太守，禁止儿女亲家到对方的故乡当官，禁止两州人同时互任对方的州刺史。护羌校尉段颎平定西羌。桓帝大赦天下，停止党锢，召回李膺等党人。桓帝驾崩，窦太后杀害田妙等九贵人和中常侍管霸、苏康，临朝听政，太傅陈蕃、大将军窦武、司徒胡广辅政，立刘宏为帝。
建宁元年	168	23	袁绍为母亲服的"三年之丧"结束，得知汉灵帝发动第二次党锢运动，岳父（或岳祖父）李膺遇害，被迫借口为继父袁成"追行父服"，继续在家乡隐居。	护羌校尉段颎大破东羌，平定羌乱。陈蕃和窦武在宫内不得人心，决定屠杀宦官。曹节、王甫、朱瑀等宦官挟持汉灵帝发动政变，宣布逮捕陈蕃、窦武，派护匈奴中郎将张奂、司马董卓等凉州将领攻打陈蕃、窦武。窦武战败自杀，陈蕃等亲友被俘，窦太后被软禁。汉灵帝发动第二次党锢运动，处决李膺、杜密等百余名党人，禁止其亲友做官。
建宁二年	169	24	袁逢升任太仆，袁隗升任大鸿胪。	汉灵帝迎生母董氏（即董太后）入宫。曹操入太学。孟佗巴结大宦官张让，升任凉州刺史。
建宁三年	170	25	袁隗迎接段颎凯旋。	汉灵帝拜段颎为司隶校尉。凉州刺史孟佗发兵讨伐疏勒，大败。
建宁四年	171	26	光禄勋杨赐、太仆袁逢、少府段颎一起出资帮崔家办丧事，大鸿胪袁隗书写墓志铭。袁绍结束"六年之丧"，离开汝南来到洛阳。	汉灵帝成年，大赦天下，唯独党人不赦。大瘟疫爆发。

续前表

熹平元年	172	27	袁隗升任司徒。袁绍与何颙、荀爽、荀彧、王允、郑泰、曹操、刘表、张邈、许攸、逢纪、伍琼、周毖、吴巨等人组建"本初俱乐部",资助经济困难和在政治上受迫害的党人,名扬四海。	窦太后去世。曹操的父亲派司隶校尉段颎镇压太学生,逮捕千余人。汉灵帝拜袁隗为司徒,曹嵩为大鸿胪。
熹平二年	173	28	袁术出任折冲校尉,仿效袁绍收揽人才。	何贵人生皇子刘辩,汉灵帝为避免刘辩被宫人害死,将他寄养在一位姓史的道人家中,故刘辩又称"史侯"。汉灵帝拜杨赐为司空,段颎为太尉。
熹平三年	174	29	袁隗任司徒,袁逢任太仆,袁滂任光禄勋。	鲜卑可汗檀石槐在张俭等人的建议下,大举入侵东汉,攻打凉州,被北地太守夏育率休著屠各军击退。曹操被推举为孝廉,出任郎官。
熹平四年	175	30	袁绍生三子袁尚。	汉灵帝委派光禄大夫杨赐、五官中郎将堂谿典、谏议大夫马日磾、太史令单飏、议郎蔡邕等大儒考证七部儒家经典,审定后分别用古文、篆、隶三种书法写就,刻成石碑,立于太学门外,人称"熹平石经"。
熹平五年	176	31	袁绍派曹操刺杀宦官张让失败。	汉灵帝罢免司徒袁隗,拜杨赐为司徒。瘟疫继续蔓延,张角在华北创建太平道,张道陵在华西创建五斗米道,受到民众广泛欢迎。

续前表

熹平六年	177	32		汉灵帝听信宦官王甫的建议，拒绝蔡邕的劝诫，派鲜卑中郎将田晏、护乌丸校尉夏育、护匈奴中郎将臧旻与南匈奴单于北伐合击鲜卑，结果大败于鲜卑可汗檀石槐，南匈奴单于阵亡，鲜卑大举越过长城内侵。
光和元年	178	33	袁滂升任司徒，袁逢升任司空。	汉灵帝推行"卖官鬻爵"政策，设立文艺专科学校"鸿都门学"。
光和二年	179	34	袁滂、袁逢均被罢官。	发生日食，汉灵帝命司隶校尉阳球逮捕中常侍王甫、袁赦、太尉段颎，段颎在狱中自杀，其余人员被酷刑折磨而死。汉灵帝赦免部分党人。阳球又准备消灭宦官和袁家等权贵，遭到反击。汉灵帝处死阳球，培植年轻宦官，重用张让、赵忠、段珪等十余名中常侍，人称"十常侍"。
光和三年	180	35	袁绍、袁术的生父袁逢去世，蔡邕撰写墓志铭。袁术辞去折冲校尉职务，开始服丧。	汉灵帝立何贵人为皇后，拜何贵人的哥哥何进为侍中兼将作大匠。曹操出任洛阳北部尉，因为得罪阉党，被降职为顿丘县令。
光和四年	181	36		王美人生皇子刘协，何皇后杀害王美人。刘协由董太后抚养，故又称"董侯"。汉灵帝打算废黜何皇后，张让等十常侍各出1000万钱为何皇后赎罪。汉灵帝赦免何皇后，拜何进为河南尹。何进与张让结为儿女亲家。曹操因亲戚宋奇犯罪，被连坐免官。
光和五年	182	37	袁隗再次出任司徒	曹操因为"能明古学"，被重新起用，封为议郎。

续前表

光和六年	183	38	袁术结束服丧，出任尚书。	太平道领袖张角抵达洛阳，一时万民空巷。侍御史刘陶、奉车都尉乐松、议郎袁贡联名上疏，要求逮捕张角兄弟，未能获得汉灵帝的支持。
中平元年	184	39	袁隗夫人马伦染瘟疫去世。袁绍被解除党锢，封为侍御史，但袁绍辞而不受，将侍御史让给孔融，招来中常侍赵忠的不满。朝廷改封袁绍为虎贲中郎将，辅佐大将军何进讨伐黄巾军。袁绍向何进推荐了荀爽、荀攸、王允、王朗、王匡、郑泰、华歆、陈纪、边让、种劭、邹靖、刘表、蒯越、黄忠、鲍丹、鲍信、陈琳等党人为幕僚，又亲自三次造访名士申屠蟠，对方拒而不见。	张角返回河北，自称"天公将军"，宣扬"苍天已死，黄天当立，岁在甲子，天下大吉"，率三十六方信徒，头裹黄巾，发动反汉暴动，俘虏甘陵王刘忠和安平王刘续。汉灵帝宣布大赦，正式解除党锢，并任命袁绍、王允、孔融、刘表等一批党人为官。同时，太平道信徒也都得到赦免，唯独张角不赦。汉灵帝拜何进为大将军，何苗为河南尹，袁绍为虎贲中郎将，何颙为北军中侯，卢植为北中郎将，董卓为东中郎将，皇甫嵩为左中郎将、朱儁为右中郎将、王允为豫州刺史，曹操为骑都尉、孙坚为左军司马，讨黄巾，同时花钱赎回刘忠和刘续，并将刘续以"大逆不道"罪名处死。卢植、皇甫嵩等击败黄巾军，张角病死，其余黄巾军领袖均战死。张衡和张修兄弟此时也领导五斗米道教徒在汉中起兵，攻打县城，张衡战死。韩遂劝何进利用手中的兵权除掉宦官，闫忠也劝皇甫嵩这样做，何进与皇甫嵩都不同意。边章、韩遂、闫忠和小月氏酋长北宫伯玉、李文侯等段颎旧部于是以讨宦官、清君侧为名，在北地郡起兵。
中平二年	185	40	袁绍的"本初俱乐部"试图废黜汉灵帝，迎立合肥侯，计划失败，多名成员被迫流亡。	汉灵帝继续卖官鬻爵，修建南宫和万金堂，又准备亲自带十常侍到河北黄巾之乱的主要灾区收购田宅。冀州刺史王芬与"本初俱乐部"商定，灵帝和十常侍一到冀州，王芬便发动兵变，软禁灵帝，"本初俱乐部"

600

续前表

				则与何进、袁隗等朝廷大员迎立合肥侯。计划泄露，王芬自杀。张燕等人组织黑山军，反抗汉朝统治。中山相张纯、前泰山太守张举联合乌丸人起兵反汉。灵帝命左车骑将军皇甫嵩、东中郎将董卓、汉阳太守傅燮讨伐凉州叛军，皇甫嵩不肯满足宦官张让的索贿要求，被免去职务。边章、韩遂军直逼长安，汉灵帝拜司空张温为车骑将军，与执金吾袁滂、扬武都尉陶谦、参军事孙坚等增援董卓军。张温先胜后败，前司徒陈耽、谏议大夫刘陶因反对汉灵帝的战略，被捕自杀。
中平三年	186	41	袁隗出任后将军。	张温击退边章、韩遂军，返回洛阳，被汉灵帝拜为太尉。孙坚出任长沙太守。
中平四年	187	42	袁术出任河南尹。	曹操的父亲曹嵩花1亿钱出任太尉。汉灵帝拜何苗为车骑将军，袁术为河南尹。凉州刺史耿鄙、汉阳太守傅燮讨伐凉州叛军，战败被杀，军从事马腾与边章、韩遂、王国讲和，被拜为征西将军。
中平五年	188	43	袁绍加入"西园八校尉"，任中军校尉，袁术任虎贲中郎将。	黄巾首领马相攻杀益州刺史郤俭等官员，自称天子。休屠、屠各攻杀并州刺史张懿和南单于，控制南匈奴，与太平道支持者组成的"白波军"结盟。太尉曹嵩辞职，离开洛阳，带着小儿子曹德到兖州泰山华县（今山东省临沂市费县东）的乡间别墅隐居。太常刘焉建议增加刺史的兵权，改称州牧，被汉灵帝的采纳。汉灵帝拜刘焉为益州牧，刘虞为幽州牧，董卓为并州牧，韩馥为冀州牧，组建"西园八校尉"：上军校尉蹇硕、中军校尉袁绍、下军校尉鲍鸿、左军校尉淳于琼、

续前表

				右军校尉夏牟、典军校尉曹操、助军校尉赵融与冯芳。汉灵帝拜董重为骠骑将军，董旻为奉车都尉。张举自称天子，张纯自称"弥天将军、安定王"。幽州牧刘虞派中郎将孟益、骑都尉公孙瓒、刘备等人讨伐张举、张纯，取胜。
光熹元年 昭宁元年 永汉元年	189	44	袁隗升任太傅，与大将军何进参录尚书事。袁绍升任司隶校尉，假节，专命击断，协助何进迫使骠骑将军董重自杀。袁绍、袁术劝何进召外地兵入京杀宦官。何进被宦官杀害后，袁绍、袁术率军进攻皇宫，将宦官全部屠杀，又杀车骑将军何苗，控制何太后。袁绍因为不同意董卓废黜汉少帝，辞官出奔，与袁术、卢植、曹操、刘备、许攸、逢纪等人前往东方，路过成皋，杀吕伯奢一家。袁绍奔冀州，留家眷在兖州刺史刘岱处，袁术奔荆州，曹操、刘备奔豫州。袁绍改任渤海太守，准备起兵反董卓，却被冀州牧韩馥派兵软禁。	幽州牧刘虞斩张举、张纯，汉灵帝拜刘虞为太尉。汉灵帝驾崩，刘辩即位，尊何皇后为太后，刘协为渤海王，袁隗为太傅，与大将军何进参录尚书事，袁绍为司隶校尉，王允为河南尹，董卓为前将军，丁原为并州牧。何太后杀上军校尉蹇硕，何进、袁绍、王允迫使骠骑将军董重自杀，又逼死董太后。袁绍劝何进召外地军队入京，屠杀宦官，何进于是命令董卓、丁原率军来洛阳，又派幕僚外出招兵。十常侍闻讯，诱杀何进，解除袁绍、王允职务，遭到尚书卢植的抵制。袁绍、王允、卢植、袁术等人于是率军进攻皇宫，将宦官全部屠杀，又杀车骑将军何苗，控制何太后，刘辩、刘协兄弟逃到北邙山，被董卓截获。汉少帝大赦天下，以董卓为司空，丁原为执金吾。丁原部将吕布杀丁原，投靠董卓，董卓废黜刘辩为弘农王，立刘协为皇帝，即汉献帝。袁绍、袁术、卢植、曹操等人不同意董卓废立，辞职出奔东方。董卓杀何太后，拜刘虞为大司马，自任太尉，不久改任相国。拜司徒黄琬为太尉，司空杨彪为司徒，光禄勋荀爽为司空，袁绍为渤海太守，袁术为后将军。刘焉路过汉中，收编五斗米道教徒，并收养了张道陵的孙子张鲁。

续前表

初平元年	190	45	袁绍被韩馥释放，以盟主的身份组织讨董卓联军，自称车骑将军领司隶校尉。袁绍授意杀害董卓派来谈判的胡母班，软禁刘勋。袁基出任太仆。袁隗、袁基、杨彪、王允等大臣护送汉献帝迁都长安。司徒王允和司隶校尉宣璠奉董卓之命，在长安处死了包括太傅袁隗、太仆袁基在内的袁家男女老幼五十余人。袁绍得知后，面无戚容，宣称汉献帝不是汉灵帝的亲生儿子，与韩馥策划拥立刘虞为皇帝。袁术支持汉献帝，与袁绍决裂。于扶罗反对拥立刘虞，与假司马张杨发动兵变，袁绍派麹义将他们击溃，又派王匡渡过黄河攻打洛阳，被董卓击退。袁术表长沙太守孙坚为豫州刺史。	广陵郡功曹臧洪说服广陵太守张超、陈留太守张邈起兵反抗董卓，东郡太守桥瑁又伪造了太尉黄琬、司徒杨彪、司空荀爽致天下各州郡官员的书信，希望各州郡举义兵反抗董卓。冀州牧韩馥被迫释放袁绍，韩馥自称大将军，袁绍自称车骑将军领司隶校尉，与兖州刺史刘岱、豫州刺史孔伷、后将军袁术等各地长官在河内、酸枣和南阳集结联军。南匈奴王子于扶罗和韩馥大将麹义投奔袁绍。董卓派女婿郎中令李儒毒死汉少帝，处死劝自己给袁绍、袁术兄弟封官的伍琼、周毖，拜王允为司徒，袁基为太仆，应边章、韩遂的要求，命太傅袁隗、司徒王允和太仆袁基护送汉献帝去长安。到长安后，司徒王允和司隶校尉宣璠奉董卓之命，在长安处死了包括太傅袁隗、太仆袁基在内的袁家男女老幼五十余人。酸枣联军先锋曹操、卫兹、鲍信、鲍韬西征，董卓派徐荣迎战，在汴水大破联军，卫兹与鲍韬阵亡，曹操与鲍信负伤逃走。长沙太守孙坚北上，杀害荆州刺史王叡、南阳太守张咨，与袁术在南阳会师。酸枣联军溃散，刘岱杀害桥瑁。曹操返回谯县募兵，又派曹洪到丹杨郡募兵，太守周昕命弟弟周昂率军支持曹洪，曹操任命周昂为军师，一同前往河内去见袁绍。董卓封刘表为荆州牧，公孙度为辽东太守，并派韩融、胡母班、刘勋等大臣去与东方联军谈判，韩融等人被捕杀。袁绍宣称汉献帝不是汉灵帝的亲生儿子，与韩馥策划拥立刘虞为皇帝。袁术支持汉献帝，与袁绍决裂。于扶罗反对拥立刘虞，与假司马张杨发动兵变，袁绍派麹义将他们击溃，又派王匡渡过黄河攻打洛阳，被董卓击退。

续前表

初平二年	191	46	袁术与长沙太守孙坚多次北上讨董卓，终于攻入洛阳，董卓烧洛阳城逃往长安。卢植出任袁绍的军师。袁绍派曹操收复东郡，周昂夺取孙坚的豫州。刘勋劝眭固、于扶罗和张杨投降袁绍。袁绍劝公孙瓒攻破韩馥，趁机派高干、荀谌、张超、郭图劝韩馥将冀州让给自己，剥夺其实权。韩馥被袁绍部下迫害，自杀。袁绍杀刘勋、朱汉。袁术与刘虞结盟，刘虞派儿子刘和与公孙越去援助袁术，被袁术派去帮助孙坚攻打豫州。公孙越被周昂射死，袁术增援孙坚，将周昂赶出豫州，并攻入兖州，袁绍被迫亲征袁术、孙坚，袁术向公孙瓒求助。公孙瓒与袁绍反目，发檄文讨伐袁绍，袁绍任命公孙瓒的堂弟公孙范为渤海太守，以求和解。	董卓升任太师。孔伷去世，袁术表孙坚为豫州刺史。董卓派胡轸、吕布、华雄在阳人聚包围孙坚，孙坚突围至梁县，被徐荣击败，逃往颍川，接管孔伷军，回师攻破阳人聚，斩杀华雄，直扑洛阳，多次击败董卓和吕布。董卓被迫命吕布焚毁洛阳城，逃往长安。孙坚在洛阳废墟中发现传国玉玺。皇甫嵩在边章、韩遂的压力之下，率领三万军队投靠董卓，董卓军势重振，修建郿坞。卢植结束隐居，出任袁绍的军师。袁绍任命周昂为豫州刺史，命他与曹操南下去夺孙坚的豫州。途中，周昂和曹操击败黑山军和南匈奴联军，曹操因功被袁绍表为东郡太守。通过虎牙都尉刘勋的劝说，眭固和于扶罗释放了张杨，投降袁绍。袁绍因为缺粮，准备从河内退回渤海郡，遭到韩馥的阻挠，双方关系恶化。袁绍劝公孙瓒南下攻冀州，大破韩馥于安平，袁绍趁机派高干、荀谌、张超、郭图劝韩馥将冀州让给自己，沮授、李历、张郃、辛评等韩馥属下投靠袁绍。袁绍表韩馥为奋威将军，剥夺其实权。都官从事朱汉为报私仇，袭击韩馥，被袁绍处死，韩馥离开邺城，投奔张邈。袁绍派使者去见张邈，韩馥怀疑他们要暗算自己，自杀。虎牙都尉刘勋编造谎言，希望返回故乡，被袁绍识破处死。太傅、幽州牧刘虞派长子刘和请朝廷返回洛阳，途中被孙坚军扣留，交给南阳的袁术。袁术释放刘和，与刘虞结盟，刘虞派公孙瓒的堂弟公孙越率军陪同刘和前往南阳。周昂夺取豫州后，遭到孙坚和公孙越的夹击，周昂军射死公孙越。袁术增援孙坚，将周昂赶出豫州，攻入兖州，曹操差点被杀。袁绍被迫亲征袁术、孙坚，袁

续前表

				术向公孙瓒求助。公孙瓒与袁绍反目，发檄文讨伐袁绍，袁绍任命公孙瓒的堂弟公孙范为渤海太守，以求和解。青、徐黄巾军打败青州刺史焦和，北上攻渤海郡，被公孙瓒与公孙范在东光击败。刘焉在益州造天子仪仗，被刘表告发。
初平三年	192	47	袁绍将袁术、孙坚赶出豫州和兖州，袁术派孙坚南下襄阳攻刘表，孙坚被杀。袁术东征扬州，击败袁绍的扬州刺史陈温，占据江淮。袁术被公孙瓒与袁术、朱儁、陶谦、壶寿、南匈奴、黑山军围攻，众叛亲离，邺城失守。袁绍在界桥大破公孙瓒军，回师击败黑山军，收复邺城，杀死壶寿和于毒，平定冀州，在龙河击败公孙瓒军，又在发干大破陶谦，平定青州。兖州刺史刘岱被青州黄巾军击毙，袁绍派东郡太守曹操继任兖州刺史，收编青州黄巾军。袁绍委任堂兄袁遗为扬州刺史，袁术在沛国击杀袁遗，袁绍另派刘岱的弟弟刘繇为扬州刺史。	袁绍将袁术、孙坚赶出豫州和兖州，返回冀州。袁术退回南阳，派孙坚南下襄阳攻刘表，孙坚被黄祖部下射死，其部由孙贲带领，撤回袁术处。袁术东征扬州，击败袁绍的扬州刺史陈温，占据江淮。袁绍的军师卢植病逝。董卓拜部将壶寿为冀州牧，命他与公孙瓒合击袁绍。壶寿招抚南匈奴和黑山军，进攻冀州。河南尹朱儁投降袁术，占领洛阳，并与徐州牧陶谦结盟。董卓派女婿、中郎将牛辅与校尉李傕、郭汜、张济、贾诩等将领进攻朱儁，洗劫陈留、颍川等郡。荀彧逃离颍川，投奔袁绍，得知同乡韩馥被逼自杀，转而到东郡投奔曹操。公孙瓒与袁术、朱儁、陶谦、壶寿、南匈奴、黑山军结盟，大举围攻袁绍。袁绍部下季雍、赵云等投降公孙瓒，刘岱、曹操、张邈等动摇观望。袁绍从豫州返回冀州，首先迎战公孙瓒，黑山军趁机攻陷袁绍大本营邺城。袁绍孤注一掷，与麴义在界桥大破公孙瓒军，回师击败黑山军，收复邺城，杀死壶寿和于毒，俘虏季雍，赵云又归附袁绍。公孙瓒在巨马水击败袁绍部将崔巨业，又派田楷、刘备攻打青州，击败袁绍的青州刺史臧洪。袁绍再次出征，在龙河击败公孙瓒军，救出臧洪。黄巾军进入兖州，杀兖州刺史刘岱、济北相鲍信，陈宫等人拥立东郡太守曹操为代理兖州刺史。曹操收编青州黄巾军。扬

续前表

				州刺史陈温病死，拜自己的堂兄袁遗为扬州刺史，被袁术击杀，袁绍另派刘岱的弟弟刘繇为扬州刺史。北军中候何颙联合议郎郑泰、侍中种辑、黄门侍郎荀攸、尚书郎华歆等人刺杀董卓失败，何颙被捕自杀，荀攸入狱，郑泰等人投奔袁术、刘表。司徒王允与吕布等人刺杀董卓，释放荀攸，处死蔡邕等人。牛辅被部下杀死，李傕、郭汜、贾诩、张济等人从陈留返回，听说不会得到赦免，于是全力攻破长安，杀王允，吕布投奔袁术。公孙瓒与陶谦联合攻打曹操，袁绍救援曹操，在发干大破陶谦。陶谦派兵袭杀曹操的父亲曹嵩和弟弟曹德一家，泰山太守应劭害怕曹操责怪，投奔袁绍。李傕自任车骑将军领司隶校尉，拜太尉马日磾为太傅，刘表为镇南将军，荆州牧，督交、扬、益三州军事，朱儁为太仆，随后派马日磾与太仆赵岐安抚关东诸侯。
初平四年	193	48	袁绍接受李傕、郭汜授予的右将军职务，与公孙瓒停战。袁术平定扬州，进攻兖州失利，袁术委任的扬州刺史陈瑀背叛袁术，倒向袁绍。张杨逮捕吕布，吕布投奔袁绍。袁术、孙匡击败陈瑀，袁术自称扬州牧，孙匡背叛袁术，迎接刘繇渡江，反被刘繇驱逐。孙家再次向袁术	袁绍与公孙瓒接受赵岐的调解，袁绍获得右将军职务。赵岐南下调停曹操与陶谦的冲突，遭到抵制，滞留在陈留太守张邈处。袁术平定扬州，派吕布去河北，与张杨、黑山军和南匈奴大举进攻兖州，曹操将驻地从东武阳迁至鄄城。曹操获得袁绍的援军，在匡亭击败袁术，袁术委任的扬州刺史陈瑀背叛袁术，倒向袁绍。张杨被袁绍围困，被迫向李傕、郭汜求救，李傕、郭汜让张杨交出吕布，吕布越狱投奔袁绍。袁术、孙匡进攻陈瑀，陈瑀投靠陶谦。袁术自称扬州牧，未嘉奖孙匡，孙匡背叛袁术，迎

606

续前表

			求救，袁术拨给孙匡、吴景和孙策军队，攻打刘繇。刘备表袁谭为茂才，与袁绍和解。袁绍派吕布去攻打张燕，又要谋杀吕布，吕布逃走。乌丸人与袁绍和亲。刘虞部下田畴、阎柔、鲜于辅、齐周、鲜于银等人投靠袁绍，袁绍释放刘和。	接刘繇渡江。刘繇占据江东以后，又将孙匡赶回江北。孙匡、吴景和孙坚之子孙策向袁术求救，袁术拨给孙匡、吴景和孙策军队，攻打刘繇。北海相孔融被黄巾军击败，派太史慈向刘备求救。孔融突围南下投奔陶谦，太史慈则投奔刘繇。陶谦杀了曹操父亲及家属以后，获得孙匡、吴景和公孙瓒派来的刘备的支持，拒绝遵行《罢兵诏》，继续深入兖州，曹操反击，在彭城大破陶谦。陶谦表刘备为豫州刺史，刘备表袁谭为茂才，与袁绍和解。袁绍派吕布去攻打张燕，吕布取胜，袁绍却要谋杀他，吕布逃往豫州，被李傕、郭汜拜为颍川太守。乌丸人与袁绍和亲。公孙瓒与刘虞决裂，刘虞攻打公孙瓒，战败被杀。刘虞部下田畴、阎柔、鲜于辅、齐周、鲜于银等人投靠袁绍，袁绍释放刘和。
兴平元年	194	49	袁术攻徐州，又攻豫州，被曹操击败。吕布袭取兖州，袁绍帮助曹操击退吕布，拜李整为青州刺史，前青州刺史臧洪为东郡太守。袁绍调集十万大军攻徐州，重创刘备、吕布，又派麴义、刘和北上联合阎柔、鲜于辅及北方游牧民族，大破公孙瓒于鲍丘水。公孙瓒被包围，建造易京堡垒群以求自保。	益州牧刘焉与儿子左中郎将刘范、治书御史刘诞联合韩遂、马腾等河西军阀，计划里应外合，攻下长安，消灭李傕、郭汜，挟天子以令诸侯。计划败露，刘范、刘诞被杀，刘璋逃回益州。不久后刘焉病死，其子奉车都尉刘璋继位。李傕、郭汜杀樊稠、李蒙，凉州军阀集团分裂。李傕、郭汜拜扈瑁为益州刺史，攻打刘璋，得到荆州牧刘表和汉中督义司马张鲁的支持，刘璋部将甘宁等也起兵响应。刘璋击败扈瑁和刘表的军队，杀死张鲁家属，甘宁投奔刘表。陶谦与刘繇结盟，袁术攻打徐州，孙策被陶谦击败，再次向袁术求兵。孙策虽相继攻下九江和庐江，却未受奖赏。曹操趁陶谦与袁术交战，进攻徐州，击败刘备、曹豹。受赵岐的影响，陈留太守张邈、广陵太守张超和兖州豪强陈宫背叛袁绍，迎吕布

续前表

				为兖州刺史，驱逐曹操。袁术任命郭贡为豫州刺史，协助吕布攻曹操。陶谦病死，刘备领徐州刺史，依附袁绍，与袁术交战。曹操攻打吕布，多次战败，部将李乾战死，余部由其子李整和侄子李典统率。曹操向袁绍求救，袁绍让曹操把家眷送到邺城，曹操不同意，只交出东郡。袁绍率朱灵等将领协同曹操、李整击败吕布，拜李整为青州刺史，前青州刺史臧洪为东郡太守。吕布、张邈投奔刘备，获得收留。袁绍调集十万大军攻徐州，重创刘备、吕布，又派麴义、刘和北上联合阎柔、鲜于辅及北方游牧民族，大破公孙瓒于鲍丘水。公孙瓒遭到包围，建造易京堡垒群以求自保。曹操回师兖州，在雍丘围攻张超兄弟。吕布派张邈向袁术求救，张邈被杀。
兴平二年	195	50	臧洪向袁绍为张超求情，未获允许，但袁绍改表臧洪为兖州刺史。曹操杀张超，臧洪背叛袁绍，袁绍亲征臧洪。袁术派孙策攻取江东。汉献帝君臣逃到河东，袁绍派郭图去慰问。	李傕、郭汜发生争斗，火烧长安城，劫持汉献帝互斗，导致大司农朱儁等人死亡。最终双方停火，但长安城已经被破坏。张超向臧洪求救，臧洪向袁绍求情，未获允许，但袁绍改表臧洪为兖州刺史。孙策获得袁术的援军，与吴景、孙贲击败刘繇，占据江东。吴郡太守许贡杀周昂，投降孙策。刘繇、太史慈投奔刘表。交州刺史张津和苍梧太守史璜相继死去，刘表便派部下赖恭为交州刺史，吴巨为苍梧太守，与交趾太守士燮联合控制了交州。袁术又支持吕布趁张飞、曹豹内讧之机，袭取徐州。曹操破雍丘，杀张超全家，俘虏赵岐，他担心袁绍将偏信臧洪，因此派从事王必前往长安，向李傕、郭汜示好，获封兖州牧。杨定、董承、杨奉等人联合发动兵变，

608

续前表

				击败郭汜，迁都弘农，即将抵达弘农时，被李傕、郭汜军在曹阳赶上，损失惨重，光禄勋邓渊、廷尉宣璠、尚书令士孙瑞等大臣遇难，杨定、董承一行被迫渡河逃往河东，得到河东太守王邑、河内太守张杨的保护。沮授劝袁绍迎汉献帝，遭到郭图、淳于琼的反对，袁绍派郭图去河东慰问汉献帝君臣。臧洪背叛袁绍，袁绍亲征臧洪。曹操与袁术在豫州交战。
建安元年	196	51	袁绍委任长子袁谭为青州刺史，次子袁熙为幽州刺史，外甥高干为并州刺史。曹操击败袁术和黄巾军，控制陈国和颍川郡。袁术派苌奴去洛阳迎献帝。袁绍因为要攻打臧洪，无法脱身，派从事中郎徐勋去颍川找曹操，命令他去洛阳迎驾。袁绍命曹操杀杨彪、张喜、孔融等袁术友人，曹操将他们革职查办。汉献帝封曹操为大将军，袁绍为太尉。袁绍不肯接受，让位给陈纪。袁绍攻陷东武阳，擒杀臧洪。	麹义、刘和围攻易京，战败撤退。青州刺史李整去世，部下由其堂弟李典指挥。袁绍委任长子袁谭为青州刺史，袁熙为幽州刺史，外甥高干为并州刺史。曹操击败袁术和黄巾军，控制陈国和颍川郡。郭图建议袁绍将汉献帝君臣迁到他的故乡颍川，得到采纳。曹操释放赵岐。献帝君臣不愿意依附袁绍，前往洛阳，多次请袁术、吕布来迎驾，又派赵岐向刘表求援。袁术派苌奴去洛阳迎献帝。袁绍派从事中郎徐勋去颍川找曹操，命令他去洛阳迎驾。曹操匆忙率兵一千前往洛阳，途中在新郑获得一批桑葚叶。袁术、刘表为了迎驾，筹备祭祀天地的活动。吕布准备出兵迎驾，此时发生郝萌之乱。曹操击败董承、苌奴，占领洛阳，杀羽林郎侯折、尚书冯硕、侍中台崇，用董昭的计策，迁都许县。袁绍命曹操杀杨彪、张喜、孔融等袁术友人，曹操将他们革职查办。汉献帝封曹操为大将军，袁绍为太尉。袁绍不肯接受，让位给陈纪。袁绍攻陷东武阳，擒杀臧洪。张济袭击荆州北部，被刘表军射死，部下由侄子张绣指挥。

续前表

建安二年	197	52	汉献帝派孔融拜袁绍为大将军，加九锡。袁绍派郑玄、应劭、郭嘉等官员到许县辅佐汉献帝，再派使者杨林拜蹋顿等乌丸三王并为单于，扶持鲜卑大人轲比能，轲比能的竞争者步度根被迫臣服于袁绍。袁绍平定臧洪之后，命曹操送汉献帝到鄄城，意图行废立之事，遭到曹操拒绝。袁术自称"仲氏"。吕布联合刘备击败袁术，孙策与袁术绝交，与曹操联姻。袁术攻打刘备，吕布劝双方和解。袁术攻豫州，杀陈王刘宠。曹操挖掘梁孝王陵筹集军费，击退袁术。	汉献帝派孔融拜袁绍为大将军，加九锡。袁绍派郑玄、应劭、郭嘉等官员到许县辅佐汉献帝，再派使者杨林拜蹋顿等乌丸三王并为单于，扶持鲜卑大人轲比能，轲比能的竞争者步度根被迫臣服于袁绍。曹操去南阳讨伐张绣，战败，长子曹昂等战死。曹操与原配离婚。袁绍平定臧洪之后，命曹操送汉献帝到鄄城来，予以废黜，遭到拒绝。袁术自称"仲氏"。吕布与袁术决裂，与曹操讲和。汉献帝拜吕布为使持节、平东将军、领徐州牧、温侯。吕布联合刘备击败袁术，孙策与袁术绝交，与曹操联姻。袁术攻打刘备，吕布劝双方和解。刘繇击败刘表的豫章太守诸葛玄，诸葛玄子弟逃往荆州投奔刘表。袁术攻豫州，杀陈王刘宠，曹操挖掘梁孝王陵筹集军费，击退袁术。吕布袭击刘备，刘备逃往许县投靠曹操。
建安三年	198	53	袁绍生幼子袁买。田丰建议袁绍袭击许县，袁绍不同意。袁绍杀麴义、刘和，镇压其部下。睢固率部投降袁绍。袁绍向公孙瓒讲和，遭到拒绝，于是再度进围易京。	李傕、郭汜被部下杀死。杨奉请刘备回徐州，反被刘备杀害。曹操再次攻张绣，刘表救援张绣，击退曹操。田丰建议袁绍袭击许县，袁绍不同意。袁绍杀麴义、刘和，镇压其部下。张杨被其部将杨丑杀死，原黑山军将领睢固又杀了杨丑，率部投降袁绍。吕布击败刘备，刘备再次投靠曹操。曹操获得袁绍的援军，与刘备大举攻徐州，陈登、张辽临阵背叛，吕布战败，向袁术求救无果，在下邳被俘。曹操迫于袁绍的压力，处死吕布、陈宫、高顺等人，

续前表

				臧霸归附曹操。袁绍向公孙瓒讲和，遭到拒绝，于是再度进围易京。公孙瓒向黑山军及曹操求救，曹操放弃进攻袁术的计划，回师许县。
建安四年	199	54	袁绍攻克易京，击败黑山军，斩杀公孙瓒，将公孙瓒的首级送往许县，恐吓曹操。郭图、审配建议袁绍立即南征曹操，沮授、田丰反对南征。袁绍撤回邺城。曹操派刘备东征袁术，袁术众叛亲离，病死，部下被孙策收编。曹操再次渡河攻打黎阳，袁绍以郑玄为军师，命陈琳撰写《为袁绍檄豫州文》，大举讨伐曹操。	袁绍攻克易京，击败黑山军，斩杀公孙瓒。曹操袭击河内，杀眭固，擒魏种。袁绍将公孙瓒的首级送往许县，恐吓曹操。郭图、审配建议袁绍立即南征曹操，沮授、田丰反对南征。袁绍撤回邺城，曹操与刘备煮酒论英雄。曹操派刘备东征袁术，袁术众叛亲离，病死，部下被孙策收编。孙策西征夏口，大破黄祖，迫使豫章太守华歆投降，统一了扬州。曹操再次渡河攻打黎阳，袁绍以郑玄为军师，命陈琳撰写《为袁绍檄豫州文》，大举讨伐曹操。贾诩劝张绣投奔曹操，马腾、刘璋、士燮支持曹操，刘表、孙策支持袁绍。吴郡太守许贡劝曹操将孙策召入许县，事发，许贡被孙策处死。孙策派李术北伐，攻杀曹操任命的扬州刺史严象，九江太守陈登战败，撤退到徐州。赵韪在益州起兵攻打刘璋失败，长沙太守张羡响应曹操，起兵反抗刘表，占据长沙、武陵、零陵、桂阳四郡。
建安五年	200	55	田丰劝袁绍趁曹操亲征刘备之机袭击许县，因为军师郑玄和幼子袁买生病，袁绍、袁谭留在元城，派军队攻下黎阳，再渡河攻延津，被曹军击退。袁绍派沮授、郭图、淳于琼、颜良渡河攻打白马。曹	董承、刘备、种辑等大臣谋杀曹操，刺客徐他被许褚抓获。曹操族灭董承、种辑，刘备袭杀徐州刺史车胄，击败曹操派去的军队。曹操亲征刘备，田丰劝袁绍立即袭击许县，因为军师郑玄和幼子袁买生病，袁绍、袁谭留在元城，派军队攻下黎阳，再渡河攻延津，被曹军击退。曹操击败刘备，擒获关羽，刘备逃往元城投奔袁绍。袁绍派沮授、郭图、淳于琼、颜良渡河攻打白马。陈登病逝，孙

续前表

			操率军返回，派关羽袭杀颜良，沮授等人撤回河北。袁绍又派文丑、刘备攻打延津，也被曹操击败。袁绍剥夺沮授军权。袁绍亲自渡河南下，接连击败曹军，曹操退至官渡。许攸叛逃到曹操处，献计袭破袁绍在故市、乌巢两地的粮仓，杀死淳于琼等将领，阎柔、鲜于辅、田豫、张郃、高览等将领同时反叛，擒获沮授，袁绍、袁谭、郭图等人弃营逃走。	策攻陷广陵，与曹操对峙，突然被许贡门客刺杀。曹操率军返回，派关羽袭杀颜良，沮授等人撤回河北。袁绍又派文丑、刘备攻打延津，也被曹操击败。袁绍剥夺沮授军权。郑玄一度康复，却在酒席上突然病逝。袁绍亲自渡河南下，接连击败曹军，曹操退至官渡，关羽等将领投降袁绍，程昱、李典等人动摇观望。张羡病死，刘表收复长沙。袁绍派刘备绕道攻打许县，被曹仁击退，又再次派刘备攻取汝南，与刘表联军会师，被满宠、李通击退。孙权联合曹操，杀李术，平定扬州。许攸叛逃到曹操处，献计袭破袁绍在故市、乌巢两地的粮仓，杀死淳于琼等将领，阎柔、鲜于辅、田豫、张郃、高览等将领同时反叛，擒获沮授，袁绍、袁谭、郭图等人弃营逃走。
建安六年	201	56	袁绍收复仓亭，曹操退回官渡防御。沮授试图投奔袁绍，被曹操处死。袁绍平定河北各地叛乱，因病返回邺城，处死田丰。袁绍病逝，长子袁谭称车骑将军领青州刺史，三子袁尚称大将军领冀州牧。曹操北上，与袁谭在黎阳交战，不分胜负。袁谭向袁尚求援，袁尚不发兵，袁谭杀逢纪。袁尚派高干南下攻打洛阳，战败。	袁绍收复仓亭，曹操退回官渡防御。沮授试图投奔袁绍，被曹操处死。袁绍平定河北各地叛乱，因病返回邺城，处死田丰。刘表北伐，攻陷西鄂县。曹操南下，将刘备逐出豫州，刘备投奔刘表。袁绍病逝，长子袁谭称车骑将军领青州刺史，三子袁尚称大将军领冀州牧。赵岐在荆州病逝。曹操北上，与袁谭在黎阳交战，不分胜负。袁谭向袁尚求援，袁尚不发兵，袁谭杀逢纪。曹操又派司隶校尉钟繇北上攻南单于呼厨泉，袁尚派高干、郭援南下救呼厨泉，攻洛阳，钟繇得到马超军增援，斩杀郭援，高干逃回并州。

续前表

建安七年	202		曹操北上攻袁谭，袁尚来援助，大破曹操，后又被曹操赶回邺城，但击退曹军围攻。	孙权西征，击败黄祖。曹操北上攻袁谭，袁尚来援助，大破曹操。曹操获得李典、程昱等人的增援，击败袁谭、袁尚，逼近邺城，又被袁尚打败，撤回许县。
建安八年	203		袁谭袭击审配，被袁尚打败。袁尚逼袁谭杀郭图，袁谭派辛毗向曹操求援，与曹操联姻。袁尚攻打袁谭，包围平原。	袁谭袭击审配，被袁尚打败。袁尚逼袁谭杀郭图，袁谭不肯，反而派辛毗向曹操求援，与曹操联姻。袁尚攻打袁谭，包围平原。
建安九年	204		曹操北上，包围邺城。袁尚攻克平原，回师邺城，被曹操歼灭主力部队。审配杀辛评全家，曹操攻占邺城，杀审配。曹丕娶甄氏，甄氏生子曹叡。曹操袭击袁谭。	曹操北上，包围邺城。高干背叛袁尚。袁尚攻克平原，回师邺城，被曹操歼灭主力部队。审配杀辛评全家，曹操攻占邺城，杀审配。曹丕娶甄氏，甄氏生子曹叡。曹操袭击袁谭。
建安十年	205		曹操击杀袁谭，平定冀州。张燕率黑山军投靠曹操。袁尚逃往幽州，投靠二哥袁熙。曹操进攻幽州，击败袁熙和袁尚。	曹操击杀袁谭，平定冀州。张燕率黑山军投靠曹操。袁尚逃往幽州，投靠二哥袁熙。曹操进攻幽州，击败袁熙和袁尚。高干在并州起兵反曹。刘表南下攻交州，派部下赖恭为交州刺史，吴巨为苍梧太守。
建安十一年	206		曹操亲征并州，袁熙和袁尚投靠乌丸单于蹋顿。	曹操亲征并州，击败高干，高干欲南下荆州投靠刘表，途中被杀。袁熙和袁尚投靠乌丸单于蹋顿。曹操派士燮为绥南中郎将，击败赖恭，攻取广州。
建安十二年	207		曹操再度北伐幽州，在白狼堆大破袁军，斩杀蹋顿，袁熙和袁尚逃往辽东，被辽东太守公孙康处死。	吴巨驱逐赖恭。孙权再次击败黄祖。曹操再度北伐幽州，在白狼堆大破袁军，斩杀蹋顿，袁熙和袁尚逃往辽东，被辽东太守公孙康处死。

《掌故001：靠谱的历史八卦》

有料。这是一本新鲜的历史八卦书，不乏味，不说教。
好看。这是一本有范儿的休闲马桶书，接地气，网络化。
原生态。这是一本严谨的读历史心得，不乱写，不戏说。

《掌故002：唐玄宗背后的女人们》

抽丝剥茧的后宫女性生存录。
别开生面的大唐王朝兴衰史。
小说与电视剧以外，真实的唐代宫廷大戏。

《掌故003：趣味一战史》

摘取第一次世界大战战场上的趣闻轶事，
串联出一部诙谐、幽默、接地气、别开生面的一战史。
大胆地将一战解构成"两大帮派之间的火拼"与"一个大家族的内讧"

《掌故004：袁本初密码》

他名震天下，以皇帝年号"本初"为字。
他翻手为云覆手为雨，把大厦将倾的东汉王朝推入万劫不复的深
他是一个时代的主宰，却在成王败寇的游戏规则里沦为历史的配
他是袁绍，一个被历史误读的乱世枭雄。

《掌故005：大明战神谱》

深度剖析明帝国及其周边少数民族政权军事文化中的宗教偶像崇拜
揭开明代由不同宗教所树立出的战神们的神秘面纱。
贯穿整个明代的战神们各自具有哪些特点，
这些被宗教神化的将帅如何影响历史的走向？

《国史001：南明悲歌》

明清易代之战，最后一个汉人王朝的抵抗和挣扎。
公元1644年，明朝覆亡，天下大乱，决定中国此后二百多年命运的大战拉开了序幕。涌入关内的满洲铁骑，李自成、张献忠的农民军，偏安一隅的南明小朝廷，展开了逐鹿争鼎之战。

《国史002：英雄的棋局——三国军事地理大势》

从军事地理的视角解读三国时代的天下大势。
本书以《三国志》为依据，以《三国演义》为参照，把三国版图抽象成形如中字的11个军事地理单元，构建中字模型，借助近百张卫星地形图，立体解析三国时代的军事地理。

《国史003：极简世界史》

简明扼要且面面俱到地概述人类史上的关键运动和事件。
从宇宙大爆炸到二十一世纪，以简单、轻松的笔调，逐渐勾勒出现今世界的轮廓，内容编排以时间为线索，成块状分布，方便阅读，适合作为历史入门必读的书籍。

《国史004：后三国战争史——从北魏分裂至隋灭南陈》

隋唐盛世的前夜，乱极而治的中古战争史。
本书从后三国之间的战争入手，
再现了华夏历经400年大分裂重又走向一统的壮观历史洪流。

《国史005：完美武将：赵云》

条分缕析！详细考证《三国志》中的赵云。
旁征博引！深入解读《三国演义》中的赵云。
图文并茂！展现评书、京剧、影视、游戏、漫画中的赵云形象。

海战事典（系列丛书）

海战事典 001

跨海围攻：公元前 333 年至公元前 332 年泰尔围攻战
玉碎比阿克：1944 年 5 月至 6 月美日比阿克岛争夺战（上）
彩虹舰队：德国公海舰队斯卡帕湾自沉事件
纪念恩格尔伯特·恩德拉斯：从潜艇艇长视角看大西洋潜艇战

海战事典 002

神话战舰：德皇海军"齐格弗里德"级岸防铁甲舰
扶桑海路：二战日本海上护卫及船舶武备改造
印度洋上的较量：印巴战争中的海军作战
玉碎比阿克：1944 年美日比阿克岛争夺战（下）

海战事典 003

"地中海的舰队与帝国"专题
三列桨战舰拉开的战争帷幕，战争、神谕、诅咒、月食、风暴、地震、瘟疫交织的地中海传奇
公元前 4~5 世纪地中海地区希腊城邦与波斯帝国之间的政治角力和海战故事

海战事典 004

"回忆日德兰"专题
乔治·冯·哈瑟中校、莱因哈德·舍尔中将、约翰·杰利科海军上将亲历回忆
工业时代的海洋上最为壮丽的战争史诗

海战事典 005

"二战德国的巡洋作战"专题
从"巡洋作战"的角度，回顾大西洋海战的精彩瞬间；德、英海军在大西洋和北海上演的大对决，"俾斯麦"战列舰的短暂传奇

海战事典 006

东方的陆与海：日俄战争前的俄国海军
帝国海军的无畏舰时代：日俄战争后俄国海军力量的重建
维也纳体系的破裂：纳瓦里诺之战

海战事典 007

"德意法西斯航母"专题
在航空母舰技术尚未成熟的年代，德意法西斯进行了哪些想象和探索
系统介绍德国"齐柏林"飞艇、"奥索尼亚"号、"齐柏林伯爵"号、纳粹德国的舰载机项目及意大利"天鹰"级舰队航母

海战事典 008

华盛顿的樱桃树：1921—1922 年不列颠的末代战列巡洋舰
从"亚特兰大"到"伍斯特"：美国火炮防空巡洋舰
从"诺曼底"到"里昂"：巨兽时代的法国战列舰
多舛的命运：法国海军的"德·格拉斯"级巡洋舰

海战事典 009

"海权与日本近代国家命运"专题
负枷而行：近代日本国家战略与海上战略的回顾
从泗水到巽他：ABDA 联合舰队覆灭记
决战瓜达尔卡纳尔：1942 年美日巡洋舰编队战记